जीने के बहाने

जीने के बहाने

प्रभाष जोशी

सम्पादक
सुरेश शर्मा

राजकमल प्रकाशन

ISBN : 978-81-267-1606-7

मूल्य : ₹1495

पहला संस्करण : 2008
पहली आवृत्ति : 2024

प्रकाशक : राजकमल प्रकाशन प्रा.लि.
1-बी, नेताजी सुभाष मार्ग, दरियागंज
नई दिल्ली-110 002

शाखाएँ : अशोक राजपथ, साइंस कॉलेज के सामने, पटना-800 006
पहली मंजिल, दरबारी बिल्डिंग, महात्मा गांधी मार्ग, प्रयागराज-211 001
1, अनमोल सोराबजी संतुक लेन, धोबी तलाव, मरीन लाइंस, मुम्बई-400 002

वेबसाइट : www.rajkamalprakashan.com
ई-मेल : info@rajkamalprakashan.com

मुद्रक : राजकमल प्रकाशन प्रा.लि.
नई दिल्ली-110 002

JEENE KE BAHAANE
by Prabhash Joshi

रज्जू बाबू
के न रहने पर

अनुक्रम

पुरोवाक्

'कागद कारे' आखिर किताब की शक्ल में आ ही गए। आफ्रीं सद आफ्रीं। देर आयद दुरुस्त आयद। लगातार पन्द्रह वर्षों तक किसी अखबार में एक कॉलम का जारी रहना अपने आपमें एक मिसाल है। सिर्फ 'कागद कारे' को ही पढ़ने के लिए मेरे जैसे बहुत से लोग रविवारी 'जनसत्ता' लेते रहे हैं।

'कागद कारे' एक तरह से आज का 'महाभारत' है और उसके लेखक प्रभाष जी आधुनिक व्यास। फर्क सिर्फ यह है कि व्यास को लिखने के लिए गणेश की मदद लेनी पड़ी, जबकि प्रभाष जी लिखने के मामले में भी स्वयंसेवी रहे सिर्फ एक अपवाद को छोड़कर और वह भी आपद्धर्म में। इस प्रक्रिया में क्रमशः जो ग्रन्थ तैयार हुआ वह भी 'महाभारत' की तरह ही एक साथ इतिहास भी है और काव्य भी विविध उपाख्यानों के साथ लगभग डेढ़ दशकों का एक महाख्यान!

पन्द्रह वर्षों के बाद आज 'कागद कारे' का एकत्र प्रकाशन एक तरह से युगान्त का सूचक है। महाभारत को भी 'युगान्त' की संज्ञा दी गई है। 1992 से भारतीय लोकतंत्र में एक नए युग का आरम्भ हुआ था जिसकी चरम परिणति का आभास 2008 में होने लगा है। ऐसी स्थिति में अभी तक के समग्र 'कागद कारे' का प्रकाशन निश्चय ही एक ऐतिहासिक घटना है।

व्यास की तरह प्रभाष जी ने यह दावा तो नहीं किया कि 'यदिहास्ति तदन्यत्र, यन्नेहास्ति न तत्क्वचित्', अर्थात् जो कुछ यहाँ है वह दूसरी जगह भी है और जो यहाँ नहीं है वह कहीं नहीं है। फिर भी समग्रतः 'कागद कारे' में कथित युगान्त का प्रतिबिम्ब पर्याप्त समावेशी है। यदि इस युग के चरितनायकों पर दृष्टिपात करें तो सबसे पहले खंड 'जीने के बहाने' में अंकित चरित्रों की सूची पर ही सरसरी नज़र दौड़ा लेना काफी है। 20 राजनीतिक नेता हैं तो उनसे कहीं अधिक सामाजिक कार्यकर्ता हैं। एक दर्जन साहित्यकार हैं तो आधे दर्जन संगीतकार, चित्रकार और फिल्म निर्माताओं की भी छवियाँ सुशोभित हैं। खेल जगत और उसमें भी क्रिकेट तो प्रभाष जी की अपनी रुचि का विशिष्ट क्षेत्र है। इसलिए उस दुनिया की यदि 16 विभूतियाँ जगमगाती हुई दिखें तो क्या आश्चर्य! उल्लेखनीय है कि प्रभाष जी की इस चित्रशाला में देश के यशस्वी उद्योगपतियों को भी सम्मान के साथ स्थान दिया गया है। तात्पर्य यह है कि प्रभाष जी का प्रस्तुत 'रचनावृत्त' कोरा वृतान्त नहीं बल्कि महाभारत की तरह हाड़-मांस के जीते-जागते इन्सानों से पूरी तरह आबाद है।

वस्तुतः प्रभाष जी के इस महाभारत के केन्द्र में व्यास के 'महाभारत' की तरह ही परिवार है जिसमें 'माताराम' सर्वोपरि हैं तो 'भेन जी' यानी प्रभाष जी की जीवनसंगिनी अपनी पूरी

गरिमा और आत्मीयता के साथ आख्यान में अन्तःसलिला के समान रस-सिंचित करती रहती हैं। इस निजी आख्यान को रमणीय प्राकृतिक पृष्ठभूमि प्रदान करती है प्रभाष जी के अपने मालवा की धरती और उस अंचल की विशिष्ट लोक संस्कृति। कहना न होगा कि 'धन्न नरबदा मइया हो' शीर्षक खंड समस्त 'चरितवृत्त' का सबसे मर्मस्पर्शी और काव्यात्मक अंश है। इस प्रसंग से स्पष्ट हो जाता है कि प्रभाष जी जितने बड़े पत्रकार हैं उससे कहीं अधिक समर्थ सर्जक साहित्यकार हैं।

प्रभाष जी की सर्जनात्मकता का अमोघ अस्त्र है उनकी भाषा! ठेठ हिन्दी का ठाट क्या है, इसका अहसास प्रभाष जी के गद्य को पढ़ने पर ही होता है। इस गद्य की उर्वर भूमि है मालवा की लोक बोली! इस धारणा की पुष्टि के लिए 'कागद कारे' में प्रयुक्त अपनी बोली के शब्दों की सूची बनाकर ही की जा सकती है, जो फिलहाल सम्भव नहीं है। प्रभाष जी की सर्जनात्मक प्रतिभा का सबसे बड़ा प्रमाण है कॉलम का शीर्षक। पिटी-पिटाई लीक से हटकर वे ऐसा शीर्षक लगाते हैं कि एक तो पाठक को तुरन्त अपनी ओर खींचता है और फिर पूरे कॉलम के मूल स्वर का भी आभास दे देता है। उदाहरण के लिए कुछ शीर्षक देखिए—'लुटियन के टीले का भूगोल' से : 'नर और सिंह के वर्णसंकर राज में', 'लोग नहीं हैं, वोट हैं', 'शानदार गैर-जिम्मेदारी और टुच्ची सत्ताकांक्षा में', 'अच्छी पिच है, टीवी का परदा', 'जो बहस के काबिल नहीं वह हमले के भी काबिल नहीं', 'कांग्रेसी नागनाथ, भाजपाई साँपनाथ, अपना हाथ जगन्नाथ', 'गोधरा गुजरात की बाबरी मस्जिद है', 'गैलप पोलों की पोलपट्टी', 'कुछ करनी कुछ करमगत' और 'निजी कैसे सार्वजनिक हैं' इत्यादि।

प्रभाष जी का यह गद्य हाथ-कते, हाथ-बुने और हाथ-सिले खादी के परिधानों की तरह साफ-स्वच्छ और तुलसीदास के शब्दों में 'विसद-गुनमयफल' वाला है।

'कागद कारे' पढ़ते हुए कभी-कभी मन में एक बात उठती है। जिस रंग में प्रभाष जी क्रिकेट पर लिखते हैं उसी रंग में क्या साहित्यिक कृतियों के बारे में भी लिखा जा सकता है? साहित्य भी तो शब्दों का एक खेल ही है और जैसा कि प्रभाष जी कहते हैं कि 'खेल सिर्फ खेल नहीं है' तो शब्दों का यह खेल भी सिर्फ खेल नहीं है और तय है कि खेल की भाषा में ही इस शाब्दिक खेल पर लिखना कोई खेल नहीं है। किसी भी साहित्यिक समालोचक के लिए प्रभाष जी का 'कागद कारे' एक चुनौती है।

27 जुलाई, 2008 —**नामवर सिंह**

लिखी कागद कारे किए

सिडनी से ही ब्रिसबेन गया था और भारत को आस्ट्रेलिया से एक रन से हारते देखकर लौट आया था। सिडनी में भारत का मैच पाकिस्तान से होना था और फिर क्रिकेट के दो सबसे पुराने प्रतिद्वंद्वियों इंग्लैंड और आस्ट्रेलिया का मुकाबला था। यानी काम के दिन दो थे और सिडनी में टिकना सात दिन था।

काफी समय था सिडनी को खँगालने के लिए और समझने के लिए कि जब एक देश के अपराधी दूसरे देश में भेजे जाते हैं और वहीं रहने को मजबूर होते हैं तो वे कैसा देश-समाज बनाते हैं। ब्रिसबेन में मैच के बाद के खाली दिन होटल की खिड़की से बल खाती डार्लिंग नदी और उसके बाद के विस्तार को देखते हुए लगा था—महत्त्व की बात यह नहीं है कि आप क्या थे और आपको क्या मिला। महत्त्वपूर्ण यह है कि जो आपको मिला था उसका आपने क्या किया। अपने को फिर से बनाते हुए उसका क्या बनाया। क्रिकेट विश्व कप के बहाने आस्ट्रेलिया को देखने-समझने की यही अपनी लाइन होनी थी।

डार्लिंग हार्बर पर पार्क रॉयल में कमरा था। वहाँ से समुद्र और उसके किनारे पर बसा सिडनी महानगर खूब दिखाई देता था। एक दिन तो जाकर सिडनी क्रिकेट ग्राउंड और स्टेडियम में अपने बैठने की जगह और वहाँ दर्शकों की सुविधाएँ आदि देख आया। दूसरे दिन जैसे अपना बैग रख के और सूट बूट न पहनकर क्रिकेट लेखक का चोला उतार दिया। धोती-कुरता और चप्पल पहनकर सबेरे जल्दी उतरा और पैदल चल निकला। सोचा था कि बीच में टैक्सी, ट्राम, रेल, बस जो भी मिलेगी ले लूँगा लेकिन जितना भी चल सकता हूँ, पैदल चलूँगा। किसी निश्चित जगह पहुँचना नहीं था इसलिए देखता-परखता और समझता चलता चला गया। थका तो किसी पार्क की बेंच पर बैठ गया या सड़क किनारे की इमारत से सटकर सुस्ता लिया। चलता चला गया तो सामने एक विशाल पुल उभर आया। पढ़ रखा था और फोटू में देख रखा था। यह वही विशाल सिडनी हार्बर ब्रिज था।

समुद्र पर मनुष्य के इस्पाती उद्यम की अद्‌भुत मिसाल। दाहिनी तरफ सिडनी का दूसरा मशहूर स्थान ऑपेरा हाउस। अपनी उत्तेजना में या समुद्र की ठंडी हवा के थपेड़े के कारण ऐसा आवेग महसूस किया कि पुल पर चलता चला गया। दूसरे सिरे पर ही जाकर रुका। बड़ी देर तक घूम-घूमकर चारों तरफ देखता रहा। फिर लगा कि कुछ खा लेना चाहिए। रेलवे स्टेशन पर बहुत भीड़ थी। लोग दफ्तर जाने की जल्दी में थे। एक स्टॉल से सलाद लिया और बेंच पर बैठकर इत्मीनान से खाया। दफ्तर जाते लोगों और उनकी रेलगाड़ियों को देखता रहा। लंदन की ट्यूब में भी इसी तरह लोगों और उन्हें लाती, उतारती और ले जाती गाड़ियों को देखा है। मुझे लगा कि पहनावे, बोलचाल और चलने-फिरने में आस्ट्रेलियाई

अंग्रेजों से कहीं अधिक अनौपचारिक और खुले हुए हैं। पैदल वापस पुल पार करने की इच्छा नहीं हुई। किसी भी स्टेशन का टिकट लेकर जो भी अगली रेलगाड़ी आई उसमें बैठ गया।

कोने की सीट पर बैठा था और पुल पर से ऑपेरा हाउस और उसके पार सिडनी महानगर दिख रहा था। अपने किसी भी महानगर से ज्यादा तरतीब और व्यवस्था वहाँ दिख रही थी। अचानक मुझे लगा कि मान लो सन् बहत्तर में जेपी के सामने हथियार डालनेवाले चम्बल और बुन्देलखंड के कोई छह सौ बागियों को अगर अंडमान निकोबार या ऐसे ही किसी द्वीप पर परिवार सहित भेज दिया जाता तो क्या होता? क्या वे मुम्बई या दिल्ली या ग्वालियर जैसा कोई महानगर खड़ाकर देते? या चम्बल घाटी जैसा बीहड़ संसार बनाते? उनके सरदारों–माधोसिंह और मोहरसिंह–को मैंने काफी नजदीक से जाना था। मुझे भरोसा नहीं हो रहा था कि वे आस्ट्रेलिया जैसा देश बना सकते हैं। अपनी चम्बल घाटी जैसा समाज भी बना सकते हैं या नहीं, इसमें भी मुझे सन्देह हुआ।

मैं नहीं जानता कि आत्मसमर्पण करनेवाले चम्बल बुन्देलखंड के बागियों की क्षमता में यह शक मुझे क्यों था। उन्हें तो वैसा मौका मिला ही नहीं जैसा इंग्लैंड के अपराधियों को आस्ट्रेलिया में मिला था। यानी अभी जिन्हें मैं देख रहा या उनके पूर्वजों को। जिन भारतीयों ने जावा, सुमात्रा, बाली, थाईलैंड, इंडोनेशिया आदि पूरब के देशों में जाकर अंगकोरवाट जैसे मन्दिर और बस्तियाँ बनाईं क्या वे अंग्रेजों जैसे विस्तारवादी और उपनिवेशवादी थे? वे कौन लोग थे कहाँ से गए थे और क्यों गए थे? उत्तर भारत का इतिहास जो पूरे भारत का इतिहास मान लिया जाता है उसमें इन लोगों का वर्णन क्यों नहीं है? हमारी जातीय स्मृति में इन लोगों की यात्राओं और इनके वहीं रह जाने की याद क्यों नहीं है? क्या हम हमेशा बाहर से आनेवालों के हमलों या मेल-मिलाप के शिकार ही होते रहे हैं? जहाँ हम गए वहाँ के लोगों से हमारी मुठभेड़ या हमारे सम्मिलन का इतिहास हमारे पास क्यों नहीं है? क्या इसलिए कि हमारा इतिहास भारत पर हमला करने या यहाँ बसकर राज हथिया लेनेवाले लोगों के वर्णनों से ही बनाया गया है? क्यों उन्हीं को प्रामाणिक स्रोत माना जाता है और हमारे अपने अनुभवों का कोई जिक्र तक नहीं होता?

इसी गुंतारे में पड़ा रेल से कहाँ और कब उतरा और कैसे होटल के कमरे पहुँच गया पता नहीं। आस्ट्रेलिया की यात्रा पर सिडनी के होटल के कमरे में होने और रज्जू बाबू को पुल पर से जाने और इन सब बातों की चर्चा में उलझाने की प्रतीति मुझे तभी हुई जब किसी ने दरवाजे पर खटकाकर सन्देश का एक पुर्जा दिया। मैं अपने पर चकित था क्योंकि जिन राजेन्द्र माथुर से मैं ऐसे सजीव संवाद में पड़ा हुआ था उनको गए कोई दस महीने हो चुके थे। जब सिडनी हार्बर पुल को पारकर रहा था तो मुझे बारबार गड़बड़ी का वह पुल याद आ रहा था जिस पर चलते-चलते हम यानी मैं और रज्जू बाबू बातों में ऐसे मशगूल थे कि ध्यान ही नहीं रहा कि पीछे से रेलगाड़ी आ रही है। जब वह बहुत पास आ गई और इंजिन ने सीटी मारी तो हम हड़बड़ाए। लकड़ी के फट्टों पर बेतहाशा भागे और पुल खत्म हुआ तो वे दाहिनी ओर कूदे और मैं बाईं ओर। रड़कते हुए हम नीचे नदी के किनारे पहुँचे। बड़ी राहत से रेल को गुजरते हुए देखा। फिर अपने छिलने से खून पोंछा, धूल-कंकर निकाले और कराहते हुए पुल पर इकट्ठे हुए। जान बचने के सदमे में चुपचाप चलते गए।

तब रज्जू बाबू यानी राजेन्द्र माथुर इन्दौर की पलशीकर कॉलोनी में कोटिया जी के घर किराए पर रहते थे। वहाँ से थोड़ी दूर दाहिनी तरफ से खंडवा की छोटी लाइन जाती थी। तब वहाँ सुनसान हुआ करता था और रेल की पटरियों के बीच चलते हुए कभी-कभी तो हम बीजलपुर तक चले जाते थे। वह गाँव अपने दानेदार चॉकलेटी गुड़ और जामफल यानी अमरूद के लिए प्रसिद्ध था। उस दिन के हादसे के बाद भी हमारा बात करते हुए पटरी पर जाना चलता रहा। एक बार दिल्ली आने पर हम राजघाट कॉलोनी से राष्ट्रपति भवन तक पैदल गए। मई का महीना था और आसमान पर आँधी से राजस्थान से आई रेत चढ़ी हुई थी। उसके बीच सूरज बुझते हुए कंदील की तरह लटका था। लौटते हुए हम हाँफ रहे थे। रज्जू बाबू ने अपना बुश्शर्ट और मैंने अपना कुरता कन्धे पर टाँग रखा था। हमें विश्वास था कि दिल्ली के राजपथ पर हमें कोई नहीं जानता और हम मज़े में बनियान में ही घर पहुँच सकते हैं।

इस तरह बात करते, सोचते, एक दूसरे की बात पर बात चढ़ाते और अपने को बेलाग व्यक्त करते हुए हम अन्दर से बहुत भरे-भरे महसूस करते। लगता कि अपने जीने का पिच, उछाल, गति और घुमाव तय हो रहा है। रज्जू बाबू के दिल्ली आने और 'नवभारत टाइम्स' के सम्पादक हो जाने के बाद भी कभी-कभी ऐसा चलना और बतियाना हुआ। सघनता तो वैसी ही रही, बारम्बारता लेकिन बहुत घट गई। आखिरी बार हम भोपाल में माखनलाल चतुर्वेदी की जयन्ती पर उनके नाम के पत्रकारिता विश्वविद्यालय की महापरिषद की बैठक में चार अप्रैल को मिले। बैठक के बाद महेश पांडे की छोटी बेटी छुटकी ने आकर मुझे कहा—ताऊजी, आपको इस होटल की लक्जरी अच्छी लगती है? नहीं तो फिर घर चलिए। यहाँ क्यों रहना? उसके और महेश पांडे के साथ होटल छोड़ते हुए रज्जू बाबू ने हमें लॉबी में देखा। उठ के आए। कहाँ जा रहे हो? मैंने बताया। अरे यार! प्राइवेसी भी कोई चीज़ होती है!

इसके बाद नौ अप्रैल को जब मैं निर्माण विहार के अपने घर से मुम्बई जाने के लिए निकला तो बाहर विकास मार्ग पर डॉक्टर डोगरा के क्लिनिक में वे भर्ती थे। मुझे शंका तक नहीं थी कि वे वहाँ होंगे। मुम्बई पहुँचकर उस दिन के काम निपटाए। रात भोजन करके कमरे में गया तो रामनाथ गोयनका की निजी सचिव गीता मोर ने आकर विमान का टिकट दिया। कहा—आपके रज्जू बाबू नहीं रहे। सबेरे का टिकट है।

वह अपने खिड़की दरवाजे एक-एक कर बन्द होने और कमरे में कैद होने की शुरुआत थी। नौ अप्रैल इकानवे को राजेन्द्र माथुर गए। सितम्बर में शरद जोशी। अक्टूबर में रामनाथ गोयनका और तेरह जनवरी बानवे को लखनऊ में था कि देवास से कुमार गंधर्व चले गए। अपन जिनसे बात कर सकें और जिनकी ओर देखकर जी सकें ऐसे चारों जने देखते-देखते और यों ही चले गए। एक ने भी उनके बिना जीने की तैयारी करने का मौका नहीं दिया। जैसे कछुआ अपने हाथ, पैर और सिर अपनी पीठ के नीचे छुपाकर निःश्वास बैठ जाता है वैसे ही अपन बैठ गए।

यह तो उस दिन सिडनी हार्बर की पार्क रॉयल होटल के उस कमरे में रज्जू बाबू से संवेदी संवाद करते हुए अपने को पकड़ा तो जैसे इलहाम हुआ कि अपन किस ऑक्सीजन के बिना जी रहे हैं। जो सोहबत और जो संवाद आपके बोलने-चालने और सोचने-समझने के सारे

खिड़की, दरवाजे, परदे, काँच और देखे-अनदेखे आवरण उतार दे और आपको अभिव्यक्त होकर सार्थकता से जीने को निरन्तर प्रेरित करे वह दरअसल आपके अमृत-कलश को लगातार भरता रहता है। कोई दस महीने से मैं अपनी ही सोहबत में अपने से ही संवाद करता बियाबान में अकेला पड़ा हुआ था। करने को सब कर रहा था। वन-डे क्रिकेट का विश्व कप कवर करने यहाँ आस्ट्रेलिया ही आ गया था। अपने लिए आस्ट्रेलिया का आविष्कार भी कर रहा था। लेकिन जैसे कोई जानवर अपनी इन्द्रियों के जिलाए जीता है वैसा ही जी रहा था। अनुपस्थित रज्जू बाबू से बात करते हुए अचानक लगा कि मन, बुद्धि और आत्मा के स्तर पर जीने को किस तरह बर्फ जैसा जमाकर पशुवत जी रहा था।

रज्जू बाबू इनमें सबसे पुराने संगी थे। लेकिन कुमार जी शायद उनसे भी पहले के। सुनवानी महाकाल से देवास सात किलोमीटर पड़ता था। वहाँ से पैदल जाकर कुमार जी के रियाज में बैठना और सृजनात्मक संगीत को बनते हुए सुनना क्या गजब स्फूर्तिदायक अनुभव होता था। तब भानु ताई जीवित थीं और कुमार जी लम्बी बीमारी से मुक्त होकर उठे थे और गाने को फिर से आविष्कृत कर रहे थे। मुकुल से छोटे बेटे को जन्म देते हुए भानु ताई गई। कुमार जी ने नया घर बनाया तो उसका नाम भानुकुल रखा। अपना लोक और सांस्कृतिक संसार कुमार जी की मध्य लय के मधुर संवेदनशील स्वरों से रचा गया था। उनके जाने के बाद उस संसार का जैसे दरवाजा ही बन्द हो गया। शरद जोशी से दोस्ती नई दुनिया में जाने के बाद हुई। उनमें अच्छी से अच्छी परिस्थिति में विद्रूप देखने की विलक्षण और सहज प्रतिभा थी। वे सब पर हँस सकते थे। हर एक का मखौल उड़ा सकते थे। लेकिन अन्दर से इतने नाजुक और सहज भेद्य थे कि तिनके से भी घायल हो जाएँ। उन्हें बच्चे की तरह बचाकर रखने में सुख मिलता था। वे रज्जू बाबू के जाने के पाँच महीने बाद ही चले गए।

रामनाथ गोयनका यानी आरएनजी से सबसे बाद सन् बहत्तर में मिलना हुआ। अक्टूबर इकानवे में एक रात जब वे गए तो सतासी बरस के थे। उनसे मुलाकात हुई तब वे अड़सठ बरस के थे और इन्दिरा गांधी से राजनीतिक लड़ाई लड़ने की तैयारी कर रहे थे। इन्दिरा गांधी और उनके बेटे राजीव गांधी दोनों से उनकी राजनीतिक लड़ाई हुई और दोनों को ही आतंकवादियों के हाथों मारे जाते उनने देखा। संजय गांधी को भी विमान दुर्घटना में जाते हुए उनने देखा था। कैसी विडंबना है कि जवाहर लाल नेहरू ने इन्दिरा गांधी के परिवार की देखभाल करने की जिम्मेदारी आरएनजी को सौंपी थी और फ़ीरोज़ गांधी 'इंडियन एक्सप्रेस' के महाप्रबंधक भी हुआ करते थे। लेकिन इन्दिरा गांधी के ही पूरे परिवार को नहीं उनने अपनी पत्नी और इकलौते बेटे भगवानदास को भी जाते हुए देखा था। चेन्नई के अपने घर में दाढ़ी बढ़ाए हुए और अपने कमरे में अकेले रहते हुए बैरागी रामनाथ गोयनका को भी मैंने देखा था। उन्हें जैसे उस काल कोठरी में देखकर मैंने अपने से पूछा था—जीने और लड़ने को इस आदमी के लिए अब क्या बचा है?

लेकिन अस्सी के साल में और अपने छिहत्तरवें वर्ष में आरएनजी लौटकर अपनी वाली पर आए। इन्दिरा गांधी भी सत्ता में वापस आई थीं। इसके बाद के ग्यारह साल आरएनजी ने फिर संघर्ष में बिताए। कोई युद्ध न हो तो जीना उन्हें निष्प्रयोजन लगता था। लड़ते हुए वे तन, मन, धन से लड़ते थे और कुछ भी उठाए नहीं रखते थे। अपने सारे विकल्प हर समय खुले रखते थे। इतनी राजनीतिक लड़ाइयाँ लड़े लेकिन राजनीति से अपने लिए कुछ नहीं

लिया। विलक्षण विरोधाभासों के आदमी थे। रोक कर या बचाकर अपने पास कुछ नहीं रखते थे। राग-विराग और राग-द्वेष सबमें और खुलकर जीते थे। धर्म भीरु थे लेकिन मर्यादाओं और बाधाओं से खेल करते रहना स्वभाव में था। उस छोटे से आदमी के गजब के वेग का रहस्य ही यही था कि किसी भी स्थिति में से कर गुजर के निकलने की कोशिश कभी छोड़नी नहीं चाहिए। हारी हुई लड़ाई भी कैसे जीती जाती है यह रामनाथ गोयनका से कोई भी सीख सकता था। उनके साथ रहना हमेशा एक घोड़े पर चढ़कर सरपट दौड़ते रहना था। एक अर्थ में वे राजेन्द्र माथुर से बिलकुल विपरीत चरित्र के आदमी थे। मेरी दोनों से इतनी पटी इसे देखकर मुझे आज भी अचरज होता है।

उस दोपहर सिडनी के होटल के उस कमरे में पहली बार मैंने समझा और आकलन किया कि इन चारों के जाने से कितना अव्यक्त, अधूरा और निपट अकेला रह गया हूँ। मुझे आत्मीय संवाद के लिए अपने अन्दर ठिठककर जमी बर्फ को पिघलाना पड़ेगा। फिर पाल को तोड़कर अनजाने और अनगिनत स्रोतों से इकट्ठे होते जल को बेझिझक बहते रहने के लिए साधना होगा। ऐसा नहीं कर पाया तो जीना मुश्किल होता जाएगा। उस शाम जब सिडनी क्रिकेट ग्राउंड जाने के लिए निकला तो मुझे लगा कि अपनी गुत्थी मैंने पकड़ ली है। उसका एक सिरा भी अँगूठे और पहली उँगली के बीच आ गया है। सँभलकर और हलके हाथों से खोलूँगा तो एक दिन पूरा धागा सीधा हो जाएगा और तब मैं उसे हुचके पर बाँधकर ठीक से लपेट लूँगा। शायद ऐसे ही धागे से बँधी अपनी जिन्दगी सीधी खुलती जाएगी।

सिडनी के बाद न्यूजीलैंड गया और ऑकलैंड से डनेडिन तक का चक्कर लगाया। डनेडिन से दक्षिणी ध्रुव तक कोई ज़मीन और बस्ती नहीं है। समुद्र और जमी हुई बर्फ है। वहाँ से लौटकर एडीलेड और फिर मेलबर्न और फिर अपने देश अपने घर। दफ्तर आकर पहले जवाहर लाल कौल और फिर 'जनसत्ता' के रविवारी के सम्पादक मंगलेश डबराल को सिडनी में उस सुबह पुल पार करने और आस्ट्रेलिया पर राजेन्द्र माथुर से बात करने का किस्सा सुनाया। यह भी कहा कि सम्पादकीय और लेख लिखता रोज हूँ लेकिन लगता है कि मन की बात मन में ही रह गई। कथा कहानी लिखता रहता तो शायद अपनी अभिव्यक्ति पूरी हो पाती। लेकिन जब ऐसा लिखने का उत्साह और कहानियाँ थी तब लगता था कि अपने आसपास के राजनीतिक संसार को प्राप्त परिस्थितियों में समझना और समझाना भी जरूरी है। ठोस और भौतिक वर्तमान से उसी के उपकरणों से निपटना भी एक चुनौती है और उसका भी सामना करना चाहिए। अगर गाँव सुनवानी महाकाल और ग्रामसेवा छोड़कर पत्रकारिता में नहीं आता तो शायद साहित्य में ही लगा रह सकता था। लेकिन पत्रकारिता में रपट पड़ा हूँ तो यों ही 'हर गंगा' क्यों करूँ? इसलिए तथ्यों और वर्तमान को साधने में लगा रहा। कल्पना और अनुभूति के बजाय तथ्यों और तर्कों को औजार बनाया।

फिर एक दिन हमारे सम्पादकीय पेज के सम्पादक जवाहर लाल कौल आए। अपना पेज वे फाइनल करके आए थे और चाय पीने और गप लगाने के मूड में थे। वे 'दिनमान' में अज्ञेय और रघुवीर सहाय, सर्वेश्वर दयाल सक्सेना और श्रीकांत वर्मा जैसे कवियों के साथ काम कर चुके थे लेकिन कविताई और कथाई के चक्कर में नहीं पड़ते थे। अच्छी पेशेवर पत्रकारिता करते थे। अपने राजनीतिक लगावों, झुकावों और विचारों को अपने पत्रकारीय कामकाज से अलग रखते थे। लेकिन, छल-कपट से छुपाकर नहीं। उनसे बरतते हुए आप जानते थे कि वे

कहाँ खड़े हैं और आपसे उनकी दूरी या नजदीकी कितनी है। कोई घंटे-डेढ़ घंटे दुनिया-भर की गप लगाने के बाद उनने कहा कि आप एक कॉलम क्यों नहीं लिखते। ऐसा कि जिसमें जो मन में आए आप लिखें और कोई स्पष्ट निष्कर्ष निकालने की कोशिश ना करें। बेमतलब की बात में भी मतलब हो। बिलकुल निजी हो लेकिन प्राइवेट उसमें कुछ न हो। जैसे कविता बिलकुल निजी होती है लेकिन सबकी अनुभूति को प्रकट करती है।

तब तक 'जनसत्ता' के सम्पादकीय पेज पर किसी का कोई कॉलम नहीं छपता था। हमने तय कर रखा था कि सम्पादकीय पेज को तात्कालिकता और सामयिकता के लिए खाली रखेंगे। जब जैसा अखबार के नाते जरूरी हो छापेंगे। रविवारी में भी कॉलम एक ही छपता था—रघुवीर सहाय का। वे जब तक जिए लिखते रहे। कॉलमों से अखबार की जगह बँध जाती है। हर सुबह अखबार खाली नाव की तरह दिन में उतरे और रात डेढ़ बजे तक जरूरी सामग्री भरकर पाठक के पास ले जाए और खाली होकर लौट आए। इसलिए मूल अखबार में जगह निकलने की कोई गुंजाइश नहीं थी। फिर खबरों और उनके विश्लेषणों के बीच वैसा निजी किस्म का कॉलम बहुत अटपटा लगता। मंगलेश जी को बुलाकर पूछा कि ऐसा कोई कॉलम लिखूँ तो क्या आप छापेंगे? छापेंगे भी तो किस पेज पर और कैसे? वे सोचकर आए और रविवार के दिन सम्पादकीय पेज की जगह हम जो किताबों और सांस्कृतिक मामलों पर सामग्री छापते थे उसमें उनने जगह निकाली।

कॉलम में क्या होगा यह उन्हें विस्तार से बताया था। उन्हीं को उसका नाम सुझाना था। उनसे कहा था कि ऐसा कतई नहीं लगना चाहिए कि यह किसी गम्भीर विवेचन का कॉलम है। इसमें भावनाओं, गपों और सीधी-सीधी बतकही होगी। सम्पादकीय पेज की सामग्री और वैसा ही उससे बरतना इसमें नहीं होगा। ऐसा हल्का-फुल्का नाम रहे कि न लिखनेवाले पर कोई बोझ हो, न पढ़नेवाले पर कोई भार पड़े। मंगलेश जी ने 'कागद कारे' सुझाया। यह तुलसीदास का लिखि कागद कोरे नहीं था। यह प्रभाष जोशी का यों ही लिखकर कागद काले करना था। मुझे यह नाम पसन्द आया। कौल साब को बताया तो उन्हें भी ठीक लगा। फिर भी हमारे अखबार में गम्भीर पत्रकारिता करने और औपचारिकता निभानेवालों की कमी नहीं थी। उन्हें लगा कि सम्पादक कॉलम लिखे और उसमें वजन न हो तो अखबार और सम्पादक की छवि बिगड़ेगी। उन्हें कागद कारे नाम और उसका सम्भावित कथ्य और रूप दोनों ही हल्के-फुल्के साप्ताहिक के लायक लगता था। उन्हें बताया कि गम्भीर सामग्री तो अपन हर दिन छापते ही हैं। रविवार को कुछ ऐसा भी छाप सकते हैं जो पत्रकारिता के निर्धारित और अपेक्षित ढाँचे से अलग हो। जब वे भी मान गए तभी यह कॉलम शुरू हुआ।

पाँच अप्रैल बानवे के अंक में पहला 'कागद कारे' छपा क्रिकेट के कोकाकोलाकरण पर। तब से अब तक यानी कोई सोलह साल से ज्यादा हर रविवार के लिए लिखता रहा हूँ। बहुत कम ऐसे रविवार रहे हैं जब सचमुच अपरिहार्य कारणों से लिखा न गया हो। सन् चौरानवे के मई महीने में मुम्बई के अस्पताल में अपनी बाईपास हुई। ऑपरेशन थिएटर से बाहर तीन दिन रिकवरी में रहा। चौथे दिन कमरे में आते ही आलोक तोमर को बोलकर लिखवाया। ध से धैवत और धन्यवाद। एक वही कॉलम है जो खुद बैठकर नहीं लिखा। एक बार मालवा के जीवन पर यों ही लिख दिया। मुम्बई के सबसे रईस रिहायशी इलाके वालकेश्वर से मालवा या राजस्थान से ब्याह कर आई एक लड़की ने उसे पढ़कर रोते हुए

चिट्ठी लिखी। वह वैसे ही हुमक रही थी जैसे अपने बचपन के घर आँगन को याद करके मेरी आत्मा हुमकती है।

पाँच-छह साल पहले महाराष्ट्र के मालेगाँव जाना हुआ। अखबार में छपे भाषण से तार जोड़ते हुए एक सज्जन आखिर मुझ तक पहुँच गए। एक बड़ा-सा बेलफल लेकर आए थे और दूसरे झोले में अखबार की कतरनें थीं। निकालकर थप्पे के थप्पे उनने मेरे सामने रखे। उनने एक भी कागद कारे छोड़ा नहीं था। उनकी शिकायत थी कि मुम्बई से 'जनसत्ता' निकलना बन्द हुआ तो अब यह कॉलम मैं कहाँ से पढ़ूँ। देखिए मैं आपका ऐसा पाठक हूँ। आपको कम-से-कम कोई इन्तजाम तो करना चाहिए कि मुझे डाक से प्रत्येक रविवार का अंक मिले। मैंने हाथ जोड़कर कहा—महाराज, इतनी कतरनें तो दफ्तर में हमारे रामबाबू ने भी निकालकर ऐसे जतन से नहीं रखी होंगी। मैं सोच नहीं सकता कि ऐसा भी कोई दीवाना पाठक होगा। लेकिन मैं आपको भरोसा नहीं दे सकता कि हर रविवार की 'जनसत्ता' आपको मिल जाएगी। मैं सिर्फ सलाहकार हूँ और मैंने कोई कार्यकारी अधिकार नहीं रखा है। वे सज्जन असन्तोष में चले गए। लेकिन उनके दिए बेलफल से मीठा बेल अपन ने कभी खाया नहीं था।

लेकिन मालेगाँव के उन सज्जन की कतरनों का झोला देखने के बाद मेरे मन में कृतज्ञता का भी एक बोध बढ़ गया। जैसी बातें कागद कारे पढ़नेवालों के मुँह से मैंने सुनी हैं और जैसे खत मुझे मिलते रहे हैं, मेरी कृतज्ञता की कारी कामली लगातार भीग कर भारी होती गई। भावुक हो जानेवाले साधारण पाठकों की प्रतिक्रियाएँ फिर भी समझ में आ सकती हैं। लेकिन एक बार इतने पढ़े-लिखे और ऐसे आलोचक नामवर जी ने धीरे से मुझे कहा—कब तक कतरनें काटकर रखूँ। फाइल बहुत मोटी हो गई है। आप इन्हें छपवा क्यों नहीं देते। सबसे ज्यादा पढ़े और याद रखे जानेवाले वे कॉलम हैं जो निहायत निजी किस्म के कहे जाएँगे। कहीं भी जाऊँ कोई न कोई निपट अनजान मुझसे आकर पूछेगा—भेनजी कैसी हैं? माताराम कहाँ है? माधव कैसा खेलता है? पप्पू, मुनमुन, लालू आदि के क्या हाल हैं? बड़ी बहन की मृत्यु पर लिखा तो रतलाम के विष्णु बैरागी ने फोन करके और फिर चिट्ठी लिखके बताया कि वे कितना रोए। जीजा जी के श्राद्ध में गया और लिखा तो 'इंडियन एक्सप्रेस' अमदाबाद के सम्पादक एनके सिंह ने सिर्फ यह बताने के लिए दो बार फोन किया कि वे कितना रोए। बीकानेर के किसी सज्जन ने फोन करके कहा—उस बेंच पर आप अकेले नहीं बैठे हैं। मैं आपके पास बैठा हूँ।

मैं जानता हूँ कि 'जनसत्ता' के पाठकों से पहले दिन से मेरा एक निजी और आत्मीय सम्बन्ध है। इसके बिना न तो यह कॉलम इस तरह लिखा जा सकता है, न पढ़ा। आज सोलह साल बाद सिडनी की वह दोपहर मुझे धन्य करती है जिसमें से कागद कारे करने की प्रेरणा निकली। इसे लिखकर अनेक हो जाने की मेरी आदिम इच्छा पूरी होती है। 'जनसत्ता' के पाठकों ने भरा-पूरा जीवन जीने का मौका देकर मुझे कितना धन्य किया है मैं ही जानता हूँ। इन्हें छपवाकर पुस्तकाकार करने की माँग और दबाव जब बहुत बढ़ गया तो रामबाबू से फाइल लेकर मैंने सुरेश शर्मा को ले जाकर दी जो 'जनसत्ता' छोड़कर 'नवभारत टाइम्स' में चले गए थे लेकिन मुम्बई अभी नहीं गए थे। दस साल के कागद कारे उनने देखे, पढ़े और छाँटे। उन्हीं ने पाँच पुस्तकों में इनका विभाजन किया। वे 'जनसत्ता' के हमारे पुराने साथी हैं। लेकिन पहला कॉलम रवीन्द्र त्रिपाठी ने देखा क्योंकि तब वे रविवारी में मंगलेश डबराल के

सहयोगी थे। रामबाबू ने इन्हें काटकर सहेजकर रखा और सुरेश शर्मा ने सम्पादित किया। अपने तो बस की बात नहीं थी कि यह सब कर पाते। मैं तो सच बताऊँ लिखने और छपने के बाद इन्हें पढ़ भी नहीं पाया हूँ।

दस साल के चुने हुए कागद कारे को सुरेश शर्मा ने पाँच पुस्तकों में बाँटा है। इस पहली पुस्तक में उनने व्यक्तियों पर लिखे स्तभ इकट्ठे किए हैं। ये व्यक्ति चित्र नहीं हैं। जीवनियाँ भी नहीं हैं। और तो और संस्मरण भी नहीं हैं। जैसे गांधी जी के साथ के मेरे क्या संस्मरण हो सकते हैं। दिल्ली में जब उनको नाथूराम गोडसे ने गोली मारी तो मैं इन्दौर में दस बरस का था। माताराम कहती हैं कि उनने मुझे गांधी जी को दिखाया था जब वे हिन्दी साहित्य सम्मेलन की अध्यक्षता करने इन्दौर आए थे। लेकिन तब मैं साल भर का था और कहना कि उन्हें मैंने देखा गप लगाना होगा। लेकिन इस पुस्तक की शुरुआत ही गांधी पर लिखे से होती है और तीन निबन्ध हैं। जिन पर लिखा है वे सब ज्यादातर सार्वजनिक जीवन के लोग हैं। लेकिन अनुपम मिश्र जैसे निपट निजी और बाहर दिखने में शरमाने और हिचकने वाले मित्र पर भी एक स्तम्भ है। मार्तिना नवरातिलोवा पर भी है जो बीसवीं सदी की सबसे महान टेनिस खिलाड़िन थीं और जिन्हें प्रत्यक्ष खेलते हुए भी मैंने नहीं देखा। आशा लिखी पर भी है, सुशील लिखी की पत्नी जो प्रार्थना से उपचार में विश्वास करती थीं। लेकिन हम में से किसी की भी प्रार्थना ऐसी सच्ची और कारगर नहीं थी कि वे असमय यों ही नहीं चली जातीं। जिन-जिन रूपों और तरीकों से कोई हमारे जीवन में जी सकता है उन्हीं रूपों और तरीकों में उनको मैंने जिया और याद रखा है। ये बहाने हैं जिनके कारण मैं जीता हूँ। इसीलिए इस पुस्तक का शीर्षक रखा है—जीने के बहाने।

अशोक महेश्वरी के लिए क्या कहूँ। तीन साल से तो ये सेट किए हुए रखे रहे मेरे पास और मैं आज कल करता रहा। आज ये आपके हाथ में हैं तो सुरेश शर्मा, अशोक महेश्वरी और रामबाबू की बदौलत!

15 जुलाई, 2008

—प्रभाष जोशी

जीने के बहाने

'जनसत्ता' में प्रभाष जोशी के कॉलम 'कागद कारे' का पहला आलेख 5 अप्रैल, 1992 को प्रकाशित हुआ था। शीर्षक था : 'कंगारुओं का कोकाकोलाकरण।' तब से आज तक यानी पिछले 15 सालों से उनका यह कॉलम नियमित रूप से छपा है। हिंदी पत्रकारिता में ऐसे कॉलम गिनती के हैं जो इतने लम्बे समय तक चले हों। इस कॉलम की शुरुआत खेल पर एक रोचक टिप्पणी से की गई थी। इन टिप्पणियों में पत्रकारिता की तात्कालिकता का निर्वाह करते हुए भी विषय को सघन संवेदनात्मकता के साथ रखा गया है। इससे उसने टिके रहनेवाले साहित्य का दर्जा हासिल कर लिया है।

साहित्य के कालजयी होने का अर्थ है हर दौर में एक हद तक उसकी प्रासंगिकता। 'कागद कारे' के ये आलेख जब लिखे गए और छपे, उन्हीं हफ्तों तक उनका जीवन नहीं था। वे आज के दौर में भी उतने ही प्रासंगिक हैं। इसके अनेक कारण हैं। इन आलेखों से मानवीय सोच और संवेदना का एक नया संसार सामने आया है। इन्हें लिखते हुए जिस सर्जनात्मक भाषा का प्रयोग किया गया है उसकी एन्द्रिकता निश्चय ही हिंदी पत्रकारिता और साहित्य की उपलब्धि है। प्रभाष जी की भाषा की सर्जनात्मकता इस बात में निहित है कि वे जहाँ से विषय लाते हैं उसकी भाषा भी वहीं से उठाते हैं। वे किसी बनावटी या गढ़ी हुई भाषा में स्थितियों का अनुवाद नहीं करते। वे अपनी विषयवस्तु को उसी की भाषा और शिल्प में उपस्थित करते हैं। उनकी इस शिल्पगत विशेषता से हिंदी गद्य को नया चेहरा मिला है। इन आलेखों के संवेदनात्मक प्रसंगों में हजारीप्रसाद द्विवेदी के निबन्धों जैसा लालित्य है। लेकिन अनेक राष्ट्रीय मुद्दों पर प्रभाष जी की दृष्टि कुछ व्यक्तित्वों और संगठनों के लिए सख्त आलोचनात्मक है। उनकी इस भाषा से भारतेन्दु युग के पत्रकार बालकृष्ण भट्ट की याद आती है। प्रभाष जी की यह भाषा उन्हीं की परंपरा में है। लालित्य और सख्ती का यह संयोग हिंदी गद्य का नया व्यक्तित्व है।

ये आलेख साहित्य और पत्रकारिता के बीच पैदा किए गए बनावटी फर्क को मिटाते हैं। रघुवीर सहाय भी साहित्यकार और पत्रकार को अलग करके नहीं देखते थे। रघुवीर सहाय लिखते हैं : ''पत्रकार और साहित्यकार में कोई अंतर है क्या ? मैं मानता हूँ कि नहीं है। ऐसा इसलिए कि पत्रकार और साहित्यकार दोनों नए मानव संबंध की तलाश करते हैं। पत्रकार के लिए यथार्थ वही है जो संभव हो चुका है। साहित्यकार के लिए वह है जो संभव हो सकता है।'' *(रघुवीर सहाय रचनावली भाग-3, पृ. 52)*

रघुवीर सहाय के कथन की रोशनी में देखें तो इन आलेखों में एक ही साथ वह यथार्थ भी है जो संभव हो चुका है और वह भी जो संभव हो सकता है। इसीलिए इनकी प्रासंगिकता अपने समय में भी है और उसके बाद भी।

आलेखों की इस कालजयी विशेषता के कारण इन्हें अखबार के पन्नों से निकालकर पुस्तक के रूप में संकलित करना बेहद जरूरी था। प्रभाष जी ने सन् 2002 में मुझे इसके संकलन और संपादन का काम सौंपा तो मेरे पैर तले की जमीन खिसक गई, यद्यपि तब तक मैं 'बेनीपुरी ग्रंथावली' और 'रघुवीर सहाय रचनावली' संपादित कर चुका था।

असल में प्रभाष जी के साथ एक दूसरा रिश्ता रहा है। अपनी 'जनसत्ता' की पाठशाला में उन्होंने हमें पत्रकारिता की वर्णमाला सिखाई है! फिर भी साहस करके मैंने उनके आदेश का पालन किया। गुरुओं के ऋण से कभी मुक्ति नहीं मिलती। लेकिन उसके लिए प्रयास करते रहने का अपना एक आनन्द है। इसे संपादित करने में उन्होंने मुझे वही आजादी दी जो 'जनसत्ता' निकालने में हम लोगों को देते थे! सहयोगियों को स्वाधीन रखने और उनके विवेक पर भरोसा करने का गुण प्रभाष जी के व्यक्तित्व की खास विशेषता रही है। 'कागद कारे' विविध विषयों पर लिखे गए हैं। अपने समय के सागर में उठनेवाली हर लहर पर उन्होंने नजर रखी है। उसे सही परिप्रेक्ष्य में समझाने की पहल की है। विषयों के आधार पर उनके आलेखों की पाँच पुस्तकें बनाई जा रही हैं ताकि अलग-अलग विषयों की अपनी एक सुनिश्चित प्रभान्विति हो।

'जीने के बहाने' नामक पहली पुस्तक में ऐसे आलेख हैं जिनमें प्रभाष जी ने अपने समय के चर्चित व्यक्तित्वों पर टिप्पणियाँ की हैं। जिन व्यक्तित्वों ने इतिहास की धारा को सही दिशा में ले जाने की कोशिश की है, उन्होंने ऐसे ऐतिहासिक व्यक्तित्वों के अवदान का रेखांकन किया है। कुछ व्यक्तित्व ऐसे हैं जिन्होंने अपनी वैचारिक विसंगतियों के कारण ऐतिहासिक प्रवाह में गतिरोध पैदा करने का प्रयास किया है। प्रभाष जी ने उनकी खबर ली है।

दूसरी पुस्तक में व्यक्तिगत जीवन से संबंधित टिप्पणियाँ हैं। वे काफी हद तक आत्मकथात्मक हैं। प्रभाष जी ने कभी चर्चा की थी कि वे 'ओटन लगे कपास' शीर्षक से अपनी आत्मकथा लिखना चाहते हैं। उसकी काफी सामग्री तो इन्हीं टिप्पणियों में आ गई लगती है! इसके अलावा इस पुस्तक में परंपरा, संस्कृति और पर्यावरण से संबंधित आलेख तथा यात्रावृत्तांत भी संकलित हैं।

तीसरी पुस्तक उनके राजनैतिक आलेखों का है। इसमें उन्होंने राष्ट्रीय-अंतरराष्ट्रीय राजनैतिक प्रसंगों पर नए दृष्टिकोण से विचार किया है।

चौथी पुस्तक में खेल संबंधी लेख हैं। खेल संबंधी ऐसे सर्जनात्मक लेखों से हिंदी में खेल पर लेखन का नया स्वरूप सामने आया है।

पाँचवीं पुस्तक में पत्रकारिता संबंधी लेख, भारतीय भाषाओं पर विचार तथा आर्थिक विषयों पर टिप्पणियाँ हैं। महिलाओं के प्रसंग में भी कुछ आलेख हैं।

ये पुस्तकें 'प्रभाष जोशी लेखन समग्र' नहीं हैं। उसका एक बहुत छोटा-सा और विशेष भाग है।

पृष्ठों की सीमा के कारण इन पाँच पुस्तकों में 1992 से 2002 अर्थात् दस साल के 'कागद कारे' ही संकलित किए जा रहे हैं। विभिन्न खंडों में प्रकाशित 'कागद कारे' के लेखों

में जाती हुई बीसवीं सदी और शुरू होती 21वीं सदी की गूँज सुनाई देती है। राजनैतिक प्रयोग और आर्थिक दिशा निर्धारण की दृष्टि से बीसवीं सदी के आखिरी वर्ष भारत के लिए बेहद निर्णायक थे। इन लेखों में उस दौर की जीवंत धड़कनें दर्ज हैं। इस दौर का इतिहास लिखनेवालों के लिए इन लेखों में पर्याप्त प्रामाणिक सामग्री उपलब्ध है।

'कागद कारे' से संकलित सामग्री की यह पहली पुस्तक 'जीने के बहाने' अपने समय के चर्चित व्यक्तित्वों पर है। इस पुस्तक में जिन व्यक्तित्वों पर प्रभाष जी ने लिखा है उनमें से अधिकांश महज व्यक्ति नहीं हैं। वे विचार हैं, समय हैं और हैं इतिहास के जीवंत उपकरण! समाज को आगे ले जाने के लिए ऐसे व्यक्तित्वों की परख और उनका विवेचन जरूरी है। इन संस्मरणात्मक व्यक्तित्वपरक लेखों में यही किया गया है।

आधुनिक हिंदी लेखकों में जिन्होंने श्रेष्ठ रचनात्मक संस्मरण लिखे हैं उनमें महादेवी वर्मा, रामवृक्ष बेनीपुरी, रामधारी सिंह दिनकर तथा सच्चिदानंद वात्स्यायन प्रमुख हैं। इन रचनाकारों में प्रभाष जोशी के ये संस्मरण लेख महादेवी और बेनीपुरी के ज्यादा करीब हैं। संस्मरण लिखते हुए दिनकर और अज्ञेय एक सीमा के बाद तटस्थ दिखाई देते हैं। वे निर्वैयक्तिक हो जाते हैं, जबकि महादेवी और बेनीपुरी के शब्द चित्रात्मक संस्मरणों में उनका अपना जीवन भी उतना ही शामिल होता है। संस्मरण लिखते हुए वे उनके साथ जीते हैं जिनके बारे में वे लिख रहे हैं। प्रभाष जोशी के संस्मरण आधारित लेखों की केन्द्रीय विशेषता भी यही है।

बापू के सेवाग्राम आश्रम पर बेनीपुरी ने भी लिखा है और प्रभाष जोशी ने भी। आश्रम के आँगन में खड़े पीपल ने दोनों को गहरे संवेदित किया। यह पीपल बापू ने 1936 में लगाया था। बेनीपुरी संभवतः 1950 में सेवाग्राम गए थे जब वह पीपल चौदह साल का था। बेनीपुरी ने लिखा : "बापू की कुटिया के आँगन में सबसे बड़ा, सम्पन्न और सजीला लगता है पीपल का एक पेड़ जिसे बापू के हाथ से लगाए जाने का सौभाग्य प्राप्त है। यह पेड़ इस कुटिया के सदर दरवाजे पर प्रहरी सा खड़ा है। एक पीपल का पेड़ था जिसकी छाया ने सिद्धार्थ गौतम को बुद्धत्व दिया और यह एक पीपल है जिसने अपनी छाया आधुनिक बुद्ध से प्राप्त की है।...मेरी कल्पना की आँखें देख रही हैं, समय के प्रवाह के साथ वृद्धि पाती हुई डालियों की तरह इसकी गरिमा और महिमा बढ़ती जाएगी... *(बेनीपुरी ग्रंथावली, भाग-5, पृ. 452)*

लेकिन बेनीपुरी की शुभासंशा फलवती नहीं हुई। आजादी के बाद के वर्षों में बापू के पीपल की महिमा का विस्तार नहीं हुआ।

प्रभाष जोशी जब 1993 में आखिरी बार बापू की कुटिया में गए तो बापू का लगाया वह पीपल 57 साल का हो चुका था। पीपल पर जब प्रभाष जोशी की निगाह गई तो उन्हें अहसास हुआ कि बापू के लगाए पीपल के जो हाथ आशीर्वाद में फैले होते थे...अब वे नहीं हैं।..."गौर से देखने पर लगा वहाँ कोई बड़ी शाखा टूटी है।"

प्रभाष जोशी को बताया गया कि "कुछ ही समय पहले बापू के पीपल की वह शाखा टूट गई। कोई आँधी तूफान नहीं था। बस ऐसे ही वह टूट गई।..."

प्रभाष जोशी को बापू के पीपल की शाखा टूट जाने का अहसास अचानक नहीं हुआ था। उन्हीं दिनों स्वदेशी के विरुद्ध देश में नई आर्थिक नीति का प्रवेश और कुछ ही महीने

पहले हुए बाबरी ध्वंस से विचलित प्रभाष जोशी ने प्रतीकात्मक रूप से महसूस किया कि "बापू द्वारा सींचे गए पीपल के हाथ अब पहले की तरह आशीर्वाद में नहीं उठे हैं।..."

बेनीपुरी की तरह प्रभाष जोशी भी वृत्तांत को जिस एंद्रिकता के साथ प्रस्तुत करते हैं वह हमारी संवेदना को सीधे स्पर्श करता है। विवरणात्मक होने के बावजूद प्रभाष जोशी के गद्य में एक बिम्बात्मक दृश्यात्मकता है। अपने इन्हीं गुणों के कारण वह कालजयी साहित्य की दुनिया में प्रवेश कर जाता है।

इस खंड में गांधी से सम्बद्ध दो और आलेख हैं : 'और क्या करें गांधी के वारिस' तथा 'शोचनीय बापू नहीं।' इन लेखों से पता चलता है कि प्रभाष जोशी का मानस बनाने में गांधी विचार का सबसे बड़ा योगदान है। रामविलास शर्मा पर लिखे आलेख में प्रभाष जोशी स्वयं कहते हैं : "मैं अगर कुछ हूँ तो गांधीवादी।" प्रभाष जोशी ने गांधी विचार को आत्मसात किया है। उसी से उनके विवेक की रचना हुई है। लेकिन गांधी विचार के साथ ही प्रभाष जोशी का मानस–भारतीय परंपरा, संस्कृति तथा यहाँ के नैतिक लोक विश्वासों से भी बना है। उन पर कबीर के वीतरागी संस्कार और कुमार गंधर्व की राग रचना के लोकरंग तथा शून्यवाद का गहरा असर है। इसीलिए उनके विवेचन-विश्लेषण में निजी भावनाओं, मूल्यों और जातीय स्मृति से जुड़े मन की महत्त्वपूर्ण भूमिका होती है।

प्रभाष जोशी सत्य, सदाचार, सहयोग तथा समन्वय के वैयक्तिक गुणों की रक्षा करना चाहते हैं। उसे किसी तरह बचाना चाहते हैं। वे उन मानवीय मूल्यों की भी रक्षा करना चाहते हैं जिनसे अब तक सभ्यता बची रही और नष्ट नहीं हुई। भारत बना रहा, मिट नहीं गया। इन आलेखों में सत्य के लिए प्रभाष जोशी के अतिरिक्त आग्रह को देखते हुए बार-बार यह अहसास होता है कि उनका संपूर्ण लेखन और पत्रकारिता भाषा में अंतहीन सत्याग्रह की तरह है।

प्रभाष जोशी व्यक्तित्वों की चरित्रगत विशेषता के उन बिंदुओं पर ज्यादा ठहरते हैं जहाँ उन्हें अपने ही व्यक्तित्व का विस्तार दिखाई देता है। संपादक एस. मुलगावकर पर लिखते हुए वे श्रेष्ठ संपादक व्यक्तित्व के मानदंडों की खोज करते हैं। 'मुलगावकर ने जतन से ओढी' आलेख के अंत में प्रभाष जोशी उनकी विशेषताएँ बताते हैं : मुलगावकर ने संपादकी को कभी निजी या बाहरी तत्त्वों से प्रभावित नहीं होने दिया। अपने लिए संपादकी का कोई लाभ नहीं लिया न किसी को लेने दिया। संपादकी का इस्तेमाल संबंध बढ़ाने, सत्ता में भागेदारी करने, राजनीति करने और घर-बार भरने में नहीं किया।...उनका अहम और आत्म सम्मान उन्हें ऐसा कोई काम करने की छूट नहीं देता जिसे वे ओछा या नीचा मानकर अपनी ही नजरों में गिर जाते। मुलगावकर अपना मानदंड खुद तय करते और फिर लगातार उनसे अपने को नापते। उन्होंने संपादकी की चदरिया बिना मैली किए ज्यों की त्यों रख दी।' प्रभाष जोशी ने भी स्वयं ही अपनी कसौटियाँ तय की हैं और उस पर खुद को कसा है।

'कागद कारे' के इस खंड के प्रारंभ में गांधी जी के बाद विनोबा, जयप्रकाश नारायण और अच्युत पटवर्द्धन पर आलेख हैं। उनसे प्रभाष जोशी के वैचारिक मानस का एक वृत्त पूरा हो गया है। इसके आगे भारत के कुछ राष्ट्रपतियों और प्रधानमंत्रियों को लिया गया है। विश्वनाथ प्रताप सिंह, चंद्रशेखर, नरसिंह राव, इंद्रकुमार गुजराल और अटल बिहारी वाजपेयी के व्यक्तित्व के मूल स्वरूप को इन आलेखों के आधार पर सहज ही पहचाना जा सकता है।

एक बार चंद्रशेखर से मिलने मैं उनके भुवनेश्वरी आश्रम गया। वे बाहर ही बैठे थे। सामने 'जनसत्ता' अखबार पड़ा था। संयोग से उस दिन के अंक में प्रभाष जोशी का कॉलम 'कागद कारे' भी छपा था। मैंने 'जनसत्ता' के पन्ने पलटते हुए चंद्रशेखर जी से पूछा कि क्या आपने आज प्रभाष जी का कॉलम 'कागद कारे' पढ़ा है? चंद्रशेखर जी ने छूटते ही कहा कि 'जनसत्ता' में जब उनका 'कागद कारे' कॉलम छपा देखता हूँ तो पहले पन्ने की खबर से भी पहले उसे पढ़ता हूँ!

'लेकिन क्यों?'

'इसलिए कि उसमें मेरे लिए तो पहले पन्ने की खबर से भी बड़ी खबर होती है। प्रभाष जी विचार और भावना को जोड़नेवाले बहुत बड़े इंजीनियर हैं। ऐसे लेखक ज्यादा नहीं हैं।' चंद्रशेखर ने अपनी दो टूक शैली में प्रभाष जोशी का सही मूल्यांकन किया था।

इन्द्रकुमार गुजराल को प्रभाष जोशी जनसंपर्क से निर्मित व्यक्तित्व मानते हैं। गुजराल बिना किसी राजनैतिक आधार के राजनीतिज्ञ हैं। ऐसे राजनीतिज्ञ अपने जनसंपर्क के बल पर उच्चतम पदों पर पहुँच जाते हैं। आज के भारतीय राजनीतिज्ञों की यह भी एक श्रेणी है। इसी तरह अटल बिहारी वाजपेयी के व्यक्तित्व में वे एक ढुलमुलपन देखते हैं। हालाँकि वे उनके उदारचेता मानस की तारीफ भी करते हैं। वे अटल बिहारी वाजपेयी के कवि स्वभाव की संवेदनशीलता के प्रशंसक हैं, लेकिन उनकी वैचारिक विसंगतियों के सबसे कटु आलोचक।

प्रधानमंत्रियों के बाद मधु लिमये और नाना जी देशमुख के व्यक्तित्व पर आलेख हैं जिनमें प्रभाष जोशी का उनके प्रति गहरा लगाव दिखाई देता है। मधु लिमये को वे काफी पसंद करते हैं, क्योंकि "आज के राजनैतिक जीवन को सार्वजनिक साधनों और धन के निजी उपयोग का जो औचित्य दिया गया है उसे मधु लिमये का जीवन झूठा साबित करता है।" इसीलिए प्रभाष जोशी उन्हें अपने एक सच्चे और ईमानदार मित्र की तरह चाहते थे। उनसे बात करके प्रभाष जोशी को लगता था कि 'अपन अपनी मजबूरियों, कमजोरियों और बंधनों से कुछ ऊपर उठ गए हों।'

मधु लिमये भी प्रभाष जोशी के लिए ऐसा ही गहरा अपनापन महसूस करते थे। जब मैं *जनसत्ता* में था तो एक बार प्रभाष जी ने मुझे मधु लिमये का इंटरव्यू लेने के लिए भेजा। मधुजी उन दिनों दिल्ली में पंडारा रोड पर रहते थे। ग्राउंड फ्लोर पर एक अत्यंत छोटे से फ्लैट में उनका आवास था। जब मैं वहाँ पहुँचा तो मधु लिमये कहीं निकल रहे थे। मैंने अपना परिचय दिया तो उन्होंने मुझे बिठाया। इसी समय पत्नी चंपा जी जब बाहर जाने के लिए तैयार होकर निकलीं तो मधुजी ने उन्हें कुछ समय तक रुक जाने के लिए कहा। मेरा परिचय कराते हुए चंपाजी से बोले : "अपने प्रभाष जी की 'जनसत्ता' से आए हैं, अब इनसे बात करके ही चलेंगे।" प्रभाष जी के नाम के आगे मधु लिमये ने सार्वनामिक विशेषण 'अपने', उनसे गहरे लगाव के कारण ही लगाया होगा!

'सँकड़े दरवाजे पर महावत' में प्रभाष जोशी ने रामनाथ गोयनका के व्यक्तित्व की उस मूल विशेषता की ओर संकेत किया है जिसके बल पर उन्होंने पत्रकारिता को सत्ताधीशों पर अंकुश लगाने का एक निर्भय और ताकतवर माध्यम बना दिया। गोयनका जी के बारे में वे लिखते हैं : 'बड़े उद्देश्यों के लिए समर्पित लोगों के साथ ही वे काम कर सकते थे। उनका

प्रयोजन अखबार निकालकर पैसा कमाना नहीं, लोगों की ओर से अखबार के जरिए सत्ताधीशों पर अंकुश लगाना था। आजादी के पहले वे अखबारों के जरिए अंग्रेजों से लड़े और फिर उन्हीं के जरिए लोकतांत्रिक भारत में मदमत्त शासकों से।''

कुमार गंधर्व भी प्रभाष जोशी की चेतना के अविभाज्य अंग हैं। कुमार जी से कभी प्रभाष जी ने वायदा लिया था कि वे उनके बेटे की शादी में मालवी गीत गाकर आशीर्वाद देंगे। लेकिन जब बेटे संदीप की शादी हुई तब तक कुमार जी गुजर चुके थे। बेटे की शादी के स्वागत समारोह में प्रभाष जी ने कुमार जी का टेप चला रखा था। अतिथियों का स्वागत कर रहे थे, लेकिन अपने समारोह में होकर भी वे वहाँ नहीं थे। उन्हें कुमार जी याद आ रहे थे। उनका वायदा याद आ रहा था। प्रभाष जोशी सोच रहे थे : 'हमने ब्याव करने में देर की या कुमार जी ने जाने में जल्दी? क्या पता? लेकिन कुमार जी के गाने के बिना यह अवसर मंगलमय कैसे हो?...मैं कहाँ चला जाऊँ? कहाँ एकांत में बैठकर उन कुमार जी के लिए फूट-फूटकर रो लूँ जिनके जाने से मेरी मांगलिकता का संसार सूना हो गया है...।'

कुमार गंधर्व से प्रभाष जोशी के गहरे लगाव की एक स्मृति मेरी भी है। अज्ञेय के निधन के चौथे दिन उनकी याद में उनके निवास पर एक स्मृति सभा थी। काफी लोग बैठे थे। एक निष्क्रिय सन्नाटा फैला हुआ था। प्रभाष जोशी आए तो उनके पास कुमार गंधर्व का वह टेप था जिसमें उन्होंने 'वा घर सबसे न्यारा' गाया है। उन्होंने इला डालमिया से आग्रह करके कुमार जी का वह टेप चलवाया और वातावरण एक नए संदर्भ से जुड़ गया। अज्ञेय भी कुमार गंधर्व का गायन बेहद पसंद करते थे। एक बार कुमार जी 'होली' गाने दिल्ली आए तो श्रोताओं में सबसे पीछे अज्ञेय भी बैठे थे। कुमार जी का 'रसिया को नार बनाऊँ री' सुनते हुए अज्ञेय इतने विभोर हुए कि गाना खत्म होते ही उन्होंने कुमार जी की कला को हाथ जोड़कर शून्य में नमस्कार किया! इसलिए अज्ञेय की स्मृति सभा में प्रभाष जोशी द्वारा कुमार जी का टेप चलाना मेरे लिए एक नए अर्थ से जुड़ गया था!

प्रभाष जोशी कहीं भी आधे-अधूरे नहीं होते। अपनी संपूर्णता में होते हैं। जिन चीजों से उनकी चेतना का निर्माण हुआ है, जिनसे वे बने हैं वह उनसे कभी नहीं छूटता। इसीलिए नितांत अपने पारिवारिक समारोह में भी निर्वैयक्तिक मनःस्थिति में पहुँचकर कहीं एकांत में वे कुमार जी को याद करना चाहते थे। प्रभाष जी के व्यक्तित्व में सांसारिकता से यह निर्मोह कबीर को अपनी अंतरात्मा में जीने से भी पैदा हुआ है।

नई दुनिया के राहुल बारपुते जो प्रभाष जी के पहले संपादक थे और जिन्होंने उन्हें ''उंगली पकड़कर पत्रकारिता में पैंया चलना सिखाया'' उन पर लिखते हुए अंत में प्रभाष जी कहते हैं : 'ऐसा कभी नहीं लगा कि संपादकी उन पर कहीं भी हावी रही हो और वे प्रयत्न करके प्रधान संपादकी कर रहे हों...उनमें संपादकीयता का कोई ठसका, कोई प्रभामंडल और रुतबा नहीं था। न कभी संपादकी को उन्होंने भुनवाया और न कभी उसका उचित और जरूरी उपयोग किया।...किसी भी नाम कमाने, झंडा गाड़ने और अपनी छाप छोड़ने की न उन्होंने कभी कोशिश की और न कभी उनकी ऐसी इच्छा रही...।' प्रभाष जोशी के पहले संपादक राहुल बारपुते के व्यक्तित्व की ये विशेषताएँ उनके अपने संपादक व्यक्तित्व की भी विशेषताएँ हैं। लगभग सात वर्षों तक 'जनसत्ता' में उनके साथ काम करते हुए मैंने इसे लगातार महसूस किया।

संपादकों में उन्होंने गिरिलाल जैन, निखिल चक्रवर्ती तथा जार्ज वर्गीज पर भी लिखा है। साहित्यकारों में उन्हें रामविलास शर्मा के अलावा त्रिलोचन शास्त्री, शिवमंगल सिंह सुमन, गिरिजा कुमार माथुर, धर्मवीर भारती, हरिशंकर परसाई और वीरेन्द्र मिश्र प्रिय रहे हैं। उन्होंने उनके वैयक्तिक संस्मरण भी लिखे हैं। रचनाकारों के व्यक्तित्व पर लिखते हुए उन्होंने उनके कृतित्व का अपनी तरह से मूल्यांकन भी किया है। निश्चय ही वह हिंदी आलोचना की महत्त्वपूर्ण उपलब्धि है। अंग्रेजी लेखकों में उन्होंने नीरद चौधरी, वी.एस. नायपाल और अरुंधती राय पर टिप्पणी की है। फिल्म व्यक्तित्वों में सत्यजित राय और लता मंगेशकर के महत्त्व को आँकने का प्रयास किया है। सर्वोदय के साथियों में सिद्धराज ढड्ढा, राधाकृष्ण, और सोमभाई पर लिखा है तो पर्यावरणविद मित्रों में अनुपम मिश्र और सुंदरलाल बहुगुणा पर टिप्पणी की है। जे.आर.डी. टाटा के व्यक्तित्व के कुछ अनजाने पहलुओं की जानकारी दी है।

इस पुस्तक के अंतिम हिस्से में प्रभाष जोशी ने अपने क्रिकेट हीरो सी.के. नायडू पर तो लिखा ही है, इसके अलावा इमरान, एलन बोर्डर, गावसकर, कपिलदेव, अजहरुद्दीन, सचिन, सिद्धू और लारा आदि के खिलाड़ी व्यक्तित्व को नए सन्दर्भों में समझाने की कोशिश की है। टेनिस खिलाड़ियों में नवरातिलोवा, मोनिका सेलेस, मार्टिना हिंगिस तथा पीट संप्रास पर लिखी उनकी टिप्पणियों में इनके खेल जैसी ही रचनात्मकता है। खेल पर प्रभाष जोशी का लेखन महज विवरण नहीं है। जिस संवेदनात्मकता के साथ वे खेल प्रसंगों का विश्लेषण करते हैं वह हमें किसी रचना को पढ़ने का आनंद देता है और हमारे भीतर सम्बद्ध खेल का रोमांच भर देता है। खेल पर लिखे लेखों की सर्जनात्मकता का यही कारण है।

'कागद कारे' की इस पहली पुस्तक में समाज के विभिन्न क्षेत्रों के जिन चर्चित व्यक्तित्वों पर आलेख दिए जा रहे हैं उनसे आजादी के बाद के पाँच दशक अपने संपूर्ण रूपाकार में उपस्थित हो जाते हैं। सन् 47 से सन् 2002 के बीच राजनीति, समाज, विचार-चिंतन, पत्रकारिता, साहित्य, पर्यावरण और खेल के क्षेत्र में जिन व्यक्तित्वों ने निर्णायक भूमिका निभाई है, प्रभाष जोशी ने उनकी प्रासंगिकता और ऐतिहासिक योगदान का मूल्यांकन किया है। उनके विरोधाभासों पर भी टिप्पणी की है। प्रभाष जोशी के इन आलेखों की अनवरत प्रासंगिकता इस अर्थ में है कि ये आलेख व्यक्तित्वों के माध्यम से महज अपने समय का विश्लेषण ही नहीं हैं बल्कि उससे संवाद भी हैं।

ये आलेख जिस सर्जनात्मक भाषा में लिखे गए हैं उससे हम चर्चित व्यक्तित्वों के बारे में सिर्फ पढ़ते नहीं बल्कि उन्हें करीब से स्पर्श करते हैं। इन आलेखों के आस्वाद की यह एंद्रिकता हमें अध्ययन के नए अनुभव से गुजारती है। एक गद्य लेखक के रूप में प्रभाष जोशी के शिल्प का यह सबसे बड़ा योगदान है। उसकी सबसे बड़ी सफलता है।

अपनी व्यस्ततम जीवन शैली के बीच भी प्रभाष जी ने 'जीने के बहाने' के लेखों के चयन में लगातार मार्गदर्शन किया। उसी की वजह से इस पुस्तक में ऐसी जीवंतता आई है। उनके विश्वास और स्नेह अपनी सीमाओं से ऊपर उठाने की प्रेरणा देते हैं। उनका आभारी हूँ।

इस कार्य के सिलसिले में प्रभाष जी के दिल्ली और वसुंधरा वाले आवास पर बार-बार मिलना हुआ। उनके यहाँ जानेवालों को भेनजी का जो मौन स्नेह मिलता है, मुझे भी वह मिला। उन्होंने बार-बार यह कहकर कि 'इसे जल्दी खत्म कीजिए' मुझे सदा प्रेरित किया।

अभिन्न मित्र और राजकमल प्रकाशन के निदेशक अशोक महेश्वरी ने मेरे मुम्बई आ जाने के बाद भी मुझ पर भरोसा रखा और इस कार्य को सम्पन्न करने के लिए संकल्पपूर्वक सक्रिय रहे। उन्हें बहुत धन्यवाद।

अंत में मित्र और पत्नी डॉ. राधिका शर्मा, तथागत प्रकाश और नवागत प्रकाश का भी आभारी हूँ जिन्होंने सम्पादन के दौरान अनेक स्तरों पर मुझे लगातार मदद की। आशा है 'कागद कारे' की अगली पुस्तकों के लिए भी वे ऐसी ही तत्परता बरतेंगे।

—सुरेश शर्मा

प्रार्थना की भूमि पर पीपल के आशीर्वाद

सेवाग्राम में अपनी कुटिया के बाहर बापू ने वह पीपल सन् छत्तीस में लगाया था। उसकी दो-तीन शाखाएं प्रार्थना भूमि पर हरी छतरी की तरह छाई और चंवर जैसी डुलाती रहतीं। प्रार्थना भूमि के सामने आदि निवास है, बाईं ओर बा की कुटिया और पीछे बापू की कुटिया। दाहिनी ओर थोड़ी खुली जगह है और उस के बाद वह घर जहां आजकल निर्मला बेन गांधी रहती हैं। प्रार्थना भूमि पर अब भी वैसी ही कंकर-रेत बिछी हुई है। उस के चारों ओर एक ओट-सी लगा दी गई है। एक कोने में लिखा है कि वहां जाने के पहले जूते-चप्पल उतार दें।

गांधी शताब्दी के दौरान उस जगह प्रार्थना में बैठता तो वह पीपल जैसे आशीर्वाद देता लगता। पिछली अक्टूबर में मैंने पहली बार नोटिस किया कि पीपल के आशीर्वाद देते हाथ प्रार्थना भूमि पर नहीं हैं। लगा कि स्मृति में गड़बड़ हो गई होगी। कई बार हमारी स्मृति में किसी जगह के साथ कोई चीज़ जुड़ जाती है जो सचमुच वहां नहीं होती। लेकिन इस बार फिर उस प्रार्थना भूमि पर बैठे हुए सांझ के शांत आसमान को देखा तो लगा कि नहीं उस पर निश्चित ही पीपल के हाथ आशीर्वाद में फैले होते थे और अब वे नहीं हैं। पीपल के तने के आसपास गोल ओटला बना हुआ है और थोड़े ऊपर तक गेरू पोत दिया गया लगता है। गौर से देखने पर लगा कि जैसे वहां से कोई बड़ी शाखा टूटी है। पंड्याजी से पूछा तो उन्होंने कहा कि हां कुछ साल पहले हम प्रार्थना कर के निकले कि वह शाखा टूट गई जो शाखा ऊपर छाई हुई थी। कोई आंधी-तूफान नहीं था। बस ऐसे ही वह टूट गई।

उस पीपल की दाहिनी ओर कस्तूरबा का लगाया मौलश्री का गाछ है। खूब गहराया हुआ। गांधी जी के लगाए पीपल की बगल में जैसे वह मौलश्री खुद बा की तरह खड़ी है। पीपल छितराया हुआ है और ऊंचा चला गया है, मौलश्री फैल कर गहराई हुई है और बा की तरह छोटी है। उसी लाइन में आगे विनोबा का लगाया पीपल है। वह ऊंचा छितराया हुआ है। उस के भी पीले पत्ते झरने की तैयारी में हैं। तीनों को एक साथ देखो तो लगता है पहले बापू खड़े हैं, फिर बा और फिर विनोबा। वृक्ष रूप में उन्हें खड़े देखें तो लगता है प्रार्थना भूमि पर बैठे और प्रार्थना करते लोगों के वे साक्षी हैं। उन्हें वह प्राणवायु दे रहे हैं जो प्रार्थना में लगे लोगों को देह से मुक्त हो कर प्राणतत्व बना देती है। इस प्रतीति में उस रेत-कंकर पर बैठ कर प्रार्थना करना कि सामने बापू खुद एक तख्ते से टिके बैठते थे, बगल से बा आती थीं और सामने आदि निवास से दूसरे आश्रमवासी, आप को इतिहास में ही नहीं पहुंचाता, प्रार्थना के स्तर से गूंजते एक ऐसे आकाश में भी बैठाता है जहां प्रेम और समर्पण में गल कर आप जैसे वायु हो जाते हैं।

बापू ने सर्वधर्म प्रार्थना बनाई थी। शुरुआत ईशोपनिषद के श्लोक से होती है, फिर गीता के कुछ श्लोक हैं। आप इसे हिंदू धर्म से ली गई प्रार्थना कह सकते हैं हालांकि वह सिर्फ धर्म की है। फिर अरबी में कुरान से कुछ आयतें हैं। बाईबिल से अंग्रेजी में एक अंश। जैन, बौद्ध और सिख धर्म से भी प्रार्थनाओं के टुकड़े हैं। तीन बार शांति के साथ वह पूरी होती है। गांधी के आश्रम में हर समय इन सभी धर्मों के लोग प्रार्थना करने बैठते होंगे या नहीं लेकिन उनकी प्रार्थनाएं हर सुबह-शाम होती थीं। गांधी का आश्रम भारत था और है जहां सभी धर्मों और उन्हें मानने वालों के लिए सम्मान की जगह है। गांधी सिर्फ अंग्रेजों से लड़ कर भारत को आजाद नहीं करना चाहते थे, वे भारत को उसकी असली ताकत में मजबूत करना चाहते थे और उस ताकत पर ही न या भारत खड़ा करना चाहते थे। इस भारत में न सिर्फ चार धर्म विकसित हुए, इस ने बाहर से विकसित हुए ईसाई, इसलाम, यहूदी और पारसी धर्मों को भी स्वीकार किया और अपने में मिला लिया। यह भारत किसी धर्म से पराजित नहीं हुआ। अपने धर्म पर टिके रह कर इसने और सभी धर्मों को सम्मान से स्वीकार किया। नकार किसी का नहीं किया। जिसके धारदार कोने चुभते थे उसे भी घिस-घिस कर अपने पूजा घर का सालिगराम बना लिया।

सर्व धर्म समभाव गांधी का चलाया हुआ नहीं है। भारत ने इसे पांच हजार साल में सिद्ध किया है। गांधी ने भारत की सिद्धि को अपनाया। उन्होंने—रघुपति राघव राजा राम, पतित पावन सीताराम। ईश्वर अल्ला तेरे नाम, सब को सन्मति दे भगवान—की रामधुन को स्वतंत्रता की लड़ाई की टेक बना दिया। कुछ मार्क्सवादी इतिहासकारों ने निष्कर्ष निकाला है कि इसी से आजादी के आंदोलन का धार्मिकीकरण या सांप्रदायीकरण शुरू हुआ। इस रामधुन के कारण मुसलमान आंदोलन से छिटकने लगे। उस में हिंदू धर्म का ऐसा वर्चस्व और प्रभुत्व हो गया कि दूसरे धर्मों के लोगों, खास कर मुसलमानों को लगने लगा कि उसमें उनकी जगह नहीं है। यह निष्कर्ष भी निकाला जाता है कि भारत के विभाजन का मानस बनाने में गांधी की धार्मिकता और रामधुन के जरिए हिंदू धर्म और इतिहास के बिंबों और प्रतीकों ने बड़ा योगदान दिया है। किसी और धर्म वालों ने तो गांधी को अपने धर्म का विरोधी या विधर्मी नहीं बताया लेकिन धर्म को अफीम मानने वाले और इसलिए उसे सामाजिक सार्वजनिक जीवन से खदेड़ने का सैद्धांतिक आग्रह रखने वालों ने जरूर गांधी को धार्मिकता और सांप्रदायिकता के 'जहर' को बढ़ावा देने वाला माना है। अब वे इतिहासकार अपने निष्कर्षों का क्या करेंगे। समाजवाद ने तो कट्टर सांप्रदायिकता चला कर भी कहीं धर्म का स्थान नहीं लिया। यही लोग अब मान रहे हैं कि सांप्रदायिकता और धार्मिक कठमुल्लापन से लड़ने में गांधी ही सबसे कारगर हैं।

गांधी की चलाई रामधुन को हिंदुओं का अहित करने वाली किसी और ने भी बताया था। दिसंबर में अयोध्या कांड के बाद हम अयोध्या गए थे और मणिराम छावनी के प्रमुख और राम मंदिर आंदोलन के एक धार्मिक नेता नृत्यगोपाल दासजी ने हमें बुलाया था। जब हम पहुंचे तब वे अपने सामने बैठे लोगों से बात कर रहे थे। कह रहे थे, देखिए हिंदू कहते रहे कि ईश्वर अल्ला तेरे नाम। लेकिन मुसलमान तो अल्ला-अल्ला ही कहते रहे। उन्होंने स्वीकार नहीं किया कि ईश्वर-अल्ला दोनों ही प्रभु के नाम हैं। जब वे ईश्वर-अल्ला को एक साथ नहीं

रखते तो हिंदू क्यों मान लें कि अयोध्या में मंदिर और मस्जिद दोनों बनने चाहिए ? मैं सुनता रहा और मन में खटकता रहा कि ईश्वर अल्ला के नाम ले कर क्या हम हिंदू-मुसलमान में भेद करें और बताएं कि वह ईश्वर नहीं कहता इसलिए हम अल्ला क्यों कहें ? वह राम को जगह नहीं देता तो हम अल्ला को जगह क्यों दें ? फिर सचमुच मुसलमान ईश्वर से भेद करते हैं ? मैंने तो किसी को कहते नहीं सुना कि नहीं हम तो अल्ला ही कहेंगे। ईश्वर नहीं कह सकते। नृत्यगोपाल दासजी से मैंने कोई बहस नहीं की। लेकिन मेरा हिंदू धार्मिक मन नहीं मानता कि कोई धर्म पुरुष बदले की भावना को सही ठहरा सकता है।

सेवाग्राम में सर्वधर्म प्रार्थना हो चुकी तो मेरी नजर मौलाना वहीदुद्दीन और सादिक अली पर पड़ी। क्या इस प्रार्थना से इन के मन में भी वही दुराव और अलगाव आया होगा जो मार्क्सवादी इतिहासकारों की राय में पचास-साठ साल पहले मुसलमानों में आया ? क्या इन्होंने भी प्रार्थना के श्लोक, बाईबिल के अंश आदि छोड़ दिए होंगे ? मौलाना को मैंने प्रार्थना भाव में गहरे डूबा देखा और सादिक अली के चेहरे पर भी वही भाव था जो ठाकुरदास बंग के चेहरे पर दिखा। प्रार्थना सब धर्मों की हो तो लोग जुड़ते हैं या एक दूसरे से छिटक कर अलग हो जाते हैं ? सादिक अली से नहीं तो मौलाना वहीदुद्दीन खान से तो पूछ ही सकता था। सादिक अली तो गांधी वाली कांग्रेस से सार्वजनिक और राजनैतिक जीवन में आए और इसलिए उनके संस्कारों में तो सर्वधर्म प्रार्थना है ही। लेकिन मौलाना तो इसलाम के अध्ययन और पालन से ही धार्मिक व्यक्ति बने हैं। उन्हें उस सामाजिकता और राजनैतिकता की जरूरत नहीं है जो सर्वधर्म प्रार्थना को राष्ट्रीय औपचारिकता के रूप में स्वीकार करवाती है। लेकिन ऐसे सवालों के जवाब सर्वे के प्रश्नोत्तर की तरह नहीं हो सकते। ऐसे सवालों के जवाब तो पूछ कर नहीं पाए जा सकते। उन्हें तो साथ रह कर महसूस करते हुए ही पाने से ज्यादा समझा जा सकता है। मैं पूछता तो मौलाना और सादिक अली क्या उस अनुभूति को शब्दों में भर सकते थे जो उन्हें सेवाग्राम की प्रार्थना भूमि पर बैठ कर की गई प्रार्थना से मिली होगी ?

मौलाना वहीदुद्दीन तो पहले कभी घंटे दो घंटे के लिए सेवाग्राम आए थे और बापू कुटिया देख कर चले गए थे। लेकिन वहां बैठक में उन्होंने कहा कि उनके बड़े भाई ने गांधी पर नज़्म लिखी थी जिसका एक शेर था कि यह गलत है कि गांधी हिंदुओं का लीडर था वह तो इंसानियत का रहनुमा था। फिर बोलते-बोलते मौलाना का गला रुंध गया। बैठक में उन्होंने गांधी और उनकी अहिंसक क्रियाशीलता पर जो कहा उससे गांधी को मानने वाले ऐसे अभिभूत हुए कि दूसरे दिन उन्हें प्रार्थना के बाद बोलने को कहा गया। मौलाना ने कहा कि वे ऐसे दूल्हे थे जिसने खादी के कपड़े पहनकर शादी की। उनका गला रुंध गया। फिर उन्होंने कहा कि खुदा चाहता कि उसकी इबादत सिर्फ अरबी में हो तो वह संस्कृत नहीं बनाता, अंग्रेजी नहीं बनाता, प्राकृत और पाली नहीं बनाता। उसने ये सब भाषाएं बनाई तो इसलिए कि वह कई भाषाओं और बोलियों में अपना नाम लिवाना चाहता है। उसे कोयल की कूक ही अच्छी लगती तो वह सिर्फ कोयल ही बनाता, पपीहा नहीं बनाता। खुदा को विविधता चाहिए इसलिए उस ने यह सतरंग संसार बनाया। गांधी जी ने सब धर्मों की प्रार्थनाएं एक साथ जोड़ कर सब धर्मों की समानता ही बताई है। उन्हीं का शांति और अहिंसा का रास्ता

दुनिया में चलता है और उसी पर चलेंगे तो हमारी समस्याएं हल होंगी। मौलाना ने इसी तरह की गहरी और समझदारी की बातें वहां कहीं। उन्हें अपने बैठने के तख्ते के पास बैठे बोलते सुन कर गांधी जी को कितना अच्छा लगा होगा। उनके लगाए पीपल के पत्ते क्या इसीलिए ऊपर से ताली बजा रहे थे।

मौलाना वहीदुद्दीन धर्म के आदमी हैं इसलिए उन्होंने नहीं कहा कि खुदा को सिर्फ अरबी में इबादत अच्छी लगती है इसलिए मुसलमान जहां ईशोपनिषद और गीता के संस्कृत श्लोक बोले जाएंगे वहां से उचट जाएंगे या अल्ला को ईश्वर कहा जाएगा तो उन्हें मंजूर नहीं होगा। धर्म का मर्म समझने वाले के लिए ऐसे भेद नहीं होते। वह भाषाओं, धर्मग्रंथों और प्रार्थनाओं से परे जो भगवान है उसे जानता है। मैंने ढूंढ़ने की कोशिश की कि गांधी ने सेवाग्राम और साबरमती आश्रमों में कोई मंदिर, कोई मस्जिद, कोई चर्च और गुरद्वारा क्यों नहीं बनवाया ? धार्मिक पुरुष को ईश्वर को देखने-समझने के लिए ये स्थान अनिवार्य नहीं हैं। गांधी अपने जीवन और कार्य में राम को साधने में लगे रहे। हमारे भक्त कवियों ने कहा है कि जीवन भर लोग भक्ति में लगे रहते हैं लेकिन अंत समय उसी के मुख से राम निकलता है जिसका बहुत पुण्य हो और जिस पर राम की बहुत कृपा हो। गांधी के मुख से हे राम निकला तभी गोडसे की गोलियों से उनके प्राण छूटे। जब दिल्ली पुलिस और सरदार पटेल का गृह मंत्रालय उनकी रक्षा में पुलिसवाले तैनात करना चाहते थे तो उन्होंने न सिर्फ इंकार किया बल्कि कहा कि ऐसा किया गया तो इस के खिलाफ वे सत्याग्रह करेंगे। मेरे राम के अलावा मेरी रक्षा कोई कर नहीं सकता। मैं तो चाहता हूं कि गोली चले और राम का नाम लेते हुए मेरे प्राण निकलें। इसी में बहादुरी है।

गांधी उस सेवाग्राम लौट कर रचनात्मक कार्यकर्ताओं का लोक सेवक संघ बनाना चाहते थे। वे सत्ता पर सत्ता चाहने वालों के अंकुश से आने वाले संतुलन में विश्वास नहीं करते थे। इस दुश्चक्र में फंसी पार्टियां सत्ता को जन सेवा का माध्यम नहीं बना सकतीं, यह हमने खूब देख लिया है। कांग्रेस के तौर तरीकों और भाजपा की चाल ढाल एक जैसी है। सत्ता के लिए भाजपा वह सब करती है जो कांग्रेस कर चुकी है और कर रही है। कांग्रेस ने मुसलमानों का वोट बैंक बनाया तो भाजपा हिंदुओं का बना रहा है। उसने इसलाम का इस्तेमाल किया तो यह हिंदुत्व का कर रही है। दोनों ने लोगों को धर्म से विमुख कर के संप्रदाय में लगाया। एक दूसरे को जोड़ने के बजाय आमने-सामने खड़ा किया और लड़ाया। आप कह सकते हैं कि सेवाग्राम इसलिए सुनसान पड़ा है कि वहां रहने वाले ने धर्म के मर्म को समझा और जैसा भारत में होता आया है वैसा ही किया। सेवाग्राम की शांति तक उन्हीं की एक सेविका डाक्टर सुशील नैयर ने भंग कर दी है जिन्होंने गांधी की याद में मेडिकल कालेज खोल दिया। किसी ने एक इंजीनियरिंग कालेज भी खोल दिया और अब सेवाग्राम के आसपास ग्राम स्वराज्य नहीं पश्चिमी तिलिस्म का माया जाल खड़ा है। सेवाग्राम को वह निगल भी जाए तो गांधी क्या कर लेंगे ? उनकी जन्मभूमि पर मंदिर बनाने के लिए उनके भक्तों ने जो किया उसका राम जी ने क्या कर लिया ? कल्याण सिंह कहते हैं कि वह तो राम जी की ही इच्छा थी। लालकृष्ण आडवाणी कहते हैं कि विधाता को यही मंजूर था और राजमाता को कार सेवकों में हनुमान जी के दर्शन हुए। मराठी के नाटककार पु. ल. देशपांडे का एक पात्र कहता है कि हम गांधी के रास्ते नहीं चल सकते इसलिए जिस रास्ते पर चलते हैं उसका नाम गांधी मार्ग रख लेते हैं।

राम काज कर नहीं सकते इसलिए जो भी करते हैं उसे राम की इच्छा मान लेते हैं। मैं जो यह लिख रहा हूं तो यह भी राम जी लिखवा रहे हैं।

मैं अयोध्या जाता हूं और बाबरी मस्जिद के मलबे पर बैठाए गए रामलला मुझे उदास दिखते हैं। मैं सेवाग्राम जाता हूं और वहां झाड़ू लगाते गांधी मुझे दुखी और निराश लगते हैं। दांडी कूच पर निकलने के पहले साबरमती आश्रम में गांधी ने सुने री मैंने निर्बल के बल राम गवाया था। वह आश्रम उन्होंने बाद में इस निश्चय के साथ छोड़ा कि जब तक आजादी नहीं मिल जाएगी वे वहां लौटेंगे नहीं। गांधी साबरमती नहीं लौट पाए। वह आश्रम अब भी उनका रास्ता देख रहा है। गांधी सेवाग्राम भी नहीं लौट पाए। यहां भी उनकी प्रतीक्षा है। किसी दिन कैकयी ने राम को बनवास दिलवा दिया था। अयोध्या सूनी हो गई थी। अयोध्या आज भी सूनी है। वहां राम कैसे लौटें जहां मर्यादाओं की सीता अग्नि परीक्षा दे रही है और यह अग्नि परीक्षा राम नहीं ले रहे हैं। मुझे मालूम है कि जा की रही भावना जैसी प्रभु मूरत देखी तिन तैसी। मेरी भावना में रामलला उदास हैं। इस बार रामनवमी पर मैं उन्हें फिर मनाऊंगा। मेरी अयोध्या वही है जहां राम जन्म लेते हैं। उनके जन्म लेने से भूमि बनती और पवित्र होती है।

राम और अयोध्या और गांधी और सेवाग्राम मेरे मन से उतरते नहीं। मैंने बहुत कोशिश कर ली। इसलिए जा ही विधि राखै राम वा ही विधि रह रहा हूं।

(21.3.93)

और क्या करें गांधी के वारिस!

इच्छा थी कि गांधी जी की सवा सौवीं जयंती पर सेवाग्राम रहूं। उस पीपल के नीचे प्रार्थना सभा में बैठूं। बापू कुटीर में बिछी चटाई पर बैठा रहूं। सेवाग्राम घूमता रहूं। शाम को पैदल चलता हुआ विनोबा के परमधाम पवनार पहुंचूं। विनोबा के कमरे की ठंडी फर्श पर बैठूं। और जब अंधेरा हो जाए तो वापस पैदल चलता हुआ सेवाग्राम लौट आऊं। उस गांधी–एकांत में अपने को देखने, समझने और परखने का एक यही तरीका मुझे सूझ रहा था। बात-बात में सिद्धराज जी को कहा तो उनने सेवाग्राम में कनकमल गांधी को लिख भी दिया। बापू के जमाने से चले आ रहे अतिथि गृह रुस्तम भवन में ठहरने का इंतजाम हो गया।

लेकिन जाने की तैयारी करने लगा तो समझ आया कि अभी मैं अकेले ऐसी यात्राएं नहीं कर सकता। मुनमुन को सेवाग्राम चलना अच्छा लगता है। लेकिन अंदर के परदे पर सेवाग्राम और पवनार में उसे अपनी देखभाल करते देख कर लगा कि मैं भी सर्वोदयी बुजुर्ग हो गया हूं जो सहायक के बिना यात्रा नहीं कर सकता। ऐसी पर-निर्भरता मुझे मंजूर नहीं है। फिर यह एकांत यात्रा आत्म-मंथन के लिए होनी थी। कोई कार्यक्रम या सार्वजनिक कर्त्तव्य तो करना नहीं था। दुखी मन से सेवाग्राम जा छुपने और अपने को फिर से खोजने की इच्छा छोड़ देनी पड़ी। जैसा देह धरे का धरम होता है वैसी देह धरने की मजबूरियां भी होती हैं। कई बार ऐसी मजबूरी में इसलिए जी लेना पड़ता है कि उससे आजाद हुआ जा सके।

अब क्या करूं ? गांधी की सवा सौवीं जयंती की औपचारिक समारोहिकता से कैसे बचूं ? तय किया कि सबेरे राजघाट पर और शाम को तीस जनवरी मार्ग पर गांधी स्मृति में चुपचाप जा कर प्रार्थना करूं। दोपहर को किसी गंदी बस्ती में जा कर सफाई करूं। प्लेग-पीड़ित किसी शहर में गांधी यही करते। लेकिन अभी न मैं ऐसी मेहनत कर सकता हूं न अपने को इंफेक्शन के लिए खोल सकता हूं। अभी इतनी छूट तो बापू भी मुझे देते। इसलिए सुबह-शाम की प्रार्थना ही मेरे लिए रह गई थी। दोनों के निमंत्रण भी इस बार आए थे।

राजघाट समाधि समिति के निमंत्रण कार्ड पर क्या करें, क्या न करें की हिदायतों में एक नई हिदायत थी–'प्रार्थना के बीच उठ कर किसी विशिष्ट व्यक्ति का अभिवादन न करें न उनके उठने पर उनके साथ-साथ बाहर तक जाएं। इससे प्रार्थना में विघ्न पड़ता है और उसकी पवित्रता नष्ट होती है।' जो लोग बरसों से राजघाट से प्रार्थना का सीधा प्रसारण सुनते और टीवी पर देखते रहे हैं उन्हें यह हिदायत अजीब लगेगी। लेकिन दुर्भाग्य है कि इस देश में और राजघाट समाधि समिति को ऐसी हिदायत छापनी पड़ी। इसका दुखदायी इतिहास है।

पिछले साल गांधी जयंती पर प्रार्थना अधूरी छोड़ कर हमारे मुद्गलजी ने सनसनी और सन्नाटा फैला दिया था। हुआ यह कि प्रधानमंत्री नरसिंह राव को कहीं जाना था या उनके पास गांधी के लिए कुछ ज्यादा समय निकल आया था इसलिए वे साढ़े छह बजे ही समाधि पर पहुंच गए। तब वहां प्रार्थना में आने वाले तो दूर प्रार्थना करने वाले भी नहीं पहुंचे थे। प्रधानमंत्री के आ जाने के बाद सुरक्षा वालों ने समाधि सील कर दी। ऐसी सख्ती बरती कि प्रार्थना करने वालों को भी आसपास फटकने नहीं दिया। इधर से जाओ, उधर जाओ कर कर के उन्हें घुमाते रहे। समाधि पर यह हाल कि प्रार्थना करवाने वालों में जो भी दिखा या पकड़ में आया उसी से प्रार्थना शुरू करवाई गई। सात बजे के आसपास जब प्रधानमंत्री चले गए तो सुरक्षा वालों ने देखा कि अरे इनके पास तो कार्ड हैं और वे प्रार्थना करते हैं, इन्हें जाने दो सो जाने दिया गया।

मुद्गलजी—यानी प्रमोद चंद्र मुद्गल जब अपने साथियों को ले कर जैसे-तैसे होती प्रार्थना में शामिल हुए तो थोड़ी देर बाद भूतपूर्व राष्ट्रपति ज्ञानी जैलसिंह आए। लोगों ने उनकी अगवानी की। वे कुछ देर बैठे। फिर जाने लगे तो उन्हें लोग बिदा कर के आए। एक और भूतपूर्व राष्ट्रपति वेंकटरामन आए तो उनके आने-जाने पर भी यही हुआ। फिर राष्ट्रपति शंकरदयाल शर्मा आए जिनके और जिनकी पत्नी के लिए वहां दो कुर्सियां लगी थीं। वे भी थोड़ी देर बैठ कर गए। उनके आने-जाने पर तो और भी ज्यादा आना-जाना हुआ। कुछ और वीवीआईपी इसी तरह आए-गए और चलाचली का मेला चलता रहा।

तिरयालीस साल से राजघाट पर प्रार्थना करते आए मुद्गलजी का प्रार्थना भाव और धीरज टूट गया। वे पहली बार समय से यानी ठीक सात बजे प्रार्थना शुरू नहीं कर पाए थे। सुरक्षा वालों ने उन्हें खूब हड़काया था। अपने सताए जाने की पीड़ा को भूल कर किसी तरह वे प्रार्थना में लगे थे और वीआईपी लोग ऐसे आ-जा रहे थे जैसे किसी के यहां गमी में बैठने जाने की रस्म पूरी कर रहे हों। राजघाट और गांधी जयंती पर वहां होती प्रार्थना का ऐसा मजाक बनाए जाने से आखिर मुद्गलजी बिफर उठे। उनने गीता पाठ बीच में छोड़ा, रामधुन गाई और प्रार्थना समाप्त घोषित कर दी। उनने कस के फटकार भी लगाई कि न किसी को गांधी समाधि का ख्याल है न प्रार्थना की पवित्रता और गरिमा का !

चूंकि पहली बार प्रार्थना अधूरी छूटी थी और उस के कारण देश के कुछ सबसे बड़े लोग बने थे इसलिए सन्नाटा फैल गया। अखबारों में खूब छपा और उसका असर यह हुआ कि कड़ी सुरक्षा वाले वीवीआईपी पहले आ कर अपने श्रद्धा-सुमन चढ़ा जाएं उस के बाद प्रार्थना हो। इसी व्यवस्था के अनुसार इस बार प्रधानमंत्री, राष्ट्रपति और उपराष्ट्रपति जब आ कर चले गए तो सात के बजाय आठ बजे प्रार्थना हुई। उसमें कुल दो मंत्री आए और वे भी पूरी प्रार्थना भर नहीं बैठे। कल्याण मंत्री सीताराम केसरी जाने लगे तो बावजूद हिदायत के कुछ लोग उनके पीछे हो लिए। जब वीवीआईपी आए तब लोग ही नहीं मंत्री-सांसद भी नहीं जुटे और उनके बिना जो प्रार्थना हुई उसमें भी गिनती के लोग पहुंचे क्योंकि एक तो वह इस बार समाप्त होने के समय शुरू हुई, दूसरे पुलिस और सुरक्षा वालों से लोग इतने तंग आ चुके हैं कि राजघाट पर पहुंचने की हिम्मत नहीं करते। जो फोटू छपे वे वीवीआईपी वाले समय के थे। एक ने तो फोटू के नीचे लिखा भी कि अब नेताओं के लिए भी गांधी और उनकी समाधि

महत्त्व के नहीं रहे। कब थे ? गांधी की सवा सौंवी जयंती पर उनकी समाधि की प्रार्थना में सवा सौ लोग ही रहे होंगे !

मुद्‌गलजी गांधी समाधि पर हुई प्रार्थना की इस दुर्गति से बड़े क्षुब्ध हैं। वे ही नहीं, उनके बड़े भाई विनयचंद्र मुद्‌गल और भाभी पद्मा देवी को दिल्ली के दो पुराने और अब स्वर्गीय गांधीभक्त बृजकृष्ण चांदीवाला और कृष्णन नायर खुद गांधी जी के पास ले गए थे और बातचीत करने के बाद गांधी जी ने ही उन्हें सस्वर प्रार्थना के लिए बुला लिया था। जब गांधी जी दिल्ली में होते तो सबेरे साइकिल पर बैठ कर दोनों प्रार्थना करने जाते। मुद्‌गल पति-पत्नी दिल्ली में गांधर्व महाविद्यालय चलाते हैं जो उस समय कनॉट प्लेस में हुआ करता था। प्रार्थना से उनका जुड़ाव इसलिए भी था कि गांधर्व महाविद्यालयों के संस्थापक विष्णु दिगंबर पलुस्कर आजादी के आंदोलन के दौरान कांग्रेस अधिवेशनों में प्रार्थना करते और भजन गाते। संगीत सम्मेलन भी करते। रामधुन पलुस्कर की ही बनाई हुई है।

हमारे मुद्‌गलजी तिरयालीस साल से समाधि पर प्रार्थना करते हैं। उन्हें हमारे इसलिए कहता हूं कि राजघाट कॉलोनी में सात साल वे हमारे पड़ोसी रहे। वे कहते हैं कि जब उनने प्रार्थना करना शुरू किया तब सवेरे सात से नौ बजे तक प्रार्थना और भजन होते। राष्ट्रपति राजेंद्र प्रसाद और पंडित जवाहरलाल नेहरू दोनों ही न सिर्फ दो घंटे जनता के साथ प्रार्थना में बैठते बल्कि नौ से दस बजे तक जो सामूहिक कताई होती उसमें बैठ कर सबके साथ सूत भी कातते। नेहरू जी चले भी जाते तो राजेंद्र बाबू तो पूरी कताई करते। तब न कोई पाबंदी होती न निमंत्रण पत्र भेजे जाते। लोग और नेता अपनी मर्जी से आते और श्रद्धा से प्रार्थना करते।

दो घंटे की प्रार्थना इंदिरा जी के समय भी चलती रही। वे भले ही कताई में न बैठती हों लेकिन प्रार्थना में तो पूरे समय बैठतीं। फिर जून पचहत्तर में इंदिरा जी ने इमरजंसी लगाई और दो अक्टूबर को वे समाधि पर प्रार्थना में आईं। इमरजंसी के खिलाफ अपना विरोध प्रकट करने से वंचित किए गए कुछ गांधीवादियों ने तब वहां इंदिरा जी के खिलाफ नारे लगाए। उस के बाद से प्रार्थना सभा में प्रवेश के लिए राजघाट समाधि समिति कार्ड भेजने लगी। उन्हीं लोगों को आने दिया जाता जिनके पास निमंत्रण पत्र होते। लेकिन मुद्‌गलजी कहते हैं—इंदिरा जी ने दस मिनट बैठ कर जाने का नाटक कभी नहीं किया। वे पूरे समय बैठती रहीं और सुरक्षा वाले भी राजघाट समाधि पर ऐसी दखल से दूर रहे।

लेकिन जब एक झाड़ी में आ छुपे सिरफिरे ने राजीव गांधी पर छर्रे चलाए तब से तो दो अक्टूबर और तीस जनवरी को अड़तालीस घंटे पहले से सुरक्षा वाले राजघाट समाधि को अपने कब्जे में ले लेते हैं और सील कर देते हैं। समाधि समिति के लोगों, मालियों आदि का आना-जाना भी मुश्किल हो जाता है। समिति के पदाधिकारी तक उनके व्यवहार से परेशान और अपमानित महसूस करते हैं। दरअसल गए साल जब मुद्‌गलजी ने विरोध और क्षोभ में प्रार्थना अधूरी छोड़ दी तो समिति के पदाधिकारियों ने ही राष्ट्रपति-प्रधानमंत्री आदि से मिल कर प्रार्थना सभा को वीवीआइपियों के आवागमन से अलग करने की पहल की।

अब वीवीआइपियों के आने-जाने से अलग कर दी गई प्रार्थना की पवित्रता और गरिमा तो जैसे-तैसे बन गई लेकिन एक तो वह अपने मूल समय से एक घंटा बाद कर दी गई है और लोगों को अब भी विश्वास नहीं है कि उन्हें पुलिस वाले तंग नहीं करेंगे। वीवीआइपियों के साथ

आने-जाने वाले लवाजमे और चमचे-कड़छियों के लिए राजघाट समाधि अब उपयुक्त स्थान नहीं रहा। उन्हें चेहरे दिखाने और अपनी उपस्थिति दर्ज करवाने वालों की भी संख्या घट गई। अब वहां प्रार्थना के लिए वही जाएंगें जिन्हें गांधी और प्रार्थना में विश्वास है। इस बार सौ-सवा सौ ऐसे लोग ही वहां देखे गए। सामूहिक कताई में तो और भी कम सामूहिकता रही।

लेकिन इससे यह मत मान लीजिए कि सरकारवालों को प्रार्थना की पवित्रता और गरिमा की समझ आ गई है और उससे गांधी के जुड़ाव का वे सम्मान करने लगे हैं। उदाहरण दो अक्टूबर की शाम को ही मिल गया। निर्धारित कार्यक्रम में प्रार्थना छह बजे शुरू होनी थी। गांधी स्मृति पर प्रार्थना का यह समय नहीं होता। वहां प्रार्थना पहले शुरू होती है और जिस वक्त गांधी जी ने वहां गोली लगने के बाद प्राण छोड़े तब दो मिनट का मौन होता है—पांच पंद्रह से सत्रह तक। लेकिन इस बार सवा सौवीं जयंती थी इसलिए विशेष प्रार्थना छह बजे रखी गई। कार्यक्रम यह था कि दस मिनट प्रार्थना हो। फिर राष्ट्रपति आएं और जिस जगह गांधी जी की देह गिरी थी वहां फूल चढ़ाकर अपने आसन पर बैठ जाएं तब वीणा सहस्त्राबुद्धे छह अठारह पर भजन गाना शुरू करें।

लेकिन मुद्गलजी कहते हैं कि उन से प्रार्थना छह बजे के पहले ही शुरू करवा दी गई। प्रार्थना चल रही थी और मानव संसाधन मंत्री अर्जुन सिंह, पुराने गांधीवादी बीएन पांडे, सवा सौंवी गांधी जयंती समिति के सचिव अशोक वाजपेयी आदि राष्ट्रपति की अगवानी के लिए दरवाजे पर खड़े थे और कारभारी लोग चहलकदमी कर रहे थे। उनके चलने-फिरने, बात करने से निश्चित ही प्रार्थना में विघ्न पड़ रहा था। प्रार्थना समाप्त कर के मुद्गलजी ने फिर अपना क्षोभ प्रकट किया। मुद्गलजी को कोई कैसे समझाए कि शिष्टाचार का तकाजा है कि आयोजक राष्ट्रपति की अगुवाई के लिए खड़े रहें। प्रार्थना सभा राष्ट्रीय समिति ने आयोजित की थी और ये सब उस के पदाधिकारी और कार्यकर्त्ता हैं। राष्ट्रपति के सम्मान और राष्ट्रपिता की स्मृति में हो रही प्रार्थना सभा की पवित्रता का सम्मान एक साथ निभाना सुरक्षा और आयोजनों के तनावपूर्ण क्षणों में कितना मुश्किल होता है। लेकिन मुद्गलजी को किसी ने क्या लेना-देना और किसका क्या लिहाज ! गिरस्ती होते हुए भी वे फक्कड़ हैं और प्रार्थना की पवित्रता और गरिमा को पुनर्स्थापित करने में जुटे हुए हैं। उस दिन सबेरे वे संतुष्ट थे लेकिन शाम को फिर क्षुब्ध हो गए।

वे संगीत के भी जानकार हैं और उस शाम उस्ताद अमजद अली खां ने सरोद पर जो रामधुन बजाई उससे भी कुपित हैं। एक और जानकार हमारे अब्बी भैया उर्फ़ अमिताभ मिश्र ने हिचकते हुए सबेरे कहा था कि मामला कुमार जी ने गांधी शताब्दी में गांधी मल्हार बना कर बिगाड़ा। कोई नहीं गाता उस राग को। अब बाल मुरलीकृष्णन ने मोहन गांधी राग बना दी है और अमजद अली ने मालकौंस की तर्ज पर बापूकौंस। गांधी के नाम पर कुछ भी करने के पहले सोच लेना चाहिए कि नंबर सोनिया गांधी तक भी नहीं रुकेगा। पता नहीं, लेकिन पहली बार जनवरी सत्तर में सुनने के बाद मैंने भी गांधी मल्हार दो-तीन बार ही सुनी होगी। न मोहन गांधी राग अच्छी लगी न बापूकौंस। जिसे बनाने वाले के अलावा और कोई गाए ही नहीं वह राग ही क्या हुई ! ठीक है।

लेकिन बेचारे गांधी ने ही जो किया उसे कौन करने को तैयार है ? उनकी शताब्दी में तो फिर भी आम लोग और गांधीय संस्थाओं की अच्छी खासी उपस्थिति थी। सवा सौंवी जयंती तो शुद्ध सरकारी उपक्रम हो गया है। और विडंबना यह है कि गांधी जी को सरकारी ढंग के काम में कोई विश्वास नहीं था। वे आजाद भारत की उस सरकार से कोसों दूर थे जो उन्हीं के कारण बनी थी। बल्कि जिस कांग्रेस ने वह सरकार बनाई थी उसी को वे भंग करना चाहते थे। राज्य और उसकी हिंसा-शक्ति में उनका रत्ती भर विश्वास नहीं था। उनका शव सेना की गनकैरिज पर अंतिम यात्रा के लिए निकाला गया। अहिंसा के पुजारी की समाधि पर उनकी पुण्य तिथि के दिन सेनापति शस्त्र उलटे कर के सलामी देते हैं। रही सही कसर सवा सौवीं जयंती पर प्रधानमंत्री ने निकाल दी। उनने एलान किया कि देश का सबसे बड़ा पुरस्कार गांधी के नाम पर नोबेल शांति पुरस्कार जैसा पुरस्कार होगा। सरकार और क्या कर सकती है ? गांधी की डेढ़ सौवीं जयंती पर वह उन्हें मरणोपरांत भारत रत्न दे देगी।

तब तक गांधी वांगमय की उन सौ जिल्दों में भी दीमक लग जाएगी जो सरकार ने ही तैयार करवाई हैं और जिसे दुनिया की सबसे बड़ी पुस्तकमाला होने और गिनीज़ बुक ऑफ वर्ल्ड रेकार्ड में जगह पाने के एलान पर हम तालियां बजाते हैं। गांधी की देह मिट्टी में और अक्षरदेह रेकार्ड में। उनके पराक्रम के गाने और कुछ फिल्में हमारे पास हैं ही। और क्या करें गांधी के वारिस गांधी की याद में ? गया श्राद्ध तक तो कर दिया ताकि श्राद्ध करना भी अनिवार्य न रहे !

मैं जानता हूं कि सेवाग्राम में भी सिर छुपाने को जगह नहीं मिलेगी !

(9.11.94)

शोचनीय बापू नहीं

अरुण और तुषार गांधी ने सच कहा है। लेकिन मुझे यह ठीक नहीं लगता कि महात्मा गांधी के पोते और परपोते इस तरह की बातें कहें। पर पहले जान लीजिए कि इन दोनों ने कहा क्या है। बिलकुल संभव है कि आपने पढ़ा न हो।

अरुण गांधी महात्मा गांधी के पोते हैं और अमेरिका के टेनेसी प्रांत के मेम्फिस नाम के शहर में रहते हैं। वहां वे एम.के. गांधी अहिंसा विद्यालय भी चलाते हैं। उनके बेटे हैं तुषार गांधी जो बंबई में रहते हैं। बाजार के मामलों के सलाहकार हैं। उन्हें कोई खास जानता नहीं था। लेकिन स्टार टीवी पर बातचीत के कार्यक्रम 'निकी टुनाइट' में निकी बेदी से बात करते हुए एक समलैंगिक पत्रकार अशोक राव कवि ने महात्मा गांधी के बारे में ऐसे अपशब्द कहे कि देश भर में आक्रोश फैल गया। उस कार्यक्रम पर तुषार ने पांच सौ करोड़ की मानहानि का मुकदमा ठोक दिया। देश में राष्ट्रपिता के अपमान से फैले आक्रोश के कारण स्टार टीवी ने माफी मांगी और 'निकी टुनाइट' कार्यक्रम ही खत्म कर दिया।

सही है कि देश भर में अगर इसका हल्ला नहीं होता और लोग अपना आक्रोश नहीं प्रकट करते तो न तो अपने आप भारत सरकार की चेतना जागृत होती न स्टार टीवी वाले माफी मांगकर कार्यक्रम रद्द करते। गांधी के अपमान पर सरकार भी तब तक कुछ नहीं करती जब तक कि उसकी जान पर न बन आए।

इसीलिए मैंने कहा कि महात्मा गांधी के परपोते तुषार और पोते अरुण गांधी ने कोई गलत नहीं कहा है। तुषार ने कहा है कि दो अक्टूबर और तीस जनवरी को राजघाट पर जो वार्षिक तमाशा होता है उसका विरोध करने के लिए वे इस गांधी जयंती यानी दो अक्टूबर को गांधी समाधि पर चौबीस घंटे का सत्याग्रह करेंगे। उनने सभी प्रकार और प्रजाति के राजनेताओं को चिट्ठी लिख कर सूचित कर दिया है।

तुषार गांधी नहीं जानते कि उनके सत्याग्रह पर क्या शासकीय प्रतिक्रिया होगी। "हो सकता है मुझे वहां तमाशा करने आने वाले वीवीआइपियों की सुरक्षा के लिए खतरा मान लिया जाए। और इसलिए राजघाट पहुंचकर सत्याग्रह पर बैठने ही नहीं दिया जाए। लेकिन मुझे जो सही लगता है वह तो मैं करूंगा।" कोई नहीं जानता कि महात्मा गांधी के परपोते को उन्हीं के द्वारा सिद्ध किए गए नैतिक शस्त्र—सत्याग्रह—को उन्हीं की समाधि पर होने वाले तमाशे के विरोध में आजमाने दिया जाएगा या नहीं।

"गांधी के बारे में झूठा और वाहियात प्रचार किया जा रहा है। उन्हें भद्दी-से-भद्दी गालियां दी जाती हैं और बापूजी का अपमान करने वालों का बाल तक बांका नहीं होता।

सत्तारूढ़ राजनेता इस प्रचार और अपमान की ओर से मुंह फेर लेते हैं। सरकार की तरफ से उन लोगों के खिलाफ कोई कार्रवाई नहीं होती। कभी संसद में कोई बयान आ जाता है या अखबारों में कोई वक्तव्य छप जाता है।''

तुषार गांधी ने ऐसी कई घटनाओं और टिप्पणियों की सूची बनाई है जो महात्मा गांधी की स्मृति का मखौल उड़ाती हैं और उनका अपमान करती हैं। और सरकार ऐसे मामलों में कुछ नहीं करती। अगर सरकार को कोई चिंता नहीं है तो महात्मा गांधी को राष्ट्रपिता कहने और गांधी के गाहे बगाहे किए जा रहे अपमान के खिलाफ लोगों को झकझोरने के लिए ही तुषार गांधी राजघाट पर सत्याग्रह करना चाहते हैं। शायद वे जानते नहीं कि दो अक्टूबर के अड़तालीस घंटे पहले अहिंसा के देवदूत की समाधि सुरक्षा वालों के कब्जे में दे दी जाती है और जब तक वहां से वीवीआईपी नाटक कर के चले नहीं जाते कोई अनधिकृत परिंदा वहां पर भी नहीं मार सकता है।

गांधी की समाधि की तो ऐसी कड़ी और सख्त सुरक्षा की जाती है क्योंकि वहां वीवीआईपी दर्शन करने और देने आते हैं लेकिन गांधी के सम्मान की रक्षा में कोई कुछ नहीं करना चाहता। सबसे ताजा उदाहरण लखनऊ के पेरियार मेले का है जिसमें बहुजन समाज पार्टी के अध्यक्ष कांशीराम ने गांधी को बनिया और दलितों पर अत्याचारों का समर्थक बताया और भारतीय जनता पार्टी की पालकी में बैठी मायावती ने कहा कि उनकी सरकार गांधी जयंती मनाएगी क्योंकि अब सरकारें ही तो गांधी को याद करती हैं। जनता तो कोई गांधी को पूछती नहीं।

लेकिन कांशीराम और मायावती जैसे गैरजिम्मेदार और अज्ञानी लोगों की अल्पमत और अल्पमति सरकार बन जाती है क्योंकि भाजपा को मुलायम सिंह यादव का कांटा हटाना था। भाजपा और बसपा का छत्तीस का आंकड़ा है—विचारधारा में और बरताव में भी। फिर भी दोनों एक दूसरे से निबाहे जा रहे हैं क्योंकि अगले साल लोकसभा चुनाव के पहले भाजपा उत्तर प्रदेश में ऐसी सरकार नहीं चाहती जो उस के दिल्ली चलो अभियान में बाधा बन सके।

इसलिए विश्व हिंदू परिषद और बजरंग दल ने इतने हल्ले और हवा में तलवारबाजी के बावजूद पहले काशी में जलाभिषेक पर और फिर जन्माष्टमी पर मथुरा में यज्ञ पर पांव खींच लिए। कोई और सरकार होती तो वे टकराव नहीं छोड़ते भले ही काशी की गंगा और मथुरा की जमना का पानी खून से लाल हो जाता।

काशी और मथुरा पर पंजे लड़ाकर कुश्ती में भिड़ने के पहले भाषाओं ने हाथ छोड़ दिए तो लखनऊ में कांशीराम और मायावती ने पेरियार मेले को पानी डाल-डाल कर पनीला और घिस-घिस कर भोथरा कर दिया। पेरियार मेला इसलिए किया गया था कि पेरियार ब्राह्मणवाद के खिलाफ उग्रवादी आंदोलन चलाने वाले कथित तमिल नेता थे। उन्होंने राम को उत्तर के आर्य आक्रमण का प्रतीक बताया था और सच्ची रामायण लिखी जिसमें राम को रावण बना दिया गया है। राम चूंकि भाजपा के शुभंकर हैं इसलिए उसकी फजीहत करने के लिए कांशीराम ने पेरियार मेला करवाया। पेरियार को उत्तर में ही नहीं तमिलनाडु में ही अब कोई नहीं पूछता। ऐसे संस्कृति विरोधी नेता वे थे। लेकिन कांशीराम ने उन्हें अवध में राम के

विरुद्ध खड़ा करने की कोशिश की। जब विश्व हिंदू परिषद, बजरंग दल और भाजपा ने विरोध किया तो कांशीराम ने भी राम विरोध और ब्राह्मणवाद को गालियां देने के अभियान का रुख मोड़ दिया। उन्हें भी आखिर अपनी सरकार चलानी है।

लेकिन विषवमन तो करना ही था इसलिए कांशीराम और फिर मायावती महात्मा गांधी पर पिल पड़े। गांधी को गाली बकने से किसी का कोई वोट बैंक नहीं बिगड़ता। किसी की कोई सरकार नहीं गिरती। इसलिए गांधी को कोई भी कभी भी गरिया सकता है। लखनऊ के पेरियार मेले में कांशीराम और मायावती ने जो गांधी-पिटाई की वह हमारी इसी राजनैतिक सच्चाई का सटीक उदाहरण है। गांधी के नाम पर अब वोट नहीं मिलते क्योंकि सारा देश जानता है, कि उनका नाम लेने वाले सभी नेता झूठे और बेईमान हैं।

इसलिए अब जब किसी को तलवारबाजी करनी होती है तो वह निरीह गांधी पर पिल पड़ता है। हमारी राजनीति में गांधी का अब यही उपयोग बचा है। हम अपने को मुक्ति दिलाने वाले महात्मा की यही कदर करना चाहते हैं। ऐसे कृतज्ञ हैं हम। क्योंकि वोट की राजनीति में जिसका कोई उपयोग नहीं उसका कोई क्या करता है इसकी चिंता सरकार को, कांग्रेस को और किसी भी जिम्मेदार पार्टी को क्यों हो ?

अरुण गांधी ने ठीक सवाल उठाया है। उसने पूछा है कि ''जादवपुर विश्वविद्यालय में फिल्मकार ऋत्विक घटक ने गांधी के बारे में अपमानजनक बातें कहीं। अगर नेहरू परिवार के किसी सदस्य के बारे में ऐसी ही बातें कही जाएं तो क्या कहने वाले का कोई बाल बांका नहीं होगा ? यह नहीं कि मैं किसी का अपमान चाहता हूं। लेकिन नेहरू परिवार के लोगों की जो चमचागिरी भारत के राष्ट्रपति से ले कर छोटे-मोटे अफसर तक करते हैं उसे देख कर मुझे लगता है कि नेहरू परिवार के किसी भी सदस्य का अपमान कोई करे तो उसे सजा दिलाने में वे लाल किले की दीवारें तक हिला-हिला कर गिरा देंगे।''

सही है। जरा देखिए, सोनिया गांधी को कांग्रेसी और दूसरे लोग भी कैसा सम्मान देते हैं और बेचारे असली गांधी को कोई भी गरिया ले कांग्रेस वाले भी कुछ नहीं करते क्योंकि उन्हें कांग्रेस पर कब्जे और दलित वोट का लालच है। लेकिन क्या गांधी का सम्मान सरकार करवा सकती है ? गांधी का अपमान करने वाले को सरकार सजा दिलवाए तो क्या गांधी की आत्मा की रक्षा हो जाएगी ?

सन् चौबीस में कांग्रेस के अध्यक्ष मौलाना मुहम्मद अली ने एक भ्रष्टाचारी और दुश्चरित्र मुसलमान को भी महात्मा गांधी से बेहतर बताया था। इस के विरोध में महावीर त्यागी ने मुहम्मद अली के खिलाफ अविश्वास प्रस्ताव रखा था। उसका गांधी ने क्या किया यह महावीर त्यागी के शब्दों में ही पढ़िए–

इन्हीं दिनों कांग्रेस के अध्यक्ष मौलाना मुहम्मद अली का एक भाषण छपा जो उन्होंने मुसलमानों में दिया था। ''मैं एक फाजिर (व्यभिचारी) और फासिद (दुश्चरित्र) मुसलमान को भी महात्मा गांधी से अच्छा मानता हूं।'' बस पंजाब के हिंदू अखबार बौखला उठे। इस भाषण के बाद साबित कदम हिंदू कांग्रेसियों के पैर भी उखड़ने लगे।

''मैं ऑल इंडिया कांग्रेस कमेटी का सदस्य था और पंडित जवाहलाल नेहरू सेक्रेटरी। कांग्रेस अध्यक्ष की यह तकरीर असहनीय हो गई। मैंने अविश्वास का प्रस्ताव भेज दिया और

नरदेव शास्त्री ने उस पर अनुमोदन के हस्ताक्षर कर दिए। जवाहरलालजी पहले से ही बहुत कायदे-करीने के आदमी हैं। उन्होंने मुझे पत्र लिखा कि ''क्या तुम सचमुच ही इस प्रस्ताव को पेश करना चाहते हो ?'' मैंने जवाब दे दिया कि ''बहुत सोच समझ कर भेजा है, मैं इसे अवश्य पेश करूंगा।''

''प्रस्ताव एजंडा में छप गया। सत्ताईस जून (1924) को एआईसीसी की बैठक अमदाबाद में बुलाई गई। बैठक के प्रारंभ के पहले ही मौलाना मुहम्मद अली ने यह कहते हुए कि ''पहले मेरी तकरीर का फैसला हो जाना चाहिए'' मुझे आवाज लगा दी ''अविश्वास का प्रस्ताव पेश करो।'' मैं चौबीस वर्ष का तो था ही खूंटा-सा मंच पर जा खड़ा हुआ। ''मिस्टर प्रेसीडेंट और फ्रेंड्स'' कहते ही गांधी जी ने मुहम्मद अली से इजाजत चाही, ''प्रस्ताव से पैले (पहले) मुझे दो मिनट प्रस्तावक से बात करने का मौका चाहिए।''

मौलाना ने जोर से कहा, ''आर्डर, आर्डर, पहले प्रस्ताव का फैसला होगा, फिर दूसरी बात।'' महात्माजी को चुप करना कठिन था। उन्होंने मुझसे कहा, ''तुमें तो मुझसे बात करने में एतराजी (एतराज) नई है ?'' मैंने कहा ''नहीं'' तो जोर से हंसते हुए बापू ने कहा, ''जब मैं और वे राजी तो बीच में क्यों बोलता है काजी।'' सारी सभा हंसी से गूंज उठी। मैं फट से गांधी जी के पास जा बैठा।

''बापू बोले यह प्रस्ताव तो ठीक नई है। मौलाना ने इसमें किसी और को तो कुछ कहा नई। महात्मा गांधी से 'फाजिर-फासिद' मुसलमान को अच्छा समझने की बात है। इसमें कोई गाली तो नहीं है। गाली का सबूत तो उसका लगना ठेरा। गांधी तो इसका लगना स्वीकार नहीं करता। फिर तो यह खलास हो गई।''

मैंने उत्तर दिया–''महात्मा गांधी से कोई संबंध नहीं है। इस तकरीर के मुताबिक कांग्रेस अध्यक्ष की निगाह में एक बदमाश और बदचलन मुसलमान भी दूसरे संपद्राय के श्रेष्ठतम व्यक्ति से ऊंचा है। आजकल जगह-जगह हिंदू-मुसलमानों के दंगे हो रहे हैं, ऐसी तकरीर जलती हुई आग में पेट्रोल का काम करेगी।''

गांधी जी–''तुम्हें इस प्रस्ताव के पास हो जाने की आशा है ? कितने वोट मिलेंगे ?''

मैंने कहा–''दो वोट तो पक्के हैं। पास हो या न हो कम से कम यह रेकार्ड पर तो आ जाएगा कि कांग्रेस के अध्यक्ष की तकरीर पर कुछ लोगों को आपत्ति थी।''

महात्माजी–''ऐसी बात को लाने से कांग्रेस का रेकार्ड अच्छा होने की बजाय और काला बनेगा। हिंदू-मुसलमान को साथ रखना है तो एक दूसरे के खोट को निभाना पड़ेगा। तुम जानते हो मित्रता किसे कहते हैं ?'' मैंने कहा–''एक दूसरे को प्यार करने को मित्रता कहते हैं।'' बापू ने कहा, ''नहीं यह तो बदमाशी है, मित्रता के मानी तो एक दूसरे के खोट को निभाना है। जो ऐसा नहीं करता वह मित्र नहीं है। यह प्रस्ताव ठीक नई।''

''अब वापस तो नहीं करूंगा'' मैंने उठते हुए कहा। बापू टोकते हुए बोले ''अच्छा तुमारी खुशी। पर एक बात का जवाब लूंगा। तुम अकलमंद हो या महात्मा गांधी ?''

मैंने कहा–''महात्मा गांधी।''

बापू बोले–''फिर तो हो गया। एक बेवकूफ को अकलमंद की बात माननी होगी। यह दलील तो तुम को पसंद आई होगी। वो तो मैं पैले से जानता था। बेवकूफ को अकल की दलील नहीं बेवकूफी की दलील पसंद आती है। अब तो वापस लोगे ?''

अब मैं क्या करता। प्रस्ताव वापस ले लिया।

ऐसे महात्मा गांधी को अशोक राव कवि, मायावती और कांशीराम की आलोचना और गालियां क्या लगेंगी ? जैसे उन्होंने मौलाना मुहम्मद अली के खोट निभाए वैसे वे इनकी आलोचना और कांग्रेसियों की उपेक्षा का भी बुरा नहीं मानेंगे। अरुण और तुषार गांधी ऐसे महात्मा के पोते और परपोते हैं। उन्हें अपनी धरोहर का ध्यान रखना चाहिए।

बच्चनजी ने कई साल पहले एक कविता में कहा था–शोचनीय बापू नहीं, शोचनीय हम लोग। सवाल गांधी का नहीं है, हमारा है। अगर हम बीसवीं सदी के सबसे बड़े और सारे संसार में पूज्य महात्मा गांधी तक को वोट की तात्कालिक राजनीति के हवाले कर देंगे तो एक देश और लोग के नाते हमारा क्या होगा ? गांधी की सवा सौवीं जयंती पर हम जरा समझ लें।

(1.10.95)

विनोबा भावे

जिस परमधाम में बाबा हैं

परमधाम पवनार की जिस कुटिया में बाबा रहते थे और उसमें भी जिस जगह बैठते और सोते थे वहां लंबा-सा ओटला बना दिया गया है। नीचे तीन तरफ राजस्थान के हरे चिकने और चमकीले पत्थर लगा दिए गए हैं। ऊपर संगमरमर की शिला है। चौकोर फर्शियों को जोड़ कर बनाया गया कुटिया का फर्श भी चिकना और स्वच्छ है। उस पर आलथी-पालथी मार कर बैठे रहने और कुटिया के वातावरण को महसूस करते रहने के बाद मैं उठा। संगमरमर की शिला पर अपने दोनों हाथ रख कर और उन पर पूरा वजन दे कर सिर नीचा किए ध्यान में एकचित्त हो गया। उस स्पर्श को फिर पाने के लिए जो कोई बत्तीस साल पहले विनोबा की कोमल हथेली से मिला था और जिससे मैंने अपने आप को शुद्ध होते महसूस किया था। उतरती शाम की उस सघन शांति में बाबा ने मुझे कहा—कर्म का मोह और अहंकार तुझे नष्ट कर देगा। इसे छोड़।

इस ओटले के नीचे बाबा की पार्थिव देह की राख और अस्थियां हैं। सदा बहते रहने वाले बाबा ने धाम नदी के उस पार चौपन साल पहले डेरा डाला था और बाद में यह ब्रह्म विद्या मंदिर या आश्रम बनाया। पवनार गांव इस पार है। चूंकि वह उस पार था इसलिए बाबा ने उसे परमधाम कहा। परमधाम का दूसरा अर्थ तो आप जानते ही हैं। ठीक दस साल पहले पंद्रह नवंबर को बाबा ने जब इच्छामृत्यु का वरण किया तो उनके छोड़े गए शरीर को धाम नदी के बीच बने एक चबूतरे पर अग्नि को अर्पित किया गया। लेकिन उनकी अस्थियां धाम, गोदावरी, कृष्णा, नर्मदा, क्षिप्रा, मंदाकिनी, सरयू, यमुना और गंगा में प्रवाहित नहीं की गई। लोक आस्था से पवित्र मानी गई इन नदियों पर बाबा की अगाध श्रद्धा थी। फिर भी इनमें बाबा की अस्थियां समर्पित नहीं की गईं। बाबा का मानना था कि मिट्टी पर जल का अधिकार नहीं है। इसका भी एक प्रसंग है। उन्हीं के शब्दों में—

अंतिम दिनों में वे (बाबा के पिताजी-नरहर शंभुराव भावे) बीमार हुए। लेकिन उन्होंने अपने बेटों को खबर नहीं दी। मेरे मित्र बाबाजी मोघे बड़ौदा गए थे। वे पिताजी से मिलने गए और उन्हें पता चला। वर्धा आने के बाद उन्होंने मुझे उसकी खबर दी। उन दिनों शिवाजी (बाबा के छोटे भाई) धुलिया में था। मैंने उसको पिताजी के पास जाने को कहा। वह बड़ौदा गया और पिताजी को आग्रहपूर्वक धुलिया ले गया। वहां शारदा पूर्णिमा (उनतीस अक्टूबर उन्नीस सौ सैंतालीस) के दिन उनकी मृत्यु हुई।

फिर अस्थि विसर्जन की बात चली। गोदावरी नजदीक (नाशिक में) थी। उनके अंतिम दिनों में मैं वहां पहुंच गया था। मैंने कहा—पिताजी की अस्थियों पर गोदावरी का क्या हक है ? गोदावरी पानी है और हड्डियां मिट्टी है। पानी का मिट्टी पर क्या अधिकार ? मिट्टी

पर तो मिट्टी का ही अधिकार हो सकता है। तेज, तेज में, वायु, वायु में, पानी, पानी में और मिट्टी, मिट्टी में मिल जानी चाहिए। इसलिए जब उनके शरीर का दहन हो गया और उसकी खाक हो गई तब हमने, वहीं घर के अहाते में एक गड्ढा खोदकर उसमें राख डाल दी और गड्ढे को बंद कर दिया। ऊपर तुलसी का पौधा लगा दिया।

लोगों को लगा कि हमने बड़ा विचित्र काम किया। अस्थियां कहीं गंगा में प्रवाहित करनी चाहिए थीं। परंतु मैंने तो वेद में से यह अर्थ निकाला। वेद में प्रार्थना है कि हे माता, मेरी लाश के लिए तू मुझे जगह दे। पश्चिम के टीकाकारों ने सवाल खड़ा किया कि पहले दफन क्रिया होती थी या दहन क्रिया ? इस तरह सिर्फ ऐतिहासिक निष्कर्ष निकाले जाते हैं। सिर्फ अंदाज की बात। परंतु वेद के एक ही सूक्त से दो अर्थ निकलते हैं। पहले लाश का दहन किया जाए और फिर जो राख होगी उसकी दफन क्रिया की जाए। तो इस प्रकार वेद का आधार ले कर हमने पिताजी की अस्थियां नदी में विसर्जित नहीं की। भूमि में विसर्जित कीं। और पिताजी की समाधि पर एक पत्थर पर समर्थ रामदास स्वामी का वचन लिख दिया, ''अवधे चि सुखी असावें, ही भावना' (सब सुखी हों यही भावना)।

संगमरमर की उस ठंडी शिला पर दोनों हाथों से बाबा को महसूस करते हुए मैंने अपने से पूछा–इस समाधि पर तुलसी का पौधा क्यों नहीं है ? और उस पर संत नामदेव की यह पंक्ति क्यों नहीं लिखी हुई है जो बाबा ने खुद गीताई की, अपनी प्रति पर लिख रखी थी– माझें यश, कीर्ति, निवृत्ति, माझी तृप्ति, विट्ठला। (मेरा यश, कीर्ति, निवृत्ति मेरी तृप्ति, हे विट्ठल, तू ही है।) लेकिन पास ही खड़े जयदेव भाई से मैंने नहीं पूछा। सारा जीवन बाबा के साथ रहने वाले जय विजय में से विजय यानी बाल भाई से गोपुरी में मिला तो उनसे भी नहीं पूछा। बाबा के पार्थिव शेष पर प्रभाष जोशी का क्या अधिकार ?

बाबा से आखिरी बार पच्चीस दिसंबर उन्नीस सौ पचहत्तर के दिन इसी कुटिया में मिला था जब उनने साल भर का मौन तोड़ा था। सत्रह साल हो गए मैं परमधाम पवनार भी नहीं गया। और तो और दस साल पहले पंद्रह नवंबर को दिवाली के दिन जब उनने देह त्यागी तब टीवी वाले चाहते थे कि मैं बोलूं। नहीं बोला। दूसरे दिन जब इंडियन एक्सप्रेस के पहले पेज पर हमारे मित्र एएन दर का लेख छपा तो रज्जू बाबू (राजेंद्र माथुर) ने मुझे फोन किया–'मैं उम्मीद कर रहा था कि बाबा पर तुम लिखोगे। क्यों नहीं लिखा ?' मैंने कोई जवाब नहीं दिया। रज्जू बाबू बाबा पर मेरी भक्ति के साक्षी थे। इमरजंसी से क्रिसमस के दिन बाबा ने जब मौन तोड़ा था तो वे भी भोपाल से मेरे साथ पवनार गए थे। उन्होंने नई दुनिया में बाबा का भाषण रिपोर्ट किया था और मैंने इंडियन एक्सप्रेस में। बाबा की इच्छा मृत्यु के समय मैं इंडियन एक्सप्रेस दिल्ली का स्थानीय संपादक था। और रज्जू बाबू को ही नहीं कई मित्रों को अपेक्षा थी कि मैं लिखूंगा।

लेकिन बाबा पर टीवी पर बोलना और अखबार में लिखना मुझे निरर्थक ही नहीं अपनी पवित्र निजता को भीड़ के बीच और कैमरे के सामने नचाने जैसा लगा था। टीवी के एक प्रोड्यूसर मित्र से बाबा के जाने की खबर मिलने के बाद मैंने स्नान किया और ठीक साढ़े दस बजे विष्णु सहस्रनाम का पाठ किया जो उसी समय बाबा भी किया करते थे। किसी समय भरा-पूरा परिवार उसी तरह विष्णु सहस्रनाम का सस्वर पाठ किया करता था जैसा कि बाबा के परमधाम के ब्रह्म विद्या मंदिर में होता था। सुबलक्ष्मी का गाया विष्णु सहस्रनाम मैं बरसों

से और हजारों बार टेप से सुन चुका हूं। लेकिन बाबा के साथ उनके परमधाम में जब पहली बार सुना था तो एक पवित्र और अलौकिक अनुभूति से रोंगटे खड़े हो गए थे। बहुत बार इच्छा हुई कि उसे टेप कर लाऊं और सुनता रहूं। लेकिन लगा कि टेप तो कर लाऊंगा और सुनता भी रहूंगा लेकिन क्या वह पवित्र और अलौकिक अनुभूति फिर पा सकूंगा जिससे रोंगटे खड़े हो गए थे ? अगर टेप कर लाया और बार-बार सुनता रहा और वह पवित्र, अलौकिक अनुभूति चली गई तो जैसे अनुभूतियों के निजी खजाने का कोई हीरा रेत हो जाएगा।

इसलिए विष्णु सहस्त्रनाम का पाठ किया। सवा साल पहले अपनी छियासवीं वर्षगांठ पर बाबा ने कहा था–'आज बाबा का जन्मदिन है, इसलिए आप शांति रखते हैं। बाबा की मृत्यु के दिन भी शांति रखिए।' इसलिए शांति रखी। बाबा मृत्यु को आनंद का विषय मानते थे इसलिए दिवाली मनाई और पहला दीया उनके नाम पर तुलसी के क्यारे पर रखा। अपने अंतिम जन्मदिन यानी देहत्याग के इकसठ दिन पहले बाबा ने कहा था–'आज बाबा की देह का जन्मदिन है। जयंती बाबा की नहीं, बाबा की देह की है। मणि पूछ रही है, आपका जन्मदिन कब है ? बाबा का जन्म ही नहीं होता है ?' जिस बाबा का जन्म ही नहीं होता उसकी मृत्यु भी नहीं होती। जिसकी मृत्यु हुई वह बाबा का शरीर है। इसलिए मजे में दिवाली मना कर बाबा के स्वैच्छिक देहत्याग का त्योहार मनाया। ऐसे बाबा से अपने संबंध का तकाजा कभी नहीं रहा कि उनके अग्नि संस्कार में शामिल होते या उनके जन्म दिवस या पुण्यतिथि पर परमधाम पवनार जाते।

लेकिन इस प्रकार बाबा से संबंध रखने में भी अपना कुछ नहीं है। बाबा पहली बार महात्मा गांधी से सात जून उन्नीस सौ सोलह के दिन अमदाबाद जा कर कोचरबआश्रम में मिले थे। कोई बाईस साल बाबा गांधी जी के साथ रहे। लेकिन उन से मिलने तभी गए जब उन्होंने बुलाया। नहीं तो बापू के बताए रचनात्मक कार्य में लगे अपने प्रयोग करते रहे। सन् अड़तीस में बाबा का शरीर इतना क्षीण हो गया कि वजन सिर्फ अट्ठासी पौंड रह गया। बापू का समन आया तो वे गए। बापू बोले–'मेरे पास रहो, मैं सेवा करूंगा।'

बाबा ने कहा–आपकी सेवा पर मेरा जरा भी भरोसा नहीं। आप को पचास काम हैं। उनमें से एक काम बीमारों की सेवा का। और उसमें भी पचास रोगी। उनमें से एक मैं। इससे क्या भला होगा ? बापू हंसने लगे। बोले–ठीक है, डॉक्टर के पास जाओ। बाबा ने कहा– इसकी अपेक्षा तो यमराज के पास जाना ठीक। तो बापू बोले–वायु परिवर्तन के लिए कहीं जाओ। बाबा ने कहा–आपकी बात मंजूर है। वर्धा से छह मील दूर पवनार में जमनालालजी (बजाज) का बंगला खाली पड़ा है, वहां जा कर रहूंगा। बापू ने कहा–तुम पवनार जाओ, बशर्ते कि सभी कामों का बोझ छोड़ दो। तुम्हें सारा चिन्तन बंद करना पड़ेगा। आश्रम की अथवा दूसरे किसी काम के विषय में चिंता या विचार नहीं करना होगा।

बाबा ने कहा है–'मेरा स्वास्थ्य इतना कमजोर था कि पैदल चल नहीं सकता था। इसलिए नालवाड़ी से मोटर से पवनार गया। बापू के पास कबूल किया था इसलिए जब मोटर पवनार पहुंची और धाम नदी का पुल पार कर रही थी, तब मैंने तीन बार–संन्यस्तं मया, संन्यस्तं मया, संन्यस्तं मया (मैंने छोड़ा, मैंने छोड़ा, मैंने छोड़ा) कहा। सब कुछ खाली मन से

पवनार पहुंचा।' बाबा के मुंह से यह 'संन्यस्तं मया' जैसे निकल कर मेरे मन में खुब गया है। मैंने भी 'संन्यस्तं मया' कह कर बहुत-सी प्रिय और अप्रिय बातें, स्मृतियां और साथियों को छोड़ा है और मुड़ कर फिर वापस नहीं गया।

बाबा ने कोई कम पराक्रम नहीं किया और कोई कम त्याग नहीं किया। गांधी जी ने जब सन् चालीस में व्यक्तिगत सत्याग्रह का तय किया तो पहला सत्याग्रही उन्होंने विनोबा को चुना। बाबा की सत्य और अहिंसा में निष्ठा पर बापू का इतना विश्वास था। तब बाबा पैंतालीस के थे और कोई चौबीस साल गांधी जी के साथ बिता चुके थे। फिर भी इतने कम लोग उन्हें जानते थे कि बापू को विनोबा का परिचय खुद लिखना पड़ा। सन् इक्कावन में आंध्र के पोचमपल्ली में बाबा ने भूदान यज्ञ का आविष्कार किया। जितनी जमीन बाबा को भूदान में और गांव ग्रामदान में मिले उतनी जमीन सरकारें आज तक भी निकाल कर बांट नहीं पाई है। बाबा ने इस देश की जितनी पैदल यात्रा की है उससे दुनिया के तीन चक्कर लग सकते हैं। सन् इक्कावन में जब बाबा पदयात्रा पर निकले तो छप्पन बरस के थे। और राजगीर, बिहार के सर्वोदय सम्मेलन में भाग ले कर वर्धा लौटे और सन् सत्तर में जब क्षेत्र संन्यास लिया तो पचहत्तर के हो चुके थे। जिसे बुढ़ापा कहते हैं उस के उन्नीस साल में बाबा ने दुनिया की तीन परिक्रमा कीं। लेकिन सब को संन्यस्तं मया कह कर उसी परमधाम पवनार में आ गए जहां बत्तीस साल पहले आए थे। अपने किए और कहे का यश-अपयश करने की कोई भी इच्छा बल्कि होने की इच्छा भी छोड़ दी। कर्ममुक्ति, स्मृति मुक्ति, ग्रंथ मुक्ति और फिर जीवन मुक्ति के प्रयोग किए।

दस साल की उम्र में बाबा ने ब्रह्मचर्य का संकल्प लिया। इक्कीस साल की उमर में घर छोड़ दिया। घर छोड़ने से पहले मैट्रिक आदि के सभी सर्टीफिकेट जला दिए। 'पूरे रूप से रस्सी काट लेना चाहता था।' मां की शादी की अनमोल साड़ी और जिसकी वे रोज पूजा करती थीं अन्नपूर्णा देवी की वह मूर्ति बाबा मां की मृत्यु के बाद अपने साथ ले गए थे। वह साड़ी उनके सिरहाने का तकिया थी। मां से बाबा का अद्भुत लगाव था। लेकिन खादी स्वीकार की और साड़ी खादी की नहीं थी इसलिए उसे साबरमती में स्नान करने के बाद बहा दिया। अन्नपूर्णा देवी की मूर्ति भी काशीबेन गांधी को दे दी। सन् सोलह से इक्कावन यानी पैंतीस साल आश्रमों में सभी रचनात्मक कार्यों के प्रयोग किए। लेकिन पोचमपल्ली में भूदान शुरू किया तो सब छोड़ दिया। इक्कावन से सत्तर यानी उन्नीस साल भूदान, ग्रामदान, श्रमदान, संपत्तिदान आदि के प्रयोग किए। लेकिन सन् सत्तर में क्षेत्र संन्यास ले कर पवनार बैठे और सूक्ष्म में प्रवेश किया। सिर्फ दो बार परमधाम पवनार से बाहर निकले नहीं तो बारह साल अपने किए-धरे से मुक्त हो कर रहे। और शरीर से भी मुक्त हुए तो डॉक्टरों के कहे पहले हार्ट अटेक से ठीक होते हुए भी आठ नवंबर को दवा-दारू, पानी और आहार बंद कर दिया। सात दिन शर शैया पर रहे और दिवाली का दिन चुनकर शरीर छोड़ दिया।

उस दिन बाबा से सर्वोदय आंदोलन की निपट संगठनहीनता और इंदिरा गांधी के खिलाफ आंदोलन को ले कर अपने मतभेद, विरोध और मोहभंग नष्ट हो गए। बाबा मृत्यु के वरण में भीष्म पितामह की कोटि में जा बैठे। अपकर्म और अपयश तो सब छोड़ना चाहते हैं—यश, कीर्ति और पुण्य कोई नहीं छोड़ता। बाबा ने ये भी छोड़े जो कि दुर्गम साधना

से स्थितप्रज्ञ हुए बिना छूटते नहीं। बाबा का यही पराक्रम रहेगा। परमधाम पवनार से शाम हो जाने और दीया-बत्ती जल चुकने के बाद मैं सेवाग्राम की ओर रवाना हुआ। जब धाम नदी पर से मोटर गुजर रही थी तो मैंने भी कहा–संन्यस्तं मया, संन्यस्तं मया संन्यस्तं मया। लेकिन क्या छोड़ा है वह अगले साल कभी बताऊंगा। आप पूछेंगे ? पूछने की याद रहेगी ?

(15.11.92)

बाबा विनोबा के सौ साल होंगे

विनोबा के जन्म शताब्दी वर्ष के पहले दिन चारों तरफ घूम-फिर कर देखता हूं तो लगता है कि आज के भारत में उनका होना कितना असंभव है। समय लोगों को बनाता है या सचमुच के महान व्यक्ति समय को बदल देते हैं ? या दोनों की अंतःप्रक्रिया से युगपरिवर्तन होता है और महापुरुष पैदा होते हैं ? शायद तीनों ही एक साथ होते हैं। बहरहाल इस समय तो इनमें से कुछ नहीं हो रहा।

बंबई के पूर्व निगम आयुक्त तिनईकर ने सही कहा है कि हम सभी इस व्यवस्था को आज की हालत में पहुंचाने के लिए जिम्मेदार हैं। लेकिन समय देखिए कि यही जिम्मेदार लोग जब भ्रष्टाचार के खिलाफ लड़ने को खड़े होते हैं तो महानायक हो जाते हैं—जैसे टीएन शेबन और जीआर खैरनार। या मनमोहन सिंह जैसे नौकरशाह उद्धारक बन जाते हैं जब कि इंदिरा गांधी की प्रतिबंधों वाली अर्थव्यवस्था खड़ी करने में भी उनका हाथ था और आज अपनी संप्रभुता तक को गिरवी रख सकने वाली खुले बाजार की खगोली व्यवस्था भी वही अनिवार्य बता रहे हैं। हमारे समय पर यह दुखद टिप्पणी है। लोग उनकी तरफ भी आशा और आकांक्षा से देखने लगते हैं जो अपने पांवों के नीचे के रेले और अपनी अलमारियों के कंकालों को छुपा कर आवाज लगाने सड़क पर आते हैं।

ऐसे समय विनोबा की जन्म शताब्दी मनाना रस्म अदाई करना है। कहां विनोबा और कहां उनकी जन्म शताब्दी मनाने वाले हम लोग। शायद महान व्यक्तियों का दुर्भाग्य है कि उनकी शताब्दियां मनाने के लिए ऐसे लोग रह जाते हैं जो उनके उत्तराधिकार के सर्वथा अयोग्य होते हैं। शायद यह हमारा सौभाग्य है कि जब हमारे बीच ऐसा कोई नहीं रह जाता जो तूफान में उथल-पुथल होते समुद्र के बीच भी दृढ़ चट्टानी प्रकाश स्तंभ की तरह अविचलित खड़ा रह सके तब हमें किसी महापुरुष की जन्म शताब्दी या ऐसा ही कोई अवसर मिल जाता है और हम उनके स्पर्श से महानता का अहसास करने लगते हैं। बल्कि अवतार की प्रतीक्षा में बैठे हम लोगों के लिए यही क्या कम है ?

कोई पच्चीस साल पहले जब अक्टूबर में गांधी की जन्म शताब्दी मन रही थी तो विनोबा ग्रामदान तूफान के बीच बिहार में थे जहां राजगीर के सर्वोदय सम्मेलन में पूरे बिहार का ग्रामदान यानी बिहारदान हुआ। वह एक संकल्प था जिसे जयप्रकाश नारायण की अगुआई में बिहार के लोग पूरा करने वाले थे। लेकिन विनोबा ने उसे गांधी के जन्म की शताब्दी से नहीं जोड़ा। कोई तीन साल पहले सात जून 1966 को वे कर्ममुक्त हो कर सूक्ष्म में प्रवेश कर गए थे। वह तिथि इसलिए चुनी कि पचास साल पहले उसी दिन गांधी के पास कोचरब

आश्रम अमदाबाद पहुंचे थे। ''पचास साल उनकी आज्ञा में काम किया तो अब इजाजत मांगने से गांधी जी नाराज नहीं होंगे।...मुझे अंदर से आदेश मिला कि जो भी सेवा बनी वह श्री हरि गुरु चरणों में अर्पण कर के अब मैं सूक्ष्म में प्रवेश करूं।''

और दो नवंबर, 69 को वे सब कुछ छोड़-छाड़कर क्षेत्र संन्यास ले कर स्वगृह (अर्थात् भारत यात्रा) से ''निजगृह'' वर्धा और फिर पवनार आ गए। उन्होंने नहीं कहा कि गांधी शताब्दी में गांधी को अपना सारा पराक्रम अर्पण कर के अब मैं मुक्त हो गया हूं। क्योंकि जब तक गांधी जी जीवित रहे तब तक विनोबा उनके सानिध्य में रह कर पहले अमदाबाद और फिर वर्धा और पवनार के आश्रमों में चुपचाप रचनात्मक कार्य करते रहे। वे गांधी जी के राजनैतिक आंदोलन में नहीं लगे। अपने ऋषि कर्म में ऐसे रत रहे कि जब गांधी जी ने व्यक्तिगत सत्याग्रह शुरू किया और उन्हें पहला सत्याग्रही घोषित किया तो सार्वजनिक जीवन में उनका कोई नाम क्या उपस्थिति भी नहीं थी। गांधी जी को खुद उनका परिचय लिखना पड़ा और उन्होंने बताया कि विनोबा को ही क्यों चुना है।

विनोबा ने कहा है—''सन् 1940 की एक सुंदर सुबह मुझे बापू की तरफ से बुलावा आया कि मिलने आओ। वैसे उनके और मेरे निवास स्थान में पांच मील का फासला था। लेकिन मिलने का मौका तो तब आता था जब वे बुलाते। साल में दो-तीन पत्र आते-जाते होंगे। वे जानते थे कि यह शख्स अपने काम में मशगूल है, इसलिए इसे ज्यादा तकलीफ नहीं देनी चाहिए। लेकिन उस दिन अचानक बुलावा आया। इसलिए मैं उनके पास पहुंचा। बापू मुझसे कहने लगे कि इस वक्त मुझे तेरी सेवा की जरूरत है। मैं नहीं जानता कि तू खाली है या नहीं। लेकिन अभी व्यक्तिगत सत्याग्रह करना है और मैं चाहता हूं कि अगर तू बिना कुछ विशेष तकलीफ के मुक्त हो सके तो तैयार हो जा।

मैंने विनोद में कहा, ''मैं आपका बुलावा और यमराज के बुलावे को समान मानता हूं। इसलिए मुझे जरूरत नहीं कि वापस जाऊं। सीधे यहीं से काम के लिए जा सकता हूं।...मैंने जो भी काम किए वे इस ढंग से नहीं किए कि मेरे बिना चल ही न सकें।...सत्याग्रह करने का तय हो जाने के बाद चर्चा चली कि सत्याग्रह कहां से प्रारंभ करें। वर्धा या पवनार से? मैंने तय कर लिया कि वह पवनार से ही होगा। स्वदेशी धर्म का अनुसरण करने की दृष्टि से जहां मैं रहता हूं वहीं से सत्याग्रह का प्रारंभ करना मुझे उचित लगा। चंद दिनों में ही मैं जेल पहुंच गया। इस सत्याग्रह में तीन बार पकड़ा गया और लगभग पौने दो साल जेल में गए। बापू ने मुझे भारत की ओर से व्यक्तिगत सत्याग्रही बनने का आदेश दिया था।''...

वह विनोबा का स्वाधीनता के राजनैतिक संग्राम में पहला सत्याग्रह था। और गांधी जी के आदेश पर ही किया गया था। इस के अलावा वे गांधी जी के जीते-जी राजनैतिक काम में नहीं पड़े। गांधी जी के ऐसे स्नेह और विश्वासपात्र होते हुए भी उनके साथ-साथ नहीं रहे। इसका भी अहसास उन्हें गांधी जी के जाने के बाद हुआ। ''बापू थे तब मैं निश्चिंत हो कर अपने प्रयोग करता लेकिन अब सोचता हूं कि कुछ बरस पहले निकला होता तो बापू की जिंदगी जिस आग में होम गई उस आग को झेलने का मौका तो शायद न आता, लेकिन बापू के पहले स्वयं होम हो जाने का संतोष शायद मुझे मिल जाता। बापू पर गोली चलने

के बाद मुझे ऐसा लगा कि मैं पांच-दस वर्ष पहले ही आगे आया होता तो संभव है कुछ मदद हो जाती। कम से कम 1945 में जेल से छूटने के बाद यदि मैं बापू के व्यापक काम में आ गया होता तो, मुझे ऐसा लगता है कि बापू के ऊपर हुए प्रहार को मैं ऊपर ले पाता।

"इस घटना के दो घंटे बाद पवनार में मुझे खबर मिली। दो-तीन दिन तक तो मेरा चित्त शांत रहा। मेरी ऐसी आदत है कि किसी भी बात का मुझ पर एकदम असर नहीं होता। ऐसा ही इस घटना का हुआ। लेकिन दो-तीन दिन के बाद असर होने लगा और चित्त में व्याकुलता भी आई। उन दिनों रोज प्रार्थना में मुझे बोलना पड़ता था। सेवाग्राम आश्रम में एक दिन जब प्रार्थना सभा में बोलने लगा तो मेरी आंखों से आंसू बहने लगे। यह देख कर किसी भाई ने पूछा, क्या विनोबा रोए ? मैंने कहा, हां भाई मुझे भी भगवान ने हृदय दिया है। इस वास्ते मैं भगवान का उपकार मानता हूं। लेकिन मेरी आंखों में जो आंसू आए वे बापू की मृत्यु के लिए नहीं थे। क्योंकि मैं मानता हूं कि उनकी मृत्यु तो ठीक वैसे ही हुई जैसे कि किसी महापुरुष की हो सकती है। पर मुझे दुख इस बात का था कि अपने भाइयों की हत्याकारी मनोवृत्ति को मैं रोक नहीं सका।"

गांधी जी के व्यापक काम में उनके साथ न होने और बापू को लगी गोलियां खुद न खाने का दुख या अपराध बोध विनोबा के मन में कहीं था। और यह बताने के लिए ही मैंने खुद विनोबा का कहा यहां इतने विस्तार से उद्धृत किया। तो क्या विनोबा गांधी जी के जाने के बाद उनका अधूरा काम पूरा करने निकले या अपने इस दुख या अपराध बोध से मुक्त होने के लिए ? मैं अक्सर अपने से पूछता हूं क्योंकि सन् सोलह से अड़तालीस तक के बत्तीस वर्ष विनोबा ने कई तरह के रचनात्मक कार्य और कई तरह की मुक्तियों के प्रयोग में एक ऋषि की तरह तप करते हुए बिताए। सन् अड़तालीस तक वे खुद हो कर बापू के व्यापक कार्य में नहीं आए। और अड़तालीस से इक्यावन तक भी देश में पैदल घूमते कभी शरणार्थियों को बसाते तो कभी पवनार में ऋषिखेती और कांचन मुक्ति प्रयोग करते। लेकिन आंध्र के शिवरामपल्ली में सर्वोदय सम्मेलन के लिए वे पैदल निकले क्योंकि तेलंगाना में कम्युनिस्ट सशस्त्र क्रांति करने में लगे हुए थे और वे अहिंसा से आर्थिक-सामाजिक क्रांति पर विचार मंथन कर रहे थे। गांधी जी ने राजनैतिक आजादी दिला दी थी। उनके अधूरे काम को इसी तरह पूरा किया जा सकता था।

लेकिन जब विनोबा शिवरामपल्ली जा रहे थे तो भूदान यज्ञ उनके विचार में नहीं था। उसका तो 'आविष्कार' उन्हें 18 अप्रैल' 51 को पोचमपल्ली में हुआ जब हरिजनों ने एक सभा में अस्सी एकड़ जमीन की मांग की और रामचंद्र रेड्डी नाम के एक किसान ने खड़े हो कर सौ एकड़ जमीन देने का एलान किया। भूदान से ग्रामदान और प्रदेशदान तक पहुंचे उनके सर्वोदय आंदोलन की ऐसे ही शुरुआत हुई और विनोबा को गांधी जी का ऋण चुकाने का रास्ता मिल गया । जब स्वतंत्र भारत का सबसे बड़ा रचनात्मक आंदोलन विनोबा ने शुरू किया तो वे छप्पन साल के हो चुके थे। "भूदान यज्ञ में गांधी जी की प्रेरणा रही है। इस काम में जो अच्छाइयां दिखाई पड़ती हैं वे उन्हीं की हैं, जो त्रुटियां हैं वे मेरी हैं।

विनोबा का चलाया सर्वोदय आंदोलन दरअसल आर्थिक और सामाजिक पुनर्रचना का अहिंसक प्रयोग था। सन् 51 से '70 तक वे उसमें लगे रहे और फिर क्षेत्र संन्यास ले कर वापस उसी परमधाम पवनार के अपने आश्रम में आ गए। सर्वोदय आंदोलन उन्होंने 'सर्वेषां अविरोधेन' ढंग से चलाया यानी किसी के भी विरोध में कोई काम नहीं किया। वे अहिंसा और करुणा से समाज और व्यक्ति में मूल परिवर्तन कर के साम्ययोगी समाज बनाना चाहते थे। लेकिन गांधी के ऋण से मुक्त होने का विनोबा का प्रयोग अनिवार्यतः विनोबा का ही था। वह भी एक तरह से एक ऋषि का प्रयोग ही था। उन्हें भूदान-ग्रामदान में जितनी जमीन मिली उतनी तो सरकारें अभी तक भूमिहीनों में वितरण के लिए नहीं निकाल पाई हैं। फिर भी ग्रामदान आंदोलन से देश की भूमि समस्या हल नहीं हुई और यहां स्वराज्य भी नहीं आया। जब विनोबा आर्थिक-सामाजिक क्रान्ति का अहिंसक प्रयोग कर रहे थे तब गांधी जी के राजनैतिक उत्तराधिकारी माने जाने वाले जवाहरलाल नेहरू अहिंसा से मिली राजनैतिक आजादी को अहिंसक राज्य में बदलने का प्रयोग नहीं कर रहे थे।

अगर विनोबा और जवाहरलाल नेहरू मिल कर राजनैतिक, सामाजिक और आर्थिक आजादी के लिए गांधी के क्रांतिकारी अहिंसक ढंग से काम करते तो क्या आज देश की वही हालत रहती जो हम देख रहे हैं ? जवाहरलाल गांधी को पितावत जरूर मानते थे लेकिन गांधी के तरीके में उनका विश्वास नहीं था। वे 1917 में रूस में हुई बोल्शेविक क्रांति और सन् उनपचास में हुई चीन की क्रांति और उनके बाद स्थापित हुए कम्युनिस्ट राज्य को लोकतांत्रिक ढंग से स्थापित करना चाहते थे। उनने वही लोकतंत्र अपनाया जिसे गांधी हिंद स्वराज्य में ही रद्द कर चुके थे। वे वेस्टमिस्टर मॉडल के लोकतंत्र में रूसी मॉडल की आर्थिक-सामाजिक व्यवस्था चाहते थे। रूस की तर्ज पर जब जवाहरलाल पंचवर्षीय योजना बनवा रहे थे तब उनके बुलावे पर विनोबा ने योजना आयोग को कहा था कि आप जो नियोजन कर रहे हो वह निरसन के सिद्धांत पर है। जो कुछ थोड़ा बहुत पानी नीचे के गरीबों के पास ऊपर के अमीरों के तालाब से रिसकर आएगा वह गरीबी नहीं मिटा सकेगा। अमीर और अमीर होंगे और गरीब और गरीब।

ऐसा कह कर विनोबा दिल्ली से चले गए और सर्वोदय आंदोलन में लग गए। ये जानते थे कि नेहरू जी की कोशिशों का क्या नतीजा होगा लेकिन उनने कभी नेहरू की आलोचना तक नहीं की। दिल्ली से जो राजनीति चल रही थी उस के खिलाफ अहिंसक संघर्ष की तो विनोबा से कोई आशा ही नहीं करता था। विनोबा ने इमरजंसी तक में इंदिरा गांधी का विरोध और जेपी आंदोलन का समर्थन नहीं किया। इमरजंसी को उन्होंने महाभारतीय अर्थ में 'अनुशासन पर्व' कहा जिसका मतलब राज्य नियंत्रित प्रचार तंत्र ने यह निकला कि देश को अनुशासन में रहने की जरूरत है। लेकिन राज्य का शासन और आचार्यों-ऋषियों का अनुशासन बताने वाले विनोबा के खड़े किए आचार्य कुल ने जब प्रस्ताव पास कर के इमरजंसी उठाने की मांग की तो न सिर्फ इंदिरा गांधी की सरकार ने उसे छपने नहीं दिया बल्कि पवनार आश्रम की जिस मासिक पत्रिका–'मैत्री' में आचार्य कुल सम्मेलन की रपट छपी थी उसकी प्रतियां भी जब्त करवा लीं। फिर भी विनोबा ने कभी इंदिरा गांधी का विरोध नहीं किया। वे जेपी आंदोलन से भी सहमत नहीं थे लेकिन उनने जेपी का विरोध तो दूर आलोचना तक नहीं की। 'सर्वेषां अविरोधेन' को विनोबा ने इतना साध लिया था।

जिन लोगों ने विनोबा के ग्रामदान से ग्राम स्वराज्य आंदोलन को बुरी तरह विफल साबित किया था वे जरा संसदीय लोकतंत्र के वेस्टमिंस्टर मॉडल और आर्थिक-सामाजिक क्रांति के रूसी मॉडल की भारत में विफलता देखें। गांधी-विनोबा के रास्ते को सिर्फ कम्युनिस्टों और उनके कट्टर विरोधी संघ परिवारियों ने ही गलत नहीं बताया है। कांग्रेस के राज से जुड़े कांग्रेसी और राज्य परस्त बुद्धिजीवियों ने भी गांधी-विनोबा-जेपी के सर्वोदय आंदोलन को गांधी के रचनात्मक और सेवा कार्य के नाते सहन भले ही किया हो लेकिन उन्होंने भी माना तो कभी नहीं कि भारत के आत्म-साक्षात्कार का रास्ता सर्वोदय का रास्ता है और उसी पर देश को चलना चाहिए। कांग्रेस के राज में आज उन सभी मूल्यों, अवधारणाओं और सिद्धांतों की धज्जियां उड़ गई हैं जिनके लिए उस ने स्वाधीनता की लड़ाई लड़ी थी। हम तेजी से अमीर और विकसित पश्चिम के होम रूल और डोमिनियन स्टेट्स वाले देश होते जा रहे हैं।

लेकिन जिन विनोबा ने 'सर्वेषां अविरोधेन' ढंग से काम किया और सबके गुण दर्शन ही किए उनकी शताब्दी के पहले दिन भिन्न विचारधारा वाले लोगों की विफलता का बखान करने से तो देश की हालत कोई सुधरने नहीं लगेगी। विनोबा ने स्वराज्य के लिए ग्राम स्वराज्य स्थापित करने का सर्वोदय आंदोलन चलाया जो तौर-तरीके में गांधी के आंदोलन से भिन्न था। गांधी विदेशी शासकों और देश की पतित सामाजिक-आर्थिक व्यवस्था से अहिंसक ढंग से लड़े। विनोबा के आंदोलन में संघर्ष के लिए कोई जगह नहीं थी। वह शुद्ध रचना का सकारात्मक आंदोलन था। हम नेहरू की शताब्दी मना चुके गांधी की सवा सौवीं और विनोबा की जन्म शताब्दी मना रहे हैं। लेकिन क्या आज देश में ऐसा कोई भी आंदोलन है जो हमारे राजनैतिक-आर्थिक-सामाजिक स्वराज्य की पुनर्स्थापना में लगा हो। चलिए इसी सवाल के साथ ये जयंतियां मनाने की शुरुआत करें।

(11.9.1994)

एक विचार के रस्म हो जाने का दुख

मौलाना आजाद रोड की तरफ से विज्ञान भवन जाने वाले चौराहे पर पुलिस वालों ने ट्रैफिक रोक रखा था। कोई ज्यादा ट्रैफिक नहीं था। यही कोई पांच कारें, दो-ठो तिपहिए और दो-तीन स्कूटर। सबसे आगे कोई सांसद अपनी कार में से निमंत्रण पत्र लहरा रहे थे और नाराज थे कि उन्हें रोका गया है। मैं इस आशा में पीछे बैठा था कि अब सुरक्षा वाले जाने नहीं देंगे क्योंकि ट्रैफिक राष्ट्रपति के आने के कारण रोका गया है और उनके विज्ञान भवन के मंच पर आसीन हो जाने के बाद अंदर किसी को जाने नहीं दिया जाएगा। तब मैं दरवाजे पर अपना कोई कार्ड दिखा कर और सुरक्षा अधिकारियों के अंदर न जाने देने पर लौट आऊंगा। संतोष होगा कि गया था पर थोड़ी-सी देर हो जाने के कारण प्रवेश नहीं मिला। प्रवेश न मिलने से राहत मिलेगी कि विनोबा की आत्मा की फजीहत होते देखने की ग्लानि मन में नहीं है।

सन् पिच्चासी में जब राजीव गांधी का स्वर्णकाल चल रहा था तब इसी विज्ञान भवन में वे एक प्रेस कांफरंस कर रहे थे। संपादक के नाते अपने को भी बुलव्वा था। अपने को न सवाल पूछने थे न उस प्रेस कांफरंस को रिपोर्ट करना था। अखबार की तरफ से यह सब करने वाले काफी लोग थे। लेकिन प्रधानमंत्री की दुर्लभ प्रेस कांफरंस हो और आप नहीं जाएं तो यह संपादकीय-व्यावसायिक कर्म के लिए ठीक नहीं माना जाता। इसलिए कर्त्तव्य भाव से जाना था। लेकि जाऊं कि ने जाऊं वाली दुविधा की मनःस्थिति में अक्सर जाने में देर हो जाती है। उस दिन भी हो गई। चुस्त-दुरुस्त और कुछ हड़बड़ाए से सुरक्षा वालों ने कहा कि अब तो वीवीआईपी के आ जाने के बाद गेट बंद हो गए हैं। उनके जाने के लिए ही खुलेंगे। तब तक कोई अंदर नहीं जा सकता। सॉरी !

सुरक्षा अधिकारी के स्वर में कहीं कोई खेद और विनम्रता नहीं थी। लेकिन उस के इस व्यवहार से मन को बड़ी राहत मिली। चलो, एक युवा लेकिन अज्ञानी उद्‌दंडता वाले प्रधानमंत्री की स्मार्टनेस से मुक्ति मिली। एक ऐसे कर्त्तव्य से छुटकारा मिला जिसे निभाने की इच्छा नहीं थी। दुनियादारी करने के लिए मजबूर अपनी व्यावसायिक हस्ती वहां रोक दी गई जहां जाने के लिए अपना सच्चा आपा उस के साथ नहीं था। जी हां, मैं जानता हूं कि यह खंडित व्यक्तित्व वाले लोगों की वास्तविकता और असलियत है। लेकिन आज की दुनिया में कितने लोग दावा कर सकते हैं कि उनका व्यक्तित्व बिलकुल ठोस और साबुत है। सीने पर हाथ रख कर पूछिए। थोड़ा अपने अंदर देखिए तो पता चलेगा कि आप अपने को भले ही धर्मराज युधिष्ठिर मानते हों लेकिन महाभारत के रणक्षेत्र में आपके छोटे भाई का कोई सारथी कृष्ण आपसे अर्धसत्य बुलवा लेता है। हम सब लोगों के आइनों पर खरोचें पड़ी हुई हैं और हम सब लोग उसमें अपना कटा-फटा और पिटा चेहरा देख कर अपना आईना छुपा लेते हैं

कि कहीं कोई और उसे न देख ले। पश्चिम वाले कहते हैं कि हम सब अपने हमामघरों में नंगे हैं। हम भले ही ऐसे हमामघरों वाले लोग न हों लेकिन एक-एक दर्पण तो सबके पास है।

भटक गया ? या बहुत जल्दी सम पर आ गया ? लेकिन पिछले रविवार की उस सुबह निराश हुआ। सुरक्षा वालों ने न रोका, न खाना तलाशी ली। एकदम जाने दिया। क्या अब राष्ट्रपति उस समय के प्रधानमंत्री से ज्यादा सुरक्षित हैं ? या यह लोकतांत्रिक भारत के राजवंश के उत्तराधिकारी के प्रति और आम आदमियों में से निकल कर राष्ट्रपति हो जाने वाले व्यक्ति के प्रति शासन तंत्र के भिन्न दृष्टिकोण का उदाहरण है ? या नौ साल में हमारी सुरक्षा-समझ और उसकी नियमावली में फेरबदल हो गया है ? लगभग भरा हुआ नया विज्ञान भवन देख कर अपने से कहा कि अच्छा विनोबा के नाम पर दिल्ली में इतने लोग इकट्ठे हो सकते हैं। फिर देखा कि मंच पर मनमोहन सिंह भी बैठे हुए हैं। लगा कि रामराव आदिक एअर इंडिया के किसी विमान में रामधुन गा रहे हों। या हर्षद मेहता ठीक ग्यारह बजे विष्णु सहस्रनाम का पाठ करने बैठ गए हों। इसी विडंबना का डर था और इसीलिए तो उस जय जगत् महोत्सव में जाने से मन-ही-मन कतरा रहा था। देखा कि आयोजकों ने विनोबा की जन्मशती, गांधी की सवा सौवीं जयंती और आजादी की स्वर्ण जयंती–तीनों को मिला कर चौरानवे से सित्तान्यवे तक का समय ले लिया था। तीन साल कैसे चलेगा जय जगत महोत्सव ? और मनमोहन सिंह का गांधी-विनोबा और देश की आजादी, सर्वोदय, ग्राम स्वराज और स्वदेशी से क्या मतलब है ? वे आएं यह तो समझ में आता है। लेकिन मंच पर विराजें ? फिर हमारे कार्टूनकार ने बताया कि एक विनोबा ही जय जगत कहने वाले नहीं थे। आजकल जयजगत यानी भारत का ग्लोबलाइज़ेशन मनमोहन सिंह ही तो कर रहे हैं। राष्ट्रपति तो फिर से गांधी-विनोबा-नेहरू की परंपरा में अपना कोई कोना देख सकते हैं। लेकिन मनमोहन सिंह उसमें कहां बैठते हैं ? अपने लिए कोई जगह ढूंढ़ने के पहले खादी के पुराने कार्यकर्त्ता और नेता सोम भाई से मैंने पूछा भी कि सरदारजी यहां कैसे ?

विनोबा की जन्म शताब्दी की शुरुआत का भी वही नजारा है जो गांधी शताब्दी का था। गांधी शताब्दी पर भी इसी तरह सरकार का साया बल्कि शिकंजा था। इसी विज्ञान भवन में गांधी शताब्दी के कितने कार्यक्रम हुए। और तो और जनवरी सत्तर में कुमार जी ने गांधी मल्हार भी पहली बार यहीं गाया था और कहा था कि यह हॉल कोई गाने के लिए है। गांधी शताब्दी समिति के अध्यक्ष राष्ट्रपति थे और इंदिरा गांधी उसकी कार्यकारिणी की कर्ता-धर्ता थीं। इंदिरा जी ने गांधी शताब्दी के तीन महीने पहले उस कांग्रेस को तोड़ा जिसे गांधी ने जन आंदोलन बनाया था। वराहगिरि वेंकटगिरि इंदिरा जी के उम्मीदवार बन कर कांग्रेस के उम्मीदवार के खिलाफ राष्ट्रपति चुनाव जीते और गांधी शताब्दी समिति के अध्यक्ष हुए। डॉक्टर जाकिर हुसैन तो फिर भी नई तालीम और इसलिए गांधी वाले राष्ट्रपति थे। उनकी जगह आए वी.वी. गिरि की सत्ता लालसा तो उन्हें लाने वाली इंदिरा गांधी की तरह ही प्रज्वलित थी। उसी साल गांधी के अपने गुजरात में ऐसे सांप्रदायिक दंगे हुए जो किसी के भी रोके रुकते नहीं दिखते थे। और गांधी शताब्दी मनाने भारत आए खान अब्दुल गफ्फार खान कितने दुखी हुए।

सारी दुनिया में गांधी शताब्दी मनी थी। लेकिन गांधी का देश जैसे यह बताने के लिए बहुत उत्सुक था कि वह किसी भी तरह गांधी का देश नहीं रह गया है। नहीं रहना चाहता है। सारी दुनिया जिसकी शताब्दी मना रही थी उसका मखौल उसका देश ही उड़ा रहा था और बड़ी तबीयत से उड़ा रहा था। लेकिन शताब्दी समारोहों के ऐन बीच में होते हुए और उनका खोखलापन जानते हुए भी जाने क्यों मुझे लगता था कि 2 अक्टूबर, 1969 को कोई चमत्कार होगा और इस देश में गांधी फिर जीवित हो जाएंगे। माहौल एकदम बदलेगा और देश वहीं से फिर नई शुरुआत करेगा जहां से सन् अड़तालीस में गांधी उसे नए सिरे से ले जाना चाहते थे। दिल्ली में सब कुछ देखते और पोलपट्टी समझते हुए भी मैं उसी अक्टूबर महीने में राजगीर, बिहार के सर्वोदय सम्मेलन में गया जहां जेपी, विनोबा को बिहार दान करने वाले थे। वह सम्मेलन और बिहार दान भी हो गया। विनोबा क्षेत्र संन्यास ले कर परमधाम पवनार आ गए। सक्रिय रहने वाले लोग पूछने लगे तो बाबा ने कहा, बी से बाबा, बी से भूदान और बी से बोगस। यानी बाबा और भूदान सभी बोगस हैं।

विनोबा तो इस तरह संन्यास ले कर अपने किए-धरे की हंसी उड़ा सकते थे। सारा जीवन ही उनने तरह-तरह की मुक्तियों के प्रयोग करते हुए बिताया था। तूफान के बीचों-बीच रहने की बात करने वाले बाबा क्षेत्र संन्यास में से भी सूक्ष्मतर में प्रवेश कर रहे थे। जिस साल मुझे लगता था कि गांधीय विचार और कर्म का पुनर्स्फुरण होगा उसी साल ऐसा कर सकने वाले अकेले व्यक्ति विनोबा क्षेत्र संन्यास में से सूक्ष्मतर में प्रवेश कर गए। पूरे बिहार में ग्राम स्वराज्य स्थापित करने के जिम्मेदार माने जाने वाले जेपी सन् सत्तर में बांग्लादेश के संकट में लग गए। और अपन ने पाया कि अपन गांधी संस्था की नौकरशाही के निपट दिशाहीन और गतिहीन पुरजे हो कर रह जाएंगे। रोज सबेरे फाइलों का बस्ता ले कर दफ्तर जाना और उसे वैसा ही ले कर शाम को वापस लौट आना। रात को पेट में बनने वाली गैस से दिल का दौरा पड़ने के डर से सो नहीं पाना। लगभग बिना सोए सबेरे फिर उठना और खादी पहनने वाले रोबोट की तरह काम करते हुए दिन बिता देना।

ऐसा फिजूल का जीवन पहले कभी और कहीं नहीं जिया था। हमेशा यही करता रहा हूं कि अपन किसी घोड़े पर सवार हैं और उसे सरपट दौड़ा रहे हैं। या कोई घोड़ा है जो अपने आप दौड़ रहा है और अपन उसकी पीठ पर बैठे गति को रोम-रोम में महसूस कर रहे हैं। बिना किसी बड़े प्रयोजन में लगे हुए जीना हराम का जीना लगा और इसलिए अंदर से कोई प्रेरणा और गति नहीं मिली तो अपने को ऐसी स्थिति और जगह पहुंचा दिया जहां बाहर की गति ही आप को खींचे लिए चली जाए। सद्गृहस्थ लोगों को जब काम कर के जीविका कमाते, परिवार पालते और उसी में मगन रहते देखा तो लगा कि ऐसा जीवन मैं क्यों नहीं जी पाता ? मुझे क्यों लगता है कि जीवन किसी बड़े प्रयोजन में होना चाहिए। क्षितिज पर हमेशा ऐसा कुछ होना चाहिए जिसको देखते रहने और पाने के लिए चलते रहना पड़े। सिर पर घर की छत नहीं पूरा और खुला आकाश हो जिसमें पर फैलाने और उड़ते चले जाने के लिए हमेशा गुंजाइश हो। यह क्या विकलता है कि कभी सकना बैठने नहीं देती यानी शांति से रहने नहीं देती ?

बचपन में गांधी को जितना पढ़ा उससे कहीं ज्यादा उनके बारे में सुना। उनकी हत्या हुई तो खूब रोना आया जबकि वे घर में निराकार व्यक्तित्व ही थे। विनोबा ने भूदान शुरू किया तो अपन मैट्रिक भी पास नहीं हुए थे। घर में ग्राम सेवा का कोई वातावरण नहीं था। सब निम्न मध्यम वर्ग के नौकरीपेशा लोग। पिताजी की इच्छा कि गणित और विज्ञान पढ़कर इंजीनियर हो जाऊं। खुद की इच्छा कि क्रिकेट खेलूं और बीस का होने के पहले इंडिया की टीम में आ जाऊं और टैस्ट खेलूं। लेकिन मैट्रिक कर के साइंस मेथेमेटिक्स पढ़ने और क्रिकेट खेलने में लगा था कि साइकिल पर गांव-गांव घूमने का शौक लग गया। खादी पहनने लगा। कुर्ता और धोती। गांव के जीवन की ओर एक रूमानी खिंचाव बढ़ने लगा। ऐसा कि कालेज की पढ़ाई और क्रिकेट की खेलाई ऐसे ही छूट गई और गांव सुनवानी महाकाल में डेरा हो गया। विनोबा भूदान से कई तरह के दान निकाल कर ग्रामदान तक पहुंच गए।

गांव में सबेरे जल्दी उठना। अपने खाने का आटा घट्टी पर पीसना। बच्चों को ले कर गांव की गलियों की सफाई करना। फिर उन्हें ले जा कर क्षिप्रा में नहलाना। आ कर तकली पर सूत कातना। पढ़ाना। खेत में काम करना। शाम को कथा-वार्ता और लोक गीतों का गाना। पूरी तरह सार्वजनिक जीवन। सेवा का जीवन। और यह विश्वास कि सन् सत्तावन आते-आते सर्वोदय क्रान्ति हो जाएगी। गांव के कुछ बड़े-बूढ़ों को ले कर अजमेर और पंढरपुर के सर्वोदय सम्मेलनों में गया। लेकिन सर्वोदय का काम करने वाले के नाते सिर्फ एक देवेंद्र भाई को जानता था जो मगनवाड़ी, वर्धा से आ कर माचला गांव में ग्राम सेवा केंद्र बना कर बैठे थे। अपना किसी संस्था से कोई संबंध नहीं, न अपन ने कभी गांव में किसी को भूदान करने के लिए प्रेरित किया। लेकिन अपना गांव आदर्श गांव हो सके और जब सर्वोदय की अहिंसक क्रांति हो तो अपन और अपना गांव उसमें लगा हो।

विनोबा ने इस बुरी तरह अपने को बिगाड़ दिया था कि नाते-रिश्तेदार मां को उलाहना देते कि लीला बाई तमारो छोरो तो बाबाजी हुइग्यो। और पिताजी को उनके दोस्त सहानुभूति से देखते कि क्या करें बिचारे का बड़ा लड़का घर-बार-पढ़ाई छोड़ कर विनोबा के पीछे लग गया। न पढ़ना न कमाना। गांव के दो-चार लोग ही अपने सपने को समझते। लेकिन चूंकि हर घर में कोई न कोई सेवा की और किसी से कोई उम्मीद नहीं रखी न कभी कुछ लिया इसलिए अपनी नीयत और चरित्र पर किसी को कोई शंका नहीं रही। सबेरे बहुत जल्दी गांव से क्षिप्रा जाते हुए या रात को लौटते हुए बड़ी भावना से गाता था—'वह सुबहा कभी तो आएगी।' बहुत विश्वास था कि भू क्रांति होगी। नया समाज बनेगा। नई और अपनी राजनैतिक और आर्थिक व्यवस्था होगी। ग्राम केंद्रित अहिंसक समाज में भारत आत्म साक्षात्कार करेगा।

क्या यह चमत्कार की आशा में एक रूमानी जीवन जीना नहीं था ? ग्राम स्वराज्य अपने घर-परिवार से बहुत बड़ा सपना था और उसे अर्पित अपना जीवन जैसे निरभ्र आकाश में हवा पर तैरना था। कई बार प्रार्थना करते और तकली पर सूत कातते-कातते लगता कि अपन धरती से ऊपर उठ गए हैं। अपन हाड़-मांस के प्राणधारी मनुष्य नहीं एक उदात्त विचार हैं। और विचार फैलाना ही अपना काम है। जब उमर बीस की भी नहीं थी और निम्न मध्य वर्ग के नौकरीपेशा गरीब घर में पला यह लड़का अचानक सुरक्षा के सारे बंधन छोड़ कर ग्राम सेवा में साधु हो गया था। एक क्रांति के सपने में विलीन। एक चमत्कार की बाट जोहता।

लेकिन जिन विनोबा के कारण अपना यह हाल हुआ उनके साथ रहने और उन से बात करने का मौका जब मिला तो गांव और ग्राम सेवा दोनों छूट चुके थे। क्षिप्रा के एक कांग्रेसी नेता ने कह दिया था कि यह सब ग्राम सेवा नेता और विधायक बनने के लिए है और महत्त्वाकांक्षी लोग इसी तरह अपना चुनाव क्षेत्र तैयार करते हैं। लगा कि किसी ने गाली दे कर क्रांति को बाजार में खड़ा कर दिया हो। उस बुजुर्ग कांग्रेसी नेता के कहने का ऐसा बुरा तो नहीं लगना चाहिए था। लेकिन लगा। और सत्तावन में न हुई क्रांति के तीन साल बाद गांव छोड़ कर इंदौर में नई दुनिया में काम करने लगा। नई दुनिया में रिपोर्ट करने के लिए ही विनोबा के साथ एक महीने का सत्संग हुआ जब वे इंदौर को सर्वोदय नगर बनाने के लिए आए। ये विनोबा वे विनोबा नहीं थे जिनने मुझे सभी खूंटियों से उखाड़ कर एक गांव में भेज दिया था। अब मैं उन्हें एक सपने की तरह जी नहीं रहा था। एक सपने की तरह उन्हें रिपोर्ट कर रहा था। गांव में जो विनोबा मुझसे छूटे वे फिर कभी नहीं मिले।

शायद इसीलिए उनकी जन्म शताब्दी के वर्ष के पहले दिन उसी विज्ञान भवन में उनका महोत्सव मनते देख कर मुझे लगा कि वे भी रस्म अदाई के शिकार हो रहे हैं। मन में कहीं यह हताशा भी थी कि उनकी शताब्दी तो मन जाएगी लेकिन विनोबा के सपने को कौन याद रखेगा और कौन उसे साकार करेगा ? हम अपने महापुरुषों की जन्म शताब्दी और जयंती तो मनाते हैं लेकिन शायद इसीलिए कि उनके सपने को साकार नहीं कर सकते या साकार नहीं होने देना चाहते। क्या कोई भी किसी के सपने को साकार कर सकता है ? और जन्म शताब्दी मनाने से कोई विचार में भी पुनर्जीवित हो सकता है? या चमत्कार की आशा में वही लोग जीते हैं जो प्रवाह-पतित हो कर खंडित जीवन जी रहे हैं? मैं नहीं जानता। क्या आप जानते हैं?

(18.9.94)

हम उस बाबा को क्या भुलाएं

ग्यारह सितंबर को विनोबा की जन्म शताब्दी आई और चली गई। जन्म शताब्दी मनाने के लिए भारत सरकार ने बाकायदा एक राष्ट्रीय समिति बनाई है जिसके अध्यक्ष खुद प्रधानमंत्री हैं और मंत्री मानव संसाधन विकास मंत्रालय के सचिव। समिति में देश भर के बहुत से ऐसे लोग हैं जिनने विनोबा के साथ काम किया है और जो उन्हें महापुरुष मानते हैं।

लेकिन समिति की तरफ से न तो दिल्ली में न परमधाम पवनार में न उनके जन्मस्थान महाराष्ट्र के गांव गागोदे में कोई शताब्दी समारोह हुआ। सरकारी माध्यमों–आकाशवाणी, दूरदर्शन और डीएवीपी ने भी देश को याद नहीं दिलाया कि आज विनोबा की जन्म शताब्दी है। कांग्रेस के सरकारी वर्णनों और चलाई गई मान्यताओं के अनुसार ही जवाहरलाल नेहरू महात्मा गांधी के राजनैतिक और विनोबा उनके आध्यात्मिक उत्तराधिकारी थे।

राजनैतिक उत्तराधिकारी नेहरू की जन्मशताब्दी सरकार और कांग्रेस की तरफ से किस तरह मनाई गई वह आप को याद ही होगी। आखिर उसको बीते अभी पूरे छह साल भी नहीं हुए हैं। चौदह नवंबर उननब्बे को नेहरू जन्म शताब्दी थी तब नेहरू के नाती राजीव गांधी प्रधानमंत्री थे। चौदह नवंबर 1988 से शुरू हुई नेहरू शताब्दी चौदह नवंबर 1990 को पूरी हुई जब राजीव गांधी और विश्वनाथ प्रताप सिंह दोनों ही भूतपूर्व हो चुके थे और चंद्रशेखर प्रधानमंत्री थे।

इन दो वर्षों में देश को लगातार नेहरू के बारे में बताया गया। सरकारी माध्यमों से ही नहीं देश की प्रेस ने भी जवाहरलाल नेहरू के योगदान पर विशेषांक निकाले, लेख लिखे और नेहरू शताब्दी का हर कार्यक्रम खूब कवर किया गया। श्याम बेनेगल ने नेहरू की पुस्तक–डिसकवरी ऑफ इंडिया पर 'भारत एक खोज' नाम का टीवी सीरियल बनाया जो साल भर चला। यह सीरियल करोड़ों की लागत से सरकार ने बनवाया था। राष्ट्रीय-अंतरराष्ट्रीय सेमिनार गोष्ठियां हुईं। देश में ही नहीं विदेशों में भी। आखिर वे देश के पहले प्रधानमंत्री थे और जिसे हमारे लोकतंत्र का राजवंश कहते हैं उस के संस्थापक।

गांधी के राजनैतिक उत्तराधिकारी की शताब्दी तो सचमुच राजसी ढंग से मनी लेकिन उनके आध्यात्मिक उत्तराधिकारी विनोबा की जन्म शताब्दी तो ऐसे मनी कि जैसे किसी को याद ही न हो कि विनोबा नाम के कोई महापुरुष इस देश में हुए हैं और अभी कोई पंद्रह साल पहले तक प्रधानमंत्री इंदिरा गांधी उन से आशीर्वाद लेने के लिए पवनार जाती थीं। सन् इक्कावन से सत्तर तक उनके भूदान ग्रामदान आंदोलन की धूम मची रहती थी। हजारों कार्यकर्ता गांव-गांव अलख जगाते रहते थे और हर कांग्रेस सरकार से उसे समर्थन मिला।

महात्मा गांधी ने जब सन् चालीस में व्यक्तिगत सत्याग्रह आंदोलन शुरू किया तो पहले सत्याग्रही न वे खुद बने, न नेहरू, पटेल, मौलाना या किसी और बड़े नेता को चुना। गांधी जी ने पहला सत्याग्रही चुना विनोबा को जो उनके सेवाग्राम आश्रम से कोई नौ किलोमीटर दूर अपने आश्रम परमधाम पवनार में रहते थे। विनोबा की सत्यनिष्ठा, नैतिक शक्ति और साधना में गांधी जी का ऐसा विश्वास था। तब आश्रम में रहने वाले या गांधी जी के नजदीकी लोग तो विनोबा को जानते थे लेकिन देश नहीं जानता था। आखिर 'हरिजन' में महादेव देसाई ने विनोबा का परिचय लिखा। गांधी ने दूसरा सत्याग्रही चुना था जवाहरलाल नेहरू को।

समझा जा सकता है कि कांग्रेस और भारत सरकार को अपने नेता और पहले प्रधानमंत्री की जन्म शताब्दी मनाने का जो उत्साह हो सकता है वह गांधी जी के आध्यात्मिक उत्तराधिकारी और आजाद भारत में सबसे बड़ा और लंबा रचनात्मक आंदोलन चलाने वाले विनोबा की जन्म शताब्दी के लिए नहीं हो सकता। विनोबा तो गांधी जी से भी पहले कांग्रेस छोड़ चुके थे और हालांकि पहले प्रधानमंत्री नेहरू और पहले राष्ट्रपति राजेंद्र प्रसाद दोनों ही विनोबा को बहुत मानते थे और जब तब उन से मिलने जाते थे। लेकिन अब कांग्रेस में न वे नेता बचे हैं न सरकार में वे मंत्री जिन्हें आजादी के पहले और उस के बाद के विनोबा की महानता और आध्यात्मिकता का स्पर्श मिला हो।

लेकिन विनोबा ने इस देश की कई परिक्रमाएं की थीं। कांडला से डिब्रूगढ़ और कश्मीर से कन्याकुमारी तक। अस्सी हजार किलोमीटर वे पैदल चले और मोटर, रेल आदि की यात्राएं जोड़ लें तो पृथ्वी का एक और चक्कर यानी आजादी के बाद सामाजिक-आर्थिक आजादी के लिए इस वामन अवतार ने पृथ्वी के तीन चक्कर लगाए। ऐसा कोई प्रांत नहीं है जिसमें विनोबा ने पदयात्रा न की हो। देश के भूपतियों ने कोई पांच लाख एकड़ जमीन उन्हें दान में दी और एक लाख गांवों के लोगों ने अपने गांव ग्रामदान में दिए। ऐसे नेता की भी कोई यादगार लोगों को नहीं होगी ? फिर ऐसा क्यों हुआ कि विनोबा की जन्म शताब्दी मनती नहीं दिखी ? सरकारी स्तर पर नहीं तो लोग ही मनाते। या जो आयोजनों के जरिए मनती दिखती है वही हम देखते हैं बाकी हमें दिखाई नहीं देता ?

रेडियो, टेलीविजन और प्रेस में विनोबा के बारे में ग्यारह सितंबर को लगभग कुछ नहीं था। टेलीविजन और रेडियो तो सरकार और प्रायोजक जो करवाएं वही करते हैं लेकिन प्रेस तो इस देश में स्वतंत्र और अपने फैसले खुद लेती है। विनोबा इस देश की प्रेस के हीरो कभी नहीं रहे। सिर्फ इसलिए नहीं कि वे राजनीति में नहीं थे और राजनीति को वैसे प्रभावित भी नहीं करते थे जिस तरह से खबरें बनती हैं। इसलिए भी कि उनके काम का ज्यादातर लेना-देना गांवों और भूमि से था और हमारी प्रेस नगर केंद्रित है। और आजकल तो उसका ऐसा खगोलीकरण हो रहा है कि वह पॉप गायक एलविस प्रेसली और बीटल जॉन लेनन को तो याद कर सकती है लेकिन विनोबा उसकी स्मृति में नहीं रह सकते।

जिन लोगों को इस देश की ग्रामीण वास्तविकता से आंखें चार किए रहना पड़ता है और जो देश के भूमिहीन मजदूरों और उनकी भूमिहीनता और बेरोजगारी से चिंतित हैं कम से कम उन्हें तो विनोबा को उनकी जन्म शताब्दी पर याद करना चाहिए था। देश में हजारों स्वेच्छिक संस्थाएं हैं और हजारों कार्यकर्ता किसी न किसी तरह की ग्राम सेवा या गांव से जुड़े लोगों के

किसी काम में लगे हुए हैं। इनके लिए तो विनोबा न सिर्फ प्रासंगिक हैं बल्कि उनकी तपस्या और उनका काम प्रेरक होना चाहिए।

लेकिन आप पाते हैं कि सर्वोदय की कुछ संस्थाओं और उन से जुड़े नेताओं-कार्यकर्ताओं ने तो अपने ढंग से विनोबा की जन्म शताब्दी मनाई और उसकी जैसी खबर बन सकती थी, बनी। लेकिन सरकार के देहात में काम से जुड़े लोगों और गैर सरकारी ग्रामसेवी संस्थाओं ने विनोबा की जयंती मनाना जरूरी नहीं समझा। इसे एक दुखद तथ्य की तरह मान लेने में कोई हर्ज नहीं होना चाहिए कि देश ने विनोबा को ऐसा भुला दिया है कि उनकी प्रासंगिकता पर भी बात करने को कोई तैयार नहीं है। प्रेस नगर और राजनीति केंद्रित है और रेडियो और टेलीविजन मनोरंजन के अलावा जो भी करते हैं सरकार के कहने पर करते हैं। चूंकि सरकार ने नहीं कहा इसलिए उनने भी विनोबा को उनकी जन्म शताब्दी पर याद नहीं किया।

विनोबा की देश सेवा और तपस्या ऐसी है कि उन्हें कम से कम उनकी जन्म शताब्दी पर तो एक कृतज्ञ देश को याद करना चाहिए था। लेकिन ग्यारह सितंबर को कहीं-कहीं लगा कि विनोबा इस देश की स्मृति में कहीं हैं। विनोबा ने बहुत साधन और तपस्या से स्मृति मुक्ति पाई थी। देश को उन्हें भुलाने में कोई खास कोशिश नहीं करनी पड़ी।

जिसको जो लेना होता है या खाना होता है वही वह रखता है। खुद विनोबा ने इसका एक बड़ा अर्थवान प्रसंग सुनाया था। ''जब बापू की आत्मकथा प्रकाशित हो रही थी, तब एक बार उन्होंने मुझसे उस के बारे में पूछा। मैंने बताया, आप सत्यवादी हैं, मिथ्या तो कुछ लिखेंगे नहीं, इसलिए किसी का नुकसान तो नहीं होगा, लेकिन फायदा क्या होगा मालूम नहीं, क्योंकि जिसको लेना है, वही लेता है। बापू बोले, तुम्हारे जवाब से मुझे जो चाहिए था, वह मिल गया 'नुकसान नहीं होगा' इतना बस है। जहां तक फायदे का ताल्लुक है—वे गुजराती में बोल रहे थे—'आपणां बधां कामेनुं परिणाम मीडुं छे' (हमारे सभी कामों का परिणाम शून्य है) उन्होंने हवा में उंगली से बड़ा गोल बना कर के दिखाया और आगे कहा—'आपणे तो सेवा करी छूटीए' (हमें तो सेवा कर के छूट जाना है।) यह बात बिलकुल मेरे हृदय में पैठ गई। बापू का सारा का सारा तत्वज्ञान इसमें आ जाता है।''

जब गांधी जैसे कर्मयोगी और कीर्तिवान गुरु ने विनोबा से कहा कि हमारे सभी कामों का परिणाम शून्य है, तो यह कैसे हो सकता था कि विनोबा अपने काम का परिणाम बहुत बड़ा मानते। गांधी जब सेवा कर के छूट जाना चाहते थे तो विनोबा तो और भी निष्काम सेवक थे। विनोबा ने कहा कि इन दो वाक्यों में बापू का सारा का सारा तत्वज्ञान आ जाता है। विनोबा ने इसमें से वही लिया जो वे लेना चाहते थे। यानी निष्काम कर्म करो और उस के परिणाम की कोई चिंता न करो। वह तो वैसे भी शून्य है।

इसलिए विनोबा अगर अपनी जन्म शताब्दी के दिन पैदल यात्रा करने निकलते तो अपने भुला दिए जाने का उन्हें कहीं कोई दुख नहीं होता। बल्कि वे मानते कि सब कुछ वैसा ही हो रहा है कि जैसी उन्हें अपेक्षा थी। गांधी जी तो फिर भी अपनी आखिरी सांस तक अपने मिशन में सक्रिय रहे और एक सिरफिरे हत्यारे की गोली ने उन्हें शरीरमुक्त किया। विनोबा तो सन् बयासी में इच्छा मृत्यु का वरण करने के बारह साल पहले ही क्षेत्र संन्यास ले चुके थे।

लेकिन इस के भी पांच साल पहले सन् छाछठ से विनोबा ने मुक्तियों के प्रयोग शुरू कर दिए थे। वे ब्रह्मचारी रहने का निर्णय दस साल के थे तभी कर चुके थे। इक्कीस साल के हुए तो ब्रह्म साधना के लिए घर छोड़ कर काशी निकल गए वहां तीन महीने भी नहीं रहे होंगे कि महात्मा गांधी ने उन्हें बुला लिया। ब्रह्म साधना के लिए निकला एक नैष्ठिक ब्रह्मचारी देश सेवा में क्यों लग गया ? विनोबा ने इसका भी बड़ा सटीक वर्णन किया है।

विनोबा जब काशी पहुंचे तो वहां हिंदू विश्वविद्यालय में बापू के ऐतिहासिक भाषण को एक महीना हो चुका था लेकिन उसकी बड़ी चर्चा थी। उस व्याख्यान को पढ़कर विनोबा को जो जिज्ञासाएं हुईं उन पर उन्होंने बापू को पत्र लिखा। पत्र व्यवहार चलता रहा। उस के बाद गांधी ने उन्हें लिखा–"समाधान बातों से नहीं जीवन से होगा"–विनोबा को यह जंच गया।

गांधी ने पत्र के साथ आश्रम का नियम पत्रक भी भेजा था। उनमें लिखा था–'इस आश्रम का ध्येय विश्वहित–अविरोधी देश सेवा है और इसके लिए हम निम्नलिखित व्रत आवश्यक मानते हैं। नीचे सत्य, अहिंसा, ब्रह्मचर्य, अस्तेय आदि एकादश व्रत लिखे थे। मुझे यह बहुत ही आश्चर्यकारक लगा। मैंने बहुत से इतिहास पढ़े। पर कहीं भी यह देखने को नहीं मिला कि देश के उद्धार के लिए व्रतों का विधान आवश्यक माना गया हो। ये सारी बातें योगशास्त्र में, धर्मग्रंथ में, भक्तिमार्ग में आती हैं, लेकिन देश सेवा के लिए भी आवश्यक होती हैं, यह बात उस पत्रक में थी। इसलिए मेरा मन उसकी ओर आकृष्ट हो गया।'

देश सेवा और ब्रह्म साधना का योग गांधी ने विनोबा को दिया। कोई बत्तीस साल विनोबा चुपचाप रचनात्मक कार्यों में लगे रहे। गांधी की हत्या नहीं होती तो वे नहीं निकलते। गांधी का ऋण चुकाने के लिए ही वे भूदान-ग्रामदान यात्रा पर निकले और पृथ्वी की तीन परिक्रमाएं कर डालीं। जो उन्होंने किया वह उनका मूल पिंड नहीं था। गांधी ऋण चुकाने का प्रयास था।

इसलिए भूदान-ग्रामदान को वे अपना पराक्रम, अपनी उपलब्धि मान ही नहीं सकते थे। गांधी से अपनी पहली भेंट के पचास साल बाद उन्होंने कर्ममुक्ति की, फिर ग्रंथमुक्ति, अध्यापन मुक्ति और स्मृति मुक्ति और फिर क्षेत्र संन्यास ले कर उसी परमधाम पवनार में पहुंच गए। सिर्फ दो बार अपने आश्रम से बाहर आए।

तब विनोबा ने कहा–'मैं अपने मन में मान कर चल रहा हूं कि अपनी मृत्यु के पूर्व मुझे मरना है। मनुष्य को मृत्यु के पूर्व मरना चाहिए। अपनी वफात अपनी आंखों से देखना चाहिए। यही मेरी आकांक्षा है। इसलिए मैंने सोचा कि मैं मरने के पहले मर जाऊं और देखूं कि भूदान का क्या होता है।

तो विनोबा जीते जी देख चुके थे कि भूदान का क्या होगा। वे भूदान और बाबा दोनों को ही बोगस कह चुके थे। उन्होंने जीते जी अपनी मृत्यु देख ली थी बल्कि बारह साल तक देखते रहे। "मैंने अपनी मृत्यु अपनी आंखों से देखी वह अनुपम्य उत्सव था।" पंद्रह नवंबर बयासी को दिवाली के दिन वे भीष्म पितामह की तरह इच्छामृत्यु से मरे। उनने अपनी मृत्यु को सचमुच उत्सव बना दिया।

जो इस तरह मृत्यु से भी मुक्त हो गया हो उसकी जन्म शताब्दी कोई कैसे मनाता है या देश बिलकुल नहीं मनाता इससे उसको कोई फर्क नहीं पड़ता। जो फर्क पड़ेगा हमें पड़ेगा जिनने ऐसा जीवन, ऐसी साधना, ऐसा पराक्रम और ऐसी मुक्ति अपनी आंखों देख कर भी कुछ नहीं सीखा। आखिर मनुष्य वही लेता है जो उसे लेना होता है।

मुझे इंजीनियरों के पेशे और क्रिकेटर के जीवन से हटा कर ग्रामसेवा और लेखन में विनोबा ने डाला। उनका ऋण मुझे चुकाना है। बाबा, मैं जो आपकी जन्म शताब्दी मना रहा हूं तो अपनी मृत्यु आपकी तरह देख कर ही उत्सव से मनाऊंगा।

(17.9.1995)

जयप्रकाश नारायण

हम जेपी के लोग

जेपी होते तो सौ साल के होते।

हालांकि जेपी करोड़ों में एक थे लेकिन सौ साल तो लाखों में ही कोई जीता है। पर आजादी की लड़ाई के दौरान उनने बहुत मुश्किल जीवन जिया। भारत छोड़ो आंदोलन में गिरफ्तार होने के बाद हजारीबाग जेल तोड़ कर भागे, मीलों पैदल दौड़े फिर पकड़े गए तो अंग्रेजों ने उन्हें अवर्णनीय यातनाएं दीं। मधुमेह के रोगी थे, दिल में भी तकलीफ थी फिर भी लगातार चलते और संघर्ष करते रहे। बहत्तर साल की उमर, जीवन का सबसे बड़ा और निर्णायक आंदोलन छेड़ा। भाई जवाहरलाल नेहरू की बेटी इंदू यानी प्रधानमंत्री इंदिरा गांधी ने गिरफ्तार किया। चंडीगढ़ के पीजीआई अस्पताल में नजरबंद रखा। छोड़ा तो उनके दोनों गुर्दे मर चुके थे। हर दूसरे दिन मशीन से उनका खून साफ करना पड़ता था। पर ऐसी हालत में भी वे चार साल जिए। सतहत्तर में इंदिरा गांधी ने चुनाव करवाए तो ऐसी ही हालत में जेपी ने चुनौती मंजूर की, देश भर में चुनाव अभियान चलाया। इंदिरा गांधी को पराजित करवाया। देश में पहली बार मार्च सतहत्तर में केंद्र में गैर कांग्रेसी जनता पार्टी की सरकार बनवाई। और इकतीस महीने अपने बनवाए शासकों से पूरी तरह उपेक्षित और मुंबई के अस्पताल से पटना के अपने घर के बीच मौत से लड़ते-जीते रहे। और अपनी सतहत्तरवीं वर्षगांठ के तीन दिन पहले शरीर छोड़ गए। उस दिन को भी तेईस साल दो दिन हो गए।

लेकिन हम पटना के कदमकुआ के उनके घर के बरामदे में वैसे ही पहुंचे ग्रामदान और फिर बिहार आंदोलन के जमाने में जैसे उन से मिलने जाते थे। अजित भट्टाचार्यजी फूलों के गुच्छे की तरह उनके अपने विचार बगीचे में उगाए गए फूलों के चुने हुए विचार—फूलों के गुच्छे यानी पुस्तक को सूत के धागे में लपेट कर ले गए थे। वे थे, कुलदीप नैयर थे, मैं था और आचार्य राममूर्ति थे जिन्हें वह धागा खोल कर जेपी के विचारों का संग्रह जेपी को भेंट करना था। हम सब जेपी के कमरे के बाहर बैठे हुए थे। जानते थे कि जेपी कमरे में नहीं हैं। वहां से उठ कर तो वे तेईस साल दो दिन पहले ही चले गए थे। लेकिन हम चारों उस कमरे से निकल कर जेपी के आने के इंतजार में इतने साल और इतनी बार और इतनी उत्सुकता, अपेक्षा और सघनता से बैठे रहे हैं कि हमें लग रहा था कि वे आने ही वाले हैं। हम सब को कितनी ऐसी मुलाकातें याद हैं। और जेपी के सौवें साल के पहले दिन ही उस सांझ में सिर्फ हमीं चार इसलिए इकट्ठे हुए थे कि यह मौका हमारे और जेपी के बीच का ही रहे और इसकी निजता की पवित्रता बनी रहे। वह पुस्तक हम जेपी को देना चाहते थे और ऐसे किसी आदमी या भीड़ को जमा नहीं करना चाहते थे जिसे अहसास न हो कि वह हमने जेपी को

दी। चूंकि ऐसा मानना और होना संबंध और निजता में ही हो सकता था इसलिए हम ऐसे ही चार वहां बैठे थे जिनका अहसास ठोस वास्तविकता को पार कर के अनुभव का संसार बना सकता था।

वह पुस्तक–ट्रांसफारमिंग द पॉलिटी–जयप्रकाश नारायण के शताब्दी पाठ–अजित भट्टाचार्यजी ने लोकनायक जयप्रकाश नारायण की शताब्दी समिति के कहने पर जेपी के ही लिखे में से ही तैयार की थी। उसका लोकार्पण दिल्ली में शुरू हुए और साल भर चलने वाले शताब्दी समारोह के पहले दिन नई दिल्ली में हो सकता था। दोपहर को जेपी के जन्म स्थान सिताब दियारा में हो सकता था जहां समिति के अध्यक्ष उपराष्ट्रपति शेखावत और चंद्रशेखर पहुंचे थे। या सर्वोदय सम्मेलन में हो सकता था जहां पटना के श्रीकृष्ण मेमोरियल हॉल में जेपी के सभी नए-पुराने और जवान-बूढ़े साथी जमा थे। कहीं राष्ट्रपति, कहीं उपराष्ट्रपति तो कहीं जेपी से बस कुछ ही बरस छोटे उनके साथ काम करने वाले उनके निकट मित्र जमा थे। लेकिन अजित बाबू ने हर समारोह छोड़ा, हर जगह छोड़ी और पहुंचे तो उस बरामदे में जहां जेपी अपने कमरे से निकल कर बैठा करते थे। उस बरामदे में भी बीस-तीस लोग तो आ ही सकते थे अगर बुलाए गए होते। लेकिर अजित बाबू इसे बिलकुल निजी और पारिवारिक बनाए रखना चाहते थे। इसलिए वहां उनके अलावा हम तीन थे जिनके जेपी से निजी और पारिवारिक संबंध थे। एक टीवी चैनल वाले वहां पहले से ही शूटिंग कर रहे थे। एक-दो फोटोग्राफर और अखबार वाले भी थे। रजी साहब ने पुस्तक पर अच्छा समारोही कागज चढ़वा दिया था और उस पर चमकीली लाल रिबन बांध दी थी। लेकिन अजित बाबू ने वह सब तामझाम भी निकलवा दिया था। किताब पर हाथ से कता सूत ही बंधा था। रजी साहब इसे समझते थे आखिर वे भी जेपी से निजी और पारिवारिक बंधन में ही बंधे थे और उन्हीं के पटने के गांधी संग्रहालय को चलाते हैं जहां अकेले होना होता था तो जेपी चले आते थे।

रजी साहब ने वह किताब अजित बाबू को दी और अजित बाबू ने आचार्य राममूर्ति को, जिनने उसका सूत का धागा खोला और जैसे जेपी को उनकी सौवीं सालगिरह के पहले ही सांझ फूलों की माला की तरह पहना दिया हो। शायद आप जानते हों कि बिहार आंदोलन जब शुरू हो कर चलने लग गया और जेपी को ऑपरेशन करवाने वेल्लोर जाना पड़ा तो उसकी बागडोर वे आचार्य राममूर्ति को ही सौंप गए थे। पुस्तक उनने जेपी को अर्पित कर दी तो हम लोगों ने अजित बाबू से बोलने को कहा। जैसे जेपी को ही बताना हो कि उस पुस्तक में क्या है। अजित बाबू बोलने लगे तो उनका गला रुंध गया और वे रोने लगे। हम जो उन्हें देख रहे थे हमारी आंखें भी धुंधलाने लगीं और गले रुंधने लगे। हमें याद नहीं अजित बाबू ने किसी तरह अपने को संभाल कर आखिर में क्या कहा। वह कोई भाषण तो था नहीं जैसे अजित बाबू का जेपी से गले मिलना था। और ऐसे मिलने में रोना तो आता ही है और गला भी रुंधता है। मैं ठगा-सा जैसे वह मिलना देख रहा था। मेरे सामने कोई सत्ताईस-अट्ठाईस साल पहले अजित भट्टाचार्यजी टाइम्स ऑफ इंडिया मुंबई की संपादकी छोड़ कर जेपी के साप्ताहिक एवरीमेन्स की संपादकी करने आए थे। इस के पहले वे दिल्ली में हिंदुस्तान टाइम्स के संपादक थे। उस समय उनकी गिनती देश के गिने-चुने संपादकों में होती थी। जेपी आंदोलन के

समर्थन में लिखने और उससे सहानुभूति रखने वाले अंग्रेजी पत्रकारों में से उन्हीं ने हिम्मत की थी कि मुख्यधारा की पत्रकारिता छोड़ कर जेपी के साप्ताहिक का जिम्मा ले लें। उस वक्त भी ऐसे आदमी को कुछ खब्ती ही माना जाता था। जेपी आखिर पराजित प्रयोजनों के योद्धा माने जाते थे और अंग्रेजी के भारतीय संसार में उनकी छवि ट्रेजिक हीरो की ही थी। उनके साप्ताहिक का संपादक होना यानी मुख्यधारा को छोड़ कर डूबती नैया पर सवार होना था। और सत्ता के इर्द-गिर्द घूमने वाली दुनिया में तो उस वक्त माना ही जा रहा था कि जेपी के आंदोलन से क्या होना जाना है। सब बिखर के रह जाएगा। पर अजित बाबू बना बनाया कैरियर छोड़ कर आ गए थे। और समझदार लोग या तो इसे कैरियर की आत्महत्या मान रहे थे या गलत हिसाब से मोल लिया गया खतरा। कौन मानता है कि कोई डूबती या तूफान में फंसी नाव पर इसलिए चढ़ जाता है कि वह उसकी आस्था की नाव है ?

इमरजंसी लगते ही एवरीमेन्स बंद करना पड़ा था क्योंकि सेंसर ने उस के सभी पेज काट कर भेज दिए थे। यह भी कह दिया गया था कि अब उसे निकलने नहीं दिया जाएगा। ऐसा भी माना जा रहा था कि फिर भी एवरीमेन्स निकालने की कोशिश की गई तो जहां से वह निकलेगा उस इंडियन एक्सप्रेस को ही बंद कर दिया जाएगा। सब मानते थे कि एक्सप्रेस को निकलते रहना चाहिए क्योंकि इमरजंसी से लड़ने और अंधेरी सुरंग के पार देखने वालों के लिए उजाले की एक वही किरण बची थी। हम सब चाहते थे कि एक्सप्रेस का निकलना न रुके। अजित बाबू बंद एवरीमेन्स में से एक्सप्रेस में आ गए। कुलदीप नैयर ने इमरजंसी और सेंसरशिप के खिलाफ दिल्ली के प्रेस क्लब में प्रस्ताव पास करवाया था। वे पकड़े गए पर अदालत ने कुछ दिनों के बाद उन्हें छोड़ दिया। संपादक मुलगावकर को इस्तीफा देना पड़ा। हमारा प्रजानीति और आसपास भी बंद हुआ। एक्सप्रेस चलता रहे इसलिए हमें भी बाहर होना पड़ा। इमरजंसी उठने और जनता सरकार बनने के बाद हम सब एक्सप्रेस में लौट आए। कुलदीप नैयर और अजित बाबू सन् इक्यासी में एक्सप्रेस से बाहर हुए। कुलदीप नैयर स्वतंत्र पत्रकार लेखक हो गए। अजित बाबू अखबारों में सलाहकार रहने के बाद प्रेस इंस्टीट्यूट के निदेशक हैं और नैयर अब राज्यसभा की सदस्यता पूरी कर रहे हैं। अपना तो हाल जानते ही हैं। लेकिन हम तीनों के बीच जेपी एक धारा है। उसी में बहते हुए हम पटना के कदमकुआ के जेपी के घर उनके सौवें साल के दिन पहुंचे थे। मैं इस निमित्त हुए सर्वोदय सम्मेलन का अध्यक्ष था। कुलदीप नैयर विशेष अतिथि थे और अजित बाबू जेपी के विचारों की माला ले कर पहुंचे थे।

जेपी से अजित बाबू के लगाव को मैं जानता हूं। लेकिन सच कहूं मुझे भी उनकी भावनाओं की इस गहराई का अंदाज नहीं था जो उस शाम जेपी के घर के बरामदे में फूट पड़ी। आखिर अजित बाबू पचहत्तर पार कर चुके हैं। न सिर्फ उनने अपनी जिंदगी देख ली है औरों की भी देख ली है। वे जानते हैं कि जेपी के पराक्रम की क्या फलश्रुति हुई। उन से कहो कि आज बैठ कर जेपी के जीवन का फलित बताओ तो वे गुम हो जाते हैं। कहो कि जेपी की विरासत क्या है, उनका किया क्या बचा है तो अजित बाबू खो जाते हैं। वे उनके सत्य और क्रांति शोधक होने को ही सही मानते हैं। जेपी के जीवन की खोज की अनंत तलाश को ही उनका पराक्रम मानते हैं। उन के लिखे को खासकर उन के अंग्रेजी लिखने को क्या खूब कहते हैं।

फिर भी मैं मानता था कि अजित बाबू का जेपी से संबंध एक संपादक, एक लेखक और ज्यादा-से-ज्यादा सार्वजनिक मामलों के पर्यवेक्षक का आदर और सम्मान का संबंध है। लेकिन उस शाम जेपी के बरामदे में उन्हें रोते और रुंधे गले से बुदबुदाते देख कर मैं समझा कि इस संबंध में कितनी निजता है और सर्वोदयी, समाजवादी और सामाजिक कार्यकर्ता न होते हुए भी उनका जेपी से कितना हार्दिक संबंध था और उनके अपने जीवन की सार्थकता भी जेपी से निकलती हुई लग रही थी। अजित भट्टाचार्यजी जैसे मित्र, जैसे प्रेमी जेपी के जीवन में अनगिनत रहे होंगे। एक कुलदीप नैयर तो वहां थे ही, राममूर्ति भी थे, मैं भी था। हम सब के जीवन में जेपी एक ही थे। उनके सौ साल होने पर हम अंदर से कितने भर गए थे। वहां उस बरामदे में बैठ कर हम कितने पूरे हो रहे थे। जैसे हम सब लोगों के साथ वहां बैठे जेपी दुख में नहीं, अधूरेपन में नहीं बल्कि पूर्णता के आनंद में रो रहे थे। जीवन सफलता-असफलता से नहीं, होने और न होने से भी नहीं, एक साथ एक क्षण में विसर्जित हो कर शून्य हो जाने में सार्थक, पूर्ण हो जाता है। वह शाम उस बरामदे में और घनी न हो जाए इसलिए मैं तो बोला ही नहीं।

अजित बाबू ने याद दिलाया कि हम बारह जून पचहत्तर को जेपी के साथ होते हुए भी उन से छिटक कर एक गांव में चले गए थे। वह आरा जिले का गांव था और उस दिन कैसी भंयकर गरमी थी। हम सिर पर बड़े-बड़े तौलिए लपेटे हुए थे। एक गांव से हमें एक नक्सली ने बन्दूक दिखा कर कहा था कि हम चले जाएं नहीं तो वह गोली मार देगा। फिर चाय की एक दुकान पर हमने सुना था रेडियो पर कि इलाहाबाद हाईकोर्ट ने इंदिरा गांधी का चुनाव रद्द कर दिया है और गुजरात में जनता दल चुनाव जीत गया है। उसी गुजरात में जहां से जेपी आंदोलन की शुरुआत नौजवानों ने की थी। हमारे साथ आंदोलन के नौजवान नेता थे शिवानंद तिवारी। वे हमें पटना रवाना कर के जेपी के पास चले गए थे। हम पटना लौटे थे और हमें ठहरने को कोई जगह नहीं मिली थी। किसी होटल में कमरा सिर्फ एक कमरा मिला था—जहां हम दोनों को रात काटनी पड़ी थी। अजित बाबू उस नौजवान छात्र नेता का नाम भूल गए थे। मैंने उन्हें कहा कि वे शिवानंद तिवारी अब बिहार मंत्रिमंडल में हैं। रात जब हम गांधी संग्रहालय में गप कर रहे थे तो शिवानंद तिवारी आए और घंटे भर जेपी के किस्से सुनाते रहे। उनके पिता रामानंद तिवारी समाजवादी आंदोलन से जेपी के साथी थे। जब छात्र जेपी को मनाने गए थे कि वे आएं और छात्र आंदोलन का नेतृत्व संभालें तो शिवानंद भी उनके साथ थे। सब ने जेपी को बताया कि वे कौन हैं। शिवानंद की बारी आई तो उनने भी हाथ जोड़ कर भोजपुरी में कहा—हम शिवानंद। जेपी ने उन से कहा कि तुम क्यों आए हो इनके साथ। तुम जाओ। इनके साथ काम करने की कोई जरूरत नहीं शिवानंद चले आए। बाद में छात्रों ने आंदोलन शुरू किया तो शिवानंद उनके साथ हो गए। काम करते रहे। एक बार फिर जेपी के साथ मीटिंग हुई तो वहां जेपी ने कहा कि हमें उस शिवानंद से माफी मांगनी है। उस दिन हमने उसे भगा दिया था। अब सब कहते हैं कि वह तो बहुत अच्छा काम कर रहा है। हमें उससे उस दिन की माफी मांगनी है।

शिवानंद तिवारी ने कहा कि हम हाथ जोड़ कर खड़े हो गए। घिघियाने लगे। पर जेपी नहीं माने। माफी मांगते ही रहे। उन्हें हमारे पिताजी ने कह दिया था कि हमारा एक लड़का

शिवानंद बिगड़ गया है। पिता अब तारीफ करते हैं बेटे की। लेकिन जेपी ऐसे बड़े आदमी थे कि एक नाकुछ लड़के से भी माफी मांगे बिना नहीं रह सकते थे।

अगर अजित बाबू ऐसे जेपी के बरामदे में बैठ कर रोए और मैं इसलिए नहीं बोला कि रोने से बचना चाहता था तो इस जेपी में एक इंसान तो रहा ही होगा और जो इंसान मरते दम तक नहीं मरता वह अनंत तक जीता है। हम जेपी के लोग उनके लिए आनंद में रोते हैं।

(13.10.2002)

अच्युत पटवर्धन

अनंत आकाश में प्रकाशस्तंभ

उतरते जून की उस शाम मद्रास में बहुत उमस थी। पुराणों में वर्णित जंगल में बने आश्रमों जैसा ही है अडयार का थियासाफिकल लॉज। उस के भी बिलकुल आखीर में है सादा लेकिन मजबूत बना वह दुमंजिला मकान जिसके नीचे के हॉलनुमा कमरे में रहते थे अच्युतजी ! चारों तरफ से खुले और सिर्फ काम पूरता फर्नीचर होने के कारण अंदर से भी खुले लगते उस कमरे में पंखे के बावजूद बैठना मुश्किल हो रहा था।

अच्युतजी से मैंने कहा—'शाम को आप टहलते तो हैं ना ! चलिए जरा घूम आएं।'

अच्युतजी के चेहरे पर वही कोमल सी बालसुलभ मुस्कान खिल गई। उनकी शीतल और नरम हथेली में अपनी दाहिनी हथेली जमा कर मैंने उन्हें उठने में मदद की। जंगल जैसी हरियाली के बीच एक पतली सी पगडंडी पर थोड़ी दूर चलने के बाद चारदीवारी आई और उसेक जंगले के फाटक को धकेल कर हम डामर की इकहरी सड़क पर आए। उस के बाद रेत थी और रेत के पार पछीटें खाता हुआ काला सा दैत्याकार समुद्र, क्षितिज तक जैसे बादलों से बंधा हुआ। अच्छी हवा चल रही थी और हम कोई पंद्रह-बीस मिनट बूंदाबांदी के बीच बात करते टहलते रहे। भीगने और थकने से बचाने के लिए अच्युतजी को मैं उनके कमरे में छोड़ आया।

फिर जहां तक लहरें आती थीं वहां रेत में पांव धंसा कर मैं बैठ गया। उस गूंगे, काले और छटपटाते दैत्य समुद्र को देखता, समझता और महसूस करता। वह जैसे ऊपर से बादलों और नीचे जमीन की जकड़न से अपने को आजाद करना चाह रहा था। उस पर दूर-दूर तक कहीं कोई नाव या जहाज नहीं था। कभी लहर बहुत गुस्से से फां-फूं करती आती और मुझे लगता कि समुद्र थपेड़े मार कर मुझे रेत में धंसा देगा लेकिन टखने से ऊपर पानी नहीं जाता। पीछे शांत और हरियाली से घिरा लॉज था। आसपास और दाहिनी ओर दूर तक बिलकुल सुनसान था। बायीं ओर दूर तट पर कुछ चहल-पहल थी। शायद वह मरीना बीच था। उस के पीछे जगमगाता मद्रास शहर था। चिंघाड़ता और बादलों में से किसी तरह रास्ता बनाता एक जेट विमान निकला। मैंने अंदाज लगाने की कोशिश की कि कौन सी फ्लाइट होगी; मद्रास से आने-जाने वाली उड़ानें तुम कहां जानते हो यार !—मैंने अपने से कहा और अपनी आदत पर हंसता हुआ अपने को उस विमान में बैठा कर नीचे देखने लगा। वहां से मैंने घिरते अंधेरे में अपने को सुनसान तट पर बैठे देखा। हरी-लाल झपकती बत्तियां चमकाता विमान भी उतरने चला गया।

जब खूब अंधेरा हो गया तो बायीं ओर दूर एक घूमता प्रकाशपुंज दिखाई देगा। वह जगमगाते शहर पर से घूमता तो साफ नहीं दिखता लेकिन समुद्र पर आता तो तीखी तिकोनी

रेखाओं में बंधा भाले की तरह चमकता दिखता। समुद्र में किसी नौका में बैठे हुए उस प्रकाश स्तंभ को मैंने देखा और अचानक लगा कि वहां से वह कितना आश्वस्त करता होगा कि किनारा आ गया। लेकिन कंप्यूटर से चलते आधुनिक जहाजों के लिए भी प्रकाश स्तंभ का क्या वही महत्त्व होता होगा जो अनजाने समुद्रों को पार करते पुराने जहाजों के लिए होता था ? पता नहीं, तुम किसी आधुनिक जहाज में कहां बैठे हो ? मैंने अपने से कहा और मैं खड़ा हो गया। पुट्ठे पर धोती गीली हो गई थी। प्रकाश स्तंभ के सर्च लाइट के साथ-साथ मैंने कई चक्कर लगाए। फिर लगा कि चक्कर खा जाऊंगा तो निकला और अंधेरे में पगडंडी से होता हुआ अच्युत जी के मकान के बरामदे में आया। कैसा स्वर्गिक स्थान है ! एक तरफ फलों से लदा और पुराने पेड़ों से घिरा यह आश्रम और सामने समुद्र। समय कहां है ? जरा खोज कर तो लाइए।

बारीक घनी जाली का दरवाजा धकेल कर अंदर उस कमरे में दाखिल हुआ तो लैंप स्टैंड के नीचे बांस की आरामकुर्सी पर अच्युतजी बैठे थे। सारा उजाला उनके चेहरे और सफेद खादी के कपड़ों से लिपटे छरहरे शरीर पर पड़ रहा था। मुझे अचानक लगा कि यह तो वही प्रकाश स्तंभ है जिसे समुद्र में खड़े-खड़े मैंने देखा था।

'आओ,' उन्होंने धीरे से कहा। मैं झिझकते हुए उनकी बगल वाली कुर्सी पर बैठ गया। कमरे में लौटने और बात करने लायक होने में मुझे कुछ समय लगा। लेकिन लौटा तो कोई घंटा भर बात चली। मैं सिर्फ हां कारा भरता रहा और अच्युतजी धीरे-धीरे लेकिन बहुत साफ-साफ बोलते रहे। जिस काम से आया था वह लगभग पूरा हो गया। हम लोगों का सुझाव था कि भारत छोड़ो आंदोलन की स्वर्ण जयंती के बहाने स्वदेशी, आत्मनिर्भरता और हमारे अपने सपनों के भारत को जगाने का फिर वैसा ही आंदोलन छेड़ा जाए। सोवियत संघ के विघटन से एक केंद्रीय होते संसार में अमेरिका का बोलबाला बढ़ता जा रहा है। अमेरिका की उपभोक्तावादी सभ्यता आज नहीं तो कल भारत को निगल लेगी और तब और भी मुश्किल होगी क्योंकि हमारे पास जो संसाधन हैं उन से तो एक प्रतिशत लोगों को भी अमेरिकी जीवन स्तर नहीं दिया जा सकता। लेकिन सत्ताशाली लोगों का अमेरिकी जीवन जीने का लालच और दुराग्रह उदारवादी और खुली बाजार व्यवस्था के साथ-साथ बढ़ता जाएगा। गरीबों की संख्या बेतहाशा बढ़ेगी। समृद्धि का टापू और छोटा होगा। गैरबराबरी यों भी कम नहीं है। खुले खेल फर्रूखाबादी अर्थव्यवस्था में तो उस समतावादी समाज का सपना भी नहीं रहेगा जिसके लिए आजादी की लड़ाई लड़ी गई। उपभोक्तावादी अमेरिकी सभ्यता के गलीज गुलाम बनने के पहले क्या देश को एक बार फिर स्वावलंबन में गर्व से उठे मस्तक का अभिषेक नहीं करना चाहिए ?

अच्युतजी से ज्यादा तीव्रता से भला इस आवश्यकता को कौन समझता होगा ? लेकिन वे विह्वल नहीं थे। एक छोटी और शांत लेकिन सोची-समझी शुरुआत वे करने को तैयार थे। अगुआई न करने पर भी दृढ़ थे। पांच साल पहले रामनाथ गोयनका भी अच्युतजी के पीछे पड़े थे कि सर्वोच्च स्थानों पर कुंडली मारे बैठे भ्रष्टाचार के खिलाफ दूसरे आंदोलन का नेतृत्व वे करें। रामनाथ जी को लगता था कि सन् चौहत्तर में जेपी ने जो किया सन् सत्तासी में वही उनके मित्र और संघर्ष के साथी अच्युत पटवर्धन कर सकते हैं। जैसा जेपी का नैतिक अधिकार सर्वमान्य और सर्वप्रतिष्ठित था वैसा ही अच्युतजी का भी था। लेकिन बहुत मनाने

पर भी अच्युत जी तैयार नहीं हुए। बहुत विनम्रता, प्रेम और अपनी अक्षमता पर जोर देते हुए वे वहीं रहे जहां थे। अच्युतजी के लिए फिर ऐसे राजनैतिक संघर्ष में लौटना असंभव था। भारत छोड़ो आंदोलन के दूसरे चरण की शुरुआत में भी वे सिर्फ कुछ निष्कर्ष और विचार देने को तैयार हुए थे। 'मैं सब लोगों के सामने अपनी बात रख दूंगा और चाहूंगा कि आलोचक लोग उसकी धज्जियां उड़ा दें। फिर भी जो बच रहेगा उसी को मेरा योगदान मान लेना। इस भ्रम में मत रहना कि मैं दूसरा भारत छोड़ो आंदोलन छेड़ सकता हूं। न मेरी उम्र है, न स्वास्थ्य है न इच्छा। हमारा समय हो गया। हमने हमारी पारी खेल ली। उस वक्त भी नौजवान ही आगे आए थे। अब भी वही आगे आएंगे और उन्हीं से काम बनेगा।'

सन् बीस के असहयोग, सन् तीस के सत्याग्रह और सन् बयालीस के भारत छोड़ो आंदोलनों में अंग्रेजों से लोहा लेने वाले अच्युत पटवर्धन उस शाम शिविर में बैठे योद्धा की तरह जैसे सब युद्धों और अंग्रेजों के दो सौ साल के राज का सिंहावलोकन कर रहे थे। 'अंग्रेजों और उनके राज की भर्त्सना करते रहने के कारण हम याद नहीं रखते या समझ नहीं पाते कि ऐसा बहुत कुछ है जो अंग्रेजों ने हमें दिया और जो रखने के लायक है। जैसे हजार साल से हमारे यहां आनुवंशिक राज चला आ रहा था जिसमें संप्रभु राजा होता था। लोगों की संप्रभुता की अवधारणा अंग्रेजों के जरिए हमारे पास आई। कानून के राज की अवधारणा भी अंग्रेजों के साथ आई और सदियों बाद माना गया कि कानून के सामने सब बराबर हैं। अंग्रेजों की लगातार कोशिश रही कि भारत में उनके राज को लोगों का स्वैच्छिक स्वीकार्य मिले और वह बल से नहीं लोगों के इसी सहज, स्वैच्छिक स्वीकार्य से चले। वह चाहे हिंदू रही हो या मुगल सामंतशाही—लेकिन उसमें लोगों की संप्रभुता और कानून के राज की कोई अवधारणा कम से कम हजार साल से तो नहीं थी। अब ये अवधारणाएं हमारे राजकाज में स्वीकार कर ली गई है हालांकि मैदानी राजनीति के चलते हमेशा डगमगाती रहती है'—अच्युतजी बताते रहे।

उन्होंने कहा कि हम समझते थे कि आजादी के आते ही जैसे तमाम कष्टों, कुरीतियों और समस्याओं का अंत हो जाएगा। हमारा अपना राज्य सब कुछ देखते-देखते बदल देगा। आजादी की लड़ाई की इस खतरनाक अपेक्षा ने राजनीतिकों को मौका दिया कि वे लोगों से कहें कि आप हमें वोट दो और हम राज्य की शक्ति से आप का सब काम कर देंगे। इसका नतीजा यह हुआ कि लोगों ने समझा कि उनका काम वोट देना है और बाकी का सारा काम सरकार का। अब चालीस साल बाद हमने देख लिया कि न तो राज्य समाज परिवर्तन का माध्यम हो सकता है न कल्याणकारी राज्य में सबका भला हो सकता है। उद्योग और खेती में तरक्की हुई है, मैं नहीं कहता कि नहीं हुई। लेकिन गरीबी की रेखा के नीचे जाने वाले लोगों की संख्या बढ़ती चली आ रही है। इसका एक कारण तो अनाप-शनाप बढ़ती जनसंख्या ही है। लेकिन फिर भी कहना होगा कि अमीरी और गरीबी की खाई बढ़ी है। राजनीतिकों का निहित स्वार्थ जात और धर्म पर वोट बैंक बनाने और चुनाव जीतने में है और वे नहीं चाहते कि लोग सब कुछ सरकार के भरोसे नहीं छोड़ें।

'ऐसे में उम्मीद निम्न मध्यवर्ग के उन पढ़े-लिखे लड़कों से ही है जो व्यवस्था से बाहर हैं और जो बाहर के तमाम लोगों को नई व्यवस्था के अंदर लाने का संघर्ष कर सकते हैं। यही निम्न मध्यवर्ग के पढ़े-लिखे लड़के-लड़की सन् बीस के असहयोग आंदोलन, सन् तीस के

सत्याग्रह आंदोलन और सन् बयालीस के भारत छोड़ो आंदोलन में गांधी के साथ आए। इन्हीं ने लाठी-गोली खाई। इन्हीं की कुरबानियों से आजादी आई और यही दूसरा भारत छोड़ो आंदोलन भी चला सकते हैं। आज ये सभी पार्टियों से निराश हैं। विचारधाराओं से इनका मोहभंग हो गया है। और किसी सपने के अभाव में शक्ति का यह अखूट भंडार बेकार जा रहा है। इसका थोड़ा भी उपयोग हो तो कूड़ा-कर्कट धन धान्य की लक्ष्मी में बदल सकता है। इन लड़के-लड़कियों को गांवों के संसाधनों की सूची बनाने में, उन्हें समझने में और उनके उपयोग की उपयुक्त तकनीक विकसित करने में लगाया जा सकता है। तकनीक और छोटे उद्योग-धंधे पर मेरा कुमारप्पा से मतभेद था। गांधी जी को भी मैंने बताया कि कुमारप्पा से कहां मैं अलग हो जाता हूं। गांधी जी ने कहा कि तुम अपनी समझ से काम करो। आज मैं कहता हूं कि उपयुक्त तकनीक विकसित करने में हमें गांधी जी से आगे जाना पड़े तो जाना चाहिए। कितने अच्छे रासायनिक इंजीनियर और वैज्ञानिक देश में हैं। सब जवान लोग हैं और उपभोक्तावादी अर्थव्यवस्था के विराट जंजाल से निराश और अलग हुए ये वैज्ञानिक ऐसे प्रयोग कर सकते हैं कि गांवों के संसाधनों को वहीं की तकनीक से ऐसा इस्तेमाल हो कि न सिर्फ बेकारी और गरीबी घटे बल्कि हमारे जीवन की गुणवत्ता भी बढ़ सकती है। गंदगी, निरक्षरता, बढ़ती हुई आबादी, ये सब मिल कर हमारे जीवन को बहुत पतित कर देती हैं। गांवों में तो इन्हें दूर करने से नया जीवन आ सकता है। शहरों की बात मैं नहीं करता क्योंकि वे मेरे लिए बहुत कांपिलिकेटेड हैं।'

उस रात थियासाफिकल लॉज से लौटते हुए समुद्र किनारे का वह प्रकाश स्तंभ बार-बार मेरे मन में घूमता रहा। उसका सर्च लाइट जगमगाते शहर में खो जाता लेकिन अंधेरे समुद्र और काले बादलों से घिरे आकाश में वह कितना साफ और तेज और प्रेरक और आश्वस्त करने वाला होता है। बिजली के उजाले से घिरे शहर के लोगों को भले ही उस घूमते प्रकाश पुंज का कोई अहसास न हो। लेकिन काले बादलों से घिरे और उनके नीचे मचलते समुद्र के बीच के अंधेरे में वह कैसा जाज्वल्यमान लगता है। वह प्रकाश स्तंभ और उसका घूमता प्रकाश पुंज बार-बार मुझे अच्युत पटवर्धन में मूर्तिमंत होता लगता रहा।

फिर चार दिन पहले सवेरे-सवेरे खबर आई कि प्रकाश स्तंभ का वह घूमता प्रकाश पुंज बुझ गया है। दस दिन पहले उन से लखनऊ के राजभवन में कितनी देर बात हुई थी। कितनी देर तक उनका शीतल, कोमल हाथ अपने हाथ पर फिराता रहा था। हां वे कह रहे थे कि पता नहीं कब चले जाएं। लेकिन जब वे ऐसा कहते तो कब लगता था कि वे अब चले ही जाएंगे। बनारस जाने के पहले भी फोन पर उन से बात हुई थी और उन्होंने कहा था कि नौ अगस्त को तो वे न किसी को अपना मुंह दिखाना चाहते हैं न चाहते हैं कि कोई उनका मुंह देखे ! लेकिन कौन मानता था कि वे सचमुच भारत छोड़ो आंदोलन की स्वर्ण जयंती के चार दिन पहले ही दुनिया छोड़ जाएंगे।

राजघाट बनारस में गंगा किनारे कृष्णमूर्ति प्रतिष्ठान में भी वह गंगा कुटीर, अडयार मद्रास के उनके थियासाफिकल लॉज के समुद्र तट वाले मकान जैसी ही शांत और आत्मस्थित थी। वहां बर्फ पर लेटे अच्युत पटवर्धन के चेहरे पर वही शांति और मृदु मुस्कान थी। वे सचमुच इसी तरह आनंद से जाने के लिए बनारस की उस गंगा कुटीर में लौट कर आए थे। उन्हें गंगा ने बुला लिया था। गंगा ने सदियों से उस टीले पर जो जमा की थी उस मिट्टी ने

बुला लिया था। और उसी में अब वे एकाकार हो गए हैं। जहां वे अग्नि के रथ पर बैठे वहां फूल खिलेंगे। वहीं कोई वटवृक्ष खड़ा होगा और फिर वह वटवृक्ष प्रकाश स्तंभ हो जाएगा और गंगा समुद्र हो जाएगी। और बादलों से घिरे आसमान के नीचे से समुद्र पर हम अपनी नैया खेते हुए उस समुद्र के किनारे लगेंगे। कोई भी नौका समुद्र में विलीन नहीं होती क्योंकि कोई प्रकाश स्तंभ उसे बुलाता रहता है। और हर नौका समुद्र में समा जाती है और हर प्रकाश स्तंभ अनंत आकाश में।

(9.8.1992)

ज्ञानी जैल सिंह

ज्ञानी थे कि भगत थे ज्ञानीजी ?

सतनाम वाहे गुरु, सतनाम वाहे गुरु—कह कर जब उन लोगों ने ज्ञानीजी की चिता को अग्नि दी और थोड़ी देर बाद वह धधकने लगी तो मैंने पाया कि मेरी भी आंखें डबडबा आई हैं। ज्ञानीजी से अपना निजी तो ऐसा संबंध नहीं था और राष्ट्रपति और कांग्रेसी नेता के रूप में भी मन में उनके लिए ऐसा सम्मान नहीं था कि उन्हें पंचतत्व में विलीन होते देख कर आंसू आ जाएं। लेकिन आ गए।

दूरदर्शन वालों की तो माइक्रोवेव लिंक टूट गई और वे शोक-संगीत सुनवाने लगे। लेकिन मैं सचमुच तलाश में लग गया कि ज्ञानी जैल सिंह के लिए मन के किस कोने में ऐसा क्या दबा हुआ रह गया था जो उनकी अंत्येष्टि देखते-देखते निकल आया। ज्ञानीजी से आमने-सामने बातचीत करने और उन्हें नज़दीक से देखने का मौका मिला उस के पहले उनके बारे में दो किस्से सुनने को मिले और वे ऐसे नहीं थे कि उनके प्रति सम्मान जगाते।

दिल्ली के तख्त पर इंदिरा गांधी लौट आई थीं और ज्ञानीजी को उनने अपने मित्रमंडल में गृहमंत्री बना लिया था। इंदिरा जी ने दूसरे राज्यों के साथ पंजाब की भी सरकार को बरखास्त किया और राष्ट्रपति शासन लगा दिया। अब कायदे से तो राष्ट्रपति शासन राष्ट्रपति का होना चाहिए और उनके प्रतिनिधि के नाते पूरा प्रशासन राज्यपाल के जिम्मे होना चाहिए। लेकिन आप जानते हैं कि केंद्र राज्यपालों से कैसा बरताव करता है और इंदिरा गांधी के राज में तो मुख्यमंत्री की हैसियत ही चपरासी से ऊंची नहीं होती थी तो बेचारे मनोनीत राज्यपाल तो कहीं पासंग में नहीं आते थे।

पंजाब के राज्यपाल तब जयसुखलाल हाथी हुआ करते थे। इंदिरा जी ने जमाने के कुछ पहले के कांग्रेसी नेता थे इसलिए चापलूसी को शहनाई की तरह नहीं बजाते थे। संविधान और कायदे-कानून के न सिर्फ जानकार थे बल्कि राजकाज उसी के अनुसार चलाने के आग्रही थे। यह तो नहीं कहूंगा कि गांधी के बताए ढंग से निजी और सार्वजनिक जीवन चाहते थे। फिर भी उन भलेमानस गुजरातियों में जरूर थे जो सार्वजनिक जीवन की एक निश्चित मर्यादा मानते थे और लगातार कोशिश करते थे कि उसका पालन किया जाए।

एक दिन राज्यपाल जयसुखलाल हाथी ने लंच के लिए बुलाया। सुसंस्कृत और पढ़े-लिखे आदमी थे। अनुभव का भी अच्छा खासा भंडार था। काफी बातचीत हो जाने के बाद अपन ने जानने की कोशिश की कि पंजाब का प्रशासन कैसा चल रहा है और अकालियों ने उसका जो अकालीकरण किया है तो उसे डिसमेंटल करना कितना मुश्किल हो रहा है। चंडीगढ़ में अपन जब पहुंचे तो प्रकाशसिंह बादल की अकाली जनता सरकार बनी-बनी ही थी। बुरा लगता कि बादल कहते कि इंडियन एक्सप्रेस तो अपना ही अखबार है। कोई भी मुख्यमंत्री

कहे कि फलां अखबार तो अपना ही है तो संपादक को सावधान हो जाना चाहिए। अपना बना कर मुख्यमंत्री अखबार की विश्वसनीयता का कबाड़ा कर देना चाहते हैं।

बहरहाल अपने होने के कारण हम उस सरकार की काफी खबर लिया करते थे और जानते थे कि किस बुरी तरह से अकालियों ने प्रशासन का अकालीकरण किया है। जयसुखलाल हाथी स्वभाव से ही खुन्नस या बदले में काम करने वाले आदमी नहीं थे। उनके संस्कार में इस तरह काम करना ओछापन और अपनी ही नजर में गिरना होता था। लेकिन उस दिन वे दुखी थे। और उनका दुख प्रशासन से नहीं था। प्रशासन में ज्ञानीजी की दखलअंदाजी से था। वे कुछ ही दिन पहले पंजाब के किसी कस्बे से किसी कार्यक्रम से लौटे थे। वहां ज्ञानीजी बीएसएफ का जहाज ले कर पहुंच गए थे। सिर्फ इसलिए कि पंजाब सर्विस कमीशन में उन्हें एक ऐसे व्यक्ति को मनोनीत करवाना था जो उनका कारकून, पीए या ऐसा ही कुछ रह चुका था जब वे पंजाब के मुख्यमंत्री थे।

ऐसा नहीं था कि जयसुखलाल हाथी ने किसी और का नाम तय कर रखा था और ज्ञानीजी उसे हटवाकर अपने आदमी को लगवाना चाहते थे और यह राज्यपाल को बुरा लग रहा हो। पुराने जमाने के उन राज्यपाल की यह अजीब ही नहीं आपराधिक लग रहा था कि देश का गृहमंत्री अपने किसी पुराने और वफादार कर्मचारी को पब्लिक सर्विस कमीशन का सदस्य बनवाने के लिए सरकारी विमान ले कर आए और राज्यपाल के पीछे पड़े कि उसे बनवा ही दो। सार्वजनिक सुविधाओं और पदों का यह सरासर दुरुपयोग था। इससे राज्यपाल हाथी गुस्से और भर्त्सना में नहीं जैसे आंतरिक पीड़ा में थे।

लेकिन यह तो शायद ताज़ा किस्सा रहा होगा। गृह मंत्रालय यानी ज्ञानीजी की और भी दखलंदाजी रही होगी रोजमर्रा के प्रशासन में जो राज्यपाल हाथी को न गृहमंत्री के योग्य लगती होगी न अपने पद की शोभा के अनुकूल। क्योंकि मुझसे जो उनने कहा वह तो बहुत ही संयम से की गई शिकायत भी नहीं अपनी पीड़ा की अभिव्यक्ति थी। उनने सचमुच प्रधानमंत्री इंदिरा गांधी के नाम एक लंबी चिट्‌टी लिख रखी थी जिसमें सुझाया गया था कि राष्ट्रपति शासन का मतलब केंद्र का सीधा शासन होना चाहिए और उसमें राज्यपाल की वही भूमिका होनी चाहिए जो निर्वाचित सरकार के होते हुए होती है। राज्यपाल के नाम से गृहमंत्री का दिल्ली से शासन चलाना-राज्यपाल की संवैधानिक गरिमा और संविधान के अनुसार नहीं है।

मैं नहीं जानता कि जयसुखलाल हाथी ने वह पत्र फाइनल किया या नहीं और इंदिरा जी को भेजा या नहीं। लेकिन आजादी के पहले के दो कांग्रेसी नेताओं की बनावट और उनके रवैये का फर्क उस दिन समझ में आया। फिर एक रात ऐसा हुआ कि हमारे विशेष संवाददाता और बुजुर्ग बीके चम अचानक और बड़े बेवक्त आ धमके। उनकी बड़ी बेटी की तब शाही हो रही थी और उनका चेहरा देख कर लगा कि कहीं गड़बड़ न हो गई हो। चम साब ने अकेले में बात की और राहत मिली के मामला ऐसा गड़बड़ नहीं था। लेकिन चम साब चिंतित और उत्तेजित। उस दिन ज्ञानीजी चंडीगढ़ आए थे और चम साब को दुलहन के लिए शगन में इतना पैसा पहुंचा गए थे कि तब के हिसाब से वह लेन-देन के व्यवहार से कहीं ज्यादा अनुग्रह राशि नहीं तो शादी में मदद की रकम जरूर लगती थी।

अब ज्ञानीजी जब पंजाब के मुख्यमंत्री हुआ करते थे तो चम साब नेशनल हेरल्ड के विशेष संवाददाता थे और ज्ञानीजी उन्हें अपनी पार्टी के अखबार वाले के नाते झुमाए रखते थे और चम साब को अच्छा नहीं लगता था। उस दिन भी उन्हें लगा कि ज्ञानीजी उन्हें या तो रिश्वत दे गए हैं या गरीब मान के मदद कर गए हैं। बात उन्हें ऐसी खटक रही थी कि रात भर वे सो नहीं सकते थे। आखिर हमने तय किया कि इक्यावन रुपए रख कर बाकी पैसे चम साब खुद जा कर सम्मान और विनम्रतापूर्वक ज्ञानीजी को लौटा आएंगे। ज्ञानीजी से संबंध बिगाड़ने में भी कोई मतलब नहीं था और उनकी मदद लेने की तो कतई कोई जरूरत नहीं थी। चम साब के यहां शादी में तो ज्ञानीजी नहीं दिखे लेकिन लगा कि उनमें और पंजाब-हरियाणा के उन राजनेताओं में कोई फर्क नहीं है जो मिठाई के डिब्बे में नोट भर कर अखबार वालों को भिजवा देते हैं।

कोई साल भर बाद अपन दिल्ली आ गए और ज्ञानीजी के विश्वासपात्र एक संवाददाता से उनके किस्से और कहानियों की न चाहते हुए भी जानकारी मिलती रही। लेकिन जैसे-जैसे पंजाब की समस्या उलझती गई और संत भिंडरांवाले का उदय होता गया, हर चंडीगढ़ यात्रा के दौरान गृहमंत्री ज्ञानीजी के हैरतअंगेज किस्से सुनने को मिलते। पंजाब के मुख्यमंत्री दरबार सिंह ज्ञानीजी को फूटी आंखों नहीं सुहाते और वहां बढ़ते आतंकवाद को कुचलने की जो कोशिश करते उसे ज्ञानीजी फेल कर देते। सबसे अविश्वसनीय किस्सा सुना चंडो कलां हरियाणा से संत भिंडरावाले के उनके मुख्यालय चौक मेहता पहुंचने का। कहते हैं—दरबार सिंह और भजनलाल ने मिल कर संत भिंडरावाले की गिरफ्तारी की योजना बनाई थी। दोनों राज्यों की पुलिस वहां पहुंची भी। लेकिन ज्ञानीजी का कमाल देखिए कि इस संयुक्त कार्रवाई की कमान जिस पुलिस अफसर के हाथ थी वही अपनी गाड़ी में संत भिंडरांवाले को रातों-रात चौक मेहता छोड़ कर आए।

आखिरी बार जब शिरोमणि गुरुद्वारा प्रबंधक कमेटी के चुनाव हुए सन् उनासी में तो उसमें दल खालसा चुनाव लड़ा था। कहते हैं कि इस उग्र सिख संगठन के बनवाने वालों में ज्ञानीजी भी थे क्योंकि यह अकालियों को उन्हीं के धार्मिक यानी पंथक मैदान में ललकारता था। चंडीगढ़ में दल खालसा की पहली प्रेस कांफरंस एक बड़ी होटल में हुई थी और खबर थी कि उसका खर्चा ज्ञानीजी ने दिया है जो उन दिनों सत्ता से बाहर थे और अकालियों को शिरोमणि कमेटी पर कब्जे से रोकने की कोशिश में लगे थे। लोग कहते थे कि संत भिंडरांवाले और भाई अमरीकसिंह को उठाए रखने वालों में ज्ञानी जी के भी हाथ हैं। प्रेस कांफरंस का खर्च देने वाली बात तो हमारे एक जवान रिपोर्टर छापना चाहते थे लेकिन उनको कहा कि बिल ले आओ और यह सबूत भी कि इसे ज्ञानी जैलसिंह ने चुकाया है।

दिल्ली में हम सब लिखते कि पंजाब में उग्रवादी अकाली राजनीति को इंदिरा गांधी ने भड़काया है और संत भिंडरांवाले उन्हीं के वरदान से भस्मासुर बने हैं। लेकिन मुझे लगता है कि अकालियों को उनकी पंथक राजनीति में धर्म से ही पराजित करने की रणनीति इंदिरा गांधी की नहीं ज्ञानी जैलसिंह की बनाई हुई है। लेकिन क्या इंदिरा जी के राज में यह संभव था कि सन् बहत्तर से सतत्तर तक पंजाब के मुख्यमंत्री और सन् अस्सी में देश के गृहमंत्री बनने वाले ज्ञानी जैलसिंह अपनी कोई स्वतंत्र राजनीति चला पाते ?

यह संभव है कि अकालियों को लोकतांत्रिक पटरी से उतार कर उन्हें उग्रवाद, आतंकवाद और अलगाववाद का समर्थक बना कर सिखों, पंजाब और राष्ट्र के खिलाफ खड़े कर देना ही इंदिरा गांधी को उन्हें राजनैतिक रूप से समाप्त कर देने की सबसे कारगर रणनीति लगती हो। और फरीदकोट के रजवाड़े में बचपन से राजनीति करने वाले ज्ञानी जैलसिंह महलों की षड्यंत्रकारी राजनीति के उस्ताद खिलाड़ी रहे हों और इसलिए इस रणनीति पर वही सबसे कारगर अमल कर सकते थे। आखिर ज्ञानी जैलसिंह ने सत्ता के वनवास से ही दल खालसा की मदद नहीं की। जब वे मुख्यमंत्री थे तो गुरु गोविंदसिंह के नाम से एक मार्ग बनवाया। उनके घोड़े के वंश के एक घोड़े का जुलूस निकलवाया। गुरुओं के शस्त्र लंदन म्युजियम से मंगवाए और इन सब से अकालियों को ऐसा दरकिनार किया कि आखिर एक जुलूस में वे एक ट्रक पर ग्रंथ साहिब रख कर आगे हो गए ताकि लोगों को लगे कि जुलूस उनका है।

मुख्यमंत्री होते हुए ही कांग्रेसी ज्ञानी जैलसिंह ने ऐसे पंथक काम किए कि—बोले सो निहाल करने वाले अकालियों की नीली पगड़ियां भी उनकी सफेद खादी की पगड़ी के सामने शरमा जाए। अकालियों से ज्यादा अकाली हो कर लड़ने की रणनीति को इंदिरा गांधी ने उसकी तार्किक परिणति तक पहुंचाया और उसकी शिकार हुई। लेकिन इस रणनीति के कोई सच्चे प्रणेता और पालनकर्ता थे तो ज्ञानी जैलसिंह। लेकिन यह सब करते हुए ज्ञानीजी ने उग्रवादियों और अकाली राजनेताओं से तो हमेशा संपर्क बनाए ही रखे, सिख राजनीति पर अपनी पकड़ भी नहीं छोड़ी। ज्ञानी जी रामगढ़िया थे, सुतारी का काम करने वाले लोग। पंजाब के जाट सिख इन पिछड़े लोगों को कोई सम्मान से नहीं देखते। लेकिन ज्ञानीजी का सिख धर्म का ज्ञान और उसकी परंपराओं की जानकारी उनकी राजनीति के बहुत काम आई और जाट वर्चस्व वाली राजनीति में वे बूटासिंह जैसे छोटे और नाकुछ खिलाड़ी नहीं रहे।

लेकिन उनके गृहमंत्री रहने के ढाई साल के दौरान इंदिरा जी को समझ में आ गया था कि ज्ञानी जैलसिंह को दिल्ली से पंजाब की राजनीति करने दी गई तो वे सिर्फ दरबार सिंह को सरकार नहीं चलाने देंगे बल्कि पंजाब की समस्या का हल असंभव कर देंगे। उन्हें राजनीति से काटने और रायसीना के टीले पर किसी अल्पसंख्यक को बैठाने के लिए इंदिरा गांधी ने ज्ञानी जैलसिंह को राष्ट्रपति पद का उम्मीदवार बनाया। कहते हैं इस तरह इंदिरा जी ने महात्मा गांधी की इच्छा पूरी की। लेकिन पंजाब में हरिजन वे हैं जिन्हें मजहबी सिख कहा जाता है। रामगढ़िया पिछड़े और निचले भले ही हों शायद उन्हें गांधी के वर्णन का हरिजन नहीं कहा जा सकता। जो हो, सन् बयासी में कांग्रेस और इंदिरा जी की ताकत पर्याप्त थी कि किसी को भी राष्ट्रपति बनवा दें।

ज्ञानीजी पढ़े-लिखे नहीं थे और अंग्रेजी बोलते थे तो पब्लिक स्कूलों के बच्चे ही नहीं अपने सभी पश्चिम परस्त लोग हंसते थे। मजा देखिए कि राजीव गांधी हिंदी बोलते तो उच्चारण और व्याकरण दोनों में ही ज्ञानीजी की अंग्रेजी से ज्यादा हास्यास्पद लगते। लेकिन अपने इस देश में ऊटपटांग हिंदी बोलने वाले प्रधानमंत्री पर कोई नहीं हंसता लेकिन ठेठ पंजाबी लहजे में अंग्रेजी बोलने वाले राष्ट्रपति को मज़ाक का पात्र बना लिया जाता है। राजकाज में वर्चस्व रखने वाले ऐसे प्रभुवर्ग वाले देश में ज्ञानीजी राष्ट्रपति बने और शान से रहे। कभी आत्महीनता के शिकार नहीं हुए। उनमें एक खांटी भारतीय का सहज आत्मविश्वास और

विनम्रता थी। वे अपने देश के आम लोगों के सच्चे प्रतिनिधि थे और उन्हें इसकी कोई शर्म नहीं थी कि वे फर्राटेदार अंग्रेजी–कैम्ब्रिज या ऑक्सफर्ड या नकचढ़े अमेरिकी लहजे में नहीं बोल सकते थे और मैकॉले के चलाए कारखाने की डिग्रियां भी उनके पास नहीं थीं। सहज बुद्धि और समझ वाले ऐसे लोगों की आजादी के आंदोलन में तो इज्जत होती थी लेकिन वेस्टमिंस्टर मॉडल वाले लोकतांत्रिक भारत में खांटी और देसी आदमी अपनी चतुराई से ही टिक सकता है।

ज्ञानी जैलसिंह को राजनीति से काटने के लिए इंदिरा गांधी ने राष्ट्रपति बनाया लेकिन ज्ञानीजी ने राष्ट्रपति भवन का ही राजनीतिकरण कर दिया। राजनीति के बिना ज्ञानी जैलसिंह रह नहीं सकते थे। ज्ञानीजी भले ही पढ़े-लिखे अंग्रेजी दां न रहे हों लेकिन पंथनिरपेक्ष लोकतांत्रिक गणराज्य और भारत नामक राष्ट्र राज्य के बुनियादी सिद्धांत और चरित्र की उन्हें न सिर्फ सहज समझ थी बल्कि उनमें अटूट आस्था भी थी। उनमें एक आम भारतीय का कृतज्ञता बोध भी था इसीलिए राजीव गांधी को उन्होंने इंदिरा गांधी की हत्या के बाद प्रधानमंत्री पद की शपथ दिलवाई। जैसे उन्होंने इंदिरा जी का अहसान उतारा हो। बाद की घटनाओं से साबित भी हुआ कि दोनों में एक-दूसरे के लिए कोई सम्मान नहीं था।

लेकिन राष्ट्र अगर ज्ञानीजी का कृतज्ञ रहेगा तो इसलिए कि वे ऐसे समय राष्ट्रपति पद पर रह कर राज्य के कर्त्तव्य करते रहे जब डगमगाते या अपनी मान्यता को सर्वोपरि मानते तो राष्ट्र को बहुत नुकसान होता। वे स्वर्ण मंदिर में सैनिक कार्रवाई ऑपरेशन ब्लू स्टार के खिलाफ थे। अकाल तखत के ध्वंस पर वे बहुत विचलित हुए। लेकिन संकट की उन घड़ियों में अगर वे ऐसा कुछ भी करते जैसा कि राजीव गांधी के राज में सन् सत्तासी में किया तो अपने पंथनिरपेक्ष गणराज्य की नींव ही हिल जाती। उस वक्त बड़ी गरिमा, धीरज और हिम्मत से ज्ञानी जी संविधान के रक्षक बने डटे रहे। उस वक्त और कुछ नहीं इस्तीफा ही दे देते तो अपने राष्ट्र का क्या होता ?

संकट की घड़ी में अपनी मान्यताओं और आस्थाओं से ऊपर राष्ट्र की आस्था की रक्षा करने वाले के लिए आंखें डबडबा आई तो यह निरी भावुकता तो नहीं थी।

(1.1.95)

के.आर. नारायणन

लुटियन के टीले पर गरीब का पैरोकार

कोई ढाई साल पहले जुलाई की उस दोपहर जब कोचेरिल रामन नारायणन संसद के सेंट्रल हॉल में शपथ ले कर राष्ट्रपति भवन आए और सीढ़ियों से सलामी गारद को जवाब में सेल्यूट देने खड़े हुए तो मेरा मन भर आया था। सीढ़ियों के ऊपर बरामदा और बरामदे के ऊपर गुंबद और उनके बीच जोधपुरी कोट पहने छोटे से लेकिन अपनी गरिमा में चुस्त खड़े नारायणन की उस मूरत ने मेरी आंखों में खुशी, गर्व और परिपूर्णता के आंसू भर दिए। महात्मा गांधी की एक इच्छा आखिर पूरी हुई। एक हरिजन, एक दलित, भारत का राष्ट्रपति बना और उस भवन की सीढ़ियों पर गौरव से खड़ा हुआ जो ब्रिटिश साम्राज्य के प्रतिनिधि वायसराय के रहने के लिए बनाया गया था। कोई वायसराय कैसे भी बनता रहा हो नारायणन बिलकुल इस देश की धूल से उठ कर तमाम बाधाओं को पार करते हुए इस के शिखर पर पहुंचे। यह इस राष्ट्र की व्यवस्था का चमत्कार है कि जो जन्म और परिस्थितियों से सबसे नीचे था वह अपनी योग्यता और समझदारी के बल पर राष्ट्राध्यक्ष के सर्वोच्च पद पर पहुंच गया। इसमें उस व्यक्ति का गौरव तो है ही इस देश का भी मस्तक ऊंचा हुआ है जो अपनी तमाम विषमताओं और अन्यायों में से ऐसा अवसर एक दलित को भी दे सकता है। नारायणन के राष्ट्रपति बनने में एक साधारण भारतीय व्यक्ति का संपूर्ण प्रतिफलन तो हुआ ही हमारी व्यवस्था ने भी धूल के कण को माथे का फूल बनाने की अद्‌भुत क्षमता दिखाई।

उस दिन एक भारतीय होने के गर्व के जो आंसू मेरी आंखों में छलके थे वे अब भले ही सूख गए हों पर गर्व अभी कायम है क्योंकि कोचेरिल रामन नारायणन सिर्फ राष्ट्रपति बने उस भव्य प्रासाद में नहीं बैठे हैं। वे संविधान की रक्षा में निष्पक्ष और निर्भय हैं। वे अपने सिंहासन के बड़प्पन से दबे नहीं हैं। उस पर बैठे उससे बित्ता भर ऊपर हैं। और इसलिए राष्ट्रपति भवन पर जो ध्वज लहराता है वह बाकी के झंडों से ऊंचा और राष्ट्र के गौरव का प्रतीक है। नारायणन राष्ट्र की आत्मा को बचा कर रखे हुए हैं। सैकड़ों कमरों के उस आलीशान महल में बैठे वे उन गरीबों की हालत भूले नहीं हैं जिनके लिए आजादी की लड़ाई लड़ी गई और जो अब भी गरीबी, बेरोजगारी और गैरबराबरी के शिकार हैं और संविधान जिनका कल्याण नहीं कर पाया।

इस छब्बीस जनवरी को जब संविधान को अपनाने के पचास साल पूरे हुए तो राष्ट्र के नाम अपने संदेश में नारायणन ने कहा—गणतंत्र बनने के पचास साल बाद भी हम पाते हैं कि हमारे देश के करोड़ों लोगों के लिए सामाजिक, आर्थिक और राजनैतिक न्याय अब भी सपना बना हुआ है। अपने आर्थिक विकास के लाभ अब भी उन तक पहुंचे नहीं हैं। हमारे पास दुनिया

का एक सबसे बड़ा तकनीकी समुदाय है लेकिन हमारे ही यहां संसार के सबसे ज्यादा निरक्षर भी हैं। अपने ही देश में संसार का सबसे बड़ा मध्य वर्ग है लेकिन अपने ही देश में गरीबी की रेखा के नीचे सबसे ज़्यादा लोग हैं और सबसे ज्यादा बच्चे कुपोषण के शिकार हैं। हमारे विशाल कारखाने गंदगी और गरीबी में खड़े हैं। हमारे उपग्रह गरीबों की गंदी बस्तियों से आकाश को चीरते हुए उड़ते हैं। कोई अचरज नहीं कि जनता में अपनी इस हालत पर गुस्सा और आक्रोश है जो अक्सर देश की कई जगहों पर हिंसा में फूट पड़ता है। दुर्भाग्य है कि हमारा आर्थिक विकास सभी तरफ समान नहीं है। विकास के साथ बहुत बड़ी सामाजिक और क्षेत्रीय विषमताएं भी पैदा हुई हैं। कई सामाजिक उथल-पुथल समाज के इस निम्नतम वर्ग की अवहेलना के कारण होती है जिसका असंतोष हिंसा के रास्ते निकल पड़ता है। इस के सबसे बड़े शिकार दलित और आदिवासी होते हैं। देहाती भारत में कई जगह कामक्रूरता जैसे दलित महिलाओं पर आजमाने के लिए ही है। द्रौपदी के जमाने से ही हमारी महिलाओं का सार्वजनिक चीरहरण हो रहा है और उनके शीलहरण में ही निजी, सामाजिक और राजनैतिक प्रतिशोध अपने को शांत करता है। देहात में तो दलित महिलाओं का यह आम अनुभव है ही लेकिन अचंभे की बात है कि यही चीर और शीलहरण हमारे श्रेष्ठ कॉलेजों और विश्वविद्यालयों में भी रैगिंग के नाम पर विस्तार पा गया है।

अखबार खोलने या टीवी पर खबरें सुनने के लिए अब पत्थर का दिल चाहिए। समाज में हिंसा अपने सैकड़ों विष फन फैलाए हुए है और विज्ञापन से बढ़ता उपभोक्तावाद हताशा और तनाव बढ़ा रहा है। नव दौलतिए जिस बेशर्मी और बेहूदगी से भोग-विलास में गर्राते हैं उससे वंचितों में हताशा बढ़ रही है। हमारे समाज के आधे लोग तो बुदबुदाती बोतलों से कुल्ले करते हैं जबकि दूसरे आधे लोगों को चुल्लू भर गंदले पानी से प्यास बुझानी पड़ती है। उदारीकरण, निजीकरण और भूमंडलीकरण के हमारे सनसनाते तितरफा रास्ते पर दीन-हीन भारत के लिए भी सुरक्षित रास्ता पार करने के लिए चौराहे होने चाहिए ताकि वह भी हैसियत और अवसर की समानता की तरफ बढ़ सके। पुरानी कहावत है कि ''धीरज धरे आदमी की हाय से बचो। आज की हालत में कहा जाएगा कि बरसों से और धीरज से भुगतते लोगों की हाय से खबरदार !''

यह गणतंत्र दिवस की स्वर्ण जयंती पर राष्ट्रपति का संदेश है। इसे सुन, पढ़ और देख कर उदारीकरण, निजीकरण और भूमंडलीकरण के झंडाबरदार फुत्कार रहे हैं। उन्हें बुरा लगता है कि जब राष्ट्र अपने सैन्य और धन बल का गर्व से प्रदर्शन कर रहा हो तब देश के दैन्य का ऐसा भयावह और विचलित करने वाला दृश्य क्यों दिखाना चाहिए ? देश का राजनैतिक वर्ग इस समय देश के पूंजीपतियों और महाप्रभुओं के साथ ढोल-नगाड़ा पीटते हुए बल्ले-बल्ले कर रहा है। उस के सामने संपन्नता और विपुलता का ऐसा रंगारंग समारोह हो रहा है कि अर्थव्यवस्था उसमें जवान पुतली की तरह नाच रही है। उसका अंग-अंग फड़क रहा है और उसमें से ऐसी मदमाती ऊर्जा निकल रही है कि बूढ़े थके पांव भी थिरकने लगें। इस माहौल में वे सुनना चाहते कि देश के तीन चौथाई लोगों को पीने लायक पानी नहीं मिलता। चालीस प्रतिशत लोग गरीबी की रेखा के नीचे चले गए हैं। पचास प्रतिशत जैसे-तैसे गुजर-बसर कर रहे हैं। पांच प्रतिशत ठीक से खाने-पीने वाले हैं और बाकी के पांच प्रतिशत की पांचों

उंगलियां घी में हैं और सिर कढ़ाई में है। हमारा आज का चलन इन पांच प्रतिशत लोगों की डकारें सुनने का है उन चालीस प्रतिशत की भूख को कराहते सुनने का नहीं है। जो लोग देश और दुनिया को समझाने में लगे हैं कि भारत की अर्थव्यवस्था खूब फल-फूल रही है वे नहीं चाहते कि हमारे समाज में दिनों-दिन पसरती विषमता की खाई को दिखाया जाए और याद दिलाया जाए कि भुगतते लोगों की हाय से डरो। पता नहीं कब वह सब कुछ जला कर खाक कर देगी।

ये लोग तो यह भी मंजूर नहीं करना चाहते कि उदारीकरण, निजीकरण और भूमंडलीकरण के तेज रास्ते से वह विषमता और बढ़ी है जो हजारों साल से हमारे समाज और हमारी अर्थव्यवस्था में थी। इस विषमता के कारण लगातार कंगाल होते जा रहे लोगों की ओर सहानुभूति से देखने को कोई तैयार ही नहीं है। दुनिया में सबसे ज्यादा गरीब, सबसे ज्यादा फटेहाल और सबसे ज्यादा निरक्षर लोग भारत में हैं फिर भी हमारे यहां के राजनीतिबाज, पूंजीपति और व्यवसायी ही नहीं तकनीकी और विज्ञानी लोग भी विकास की दर और समृद्धि के टापू दुनिया को दिखाना चाहते हैं। वे कहते हैं गरीबी दिखाने से गरीबी नहीं घटेगी अमीरी बताने से गरीबी दूर होगी। इंदिरा गांधी के राज में गरीबी हटाने और समाजवाद लाने के नाम पर हजारों-करोड़ रुपए लगाए गए जो गरीबों की झोपड़ियों में दीया जलाने के बजाय अमीरों के गुप्त खजानों से होते हुए स्विस बैंकों और लंदन, पेरिस, न्यूयार्क पहुंच गए। वहां ऐसे उनका मन लगा कि इंदिरा गांधी तो चली गई लेकिन वह लक्ष्मी लौट कर नहीं आई। अब के जमाने में गरीबी और बेरोजगारी की बात कोई नहीं करता। खदबदाते ज्वालामुखी पर वे मखमल के परदे लगाए हुए हैं। हम हांक लगा-लगा कर लोगों को बुला रहे हैं कि आओ यहां सिम-सिम का खजाना है। एक लगाओगे सौ पाओगे। ऐसा करने वाले गरीबी को देश का बहुत बुरा विज्ञापन मानते हैं और इसलिए चाहते नहीं कि कोई उसकी बात करे। जैसे यह अपशकुन देखते ही पूंजी लगाने वाले भाग जाएंगे और अमीरी का सपना बेकार हो जाएगा।

इन लोगों को यह दलित राष्ट्रपति याद दिला रहा है कि हमारे देश के करोड़ों गरीबों को अब भी सामाजिक, आर्थिक और राजनैतिक न्याय नहीं मिला है। सदियों से अन्याय सहन करते इन लोगों के दिलों में ज्वालामुखी धधक रहा है। जरा इनकी तरफ भी देखो। इसी संदेश में नारायणन ने कहा–"थोड़ी देर पहले ही मैंने कहा कि यह ईमानदार आत्म विश्लेषण का अवसर है। मैं सोचता हूं कि यह कहना गलत नहीं होगा कि एक समाज के नाते हम दिनोंदिन संवेदनहीन और क्रूर-कट्टर होते जा रहे हैं। गांधी जी वह गुजराती भजन गवाया करते थे कि वैष्णव जन तो वही है जो पराई पीर जानता हो। गांधी को ऐसी वैष्णव आज के भारत में ढूंढ़े नहीं मिलेंगे। हमारे शहरों की सड़कों पर कारें या बसें चलाने का ढंग हो या कूड़ा-करकट फेंकने–खासकर मध्य वर्ग के प्लास्टिक कूड़े-कचरे को फेंकने और बिखेरने का ढंग हो या जन सेवकों का जनता के साथ बरताव हो या जन सुविधाओं का जनता के द्वारा उपयोग हो, पानी जैसे बेशकीमती साधन को बरबाद और खराब करने का हमारा तरीका हो या कारों के मालिकों का हमारी सांस लेने की हवा में जहरीले धुएं को छोड़ना हो, बच्चों का शोषण करना हो या विकलांगों को अपने हाल पर छोड़ देना हो, इन सारे तरीकों और कामों से लगता है

कि हमारा समाज एक पत्थर दिल समाज है। बुद्ध, महावीर, नानक, कबीर या गांधी जैसे लोग पैदा करने वाला दयावान समाज नहीं।''

हमारी यह संवेदनहीनता और पत्थरदिली बढ़ रही है क्योंकि हमने पराई पीर जानने के बजाय अपनी अमीरी को पाने का रास्ता दिल खोल कर लेकिन आंखें मूंद कर पकड़ लिया है। अपने मध्यवर्ग का रवैया क्या है और उसकी आत्मा केंद्रिकता कितनी बढ़ गई है यह हमने इंडियन एअरलाइंस के विमान के अपहरण के सात दिनों में देखा। उस अपहृत विमान में अपने खाते-पीते कोई एक सौ साठ लोग थे और उनके एक-डेढ़ हजार रिश्तेदार सड़कों पर घूम रहे थे। वे अपने लोगों की जान बचाने और उनके सुरक्षित घर लौट आने पर देश के सारे हित कुरबान करने को तैयार थे। मीडिया उनके साथ था और सरकार पर उनका ऐसा दबाव था कि आतंकवाद का सामना करने के बजाय उस ने घुटने टेक दिए। किसी रेल दुर्घटना में निम्न मध्य वर्ग और गरीब तबके के सैकड़ों लोग मारे जाते हैं। क्या आपने कहीं और कभी देखा कि उनके रिश्तेदार प्रधानमंत्री के घर घुस गए हों या उनने लंबा-चौड़ा मुआवजा मांगा हो या टीवी ने मृतकों और घायलों के परिवारवालों को लगातार दिखाया हो और सरकार ने दुर्घटनाएं रोकने का पुख्ता इंतजाम किया हो। जातीय हिंसा में या नक्सली हिंसा में हमारे यहां इतने लोग मारे जाते हैं। कुछ तो बेचारे बिलकुल गरीब-गुरबा होते हैं। आपने देखा कि हमारे नेता उनके परिवारवालों के साथ सहानुभूति बताने गए हों। या हमारा मीडिया उन पर लगातार फोकस करता हो।

गरीबी और बेरोजगारी, सामाजिक अन्याय और अवसरहीनता, हमारे खाते-पीते लोगों की पत्थरदिली और संवेदनहीनता की इतनी साफ और दो टूक बातें करने वाले एक नारायणन रह गए हैं जो राष्ट्रपति भी हैं। वे जानते हैं कि किस तरह उदारीकरण, निजीकरण और भूमंडलीकरण की चकाचौंध ने हमारे आम आदमी को सड़क पार करने का रास्ता देने के बजाय फुटपाथ से भी नीचे उतार दिया है। नारायणन जानते हैं और उनमें कहने का साहस है कि बाजार की चकमक से दिनोंदिन बढ़ती विषमता को आप ढक नहीं सकते। विषमता बढ़ाने वाली इस व्यवस्था को जब वे सावधान करते हैं तो हमारे खुले बाजार के पैरोकार उन्हें कम्युनिस्ट, समाजवादी और भ्रष्ट कांग्रेसी कह कर देश में जो भी नहीं हुआ है उस के लिए जिम्मेदार ठहराते हैं। यही गनीमत है कि अब तक किसी ने कहा नहीं कि गरीबी की हाय का ऐसा हव्वा बताने वाला यह हरिजन दलित उस राष्ट्रपति प्रासाद में क्यों रहता है ?

गांधी ने ठीक ही चाहा था कि वहां कोई दलित हरिजन बैठे ताकि इस देश के आखिरी आदमी की चिंता करने वाला तो कोई हो।

(6.2.2000)

अब्दुल कलाम

अब्दुल कलाम की चाहत के बहाने

जो अब्दुल कलाम अगले महीने अपने राष्ट्रपति हो जाएंगे उनके बारे में ऐसी कोई बात मैं नहीं कहना चाहता जो भारत के राष्ट्रपति पद पर बैठने वाले व्यक्ति के लिए मुझे शोभनीय न लगे। लेकिन जितना मैं उन्हें टीवी पर देखता और सुनता हूं और जो कुछ उनके बारे में और उनका लिखा अखबारों में पढ़ता हूं, बार-बार यह सवाल मेरे मन में उठता है कि इस समय इस पद के लिए क्या यही सबसे उपयुक्त व्यक्ति हैं ? दो बार पहले भी इस पद पर मुसलमान बैठ चुके हैं—सन् सड़सठ में जाकिर हुसैन और सन् बहत्तर में फखरुद्दीन अली अहमद। तो सिर्फ इस तथ्य से मुझे संतोष नहीं है कि हम अपने अल्पसंख्यक समुदाय के एक व्यक्ति को अपना सर्वोच्च पद दे चुके हैं। ज्ञानी जैलसिंह जिन्हें इंदिरा गांधी ने राष्ट्रपति बनवाया, मुसलमानों से भी छोटे अल्पसंख्यक समुदाय से थे और पिछड़ी जाति के थे। नारायणन जो अभी राष्ट्रपति हैं हरिजन और दलित हैं। दोनों ही गरीब परिवारों में जन्मे और यह उनका भी उतना ही बड़प्पन है जितना हमारी लोकतांत्रिक व्यवस्था का कि वे सम्मानपूर्वक सर्वोच्च पद पर बैठाए गए। इसलिए यह तथ्य भी संतोष नहीं देता कि अखबार बेच कर पढ़ने वाला एक लड़का हमारा राष्ट्रपति हो रहा है।

यह जरूर है कि पहली बार एक वैज्ञानिक और टेक्नालॉजिस्ट राष्ट्रपति बन रहा है। अपने देश के पढ़े-लिखे और राजनीति को कोसने वाले लोगों के लिए अब्दुल कलाम का वैज्ञानिक होना ही उनकी सबसे बड़ी योग्यता है। विज्ञान का अपने यहां सौ-डेढ़ सौ साल से ऐसा फितूर चढ़ाया गया है कि जैसे वैज्ञानिक सब कामों के लिए उपयुक्त और वांछनीय व्यक्ति हो। अगर आपने वैज्ञानिकों की जीवनियां पढ़ी हों तो यह समझने में मुश्किल नहीं होगी कि वे अक्सर थोड़े सनकी, व्यवहारहीन और साधारण मानवीय गुणों से विहीन होते हैं। अब्दुल कलाम तो न उतने बड़े वैज्ञानिक हैं न उनकी कोई मौलिक खोज है। भारत के अणुबम उनके बनाए हुए नहीं हैं। अणु विस्फोट करवाने में उनकी भूमिका जरूर है लेकिन वह भी पोकरण दो। उस के पहले इंदिरा गांधी के जमाने में पोकरण एक हो चुका है। भारत के मिसाइल कार्यक्रम का पिता उन्हें कहा जा सकता है। लेकिन भारत ने मिसाइल उनके पहले भी बनाई है। राष्ट्रीय स्वयंसेवक संघ की पिछड़ी मानसिकता वाले लोगों को यह भी बड़ा महत्त्वपूर्ण लगता है कि वे ऐसे वैज्ञानिक हैं जिनने भारत को बाकायदा अणुशक्ति बनवाया और युद्ध में उसका उपयोग कर सकने वाली क्षमता विकसित करवाई। अमेरिका ने दूसरे महायुद्ध की समाप्ति नागासाकी और हिरोशिमा पर अणुबम गिरवा के की। उससे जो और जैसा विनाश हुआ उस के बाद अणुबम संहारक शक्ति के रूप में ही बदनाम होता रहा है। अमेरिकी वैज्ञानिक ओपनहाइमर को अपने बनाए शस्त्र के उपयोग का कितना अफसोस था,

इसे सब जानते हैं। वैज्ञानिक अनुसंधानों के संहारक उपयोग का हामी कोई वैज्ञानिक नहीं है। अमेरिका और रूस ने होड़ कर-कर के इतने अण्वास्त्र बनाए कि उन्हें मिल कर आखिर उनके प्रसार पर पाबंदी लगानी पड़ी।

अण्वास्त्र बनाने मात्र से कोई महाबली नहीं हो जाता, इसका उदाहरण पाकिस्तान है। हमने तो पोकरण दो कर के पाकिस्तान को अपने बराबर कर लिया और दोनों ने मिल कर अपनी चाबी अमेरिका को सौंप दी, जिसके पास हमसे कई गुना अणुबम हैं और जो सचमुच अकेला महाबली है। हम तो इस होड़ में पड़ कर अमेरिका, रूस, ब्रिटेन, फ्रांस और चीन से पीछे पड़कर पाकिस्तान के बराबर हो गए हैं। इसे दुनिया को दहला देने वाली उपलब्धि तो संघ संप्रदायियों के अलावा कोई नहीं मानता। अण्वास्त्र और उन्हें युद्ध में चलाने की प्रणालियां पाकर हम कोई महाबली नहीं हो गए हैं। उनके होते हुए पाकिस्तान ने कारगिल किया और हमारे अण्वास्त्र उसे ऐसा छायायुद्ध करने से रोक नहीं पाए। हम तीन महीने से उस के सीमापार आतंकवाद के खिलाफ कार्रवाई करने से छटपटा रहे हैं लेकिन दुनिया, खासकर अमेरिका करने नहीं दे रहा क्योंकि इससे दक्षिण एशिया में अणुयुद्ध छिड़ने का खतरा है। हमारा अणुशक्ति होना हमें छोटी-मोटी सैनिक कार्रवाई भी नहीं करने दे रहा। गोधरा का सबक तो संघ संप्रदायियों ने गुजरत में बेकसूर मुसलमानों को सिखा दिया लेकिन कश्मीर की आजादी के नाम पर पाकिस्तन जो आतंकवाद भारत में मचा रहा है, उसका क्या सबक हमने उसे सिखा दिया ? उस के पास बम है इसलिए अमेरिका उसे बचाए रखने के खेल में लगा हुआ है। हम कहें कि पाकिस्तान कश्मीर से घुसपैठ करवाता है तो अमेरिका कहता है कि चलो हमें वहां निगरानी करने दो। हम ना नुकुर करें तो रम्सफील्ड भारत आ कर कहते हैं कि कश्मीर की सीमा पर अलकायदा के आतंकवादी हो सकते हैं। लेकिन पाकिस्तान जा कर वे मुकर जाते हैं, क्योंकि कोई सबूत नहीं है। हमारी सेनाएं मोर्चे पर अड़ी हैं लेकिन उन्हें ढीले रहने को कह दिया गया है। ऐसे में अब्दुल कलाम का कहा याद कीजिए ! उन्होंने कहा कि शस्त्र हैं तो उन्हें रखे रहने का क्या मतलब ? मैं कहता हूं उन्हें तैनात करो। इस तर्क को इसी क्रम में आगे बढ़ाएं तो कहना पड़ेगा कि शस्त्रों को तैनात करने का क्या मतलब ? तैनात हैं तो चलाओ। चलाएं और अणुयुद्ध हो जाए तो क्या होगा ? नाम में सही राष्ट्रपति हमारा सर्वोच्च सेनापति भी होता है और हालांकि वह आदेश नहीं देता लेकिन भारत का राष्ट्रपति शांति का सेनापति होना चाहिए या शस्त्र चलवाने वाला ?

इसका मतलब यह नहीं कि मिसाइलमैन अब्दुल कलाम युद्ध के आदमी हैं। युद्ध कोई नहीं चाहता लेकिन युद्ध अनिवार्य हो सकते हैं। परिस्थिति बने और युद्ध थोप दिया जाए तो आप को अपनी पूरी ताकत से लड़ना ही पड़ेगा। ऐसी सूरत में मिसाइलमैन हो या सूत कातने वाला गांधीवादी, लड़ना पड़ेगा ही। लेकिन जब तक युद्ध छिड़ न जाए शांति की कोशिश करनी ही होगी। यानी राष्ट्रपति सेनापति होते हुए भी सेना का नेता नहीं होता। वह नागरिक ही है और लोकतंत्र में नागरिक शक्ति ही निर्णय करती है। इसलिए किसी का मिसाइल टेक्नालॉजिस्ट होना महत्त्वपूर्ण नहीं है। महत्त्व तो समझदारी और लोकतांत्रिक शक्ति का ही है। इसलिए जो भी राष्ट्रपति हो, उसका कुशल राजनेता होना ही जरूरी है। इसका मतलब यह नहीं कि वैज्ञानिक को राजनीति की समझ नहीं होगी। असल बात तो सांसारिक

समझदारी की है। अब्दुल कलाम में वह नहीं होगी, निष्कर्ष ऐसा नहीं है। अगर ऐसा है तो उनका वैज्ञानिक होना अप्रासंगिक है। लेकिन उनके वैज्ञानिक होने पर इसलिए संतोष प्रकट नहीं किया जा रहा। इसलिए किया जा रहा है कि वे राजनीतिक नहीं हैं। राजनीति के अवांछनीय धूल-धक्कड़ से हो कर वे निकले नहीं हैं। जरा याद कीजिए कि ऐसा ही संतोष देश के पढ़े-लिखे और ऊपर उठे समाज ने राजीव गांधी के अराजनीतिक होने पर प्रकट किया था। वे मिस्टर क्लीन कहे और माने गए थे। उनके क्लीन और पेशेवर राजनीतिक न होने का देश की राजनीति और लोकतांत्रिक व्यवस्था पर क्या रचनात्मक असर हुआ ? न राजनीति क्लीन हुई न समाज में शिष्ट, सक्षम और अराजनीतिक लोगों का वर्चस्व हुआ। इसी तरह अब्दुल कलाम के राष्ट्रपति होने पर यह संतोष नहीं जताया जा रहा कि उनके साथ राष्ट्रपति भवन और उससे देश विज्ञानमय और वैज्ञानिक मानसिकता का हो जाएगा। राहत यह जताई जा रही है कि राष्ट्रपति पद का अराजनैतिकीकरण हो रहा है। यानी चिढ़ राजनीति से है क्योंकि वह अपढ़, सिद्धांतहीन और धंधेबाज समझौतावादी लोगों का धंधा माना जा रहा है।

जब ज्ञानी जैलसिंह राष्ट्रपति हुए तो हिंदी की एक पत्रिका में छपा था कि जितना पढ़ा-लिखा आदमी इस देश में चपरासी होने के लायक भी समझा नहीं जाता, वह राष्ट्रपति हो गया है। उस पत्रिका के घराने के मालिक जब फूलों का गुलदस्ता ले कर ज्ञानीजी का अभिनंदन करने गए तो उनने कहा कि आप तो मेरा राष्ट्रपति बनने पर फूलों से स्वागत करने आए हैं लेकिन आपकी पत्रिका ने छापा है कि मैं चपरासी होने के लायक भी नहीं हूं। इस के बाद उस मालिक ने पत्रिका के संपादक की छुट्टी की और बाद में पत्रिका भी बंद हो गई। लेकिन अपने यहां पढ़े-लिखे होने का इतना महत्त्व मान लिया गया है। ज्ञानीजी के अंग्रेजी उच्चारण पर देश के पढ़े-लिखे ही नहीं उनके पढ़ने वाले बच्चे भी मखौल उड़ाया करते थे। लेकिन राजीव गांधी के उतने ही खराब हिंदी उच्चारण और बोलने पर हिंदी के लोगों को भी शर्म नहीं आती थी। गलत उच्चारण से गलत हिंदी बोलना तो अंग्रेज बहादुर ने इस देश में सम्मानजनक बना दिया था लेकिन गलत अंग्रेजी का गलत उच्चारण अब भी गंवारूपन माना जाता है। पढ़े-लिखे होने की इस कसौटी का आप क्या मतलब निकालेंगे ? इसी तरह एक वैज्ञानिक सार्वजनिक और राजनैतिक जीवन में से न गुजरा हो तो इसे अयोग्यता नहीं माना जा रहा है क्योंकि, विज्ञान बड़ा मूल्य है और राजनीति घर की मुर्गी है इसलिए दाल के बराबर है। ज्ञानीजी में राजनीति और सार्वजनिक जीवन की जो सहज और खांटी समझ थी, वह इस देश के पढ़े-लिखे और प्रभुवर्ग में सम्मान की वस्तु नहीं थी, अब्दुल कलाम का मिसाइल टेक्नालॉजिस्ट होना है। अब्दुल कलाम राजनीति को मिसाइल टेक्नोलॉजी की शब्दावली में समझाएं तो हमारे समझदार माने-जाने वाले लोग सम्मान से सुनते हैं। अगर राजनीति और सार्वजनिक जीवन की बोली में ज्ञानी जैलसिंह मिसाइल टेक्नालॉजी को समझाते तो क्या हमारा कथित प्रबुद्ध वर्ग उसी सम्मान से सुनता ? मिसाइल टेक्नालॉजी से भारत की सामाजिक और राजनैतिक समस्याएं कैसे हल हो सकती हैं ? गणित में तो दो और दो चार होते हैं और सभी जगह होते हैं, राजनीति और जीवन में लेकिन दो और दो हमेशा चार नहीं होते। वे शून्य भी हो सकते हैं और आठ भी। विज्ञान और तकनीक के फार्मूले राजनैतिक और

सार्वजनिक जीवन पर वैसे के वैसे लागू नहीं होते। अब्दुल कलाम के बोलने में फार्मूले की सरलता और निश्चितपन साफ दिखाई देता है। भारत की संलिष्ट और भूलभुलैया भरी राजनीति और सार्वजनिक जीवन में ऐसी सरलता और निश्चितता होती तो हम ऐसे मुश्किल संक्रमणशील समाज नहीं होते। राष्ट्रपति का ज्ञानी और विज्ञानी होना ही पर्याप्त नहीं हो सकता, उनका समझदार होना और भी ज्यादा जरूरी है।

लेकिन एक लोकतंत्र में राष्ट्रपति जैसे पद का अराजनैतिकीकरण करने की चाहत चिंता का सबसे बड़ा कारण है। अपने राष्ट्रपति को संविधान की अच्छी समझ होना ही काफी नहीं है, देश की राजनैतिक और सामाजिक परिस्थितियों में यह संविधान कैसे लागू हो और कैसे काम करे, इसे समझने का स्वतंत्र बुद्धि विवेक होना और भी जरूरी है। अपना देश गठबंधन राजनीति के ढुलमुल और समझौतापरस्त जमाने से गुजर रहा है। राजनेता एक मंत्री पद पर बने रहने के लिए पार्टी और उस के सिद्धांतों और मूल्यों को कभी भी तोड़ने-मरोड़ने को तैयार रहते हैं। ऐसे में जाहिर है कि संविधान के मूल्यों और सिद्धांतों से भी खिलवाड़ करने में उन्हें कोई हिचक नहीं होगी। गठबंधन का मतलब ही विचार और विचारधाराओं से छुट्टी ले लेना है। राजनैतिक सत्ता और उसे पकड़े रहना ही जब अंतिम और अपने आप में संपूर्ण लक्ष्य हो सकता हो, तब लोकतंत्र में लोक सर्वोच्च नहीं हो सकता। छोटे और संकीर्ण सत्ता-स्वार्थ असली ताकत को लोगों के हाथ से निकाल कर लॉबियों और कारपोरेट घरानों के हवाले कर सकते हैं और हमने देखा है कि किए हैं। ऐसे में राज्य क्या निदेशक सिद्धांतों पर चल सकता है ? अपने देश में ऐसी हालत दिखती है तो इसलिए नहीं कि राजनीति होती ही ऐसी है। या अपने देश में वह ऐसी होने के लिए अभिशप्त है। आखिर बीसवीं सदी के पहले पचास साल में देश की राजनीति ऐसे लोग चला ही रहे थे जो मनुष्यता के बड़े से बड़े और सार्वकालिक नेताओं में गिने जाएंगे। वे भी सब सत्ता की राजनीति ही कर रहे थे। तब सत्ता अंग्रेजों से ले कर भारतीयों को दी जाती थी और जिन्हें वह सत्ता बरतनी थी, वे भी भारतीय ही होने वाले थे। सभी राजनीति आखिर सत्ता को बरतने का ही शास्त्र है और लोकतंत्र में जो भी पार्टी और नेता राजनीति में होते हैं वे सत्ता के प्रयोजन से ही होते हैं–जो सत्तारूढ़ होते हैं वे भी और जो विपक्ष में होते हैं वे भी। जनादेश और संविधान का सर्वोच्च महत्त्व है तो इसीलिए कि लोग लोकतंत्र में अपनी सत्ता नेताओं को सौंपते हैं। सत्ता का दुरुपयोग हो तो लोग उन नेताओं से छीन कर दूसरों को दे देंगे। जनादेश इस तरह बदल सकता है, यही संभावना सत्ता के बरतने पर संयम और जवाबदेही लागू करती है। लोकतंत्र में राजनीति इसी संयम और जवाबदेही का उपकरण और हथियार है। अगर आप इस राजनीति को गरियाएंगे और अवांछनीय मान कर कूड़े में फेंक देंगे तो लोकतंत्र की समाप्ति और तानाशाही को थोपने का काम करेंगे।

अपने राजनैतिक समाज का अराजनैतिकीकरण इसीलिए लोकतंत्र के लिए खतरे की घंटी है। राजनैतिक रोगों का यह इलाज नहीं है। अगर आप लोकतंत्र में राजनीति को बदनाम कर के त्याज्य बना देंगे तो लोकतंत्र की गुणात्मकता बढ़ेगी नहीं। आज अगर अपने यहां सत्ता जाति, माफियाओं और सांप्रदायिक गिरोहों के हाथ में गई लग रही है तो इसलिए कि हम अराजनैतिकता को गुण मानने लगे हैं। समस्याओं के निराकरण के लिए रचनात्मक आंदोलन

नहीं होते तो वे समझौतों में और भी विकट हो जाती है। इससे सत्ता पर संयम, अंकुश और जवाबदेही की अनिवार्यता हट जाती है। तब काम करवाने वालों की जमात खड़ी होती है। नेता काम करवाने के पैसे और पैसे वालों के काम करवाने की राजनीति करने लगते हैं। लोकतंत्र में अमरसिंह और प्रमोद महाजनों की संख्या हर पार्टी में बढ़ जाती है और उन्हीं की पूछ होती है। ये नेता लोगों की समस्याओं के निराकरण के रचनात्मक आंदोलनों से पैदा नहीं होते। ये तिकड़म और जोड़-तोड़ से निकलते हैं और अनिवार्य रूप से अराजनैतिकीकरण की संतान हैं। इससे सावधान !

(23.6.02)

कृष्णकांत

श्रद्धांजलि में एक प्रश्न

अगर वे राष्ट्रपति हो जाते तो पांच साल और प्रतीक्षा कर लेता। लेकिन अब तो कोई सवाल ही नहीं रहा। कृष्णकांत साधारण नागरिक हो कर रहने के चौबीस दिन पहले ही चले गए। पहले उपराष्ट्रपति, जो पद पर बैठे हुए गए और अब तक के चौथे उपराष्ट्रपति जो राष्ट्रपति नहीं बन सके या नहीं बनाए गए। अपने यहां चलन है कि जाने वाले के साथ ही उससे जुड़े सवाल भी चले जाते हैं। इसलिए मुझे और सब कुछ भूल जाना चाहिए और उनके गुण और सार्वजनिक जीवन में उनके योगदान को स्मरण करते हुए चुप हो जाना चाहिए। ईशोपनिषद ने कहा है—क्रतो स्मरः कृतम् स्मरः।

लेकिन मैं फिर भी लिख रहा हूं। या वह सवाल उठा रहा हूं जो कृष्णकांत जी से करने वाला था। पर उन्हें अंतिम प्रणाम करने जाने का साहस भी नहीं कर पाया। जब जा सकता था तब टीवी पर उनकी माता सत्यवती को उन्हें गोदी में सिर लिए देखा। मैं टूट गया। सत्तानवे बरस की मां को पचहत्तर बरस के बेटे का सिर गोद में लिए। अभी दो महीने पहले अपनी भी माता आई थीं। वे भी नब्बे पार कर चुकी हैं। सत्यवती अपने हाथ से काती गई खादी के सफेद झक कपड़े पहनती हैं और माताराम अपने हाथ से कपड़ों को जोगिया रंग के ओढ़ती हैं। जिस दिन माताराम जा रही थीं अपनी तबीयत खराब हो गई थी। फिर भी उन्हें कार में बैठाने दरवाजे तक गया और पांव पड़े। उनने रुंधे गले से कहा—अब ये नहीं होना चाहिए कि मेरे रहते तुम चले जाओ। हमसे सहन नहीं होगा, और वे रोने लगीं। यह सोच कर पल भर तो धरती में समा गया कि अपनी थोड़ी-सी तबीयत बिगड़ने पर माताराम को क्या लगने लगता है। माताराम सत्यवती को कृष्णकांत जी को गोदी में ले कर बैठे देख मेरा क्या हाल हुआ होगा आप समझ सकते हैं। थोड़ी देर बाद अपन गाड़ी में बैठे और दिल्ली से बाहर चले गए। फिर तीसरे दिन तक टीवी नहीं देखा। कभी-कभी औपचारिकता न निभाने की मजबूरी भी कितनी राहत दे सकती है। कृष्णकांत जी को कोई तैंतीस साल से जानता रहा हूं लेकिन यह बताने की मजबूरी नहीं थी कि मैं भी उन्हें अंतिम प्रणाम करने आया।

इसलिए आगे जो भी लिख रहा हूं उससे यह मत समझिए कि जो चला गया उससे बदसलूकी कर रहा हूं। या उनकी शान में ऐसा कुछ कह रहा हूं जो जाने वाले के बारे में नहीं कहना चाहिए। कतई नहीं। इसमें न तो कुछ व्यक्तिगत है न स्वर्गीय की कोई आलोचना। यह हमारे सार्वजनिक जीवन का दुखदायी प्रश्न है और इसे उठाने और उत्तर देने की कोशिश करना अपने लोक हित में है। कृष्णकांत जी रहते और छह मौलाना आजाद रोड के उपराष्ट्रपति निवास के बाहर जहां कहीं भी रहते, उन से जा कर मैं पूछता ही। आखिर पांच

साल से प्रतीक्षा कर रहा हूं और अगर वे राष्ट्रपति हो जाते तो पांच साल और करता। लेकिन अब उन से निजी रूप से कोई बातचीत की ही नहीं जा सकती। इसलिए उन्हें श्रद्धांजलि देने के बाद वह सब कहने की जुर्रत कर रहा हूं जो मैं उन से कहता ही।

उन दिनों उपराष्ट्रपति होना तय हो गया था और वे हैदराबाद हाउस के सरकारी मेहमान घर में रह रहे थे। याद नहीं कि शपथ ले चुके थे या नहीं। जब आंध्र प्रदेश के राज्यपाल के नाते आंध्र भवन में ठहरते थे, तो कई बार वहां मिलना और साथ खाना होता था। बाबरी मस्जिद के गिराए जाने के पहले और बाद में भी उसी आंध्र भवन में कई बार उन से घंटों बातचीत हुई थी। पर अभी वे हैदराबाद हाउस में थे और हमारे मित्र एचके दुआ ने लगभग आज्ञा के स्वर में कहा था कि यह क्या वे उपराष्ट्रपति हो रहे हैं और आप उन से मिलने भी नहीं गए। उन्हीं ने वहां का टेलीफोन नंबर दिया था और काफी तपाक से कृष्णकांत जी ने कहा था कि चले आओ। उनके पास समय था और काफी देर तक वे बात भी करते रहे। एक जानकार पत्रकार मित्र ने कुछ पत्रकारीय तथ्यात्मकता और कुछ व्यंग्य में कहा था कि वे तो बेचारे दिल्ली अपनी नौकरी पक्की करवाने आए थे और उनके दोस्त इंदर कुमार गुजराल ने पकड़ के उनको उपराष्ट्रपति बना दिया। उनके इस बनने में सीताराम केसरी की भूमिका के भी बड़े किस्से सुने थे। केसरीजी भी अपने मित्र थे और इतने वर्षों की दोस्ती में शायद ही कोई बात अपने से उनने छुपाई हो। खुद केसरीजी के मुंह से भी कृष्णकांत जी के उपराष्ट्रपति बनने की कहानी सुन चुका था।

आपको याद हो तो कृष्णकांत जी को आंध्र का राज्यपाल विश्वनाथ प्रताप सिंह की राष्ट्रीय मोर्चा सरकार के वक्त बनाया गया था। वह सरकार ग्यारह महीने चली। फिर चार महीने चंद्रशेखर प्रधानमंत्री हुए। राजीव गांधी की अकाल मृत्यु के कारण उनका काम चलाने का काल कुछ ज्यादा समय चला। नरसिंह राव प्रधानमंत्री हुए तो उनने भी कृष्णकांत जी को आंध्र का राज्यपाल रहने दिया, हालांकि वे आंध्र के ही हैं और कृष्णकांत जी की पहले एनटी रामाराव और फिर चंद्रबाबू नायडू से ज्यादा पटती थी। उनका राज्यपाल का कार्यकाल पूरा हो चुकने पर भी नरसिंह राव ही प्रधानमंत्री थे। उनने उन्हें हटाया तो नहीं लेकिन एक अनौपचारिक सा एक्सटेंशन दे दिया। वह चल रहा था कि चुनाव हुए और अटल बिहारी वाजपेयी तेरह दिन के लिए प्रधानमंत्री बने। वे गए और भाग्य ने देवेगौड़ा को प्रधानमंत्री बना दिया। फिर सीताराम केसरी कांग्रेस अध्यक्ष हुए और उनने देवेगौड़ा को उतार दिया। कहते हैं केसरीजी खुद प्रधानमंत्री बनने की जल्दी में थे लेकिन कांग्रेस वाले उन्हें ऐसा मौका मार ले जाने देने को तैयार नहीं थे। इसलिए इंदर कुमार गुजरात प्रधानमंत्री हुए। वे कृष्णकांत जी के बचपन के दोस्त थे बल्कि कहा जाए कि गुजराल साब के पिता और लाला अचिंत्य राम यानी कृष्णकांत जी के पिता के समय से स्वतंत्रता संग्राम सेनानी परिवारों की दोस्ती चली आ रही थी, तो ज्यादा ठीक होगा। पत्रकार मित्र ने कहा था कि कृष्णकांत जी को विश्वास था कि गुजराल उनका दूसरा कार्यकाल पक्का कर देंगे। पर उनने तो उन्हें उपराष्ट्रपति ही बना दिया। सही है कि केसरीजी की कांग्रेस की उन्हें पूरी मदद थी। यानी जिस तरह देवेगौड़ा और गुजराल के भाग्य से प्रधानमंत्री पद का छींका टूटा था उसी तरह उपराष्ट्रपति पद कृष्णकांत जी को मिल गया था।

इस पृष्ठभूमि में कृष्णकांत जी से हैदराबाद हाउस के उस कमरे में अपनी लंबी बात हुई। इस तरह की बातचीत का यह कोई पहला मौका नहीं था। इमरजंसी के पहले और बाद में जब वे चंडीगढ़ से लोकसभा सदस्य हुए तो उनकी सार्वजनिक भूमिका पर अपनी बात होती ही थी और इस के कई खट्टे-मीठे अनुभव भी थे। फिर अयोध्या संकट के समय की उनकी और अपनी भूमिकाओं पर अपनी काफी बात होती थी। यह स्वाभाविक था कि उपराष्ट्रपति पद पर जा कर वे अपनी संवैधानिक भूमिका के अलावा सार्वजनिक जीवन में क्या-क्या कर सकते हैं और क्या करना चाहिए इस पर हमारी बात होती। हुई भी। इतने यानी कोई सत्ताईस बरसों में पहली बार मैंने पाया कि उपराष्ट्रपति होने की ओर तो वे बड़ी उत्सुकता और उत्साह से देख रहे हैं लेकिन क्या-क्या करना चाहिए या कर सकते हैं इस के बारे में वे बहुत उत्सुकता से और खुलेपन से बात नहीं कर पा रहे हैं। मुझे लगा कि राज्यपाल के पद पर सात साल रह चुकने के कारण शायद वह खुलापन या स्वाभाव की आजादी अब उनमें नहीं रह गई है। वे अपने पद की सीमाओं और गरिमा को कुछ ज्यादा ही गंभीरता से लेने लगे हैं और मानते नहीं कि क्रिया की वह स्वाधीनता वे फिर पा सकते हैं जो कभी उनकी रही है। लेकिन मुझे तो उनका उपराष्ट्रपति पद की दहलीज पर होना कई संभावनाओं और अवसरों से भरा लग रहा था और जिस प्रकार की उन्मुक्तता से अपन उन से मुठभेड़ करते रहे थे और जो अनौपचारिकता और आत्मीयता उन से अपने संबंध में थी उनके कारण अपन उत्साह से लगे रहे। सन् सतत्तर के स्वप्न भंग और बाबरी मसजिद के ध्वंस के बाद हिंदी इलाके के राजनैतिक समाज और सार्वजनिक जीवन में जो विखंडन आ रहा था उसमें ऐसे किसी गैर राजनैतिक पार्टी हस्तक्षेप की जरूरत मुझे दिखाई दे रही थी जो प्रश्नों और सरोकारों को फोकस में ला सके। मुझे लगता था कि कृष्णकांत जी ऐसी पहल कर सकते थे।

लेकिन जैसे-जैसे मैं बात बढ़ाता गया मैंने पाया कि कृष्णकांत जी का रुख ठंडा होता जा रहा है। वे बार-बार ज्ञानी जैलसिंह की बात चलाते और फिर वाक्य को अधूरा हवा में लटका हुआ छोड़ देते। जिन राजीव गांधी को ज्ञानीजी ने बिना किसी से पूछे प्रधानमंत्री पद की शपथ दिलवा दी थी, उन्हीं ने उनकी सक्रियता को कितनी शंका से देखा और अपमानित करने की कोशिश की, वेंकटरामन ने क्यों अपने को कॉपी-बुक राष्ट्रपति बताने में कोई कसर नहीं छोड़ी, शंकरदयाल शर्मा क्यों कभी किसी विवाद में नहीं पड़े। पर आप राष्ट्रपति नहीं हो रहे हैं आप तो उपराष्ट्रपति होंगे, जो चाहे तो संविधान और राजनीति के दायरों पर पैर रखे बिना भी लोकहित के सार्वजनिक कार्य कर सकता है। काफी सुन लेने के बाद आखिर कृष्णकांत जी ने कहा कि देखो थोड़ा समझा करो। आजकल कोई सरकार यानी प्रधानमंत्री और राष्ट्रपति उपराष्ट्रपति की सक्रियता पसंद नहीं करते और मैं ऐसा कुछ नहीं करना चाहता कि जिससे किसी को लगे कि इस के पर कतरने की जरूरत है। मुझे अचानक लगा कि मैं नासमझी में बेकार की बातें कर रहा था और जो आजादी और आत्मीयता मैं सुरक्षित मान रहा था वह शायद कहीं थी ही नहीं। फिर भी मैंने उन से पूछा—अगर ऐसा ही है तो उपराष्ट्रपति होने की जरूरत ही क्या है ? सन् नब्बे तक तो आप किसी पद पर रहे नहीं। तिरसठ बरस के आप हो ही चुके थे। उनहत्तर में इंदिरा जी का साथ देने का आपने कोई लाभ नहीं लिया। सन् पचहत्तर में उनने आप को कांग्रेस से निकाला जिसमें आप जन्मे थे और जिसे आप छोड़ना

नहीं चाहते थे। सतत्तर में आप सिर्फ सांसद हुए—मंत्री नहीं बने, पार्टी के पदाधिकारी भी नहीं बने। अस्सी से नब्बे तक आप लगभग राजनैतिक बियाबान में ही रहे। यंग टर्क होने का भी आप को कोई प्रभामंडल नहीं मिला। चंद्रशेखर बने भी तो सीधे प्रधानमंत्री या सत्तारूढ़ पार्टी के अध्यक्ष। आप सत्ता से ऐसे विरत रहे तो उपराष्ट्रपति पद के लिए अपने सारे विकल्प ऐसे विसर्जित क्यों कर देंगे ? पद आपके लिए ऐसा मोक्ष कब से हो गया ?

बात फिर आगे नहीं बढ़ी। हैदराबाद हाउस से लौटते हुए मुझे लगा कि अब अपना इनसे क्या चलेगा। पांच साल हो गए, पुस्तक के लोकार्पण जैसे नाकुछ कार्यक्रम में भी कभी उपराष्ट्रपति भवन नहीं गया। किसी कार्यक्रम में उनके साथ सहअतिथि नहीं हुआ। राष्ट्रपति भवन में या संसद में आमना-सामना हुआ तो नमस्कार कर के निकल गया। सिर्फ एक बार पिछले नवंबर महीने में हजारीबाग के सर्किट हाउस में जेपी शताब्दी समिति के बारे में बात हुई क्योंकि वे उस के अध्यक्ष थे और अटल जी और चंद्रशेखर चाहते थे कि उन से उस के गठन के बारे में बात कर लूं। इस बीच कई लोगों से सुनता रहा कि किस तरह वे ऐसे किसी मामले में पड़ने से हिचकिचाते थे, जो सरकार या भाजपा को पसंद न आए या उस काम को किसी तरह करवाने की कोशिश में रहते जो सरकार चाहती रही हो कि हो जाए। उनके इस बरताव की जानकारी उन्हीं से मिलती जो सीधे इन कामों में पड़े होते या जिन्हें उनकी निजी सूचना होती। राज्यपाल के नाते बरताव करते कृष्णकांत जी को मैंने कभी देखा नहीं था क्योंकि तब हैदराबाद के सरकारी प्रभामंडल में अपन कभी गए नहीं। तिरूपति ले जाने का उनने कई बार निमंत्रण दिया और भेनजी को इच्छा भी थी पर अपन नहीं गए। अपन तो नब्बे के पहले के कृष्णकांत जी को ही जानते थे और उपराष्ट्रपति होने के उनके सिर्फ किस्से सुनते थे। फिर पता चला कि उन्हें राष्ट्रपति बनाने की खुश खबर प्रधानमंत्री निवास से ही मिली, सोनिया गांधी ने बधाई भी दे दी और फिर होंठों पर आया प्याला उन से छीन लिया गया। उन्हीं के एक अनन्य मित्र ने कहा भी कि जिस पद के लिए वे पांच साल से कुछ भी करने को तैयार थे, वही उनके सामने लटका कर उनके साथ धोका कर दिया गया। यह विकट विडंबना थी या क्रूर न्याय ?

मैं उन से पूछना चाहता था कि किसी पद पर कोई कुछ करने के लिए जाता है या सिर्फ होने के लिए ? और सार्वजनिक पद सिर्फ होने के लिए होते हों तो फिर अचरज क्या कि मंत्री होने के लिए लोग पार्टी, सिद्धांत, ईमान और तो और अपनी वह दो गज जमीन भी नीलाम कर रहे हैं जिस पर कभी खड़े थे और कुछ न होने पर खड़े रह सकते हैं। और ऐसा अगर कोई अमर सिंह या प्रमोद महाजन करे तो फिर भी समझ आ सकता है। लेकिन जिन अचिंत्य राम और सत्यवती ने अपना सारा जीवन आजादी की लड़ाई में लुटा दिया और जिनका बेटा कृष्णकांत मात्र पंद्रह बरस की उमर में भारत छोड़ो आंदोलन में गिरफ्तार हो गया, सन् नब्बे तक किसी पद पर नहीं रहा वह राज्यपाल और उपराष्ट्रपति हो कर ऐसा मौन कारा में कैसे रह लिया ? कृष्णकांत जी के जीवन मूल्य उस शिला के थे जिसकी रज पद को सुशोभित करती है। उन पांवों का क्या हुआ ? लेकिन अब एक ईमानदार उत्तर की प्रतीक्षा में ही रहना होगा।

(4.8.02)

विश्वनाथ प्रताप सिंह

असाध्य को सृजन से साधना

वह आती सर्दियों की शाम थी। एक, तीन मूर्ति मार्ग के बंगले से बाहर निकलते हुए मुझे लगा कि अंदर से भर गया हूं। एक तरह की आत्मीयता से। लगा कि किसी दोस्त के साथ घंटा भर बतिया कर तनावमुक्त और प्रसन्न हूं। दिल्ली में ऐसे मौके आप कहें तरे उंगलियों पर गिन सकता हूं।

नई दिल्ली के उस इलाके में पिछले अट्ठाईस सालों में कई नामी और सत्तावान लोगों से मिलना हुआ है। यह नहीं कि राजनीतिक लोगों से बात करना उनके साथ हमेशा शतरंज खेलना ही हो। अगर संवाद का सही तार मिल जाए तो जिन के बारे में कहा जाता है कि उनका दाहिना हाथ नहीं जानता कि बायां क्या कर रहा है वे भी अपने अंदर की और ऐसे पते की बात कह जाते हैं कि आप को और सुनने वाले को लगे कि अरे ये तो अपने इतने आत्मीय हैं। लेकिन मिनट भर बाद ही लगता है कि वह तो कोई बिजली थी तो कौंध कर चली गई और अब आप अंधेरे में उस आदमी को ढूंढ़ रहे हैं जो पल भर पहले आप को इतना अपना लगा था।

राजनीति करने वाले लोग उतने किस्मत वाले नहीं होते जितने आप और हम हैं। यानी न तो हम उन लोगों की सुनने को मजबूर हैं जो आप जानते हैं कि सरासर झूठ बोल रहे हैं। या जिनकी विनम्रता और तारीफ आप खूब समझते हैं कि आप से काम निकालने के लिए इस्तेमाल की जा रही है। या आप के सामने कांच की तरह साफ है कि सामने वाला आप को बनाने की कोशिश कर रहा है फिर भी बात करते हुए आप ऐसे लगते हैं मानो हर बात पर विश्वास हो।

जिन लोगों को लगातार इस तरह के लोगों से ऐसी बातें करनी पड़े वे सीधी बात करना ही भूल जाते हैं। या नाटक करते-करते डायलॉग उनकी जबान पर ऐसे चढ़ जाते हैं और मुद्राएं ऐसी स्थिर हो जाती हैं कि जाने-अनजाने या चाहे-अनचाहे वे उसी झूठी मुद्रा में वैसे ही संवाद लगातार बोलते रहते हैं। तब बात करते हुए आप को लगता है कि किसी आम सभा में भाषण सुन रहे हैं। या लगता है कि किसी व्यक्ति से नहीं टेप रेकार्डर से बात कर रहे हों जो बज रहा है और उस पर आप को कहा कुछ भी अंकित नहीं होगा।

ऐसे राजनेताओं से बात करते हुए मैंने अपने-आप से कई बार कहा है कि बेटा अब तुम बनाए जा रहे हो। या सावधान अब तुम पर कोई कहानी रोपी जा रही है। या खिसक लो नहीं तो ऐसे फंसोगे कि भंवर में चक्कर खाते-खाते डूब जाओगे। जिस बातचीत में आप अपने इस्तेमाल कर लिए जाने पर इतने चौकन्ने हो जाएं या जिसके काम निकालूपन से इतने परिचित हों उसमें क्या मजा आएगा ? नई दिल्ली के उस के इलाके में मुझे अक्सर

लगा है कि अपन काम की एक चीज़ हैं और काम निकलवाने या काम आने के लिए गए थे।

ऐसे इलाके ऐसी मुलाकातें और ऐसी बातचीत में जब आपने इतने वर्ष बिता लिए हों तो कहीं किसी से बात करने के बाद निकलते हुए आप को लगे कि एक दोस्त से बात कर के अंदर से भर गए हैं तो वह शाम आप भुला नहीं सकते। जहां रीत कर भर जाने का अहसास हो वहीं लगता है कि आपका संवाद हुआ। जीवन में ऐसे मौके बहुत नहीं आते।

उस शाम विश्वनाथ प्रताप सिंह से बात हुई थी। उस भूतपूर्व प्रधानमंत्री से नहीं जिसे कई लोग कपटी, कुटिल, कांईयां आदि राजनीतिबाज कहते नहीं थकते। एक ऐसे वीपी सिंह से जिसे मैं पहले जानता नहीं था। जो कवि है, चित्रकार है और जीवन के बारे में ऐसी बोली और मुहावरे में बात कर सकता है जो हमारी राजनीति ही नहीं सार्वजनिक जीवन में भी सुनाई नहीं देती।

लेकिन वह शायद विश्वनाथजी में एक कवि और चित्रकार का आविष्कार नहीं था जो मुझे भीतर से छू गया। वह शायद एक ऐसे व्यक्ति की रचनात्मक ऊर्जा थी जो देख चुका है कि शाम घिरने लगी है। उजाले की कुछ घड़ियां डूबता सूरज अपने लिए छोड़ गया है। इन घड़ियों में वह सब करो जो पहले दूसरे कई बुलावों, दबावों और मजबूरियों के कारण कर नहीं पाए। लेकिन इस 'सब करने' में कहीं कोई हताशा, कोई जल्दबाजी या हड़बड़ी नहीं है। कोई भय या लालच नहीं है। सृजन की अपनी एक लय होती है। वह काल और स्थान से उतनी संचालित नहीं होती जितनी कि रचना के अपने उत्स से। उस शाम विश्वनाथ प्रताप सिंह में एक ऐसे सर्जक से मुलाकात हुई जो अपने आसपास की उठापटक, गहमागहमी और उखाड़-पछाड़ से ही नहीं अपने से चिपकी सत्ता, प्रसिद्धि और कीर्ति से भी ऊपर उठ गया हो।

निराला का—"मैं अकेला, देखता हूं आ रही मेरे दिवस की सांध्य बेला"—मुझे महाकवि का सबसे मर्मभेदी गीत लगता है। और उस शाम विश्वनाथजी से बात करते हुए जैसे मैं इसे बार-बार अपने को सुना रहा था। फिर भी लग रहा था कि नहीं जिससे मैं बात कर रहा हूं उसका अपना गीत अलग ही है। वह शायद सांध्य बेला में अपने को उतना अकेला नहीं देख रहा है जितना अनंत में विलीन होता हुआ। और इस विलीन होने में उदासी और अकेलापन नहीं है। एक तरह की आत्म प्राप्ति है, एक आत्म लाभ है जो अकेला और उदास नहीं करता।

जिस कमरे में बैठे हम बात कर रहे थे उसकी दीवारों पर विश्वनाथजी के बनाए स्केच और पेंटिंग टंगे हुए थे। बीच में उनने एक कविता सुनाई थी जो मैं और मेरा नाम पर थी और कुछ ऐसे शुरू हुई थी कि एक दिन मेरा नाम मुझसे अलग हो कर पूछने लगा। उसे सुनते हुए मुझे लगा कि जैसे वे अपने विश्वनाथ प्रताप सिंह को अपने से अलग हुआ देख चुके हैं और दुनिया के वीपी सिंह से अपने आत्म तत्व को अलग देख कर उससे संवाद कर रहे हैं।

थोड़ी बहुत कविता अपन ने पढ़ी है, उससे थोड़ी कम समझता भी हूं लेकिन सुख के हों या त्रास के सबसे सघन क्षणों में मुझे कविता ही याद आती है। उस शाम विश्वनाथजी की वह कविता मुझे बहुत भायी और छू भी गई। वह शायद उनकी सबसे अच्छी कविता न हो। हाल ही आए उनके कविता संग्रह 'एक टुकड़ा धरती, एक टुकड़ा आकाश' में वह है भी कि नहीं मैंने देखने की कोशिश नहीं की। कई बार किसी मनःस्थिति विशेष में आप कोई कविता

सुने और तब उसका जो अर्थ आपके सामने खुले और वह आप को जितना छू जाए जरूरी नहीं कि वह हमेशा ही आप को वैसा ही लगे।

उस शाम मुझे मालूम था कि विश्वनाथ प्रताप सिंह को ऐसा रोग है जिसका कोई उपचार नहीं। जो इलाज है या किया जाता है वह भी शरीर को कष्ट दे कर नष्ट करने वाला ही है। उस रोग को मालूलोमा कहा जाता है। इसमें रक्त के सफेद और लाल सेल्स मरने लगते हैं। हड्डियों के जोड़ों में जो बोन मैरो होते हैं और जहां से सेल्स बनते हैं वही बिगड़ जाता है।

ढाई साल पहले अमेरिका के डाक्टरों ने उनकी जांच कर के केमोथेरपी जैसा उपचार करने को कहा था। लेकिन ब्रिटेन के डाक्टरों ने उनकी रपटें देख कर कहा कि जो उपचार रोग बहुत बढ़ जाने पर किया जाता है उस बमबारी को आप अभी से क्यों करते हैं। गड़बड़ी तो हो गई है लेकिन जरूरी नहीं कि आपके शरीर में भी वह उसी तेजी से फैले जैसी दूसरे किसी के बदन में बढ़ सकती है। इसलिए देखिए कि रोग क्या करता है। केमोथेरेपी तो अंतिम उपचार है उससे शुरुआत क्यों करनी चाहिए ? हमारी राय है कि अभी आप निगरानी में रहें।

विश्वनाथ प्रताप सिंह ने वापस लौट कर बाकायदा प्रेस कांफरंस में बता दिया था कि उन्हें क्या रोग है और उन्हें क्या-क्या सावधानियां बरतने के लिए कहा गया है। लेकिन राजनीति में रहते और करते हुए जीवन शैली इस तरह बदली तो नहीं जा सकती। अपने रोग के बारे में कितनी जानकारी उनने कर ली है इसका साक्षात दर्शन उस दोपहर को डाक्टरों के सामने हुआ जब वे बाईपास के बाद मुझे देखने बंबई अस्पताल आए। कुछ जवान डाक्टरों का उनकी मेडिकल जानकारी पर चकित होना जैसे उनके चेहरों पर छपा हुआ था।

उसी बातचीत के दौरान एक सीनियर डाक्टर ने उस उपवास की बात बताई जिस पर वीपी सिंह मुंबई में बैठ गए थे। तब रक्त में उनकी शर्करा इकतालीस तक नीचे उतर गई थी जो कि खतरे का स्तर है। वे डाक्टर दौड़े-दौड़े आए थे और उनने विश्वनाथजी को जबरदस्ती खिचड़ी खिलाई थी। तभी उनने राज की यह बात बता कर सब को स्तब्ध कर दिया था कि किसी ने उन से टेलीफोन पर कहा था कि वीपी को मर जाने देने का वे कितना पैसा लेंगे। वित्तमंत्री और प्रधानमंत्री होते हुए विश्वनाथ प्रताप सिंह के राज में कई व्यापार घरानों और व्यापारियों में आतंक छा गया था। कोई चाहता था कि वह आतंक फैलाने वाला हमेशा के लिए शांत हो जाए।

उस आमरण उपवास के दौरान ही वीपी सिंह की शर्करा इतनी कम हो जाने के कारण उनके गुर्दे स्थायी रूप से खराब हो गए। और फिर हुआ प्लाज़्मा सेल डिसक्रिसिया जिसका दूसरा नाम माइलोमा है। फिर भी वे राजनीति में सक्रिय रहे और आंध्र कर्नाटक में जनता दल के जीतने के बाद उनने चुनावी राजनीति से पांच साल के संन्यास की घोषणा की। फतेहपुर से अपनी लोकसभा सीट से भी इस्तीफा दे दिया। कहा कि जब हमारी पार्टी मुश्किल में थी तब नहीं छोड़ा उसे। जब उसकी हालत कुछ बेहतर हुई तभी चुनावी राजनीति से संन्यास लिया है।

फिर भी पिछले साल अगर वे बिहार और ओडीशा आदि के चुनाव अभियान में नहीं लगते और जैसा डाक्टरों ने बताया था वैसा नियमित और नियमित गतिविधियों वाला जीवन जीते

तो कुल हालत संभली हुई रहती। लेकिन उस चुनाव अभियान में उन्हें लगना पड़ा। उसी के दौरान उनने कहा था कि बिहार में हम जीतेंगे और उस बार लालू अपने बहुमत से आएंगे। लेकिन हम ओडीशा में हार जाएंगे। तब सारे चुनाव सर्वेक्षण और भविष्यवाणियां इससे उलट बातें कर रही थीं। नतीजे आए तो विश्वनाथ प्रताप सिंह सही निकले।

इस साल के लोकसभा चुनाव में वे न अभियान में सक्रिय रह सकते थे न उनकी इच्छा थी। फिर भी जितना बना, किया। चुनाव के पहले उनने कहा था कि कांग्रेस तो हार जाएगी लेकिन भाजपा जीतेगी नहीं। और परिवर्तन की ताकतें भाजपा को सरकार नहीं बनाने देंगी। आप जानते हैं कि तेरह पार्टियों का संयुक्त मोर्चा बनाने और फिर पहले ज्योति बसु और फिर देवेगौड़ा को उसका नेता बनवाने में विश्वनाथ प्रातप सिंह की क्या भूमिका रही है। सही है कि यह मोर्चा उन्हीं को नेता बना कर राजतिलक करना चाहता था। वे किसी भी सूरत में तैयार नहीं हुए। "नहीं, इस बार हम नहीं मानने वाले। पिछली बार जो हुआ सो हुआ। अब हम अपनी विश्वसनीयता नहीं खोएंगे। फिर हंस के कहा–आप ही लिखेंगे कि वीपी सिंह अविश्वसनीय हैं।

"वह तो वीपी सिंह ने मुझे बनवा दिया। नहीं तो अपनी तो कोई तैयारी थी ही नहीं। अपन कर्नाटक में ही ठीक थे"–देवेगौड़ा ने विश्वास मत जीतने के बाद कहा। और अपन ने हंस कर सुझाया कि आप उत्तर भारत के लिए नए हैं। इसलिए राजनीति वीपी सिंह और चंद्रशेखर के लिए छोड़ दीजिए और स्वयं प्रशासन पर ध्यान दीजिए। बाद में वीपी सिंह को मैंने कहा देवेगौड़ा को मैं ऐसा कह कर आया हूं। और उनने जवाब दिया कि देखिए, प्राइमिनिस्टर को प्राइमिनिस्टर होना ही चाहिए। उनके लिए कोई और राज नहीं चला सकता। हमारी अब कतई इच्छा नहीं कि सरकार के काम में पड़ें। कोई काम करवाने, रुकवाने में हम नहीं पड़ेंगे। हम अपनी पेंटिंग करेंगे, कविता लिखेंगे और उन मामलों पर दो टूक बोलेंगे जो हमें ठीक लगते हैं। उन कामों में पड़ेंगे जो समाज को, राजनीतिक को बना सकते हैं।

लेकिन अखबारों में पढ़ता हूं कि जिस सरकार को उनने बनवाया और जो उनके कहने से प्रधानमंत्री चुने गए–उस सरकार और प्रधानमंत्री से वे आजकल नाराज चल रहे हैं क्योंकि देवेगौड़ा उनकी सुनते नहीं और सरकार उनका किया करती नहीं। इस उपेक्षा से चिढ़े हुए विश्वनाथ प्रताप सिंह–सरकार की आलोचना भी करते हैं और ऐसे मामले भी उठाते फिर रहे हैं जो इस सरकार और इस प्रधानमंत्री को शर्मिंदा करे। उन्हें सीख भी दी जा रही है कि जब वे संन्यास ले चुके तो राजनीति के मामलों पर अपने उच्च विचार क्यों प्रकट करते हैं।–"मैंने चुनावी राजनीति में संन्यास लिया है। चुप हो कर बैठ जाऊं तो क्या नागरिक होने की अपनी भूमिका भी निभा पाऊंगा ?"–वीपी सिंह पूछते हैं।

संन्यास–एक तरह का–जेपी ने भी लिया था लेकिन वे भी राजनीति पर अपनी राय बेझिझक प्रकट करते थे और सत्ता राजनीति में लगे राजनेता और अखबार तब उनको भी ऐसी ही सीख देते थे और उनके संन्यास का मखौल उड़ाते थे। हमारे राजनीतिबाजों को यह रास नहीं आता कि कोई उससे बाहर रहते हुए भी उसे प्रभावित करे। इसीलिए सत्ता की तात्कालिक राजनीति–इतनी खोखली और दिशाहीन है। जो दूर तक देख सकता है, दिशा दे सकता है उसको हमारी राजनीति में जगह नहीं है।

सन् उननब्बे के बाद हमारी राजनीति को बुनियादी रूप से किसी ने बदला है तो वीपी सिंह ने। कांग्रेस को किसी एक राजनेता ने निराधार किया है तो उसी में से निकले विश्वनाथ प्रताप सिंह ने। लेकिन वे एक असाध्य रोग से दिन बचाते हुए रचनात्मक ऊर्जा में जी रहे हैं। जो मृत्यु से कविता और चित्र से साक्षात्कार कर के उसे अप्रासंगिक बनाता हुआ उस के पार जा रहा हो उसकी सर्जनात्मक स्थितप्रज्ञता को भी थोड़ा समझिए। वह प्रणम्य है।

(11.8.96)

गुरु गुड़ अटल के शक्कर शिष्य चंद्रशेखर

चंद्रशेखर से मैंने पूछा था कि शाम को विज्ञान भवन में देने के लिए उनने क्या कोई भाषण तैयार किया है। वे बावजूद नहा लेने के बहुत थके हुए दिख और लग रहे थे। अभी उनने हमारे साथ भोजन किया था और हम सब चाहते थे कि वे घंटा-डेढ़ घंटा सो लें ताकि शाम को अमृत महोत्सव में ठीक-ठाक रह सकें। हम जाने के लिए उठे तो उनने बिना स्पष्ट हुए इतना ही कहा कि अभी कुछ बनाया नहीं है। और लोगों ने भी कुछ तैयार नहीं किया है।

तो इतना तो साफ था कि शाम को चंद्रशेखर जो बोलेंगे वह उन्हें वहीं लगा या सूझा हुआ होगा। लेकिन सत्रह अप्रैल को विज्ञान भवन में जो हुआ वह तो हमारी सभी उम्मीदों से परे था। देश की सांपद्रायिक हालत, गुजरात और अटल बिहारी वाजपेयी की भूमिका पर उन्हें क्या डर लग रहा है, इसका थोड़ा बहुत अंदाज मुझे था। लेकिन चूंकि अटल जी आजकल शुरुआत किसने की यही बताने में लगे हुए हैं, इसलिए कहना होगा कि विज्ञान भवन में शुरुआत उन्हीं ने की और अगर अमृत महोत्सव को वे अपना खुलासा करने के अवसर में नहीं बदलते तो उनकी वह धुलाई नहीं होती जो बाद में चंद्रशेखर ने की। वह लोकसभा का सदन नहीं था और जैसा कि खुद अटल जी कह चुके थे, चंद्रशेखर न पक्ष में हैं न विपक्ष में, वे निष्पक्ष हैं और यह उनकी वर्षगांठ और उनका अमृत महोत्सव था। आखिरी बात कहने का मौका उन्हीं को मिलना था। और उस शाम इकट्ठे हुए देश के लगभग पूरे राजनैतिक वर्ग को चंद्रशेखर ने कह दिया कि अटल बिहारी वाजपेयी जिस राष्ट्रीय स्वयं सेवक संघ में दीक्षित हुए हैं उस के बंधन और उसकी सीमाओं से ऊपर नहीं उठ पा रहे हैं। प्रधानमंत्री के नाते उनका जो राष्ट्रीय कर्त्तव्य है, उसे पूरा नहीं कर पा रहे हैं और इसलिए उन्हें अपना पद छोड़ देना चाहिए ताकि दूसरे उसका निर्वाह कर सकें। हालांकि चंद्रशेखर ने कह दिया कि वे गुरुदेव से इस्तीफा नहीं मांग रहे हैं, क्योंकि मैं जानता हूं कि आप जाएंगे तो बदतर लोग आएंगे। बदतर के पहले बुरा होता है भले ही चंद्रशेखर ने वाजपेयी प्रशासन को बद नहीं कहा हो।

चूंकि अटल जी और चंद्रशेखर के गुरु-शिष्य संबंधों की चर्चा पहले से ही हो चुकी थी और चंद्रशेखर अपने भाषण में जता भी चुके थे कि उनने कब, कैसे और क्यों उन्हें गुरुदेव कहना शुरू किया, इसलिए मामला गुरु-शिष्य पर तो आना ही था। लेकिन यह गुरु-शिष्य संवाद इतना गुरु-केंद्रित हो जाएगा इसकी न उम्मीद थी, न यह वांछनीय था, न अमृत महोत्सव इसका उपयुक्त अवसर था। लेकिन फिर करना होगा कि शुरुआत अटल जी ने की। उनने कहा कि उन पर आरोप है कि जहां जैसा अवसर होता है बोल देते हैं। बताया गया है कि दंगों के चौंतीस दिन बाद एक दिन के लिए गुजरात गए तो मुसलमान शरणार्थियों के सबसे

बड़े कैंप अहमदाबाद के शाह आलम में उनने कहा कि अब वे विदेश क्या मुंह ले कर जाएंगे। फिर कंबोडिया और सिंगापुर में उनने कहा कि भारत एक अरब लोगों का देश है। हाल ही में हुई कुछ दुर्भाग्यपूर्ण घटनाओं को ले कर आप को भारत के प्रति विचलित नहीं होना चाहिए। लेकिन बारह अप्रैल को गोवा में भाजपा कार्यकारिणी में आए तो कहा कि सब की शुरुआत गोधरा से हुई है। साबरमती एक्सप्रेस के डिब्बे में आग लगा कर इतने बच्चों, औरतों और आदमियों को जलाया नहीं जाता तो गुजरात में जो हुआ उसे टाला जा सकता था। फिर पूछा—गुजरात की घटनाएं शुरू कैसे हुई इसे भूलना नहीं चाहिए। आग लगाई किसने ? आग फैली कैसे ? फिर वे अमेरिकियों के बुशवाद पर आ गए और दावा किया कि जिहादी इस्लाम दुनियाभर में आतंकवाद का संकट पैदा कर रहा है। मुसलमान जहां भी रहते हैं शांति से नहीं रहते। हमें कोई धर्मनिरपेक्षता न सिखाए। ईसाइयत और इसलाम के आने के पहले से हम धर्मनिरपेक्ष हैं। हमने ईसाइयों और मुसलमानों को अपने-अपने धर्म का पालन करने दिया।

लेकिन विज्ञान भवन में उस शाम अटल बिहारी वाजपेयी कुछ और आगे बढ़ गए। गोवा में तो गुजरात के नरसंहार के लिए उनने मुसलमानों को दोषी ठहराया था और इसलामी जिहाद को दुनियाभर में फैले आतंकवाद के लिए। लेकिन विज्ञान भवन में उनने कहा कि गोधरा के अग्निकांड के दूसरे दिन यानी अट्ठाईस फरवरी को पूरी संसद में अगर कड़ी-से-कड़ी निंदा होती तो बाद में गुजरात में जो हिंसा हुई शायद नहीं होती। फिर उनने यह भी कहा कि निंदा तो हुई लेकिन जैसी होनी चाहिए थी नहीं हुई। अब दूसरे स्वयंसेवकों, संगठनों और प्रचारकों की तरह बोलते वक्त अटल बिहारी वाजपेयी भूल गए कि वही उस संसद के नेता हैं जिसे उनकी राय में गोधरा अग्निकांड की कड़ी से कड़ी निंदा करनी थी। उस दिन बजट पेश होना था। संसद के नेता की जिम्मेदारी निभाते हुए वे गोधरा की भर्त्सना का प्रस्ताव रख कर वहां मारे गए लोगों के शोक में पांच बजे तक सदन को उठाए रख सकते थे और फिर बजट पेश हो सकता था। अटल जी ने संसद के नेता और प्रधानमंत्री होने के नाते अपना कर्त्तव्य तो किया नहीं। वे अपने संसदीय जीवन के चालीस साल की तपस्या का इतनी बार बखान कर चुके हैं। उन्हें याद नहीं आया कि उनका संसदीय कर्त्तव्य पहले गोधरा की भर्त्सना में संसद को एकजुट करना था। सदन के नेता और प्रधानमंत्री होने के अपने कर्त्तव्य को भूल कर वे छुटभैए प्रचारक की तरह बोल रहे हैं कि संसद ने कड़ी से कड़ी निंदा की होती तो गुजरात में हिंसा नहीं होती। यानी गुजरात की मोदी सरकार की मौन और अकर्म सहमति से विश्व हिंदू परिषद और बजरंग दल के प्रशिक्षित स्वयंसेवकों ने गोधरा का जो बदला गुजरात के निर्दोष मुसलमानों से लिया उसकी जिम्मेदारी और कोई नहीं वे अटल बिहारी वाजपेयी संसद पर डाल रहे हैं जो प्रधानमंत्री होने के नाते उस के नेता हैं और जो बार-बार चालीस साल की अपनी संसदीय तपस्या की दुहाई देते रहते हैं। जब देश में ऐसे प्रधानमंत्री हों तो उस बेचारे प्रचारक मुख्यमंत्री नरेंद्र मोदी को क्या बताया जाए जिसने कहा कि जब तक संसद का सत्र चलता रहेगा, गुजरात में सांप्रदायिक हिंसा होती रहेगी।

संसद के सबसे अनुभवी और तपस्वी सदस्य और उस के नेता और प्रधानमंत्री होते हुए जब स्वयंसेवक अटल बिहारी वाजपेयी अपने संप्रदाय की प्रतिहिंसा के लिए संसद को दोषी ठहराने से हिचकते नहीं और चंद्रशेखर के अमृत महोत्सव के अवसर का भी इस्तेमाल अपने लोकतंत्र

विरोधी निष्कर्ष को स्थापित करने के लिए करते हैं तो पहले कभी विधायक-सांसद न रहने वाले प्रचारक नरेंद्र मोदी सांप्रदायिक हिंसा के लिए संसद को दोषी क्यों न ठहराएं ? संघ लोकतंत्र को फालतू चीज मानता है, यह तथ्य तो देश सतत्तर साल से जानता है। लेकिन उस के स्वयंसेवक जो अपने संसदीय जीवन की तपस्या को अपने प्रधानमंत्री होने को सबसे बड़ी योग्यता बताते रहे हों वे भी संसद और लोकतंत्र के बारे में इतने उच्च फासीवादी विचार रखते हैं और ऐसी मासूम बेशरमी से प्रकट कर सकते हैं यह लोकतांत्रिक भारत ने पहली बार देखा है। प्रधानमंत्री ने अपने संप्रदाय की प्रतिहिंसा और अपनी पार्टी की एक राज्य सरकार की घनघोर अकर्मण्यता के लिए संसद को दोष दिया है। इस के पहले भाजपा, संघ, विश्व हिंदू परिषद और बजरंग दल सरकार की सहमति और अकर्मण्यता से किए गए मुसलमान नरसंहार की जिम्मेदारी उन सेकुलर पार्टियों और उदार हिंदुओं पर डालते आ रहे हैं जिनने गोधरा में इसलामी आतंकवादी कार्रवाई की छाती फोड़ और माथा ठोक कर निंदा नहीं की। यानी देश की संसद, सेकुलर पार्टियों और उदार हिंदू अगर मुसलमानों को मारपीट कर के काबू में नहीं रखेंगे तो संघ संप्रदायी प्रतिहिंसा की जिम्मेदारी उन्हीं की होगी। प्रधानमंत्री से ले कर हर दूसरे छुटभैए स्वयंसेवक ने यह बात कह दी है। और हम मानते हैं कि हम एक लोकतांत्रिक धर्मनिरपेक्ष गणराज्य हैं। चंद्रशेखर को अगर अपने अमृत महोत्सव पर इतने अभिनंदन के बावजूद ऐसा पवित्र आक्रोश और ऐसी पीड़ा हुई तो इसलिए कि वे संवेदनशील प्राणी हैं। वे स्वयंसेवक अटल बिहारी वाजपेयी की तरह गोधरा के मुसलमानों और गुजरात के हिंदुओं में फर्क नहीं कर सकते। यह संघी संस्कार उन्हें नहीं मिला है। इसीलिए उनने अटल बिहारी वाजपेयी नाम के अपने गुरुदेव से कहा कि सर्वोच्च पद पर होते हुए भी जब आप देश का काम न कर पाएं तो आप को हट जाना चाहिए।

लेकिन अटल बिहारी वाजपेयी को इसकी शर्म नहीं आती। वे अपनी सरकार को दिल्ली में और अपनी पार्टी को उत्तर प्रदेश में बचाए रखने के लिए बहुजन समाज पार्टी की मायावती की सरकार बनवा रहे हैं। उनने मोदी को हटाने के बजाए गुजरात में मुसलमानों की लाशों और उनके घरों, दुकानों और कारखानों की राख पर हिंदू सांप्रदायिक वोट लेने की प्रेरणा दी है क्योंकि गुजरात में इस के सिवाय भाजपा की सरकार नहीं बन सकती। सन् चौरासी में राजीव गांधी ने भी सिखों के नरसंहार पर वोट मांगे थे। तब चुनाव अनिवार्य थे क्योंकि न सिर्फ इंदिरा गांधी की हत्या कर दी गई थी, लोकसभा का कार्यकाल भी पूरा हो रहा था। गुजरात में विधानसभा चुनाव फरवरी 2003 में होने हैं। लेकिन भाजपाई सरकार की सहमति से संघ संप्रदाय के प्रशिक्षित स्वयंसेवकों ने गोधरा का जो बदला गुजरात के मुसलमानों से लिया है, वह भाजपा को लगता है कि उसे दो तिहाई बहुमत दिला सकता है। इसलिए गोवा में नरेंद्र मोदी को कहा गया कि वे इस्तीफा न दें, विधानसभा भंग करें और चुनाव करवा लें ताकि मुसलमानों के सुनियोजित नरसंहार को लोकतांत्रिक मान्यता मिल सके। मोदी ने अब तक विधानसभा भंग नहीं करवाई है और भाजपा तत्काल चुनाव को टाल रही है तो उसका कारण तेलुगुदेशम की चेतावनी है। भाजपा गठबंधन से बाहर होते हुए भी यह पार्टी चार साल से वाजपेयी सरकार को चला रही है। यह मांग कर रही है कि मोदी को हटाया जाए और सांप्रदायिक चुनाव न करवाए जाएं। अभी तक उसने समर्थन वापस नहीं लिया है। गुजरात

में विधानसभा भंग कर के चुनाव करवाने की घोषणा तेलुगुदेशम को कगार से उस पार धकेल सकती है। इसलिए सावधानी बरती जा रही है। दिल्ली की सरकार बनाए रखना जरूरी है क्योंकि वह गई तो न गुजरात में मोदी बचेंगे न सांप्रदायिक हिंसा की आग पर हिंदुत्व का दलिया पकेगा। हिंदुत्व की समृद्धि के लिए स्वयंसेवक वाजपेयी की सरकार अभी चलती रहनी चाहिए।

लेकिन पहले गोवा में और अब चंद्रशेखर के अमृत महोत्सव में स्वयंसेवक अटल बिहारी वाजपेयी ने उदार, सहिष्णु और लोकतांत्रिक हिंदू होने के सभी स्वांग उतार दिए हैं। वे समझ गए हैं कि इन स्वांगों से न उनकी लोकतांत्रिक नेताई चल सकती है, न वे और उनकी पार्टी सत्ता में रह सकती है। उनने मान लिया है कि शुद्ध और स्पष्ट हिंदुत्व ही भाजपा में उनकी नेताई और भाजपा को सत्ता की होड़ में बनाए रख सकती है। इसलिए गोवा में वे भरी सभा में वह सब बोले जो संघनिष्ठ स्वयंसेवक बोल रहे हैं। हिंदुत्व की मूल प्रेरणा और आदि शक्ति ही इसलाम और ईसाइयत से बदला लेने और उन्हें भारत में नाकुछ बना कर रखने की है। इस के दर्शन सावरकर, हेडगेवार और गोलवलकर से ले कर सुदर्शन तक में किए जा सकते हैं।

अगर आप न्यायमूर्ति जगदीश शरण वर्मा जैसे संस्कारविहीन और गंवार हिंदू न हों तो आप को समझने में देर नहीं लगेगी कि हिंदुत्व एक अहिंदू, अधार्मिक और अभारतीय राजनैतिक अवधारणा है जिसे सावरकर ने पश्चिम यूरोप के नाजीवाद और फासीवाद से विकसित किया है। गोलवलकार ने हिटलर से प्रेरणा ली है। लेकिन हिंदुत्व को भारत और धर्म की पांच हजार साल की परंपरा से जोड़े बिना हिंदुओं को भी स्वीकार नहीं करवाया जा सकता। इसलिए अटल बिहारी वाजपेयी गोवा में भाषण देते हैं कि हमें कोई धर्मनिरपेक्षता न सिखाए। ईसाइयत और इसलाम के उदित होने के पहले भी हम धर्मनिरपेक्ष थे और मुसलमानों और ईसाइयों को हमने अपना धर्म पालन करने की इजाजत दी। बेचारे स्वयंसेवक वाजपेयी यही याद नहीं रखते कि वह धर्म और वह भारतीय समाज हिंदुत्ववादियों का नहीं है। इस हिंदुत्व को सौ साल भी नहीं हुए और यह धर्म और हिंदू समाज को उदार, सहिष्णु, बहुलतावादी और असंगठित होने के कारण कायर कह कर कोड़े मारता रहा है। हिंदुत्व धर्म और भारतीय समाज को संगठित संप्रदाय और सैनिक समाज बनाने में लगा है क्योंकि वह मानता है कि उस के बिना ये बचेंगे नहीं। जिसे पांच हजार साल पुराना और लगातार जीवित रहने वाला धर्म और समाज संघ संप्रदाय बताता है, उसकी रक्षा का एकाधिकार भी वह अपना मानता है। धर्म और भारतीय समाज अगर हिंदुत्व को स्वीकार नहीं करता तो इसलिए कि यह राक्षसी संप्रदाय है। गुजरात में उस के उत्पाद सबने देख लिए हैं।

अटल बिहारी वाजपेयी इसी हिंदुत्व को मानने वाले हैं, इसे तो जाननेवाले जानते ही थे। चंद्रशेखर के अमृत महोत्सव में गुजरात की असंगठित प्रतिहिंसा के लिए उसी संसद को जिम्मेदार ठहरा कर जिसके वे नेता हैं अटलन बिहारी वाजपेयी ने बता दिया है कि वे कैसे फासिस्ट हैं। इसे चंद्रशेखर के अमृत महोत्सव की उपलब्धि मानना चाहिए कि जिस दिन वे पचहत्तर बरस के हुए उनने अपने गुरुदेव के फासीवादी चरित्र का उद्घाटन कर दिया। अटल जी गुरु इसी तरह गुड़ और बलियावाले शिष्य शक्कर हो जाते हैं। अपने शिष्यों से बचिए।

(21.4.02)

नरसिंह राव

किसी के साथ कोई क्यों नहीं होता !

एक बार मैंने नरसिंह राव से पूछा कि बताइए ऐसा क्यों होता है ?

वह आमने-सामने की और बिना अजंडे की बातचीत थी। लेकिन मैं तय कर के गया था कि जो भी चर्चा हो और जितनी देर भी हो यह एक सवाल जरूर पूछूंगा। चाय खत्म होने के पहले ही मौका लग गया और मैंने पूछा कि ऐसा क्यों होता है कि आप जो भी करें—भला या बुरा आपकी पार्टी में भी लोग नहीं होते जो उसे उठा लें या ले उड़ें। आपका किया धरा यों ही बिखर जाता है और कहीं उसका कोई प्रभाव नहीं दिखाई देता।

जब कि इंदिरा गांधी मर्डर भी कर देती थीं तो पार्टी में और बाहर भी ऐसे लोग निकल आते थे जो बड़ी निष्ठा और विश्वास के साथ कहते फिरते थे कि देश और पार्टी के हित में यह बलिदान करना कितना जरूरी था और बदनामी का कितना बड़ा खतरा मोल ले कर उनने यह किया है। कई लोग बड़ी विश्वसनीयता से उस के मायने समझाने लग जाते थे और उन से भी ज्यादा लोग इंदिरा जी के लिए ढोल-नगाड़ा पीट कर नए सिरे से समर्थन बनाने में सक्रिय हो जाते थे।

आपके अच्छे काम का भी ढिंढोरा पीटने को आप को अपने माने और कहे जाने वाले लोग भी तैयार नहीं होते। आपके पाप के तो आप जिम्मेदार हैं ही आपकी पुण्याई का भी लाभ आप को नहीं मिलता। आप या कोई इक्का-दुक्का कुछ कहे भी तो वह न सिर्फ बिना कोई हलचल मचाए खत्म हो जाता है। बाद में उस के दोष दिखाने वाले ही सक्रिय हो जाते हैं। ऐसा क्यों होता है कि जान देना तो दूर आपके लिए खड़े हो कर कोई बचाव करने को भी तैयार नहीं दिखता। आप को गिनती में भी नहीं लिया जाता था और आपने प्रधानमंत्री के पद पर अब कोई पांच साल निकाल दिए। लेकिन इसका भी श्रेय देने में लोग हिचकते हैं और कोई एक आदमी आपके साथ नहीं लगता।

जैसा लिखा है सवाल वैसा एक बार में ही नहीं पूछा होगा लेकिन कुल मिला कर यही सब पूछा था। नरसिंह राव पढ़े-लिखे और विद्वान चाहे जितने हों नेता के नाते कम्युनिकेटर बड़े साधारण थे। शायद यही उनके नेतृत्व की विफलता का सबसे बड़ा कारण भी था या है। अपनी उन से कोई आत्मीयता नहीं थी। कोई ऐसे भी संबंध नहीं थे कि उनके खुल कर बात कर पाने के मौके आ सकते हों। लेकिन यह जानने के लिए कि कोई संवाद करने या गप लगाने में कितना निपुण है और सामने वाले को अपनी बात में लगा कर कितना प्रभावित कर सकता है उससे आत्मीयता होना और काफी संगत करना जरूरी नहीं है। यह गुण अच्छे नेता

में इतना सहज और व्यापक होता है कि देखने वाला देख कर नहीं तो उसे यों ही किसी से बात करते हुए सुन कर भी भांप सकता है।

नरसिंह राव को पहली बार नजदीक से और अपने बिलकुल निजी संदर्भ में सुनने का मौका अप्रैल इकानवे में मिला जब वे प्रधानमंत्री नहीं हुए थे। राजेंद्र माथुर के निधन के तीसरे दिन फिक्की सभागार में शोक सभा थी। रज्जू बाबू को वे निश्चित ही नहीं जानते थे लेकिन बरसों ज्ञानपीठ से उनका संबंध रहा और अशोक जैन ने कहा होगा तो आए थे। भाषण में उनने कहा भी कि राजेंद्र माथुर को मैं नहीं जानता था। लेकिन लेखक को जानने के लिए उसे जानना नहीं उस के लिखे को पढ़ना जरूरी है। हम में से कालिदास को कौन जानता था ? फिर उसी सभागार में नरेश मेहता को ज्ञानपीठ पुरस्कार देने के बाद उनने भाषण दिया। और लगा कि जैसे हिंदी के किसी प्राध्यापक की लिखी कोई घटिया समीक्षा पढ़ रहे हों। उस दिन यह भी लगा कि देश के प्रधानमंत्री के पास ऐसे लिखे भाषण को पढ़ने का समय नहीं होना चाहिए। उनने सुनने वालों को उस शाम सुला दिया।

बहरहाल नरसिंह राव के पुअर कम्युनिकेटर होने के अनेकों उदाहरण दे सकता हूं। उस दिन भी अपने को उम्मीद नहीं थी कि वे सीधे-सीधे और ईमानदारी से बताएंगे कि उनके लिए बोलने को भी कोई खड़ा क्यों नहीं होता और इंदिरा गांधी के भौंह चढ़ाने पर ही लोग खड़े क्यों हो जाते थे।

लेकिन नरसिंह राव ने बिलकुल मेरी तरफ या आंखों में देखते हुए तो नहीं पर सवाल का ठीक से सामना करते हुए कहा कि इंदिरा गांधी को लोग सत्ता की सहज अधिकारिणी मानते थे। उन्हीं को क्यों कांग्रेसी तो उनके बेटों संजय और राजीव को ही नहीं–सोनिया गांधी तक को सत्ता की सहज अधिकारी मानते हैं। तभी तो उनके दरवाजे इतने फेरे लगाते हैं। मैंने भले ही पांच साल प्रधानमंत्री रह कर बिता दिया हो जब कि मेरे पास न बहुमत था न लोग मानते थे कि मैं उसे जुटा कर राज चला सकता हूं। फिर भी कांग्रेसी मानने को तैयार नहीं हैं कि मैं राज चलाने और प्रधानमंत्री होने का अधिकारी हूं। पार्टी में अब भी मैं आउट साइडर हूं और जैसे जबरदस्ती आ बैठा हूं। हम लोग मानते ही नहीं कि उस वंश के अलावा कोई सत्ता का सहज अधिकारी हो सकता है। इसलिए मेरी ओर से ढोल बजाने कोई खड़ा नहीं होता।

जैसा लिखा है ठीक वैसा ही जवाब नरसिंह राव ने नहीं दिया होगा। न मेरे पास टेप रिकार्डर था न मैं नोट्स ले रहा था। घर पर आ के डायरी लिखने की भी अपनी आदत नहीं है। लेकिन उस शाम उनने जो कहा था वह कमोबेश यही था और सच कहूं तो मुझे इसकी भी उम्मीद नहीं थी। इसलिए उनके जवाब से मैं थोड़ा अचकचाया और थोड़ा सुखद अचरज भी मुझे हुआ। हालांकि मेरे सवाल का जवाब इसमें फिर भी नहीं था क्योंकि जानना मैं यह चाहता था कि नरसिंह राव का साथ कोई क्यों नहीं देता जब कि वे कांग्रेस अध्यक्ष और प्रधानमंत्री दोनों हैं और कम से कम पचास साल से तो सार्वजनिक जीवन में हैं ही।

उन दिनों हवाला का मामला चल रहा था और सुप्रीम कोर्ट के कहने पर सीबीआई ने कई लोगों को चार्जशीट किया था। उनमें राव मंत्रिमंडल के कोई नौ मंत्री भी थे। दो तीन भले ही ऐसे होंगे जिनसे चाह कर भी नरसिंह राव पीछा छुड़ा सके थे और जो नफासत से दिए गए

सुझाव को मान कर इस्तीफा भी नहीं दे रहे थे। लेकिन एक दो ऐसे भी थे जो उनके अपने आदमी और पुराने वफादार साथी माने जाते थे और उन पर भी मामला चलने और उन्हें भी इस्तीफा देने को राव साहब ने कह दिया था।

कहने वाले कह रहे थे कि नरसिंह राव इतने कमजोर आदमी हैं कि जो काम उन्हें करना चाहिए था वह सुप्रीम कोर्ट के जरिए करवाया। और सारी सफाई विश्वसनीय और बदले की भावना से प्रेरित न लगे इसलिए एक दो अपने आदमियों को ही हलाल हो जाने दिया। या क्या पता, वे भी उनके लिए असुविधाजनक और बोझ हो गए हों। चुनाव के ठीक पहले अपनी पार्टी और अपने मंत्रिमंडल के इतने लोगों को भ्रष्टाचार के आरोपों में कटघरे में खड़ा करवा के नरसिंह राव ने खतरा मोल लिया था। लेकिन इसे उनका भ्रष्टाचार विरोधी अभियान बता कर सार्वजनिक जीवन को शुद्ध करने की कोशिश भी बताया जा सकता था।

आखिर नरसिंह राव खुद तो हवाला में फंसे नहीं थे। जैन की डायरी में उनका, उनके रिश्तेदारों या साथियों का, किसी का नाम नहीं था। सीबीआई के पास मामला चार साल से पड़ा था और वह उसकी जांच में कोई राव साब के कहने पर ढिलाई नहीं बरत रही थी। फिर इसका भी न कोई सबूत था न निष्कर्ष निकालने के पुख्ता कारण कि खुद प्रधनामंत्री ने मामले को ऐसा घुमाया कि सुप्रीम कोर्ट के आदेश पर सीबीआई कार्रवाई करती दिखे। लेकिन राजनेता खुसुर-पुसुर में यही कहते थे और ऐसा बताते थे कि अपने साथियों को ठिकाने लगाने के लिए नरसिंह राव ने सीबीआई और सुप्रीम कोर्ट का इस्तेमाल किया है।

लेकिन जो ऐसा निष्कर्ष निकालते थे वे इसे नरसिंह राव का हद दर्जे का कांईयापन और अपने साथियों का सफाया करने की शैतानी साजिश तो बताते थे लेकिन भ्रष्टाचार के खिलाफ प्रधानमंत्री की सख्त कार्रवाई बता कर उन्हें थोड़ा बहुत श्रेय देने को कोई तैयार नहीं था। सब कहते थे कि इस चाणक्य ने अपने उन सभी साथियों को अखाड़े से बाहर कर दिया जो उनके नेतृत्व को चुनौती दे सकते थे या जो चुनाव के बाद अगला प्रधानमंत्री होने की उम्मीद करता था, महत्त्वाकांक्षा रखता था।

आप जानते हैं कि इंदिरा गांधी ने बीन-बीन कर जड़ों वाले नेताओं को खत्म किया और ऐसे किसी नेता को बर्दाश्त नहीं किया जो कभी उन्हें चुनौती दे सकता हो। उनके इस कारनामे की बात पार्टी के बाहर के उनके आलोचकों ने तो जरूर कही लेकिन पार्टी में जो ऐसा कह सके उसे निकाल बाहर करवाने वाले लोगों के झुंड के झुंड तैयार रहते थे और इंदिरा गांधी के लिए उठ सकने वाली किसी भी चुनौती को अपनी चुनौती मानते और उसे खत्म करने में लग जाते थे।

इंदिरा गांधी को सर्वोच्च और चुनौती के बाहर और ऊपर की नेता बनाए रखने के लिए कांग्रेस में हमेशा लोग लगे रहते थे। पार्टी के बाहर भी उनके प्रशंसक समर्थक थे जो उनके नेतृत्व को चुनौती विहीन बनाए रखने का वातावरण बनाते थे। यह मानना सही नहीं होगा कि इन सब को इंदिरा गांधी एक्टिव रखती थीं या यह सब उनके इशारे पर होता था। इतना समय निश्चित ही इंदिरा गांधी के पास नहीं था। हां उनके साथ ऐसे लोग जरूर थे जो यह सब खुद अपनी तरफ से उनके लिए करते थे और उन्हें इंदिरा गांधी का संरक्षण प्राप्त था। यह भी हो सकता है कि ऐसे ही लोग इंदिरा गांधी के आसपास टिक सकते थे और जिन में

बगावत करने या असहमत होने की थोड़ी भी क्षमता या संभावना हो वे जानते थे कि मैडम कितनी बेरहमी से उनका सिर कलम कर देंगी।

नरसिंह राव पांच साल प्रधानमंत्री और कांग्रेस अध्यक्ष रहे लेकिन वे ऐसी एक भी टोली क्या एक भी साथी, प्रशंसक और सेवक नहीं पा सके जो उनके किए-धरे के रचनात्मक पहलुओं को थोड़ी बहुत निष्ठा और विश्वसनीयता से उजागर कर सके या जो उनकी खूबियों का ठीक से बखान कर सके और आग हो या पानी और गड्ढा हो या आसमान उनके साथ वफादारी से अंतिम घड़ी तक खड़ा रह सके। मैं नहीं मानता कि इसका कारण सिर्फ यही है कि इंदिरा गांधी को लोग सत्ता की जन्मजात अधिकारी मानते थे और नरसिंह राव को जैसे-तैसे सत्ता हथिया लेने वाला ढोंगी। सत्ता और अधिकार में फर्क होता है। सत्ता आप को कोई दे सकता है अधिकार तो आपका अपना कमाया और आपके व्यक्तित्व में से सहज, अनायास निकल कर काम करता है।

नरसिंह राव के व्यक्तित्व और नेतृत्व की इस कमी पर कागद कारे करने की जरूरत इसलिए पड़ी कि इन दिनों वे कांग्रेस संसदीय दल की अपनी नेताई बचाने में बुरी तरह लगे हुए हैं और उनके लिए सबसे बड़ी चुनौती खड़ी कर रहे हैं सीताराम केसरी जो सब जानते हैं कि कल तक उनके पांव दबाया करते थे। और दो साल पहले नरसिंह राव के जन्मदिन पर उन्हें साष्टांग प्रणाम करते हुए देखे और फोटू उतरवाते पाए गए थे। वह फोटू अखबारों में छपा था। यानी ऐसा नहीं कि सीताराम केसरी यह सब प्राइवेट में अपनी गोपनीय निष्ठा प्रकट करते हुए कर रहे थे। इस के पहले आपने सुना होगा कि कांग्रेस को बचाने के लिए उनने सोनिया गांधी के चरणों में अपनी खादी टोपी रख दी थी हालांकि ऐसा पराक्रम करते हुए अपन ने उनका कोई फोटू नहीं देखा। सीताराम केसरी अपने नेता के प्रति हमेशा वफादार रहे हैं—दयनीय लगने-दिखने की हद तक। कांग्रेस में वे इंदिरा गांधी के सर्वोच्च नेता बनने के साथ मशहूर हुए जब वफादार होना और वफादारी को बेहिचक अपने सीने पर तमगे की तरह पहनना एक राजनैतिक पराक्रम बना। केसरी जी ने इंदिरा जी और उनके परिवार की बड़ी सेवा की। राजीव गांधी ही नहीं सोनिया गांधी तक। लेकिन इस सेवा का उस परिवार ने कभी उचित सम्मान नहीं किया। उनकी वफादारी और सेवा का सबसे बड़ा सम्मान इन्हीं नरसिंह राव ने किया। इस के लिए केसरी जी उनके आभारी भी रहे।

लेकिन यही केसरी जी नरसिंह राव की अंतिम सुरक्षा ढाल कांग्रेस संसदीय दल की नेताई छुड़वाने या तुड़वाने वालों की अगुआई कर रहे हैं। यह केसरीजी का दोष है या नरसिंह राव का ? नरसिंह राव का। वे तीन-तीन मामलों में जमानत लिए अदालतों के चक्कर लगा रहे हैं और एसपीजी के अंगरक्षकों के अलावा कोई उनके साथ दिखता नहीं। याद कीजिए जब इंदिरा गांधी शाह कमीशन के सामने गई तो क्या हुआ था।

(1.12.1996)

इंदर कुमार गुजराल

गुजर गई गुजरान, क्या राजनीति क्या सिद्धांत

इस कागद कारे की प्रेरणा अपने कामचलाऊ प्रधानमंत्री इंदर कुमार गुजराल से मिली है। अजमेर से भीलवाड़ा के रास्ते पर मजे में चलते हुए राय साहब से मैंने यों ही पूछ लिया कि इस देश के तमाम प्रधानमंत्रियों में गुजराल साब सबसे बेअसर प्रधानमंत्री होने चाहिए। है ना ?

राय साब शायद ही कभी तैश में किसी सवाल का जवाब देते हों। इतनी देर में और ऐसे धीरे-धीरे उत्तर देते हैं कि लगता है कि खूब सोच-समझ कर और एक-एक शब्द तौल कर बोल रहे हैं। हमारे एक मित्र का कहना है कि एसटीडी पर उन से सवाल पूछने का मतलब डबल पैसा देना है क्योंकि जब तक वे अपनी बात पूरी करें मीटर काफी घूम चुका होता है। लेकिन मेरे यों ही पूछे गए सवाल का उनने बड़ी तत्परता से जवाब दिया—जी ना ! अपने काम करवाने में वे किसी भी प्रधानमंत्री से ज्यादा असरकारी और सफल साबित हुए हैं। देवेगौड़ा गुजराल से ज्यादा ताकतवर प्रधानमंत्री थे। लेकिन या तो उनके फाइलें लौट आती थीं या उन्हें अपनी सिफारिश बदलनी पड़ती थी। गुजराल साब ने चुन-चुन कर अपने एक-एक दोस्त को काम के पद पर बैठाया और इस तरह बैठाया कि चाहे राज्यसभा में कुलदीप नैयर हों चाहे प्रसार भारती में गिल पांच छह साल तक उन्हें कोई टस से मस तक नहीं कर पाए।

राय साब यानी राम बहादुर राय ने एक-एक कर गुजराल साब के दोस्त और उनके पद गिनाए और वे आसानी से दर्जन पार कर गए। ऐसे मामलों में राय साब की जानकारी पक्की और बिलकुल ठीक होती है। और उनकी बात सुनने के बाद मुझे पक्का विश्वास हो गया कि अपने आदमियों को फिट करने में गुजराल साब बेहद सफल रहे हैं भले ही सार्वजनिक हित के काम उन से न बने हों और भ्रष्टाचार रोकने के मामलों में वे राजनैतिक या इतर दबावों में आ गए हों और इस कारण उनकी छवि प्रधानमंत्रियों में सबसे कमजोर और असहाय प्रधानमंत्री की बनी हो। ऐसी छवि से तो इंदर कुमार गुजराल का आखिर फायदा ही हुआ है क्योंकि हम लोग तो समझते हैं कि आठ महीनों के प्रधानमंत्री काल में गुजराल से कुछ नहीं बना। उनमें इतना दम ही नहीं था कि कुछ कर सकें। लेकिन वे हैं कि चुपचाप अपना निजी अजंडा पूरा कर गए और कोई उन पर उंगली भी नहीं उठा सका कि प्रधानमंत्री पद का क्या-क्या इस्तेमाल उनने कर लिया है।

आप शायद जानते हैं कि इंदर कुमार गुजराल की राजनीति ही जन संपर्क की राजनीति है। तरह-तरह के लोगों से संबंध बनाए रखना और सही वक्त पर उसका इस्तेमाल करना इस राजनीति का सबसे बड़ा गुर है। गुजराल साब इसी में माहिर हैं और इसलिए लोग कहते हैं कि भला आदमी है। आज की राजनीति के काबिल नहीं है यानी उससे कुछ ऊंचा और बेहतर

है इसलिए उसमें फिट नहीं होता और चाहते हुए भी कुछ कर नहीं पाता क्योंकि कुछ लोग भले आदमी को कुछ करने ही नहीं देते। जबकि सच्चाई यह है कि भला आदमी ऐसा कुछ करना ही नहीं चाहता कि बुरा बने। इसलिए भला आदमी जो होता है उसे होने देता है और चुप रहता है। सावधानी बरतता है कि बुरे काम का लांछन उस पर न आए और भले काम का श्रेय किसी न किसी तरह मिलता रहे। सख्त बात कहना नहीं, सख्त काम करना नहीं।

जैसे गुजराल साब के मंत्रिमंडल में तिवारी कांग्रेस के दो मंत्री–शीशराम ओला और सतपाल महाराज शुरू से रहे और अब जब कि मंत्रिमंडल कामचलाऊ हो गया है तो तब भी बने हुए हैं। अब तिवारी कांग्रेस कब की कांग्रेस में शामिल हो गई और संयुक्त मोर्चे का घटक नहीं रही। लेकिन उस के टिकट पर चुने गए और उस के मोर्चे के एक घटक बनने के कारण ओला और सतपाल महाराज मंत्री हुए–उनने मंत्रिमंडल से त्यागपत्र नहीं दिया।

ऐसा नहीं कि उन दो के बाहर होने से सरकार अल्पमत में आ जाती। वह तो अल्पमत में ही थी और कामचलाऊ बनने तक रही भी और है भी। फिर ऐसा भी नहीं है कि शीशराम ओला और सतपाल महाराज इतने योग्य मंत्री हों कि उनके हटने से मंत्रिमंडल की काबिलियत बहुत घट जाने वाली हो। सब जानते हैं कि मंत्री बने रहने के लिए वे अपनी पार्टी के साथ कांग्रेस में नहीं गए और बेशर्मी से मंत्री बने रहे। गुजराल साब ने उनका विभाग चाहे जब बदल दिया हो उनने कोई नाराजगी नहीं बताई। वे मंत्री बने रहे और अब भी हैं लेकिन गुजराल साब प्रधानमंत्री ने उन्हें हाथ नहीं लगाया। क्यों किसी का दिल और पद दुखाया जाए ? इसी तरह लालू प्रसाद यादव की उसी दल से ठन गई जिसके कि वे अध्यक्ष थे। जनता दल को आखिर अपने ही अध्यक्ष को निकालना पड़ा और अध्यक्ष ने भी अपनी अलग पार्टी राष्ट्रीय जनता दल बना लिया। यह दल संयुक्त मोर्चे का घटक नहीं रहा बल्कि उसका दुश्मन हो गया। लेकिन जब लालू जनता दल के अध्यक्ष थे तब उनके तीन आदमी मंत्रिमंडल में लिए गए थे। लालू के दल से अलग होने और अपना अलग दल बनाने के बाद इन तीन मंत्रियों को भी संयुक्त मोर्चे के मंत्रिमंडल से अपने आप हट जाना चाहिए था। पर वे बने रहे। उन्हें मंत्री पद प्यारा था और लालू का नेतृत्व भी। वे मंत्री भी बने रहे और लालू के राष्ट्रीय जनता दल के सम्मानित सदस्य भी। लालू जनता दल और उस के नेताओं के बारे में मन में जो आया कहते रहे और बदले में दल और उस के नेता भी लालू का अच्छा गुणगान करते रहे। लेकिन न वे तीन मंत्री बाहर हुए न उन्हें प्रधानमंत्री गुजराल ने कहा कि अब आप बाहर हो जाइए। वे अब जा के निकले हैं जब लालू ने संयुक्त मोर्चे के खिलाफ मोर्चा बना लिया है और चुनाव लड़ने की नौबत आ गई है जिसमें हो सकता है इन मंत्रियों को अपने ही मंत्रिमंडल के किसी सदस्य के खिलाफ चुनाव लड़ना पड़ता।

जाहिर है कि ये पांचों मंत्री गुजराल मंत्रिमंडल में होते हुए न अपनी पार्टी के नाते संयुक्त मोर्चे के घटक के प्रतिनिधि थे न इसलिए मंत्री थे कि पद की शोभा बढ़ाते हुए जनता की बहुमूल्य सेवा कर रहे थे। वे सिर्फ इसलिए थे कि मंत्री पद उन्हें सबसे प्यारा था और प्रधानमंत्री गुजराल यह सब जानते हुए भी उन्हें मंत्रिमंडल से निकालने को तैयार नहीं थे। राष्ट्रीय जनता दल के तीनों मंत्रियों को उनने हाथ नहीं लगाया तो यह समझा जा सकता है क्योंकि वे लालू के आदमी थे और गुजराल साब जो राज्यसभा में बने हुए हैं तो लालू की

मेहरबानी से ही। लालू की मदद से ही उनका संसदीय कैरियर राजनैतिक जीवन सक्रियता से चल रहा है।

लेकिन कभी की भंग हो चुकी नामुराद तिवारी कांग्रेस के मंत्रियों को बनाए रखने की क्या मजबूरी है ? नारायण दत्त तिवारी और अर्जुन सिंह उस कांग्रेस के कर्ता धर्ता थे और वे भले ही सोनिया गांधी के आशीर्वाद पर इतराते फिरते रहे हों सब जानते हैं कि कांग्रेस अध्यक्ष सीताराम केसरी ने उन्हें बड़े बेमन से कांग्रेस में वापस लिया और प्रधानमंत्री गुजराल अगर शीशराम ओला और सतपाल महाराज को बाहर कर देते तो सीताराम केसरी तो कतई नाराज नहीं होते और अर्जुन सिंह और नारायण दत्त तिवारी होते भी तो उनके कहने पर कांग्रेस का समर्थन चलता या वापस नहीं हो जाता। इसलिए यह प्रधानमंत्री गुजराल की राजनैतिक मजबूरी नहीं थी कि ओला और सतपाल महाराज को मंत्री बने रहने दें। लेकिन गुजराल साब ने उन्हें छुआ तक नहीं क्योंकि ऐसा कर के वे क्यों किसी का मन दुखाएं और बदनामी मोल लें। जो चलता है उसे चलते देना चाहिए—जन संपर्क पर चलने वाले आदमी का काम इसी से चलता है।

चूंकि गुजराल साब किसी का बुरा नहीं करते इसलिए उन्हें सब भला आदमी कहते हैं और जब स्थापित हो जाए कि आप भले आदमी हैं तो तब आप मजे में वह सब कर सकते हैं जो आपका निहायत अपना हो और जिससे आप के अलावा किसी का काम सधता न हो। ऐसा करनेवाले को दुनिया बेहद स्वार्थी और मनमाना काम करनेवाला कहती है लेकिन आप भले आदमी हों तो इन बातों पर किसी का ध्यान नहीं जाता। जैसे इसकी कोई चर्चा नहीं है कि सबसे कमजोर माने गए प्रधानमंत्री गुजराल ने अपने कितने आदमियों को कहां-कहां चिपका दिया और अब वे उनके कितने काम आएंगे। आते ही गुजराल साब ने अपने दोस्त भवानी सेनगुप्ता को विशेष अधिकारी बनाया था। वे विदेशी मामलों में उनकी मदद करने वाले थे।

लेकिन सेनगुप्ता की ख्याति घनघोर अमेरिकी समर्थक की थी और संयुक्त मोर्चे में अमेरिका विरोधी वामपंथियों का बोलबाला था। खुद गुजराल साब भी लाल नहीं तो लाल रंग पसंद करने वालों में गिने जाते थे। इसलिए सेनगुप्ता की नियुक्ति होते ही हल्ला मचा। और गुजराल साब ने अपने प्यारे दोस्त को कह दिया कि आप मेरी मदद न करें तो ही अच्छा क्योंकि जनसंपर्क पर जीने वाला आदमी बदनामी मोल नहीं ले सकता। एक नेक दिल और मददगार दोस्त और बदनामी में से किसी को एक को छोड़ना हो तो जनसंपर्क वाला आदमी दोस्त और बदनामी दोनों को छोड़ देगा। गुजराल साब ने भी छोड़ दिया। इससे लोगों ने कहा कि यह क्या प्रधानमंत्री है। अपनी एक नियुक्ति और एक दोस्त को भी डिफेंड नहीं कर सकता। इसका कोई आत्म सम्मान और गौरव भी है या नहीं। और जो बदनामी और विरोध के डर से अपने दोस्त को ऐसे छोड़ सकता है वह किसका होगा ?

पर सेनगुप्ता के मामले से सबक ले कर गुजराल साब ने न कोई ऐसा निर्णय लिया जो सख्त और इसलिए जबरदस्त समर्थन और जोरदार विरोध खड़ा करता और न ऐसी बात कही जो किसी का दिल दुखाती या किसी को बेहद खुश करती। वे आते ही भ्रष्टाचार के खिलाफ

बोले और लालकिले तक से घोषणा कर दी कि लोगों को भ्रष्टाचार के खिलाफ सत्याग्रह करना चाहिए। भ्रष्टाचार के खिलाफ कार्रवाई की पहली जिम्मेदारी सरकार यानी खुद प्रधानमंत्री की होनी चाहिए। लेकिन वे लाल किले से लोगों को ललकारते रहे कि आप भ्रष्टाचार के खिलाफ सत्याग्रह क्यों नहीं करते। न किसी ने किया न बताया नहीं तो सत्याग्रह तो गुजराल साब के खिलाफ ही होता क्योंकि वे भ्रष्टाचारियों के खिलाफ कोई कार्रवाई नहीं कर रहे थे।

लोग और गुजराल साब दोनों जानते हैं कि भ्रष्टाचार कहां है और उस के खिलाफ कार्रवाई क्यों नहीं होती और सत्याग्रह हो तो कहां करना पड़ेगा। इसलिए न लोगों ने सत्याग्रह किया, न गुजराल साब ने भ्रष्टाचारियों के खिलाफ कार्रवाई की न कहीं किसी सत्याग्रह की अगुआई की। अगर वे करते भी तो लोग हंसते। गांधी, जयप्रकाश ही नहीं बाबा आमटे और अण्णा हजारे और इंदर कुमार गुजराल का फर्क लोग समझते हैं। थोड़े दिनों में गुजराल साब ने भ्रष्टाचार के खिलाफ लोगों को कार्रवाई करने की प्रेरणा देना भी छोड़ दिया। वे भ्रष्टाचारियों की रक्षा में लग गए। वे जानते हैं कि जमाना ऐसा आ गया है कि भ्रष्टाचार के खिलाफ कार्रवाई तो दूर बोलो भी तो ज्यादातर लोगों का दिल दुखता है और वे समझते हैं कि यह हमारे खिलाफ काम किया जा रहा है। जन संपर्क पर जीने वाला कोई आदमी भला यह खतरा कैसे मोल ले सकता है। इसलिए भ्रष्टाचार के किसी मामले में कोई कार्रवाई नहीं हुई।

पर प्रधानमंत्री पद पर होते हुए गुजराल साब वे पद देखते रहे जिन पर उन्हें अपने आदमियों को बैठाना था। वे अपने आदमियों को भी ठोक बजा कर देखते रहे कि किसे कहां बैठाने से अपना कौन सा काम साधता रहेगा और कौन सा अहसान उतरेगा और कितने अहसान किस-किस पर चढ़ जाएंगे। ऐसा करने में गुजराल साब ने विभिन्न प्रधानमंत्रियों के साथ काम करने के अपने अनुभव का खूब लाभ लिया। वे इंदिरा गांधी के मंत्रिमंडल में छोटे से पद पर से देश के प्रधानमंत्री बने। उनका न अपना कोई राजनैतिक आधार है न कोई राजनीति। वे जनसंपर्क और अपनी उपयोगिता के बल पर राजनीति में बने ही हुए नहीं हैं बल्कि लगातार चढ़ते भी रहे हैं। पाकिस्तान से आए एक शरणार्थी जिसका अपना कुछ न रहा हो उसका देश का प्रधानमंत्री हो जाना इसीलिए संभव हुआ कि वह किसी का बिगाड़ने को कभी तैयार नहीं हुआ। जिस तरह दूसरे लोगों ने उसका इस्तेमाल करने के लिए विभिन्न पदों पर उसे बैठाया वैसे ही वह भी दूसरों को विभिन्न पदों पर बैठा कर उनका उपयोग कर रहा है।

जनसंपर्क की राजनीति न सिद्धांतों की होती है न कोई बड़ा काम करने की। वह काम चलाने की और काम निकालने की राजनीति होती है। जैसे जनता दल से नाता तोड़े बिना गुजराल साब लालू की मदद से लोकसभा में नहीं आ सकते थे। इसलिए उन्होंने अकालियों की मदद से जलंधर से चुन कर आना तय किया। अब अकाली गुजराल साब के पुराने दोस्त हैं और जैसे वे अकालियों की मदद करने को तैयार रहते हैं वैसे ही अकाली भी उनकी सहायता करते हैं। अकाली उन्हें जलंधर से जिता लाएंगे। यह बात अलग है कि अकाली यह चुनाव भाजपा से गठबंधन कर के लड़ रहे हैं और भाजपा जनता दल और संयुक्त मोर्चे की दुश्मन नंबर एक

है जिसके नेता खुद गुजराल साब हैं। भाजपा की दोस्त पार्टी की मदद से चुनाव जीत कर गुजराल साब सांप्रदायिकता के खिलाफ कैसे लड़ेंगे ? गुजराल साब से मत पूछिए। वे कम्युनिस्ट छाप सेकुलर हैं। ऐसे लोगों का राजनीति में सत्ता के पद पर होना ही सबसे बड़ा सिद्धांत होता है।

मैंने शुरू में कहा था कि इस कागद कारे की प्रेरणा इंदर कुमार गुजराल हैं। अपने ऊपर इसका फलित तो अगले हफ्ते बताऊंगा। तब तक जय हिंद !

(11.1.98)

अटल बिहारी वाजपेयी

ठप्पा लगवा लो ठप्पा !

अटल जी ऐसे आदमी नहीं हैं कि नाकुछ बात पर आपा खो बैठें। लेकिन उस दिन लोकसभा में उनका पारा एकदम चढ़ा और ऐसा कि खुद उन्हीं का बनाया थर्मामीटर टूट गया। उन्हें पहली बार ऐसे गुस्से में और ऐसे जोर से बोलते सुना गया।

मामला यह था कि माकपा के सोमनाथ चटर्जी अटल बिहारी वाजपेयी के नाम से आर्गनाइज़र में छपे एक लेख की बात उठाना चाहते थे। उन्होंने कोशिश की तो स्पीकर शिवराज पाटील ने कहा कि वे लिख कर दें और उसकी एक कॉपी अटल जी को भी दें। सोमनाथ चटर्जी ने ऐसा ही किया।

लेकिन जब मंगलवार सोलह मई को वे मामला उठाने को खड़े हुए तो अटल जी ऐसे बिफरे कि स्पीकर ने सोमनाथ चटर्जी को बात वहीं छोड़ देने को कहा। और उनकी सुनते हुए चटर्जी ने मामला वापस भी ले लिया। इस जरा से मामले ने सब को हतप्रभ कर दिया। ऐसा कि जब दूसरे दिन लोकसभा बैठी तो खुद अटल जी ने ही कल आपा खोने के लिए खेद प्रकट किया और कहा कि उन्हें अपने पर संयम रखना चाहिए था।

अटल जी ने कहा कि वे सोमनाथ चटर्जी का बहुत सम्मान करते हैं। ''चटर्जी बहुत ऊंचे वकील हैं और मैं कभी किसी मुश्किल में पड़ा तो उन्हीं के पास जाऊंगा।'' सोमनाथ चटर्जी ने भी कहा कि वे भी अटल जी का बहुत सम्मान करते हैं। लेकिन मुझे उनके साथ के लोग पसंद नहीं है। जवाब में अटल जी ने भी कहा कि उन्हें भी सोमनाथ चटर्जी के संगी-साथी अच्छे नहीं लगते। हंसी-ठट्ठे में बात आई-गई हो गई।

लेकिन चालीस साल के संसदीय जीवन में कहते हैं यह पहली बार हुआ कि अटल जी गुस्से में बिफर पड़े। यानी अंदर ऐसी कोई बात जरूर घुटती रही होगी जिसको फूट कर बाहर आने से वे रोक नहीं पाए। कविताई में कहें तो कोई ज्वालामुखी काफी समय से खदबदा रहा होगा जो एक दिन कोई कमजोर जगह पाकर वहां से फूट पड़ा और गरम-गरम लावा बह निकला।

वैसे इस के बावजूद अटल जी ने जो कहा वह संसद में आए दिन होते हंगामे और सांसदों के फेफड़ों और गले के चमत्कारों की तुलना में तो सौम्य ही था। उन्होंने कहा कि वे ऐसी बात की सदन में कोई सफाई नहीं देंगे जो उन्होंने बाहर कहीं कही है। सोमनाथ चटर्जी कहना चाहते थे कि आर्गनाइज़र के लेख में अटल जी ने मंजूर किया है कि छह दिसंबर बानवे को बाबरी मसजिद राष्ट्रीय स्वयं सेवक संघ और भाजपा ने गिराई–''वी डिड पुल डाउन द स्ट्रक्चर इन अयोध्या। इन फेक्ट इट वाज़ ए रिएक्शन टू द मुसलिम वोट बैंक।''

आर्गनाइज़र में छपा तो यही है। लेकिन अटल जी इसे 'कन्फेशन' मानने को कतई तैयार नहीं थे। कन्फेशन को हिंदी में आत्म स्वीकृति आदि कहा जाता है लेकिन यह तो मात्र अनुवाद है। अंग्रेजी में कन्फेशन का मतलब है खुद जा कर चर्च में अपने पाप या अपराध को स्वीकार करना। बाबरी मसजिद के ध्वंस के लिए अटल जी अपने को पापी या अपराधी नहीं मानते न आर्गनाइज़र में जा कर उन्होंने अपने पाप का स्वीकार किया है।

लोकसभा में सोमनाथ चटर्जी की कोशिश के पहले लेख का मामला अखबारों में उठ चुका है। वहां भी अटल जी के नाम से छपे इन दो वाक्यों का यही मतलब लगाया गया कि उन्होंने आखिर मान लिया है कि बाबरी मसजिद संघ और भाजपा ने गिराई। अटल जी को यह भी अपनी बात का अनर्थ लगा और उन्होंने इसका खंडन करते हुए कहा कि लेख में जो 'वी' आया है उसका मतलब संघ और भाजपा से नहीं है। वी यानी हम का मतलब हिंदुओं से है। यह वाक्य आने के पहले अटल जी की ही एक कविता का उद्धरण है कि कोई बताए कि हमने काबुल जा कर कितनी मसजिदें तोड़ीं। यहां यह हम जिस तरह हिंदुओं के लिए आया है उसी तरह–वी डिड पुल डाउन–में भी वी हिंदुओं के लिए है।

अखबारों में अटल जी ने जो बयान भेजा उसका लब्बे-लुआब यह था कि आर्गनाइज़र के सात मई के अंक में–द संघ इज़ माई सोल–के शीर्षक से जो लेख छपा है वह दरअसल उनका लिखा नहीं है। वह आर्गनाइज़र से (यानी उसकी ओर से आए किसी व्यक्ति से) हिंदी में हुई उनकी बातचीत के आधार पर अंग्रेजी में लिखा गया और छपने के पहले उन्हें बताया नहीं गया। "कई मुद्‌दों पर यह लेख मेरे विचारों को ठीक से नहीं रख पाया। बातचीत हिंदी में हुई थी और संभव है कि उसका अंग्रेजी में अनुवाद करते वक्त गलतियां हो गई हों।" इसी बयान में अटल जी ने वी यानी हम का संदर्भ और अर्थ भी बतलाया और कहा कि बाबरी मसजिद के ध्वंस पर मैंने संसद में जो कहा था उस पर अब भी कायम हूं।

सत्रह दिसंबर बानवे को लोकसभा में अटल बिहारी वाजपेयी ने कहा था–"हमारी पार्टी ढांचे (बाबरी मसजिद) को तोड़ने के पक्ष में नहीं थी। जिन्होंने भी ढांचे को तोड़ा है, उन्हें आगे आ कर अपनी जिम्मेदारी स्वीकार करनी चाहिए और उस के लिए जो भी सजा मिले उसको स्वीकार करना चाहिए।" अटल जी अगर इस बात पर कायम हैं तो उनके नाम से छपे लेख के वी का मतलब संघ और भाजपा नहीं हो सकता।

लेकिन आप वह लेख पढ़ें तो आप को भी वही लगेगा जो अखबार वालों को लगा। लेख का शीर्षक है–द संघ इज़ माई सोल–और वह आर्गनाइज़र में छपा है जो कि संघ परिवार का मुखपत्र माना जाता है। पूरा अंक ही संघ पर है और अटल जी भी अपने लेख में संघ से अपने संबंधों का ही बखान कर रहे हैं।

लेकिन बातचीत के आधार पर लिखे गए लेख के बारे में अटल जी ने जो कहा वह भी गलत नहीं है। पिछले दस-पंद्रह वर्षों में अपना भी यही अनुभव है कि बातचीत करने जो रिपोर्टर या प्रतिनिधि आता है वह जो लेख लिखता है उसमें अर्थ का अनर्थ तो होता ही है। कई बातें वह ऐसी भी लिख देता है जो मैंने कही भी नहीं थीं। इंटरव्यू हो तो वह कई बातें ऐसी कहलवा देता है जो अपने मुखारविंद से नहीं निकली थीं। लेकिन बातचीत के आधार पर लेख में ही यह घोटाला नहीं होता। टीवी वाले तो आधे घंटे सवाल-जवाब कर के जाते

हैं उसमें से एक दो वाक्य निकाल कर ऐसे हर कहीं चस्पा कर देते हैं कि आप अपने सामने ऐसी बात कहते लगते हैं जिसका अर्थ ही कुछ और हो जाता है।

बातचीत हिंदी में हुई हो और उस के आधार पर हिंदी में ही लेख लिखा गया हो तो फिर भी गनीमत है। लेकिन बातचीत हिंदी में हो और लेख अंग्रेजी में लिखा जाए या अंग्रेजी में बाचीत हो और लेख हिंदी में लिखा जाए तो फिर भगवान ही उसका मालिक है। हिंदी-अंग्रेजी को ठीक से समझने और दोनों में समान अधिकार से लिखने वाले लोग एक तो वैसे ही कम हैं। दूसरे ऐसे लोग यों ही अखबारों-पत्रिकाओं के लिए इंटरव्यू नहीं लेते फिरते। तीसरे जो इंटरव्यू लेते हैं उन्हें इसकी चिंता नहीं रहती कि जो लिख रहे हैं उसका वही अर्थ है जो कहने वाले का था। हिंदी में अटल जी से बातचीत किसने की, अपने को नहीं मालूम लेकिन जो लेख छपा है उसकी अंग्रेजी...? चलिए छोड़िए।

लेकिन अटल जी के साथ यह जो हुआ वह कोई पहली बार नहीं हुआ। अभी पिछले महीने बंबई के विरार में भाजपा नेताओं और पदाधिकारियों की दो दिन बैठक हुई। उस के बारे में किसी प्रवक्ता ने ही अखबारवालों को बताया। इसमें अटल जी को कहते बताया गया कि हिंदुत्व को पतला किया जाना चाहिए ताकि अल्पसंख्यक भाजपा की ओर आ सकें। काशी और मथुरा को भी भाजपा को अपने अजंडे से उतार देना चाहिए। यह सब छपा तो अटल बिहारी वाजपेयी ने पार्टी से ही खंडन जारी करवाया कि हिंदुत्व पर ऐसी कोई सलाह अटल जी ने नहीं दी और जब काशी-मथुरा पार्टी के अजंडे पर है ही नहीं तो उतारने का सवाल ही कहां उठता है।

क्या अटल जी के साथ पार्टी या संघ परिवार के लोग जान-बूझ कर खेल कर रहे हैं ? उनके नाम से ऐसा कुछ भी छाप या छपवा देते हैं जिसका कोई भी मनमाना अर्थ निकाले और उनके बारे में भ्रम फैलता जाए। अपने एक वामपंथी दोस्त का कहना है कि संघ परिवार के कट्टरपंथी और उग्रवादी लोग उदार अटल बिहारी वाजपेयी की जनता में छवि बिगाड़ रहे हैं और पार्टी में उनकी स्थिति कमजोर कर रहे हैं। भाजपाइयों को लग रहा है कि अब अगले साल अपना राज आ ही रहा है। कहीं ऐसा न हो कि प्रधानमंत्री का पद अटल बिहारी वाजपेयी को चला जाए। इसलिए उन्हें पार्टी में बदनाम करो और जनता में बताओ कि इतने दिग्भ्रमों में पड़ा और उलझा यह आदमी प्रधानमंत्री क्या बनेगा।

एक और पत्रकार मित्र का कहना है कि अटल जी भले और उदार आदमी हैं। वे मध्यमार्गी हैं। लेकिन उनकी पार्टी उग्र हिंदुत्व का रास्ता पकड़ कर सत्ता के नजदीक पहुंच गई है। वे कुछ कहते हैं और पार्टी और संघ वालों का दबाव आता है तो खंडन भेज देते हैं। वे कोई स्टैंड लेते हैं और संघ वाले नाराज होते हैं तो अपना स्टैंड बदल लेते हैं। उनमें दम नहीं है कि अपनी पार्टी के उग्रवादियों या संघ का सामना कर सकें। इतनी हिम्मत भी नहीं है कि पार्टी छोड़ कर अलग हो जाएं। वे इंटरव्यू में जो कहते हैं वही छपता है तो इनकार कर देते हैं। ऐसा नेता आज की भाजपा में भला कैसे चलेगा ?

जेपी के बारे में भी पत्रकार, कांग्रेसी और कम्युनिस्ट ऐसे ही बात किया करते थे। उन्हें जेपी बहुत कंफ्यूशन, दुविधा और अनिश्चय में पड़े लगते थे। वे जेपी की पार्टीलेस डेमोक्रेसी, टोटल रिवोल्यूशन, ग्राम स्वराज आदि की धारणाओं को कभी समझ नहीं पाए और उनकी मखौल

ही उड़ाते रहे। वे जेपी से दो टूक, सीधे सपाट और तय खांचों में आसानी से फिट हो जाने वाले बयानों की उम्मीद रखते। जेपी जो कहते उसका अर्थ निकालने की कोशिश करते। और जेपी कहते कि गलत है। मैंने जो कहा उसका यह मतलब कदापि नहीं था। जेपी अगर मतलब निकाल कर भी बता देते तो भी संभव था कि वह छप कर आता तो उन्हें निराश करता।

क्या जेपी लोगों को ठीक-ठीक समझा नहीं पाते थे कि उनका मतलब क्या है या वे बातों को ऐसी सुनिश्चितता के साथ नहीं कह सकते थे कि उनका वही अर्थ निकले जो उनके मन में है। जेपी में अगर यह खोट होता तो वे जननेता नहीं हो सकते। इससे तो कोई इनकार नहीं कर सकता कि वे अपने समय के पांच बड़े जननेताओं में थे और ओरेटर नहीं थे लेकिन लोग घंटों बैठे उनके भाषण सुनते थे। फिर भी यह सही है कि उनके बयान वैसे निश्चित और सपाट नहीं होते थे जैसे कि राजनेताओं के आमतौर पर होते हैं।

इसका कारण यह नहीं कि जेपी के दिमाग में भ्रमजाल थे। सोचने-समझने वाले लोग बहुत निश्चित बातें नहीं कहते। वे शंका के लिए, प्रश्न के लिए, विचार के लिए बल्कि प्रतिसत्य के लिए गुंजाइश रखते हैं और अपने कथन में भी छोड़ देते हैं। उनके पास हर सवाल का सटाक-फटाक और निश्चित जवाब नहीं होता। सब समस्याओं के हल नहीं होते। जिनके पास सब प्रश्नों के उत्तर और सब समस्याओं के हल होते हैं वे बेईमान और झूठे होते हैं। जेपी, सब मानते हैं कि पारदर्शी और ईमानदार आदमी थे।

लेकिन हमारी जो राजनीति है वह ठप्पेदारों की है। वे किसी को भी मनमाना ठप्पा लगाते हैं और चला देते हैं। इस राजनीति में अब खुले बाजार की धंधेबाजी भी आ जुड़ी है। ठप्पा अब ब्रांड हो गया है और जिस चीज का अपना कोई ब्रांड नहीं होता वह बाजार में नहीं चल सकती। ऐसी राजनीति और ऐसे बाजार में वे ही टिक सकते हैं जिनका एक ही विचार और एक ही ब्रांड हो। कई आयामों और पहलुओं वाले आदमी को साहित्य में समृद्ध यानी राउंड केरेक्टर कहा जाता है। आज की राजनीति और बाजार ऐसे आदमी का मानेंगे तो एक आयाम मानेंगे या ठप्पा लगा देंगे कि यह काम का नहीं है।

अटल बिहारी वाजपेयी आज की राजनीति और खास कर संघ परिवार में पूरी तरह फिट नहीं होते। संघ अपने को परिवार भले ही कहे लेकिन वह चालीस पचास साल पहले की कांग्रेस या भारतीय समाज नहीं है जिसमें सबके लिए जगह हो। फिर भी संघ परिवार और भाजपा अटल जी को बर्दाश्त किए जा रहे हैं क्योंकि वही एक पार्टी में लोक नेता हैं यानी पार्टी के बाहर के लोग भी उन्हें मानते और उनकी इज्जत करते हैं। मुसलमान भी उन्हें अपना मानने में झिझकते नहीं और भाजपा में से किसी को बेहिचक वोट दे सकते हैं तो उन्हीं को।

सच है और अपन खुद जानते हैं कि अटल जी बाबरी मसजिद के गिराए जाने के खिलाफ थे और बाद में भी रहे। संघ परिवार के दूसरे नेताओं की तरह उनने इस ध्वंस का औचित्य नहीं ठहराया। उनने कहा कि जिनने बाबरी मसजिद गिराई वे आगे आएं और कहें कि हां हमने मसजिद गिराई और इसकी जो भी सजा हो भुगतें। लेकिन ऐसी नैतिकता आज तक किसी कारसेवक ने नहीं दिखाई।

अटल जी ने क्यों कहा कि उनका मतलब यह नहीं था कि मसजिद संघ और भाजपा ने गिराई, 'वी' का मतलब हिंदुओं से है। मसजिद गिराने वाले हिंदू हो सकते हैं लेकिन हिंदुओं

ने मसजिद नहीं गिराई। जब आप कोई काम हिंदुओं का बताते हैं तो इसका मतलब निकलता है कि वह कुल समाज ने किया। हिंदू समाज नहीं मानता कि छह दिसंबर बानवे को अयोध्या में बाबरी मसजिद उसने गिराई। ज्यादातर हिंदुओं ने तो इस ध्वंस की भर्त्सना ही की है। हिंदू समाज ध्वंस करने वालों को अपना कर उन पर गौरव नहीं करता, संघ परिवार भले ही करे। लेकिन संघ परिवार हिंदू समाज नहीं है।

अगर अटल बिहारी वाजपेयी के नाम से छपे लेख का यह अर्थ निकालना गलत है कि वे बाबरी ध्वंस के लिए संघ और भाजपा को जिम्मेदार बता रहे हैं तो यह कहना भी सही नहीं है कि हिंदुओं ने बाबरी मसजिद गिराई। हत्या करने वाला कोई हिंदू हो तो सारा हिंदू समाज हत्यारा नहीं हो जाता। और अंग्रेजों की जरायमपेशा बताई गई जातियों में से भी संत महात्मा निकले हैं। सिर्फ सांप्रदायिक राजनीति करने वाले ही अपने काम को पूरे समाज का काम घोषित करते हैं। जैसे अकाली जो भी करें पूरा पंथ करता है, बुखारी या शाहबुद्दीन जो भी करें पूरा मुसलमान समाज करता है और अशोक सिंघल जो भी बोलते हैं वह हिंदू समाज का ही कहा होता है।

ऊपर मैंने कहा कि यह ठप्पा लगाने और ब्रांड चलाने की बाजारी राजनीति है। संप्रदाय की राजनीति बाजार के सिद्धांत पर ही चलती है। संप्रदाय जब बाजार में आता है तो धर्म के ब्रांड पर राजनीति करने लगता है। और आप जानते हैं कि इसमें कौन फिट होता है और कौन टिकता है। जप माला छापा तिलक...। कबीर कौन था भाई ? हिंदू या मुसलमान ?

(21.5.95)

अटल जी को बनाने वाली कविता

पिछले पच्चीस तीस वर्षों में किसी पुस्तक और वह भी कविता संग्रह का ऐसा लोकार्पण समारोह न अपन ने देखा न उस के बारे में सुना। नहीं, ऐसा कोई लोकार्पण नहीं हुआ जिस पर मीडिया के लोगों ने इतना ध्यान दिया हो और जिसमें इतने लोग इतने उत्साह से आए हों।

वैसे अपने दिल्ली रहते दिनकर जी की 'उर्वशी', अज्ञेय जी की 'पहले मैं सन्नाटा बुनता हूं' और भवानी प्रसाद मिश्र की 'खुशबू के शिलालेख' जैसी कालजयी कृतियां प्रकाशित हुईं। याद नहीं आता कि इनका लोकार्पण समारोह भी हुआ हो।

लेकिन अटल बिहारी वाजपेयी की इक्यावन कविताओं के संग्रह का लोकार्पण समारोह शुक्रवार की शाम नई दिल्ली के फिक्की सभागार में कुछ ऐसे हुआ जैसे वह कोई दूरगामी महत्त्व की साहित्यिक-सांस्कृतिक घटना हो।

इसका एक कारण तो यह है कि आजकल मीडिया हाइप पहले से कहीं ज्यादा हो गया है। बल्कि हाल ही में शुरू हुआ है। सेटेलाइट टीवी के कारण कई लोग कैमरा लिए पहुंच जाते हैं और चकाचौंध कर देते हैं। उनकी होड़ में अखबार वाले भी पीछे नहीं रहते। मीडिया हाइप को हिंदी में क्या कहेंगे ? मतलब और लटका दोनों लेना हो तो ढिंढोरा पीटना– कहेंगे।

मीडिया वाले हर किसी का ढिंढोरा नहीं पीटते। बल्कि अपने यहां तो सचमुच की महत्त्वपूर्ण घटना या बात का नोटिस तक नहीं लेते। वे वहीं टूटे पड़ते हैं जहां कुछ वीवीआईपी, राजनीति और विवाद हो।

'मेरी इक्यावन कविताएं' के लोकार्पण में राजनीति और विवाद तो नहीं थे, वीवीआईपी जरूर थे। संग्रह में कविताएं ही अटल बिहारी वाजपेयी की थीं। वे न सिर्फ संसद में विपक्ष के नेता हैं, उस भारतीय जनता पार्टी के सबसे लोकप्रिय नेता हैं जो अगला लोकसभा चुनाव जीत कर देश की सरकार बनाने का दावा कर रही है। और कौन जानता है कि अटल जी ही कहीं प्रधानमंत्री हो जाएं।

फिर अटल जी अभी गुजरात में भाजपा की सरकार बचा कर लाइम लाइट में बने हुए हैं। इस के पहले भाजपा के समर्थन से उत्तर प्रदेश में मायावती की सरकार बनाने और कम से कम दो बार उसे गिरने से बचाने का श्रेय भी उन्हें दिया गया है। चालू मुहावरे में कहें तो आजकल वे बड़े छाए हुए हैं। पब्लिसिटी के नाते देखें या मार्केटिंग के हिसाब से सोचें तो उनके संग्रह को लांच करने का इससे बेहतर समय नहीं हो सकता था। खासकर दिल्ली में जहां भाजपा की सरकार है और मीडिया का सबसे बड़ा जमावड़ा है।

इस सब के ऊपर लोकार्पण प्रधानमंत्री नरसिंह राव के सानिध्य में होना था। निमंत्रण में लिखा नहीं था कि लोकार्पण कौन करेगा। लेकिन जहां प्रधानमंत्री जाते हैं, वहां वही मुख्य होते हैं इसलिए मान लिया गया होगा कि लोकार्पण वही करेंगे।

पहले पुस्तकें विमोचित हुआ करती थीं। आजकल उन्हें बंधन से मुक्त नहीं करना होता। उसकी पहली प्रति राष्ट्रपति, उपराष्ट्रपति, प्रधानमंत्री या किसी भी मंत्री को भेंट की जाती है और यही लोकार्पण हो जाता है। कई पुस्तकें लोकार्पित होने का अवसर ढूंढतीं महीनों चमकीले पन्नीदार कागज में लिपटी प्रतीक्षा करती रहती हैं।

तो संसद में विपक्ष के नेता की कविताओं के संग्रह को सरकार के नेता किसी बड़े सभागार में लोकार्पित करें तो यह लोकतांत्रिक और राजनैतिक घटना तो मानी ही जाएगी। मान ली गई और उसी अनुपात में वहां मीडिया के लोग जमा हुए और सुनने-देखने वाले भी। लोकार्पण समारोह का आयोजक-लोक अभियान–भी मान कर चला था कि लोग टूटे पड़ेंगे इसलिए उस ने क्लोज सर्किट टीवी का भी इंतजाम किया था। यानी सभागार के बाहर यत्र-तत्र सर्वत्र टीवी सेट रखे हुए थे जिन पर अंदर का सीधा प्रसारण देखा जा सकता था।

कार्यक्रम के संचालक कवि राजनारायण बिसारिया ही नहीं प्रधानमंत्री को छोड़ कर मंच पर बैठे और बोलने बुलाए गए सभी महानुभावों ने कहा कि यह संस्कृति की, साहित्य की, कविता की शाम है। प्रधानमंत्री आए हैं तो इसलिए नहीं कि वे प्रधानमंत्री हैं बल्कि इसलिए कि नरसिंह राव एक चिंतनशील अनुवादक और लेखक हैं और आजकल एक उपन्यास लिख रहे हैं, आपने पढ़ा ही होगा। वे राजनेता नहीं संस्कृति पुरुष के नाते आए हैं। बार-बार यह बात इसीलिए बताई गई कि समारोह और अवसर के स्पष्ट और आसान राजनैतिक स्वरूप को गौण बताना जरूरी था।

अब अटल जी को जितने साल सार्वजनिक जीवन, राजनीति, भाजपा में और भाषण देते नहीं हुए उससे ज्यादा कविता लिखते हुए हो गए हैं। वे कहते हैं कि पहली तुकबंदी उन्होंने कब की उन्हें याद नहीं है। जो याद है वह ताजमहल पर लिखी गई थी और हाई स्कूल की पत्रिका में छपी थी। लेकिन इस के पहले वे कवि सम्मेलनों में एक श्रोता और फिर 'उदीयमान' किशोर कवि के रूप में जाने जाने लगे थे।'' कविता मुझे विरासत में मिली है। मेरे पिता पंडित कृष्ण बिहारी वाजपेयी ग्वालियर रियासत के अपने जमाने के जाने माने कवि थे।''

ऐसे अटल जी की जहां-तहां से ढूंढ कर मुश्किल से इकट्ठी की गई इक्यावन कविताओं के संग्रह का लोकार्पण भव्य समारोह में हो तो कोई जनम का जला-कटा ही बुरा मानेगा। अपन भी उत्साह से पहुंच गए थे और समय से पहले स्थान ग्रहण कर चुके थे। इसलिए नहीं कि कविताओं या अटल जी की कविताओं के बड़े रसिया हैं। इसलिए कि अटल जी के काव्य संग्रह का लोकार्पण था।

किसी को बुरा लगे या भला अटल जी को अपन आज के अपने लोकतंत्र का सबसे अच्छा नेता मानते हैं। कई बार अपने गांधीय और प्रगतिशील या वामपंथी मित्रों ने कहा है कि अटल बिहारी वाजपेयी की उदारवादिता एक छलावा है। वे संघ परिवार के उदार और

उदात्त लोकतांत्रिक मुखौटे हैं जो उदार और बहुलतावादी बहुसंख्यक हिंदुओं को बरगलाने के लिए आगे किए जाते हैं। उन से सावधान रहना चाहिए क्योंकि उनके कारण आप संघ परिवार के असली फासिस्ट इरादों के बारे में धोखा खा सकते हैं।

और यह भी मुझे मालूम है कि संघ परिवार में जो असली संघ वाले हैं वे अटल जी को कोई पसंद नहीं करते। वे उन्हें शंका की नजर से देखते हैं। जो कट्टर हिंदुत्ववादी हैं वे उन्हें कायर समझौतावादी, सुख-सुविधाओं के दास और राजनीति को संगठन से ऊपर यानी सिद्धांतों पर टिका न रहने वाला मानते हैं। संघ परिवार में वे नरमपंथी माने जाते हैं और कट्टरपंथियों का मानना है कि सन् उननब्बे के बाद भाजपा ने जो राजनैतिक कमाई की है वह उग्र हिंदू लाइन ले कर की है जो अटल जी के चलते ली नहीं जा सकती थी। यानी भाजपा की चुनावी सफलता के रास्ते में अटल जी बाधक ही थे।

इससे भी गया गुजरा लेकिन खांटी राजनैतिक आरोप भोपाल के एक बड़े भाजपा नेता ने लगाया। उनका नाम मैं नहीं बताऊंगा। उन्होंने अपने साथियों से कहा कि यह सब ब्राह्मणवाद के कारण है। अटल जी ब्राह्मण, प्रभाष जोशी ब्राह्मण, भोपाल का विशेष संवाददाता ब्राह्मण और जनसत्ता समाचार सेवा का संपादक ब्राह्मण। इन लोगों का ब्राह्मणवाद अटल जी के जरिए हमारी पार्टी का कबाड़ा कर रहा है। मैंने सुना तो स्तब्ध रह गया। वे भाजपा नेता ऐसा जातिवादी और ब्राह्मणवादी कारण ढूंढेंगे जो सुबह शाम उठते-बैठते जातिवादी जहर की भर्त्सना करते हैं

इस आरोप और इन चेतावनियों के बावजूद अटल जी के प्रति अपने प्रेम और सम्मान में कहीं कोई कसर नहीं पड़ी। लेकिन इसका कारण उनकी राजनीति नहीं, उनका व्यक्तित्व और राजनीति के प्रति उनका रवैया है। उनका व्यक्तित्व हमारे आज के राजनेताओं जैसा एकआयामी या सपाट और खल्वाट राजनैतिक नहीं है। वह एक बहुआयामी और समृद्ध व्यक्तित्व है। उन से आप कविता या साहित्य पर ही नहीं जीवन के ऐसे किसी भी पहलू पर अंतरंग और गहरी बातचीत कर सकते हैं जिसमें स्त्री-पुरुष संबंध से ले कर अस्तित्ववाद और वेदांत भी आ सकता है। और यह संवाद बिलकुल मैत्रीपूर्ण स्तर पर हो सकता है।

लेकिन ऐसा संवाद तो शायद कुछ और लोगों से भी संभव है। वह जो अटल जी को किसी भी दूसरे नेता से भिन्न करता है—उनका मूल दृष्टिकोण है। आप से असहमत होते हुए भी और आपके मत का खंडन करते हुए भी आपके और आपके मत के प्रति उनका सम्मान बराबर बना रहता है। इस असहमति का असर आपसे उनके संबंधों पर नहीं पड़ेगा। अगर आप में और उनमें संबंध की ऊष्मा रही है तो वह मतभिन्नता के कारण ठंडी नहीं होगी।

यह उनका स्वभाव है। प्रयत्न पूर्वक बनाया गया ढंग नहीं है। उनके स्वभाव की इस सच्ची और ईमानदार लोकतांत्रिकता के कारण ही इतनी पार्टियों के इतने लोग उनका आदर करते हैं। भाजपा के ही नहीं किसी भी पार्टी के नेता के प्रति पार्टियों के लोगों के मन में ऐसा सम्मान आप को नहीं मिलेगा।

नरसिंह राव ने कहा कि इस आदमी में कटुता बिलकुल नहीं है। स्वभाव में कटुता न होना बहुत बड़ा वरदान है। क्योंकि कटुता कोई ऐसी चीज नहीं है जिसे आप कोशिश कर के

स्वभाव में न आने दें या आ गई हो प्रयत्न कर कर के निकाल दें। जीवन जीते हुए घात-प्रतिघात से कटुता सहज ही आ जाती है। अगर दूसरे के प्रति सम्मान और जिसे आप ठीक न मानते हों उस के प्रति भी उदारता आपके स्वभाव में सहज रूप से बद्धमूल न हो तो आप कटुता से बच नहीं सकते।

अटल बिहारी वाजपेयी का यह स्वभाव उनके कवि होने के कारण है। ऐसा नहीं है कि जो कवि होते हैं वे कटु नहीं होते या कवियों में ओछापन नहीं होता। बल्कि कुछ महाकवियों को अपन ने बहुत नजदीक से देखा है और आश्चर्य हुआ है कि ऐसा कटु और ओछा बल्कि टुच्चा आदमी इतना बड़ा कवि कैसे हो सकता है या ऐसी कविता कैसे लिख सकता है ? कवियों-लेखकों की बिरादरी में आपसी कटुता और प्रतिद्वंद्विता राजनेताओं से कोई कम नहीं होती। अगर आपने कवियों-गायकों के साथ कुछ जीवन बिताया हो तो आप मानेंगे कि कविता लिखने या गाना गाने से कोई उदार और महान नहीं हो जाता।

फिर भी मैंने कहा कि अटल बिहारी वाजपेयी के स्वभाव में उदारता और सामने वाले के लिए सहज सम्मान उनके कवि होने के कारण है तो इसलिए कि कविता ने उनकी मानवीय संवेदनशीलता को बनाए रखा है। राजनीति में और वह भी राष्ट्रीय स्वयंसेवक संघ की चड्डीबाज अनुशासनीय संगठनवादी राजनीति में आदमी के सिनिक यानी बजरबट्टू होने में ज्यादा वर्ष नहीं लगते।

राजनीति में आदमी पत्रकारिता से बहुत जल्दी सिनिक हो जाता है क्योंकि पत्रकारिता करते हुए तो आप देखते और रिपोर्ट करते हैं। राजनीति में आप कर्ता होते हैं और अपनी संवेदनशीलता खोए बिना इतना झूठ-पाट, छल कपट, उठा पटक और जोड़तोड़ नहीं कर सकते। राजनीति में जब तक आप दूसरे को या अपने साथी को उपयोग की वस्तु नहीं बना लेते सफल नहीं हो सकते। कविता आदमी को उपयोग और खरीद की वस्तु नहीं बनने देती। कवि और कुछ हो जाए सिनिक यानी बजरबट्टू नहीं हो सकता।

अटल जी में जो संवेदनशीलता उनके उनहत्तरवें बरस में भी सुरक्षित है और राजनीति के पचास साल भी जिसे दूषित और भ्रष्ट नहीं कर पाए हैं वह इसीलिए है कि वे जब-तब कविता लिख लेते हैं। यह जब-तब कविता करना उन्हें समृद्ध करता है।

लेकिन इसका यह मतलब नहीं कि अटल बिहारी वाजपेयी के कारण हिंदी कविता समृद्ध हुई है। जैसे वे अटल जी के हैं वैसे ही मेरे भी गुरु हैं लेकिन शिवमंगल सिंह सुमन माफ करें। लक्ष्मीमल्ल सिंघवी मेरे भी बड़े आदरणीय मित्र हैं लेकिन वे भी क्षमा करें। डॉक्टर विद्यानिवास मिश्र और केसी सुदर्शन भी इस कलमघसीट के कहे का बुरा न मानें। लोकार्पण समारोह में अटल जी की कविताओं के बारे में इन चारों समारोह-पुरुषों ने बहुत बड़ी-बड़ी बातें कही हैं।

अपन ईमानदारी से कहें तो इन इक्यावन कविताओं में चार-पांच कविताएं ही ऐसी हैं जो सच में अच्छी हैं। बाकी औसत कविताएं हैं और अज्ञेय के पहले के ढंग की कविताएं हैं। खुद अटल जी ने कहा है कि कुछ मित्र कहते हैं कि राजनीति में न आता तो चोटी का कवि होता। ''राजनीति ने मेरी काव्य रसधारा को अवरुद्ध किया है।'' मुझे लगता है कि सन् पचास

से पचपन के बाद अटल जी के कवि का विकास रुक गया और उससे समृद्ध हुए उनके राजनीतिक का विकास तेजी से हुआ।

लेकिन यह कतई जरूरी नहीं कि कविता लिखने वाले सभी बड़े लोग बड़े कवि हों। कविता के कारण देश को अटल बिहारी वाजपेयी जैसा समृद्ध लोकतांत्रिक लोकनेता मिला यह भी उनकी कविता का कोई कम बड़ा योगदान और कविता का बड़ापन नहीं है। जिसने अटल जी को बनाया वह कविता बड़ी है।

(15.10.95)

अटल जी से चुनावी सभा में पूछना

कहा अटल बिहारी वाजपेयी ने अखबारवालों से इंदौर में–'कोई आचार संहिता हमें अपने सैनिकों को कारगिल में उनकी विजय पर खुशी प्रकट करने और उन्हें बधाई देने से रोक नहीं सकती। जब दूसरे कारगिल में पाकिस्तानी घुसपैठ की आलोचना करने से बाज नहीं आते तो हम अपनी विजय की बात क्यों न करें ? कारगिल इस चुनाव का मुद्‌दा बन गया है।'

यह अपनी जीत पर आश्वस्त और जिम्मेदार प्रधानमंत्री की नहीं, खीझ से भरे एक छुटभैये पार्टी नेता की प्रतिक्रिया है। हर चुनाव सभा में कारगिल का ढिंढोरा पीट कर अटल बिहारी वाजपेयी न तो चुनाव आयोग के निर्देशों का सम्मान कर रहे हैं न इस देश की सेना की राजनैतिक निष्पक्षता और रण कौशल का। वे भूल रहे हैं कि वे एक भाजपाई नेता ही नहीं हैं दुर्भाग्य से इस देश के प्रधानमंत्री भी हैं और उन से उम्मीद की जाती है कि वे संवैधानिक पदों की प्रतिष्ठा बनाए रखें और सेना को चुनावी राजनीति में घसीट कर उसकी सुप्रतिष्ठित पक्षहीनता और कौशल की प्रतिबद्धता को नष्ट न होने दें। लेकिन आप लगातार देख रहे हैं कि कारगिल पर मुख्य चुनाव आयुक्त ने जो आचार संहिता निर्धारित की है प्रधानमंत्री खुद ही उसे तोड़ रहे हैं और सेना की विजय को पार्टियों के संदर्भ में 'हमारी जीत' बता रहे हैं। वह चुनाव तो हार-जीत दे कर अक्टूबर में चला जाएगा। लेकिन चुनाव आयोग की संवैधानिकता और सेना की सांस्थानिकता को जो नुकसान इससे होगा उसकी कीमत तो राष्ट्रीय जनतांत्रिक गठबंधन और ये कामचलाऊ प्रधानमंत्री नहीं, इस देश की जनता और लोकतांत्रिक परंपरा ही चुकाएंगी।

पिछले गुरुवार को ही देश के सेनापतियों ने अखबारवालों से कहा कि सेना का नेतृत्व चुनावी राजनीति में सेना के घसीटे जाने से बहुत दुखी और विचलित है। राजनैतिक पार्टियां कारगिल को फुटबाल की तरह लतिया रही हैं और इनसे सेना के मनोबल और उसकी निपट राजनैतिक निष्पक्षता पर बड़ा बुरा असर हो रहा है। कारगिल से सुरक्षा और सेनाओं की यौद्धिक तैयारी और खुफिया जानकारी के सही मायने निकालने के जो बड़े प्रश्न निकल कर आए हैं उन पर तो कोई बहस नहीं हो रही। कहीं सेनाओं को ऊंचे उठा कर ओटले पर खड़ा किया जा रहा है तो कहीं उन्हें नीचे गिरा कर धूल में घिसटने की कोशिश हो रही है। सेनापतियों ने यह भी माना कि सैनिक अधिकारियों का एक पार्टी (भाजपा) को ब्रीफ करना सरासर गलत था और आगे ऐसी गलती नहीं होगी। उन्होंने यह भी स्वीकार किया कि घुसपैठ की खुफिया जानकारी का सही अर्थ निकालने में गलतियां हुई हैं। लेकिन अब सेना चाहती है और जैसा कि सेनापति वेद प्रकाश मलिक ने कहा–'हमें अपने हाल पर रहने दें।'

सेनापति मलिक को यह इसलिए कहना पड़ा कि विश्व हिंदू परिषद का एक प्रतिनिधिमंडल बीस हजार राखियां ले कर रक्षा मंत्रालय के साउथ ब्लॉक दफ्तर पहुंचा। उस के साथ कई फोटोग्राफर थे और वह सेनापति मलिक से मिलना चाहता था। सेनापति मलिक उसी समय बयान दे रहे थे कि राजनैतिक पार्टियां सेना को अपने हाल पर छोड़ दें। उनने विश्व हिंदू परिषद के प्रतिनिधिमंडल को कहलवा दिया कि इतनी राखियां कारगिल मोर्चे पर पहुंचाना और बंधवाना संभव नहीं है। प्रतीक रूप में कुछ राखियां भेज दी जाएंगी। सेना को राखियां पहले भी भेजी जाती रही हैं। लेकिन इस बार की कोशिश सरासर अवांछनीय थी। देने वाले अपने साथ कई फोटोग्राफर लाए थे जो उनके राखियां सौंपते फोटू खिंचवा कर अखबारों में छपने को भेजने वाले थे। ज्यादातर राखियां भाजपा के चुनाव चिन्ह कमल पर बनी हुई थीं। कांग्रेस चुनाव चिन्ह हाथ की भी राखियां सेना मुख्यालय में आई हैं। यह रक्षा बंधन पर देश के रक्षकों की पार्टी के लिए चुनाव में इस्तेमाल की सस्ती और ओछी कोशिश थी और सेना के अधिकारियों को कतई पसंद नहीं आया कि मोर्चे पर तैनात सैनिकों का ऐसा उपयोग किया जाए।

लेकिन राखियां ले कर रक्षा मंत्रालय में फोटोग्राफरों से लैस हो कर पहुंचे विश्व हिंदू परिषद के प्रतिनिधिमंडल से चार दिन पहले परिषद के स्वनामधन्य नेता—अशोक सिंघल और अपने को आचार्य कहने वाले—गिरिराज किशोर रामचरितमानस की प्रतियां और एअरकंडीशनर ले कर दिल्ली में सेना के अस्पताल पहुंचे। इन नेताओं ने रामचरितमानस और एअरकंडीशनर घायल सैनिकों को भेंट किए। एक दो घायल सैनिकों से कहा गया कि देखो तुम्हें देखने कौन आए हैं और इनके पैर छुओ। नेताओं ने अपने चंदन जैसे चरण कमल भी छुआए और कारगिल में लड़ते हुए घायल हुए सैनिकों के योगक्षेम की जानकारी ली और उनके कुशल मंगल की कामना की। परमवीर चक्र विजेता तोपची योगेंद्र यादव पर इनने ज्यादा ध्यान दिया। जब उससे पूछा गया कि जानते हो कौन तुमसे मिलने आए हैं और उसने इनकार में सिर हिलाया तो आचार्य कहलाने वाले गिरिराज किशोर की ओर इशारा किया गया और उस परमवीर से उनके पांव पड़वाए गए। विश्व हिंदू परिषद के ये नेता कह चुके हैं कि वे भाजपा के लिए हिंदू वोट बैंक बनवाएंगे। भारतीय सेना के कुछ अफसरों ने सेना के सेकुलर चरित्र और संगठन पर इन तथाकथित हिंदू नेताओं से जैसे तिलक लगवाया। अगर कल कुछ मौलवी कुरान शरीफ की कापियां और कूलर ले कर अस्पताल पहुंच जाते तो उनके भी फोटू अखबारों में छपते लेकिन क्या विश्व हिंदू परिषद के यही नेता उन फोटुओं को पचा पाते ? परिषद को सेना के सेकुलर संगठन और चरित्र की समझ न हो लेकिन क्या अस्पताल के अफसर भी नासमझ हैं ?

यही सब देख और सोच-समझ कर चुनाव आयोग ने चुनाव में कारगिल के साथ सेनाओं को न घसीटने का निर्देश दिया था। सेना को कहा था कि वह कोई पहलकदमी न करे और पीछे लौट जाए। उसने रक्षा मंत्रालय को वह वृत्तचित्र भी अक्टूबर के पहले हफ्ते के बाद दिखाने को कहा और जिसमें कारगिल और रक्षा मंत्री के चित्र हैं। चूंकि रक्षा मंत्री इस चुनाव में एक बड़े खिलाड़ी की तरह उतरे हैं इसलिए रक्षा मंत्रालय को और भी सावधानी बरतनी चाहिए।

लेकिन इस के दूसरे दिन ही करनाल में एक चुनावी सभा हुई जिसमें प्रधानमंत्री भी आए थे। सभा के मंच के पीछे एक विशालकाय चित्र लगाया गया था जिसमें टोलोलिंग की चोटी पर जीत की खुशी में सैनिक खड़े थे। पृथ्वी मिसाइल दिखाई गई थी और इससे भी बड़ा पराक्रम यह किया गया था कि थल, जल और वायु सेना के तीनों सेनापतियों को वर्दी में दिखाया गया था और वे विक्ट्री यानी विजय में अपनी दो उंगलियां ऊंची किए खड़े थे। प्रधानमंत्री इस के पहले और बाद भी बार-बार कहते नहीं थकते कि कारगिल में विजय देश की और सेनाओं की हुई है। लेकिन यह विशाल चित्र सेना ही नहीं सेनापतियों को भी विजय का चिन्ह बनाए भाजपा के पीछे खड़ा दिखा रहा था। इस विशाल चित्र और वहां प्रधानमंत्री के कारगिल भाषण पर सख्त एतराज होना ही था और हुआ भी। चुनाव आयोग ने भी इसका नोटिस लिया। भाजपा की तरफ से कहा गया कि वह गलती हो गई। प्रधानमंत्री मंच पर जाते हुए और वहां बैठे हुए उसे देख न पाए क्योंकि वे अपने रक्षकों और पार्टी नेताओं से घिरे हुए थे। लेकिन मंच से उतरते हुए इस चित्र पर उनकी नजर पड़ी और उनने अपनी नाराजगी जताई। भाजपा के नरेंद्र मोदी ने चूंकि माफी मांग ली इसलिए चुनाव आयोग ने मामला वहीं खत्म कर दिया।

पर फिर प्रधानमंत्री गुजरात में कापड़वंज पहुंचे और वहां भी उनकी चुनावी सभा हुई। वहां भी मंच के पीछे एक बड़ा सा कारगिल पोस्टर लगाया गया। कारगिल में शहीद हुए सैनिक दिनेश वाघेला के माता पिता को सभा में बुलाया और प्रधानमंत्री से मिलाया गया। प्रधानमंत्री ने शहीद वाघेला को श्रद्धांजलि के साथ सभा की शुरुआत की। इस चुनाव क्षेत्र से शंकर सिंह वाघेला भी चुनाव लड़ रहे हैं जिनने अपना जीवन भाजपा में बिताया लेकिन अब कांग्रेस के उम्मीदवार हैं। इस पोस्टर और वहां शहीद वाघेला के माता पिता की उपस्थिति पर राज्य के मुख्य चुनाव अधिकारी को शिकायत की गई और उनने वहां के कलेक्टर को कहा कि कार्रवाई क्यों नहीं की गई। इस के पहले इसी प्रधनामंत्री ने राजस्थान के चुनावी दौरे पर सभाओं में ऐसी कई बातें कहीं जो न तो सार्वजनिक तौर पर कही जानी चाहिए न चुनावी सभाओं में उनका जिक्र होना चाहिए। जैसे एक सभा में उनने कहा कि युद्ध अगर लंबा खिंचता तो हमारी जल सेना ने क्या-क्या तैयारियां कर रखी थीं। इस के पहले न नौसेना ने बताया था न अखबारों में छपा था कि जल सेना की क्या तैयारी थी। जब युद्ध या युद्ध जैसी स्थिति में दो सेनाओं की लड़ाई होती है तो सभी सेनाएं अपनी योजनाएं बना कर तैयार रहती हैं। लेकिन क्या ये तैयारियां चुनावी सभा में बताई जाती हैं ? इस प्रधानमंत्री को हुआ क्या है ? चुनाव जीतने के जुनून में इसे न प्रधानमंत्री पद की साधारण जिम्मेदारियों का भान है न वह जानता है कि शपथ ले कर जिन बातों को गोपनीय रखने के लिए वह बाध्य है उन्हें चुनावी सभा में न बताया जाए ?

लेकिन प्रधानमंत्री कारगिल में सेनाओं की भूमिका और वीरता को न सिर्फ 'हमारी विजय' बता कर चुनावी सभाओं में भुनाने की कोशिश कर रहे हैं उनकी बातें और जिन चित्रों पोस्टरों के आगे खड़े हो कर वे कही जा रही हैं उन से सिर्फ यह साबित हो रहा है कि विश्व हिंदू परिषद के छुटभैया नेताओं और उनमें कोई ज्यादा फर्क नहीं है। आप पाएंगे कि चुनाव

आयोग द्वारा निर्धारित आचार संहिता को वे न सिर्फ तोड़ रहे हैं, चुनौती भी दे रहे हैं कि कोई भी आचार संहिता उन्हें सेनाओं को बधाई देने और उनकी विजय पर खुशी मनाने से रोक नहीं सकती। वे यह भी साफ कह रहे हैं कि अगर दूसरी पार्टियां कारगिल में पाकिस्तानी घुसपैठ पर बहुत तीखा आलोचनात्मक रुख अपना कर सरकार को कठघरे में खड़ा कर रही हैं तो वे अपनी विजय की बात क्यों न करें। खुद प्रधानमंत्री ही कहते चले आ रहे हैं कि कारगिल में देश और सेनाओं की जीत हुई है। अगर यह सच है तो वे जिसे हमारी जीत कह रहे हैं वह देश और सेनाओं की नहीं खुद अटल बिहारी वाजपेयी, उनकी सरकार, उनकी पार्टी भाजपा और उनके गठबंधन राष्ट्रीय जनतांत्रिक गठबंधन की जीत है। देश और सेना प्रधानमंत्री, उनकी सरकार पार्टी और गठबंधन में विलीन हो गए हैं। जो प्रधानमंत्री इस प्रकार की समझ पर उतर आए हैं उन्हें चुनाव आयोग और राष्ट्रपति क्या रोक सकते हैं। और क्या चार महीने पहले लोकसभा में पराजित हुआ प्रधानमंत्री, संविधान और राष्ट्रपति और चुनाव आयोग जैसी संवैधानिक संस्थाओं से ऊपर हो सकता है ? और क्या अपने प्रधानमंत्री के रवैये के विरुद्ध सेनाओं और उनके नेतृत्व को अपनी स्थिति ऐसी स्पष्ट करते हुए कभी देखा है ?

आम तौर पर कहा और माना जाता है कि अटल बिहारी वाजपेयी बड़े संजीदा, समझदार और उदार नेता हैं और संघ परिवार के उग्रवादी संगठनों से उनकी न पटती है न वे उन्हें पसंद करते हैं। लेकिन आप पाएंगे कि कारगिल और उसमें सेनाओं के पराक्रम को भुनाने में प्रधानमंत्री न सिर्फ दोमुंही बातें करते रहे हैं उनकी कथनी और करनी में उतना ही फर्क है जितना दोगले चरित्र के लोगों में होता है। वे करनाल के विशाल चित्र से नाराजगी जताते हैं और भाजपा माफी मांगती है। लेकिन दो दिन बाद ही गुजरात के कापड़वंज में कारगिल का पोस्टर लग जाता है और शहीद सैनिक के माता पिता उन से मिलने पहुंच जाते हैं और वे सभा में शहीद सैनिक को श्रद्धांजलि से भाषण शुरू करते हैं। फिर मारवाड़ में नौसेना के ऐसे राज बता देते हैं जो पता नहीं कैबिनेट मीटिंग में भी बताए गए हैं या नहीं। फिर इंदौर में वे साफ कह देते हैं कि कोई आचार संहिता उन्हें अपनी जीत का बखान करने से रोक नहीं सकती। क्या ऐसे अटल बिहारी वाजपेयी को उदार, समझदार और जिम्मेदार प्रधानमंत्री कहा जा सकता है ? क्या छवियां और मूरतें सचाई को मुखौटे में दबाने के लिए बनाई जाती हैं ? अटल जी आपके यहां चुनावी सभा करें तो जरा पूछना। भूलना मत।

(29.8.1999)

ना, निरापद कोई नहीं है

अब अटल जी के मर्म पर चोट पहुंची है। और वे लगभग चीखते हुए कह रहे हैं कि निजी हमलों से चरित्र हनन बंद करो। उनका दुख और उनकी निराशा समझी जा सकती है। चुनावी राजनीति में आधी सदी बिता लेनेवाले इस भाजपाई अनुभववृद्ध योद्धा के बारे में सार्वजनिक रूप से ऐसी बातें उछाली जा रही हैं जो पहले के किसी चुनाव अभियान में कही नहीं गई थीं। मुझे उन से सहानुभूति है लेकिन यह भी मेरे मन में आता है कि अटल जी जिन छुटभैयों को राजनैतिक झाड़ बुहार के लिए रखते हैं और जिनकी सोहबत में रहते हैं वही उनके कांच के घर पर गिर रहे पत्थरों के लिए जिम्मेदार हैं।

आज अगर अटल जी के निजी जीवन के बखिए उधेड़े गए हैं तो इसलिए भी कि अपने जिन सहयोगियों की करतूतों पर आंख फेर कर वे दूसरी तरफ देखने लगे हैं उन्हें दूसरों के निजी जीवन को कीचड़ में रगड़ते हुए रोका नहीं गया। इन छुटभैयों को समझ नहीं आता कि दूसरों के कपड़े उतारोगे तो तुम्हें भी नंगा कर के घुमा दिया जाएगा। इन्हें रोकने और मर्यादा में रखने की जिम्मेदारी भी अटल जी की थी और है। और यह भी कि आप जैसे सफाई सेवक और शील रक्षक अपने लिए चुनते हैं या रखने के लिए मजबूर हैं उन से आपके अपने चरित्र की भी पोल खुलती है। सर्वोच्च पद पर बैठने के बाद अटल बिहारी वाजपेयी के आसपास भी ऐसे ही लोग जमा हुए और उनने खुद भी ऐसे लोग चुने जो प्रधानमंत्री बनने वाले लगभग सभी नेताओं को बदनाम और पतित करने के लिए जिम्मेदार रहे हैं। अटल जी से कहीं अधिक सत्तावान और दृढ़ चरित्र नेताओं को उनके छुटभैयों ने किनारे लगा दिया है। अपने को और अपने पद को ऐसे लोगों से बचाने का दायित्व भी वाजपेयी जी का है और चूंकि उनने इसे ठीक से निभाया नहीं इसलिए उन्हें जीवन के मर्म तक उधेड़ दिया गया है।

कांग्रेस के प्रवक्ता कपिल सिब्बल ने अटल जी के निजी जीवन पर गुलाम नबी आजाद के हमले की वैसे ही भर्त्सना कर दी है जैसी खुद प्रधानमंत्री ने सोनिया गांधी पर प्रमोद महाजन और जॉर्ज फर्नांडीज की टिप्पणियों की कर दी थी। अभी तक यह तो पता नहीं चला है कि गुलाम नबी आजाद ने अपनी बातों का बचाव उसी घामड़ तरीके से किया है या नहीं जैसे प्रमोद महाजन और जॉर्ज फर्नांडीज ने किया था। आजाद ने जिस ईनाडु टीवी पर अपने उच्च विचार प्रकट किए वह कार्यक्रम तो मैंने नहीं देखा। पढ़ने में यही आया है कि गुलाम नबी आजाद जो कांग्रेस के महासचिव हैं और कई कांग्रेसी सरकारों में मंत्री रह चुके हैं भाजपाई प्रमोद महाजन से कोई ज्यादा पीछे नहीं हैं। आजाद ने इस टीवी कार्यक्रम में कहा–हमें अब प्रधानमंत्री से भी पूछना होगा कि विवाह किए बिना भी उनका कोई दामाद कैसे हो गया ?

किसका दामाद ? किसकी शादी किससे हुई है ? ये सवाल उतने विस्फोटक तो नहीं हैं जितने प्रमोद महाजन ने पूछे हैं कि विदेशी को ही प्रधानमंत्री बनाना हो तो टोनी ब्लेयर या बिल क्लिंटन या मोनिका लुइन्स्की को ही क्यों नहीं ? या जॉर्ज फर्नांडीज का सोनिया गांधी को सिर्फ मादा बना देना कि देश की सौ करोड़ आबादी में दो बच्चे जोड़ देने के अलावा उनका योगदान क्या है ?

गुलाम नबी आजाद भूल गए हैं कि अपने यहां संतानहीन स्त्री पुरुष ही नहीं कुंआरे पुरुष और कुंआरी महिलाएं भी बच्चों को गोद लेती हैं और पूरे के पूरे परिवार को अपना लेती हैं। अटल जी ने अगर किसी परिवार को अपना लिया तो उस के नाते-रिश्ते भी उनके अपने हो ही जाते हैं। आजाद से पूछा जाना चाहिए कि जब गंगा पुत्र देवव्रत ने आजन्म ब्रह्मचारी रहने की प्रतिज्ञा कर ली थी तो वे कुरू वंश के पितामह कैसे हुए और भारतीयों की सामूहिक स्मृति में भीष्म पितामह कैसे बैठे हुए हैं। ऐसा भी नहीं है कि कश्मीर की सामूहिक स्मृति में महाभारत न हो। आखिर संस्कृत के पठन-पाठन का बहुत बड़ा और प्रसिद्ध केंद्र श्रीनगर रहा है और वहां के लोगों ने भले ही इसलाम स्वीकार कर लिया हो, धर्म बदलने से लोगों की स्मृति और पुराण थोड़े बदल जाता है ? आजाद अपनी धरोहर को अपनी परंपरा को और अपनी सामूहिक स्मृति को इसी तरह लांछित कर रहे हैं जैसे प्रमोद महाजन और जॉर्ज फर्नांडीज ने की है। या वे लोग कर रहे हैं जो जयललिता को विषकन्या और सोनिया गांधी को शूर्पनखा और कांग्रेस को रावण कह रहे हैं। और यह सब चुनाव जीतने के लिए कर रहे हैं और भूल रहे हैं कि इस देश का वोटर विषकन्या और शूर्पनखा को ही नहीं मोनिका लुइन्स्की को भी समझता है।

मैंने नहीं कहा कि अटल बिहारी वाजपेयी भारतीय राजनीति या संघ परिवार के भीष्म पितामह हैं। स्वयं भीष्म पितामह भी जब द्रौपदी का चीरहरण नहीं रोक पाए और भरी सभा में द्रौपदी के सवालों का जवाब उन से देते नहीं बना और चुपचाप सिर झुकाए बैठे रहे तो संघ परिवार के प्रहारों से सोनिया गांधी को अटल जी क्या बचा सकते हैं ? फिर यह भी याद रखना चाहिए कि अटल बिहारी वाजपेयी खुद भी संघ के संकीर्ण अतिनैतिकतावादी लोगों के खुसुर-पुसुर अभियान के शिकार रहे हैं। उनके निजी जीवन को ले कर संघ परिवार ने उन पर कोई कम दबे-छुपे वार नहीं किए हैं। वह तो अटल जी अगर भारतीय राजनीति और सार्वजनिक जीवन में इतने सम्मान्य, स्वीकार्य और लोकप्रिय नहीं होते तो उन्हें संघ परिवार मजबूरी में भी बरदाश्त नहीं करता। खुसुर-पुसुर का चरित्र हनन अभियान चलाने में संघ परिवारी नेता गुलाम नबी आजाद या राजेश खन्ना से कहीं अधिक कुशल और चतुर हैं। संघ परिवार में कथित मूल्यनिष्ठ स्वयंसेवकों में अटल जी की वह ख्याति और स्वीकार नहीं है जो देश के आम लोगों में है। भारत के लोग अपने नेताओं के प्रति बहुत उदार और उनको माफ कर देने वाले हैं। नहीं तो जवाहर लाल नेहरू या इंदिरा गांधी या राममनोहर लोहिया के निजी जीवन में ऐसा बहुत कुछ था जिसे पानी में डाल कर कीचड़ मचाया और उछाला जा सकता था। इसकी दबी छुपी कोशिश करने वाले क्षुद्र और हताश लोगों की भी कमी नहीं रही है। फिर भी इन नेताओं के निजी जीवन विकृति में रस लेने के वैसे सार्वजनिक शगल नहीं बने जैसे राजकुमारी डयाना, राष्ट्रपति क्लिंटन और राष्ट्रपति केनेडी के इंग्लैंड और अमेरिका में

बने। इसका मतलब यह नहीं कि हमारे देश में जीवन में विकृतियाँ नहीं हैं या हम पाखंडी हैं और उन्हें दबाना बहुत अच्छी तरह जानते हैं। इसका मतलब यही कि हम अपने चड्डी-बनियान, धोती और साड़ी घाट पर धोने, सुखाने और दिखाने के आदी नहीं हैं।

इसलिए अटल जी ने भी जब आजाद की बातों पर पीड़ा में टिप्पणी की तो उनने कहा कि इतने वर्षों के सार्वजनिक राजनैतिक जीवन में उनके निजी और पारिवारिक जीवन के बारे में ऐसी बातें कभी कहीं नहीं गई थीं। 'मैंने जवाहर लाल नेहरू, इंदिरा गांधी और राजीव गांधी के जमाने में कांग्रेस के नेताओं से बहुत नजदीकी मेलजोल और मुठभेड़ की है। उन से मेरे राजनैतिक मतभेद भी बहुत रहे हैं। लेकिन इस प्रकार के चरित्र हनन की कोशिश उनने कभी नहीं की। अब के कांग्रेसी नेताओं को बातें सुनता हूं तो मुझे लगता है कि तब की कांग्रेस से इनका कोई तलछटी वास्ता भी रह गया है या नहीं।' अटल जी के मुख से निकली यह बात राजनैतिक संस्कृति के अच्छे दौर के पतन पर उनके दुख को ही अभिव्यक्त करती है। आखिर जवाहर लाल ने ही अपना मृत्यु लेख लिखते हुए बताया था कि इस देश की जनता अपने नेताओं के प्रति कितनी सहनशील और उदार होती है और उन्हें कितना लाड़ लड़ा कर उनके सौ अवगुण भी माफ करती है। सूरदास ने तो कृष्ण भगवान से कहा था कि मेरे अवगुण चित न धरो। कोई नेता भारत के लोगों से कहे या न कहे लेकिन जनता उस के अवगुण चित नहीं धरती है। एक सौ आठ गुनाह माफ कर देने के बाद ही उसे सिंहासन से उतार कर पटरी पर बैठाती है। चूंकि देश के लोगों का ही यह रवैया है इसलिए हमारी राजनीति में व्यवहार के स्तर पर शालीनता और आपसी सम्मान का वातावरण रहा है। इस चुनाव में वह स्तर गिरा है और किसी का भी बाजू निचले और छुपे हमले से बचा नहीं है। जिस दिन सोनिया गांधी की तुलना मोनिका लुइन्स्की से होने लगी उसी दिन यह अवश्यंभावी हो गया था कि अटल जी का निजी जीवन विवादहीन गोपनीय और पवित्र नहीं होगा। रंजन भट्टाचार्य अटल जी के जंवाई कोई मार्च 98 के बाद नहीं हुए हैं। लेकिन जब वे सौदों और घोटालों में देखे गए तभी उन पर प्रश्नचिन्ह लगा। संजय गांधी से इंदिरा जी अपने प्रधानमंत्रित्व को नहीं बचा पाई तो अटल बिहारी वाजपेयी रंजन भट्टाचार्य से कैसे बचा लेते ? नहीं बचा पाए इसलिए संजय गांधी के कारण इंदिरा गांधी के प्रधानमंत्रित्व की जो थुक्का-फजीहत हुई वही अटल जी की हो रही है। दोष दामाद रंजन भट्टाचार्य का नहीं स्वयं अटल बिहारी वाजपेयी का है।

प्रधानमंत्री कार्यालय, भाजपा और गठबंधन के अटल समर्थक कहेंगे कि रंजन भट्टाचार्य और प्रमोद महाजन की मिलीभगत का रत्ती भर सबूत नहीं है। इंदिरा गांधी और तब के कांग्रेसियों ने ही कहां माना था कि संजय गांधी एक असंवैधानिक शक्ति केंद्र की तरह सक्रिय हैं। राजीव गांधी ने कब माना था कि कि बोफर्स के मामले में कमीशनखोरी हुई है ? लेकिन क्या जनता पार्टी की सरकार सबूत इकट्ठे कर के संजय गांधी की दखलंदाजी साबित कर पाई ? विश्वनाथ प्रताप सिंह ग्यारह महीने प्रधानमंत्री रहे। बोफर्स का सच वे कहां निकाल कर स्थापित कर पाए ? अटल बिहारी वाजपेयी तेरह महीने जनादेश से और पांच महीने कामचलाऊ हैसियत से प्रधानमंत्री हैं। उनकी सरकार में राम जेठमलानी जैसे वकील और जांचकर्ता हैं। क्यों इन महीनों में एक नया सबूत बोफर्स पर नहीं निकल पाया ? कटरोची पर

कार्रवाई क्यों नहीं हो सकी ? अगर आप बोफर्स और संजय के असंवैधानिक हस्तक्षेप को साबित नहीं कर सकते तो टेलीकाम या चीनी घोटाले पर सबूत किसलिए मांग रहे हैं ? बोफर्स का घोटाला अगर साबित नहीं कर पाए तो टेलीकाम और चीनी और गेहूं पर कैसे बचाव करेंगे ? जैसे संजय और राजीव के मिलीभगत के आरोप थे वैसे ही रंजन भट्टाचार्य और प्रमोद माहजन पर हैं। अटल बिहारी वाजपेयी ने ऐसी कौन-सी विशेष सावधानी बरती कि अपने माने या गोद लिए गए रिश्तेदारों को अपने सरकारी आवास और कार्यालय से बाहर रखते। अगर आप भी वही सब होने देते या करते हैं जो बदनाम प्रधानमंत्री करते रहे हैं तो आप कोई भगवान तो नहीं हैं ? फिर इस देश में तो उन्हीं उदार और लाड़ लड़ाने वाले लोगों ने न राम को छोड़ा न कृष्ण को। न शिव को छोड़ा न ब्रह्मा को। कोई तिजोरी ऐसी नहीं है जिसे खोल कर लोगों ने कंकाल न निकाल लिए हों।

फिर अटल जी ने क्यों प्रमोद महाजन को सोनिया गांधी के विदेशी मूल को मोनिका लुइन्स्की से जोड़ने से नहीं रोका ? विदेशी मूल के प्रधानमंत्री की बात से बेचारी मोनिका लुइन्स्की कहां जुड़ती हैं ? कोई बहुत कल्पनाशील राजनेता भी सोनिया गांधी की चर्चा में मोनिका लुइन्स्की को नहीं ला सकता। वे राजनीति और विदेशी मूल से जुड़ती ही नहीं हैं। विकृति में रस लेने की इच्छा के अलावा मोनिका हमारी चुनावी बहस में आती ही नहीं। सोनिया गांधी को प्रधानमंत्री बनने से जरूर रोकिए लेकिन मोनिका लुइन्स्की को उन से जोड़ कर नहीं। फिर जॉर्ज फर्नांडीज हैं जो बेचारे नहीं जानते कि हम सब जीवन में हमेशा ही एक जैविक भौतिक स्तर पर भी जीते हैं और हमारा चाहे जितना बौद्धिक और आध्यात्मिक योगदान हो भौतिक योगदान होता ही है और उस के बिना दूसरे योगदानों की कोई जमीन नहीं बनती। आप चाहें तो जॉर्ज फर्नांडीज और उनकी पूर्व पत्नी लैला कबीर और वर्तमान मित्र जया जेटली के जैविक, भौतिक योगदान तक उन्हें सीमित कर सकते हैं। लेकिन तब क्या आप अपने राजनैतिक और सार्वजनिक जीवन को सूअरबाड़े में नहीं बदल देंगे ? अटल जी हमारे राजनैतिक जीवन को जो सूअरबाड़ा बना रहे हैं उन्हें भी रोकिए और तब ही नहीं जब आपके निजी जीवन के बखिए उधेड़े जाएं। तब तो वह आत्मरक्षा का अभियान होगा। इस के पहले और सार्वजनिक जीवन की महत्ता के लिए इसे पहले ही रोकना चाहिए था। अटल जी ने नहीं रोका। क्योंकि अटल जी जिसके खिलाफ होते हैं वह भी संघ परिवारी करें तो उसे रोक नहीं सकते बल्कि उसे उचित ठहराने लगते हैं। जैसे वे बाबरी मस्जिद के गिराए जाने के खिलाफ थे लेकिन संघ परिवार के लंडूरों ने गिरा दी तो अटल जी कहने लगे कि गांधी जी भी देश के विभाजन के खिलाफ थे। लेकिन हो गया तो उनने उसे स्वीकार किया कि नहीं। अटल जी का कूट तर्क नहीं देखता कि गांधी जी देश का विभाजन करने वाले खुद नहीं थे न उनने उसे हार कर स्वीकार किया।

भवानी प्रसाद मिश्र की एक मशहूर कविता है। कवि कहलाने वाले प्रधानमंत्री को याद होगी—ना निरापद कोई नहीं है, ठीक आदमकद कोई नहीं है, न तुम, न मैं न वे, न वे, न तुम न मैं।

(5.9.99)

मधु लिमये

जो माना और सोचा सो किया मधु लियये सा कौन जिया?

चंपा ताई को कंधे से पकड़ कर मधु जी की कुर्सी पर बैठाया तब तो गला ही रुंधा था। लेकिन जब अंदर के कमरे से लाड़ली जी हिरसते हुए आए और जोर से लगे लग कर कंधे पर सिर रखे रोने लगे और बार-बार कातर हो कर कहने लगे कि अब मैं बिलकुल अकेला रह गया– तो मेरा भी बांध टूट गया। हम दोनों एक दूसरे से लिपटे सुबकते और सिसकते रहे। शायद हमारे राम बहादुर राय के सुझाने पर राजकुमार जैन ने हमें अलग किया और चंपा ताई के कहने पर लोग लाड़ली मोहन निगम को फिर अंदर ले गए।

बहुत मुश्किल से और काफी पानी पीने के बाद मैं अपने को इस लायक कर पाया कि बातचीत कर सकूं। चंपा ताई और कई लोगों की तुलना में ज्यादा संयमित और अपने को ठीक से समेटे हुए थीं। मैं अपराधी की तरह उन्हें बताता रहा कि किस तरह रविवार की दोपहर ही इंदौर गया था और सोमवार की सबेरे से हवाई अड्डों पर विमान से टप्पे खाते-खाते तभी दिल्ली पहुंच पाया जब मधु लिमये का अंतिम संस्कार हो चुका था।

उन्हें बता देने से अपराध तो कोई घट नहीं जाना था। फिर भी मन में यह बात कचोटती रही कि मधु लिमये को आखिरी बार देख तक नहीं पाया। शायद अपना कर्मफल ही अपने को ऐसी जगह और ऐसे मौके से दूर भटकाता रहता है जहां हो न पाने का मलाल अपने को उम्र भर रहे। नियति शायद कोई कांटा गड़ा हुआ छोड़ देना चाहती है ताकि उसकी कसक बनी रहे।

फिर लाड़ली जी थोड़े ठीक हो कर आ गए और पास में तखत पर बैठ गए। उन से बात करते-करते और सिर झुकाए मैं अपने दिल की धड़कनें सुनते हुए और उसमें होने वाली गड़बड़ियों से घबराता रहा। अपने को याद दिलाता रहा कि दिल के एक-दो दौरे खाने वाले लाड़ली जी तो तीन दिन से इतनी परेशानी में हैं और फिर भी अपनी बात कहने पर तुले ही हुए हैं। मुझे क्यों घबराना चाहिए। लेकिन सच कहूं, मुझे वहां बैठना और बातें करना बहुत भारी पड़ रहा था। नहीं जानता कि मुझे अपने से परेशानी थी या चंपा ताई की या लाड़ली जी की। जब सबने कहा कि अब चलना चाहिए तो मैं राहत में उठा और पहली बार चंपा जी और लाड़ली जी ने अनिरुद्ध से मिलाया।

जब उनके इकलौते बेटे से ही पहली बार उनकी मृत्यु के दूसरे दिन मैं मिल पाया तो इससे आप समझ ही सकते हैं कि मधु लिमये से अपना कितना कम घरोपा रहा होगा। वहां के ज्यादातर लोग उसे पोपट कह रहे थे और दूसरे दिन शोक सभा में भी कई लोगों ने इसी नाम से उसे याद भी किया। मुझे यह अपने को बार-बार कहना पड़ रहा था कि पोपट उस के प्यार का नाम है और ये सारे लोग मधु लिमये के ऐसे अंतरंग रहे होंगे कि चाहकर भी उसे अनिरुद्ध नहीं कह पाते। अपनी ऐसी अंतरंगता मधु लिमये से नहीं रही।

मधु लिमये मानते हैं कि मोरार जी देसाई, उनकी कांग्रेस और जनसंघियों में अपवित्र गठबंधन हो गया है जिसे तोड़ना मधु जी को अपना पवित्र कर्त्तव्य लग रहा है। फिर पाया कि मोरार जी की सरकार गिर गई और चरण सिंह जो प्रधानमंत्री हुए तो इस तोड़फोड़ और जोड़तोड़ में मधु लिमये की बड़ी भूमिका रही। इंदिरा जी की वापसी के साल भर बाद तक भी अपन चंडीगढ़ ही रहे और इस सारी उथल-पुथल के बारे में अपनी जानकारी सुनी हुई और पढ़ी हुई है।

मधु लिमये से मधुरता का पहला धागा कुमार गंधर्व की षष्ठिपूर्ति के समारोह के दौरान बंधा। कुमार जी के निजी और सार्वजनिक कार्यक्रमों में उन्हें देखा तो सन् उनहत्तर से था और जानता भी था कि ये कुमार जी के संगीत के दरदी हैं। लेकिन इस समारोह में लगा कि एक और बिरादरी है जिस में हम दोनों हैं—कुमार जी के संगीतप्रेमियों की बिरादरी। तब हमारा जनसत्ता भी निकलने लगा था और मधु जी के व्यवहार और इधर-उधर की टिप्पणियों से आभास होता था कि वह उन्हें अच्छा लग रहा है। फिर भी ऐसा नहीं हुआ कि अपन उनके घर बहस करने पहुँच जाते हों या कहीं मिल जाएं तो लंबी बातचीत हो जाती हो। अखबार में लिखवाने के लिए भी उनके पीछे नहीं पड़ा। हमेशा यही लगता रहा कि जब भी उनकी इच्छा होगी वे अपना समझ कर लिखेंगे ही।

टेलीफोन पर भी मधु जी से बातचीत काफी बाद में शुरू हुई और मिलना-जुलना तो बढ़ा छह दिसंबर बानवे के बाद ही। छह दिसंबर के धतकरम पर उन्होंने कहा था—'मुझे लगा कि यह सब देखने-सुनने के लिए मैं जिंदा क्यों हूं ? मुझे पहले ही मर जाना चाहिए था।' उस दिन उनका अस्थमा बहुत बिगड़ा हुआ था और वे बड़ी मुश्किल से सांस ले रहे थे। मुलगावकर को भी मैंने ऐसी ही हालत में देखा था। उनके भी फेफड़े मधु जी के फेफड़ों की तरह जवाब दे गए थे। वे भी दिन में चार बार नेबुलाइजर (सांस के साथ फेफड़ों को कुछ खोलने वाली दवा देने की मशीन) लेते थे। मुलगावकर ऑक्सीजन की नली लगाए रखते थे पर मधु जी उस तक नहीं पहुंचे थे। लेकिन मधु जी की पीड़ा शरीर की पीड़ा नहीं थी। साफ लगता था कि उनकी वैचारिक आत्मा जैसे सांस नहीं ले पा रही है। मधु लिमये का कहना कि यह सब देखने के लिए मैं जिंदा क्यों हूं मुझे ऐसी बुरी तरह से झकझोर गया कि वे आंखें, वह चेहरा और वह आवाज जैसे मृत्यु का आह्वान कर रही हो। उस दिन मुझे लगा कि निष्ठा कितनी गहरी चीज़ होती है और उस के टूटने की नौबत किस तरह आदमी को व्यर्थ कर के आत्मधिक्कार में उतार देती है। उस दिन तक मधु लिमये अपनी बिरादरी में लगते थे। उस दिन वे अपनी आहत आत्मा की पथरायी हुई प्रतिमूर्ति लगे।

तब से उनका लिखा पढ़ कर मैं अक्सर फोन करता और अच्छी बातें होती। कभी मैं उनके लिए मालपुआ और नमकीन ले जाता। चंपा ताई ने कहा था कि उन्हें मालपुए अच्छे लगते हैं। एक बार मेरी बहुत इच्छा हुई कि वे और चंपा जी मेरे सामने बैठ कर खाएं लेकिन घर में दूसरे और लोग थे। फिर एक बार उनने फोन पर कहा कि वे मालपुए नहीं खाना चाहते क्योंकि चंपा ताई को डायबिटिज़ है और वे नहीं खा सकतीं इसलिए मैं भी नहीं खाना चाहता। कुछ ले कर न जाना हो तो कोरा-कोरा लगता इसलिए बहुत कम भी हो गया।

लेकिन दिसंबर के विधानसभा चुनाव के बाद हिंदू में उनका लेख पढ़ा और मैंने फोन किया। बातचीत के आखिर में उनने कहा कि जगह-जगह सूबेदारों का उठना उन्हें कोई ठीक

बात नहीं लगती। ये सूबेदार एक साथ बैठ देश नहीं चला सकते। इन पर कोई राष्ट्रीय अनुशासन और जिम्मेदारी नहीं हो सकती। यह कोई सकारात्मक दिशा नहीं है। विखंडन है। इस साल के पहले हिंदू की संडे मेगज़ीन में उनका लेख पढ़ कर फिर फोन किया। उनकी आवाज़ ठीक लगी। बताया कि तबीयत अच्छी है। चंपा ताई गई हुई है। देखभाल कौन करता है ? शोभन है। शाम को आता है। यहीं सोता है। आजकल नेबुलाइज़र कितनी बार लेते हैं ? दो बार। यानी तबीयत ठीक है। हां काफी ठीक है। तो ठीक है, मैं आता हूं। आइए। मैं नहीं जा सका न उन्हें आखिरी बार देख सका। मधु लिमये थे तो लगता था कि अपनी निष्ठाओं, आस्थाओं और अपने सिद्धांतों पर जिया जा सकता है। समझौता करने और जीते जी अपने को खोने की जरूरत नहीं है। मधु जी ने भारत छोड़ो आंदोलन में भाग लिया और गोवा की पुर्तगाली राज से मुक्ति तक आजादी की लड़ाई लड़ते रहे। लेकिन स्वतंत्रता संग्राम सेनानी होने का ताम्रपत्र तक नहीं लिया, पेंशन लेने की तो बात ही नहीं उठती।

(15.1.95)

क्या यह हम पर उस गांधी की आत्मा का शाप है?

बहस पुरानी है। कोई सैंतालीस साल पुरानी। मधु लिमये की अंत्येष्ठि ने लेकिन इस के मुख्य सवाल को एक बार फिर उठा दिया है। किसी व्यक्ति का अंतिम संस्कार उसकी आस्था और इच्छाओं के अनुसार किया जाए या उस के परिजनों और मित्रों की भावनाओं और हैसियत के अनुसार।

जो 'गया' वह तो चला गया। उसे देखने, मंजूर करने या उससे नाराज और दुखी होने के लिए अब वह इस संसार में नहीं है। इसलिए जाने वाले के पार्थिव शरीर का आप क्या कर रहे हैं या उस के लिए क्या कर और क्या नहीं कर रहे हैं, इससे उसका कोई लेना-देना नहीं है। आप जो भी कर रहे हैं अपने लिए कर रहे हैं और उसका फलित आप ही को मिलना है। यानी आप जो भी कर रहे हैं वह जाने वाले के लिए नहीं आप जो जीवित छूट गए हैं उसी के लिए है।

ठीक होते हुए भी इस दलील को आप बहुत दूर नहीं ले जा सकते। अगर आप आत्मा को अजर अमर मानते हैं और मानते हैं कि शरीर तो मात्र एक वस्त्र है जिसे पुराना पड़ जाने और जर्जर हो जाने के बाद आत्मा छोड़ देती है और नए वस्त्र की तरह नया शरीर पहन लेती है तो मृत्यु के साथ सब कुछ समाप्त नहीं हो जाता। मृत्यु के साथ आत्मा की अनंत यात्रा का मात्र एक पड़ाव पूरा होता है और नया शुरू होता है। ऐसा अगर है तो आत्मा भले ही नए शरीर में प्रवेश कर गई हो वह देखती रह सकती है कि मेरे पिछले जन्म के परिजन मेरे लिए और मेरी याद में क्या कर रहे हैं। इसलिए जाने वाले के प्रति अपने कर्त्तव्यों से आप कभी मुक्त हो ही नहीं सकते। आप को ध्यान तो रखना होगा कि आप उस के प्रति उत्तरदायी हैं और उस के प्रति सच्चे हुए बिना आप उसकी धरोहर के अधिकारी नहीं हो सकते।

इसलिए सांसारिक अर्थों में ही नहीं आत्मिक अर्थ में भी जानेवाले के प्रति आप को सच्चा तो होना पड़ेगा और ऐसा आप उसकी आस्था और इच्छाओं के अनुसार उनका पालन कर के ही हो सकते हैं। इसीलिए सवाल उठता है कि जिन मधु लिमये ने उम्र भर राजकीय व्यवस्था और तामझाम से अपने को निश्चय और निर्णयपूर्वक अलग रखा क्या उन्हें अंतिम यात्रा पर ले जाने के पहले गारद की सलामी दी जानी चाहिए थी। क्या उन्हें उत्तर प्रदेश सरकार की तरफ से लाए गए गाजियाबाद के खुले ट्रक में रख कर ले जाना चाहिए था ?

मधु लिमये के कई मित्र और परिजन नाराज और दुखी हैं कि कम से कम तीन पार्टियों की तरफ से कोशिश की गई कि उनके शव को अपने झंडे में लपेट कर ले जाया जाए। जनता दल, समता पार्टी और समाजवादी पार्टी। इन तीन में से दो पार्टियों की सरकारें हैं। जनता दल की बिहार, ओडीशा और कर्नाटक में और समाजवादी पार्टी की उत्तर प्रदेश में। जॉर्ज फर्नांडीज की समता पार्टी की अभी कोई सरकार नहीं है। बिहार की जनता ने चाहा तो मार्च

के चुनाव के बाद बन सकती है। ये तीनों ही पार्टियां मधु लिमये के दलगत राजनीति से संन्यास लेने के बाद बनी हैं हालांकि दोनों ही उनकी वैचारिक और राजनैतिक कर्म की धरोहर पर अपना कुछ न कुछ अधिकार जता सकती हैं।

फिर भी सच है कि ह्यूस्टन, अमेरिका में सन् बयासी में जब डॉक्टरों ने उनकी एंजियोग्राफी करने, एक धमनी को पूरी तरह अवरोधित और दूसरी को सिर्फ एक चौथाई खुली पाने और फिर भी फेफड़ों को बहुत कमजोर पा कर बायपास सर्जरी करने से इनकार कर दिया तो मधु लिमये के लिए अनिवार्य हो गया कि वे अपनी जीवनशैली बिलकुल बदल लें इसलिए वहीं से उन्होंने जॉर्ज फर्नांडीज को पत्र लिखा और दलीय राजनीति से संन्यास ले कर सभी पार्टियों से अपना संबंध तोड़ लिया। उस के बाद से वे किसी भी पार्टी के मेंबर, नेता और कार्यकर्त्ता नहीं हुए। इसलिए कोई भी पार्टी अपनी विचारधारा और कार्यक्रम को मधु लिमये के चाहे जितना निकट पाए वह उनके शव को अपने झंडे में लपेट कर ले जाने की अधिकारिणी नहीं हो सकती। कहने को तो केंद्रीय मंत्री भुवनेश चतुर्वेदी ने भी उनकी शोक सभा में कहा कि हिंदुस्तान टाइम्स में छपा उनका अंतिम लेख तो कांग्रेस के लिए लास्ट टेस्टामेंट की तरह है। लेकिन क्या कांग्रेस मधु लिमये पर अपना कोई अधिकार जता सकती है ?

फिर जानने वाले जानते हैं कि अपने आखिरी वर्षों में मधु लिमये देश की सभी राजनैतिक पार्टियों से कितने निराश हो गए थे। देश के समाजवादी आंदोलन की धरोहर से अपने को जोड़ सकने वाले जनता दल से तो उनकी निराशा का कोई पारावार ही नहीं था। मुलायम सिंह यादव की समाजवादी पार्टी से भी वे कोई उम्मीद नहीं रखते थे हालांकि मुलायम सिंह से राजनीति पर मित्रवत बातें करते थे और मांगी जाती थी तो सलाह भी देते थे। लेकिन जिस बहुजन समाज पार्टी के साथ मिल कर मुलायम सिंह उत्तर प्रदेश में राज कर रहे हैं उस के महात्मा गांधी के प्रति रवैये से वे बहुत दुखी और क्षुब्ध थे। गांधी पर मायावती के उच्च विचारों से तो उन्हें बहुत पीड़ा रही।

जॉर्ज फर्नांडीज के साथ बैठ कर वे आज की राजनैतिक परिस्थिति पर निश्चित ही लंबी बातचीत करना चाहते थे। जॉर्ज से उनके निजी संबंधों की मधुरता में भी कोई कमी नहीं आई थी। लेकिन ऐसा मानने का कोई कारण नहीं है कि जॉर्ज की समता पार्टी में उनका कोई विश्वास था या उससे कोई करीबी वे महसूस करते थे। जिस कांग्रेस के कायाकल्प और पुनर्जीवन को वे देश के लिए जरूरी मानने लगे थे वह भी आज की या इंदिरा कांग्रेस नहीं है। वे गांधी वाली कांग्रेस के पुनर्जन्म की आकांक्षा कर रहे थे। मधु लिमये आज की क्षेत्रीय पार्टियों और उनके नेताओं से तो और भी निराश थे। एक जनवरी के हिंदू में लिखे लेख में तो इन नेताओं को उन्होंने सूबाई 'वारलार्ड्स' कहा था और उनका निष्कर्ष था कि ये सूबेदार मिल कर कोई राष्ट्रीय सरकार नहीं बना सकते क्योंकि इनकी निजी महत्त्वाकांक्षाएं किसी भी राष्ट्रीय अनुशासन को मंजूर नहीं करेंगी और इनमें किसी वृहत्तर राष्ट्रीय लक्ष्य को समर्पित होने की विनम्रता और योग्यता नहीं है।

इस वस्तुस्थिति में किसी भी पार्टी या नेता का उन पर कोई राजनैतिक अधिकार नहीं हो सकता। इसीलिए मधु लिमये के मित्रों को बुरा लगा कि उत्तर प्रदेश के मुख्यमंत्री मुलायम सिंह

यादव ने राजकीय सम्मान के साथ उनका अंतिम संस्कार करने की कोशिश की। मुलायम सिंह अपने को समाजवादी कहने में गर्व करते हैं और मानते हैं कि वे जो भी कर रहे हैं गांधी और लोहिया के अनुसार ही कर रहे हैं। इसमें भी कोई संदेह नहीं कि मधु लिमये को वे अपना अग्रज और वैचारिक गुरु मानते थे और उनके प्रति उनके मन में बहुत सम्मान था। वे उत्तर प्रदेश के मुख्यमंत्री हैं और किसी भी मुख्यमंत्री की तरह उनकी भी इच्छा हो सकती है कि उनकी सरकार का झंडा और शस्त्र उस व्यक्ति के प्रति सम्मान में झुक जाए जिसे वे अपना गुरु मानते थे।

अब अगर उत्तर प्रदेश होता तो मुलायम सिंह निश्चित ही पूरा मुख्यमंत्रित्व दिखाते लेकिन मधु लिमये का इलाज राम मनोहर लोहिया अस्पताल में हुआ और नई दिल्ली में ही उन्होंने आखिरी सांस ली। उनकी पत्नी, पुत्र और मित्रों ने तय किया कि नई दिल्ली के विद्युत शवदाह गृह में ही उनका अंतिम संस्कार किया जाए। जिस पंडारा रोड इलाके में वे रहते थे वहीं के कम्युनिटी सेंटर में उनका पार्थिव शरीर अंतिम दर्शन या बिदाई के लिए रखा गया। वहां से जब अंतिम यात्रा के लिए उन्हें ले जाया गया तो मुलायम सिंह के भिजवाए हुए ट्रक पर उनका शव रखा गया और उत्तर प्रदेश पुलिस की गाजियाबाद से आई टुकड़ी ने शस्त्र उलटे कर के उन्हें आखिरी सलामी दी। शायद लास्ट पोस्ट की धुन भी बिगुल पर बजाई गई होगी। उत्तर प्रदेश की राजधानी या कोई शहर होता तो यही सब बड़े पैमाने पर और अच्छी तरह होता। देखने वालों का कहना है कि गाजियाबाद से आए पुलिसवाले चौकीदारों के जैसे दिख रहे थे। पता नहीं, लेकिन मधु लिमये के दोस्तों को यह सब बहुत अटपटा, फूहड़ और दिवंगत नेता की निष्ठाओं के विपरीत लगा। वे कोई मुलायम सिंह के विरोधी या शत्रु नहीं हैं। मित्र ही हैं। लेकिन उन्हें लगा मुलायम सिंह को अपना मुख्यमंत्रित्व नहीं अपनी समाजवादी निष्ठा ही बतानी चाहिए थी।

ऐसी ही चर्चा लिमये के अस्थि विसर्जन को ले कर भी है। शायद मुलायम सिंह की इच्छा थी कि अस्थियां हरिद्वार की गंगा में प्रवाहित की जाएं। उसी हर की पौड़ी पर जहां कितनी सदियों से न जाने हमारे कितने पुरखों की अस्थियां गंगा में छोड़ी गई हैं। ऐसी इच्छा करने में असाधारण या अटपटा कुछ भी नहीं है। हरिद्वार चूंकि उत्तर प्रदेश में है इसलिए मुलायम सिंह की इच्छा हो सकती है कि यह अस्थि विसर्जन राजकीय सम्मान और धार्मिक विधि विधान से किया जाए। लेकिन मधु लिमये यह सब नहीं चाहते थे। कहते हैं अपने किसी मित्र को चंपा जी की उपस्थिति में उन्होंने कहा था कि उनकी अस्थियां पहाड़ पर बिखेर दी जाएं। इसलिए मधु जी के परिजनों को हरिद्वार में अस्थि विसर्जन का विचार पसंद नहीं आया। कहने को कहा जा सकता है कि मधु लिमये का ऐसा कोई राजनैतिक और लोकप्रिय पव्वा तो था नहीं जिसे कोई भुनवा लेता। फिर भी ऐसा कहने मानने में कोई गलती या दुर्भावना नहीं है कि राजकीय सम्मान और धार्मिक ढकोसला मधु लिमये के व्यक्तित्व और वैचारिक निष्ठाओं के साथ नहीं जाता और उनके मित्रों को ऐसा कुछ भी नहीं करना चाहिए जो उनकी इच्छा के अनुरूप नहीं होता।

सब जानते हैं कि स्वतंत्रता संग्राम सेनानी होते हुए मधु लिमये ने ताम्रपत्र लेना और पेंशन लेना भी मंजूर नहीं किया। रेलवे का जो पास मिलता है वह भी नहीं लिया। सांसद होने

की पेंशन नहीं ली। पूर्व सांसदों को जो भी सुविधाएं सुलभ होती हैं वे भी उन्होंने निश्चयपूर्वक अस्वीकार कीं। पंडारा पार्क में जिस छोटे से घर में रहना उन्होंने स्वीकार किया वह भी छोटे-मोटे सरकारी कर्मचारी को मिल सकता है और उसका भी किराया हमेशा चुकाया। संसद के पुस्तकालय में पढ़ने और संदर्भ देखने के लिए भी तिपहिया स्कूटर से जाते जिसे सुरक्षा वाले गेट के बाहर ही रोक देते। वहां से हांफते-हांफते पैदल वे संसद के पुस्तकालय तक जाते। उनके लिए एक ठीक-ठाक घर, वाहन और दूसरी रोजमर्रा की सुविधाएं सुलभ करवाने में न किसी को कोई हिचक होती और न ही किसी का कोई अहसान। लेकिन मधु लिमये ने स्वतंत्रता संग्राम सेनानी, पूर्व सांसद और राजनेता बने रहने के बजाय साधारण नागरिक बने रहना पसंद किया जिसके इस देश में कोई विशेषाधिकार नहीं माने जाते।

यह सब मधु लिमये ने मजबूरी में नहीं किया। सरकार में उनके दोस्तों-प्रशंसकों की कोई कमी नहीं थी। कुछ उनके शिष्य केंद्र और राज्यों में सत्ता में थे और हैं। निजी उद्योगपतियों और बड़े व्यापारियों में भी उनके ऐसे भक्त और प्रशंसक थे जो उनके लिए जरूरी सुविधाएं मुहैया करा सकते थे। ये कोई अहसान नहीं करते और मधु जी के लिए थोड़ा बहुत कर के अपने को धन्य और किसी लायक ही समझते लेकिन निजी और सार्वजनिक किसी भी तरह की कोई मदद उन्होंने नहीं ली। अखबारों में लिख कर और पुस्तकों की रायल्टी से जो भी कमा सकते थे उसी में अपना घर चलाया। वे कोंकण ब्राह्मण थे, ऐसे ब्राह्मण जो स्वभाव से ही किसी प्रतिष्ठान के अंग नहीं हो सकते और जिन्हें प्रतिष्ठान के साथ रहना भी अपनी स्वतंत्रता से समझौता करना लगता था। पुराने महाराष्ट्र में विद्याध्ययन करने वाला ब्राह्मण मधुकरी से जीवन निर्वाह करता था। मधु लिमये मधुकरी से नहीं आखिर तक अपनी मेहनत की कमाई से जिए। ऐसे व्यक्ति के साथ किसी भी तरह का राजकीय, सामाजिक और धार्मिक ढकोसला उस के साथ बेईमानी और धोखाधड़ी करना है।

कोई सैंतालीस साल पहले उन महात्मा गांधी के पार्थिव शरीर को उन्हीं के अनुयायी जवाहरलाल नेहरू और सरदार पटेल ने गन कैरिज पर रखा जो अहिंसा को अपना सबसे बड़ा शस्त्र और अपनी सबसे बड़ी शक्ति मानते थे। उनकी अंतिम यात्रा में सशस्त्र सेनाओं और राज्य की अगुआई और हिस्सेदारी थी। गांधी देश को स्वतंत्र करवाने वाले अहिंसक अग्रणी थे लेकिन वे भारत के राज्य के संस्थापक नहीं थे। लेनिन ने सोवियत राज्य की स्थापना की और उस के सर्वोच्च नेता हुए। माओ ने चीनी गणराज्य की स्थापना की और उस के नेता हुए। मोहनदास करमचंद गांधी का स्वतंत्र भारत के राज्य से कोई लेना देना नहीं था। राज्य की शक्ति को वे दमनकारी मानते थे और उसमें उनका कोई विश्वास नहीं था।

फिर भी नेहरू और पटेल जैसे सोचने-समझने वाले नेताओं ने महात्मा गांधी के पार्थिव शरीर को तोपगाड़ी से राजघाट पहुंचाया और आज भी उनकी पुण्यतिथि पर राजघाट समाधि में सेनापति सलामी देते हैं और सिपाही शस्त्र उलटे करते हैं, अंग्रेजों की अपने शहीदों के लिए बनाई गई लास्ट पोस्ट की धुन बजाई जाती है। जैसे महात्मा गांधी राज पुरुष ही नहीं हमारी सेनाओं के सर्वोच्च सेनापति रहे हों और इस देश की आजादी के लिए वैसे ही लड़े हों जैसे सेनाएं लड़ती हैं। महात्मा गांधी के अंतिम संस्कार और उन्हें याद करते रहने का अगर कोई बिलकुल गलत, उलटा और झूठा तरीका हो सकता है तो यही था और यही है।

उनके शहीद होते ही महात्मा गांधी के सत्तावान शिष्यों ने तय कर दिया कि वे न तो अपनी निष्ठाओं पर अपनी अंतिम यात्रा करें न अपने विचारों और सिद्धांतों में जीवित रहें। महात्मा गांधी की अंत्येष्ठि उनके पार्थिव शरीर की नहीं सही मानों में उनके विचारों, निष्ठाओं, आस्थाओं और सिद्धांतों की राजकीय अंत्येष्ठि थी। उस के बाद अगर गांधी के सपनों का भारत नहीं बना तो यह कोई अनहोनी नहीं थी। एक राज्य एक सबसे अनुशासित अराजकतावादी को लील गया। उस दुर्घटना और त्रासदी के सैंतालीस साल बाद भी हम अपने निष्ठावान और सिद्धांतनिष्ठ साथियों का अंतिम संस्कार करना नहीं सीखे हैं। यह हमारी संस्कारहीनता है और इसका फल हम भुगत रहे हैं। न हम राज्यशक्ति को साध पाए न लोक शक्ति को जगा पाए हैं। क्या हम पर गांधी की आत्मा का शाप है ?

(22.1.1995)

न अपना कोड़ा न अपनी पीठ

रघु ठाकुर ने बोलने के लिए बुलाया और कहा कि दो साल पहले नौ जनवरी को मैंने ही लिखा था कि मधु लिमये जैसे सच्चा जीवन जीने वाला कोई मिले तो बताना, उसे सामने रख कर मैं अपने जीवन के बचे खुचे साल जी लूंगा।

लेकिन मैं बोलने के लिए नहीं उठा। सभा में से कुछ और भी आवाजें आईं लेकिन मैं नहीं उठा तो नहीं ही उठा। अवसर और आग्रह की कमी नहीं थी। कमी थी तो बोल पाने की हिम्मत की। रघु ठाकुर ने जब बुलाया तो याद आया कि हां मैंने आखिर में ऐसा ही लिखा था और लिखते हुए गला भर आया था। अब भी सुनते हुए भर आया था और बोलता तो निश्चित ही रुलाई फूट पड़ती। मधु लिमये को मुझसे कहीं ज्यादा नजदीक से जानने और प्रेम और सम्मान करने वाले लोग वहां बैठे थे। उनके सामने और उनके होते हुए इस तरह फूट पड़ने को नाटक नहीं तो अतिशय भावुकता तो समझा ही जाता। लेकिन इसका डर नहीं था। संकोच यह था कि दो साल में मधु लिमये जैसा सच्चा जीवन जीने वाले किसी व्यक्ति की तलाश मैंने नहीं की और न अपनी परिस्थिति में सच्चा जीवन जिया।

यह बात जब लिखी थी तो मध्यप्रदेश से किसी ने मामा बालेश्वर दयाल के बारे में नई दुनिया में छपे एक परिचय की कतरन भेजी थी। लिखा था कि मामा जी एक ऐसे व्यक्ति हैं जो सच्चा जीवन जी रहे हैं और मैं उन्हें अपने सामने रख कर बचे खुचे साल जी सकता हूं। मामा जी को मैं खूब जानता हूं और वे सादगी का सिद्धांत निष्ठ और सच्चा जीवन जी रहे हैं यह भी जानता हूं। आखिर उसी इलाके में जनमा और जिंदगी के कोई तीस साल गुजारने के बाद दिल्ली आया।

फिर भी मधु लिमये पर लिखते हुए मामाजी की याद नहीं आई तो इसलिए कि दोनों के जीने के संदर्भ अलग हैं। बांसवाड़ा और झाबुआ के आदिवासियों के बीच सादगी का मूल्य निष्ठ जीवन जीते हुए आप उन प्रपंचों में नहीं पड़ते जिनमें दिल्ली में संसदीय और राजनैतिक जीवन जीते हुए लोग पड़ सकते हैं। पच्चीस बहाने और बीसियों मजबूरियां और दर्जन औचित्य हो सकते हैं। साधुओं और सेवकों के बीच सादगी और वर्जनाएं सहज होती हैं। बल्कि उन से ही शुरुआत होती है। राजसी जीवन के तामझाम में सधुक्कड़ी में जीना और एक सात्विक हठ के साथ अपने सिद्धांतों से चिपके रहना, एक अलग तरह के निश्चय और साहस की मांग करता है। यह नहीं कि इस परिस्थिति में इस तरह और उस परिस्थिति में उस तरह जीने की तुलना और बराबरी की जा सकती है और किसी को बेहतर और किसी को कमतर बताया जा सकता है। नहीं। बल्कि ऐसी तुलना ही बेमानी है।

दिल्ली के राजनैतिक जीवन में मामाजी की नहीं मधु जी की याद आती है और वे एक विपरीत उदाहरण–काले में धोले की तरह दिखाई देते हैं। मुझे संकोच इस बात का था कि मधु लिमये के बाद दिल्ली के राजनैतिक जंगल में उनके जैसा आदमी खोजने की कोशिश मैंने नहीं की न अपनी परिस्थिति में उनके जैसा जीवन जीने की कोई खास कोशिश की। आज की संसद और खुले बाजार सी चकाचौंध करती आज की राजनीति में मधु लिमये कुचली पड़ी नकली घास के बीच नागफनी की तरह खड़े दिखते। हम उनकी प्रासंगिकता को बार-बार स्थापित करते और तमाम लोग मिल कर साबित करते कि उनके जैसा जीवन जीना कितना फिजूल है।

एक के बाद एक वक्ता ने श्रद्धांजलि देते हुए कहा कि मधु जी के घर में कूलर नहीं था, फ्रिज नहीं था। स्वतंत्रता संग्राम सेनानी और भूतपूर्व सांसद होने की जो भी सुविधाएं सब को और आमतौर पर मिलती हैं वे भी उनने नहीं ली। किराए के तिपहिये से संसद भवन की लाइब्रेरी तक जाने में दमे के कारण सांस फूल जाती थी। सब सही है।

लेकिन इन बातों को याद कर के आज हम कुछ सोंटे की तरह घुमा कर लोगों की पीठ पर मारते हैं। जैसे मधु लिमये की सिद्धांत निष्ठता और सादगी मजबूत झाड़ू हो जिससे किसी को भी पीटा जा सकता हो। उनके उदाहरण से उन लोगों को शर्म करने को मजबूर किया जा सकता हो जो चोरी-छुपे नहीं, गा-बजा कर सार्वजनिक संपत्ति और सुविधाओं का दुरुपयोग कर रहे हैं और मानते हैं कि इसका उन्हें सहज और जन्मना विशेषाधिकार मिला हुआ है। ऐसे लोग इसी दिल्ली और हमारे राजनैतिक जीवन में खूब मजे में थे जब मधु लिमये अपना जीवन जीने की कोशिश कर रहे थे। उन लोगों की संख्या और बेशर्मी दोनों ही हजार गुना बढ़ गई है और उनके बीच एक अकेले मधु लिमये थे जो दो साल हुए चले गए।

क्या करें ! मधु लिमये को सोंटा बना कर इन लोगों की पिटाई करें तो अपने को कुछ संतोष जरूर मिल सकता है। लेकिन इनकी मोटी खाल पर कोई असर नहीं पड़ेगा। आजकल लोग बेझिझक कहते हैं कि हम कोई गांधी बनने के लिए राजनीति में नहीं आए हैं और राजनीति में महात्माओं, साधु-संतों और सिद्धांतों का क्या काम ? उत्तर प्रदेश के विधानसभा चुनाव के बाद ऐसी बात उस पार्टी के पिछले दरवाजे से सांसद होने वाले नेता ने ही कही जो साधु-संतों और महिलाओं का इस्तेमाल कर के सत्ता में आने की जुगाड़ में लगी हुई है। किसी भी जोड़ तोड़ और उठापटक से सत्ता में आने और फिर उसका मनमाना और निर्लज्ज इस्तेमाल करने वाली पार्टियां और नेता हैं जो मानते और कहते हैं कि सत्ता में कैसे सिद्धांत ? सत्ता स्वयं ही अपना औचित्य और लक्ष्य है।

ऐसे खुले खेल फर्रूखाबादी में मधु लिमये बहुत कड़क और स्पष्ट कोड़े बन कर आपके हाथ में आते हैं और आप उसे फटकार कर किसी की भी धुलाई लगा सकते हैं। ऐसी धुलाई में खतरा यही है कि आप कोड़े को बेकार कर दें। क्योंकि आज ऐसी कोई पीठ नहीं है जिस पर मधु लिमये कोड़ी की तरह कड़क न सकें लेकिन उन में से शायद ही ऐसी कोई पीठ होगी जो इतनी संवेदनशील हो कि कोड़े की मार मोटी लाइन की तरह उभर आए। ऐसी पीठों पर आप लगातार मारते रहे तो क्या कोड़ा टूट नहीं जाएगा या आपके हाथ थक नहीं जाएंगे। पीठ

को देख कर ही तो तय करना होगा कि उस पर कोड़े का असर होगा या गोली का ? गेंडे की खाल का आपका कोड़ा क्या बिगाड़ लेगा ?

लेकिन मुझे मधु लिमये और उनके जीवन का यह उपयोग अपील नहीं करता। बल्कि यह कहूं तो ज्यादा ठीक होगा कि ऐसा करना मुझे कुछ अनैतिक और झूठा लगता है। जैसे उनकी याद को मछली बाजार में कांटे की तरह घुमा रहा हूं। मधु लिमये को उनकी दूसरी पुण्यतिथि पर इस तरह याद करते हुए हम शायद उन्हें आज के सार्वजनिक जीवन से जोड़ लेंगे और इस तरह उनकी प्रासंगिकता भी बता देंगे। जब मधु लिमये को ज्यादा नजदीक से जानने वाले और उनके आत्मीय ऐसा कर रहे थे तो सभा में बैठा मैं इन बातों को अपने जीवन से जोड़ने की कोशिश कर रहा था। समझने की कोशिश कर रहा था कि ऐसी कौन सी शक्ति और ऐसी कौन सी निष्ठाएं रही होंगी जिनने मधु लिमये को ऐसा जीवन जीने की प्रेरणा और ताकत दी और ऐसा क्या मानदंड रहा होगा जिस पर पिसकर अपने तई वे अपने जीने को उचित ठहराते होंगे।

नहीं साब, ऐसा मैं किसी अपराध बोध के कारण नहीं कर रहा था। अच्छा बुरा जैसा भी जीवन जी रहा हूं उससे कितनी ही शिकायतें होंगी पर ऐसा नहीं लगता कि अपने पाखंड का जीवन जी रहे हैं। पाखंड यानी जिन बातों को अपने लिए जरूरी मानते हों उनके अनुसार जीने के बजाय दुनिया जिन्हें जरूरी मानती है उन मानदंडों पर अपना औचित्य ठहराएं। यानी अपने स्वभाव और निष्ठाओं के अनुसार जीने के बजाय दुनिया को दिखाने के लिए जिएं या दुनिया को बताएं कुछ और जिएं कुछ। हों कुछ और बताएं कुछ और। नहीं ऐसी सार्वजनिकता से भगवान ने अपने को बचा लिया। भगवान के सामने पूजा करने तो नहीं बैठता लेकिन कोरे कागजों के सामने रोज ही बैठता हूं और उनके कोरेपन ने घूर कर नहीं कहा कि तुम झूठे हो। लिखते कुछ हो करते कुछ हो। बताते कुछ हो और जीते कुछ हो। ऐसा अगर होता तो मधु लिमये अपने हाथ में कोड़े की तरह होते और उसे अपन अपनी ही पीठ पर रोज मारते। मधु लिमये से अपना संबंध कोड़े और पीठ का नहीं है। ऐसा भी नहीं है कि अपन ने हार थक कर मान लिया है कि जैसा जीवन मधु लिमये ने जिया वैसा हर कोई नहीं जी सकता। जरूरी नहीं कि सब वैसी सादगी और सिद्धांत निष्ठता से ही जिएं जैसी मधु लिमये में थी। आप अपने स्वभाव और अपनी निष्ठाओं के अनुसार जिएं और इस अपराध भाव से अपने को कोसते न रहें कि अपन क्या खाक गलाजत में जी रहे हैं। अपने को लगातार इस तरह कोड़े मारना और हमेशा एक अपराध बोध में जीना आप को बीमार बना देगी। इस बीमारी से छुटकारा पाने के लिए आप पाखंड का सहारा लेंगे या दुनिया को बताते फिरेंगे कि आप कैसे प्रायश्चित और पीड़ा को भुगतने का जीवन जी रहे हैं। इससे सादगी और सिद्धांतनिष्ठता का जीवन नहीं जिया जा सकता।

ईसाइयत की मूल आस्था है कि मनुष्य जाति ही पाप में से जन्मी है और जब तक लोग प्रायश्चित करने के लिए पीड़ा और पाप में पड़े हुए लोगों की सेवा करने में सादगी और समर्पण का जीवन नहीं जिएंगे उनकी मुक्ति नहीं हो सकती। यह आस्था मनुष्य को भगवान के सामने पापी, अपराधी की अनंत भूमिका में खड़ा कर देती है और मनुष्य जाति की सेवा

करने को अनिवार्य सजा भुगतने की तरह बना देती है। इससे सेवा और परपीड़ाहरण जैसे भगवान की दी हुई सजा दी जाती है और जीवन आनंद के बजाय सजा काटने में लग जाता है। यह आस्था शायद इसलिए आई हो कि ईसाइयत ऐसे लोगों को सुधारने के लिए जन्मी जो भोगवाद में पड़े हुए थे और भोग को शारीरिक सुख में पूर्णता प्राप्त करने का अन्तिम लक्ष्य मानते हों। पता नहीं।

लेकिन मुझे अक्सर लगता है कि मोहनदास करमचंद गांधी के पिताजी की मृत्यु अगर तब नहीं होती जब वे अपनी पत्नी के साथ सोये हुए थे तो क्या भोग के जीवन के प्रति उनमें वह वितृष्णा नहीं जागती जिसने उन्हें गृहस्थ होते हुए भी ब्रह्मचर्य का जीवन जीने को प्रेरित किया ? क्या गांधी जी ने अपने को कोड़े मार-मार कर अपने घावों को अपने पदकों में बदलने को प्रेरित किया ? ये सवाल इसलिए उठते रहे हैं कि कई लोगों ने खास कर पश्चिमी मूल के ईसाई विद्वानों ने लिखा है कि सेवा और परपीड़ा को जानने और दूर करने पर गांधी जी का जो जोर था वह उन पर ईसाई असर के कारण है और ईसाई असर उन पर तब तो पड़ा ही जब वे इंग्लैंड पढ़ने गए लेकिन तब भी पड़ा जब वे दक्षिण अफ्रीका में सत्याग्रह यानी पेसिव रेजिस्टेंस का हथियार विकसित कर रहे थे।

गांधी की बनावट को ईसाई नजर से जांचने का यह निष्कर्ष अपनी जगह सही हो सकता है। लेकिन गांधी का मन ईसाई असर से नहीं वैष्णव और जैन मिट्टी से बना जो राजकोट और तब के गुजरात में पाई जाती थी। गांधी में अपने सोच और कर्म को अपनी निजी आस्थाओं और जीवन में देखने का बड़ा आग्रह है। इतना जबरदस्त कि कभी-कभी लगता है कि वे जीवन जीते थे या हमेशा अपने को जीवन जीते हुए देखते और कसौटी पर कसते ही रहते थे। जीना, करना और अपने को लगातार परखते रहना जैसे उनका स्वभाव था। लेकिन यह सब वे अपने लिए करते थे दूसरों के लिए उदाहरण या आदर्श बनने के लिए नहीं।

मधु लिमये के जीवन को इसलिए मैं कोड़े की तरह नहीं देख पाता। जानता हूं कि आज के राजनैतिक जीवन में ऐसा कोई नहीं है जिसकी पीठ पर मधु लिमये कोड़े की तरह न पड़ते हों। आज के राजनैतिक जीवन को सार्वजनिक साधनों और धन के निजी उपयोग का जो औचित्य दिया गया है उसे मधु लिमये का जीवन झूठा साबित करता है। लेकिन मैं मधु लिमये को कोड़े की तरह कोढ़ियों की पीठ पर मारने के बजाय उन्हें अपने सच्चे और ईमानदार मित्र की तरह चाहता हूं जिन्हें देख-समझ और जिनसे बात कर के लगे कि अपन अपनी मजबूरियों, कमजोरियों और बंधनों से कुछ ऊपर उठ गए हों। ऐसी इच्छा हो तो मधु लिमये पर कोड़ा फटकारू भाषण कैसे दिया जा सकता है ? है ना।

(12.1.97)

नानाजी देशमुख

चित्रकूट के घाट पर

वहां संतों की भीड़ नहीं थी। न तुलसीदास चंदन घिस रहे थे न रघुवीर तिलक दे रहे थे। लेकिन मैं चित्रकूट गया। वहां गांधी जी, रवींद्रनाथ, अरविंद घोष, सुरेंद्र पाल आदि की विचार शिलाओं पर नानाजी देखमुख एक ग्रामोदय विश्वविद्यालय बना रहे हैं जो कुछ वर्ष बाद किसी से कोई वित्तीय सहायता नहीं लेगा और जहां के स्नातक नौकरी ढूंढ़ने नहीं निकलेंगे। नानजी एक रामनाथ सुमिरन भी बना रहे हैं अपने मित्र रामनाथ गोयनका की याद में। पारंपरिक और आधुनिक संचार माध्यमों का जन शिक्षण केंद्र।

नानाजी देशमुख यानी विचारबद्ध (या विचारणीय ?) लोगों के राष्ट्रीय स्वयंसेवक संघ के ऊंचे ऑपरेटर। राष्ट्रीय स्वयंसेवक संघ यानी एक फासिस्ट हिंदू संगठन। ठप्पा लगा कर आदमी और संगठन को इस तरह एक खाने में डाल देने वाले हमारे विचारबद्ध लोगों को बड़ी आसानी है। वे दुनिया को काले और धौले में देखते हैं। उन्हें सूरज की किरणों में सात रंग और उन से बनने वाले सात सौ शेड्स देखने-समझने की तकलीफ नहीं उठानी पड़ती। दुनिया और लोगों को काले और धोले में बांट लेने से बुद्धि को कष्ट नहीं देना पड़ता। विचार को बाद में बदल लेने से सोच-समझ की बारीक छानबीन नहीं करनी पड़ती। ज्यादा विचार भी नहीं करना पड़ता क्योंकि विचार के लिए जिस पर भरोसा करो उसे भी संशय से देख कर खूब उलट-पुलट लेना पड़ता है और उस के गुण दोष समझ लेने के बाद भी उसमें विश्वास टिकाए रखना पड़ता है।

वह भी है और काम का है और उस के अलावा भी है और वे भी काम के हैं। अपने को हमेशा किसी के खिलाफ, किसी से हमेशा संघर्षरत और किसी को मिटाकर धूल में मिला देने में लगे लोगों को ऐसा उदार सर्वग्राही दृष्टिकोण स्वीकार भी नहीं होता। लेकिन संसार में सबसे ज्यादा अनुभव सिद्ध हमारे समाज ने जाना है कि दुनिया को परस्पर विपरीत और विरोधी और संघर्षरत खेतों में बांट कर एक दूसरे को नष्ट करने में ही लगे रहने से नया समाज तो खैर नहीं ही बनता, पुराने की भी लगातार दुर्गत होती रहती है। इसलिए हम भारतीयों ने खुद को और दुनिया को अंतरविरोधों से ध्वस्त करने के बजाय उन्हें साधने की तपस्या की। टिके रहने का डारविनीय सिद्धांत अगर लगाया जाए तो भारतीय समाज को तो कभी का नष्ट हो जाना चाहिए था। हमारा समाज है और हमेशा फिटेस्ट रहा है ऐसा दावा तो किसी घनघोर पुनरुत्थानवादी कट्टरपंथी हिंदू ने भी नहीं किया है। अकबर इलाहाबादी ने किसी और संदर्भ में कहा है लेकिन सही कहा है कि डारविन साहब हकीकत से निहायत दूर थे। डारविन साहब की जिन संतानों ने रिओ में पृथ्वी सम्मेलन किया वे भी सरवाईवल ऑफ द फिटेस्ट की हकीकत जान चुके हैं।

अंतरविरोधों की साधना करने वाले जानते हैं कि काले और धौले के बीच अनगिनत रंगों की छायाएं होती हैं और उन्हें देख सकने के लिए आंखों को तार की तरह खूब बारीकी से मिलाना पड़ता है। जैसे सुरों, तानों और लयों को पकड़ने के लिए कानों को तैयार करना पड़ता है। वाद का ठप्पा रोडरोलर की तरह विचारों को कोमल दूब को कुचलता जाता है। इस ठप्पे बाजी से बचना चाहिए। विचारधारा का सबसे कड़ा आग्रह करने वाले साम्यवादियों और आर्यसमाजियों (जिनकी संतानें भाजपा और संघ में ही नहीं कांग्रेस और दूसरी पार्टियों में भी पाई जाती हैं) सबसे ज्यादा वाद विवाद चलाए और ठप्पेबाजी की। साम्यवादी सभी धार्मिक कट्टरपंथियों के खिलाफ रहे हैं क्योंकि वे भी विचारबद्ध कट्टरपंथी हैं। यह देश न साम्यवादी राज्य हुआ न हिंदू राष्ट्र बना तो इसीलिए कि यह अंतरविरोधों को साधने वाला देश है। मोहनदास करमचंद गांधी अगर ज्यादा से ज्यादा भारतीयों को मान्य हो कर महात्मा गांधी हुए तो इसलिए कि अपने चारों दरवाजे और सभी खिड़कियां खुली रखने और दुनिया भर की हवाओं को आने-जाने दे कर भी वे अपनी धरती में जड़ें जमाए रहे। उनकी शक्ति का स्रोत उनकी लोक संग्रह वृत्ति में था। जो एक दूसरे को फूटी आंखों न सुहाएं और मौका लगे तो फाड़ खाएं ऐसे अनगिनत लोगों को गांधी ने अपने से जोड़ा। उन से योग्यता और क्षमता भर काम लिया और उन्हें आखिर कुछ न कुछ बना कर ही छोड़ा। देश भर में एक दूसरे को जानने समझने और बरतने वाली शिवजी की एक बारात गांधी ने बनाई थी। उस के ज्यादा बाराती अब बचे नहीं हैं और सक्रिय तो और भी कम हैं।

नानाजी देशमुख मुझे उसी जमात के बचे-खुचे लोगों में से लगते हैं। मुझे मालूम है कि सब उन्हें संघी मानते हैं और वे खुद भी अपने को एकनिष्ठ स्वयंसेवक ही कहते हैं। नाथूराम गोडसे के सूत्र खोज कर संघ को भी गांधी की हत्या के प्रेरक संगठनों में माना गया है। और अब हालांकि राष्ट्रीय स्वयंसेवक संघ भी स्वदेशी आंदोलन चला रहा है लेकिन गांधी को मानने वाले संघ में कितने लोग हैं ? बुद्ध, महावीर और गांधी की अहिंसा को हिंदुओं के पराभव के लिए जिम्मेदार मानने वाले प्रतिक्रियावादी संघ में बजरंग दल से कोई कम नहीं है। लेकिन नानाजी देशमुख के मित्र और परिवार गांधी, मार्क्स, सावरकर, अरविंद और एडम स्मिथ सब को मानने वालों में हैं। उन्होंने विवाह नहीं किया इसलिए जिसे अपना कहते हैं वैसा उनका कोई परिवार नहीं है। लेकिन उन्हें देश में कहीं भी होटल, लॉज, धरमशाला या सर्किट हाउस में नहीं रुकना पड़ता। सब जगह उनके परिवार हैं और उन्हीं में वे रहना पसंद करते हैं। प्रवास उनके संबंधों के विस्तार का स्थायी माध्यम है। अभी उन्होंने कहा कि महाराष्ट्र और मराठी में तो छोटे को नाना कहते हैं। मैं कोई साठ साल से उत्तर भारत और हिंदी में हूं क्योंकि यहां नाना मां बाप का होता है।

नानाजी ने अपना घरोपा जेपी आंदोलन में हुआ। पटना में जब जेपी को लाठी लगी तो उसे पहले अपने पर लेने वाले नानाजी देशमुख ही थे। उस दिन के जेपी के सभी फोटुओं में नानाजी कहीं न कहीं दिखते हैं क्योंकि वे जेपी को अकेला छोड़ने को तैयार नहीं थे। मैं नहीं कहूंगा कि नानाजी ने जेपी को बचा लिया लेकिन इतना जरूर है कि पहले नानाजी को कुछ होता और फिर जेपी को। जेपी के गांधी, सर्वोदयी और समाजवादी संगी साथियों को उनका नानाजी देशमुख पर भरोसा करना कोई सुहाता नहीं था। जेपी भी पहले तो राष्ट्रीय स्वयंसेवक

संघ और जनसंघ को शंका और अविश्वास से ही देखते थे। लेकिन संपूर्ण क्रांति आंदोलन के दौरान उनका रवैया सर्वग्राही हुआ। वे नक्सलवादियों से भी बात करते थे और संघियों और जनसंघियों से भी। वे किसी को भी उस आंदोलन से दूर नहीं रखना चाहते थे। उन कम्युनिस्टों और बुद्धिजीवियों को भी नहीं जो संपूर्ण क्रांति का मजाक उड़ाया करते थे। देश की एक धारा के दो किनारों को जोड़ने वाले जेपी के एक पुल नानाजी देशमुख थे। जेपी खुद ही नानाजी को बताते थे कि उनके सर्वोदयी और समाजवाद संगी साथी किस तरह उन से छिड़कते हैं और नानाजी भी जानते थे कि जेपी से उनके साथ को संघ में किस तरह देखा जाता है। जनता सरकार बनने के बाद सरकार के बजाय जेपी के साथ रहने वालों में नानाजी भी एक थे।

लेकिन मोरार जी ने जनता पार्टी के तब के जनसंघ घटक में से जिन तीन लोगों को मंत्री बनाने का एलान किया उनमें एक नानाजी थे। नानाजी को उद्योग मंत्री होना था। नानाजी नहीं बने। फिर साल भर बाद राजनीति से संन्यास ले कर रचनात्मक कार्य में लगने की घोषणा की और उत्तर प्रदेश के गोंडा जिले में बैठ गए। वहां जयप्रभा ग्राम चल रहा है। दिल्ली में उन्होंने अपने मित्र दीनदयाल उपाध्याय के नाम पर एक शोध संस्थान बनाया है जो देश भर में काम करता है। चित्रकूट में बन रहा ग्रामोदय विश्वविद्यालय भी गांधी के ग्राम स्वराज्य की कल्पना को साकार करने का प्रयोग है। चित्रकूट में ही रामनाथ गोयनका की याद में वे एक संस्थान खड़ा कर रहे हैं जिसमें संचार के आधुनिक इलेक्ट्रानिक माध्यमों और कठपुतली से ले कर लोकनृत्य जैसे पारंपरिक माध्यमों से जनसंचार और जन शिक्षण के प्रयोग होंगे। अब गांधी, जेपी, दीनदयाल उपाध्याय और रामनाथ गोयनका से अपने संबंधों और देश समाज में उनके योगदान को निरंतर रखने के लिए संस्थाएं खड़ी करना और उन्हें स्वतंत्र रूप से चलाना नानाजी के तीसरे पहर का संकल्प है। दीनदयाल उपाध्याय तो संघ और जनसंघ के थे लेकिन गांधी, जेपी और रामनाथ गोयनका को तो आप संघी नहीं कह सकते ना ! या नानाजी के अपना लेने से वे भी राष्ट्रीय स्वयंसेवक संघ के स्वयंसेवक हो गए हैं ?

चित्रकूट में इन संस्थाओं को बनते देख कर एकदम जानने की इच्छा होती है कि वहां तुलसीदास का क्या है। वह रामघाट जहां तुलसीदास ने चंदन घिसा और जिससे रघुवीर ने तिलक दिया तुलसीदास के नाम पर तो नहीं बना था। चित्रकूट तो पहले और भी जाना हुआ है लेकिन जहां तुलसी का जन्म हुआ उस राजापुर जाने का मौका नहीं मिला था। वहां की एक छवि मन में थी बहुत बचपन से जब पढ़ना-लिखना शुरू किया था। इस बार वह भंग हो गई है। जमना के किनारे एक छोटा सा मंदिर है राम लक्ष्मण सीता का, उस के दाहिने ओर तुलसीदास की मूर्ति है काले पत्थर की। बाहर अंग्रेजी में एक पत्थर लगा है कि इस जगह कुटिया में सत्रहवीं सदी में तुलसीदास रहे। बायीं ओर हिंदी अवधी में भी खुदा एक पत्थर लगा है। इस मंदिर से बड़ा और ज्यादा प्रभावशाली तो बिलकुल सटा मुरारी बापू का संत निवास है। रामकथा करने वाले मुरारी बापू को आधुनिक तुलसी कहते हैं। अपन ने उनकी कथा नहीं सुनी। लेकिन उनका निवास बताता है कि उनके शिष्य तुलसीदास के शिष्यों से अमीर है। वहां एक छोटा सा मानस मंदिर भी है जिसके जंगले से अंदर देखो तो मूर्ति की जगह एक तिजोरी जड़ी दिखती है। तुलसी की पांडुलिपि का यह मंदिर किसी छोटे-मोटे सेठ की पेढ़ी लगती है। पांडुलिपि को सुरक्षित तो निश्चित ही रखा जाना चाहिए लेकिन इस तरह तिजोरी में ?

शेक्सपियर का जन्म स्थान स्टेटफर्ड अपॉन एवन याद आया और उनका घर और रॉयल शेक्सपियर थिएटर। तुलसी के लिए हमने राजापुर में क्या किया है ? लेकिन तुलसी जितने पढ़े, सुने और जिए जाते हैं उतना तो दुनिया का कोई भी कवि अपने लोगों में जीवित नहीं है। स्मारक बनाने का हम भारतीयों का एक अलग तरीका है। जो कालजयी होता है उसे हम काल में मिला लेते हैं। यानी वह हमारे समाज की धमनियों में बहने वाले रक्त में एक तत्व की तरह मिल जाता है। काल की आदि अनंत नदी में सतत प्रवहमान और सदा उपस्थित। कहते हैं अमावस्या को तुलसीदास ने रामघाट पर राम को पाया था। अमावस्या को आज भी हजारों लोग आते हैं। मंदाकिनी में डुबकी लगा कर उस कामदगिरि की परिक्रमा करते हैं जहां कथा है कि राम वनवास के साढ़े ग्यारह साल तक रहे। उनके होठों पर तुलसी और तुलसी के दोहे-चौपाई में राम होते हैं। नानाजी देशमुख सहमत हैं कि तुलसी को संवत सोलह सौ अस्सी के बाद जीवित रखने का इससे बेहतर तरीका और क्या हो सकता है ?

(5.7.1992)

ऐसे जीवट पर तिलक करो

नानाजी फिर नए काम में लग गए हैं। नानाजी यानी नानाजी देशमुख। नया काम यानी चित्रकूट में उन्होंने आरोग्य धाम शुरू करवाया है। आरोग्य धाम कोई अस्पताल नहीं है। यह एक प्रयोग है कि कैसे ऐसी परिस्थिति और अवस्था बनाई जाए कि व्यक्ति को रोग ही न हो।

अंग्रेजी में एक पुरानी कहावत है–प्रिवेंशन इज़ बेटर देन क्योर। उपचार से रोग को रोकना बेहतर है। नानाजी के आरोग्य धाम में प्रयोग इसका भी नहीं है कि रोगों को कैसे रोका जाए। वहां मान कर चला गया है कि मनुष्य की सहज-स्वाभाविक स्थिति निरोगी है। जो भी रोग हैं वे सब जीवन शैली, पद्धति और पर्यावरण के हैं। कुछ लोग वंशानुगत भी हैं। लेकिन जीन्स में भी वे बाहर से आते हैं और फिर अंदर के हो कर रह जाते हैं। प्रयोग यह है कि मनुष्य निरोगी रहने की अपनी सहज स्वाभाविक स्थिति में कैसे रह सकता है।

उपचार या निदान या आरोग्य नानाजी का विशेष या चुना गया कार्यक्षेत्र नहीं है। वे डॉक्टर नहीं हैं, स्वास्थ्यकर्मी नहीं हैं। समाजसेवी हैं। एक समाजसेवी की सामूहिक और सामाजिक स्वास्थ्य में जितनी रुचि होनी चाहिए उतनी से तो नया प्रयोग करने के लिए आरोग्य धाम नहीं खोला जाता। विचार बहुत ही तंग कर रहा हो तो किसी सुयोग्य साथी को कहा जा सकता है, भाई यह प्रयोग करने लायक है, या कर के देखो। नानाजी ने ऐसा नहीं किया। खुद ही प्रयोग में लग गए।

आप जानते हैं कि नानाजी कोई बीमार रहने वाले व्यक्ति नहीं हैं। ऐसा कोई असाध्य रोग उन्हें नहीं है जो उन्हें आरोग्य की सामूहिक साधना की प्रेरणा दे या मजबूर करे। उमर उनकी एक कम अस्सी है। इतनी उमर में तो यों भी देह धरे के रोग पीछे लग जाते हैं और आदमी थक कर या खुट कर बैठ जाता है।

लेकिन उमर के यानी बुढ़ापे के रोग भी उन्हें नहीं हैं। इंद्रियां जितनी शिथिल हो जाती हैं उतनी भी नहीं हुई हैं। स्वभाव से संयमी जीव हैं इसलिए बावजूद इस के कि आंखें कमजोर हुई हैं और सुनाई ऊंचा देता है वे आम तौर पर सजग, सक्रिय और साधना में लगे आदमी हैं। यों भ उनासी बरस की उमर में कोई ऐसा काम शुरू करे जो उसने अब तक किया न हो तो कोई कह सकता है कि यह बुढ़ापे का लक्षण है ? चित्रकूट में नानाजी का यह प्रयोग करना एक और कारण से भी मुझे विलक्षण लगता है। बल्कि कहूं कि इस कारण से ही विलक्षण लगता है तो ज्यादा सही होगा। अभी कोई छह-सात महीने पहले ही मध्यप्रदेश सरकार ने ऐसी परिस्थितियां पैदा कीं कि उन्हें ग्रामोदय विश्वविद्यालय के कुलाधिपति पद से इस्तीफा देना पड़ा। बोली में कहें तो चित्रकूट में ही वह विश्वविद्यालय उन से छीन लिया गया।

अब नानाजी अगर उस के कुलाधिपति बने या नियुक्त किए गए होते और सरकार को लगा होता कि विश्वविद्यालय वैसा नहीं चल रहा है जैसा कि चलना चाहिए या सरकार की यानी मुख्यमंत्री की इच्छा से नहीं चल रहा है और इसलिए छीना जाता तो कोई बात भी थी।

लेकिन चित्रकूट में एक ऐसा ग्रामोदय विश्वविद्यालय बने जिसमें से निकले स्नातक कहीं नौकरी की तलाश में न जाएं और जब वे स्नातक हो चुकें तो उनके पास उत्पादक रोजगार अपने आप हो—ऐसा प्रयोग करने का विचार नानाजी को ही आया था। और यह प्रयोग करने के लिए ही वे दिल्ली और अपने दूसरे सेवा कार्य छोड़ कर चित्रकूट में चिमटा गाड़ कर बैठे थे।

कोई पांच-छह साल पहले वृंदावन जा कर उन्होंने एक भजनाश्रम की चित्रकूट में मंदाकिनी के किनारे पड़ी जमीन और खंडहर पड़ा छोटा सा भवन लिया था। उस यात्रा में अपन भी उनके साथ थे और आने-जाने के छह-सात घंटों में विश्वविद्यालय के प्रयोग की ही बात होती रही थी। चिमटा गाड़ कर बैठने का यह स्थान लेने के कोई साल डेढ़ साल बाद उनके दोस्त रामनाथ गोयनका का निधन हो गया। नानाजी ने इसे अपने दोस्त के स्मारक में बदल दिया है।

यहीं बैठ कर नानाजी ने स्वावलंबी नवयुवक बनाने के प्रयोग की शुरुआत की। तब मध्यप्रदेश में सुंदरलाल पटवा की भाजपा सरकार थी और उसने नानाजी के प्रकल्प को न सिर्फ अपनाया बल्कि विधानसभा से कानून पास कर के ग्रामोदय विश्वविद्यालय की स्थापना करने का संकल्प किया। फरवरी इकानवे में जब विश्वविद्यालय का शिलान्यास हुआ तो उस कार्यक्रम में अपन मौजूद थे। नानाजी के उत्साह को अपन ने महसूस किया था और उनके सपने को अपनी आंखों देखा था।

चूंकि विचार नानाजी का था और वही यह प्रयोग करने वाले थे इसलिए विधानसभा में ही पारित कानून के अनुसार इस विश्वविद्यालय का कुलाधिपति राज्यपाल को नहीं नानाजी को बनाया गया था। यानी मध्यप्रदेश सरकार ने एक तरह से नानाजी को स्वावलंबन की शिक्षा देने वाले विश्वविद्यालय को खड़ा करने और चलाने का प्रयोग करने की सुविधा दी थी। कोई डेढ़ साल तक सरकार का सहयोग संकल्प के अनुसार चलता रहा। भवन आदि तेजी से बनने लगे हालांकि उस के पहले ही नानाजी ने धर्मशालाओं और बेकार पड़े मठों में विश्वविद्यालय का काम शुरू कर दिया था।

मुझे याद है कि भोपाल में माखनलाल चतुर्वेदी पत्रकारिता विश्वविद्यालय की संचालन समिति की एक बैठक में तब के महानिदेशक ने कहा था कि सरकार ने जो भी वचन दिए हैं वे पूरे नहीं हो रहे हैं। क्यों ? क्योंकि राजनैतिक इच्छा शक्ति की कमी है। इस विश्वविद्यालय के बाद संकल्पित ग्रामोदय विश्वविद्यालय का काम देखिए तेजी से पूरा हो रहा है। दोनों ही विश्वविद्यालय इसी विधानसभा के संकल्प से बने हैं। एक में खानापूर्ति हो रही है और दूसरे में काम बड़ी तेजी से चल रहा है।

यह सुनते हुए मेरे सामने नानाजी के विश्वविद्यालय के बनते भवन और धर्मशालाओं में चलती कथाएं घूम गई थीं। पत्रकारिता विश्वविद्यालय में सरकार कोई सक्रिय रुचि नहीं ले

रही थी जबकि ग्रामोदय विश्वविद्यालय के नानाजी के काम में कोई रुकावट ही नहीं थी। मैं दोनों ही विश्वविद्यालयों के काम को अंदर से और नजदीक से जानता था और समझता था कि दोनों में अंतर नानाजी के व्यक्तित्व, उत्साह और लगन का है। यह मुख्यमंत्री की इच्छाशक्ति का उतना सवाल नहीं था जितना नानाजी की इच्छाशक्ति, हैसियत और पुण्याई का।

फिर मध्यप्रदेश में सुंदरलाल पटवा की भाजपा सरकार अयोध्या कांड के कारण डिसमिस कर दी गई और वहां राष्ट्रपति शासन लग गया। नानाजी को दिक्कत आ गई हो ऐसा नहीं लगा। साल भर में विधानसभा चुनाव के बाद कांग्रेसी सरकार बनी और दिग्विजय सिंह उस के मुख्यमंत्री बने। तब भी नानाजी की दिक्कतें बढ़ गई हों ऐसा नहीं लगा। साल भर तो कामकाज ठीक चलता ही रहा।

फिर मुश्किलें आने लगीं। सरकार की तरफ से जो पैसा स्वीकृत मद से आना था उस के आने में पहले ढिलाई हुई और फिर आया ही नहीं। स्वावलंबी स्नातक बनाने के प्रयोग करने वाले विश्वविद्यालय के प्राध्यापकों और कर्मचारियों को वेतन मिले इसलिए नानाजी को बैंकों से लाखों रुपए उधार लेने पड़े। उधार चुकाने के लिए सरकार से पैसा लेना टेढ़ी खीर हो गया। न सीधी उंगली से घी निकले न टेढ़ी से। सरकार ने डब्बे में घी आने ही नहीं दिया।

जिस किसी सत्तावान आदमी से मिलने पर काम निकल सकता हो उस हर व्यक्ति से नानाजी मिले। सब ने कहा कि इसमें तो अनियमित कुछ है ही नहीं और यह तो ऐसा काम है कि रुकना ही नहीं चाहिए। आप फिकर मत कीजिए हम देखते हैं। अब या तो देखने को कुछ था ही नहीं या देखने वालों को जो दिखता था उसे वे बता और हटा नहीं सकते थे। और इनमें प्रधानमंत्री, केंद्रीय मंत्री, मुख्यमंत्री सभी शामिल थे।

आखिर मध्यप्रदेश की सरकार ने अपने वित्त और शिक्षा मंत्री को अध्ययन करने चित्रकूट भेजा। नानाजी कहते हैं कि दोनों ने उनके प्रयोग की प्रशंसा, सराहना जो भी कहा जा सकता है, की। लेकिन बाद में मुख्यमंत्री दिग्विजय सिंह ने बताया कि उनकी रपट अनुकूल नहीं है और इस कारण उन्हें धन रिलीज करने में कठिनाई हो रही है। शिक्षा और वित्त मंत्री ही जब कहें कि यह विश्वविद्यालय सरकार का स्वीकृत धन पाने के योग्य नहीं है तो बेचारा मुख्यमंत्री क्या करे ? उसे तो अपने साथियों की रपट और नियमों के अनुसार ही चलना पड़ता है ना।

अब साफ था कि मध्यप्रदेश सरकार नहीं चाहती कि यह विश्वविद्यालय जैसा चल रहा था वैसा ही चले। अगर वैसा ही चलेगा तो सरकार धन न दे कर इसे सुखा देगी। खुसफुसाहट और अभियान तो राष्ट्रपति शासन में भी शुरू हो गया था कि यह क्या विश्वविद्यालय है, संघ का अड्डा है। फिर कांग्रेस की सरकार बना तो कहा जाने लगा कि भाजपा सरकार ने संघ को संस्था चलाने और अपने लोगों को जमाने के लिए जो व्यवस्था की है वह बंद होनी चाहिए।

चित्रकूट के पास सतना है जो भूतपूर्व केंद्रीय मंत्री अर्जुन सिंह का चुनाव क्षेत्र है। उनके कार्यकर्ता शुरू से ही इस विश्वविद्यालय के खिलाफ बोलते थे। खुद अर्जुन सिंह को शिकायत थी कि यह उनके बावजूद खड़ा हो गया और इसे मेरे सहयोग के बिना चलने कैसे दिया जा

रहा है। लोकल, प्रांतीय और केंद्रीय कांग्रेसियों ने निष्कर्ष निकाल रखा था कि यह राष्ट्रीय स्वयंसेवक संघ का अड्डा है और इसे नष्ट करना चाहिए।

नानाजी देशमुख ने स्वावलंबन की शिक्षा देने के लिए चित्रकूट जैसे ग्रामीण इलाके में जो प्रयोग किया वह राजनीतिबाज कांग्रेसियों के लिए भाजपा सरकार का बनाया गया संघी अड्डा ही था और वे उसे या तो नष्ट कर देने पर आमादा थे या अपने हाथों में ले लेने पर।

उन्हें इस बात की कोई फिक्र या अहसास नहीं था कि अठारह साल पहले जिस आदमी ने केंद्रीय मंत्री पद स्वीकार नहीं किया और राजनीति छोड़ कर रचनात्मक कार्य में लग गया और जिसका संबंध किसी भी राजनैतिक पार्टी से नहीं है—वह चित्रकूट में आ कर संघ का अड्डा क्यों बनाएगा ? और जिस देश में लोग अलग-अलग क्षेत्रों में प्रयोग नहीं करते वे नकल कर के कंगले हो जाते हैं। और लोकतंत्र में सरकारें बदलती रहती हैं। सरकारों के साथ अगर गैर राजनैतिक संस्थाएं भी बदली जाने लगीं तो बचेगा क्या ?

लेकिन यह रवैया सिर्फ कांग्रेसियों का नहीं है। भाजपा और माकपा वाले ही नहीं क्षेत्रीय पार्टियों वाले एक राज्यीय लोग भी यही करते हैं। मध्यप्रदेश में ही भाजपा ने कांग्रेसी सरकार या अर्जुन सिंह के बनवाए कलाओं के घर—भारत भवन को कहां चलने दिया। भारत भवन को भी आखिर पटरी से उतार कर और श्रीविहीन कर के रास्ते लगा दिया गया है। भारत भवन की फजीहत करने में पटवा सरकार ने कोई सांस्थानिक समझ नहीं दिखाई। जरूरी नहीं कि आप भारत भवन कलादृष्टि से सहमत हों लेकिन ऐसी संस्थाएं तो स्वायत्त चलने देनी चाहिए जो राष्ट्रीय जीवन के सर्जनात्मक क्षेत्रों में योगदान कर रही हों। लोकतंत्र में पार्टी राजनीति के संकीर्ण रवैये और तात्कालिक हितों से ही संस्थाएं बनती और उजड़ती रहीं तो मूल्यों और वृत्तियों को स्थापित करने के लिए बचेगा क्या ?

हमारी कोई राजनैतिक पार्टी इसे नहीं समझती और जब भी और जो भी सत्ता में आती है, अपनी वाली चलाती है। इसलिए देश की ज्यादातर सार्वजनिक संस्ताएं राजनेताओं के इशारों पर चलने के लिए मजबूर हैं। विश्वविद्यालय तो ओछी और टुच्ची राजनीति के केंद्र हैं शिक्षा के नहीं। रवि बाबू के शांति निकेतन और मालवीय जी के काशी विद्यापीठ तक के जो हाल हुए हैं वे तमाम शिक्षा संस्थाओं के राजनीतिकरण के उदाहरण हो गए हैं।

नानाजी को समझ तो बहुत पहले से आ रहा था कि कांग्रेसियों को उनका ग्रामोदय विश्वविद्यालय का कुलाधिपति बने रहना कतई रास नहीं आ रहा। और जब तक वे इस पद पर रहेंगे विश्वविद्यालय को तड़पा-तड़पा कर मारने की कोशिशें होती रहेंगी। चूंकि विश्वविद्यालय उनका बनाया हुआ है इसलिए उसका चलते रहना उनके लिए ज्यादा महत्त्वपूर्ण था इसलिए नानाजी ने प्रधानमंत्री और मुख्यमंत्री दोनों को बता कर इस्तीफा दे दिया। अब ग्रामोदय विश्वविद्यालय स्वावलंबन की शिक्षा देने का अभिनव प्रयोग नहीं ग्रेजुएट उत्पादक कारखाना हो गया है। वहां परंपराएं पनप सकें इसका भी मौका नहीं मिला है इसलिए ग्रामोदय विश्वविद्यालय का अब क्या होगा, भगवान ही जानता है।

इस के बावजूद नानाजी ने विश्वविद्यालय के पास ही जेआरडी टाटा आयुर्वेद एवं योग विज्ञान शोध प्रतिष्ठान—यानी आरोग्य धाम का काम शुरू कर दिया है। मंदाकिनी के तट पर

तिरयालीस एकड़ जमीन ली है। मिट्टी की पहाड़ियों पर क्यारियां काटकर जड़ी-बूटी उगाने के खेत बनाए हैं। और इस मकर संक्रांति के दिन केंद्रीय स्वास्थ्य मंत्री अब्दुल रहमान अंतुले से प्रतिष्ठान का शिलान्यास कराया है। अध्यक्षता करने उत्तर प्रदेश के राज्यपाल मोतीलाल वोरा को बुलाया। दोनों कांग्रेस के हैं। प्रतिष्ठान जेआरडी टाटा के नाम पर इसलिए कि इस भारत रत्न ने नानाजी से लोगों के स्वास्थ्य के बारे में काफी बातें की थीं। टाटा हाउस मदद भी कर रहा है। इस शिलान्यास में भी अपने थे और टीएस एलियट की लाइनें याद कर रहे थे–ओल्ड मेन ऑट टू बी एक्स्प्लोरर्स, हियर एंड देअर डज नौट मेटर। नानाजी ने अपने ही एक प्रयोग-ग्रामोदय विश्वविद्यालय–के शव पर दूसरा और भी महत्त्वाकांक्षी प्रयोग शुरू कर दिया है–नवासी की उमर में। ऐसे आदमी को कौन हरा सकता है ? चलिए उसे चित्रकूट में तिलक करें। माथा देख कर नहीं जीवट को समझाकर।

(21.1.1996)

एन.टी. रामाराव

यही लोकतंत्र है

ग्यारह साल पहले जब रामराव को राज्यपाल रामलाल ने डिसमिस किया और इस के विरोध में दिल्ली के रामलीला मैदान पर सभा हुई तो अपन भी उसमें गए थे। इंदिरा गांधी के इशारे पर और कांग्रेसी विधायकों की मदद से भास्कर राव ने जो साजिश की थी और उसे मंजूर कर के राज्यपाल ने जो किया था उस के खिलाफ लिखना ही काफी नहीं था। उस सभा में उपस्थित हो कर जैसे प्रत्यक्ष विरोध दर्ज करना भी जरूरी था।

रामराव तब भी अपने हीरो नहीं थे। उनकी कोई फिल्म देखी नहीं थी। एक साल पहले जब वे चुनाव लड़े थे तब अपन उनके अभियान को रिपोर्ट करने या समझने भी नहीं गए थे। आंध्र में उनकी लोकप्रियता की बातें अखबारों में पढ़ी थीं और वहां से आए राजनेताओं से सुनी थीं।

उनकी जीत पर खुशी जरूर हुई थी क्योंकि वे एक जनपद के आत्मसम्मान और अस्मिता के प्रतिनिधि बनकर इंदिरा गांधी की साम्राज्यवादी दिल्ली और उस के द्वारा बार-बार किए गए अपमान से लड़े थे और जीते थे। इंदिरा गांधी इस देश की पारंपरिक जनपदीय स्वायत्तता का सम्मान नहीं करती थीं और उन्होंने सत्ता का ऐसा केंद्रीयकरण कर लिया था कि उससे लड़ने वाली स्वस्थ क्षेत्रीयता से अपने को सहज सहानुभूति होती थी।

आंध्र के लोग रामराव की विजय में क्या देखते थे मालूम नहीं। लेकिन अपन उसे दमनकारी और साम्राज्यशाही केंद्र के विरुद्ध जनपद का विद्रोह मानते थे। मालूम था कि रामराव ने फिल्मों की अपनी छवि और उससे मिली लोकप्रियता को राजनैतिक हथियार बनाया था। इस के लिए मन में सराहना नहीं थी।

फिल्मों में नायक जो करता है आखिर वह फिल्म है। मैदान पर किए गए प्रत्यक्ष सेवा कार्य की जगह ऐसी छवि नहीं ले सकती। यह दुर्भाग्यपूर्ण अहसास भी था कि अब राजनेता प्रत्यक्ष सेवा कार्य नहीं करते। बल्कि इससे उलट भ्रष्टाचार और धतकरम करते हैं। उनके किए की वास्तविकता इतनी असह्य हो गई है कि लोग उसे बदल नहीं सकते तो कम से कम एक सुंदर और परोपकारी छवि को तो अपना समर्थन दे ही सकते हैं।

फिल्मी नायकों का जीवन और उनके कार्य फिल्मों के जरिए बनी उनकी छवि से अलग बल्कि उलट भी हो सकते हैं। बिलकुल संभव है कि उनका निजी जीवन और तौर-तरीके बिलकुल राजनेताओं जैसे ही हों। फिर भी अभिनय और प्रत्यक्ष कार्य में अंतर तो है ही। लोग अगर राजनेताओं की वास्तविकता से तंग आ कर अभिनेताओं की फिल्मी छवि को पसंद कर लेते हैं तो यह पलायनवाद जरूर है। लेकिन कई बार भद्दी और अप्रिय वास्तविकता से पलायन कर के सपने में खो जाना भी उस वास्तविकता से निपटने का निश्चय और बल देता है।

आंध्र के लोगों ने दीन हीन की रक्षा करने वाले परोपकारी नायक की छवि को चुना क्योंकि वे कांग्रेसी नेताओं की वास्तविकता से तंग आ गए थे तो इसे लोकतंत्र में जनता के फैसले को जो सम्मान मिलता है उससे कम नहीं आंकना चाहिए। लेकिन अपने देश में पढ़े-लिखे और इसलिए अपने को समझदार मानने वाले लोग एक अभिनेता को वास्तविक जीवन में नायक बनाना जनता की नासमझी मानते हैं।

इस धारणा में न होते हुए भी रामराव के राजनेता स्वरूप के प्रति मन में सहज सम्मान नहीं था। बलिदान कर के सेवा करने और लोगों का नेतृत्व करने वाले सचमुच के कुछ नेता देखे हैं और उनके साथ रहने का सौभाग्य भी मिला है। इसलिए लगता है कि हमारे लोकतंत्र में ऐसे नेताओं के निकलने की आकांक्षा रहनी चाहिए। रामराव अपने लिए तब एक खतरनाक सर्वसत्तावादी प्रवृत्ति से लड़ने वाले और इस लड़ाई में जीत कर फिर उस के शिकार हुए जनपदीय नेता थे।

रामलीला मैदान में उनके भाषण के दौरान लगा कि लटके-झटके फिल्मी हैं और राजनेता का भी वे अच्छा अभिनय कर लेते हैं। इसी सभा में सुना कि तेलुगु वाले उन्हें रामाराव नहीं रामराव कहते हैं। बाद में रामराव ने आंध्र के लोगों में घूम-घूम कर जो लोकतंत्र बचाओ अभियान चलाया और उसे लोगों का जो लगभग उन्मादी समर्थन मिला उससे दिल्ली का षड्यंत्र नाकामयाब हुआ।

जोड़तोड़ और उठापटक से भास्कर राव के कांग्रेसी खेल को फेल करने के बजाय रामराव ने लोकशक्ति का सहारा लिया। लोकतंत्र के लिए यह एक शुभ लक्षण था। वैसे भी शायद तब रामराव शिखर राजनीति के हथकंडों में माहिर नहीं थे और जनता में जाना उनके लिए ज्यादा सहज था। उस वक्त भी और आज भी ऐसे कितने नेता हैं जो लोकतंत्र की लड़ाई जनता में इस तरह ले जा सकते हैं और लोकशक्ति को ही अपना पहला और अंतिम आसरा मानते हैं ?

दक्षिण में तब तमिलनाडु में एमजीआर अपनी फिल्मी छवि और लोकप्रियता का पहले ही राजनीति में अनुवाद कर चुके थे। रामराव आंध्र में इस तरह के नेतृत्व का विस्तार थे। तब राजीव गांधी ने अपने सखा अमिताभ बच्चन को मैदान में नहीं उतारा था। और इसलिए माना जा रहा था कि बंबई का हिंदी फिल्म उद्योग भले ही संसार का सबसे बड़ा फिल्म उद्योग हो और उसमें कई बहुत लोकप्रिय अभिनेता भी हों लेकिन उत्तर की राजनीति का फिल्मीकरण नहीं होगा।

कहा जाता था कि यह कुछ भावुक और भक्त तमिल और तेलुगु लोगों की ही खासियत है। लेकिन अमेरिका में रीगन के राष्ट्रपति बनने से अपने देश के पश्चिम परस्त प्रभुवर्ग में फिल्मी अभिनेताओं के नेता बनने पर हिकारत का भाव कुछ कम हुआ। हालांकि एमजीआर और रामराव तमिल और तेलुगु फिल्मों के जितने बड़े अभिनेता थे रीगन हॉलीवुड के वैसे अभिनेता कभी नहीं रहे।

रामराव को राष्ट्रीय राजनीति में भूमिका मिली सन् सत्तासी के बाद। जब क्षेत्रीय पार्टियों का राष्ट्रीय मोर्चा बना तो रामराव उस के प्रमुख नेताओं में से एक थे। हालांकि जब दिल्ली में वीपी सिंह ने राष्ट्रीय मोर्चे की सरकार बनाई तब रामराव आंध्र के मुख्यमंत्री नहीं रह गए

थे। रामराव को फिर अपना करिश्मा दिखाने का मौका पांच साल बाद मिला जब दिसंबर चौरानवे में आंध्र के विधानसभा चुनाव हुए।

रामराव के लोगों ने दो सौ सीटों पर जीतने का दावा किया था और इसे फिल्मी हिसाब कहा गया था। तब रामराव का फिल्मी कैरियर समाप्त हो चुका था और वे पूरे राजनेता हो गए थे। उनकी पहली पत्नी का कैंसर से देहावसान हो चुका था जिसके बाद रामराव भगवे कपड़े पहनने लगे थे। उनके सात बेटों और चार बेटियों के दामादों में से—दो दामाद और एक पुत्र ही राजनीति में थे। और तेलुगु देशम पार्टी में उनका काफी रुतबा था।

रामराव परिवार में उथल-पुथल लक्ष्मी पार्वती के आने से हुई। लक्ष्मी पार्वती रामराव की जीवनी लिखने के लिए उन से मिलने लगीं और फिर दोनों ने विवाह कर लिया। सत्तर पार करने के बाद किया गया यह विवाह रामराव के बेटों-दामादों को पसंद नहीं आया पर वे कुछ कर नहीं सकते थे। लक्ष्मी पार्वती को साथ ले कर चुनाव अभियान में निकले रामराव ने 294 की विधान सभा में 214 सीटें जीतीं। उनका करिश्मा ऐसा चला कि तब पहली बार आंध्र से प्रधानमंत्री हुए नरसिंह राव की कांग्रेस का सफाया हो गया।

परिवार को भले ही पसंद न आया हो लेकिन आंध्र के लोगों को रामराव के दूसरे विवाह से कोई एतराज नहीं हुआ। और अगर चौरानवे के चुनाव नतीजों से नापा जाए तो जनता ने उनकी नई पत्नी को जबरदस्त मंजूरी दी। इस कारण से हो कि इस जीत का श्रेय लक्ष्मी पार्वती को भी दिया गया और इस कारण से भी कि नई पत्नी ने रामराव को नई छवि दी—शायद लक्ष्मी पार्वती को लगा कि वे भी राजनीति में नया रोल खेल सकती हैं। लकवा लगने के बाद रामराव की लक्ष्मी पार्वती पर निर्भरता भी बहुत बढ़ गई।

राजनीति में लक्ष्मी पार्वती की दखलंदाजी को सबसे पहले चुनौती रामराव के तीसरे पुत्र हरिकृष्ण ने दी। हरिकृष्ण चैतन्य रथ पर सवार रामराव के सारथी थे। लेकिन जब रामराव ने अपनी पारंपरिक विधान सभा सीट तेकाली खाली की और अफवाहें उड़ने लगीं कि लक्ष्मी पार्वती वहां से चुनाव लड़ने वाली हैं तो हरिकृष्ण जागे। उन्हें लगा कि पिता की सीट से लक्ष्मी पार्वती जीत गईं तो रामराव की राजनैतिक विरासत पर दावा करेंगी और पुत्र या दामाद ताकते रह जाएंगे। दामाद नायडू तब रामराव मंत्रिमंडल में वित्त मंत्री थे। लेकिन लक्ष्मी पार्वती को चुनौती हरिकृष्ण ने दी।

मामला इतना बढ़ा कि तेलुगु देशम पार्टी लक्ष्मी पार्वती और हरिकृष्ण में बंट गई। रामराव ने कहा कि हरिकृष्ण तो तेलुगु देशम पार्टी के मेंबर भी नहीं हैं तो उन्होंने तत्काल अपना सदस्यता कार्ड बता दिया। जो हो तब रामराव को ठीक नहीं लगा कि पत्नी या पुत्र में से किसी को अपना उत्तराधिकारी होने का मौका दें। रामराव ने कहा कि यह मेरा पारिवारिक मामला है और इसका फैसला मैं करूंगा, पार्टी नहीं। रामराव ने किसी तीसरे को तेकाली का टिकट दिया।

लेकिन इससे यह संदेश नहीं गया कि रामराव लक्ष्मी पार्वती के राजनीति में आने के खिलाफ हैं। बल्कि लगातार अफवाहें फैलती गईं कि वे रामराव को केंद्रीय राजनीति में भेज कर प्रधानमंत्री बनाने और खुद आंध्र की मुख्यमंत्री बनने में लगी हुई हैं। हो सकता है यह

धारणा दामाद चंद्रबाबू नायडू और वेंकटेश्वर राव और पुत्र हरिकृष्ण ने बनवाई हो लेकिन धीरे-धीरे लोग इसमें विश्वास करने लगे। रामराव मंत्रिमंडल और पार्टी में ऐसे लोगों के गुट बन गए जो लक्ष्मी पार्वती के वफादार और अपने को उनका आदमी बताने लगे।

लक्ष्मी पार्वती की राजनीति में दखलंदाजी अगर सिर्फ अफवाह होती तो यह संभव नहीं था कि चंद्रबाबू नायडू जब अपने ससुर के खिलाफ बगावत का झंडा उठाते तो न सिर्फ तेलुगु देशम के ज्यादातर विधायक बल्कि संसद सदस्य भी उनके साथ होते। परिवार में लक्ष्मी पार्वती की दावेदारी से जो विद्रोह हुआ उस के पारिवारिक कारण हो सकते हैं। लेकिन तेलुगु देशम के विधायकों और संसद सदस्यों का रामराव के विरुद्ध जाना कम से कम दो बातें तो साफ करता ही है। पहली यह कि लक्ष्मी पार्वती के बढ़ते वर्चस्व से वे अपना राजनैतिक जीवन खतरे में पाने लगे थे और दूसरी यह कि रामराव को अब वे वैसा राजनैतिक महाबली नहीं मानते थे जैसे कि वे आठ महीने पहले थे।

यानी जब तक लक्ष्मी पार्वती रामराव की पत्नी बनी रहीं तब तक विधायकों और सांसदों को उन से कोई शिकायत नहीं बल्कि वो उन्हें अम्मा कहने और मानने को भी तैयार थे। लेकिन जब वे रामराव की पत्नी के नाते उनकी और अपनी राजनीति करने लगीं तो पार्टी उन्हीं के नहीं रामराव के भी खिलाफ हो गई। और लक्ष्मी पार्वती की राजनैतिक भूमिका को सिर्फ विधायकों और सांसदों ने ही रद्द नहीं किया जब दामादों और पुत्र के विद्रोह के बाद रामराव जनता में गए तो वह भी उनकी शिकायत पर उदासीन हो गई। दिल्ली से पैदा किए गए राजनैतिक संकटों में जो जनता रामराव के साथ उठ खड़ी हुई उसने पारिवारिक संकट में फंसे रामराव को नहीं उबारा।

रामराव ने ये कोई संकेत नहीं समझे। उन्होंने तभी इस्तीफा दिया जब उनके पास कोई चारा नहीं बचा। जो तेलुगु देशम पार्टी उनकी बनाई हुई है और जिसे वे तीन बार चुनाव जितवा कर सत्ता में लाए उस ने उनके आजीवन अध्यक्ष होते हुए भी उनके दामाद को अध्यक्ष चुन लिया और ज्यादातर विधायक, मंत्री और सांसद तो पहले ही उनका साथ छोड़ कर नायडू को अपना नेता चुन चुके थे। रामराव बड़े बेआबरू हो कर तेलुगु देशम से निकले या सत्ता पदों से निकाले गए।

जिन नंदमूरि तारक रामराव ने आज से तेरह साल पहले फिल्मों का बड़ा सफल कैरियर छोड़ कर तेलुगु आत्मसम्मान और अस्मिता की रक्षा के लिए तेलुगु देशम पार्टी बनाई और अगले साल चुनाव लड़ कर आंध्र में पहली बार कांग्रेस को हराया; जिन रामराव ने पार्टी के भितरघात और केंद्र की कार्रवाई का सामना लोकशक्ति से किया और जीते; उन्हीं रामराव ने लोकतांत्रिक सत्ता को अपनी निजी संपत्ति क्यों मान लिया जो पहले दामादों-बेटों और फिर पत्नी को दी जा सके।

लोकतांत्रिक सत्ता लोक की सत्ता है। वह नेता के पास से वापस लोगों के पास जानी चाहिए। नेता उसे परिवार वालों को संपत्ति की तरह नहीं बांट सकता। उसे तो लोग ही किसी को दे और किसी से ले सकते हैं। लोकतंत्र का यह पहला और अंतिम सिद्धांत अपने देश के नेताओं को क्यों समझ में नहीं आता ?

जानकार लोग कहते हैं कि सत्ता में आने के बाद नेता के पास इतना पैसा आ जाता है और सत्ता को धन बनाने में लगाने के इतने अवसर आ जाते हैं कि परिवार वाले और रिश्तेदार अपना हक मांगने लगते हैं। नेता को जो अनापशनाप धन मिलता है वह कोई पसीने की कमाई का नहीं होता। काला होता है और बेहिसाब होता है। नेता उसे अपने परिवार के लोगों को ही सौंप सकता है ताकि वह सुरक्षित रहे और वक्त जरूरत काम आए। वह पैसा बनाने के अवसर भी उन्हीं को पहले देता है जो उसमें से बड़ा भाग उसे वापस दे सके।

चूंकि सत्ता इस तरह धन और धन बनाने के अवसरों के रूप में देखी जाती है इसलिए मिलते ही नेता—लोगों को भूल जाते हैं। वे बेटे-बेटियों, दामाद, बहुओं, भांजों-भतीजों और भाइयों पर ही विश्वास कर सकते हैं। और जब वे लोगों से कट कर परिवार वालों और रिश्तेदारों से घिरे जाते हैं और संपत्ति से लद जाते हैं तो उन्हें लगता है कि सत्ता उनकी अपनी निजी है और वे चाहे जिसे दे सकते हैं। चूंकि वारिसों का दावा ही संपत्ति पर माना जाता है इसलिए सत्ता भी उन्हीं को जाए तो इसमें कोई खराबी नहीं है।

कुछ साल पहले हमने देवीलाल को डंके की चोट पर कहते सुना कि किसान का बेटा किसान, बेपारी का बेटा बेपारी और अफसर का बेटा अफसर हो जाता है तो राजनेता का बेटा राजनेता क्यों नहीं हो सकता। बेटा राजनेता हो सकता है तो बाप की सत्ता बेटे को नहीं तो किसे जाएगी ? देवीलाल और उनके बेटों को जनता ने बता दिया कि लोकतंत्र में सत्ता किसी की भी संपत्ति नहीं है।

अब जनता ने रामराव को समझा दिया कि पहले दामादों और बेटों को और फिर उन से ले कर दूसरी पत्नी को सत्ता सौंपना चाहोगे तो वह आपके पास नहीं रहेगी। चंद्रबाबू नायडू को भी जनता बताएगी कि सत्ता को ससुर से मिली मानोगे तो छिन जाएगी। कुछ लोग पूछते हैं कि यह जनता को बार-बार क्यों समझाना पड़ता है ? तो भाई साहब, दुनिया में हर देश की जनता नेता को इसी तरह सिखाती और बनाती बिगाड़ती है। यही लोकतंत्र है।

(3.9.1995)

ऐसी रामराव की गत हुई

यहां अपनी चिंता यह नहीं है कि एनटीआर के आने से आंध्र और राष्ट्रीय मोर्चे की राजनीति का क्या होगा। उनके निधन के पल से उनकी दूसरी पत्नी लक्ष्मी पार्वती, बेटे-बेटियों और दामादों ने जो फूहड़ और बेशरम नाटक किया वह उनकी मृत्यु से ज्यादा दुखदायी है। एनटीआर ने भी लक्ष्मी पार्वती और बेटे-बेटियों और दामादों के साथ जो बरताव पिछले तीन साल में किया वह भी कोई कम दुखद और उदास कर देने वाला नहीं है।

एनटीआर न अंग्रेजी या अमेरिकी किस्म के भारतीय नेता थे न अपनी पार्टियों के ठप्पे वाले पेशेवर नेता। उन पर पश्चिमी लोकतांत्रिकता का मुलम्मा नहीं चढ़ा था न वे राजनीति को सत्ता और धन दौलत बनाने का धंधा मान कर उसमें मुनीम से धन्ना सेठ हुए थे। देसी-विदेशी किसी राजनीति में उनकी कोई ट्रेनिंग नहीं हुई थी इसलिए उम्मीद की जा सकती थी कि परंपरा एक भारतीय के खून में जो पंचायत बोध देती है उसका कोई नया रूप देखने को मिलेगा। लेकिन वे एक मुगल बादशाह की तरह अपने दामाद को औरंगजेब और अपने से कहीं ज्यादा जवान और छोटी पत्नी को वाह, वाह, क्या खूब कहते हुए मर गए।

अशोक दास की सुनाई गई कहानी की मानें तो वे सत्ता को नाथने के लिए राजनीति में चले आए थे। किस्सा यह कि सन् बयासी में वे नेलोर आए और कार्यक्रम के लिए तरोताजा होने के लिए एक सरकारी गेस्ट हाउस में पहुंचे। वहां सभी कमरे भरे हुए थे। सिर्फ एक खाली था जो राजस्व मंत्री जनार्दन रेड्डी के लिए ही रखा रहता था। तीन सौ से ज्यादा फिल्मों के तेलुगु सुपर स्टार के लिए कर्मचारियों ने कमरा तो खोल दिया पर यह भी साफ कहा कि मिनिस्टर साब आ गए तो हमारी खाल उधेड़ देंगे।

वही हुआ। रामराव जब नहा रहे थे तो मंत्री महोदय आ टपके और अपने कमरे को इस्तेमाल पा कर आपा खो बैठे। उनने कर्मचारियों को ही नहीं दुनिया भर को चुन-चुन कर गालियां दीं और सब को रास्ते लगाने की धौंस दे कर चले गए। एनटीआर लौटते हुए मद्रास आए और वहां अपने दोस्त नागी रेड्डी को कहा कि कितनी ही दौलत और शोहरत हो राजनैतिक सत्ता के सामने बेकार है। वहीं उनने घोषणा कर दी कि वे राजनीति में जाएंगे।

एक बार तय कर चुके कि राजनीति में जाना है तो बाकायदा फिल्मी ढंग से उसकी घोषणा भी की। हैदराबाद के अपने रामकृष्ण स्टूडियोज में मार्च बयासी में उनने अखबार वालों को बुला कर कहा कि अब वे साठ बरस के हो रहे हैं और समाज सेवा करने के लिए राजनीति में उतर रहे हैं। 'अपनी संपत्ति मैंने सात बेटों और चार बेटियों में बांट दी है ताकि परिवार की जिम्मेदारियों से मुक्त हो कर अपने बाकी के साल आंध्र के लोगों की सेवा में लगा सकूं।'

लेकिन जिस परिवार की जिम्मेदारियों से वे मुक्त हो कर राजनीति में आए थे उसी ने उनकी राजनीति को चौपट कर दिया। धन-दौलत के लिए तो परिवार के लोगों ने नंगई दिखाई ही उनकी सत्ता को हथियाने और उसमें बंदरबांट कर ऐसा नाटक दिखाया कि दक्षिण की फिल्मों को भी पीछे छोड़ दिया।

दामाद चंद्रबाबू नायडू कोई पांच महीने पहले उनकी राजगद्दी छीन ही ले चुके थे। अपनी बनाई पार्टी तेलुगु देशम के वे आजन्म अध्यक्ष थे। दामाद ने उन्हें वहां से भी हटा दिया। जो विधायक एनटीआर के कारण ही चुनाव जीते थे उनमें से भी ज्यादातर दामाद के साथ चले गए। रामराव के पास बची पुछल्ली पार्टी और कोई तीन दर्जन विधायक जब कि दिसंबर चौरानवे में वे कोई सवा दो सौ विधायकों के भाग्य विधाता थे। तीन दर्जन में भी ग्यारह तो उनके दूसरे दामाद वेंकटेश्वर राव के साथ लौट कर आए थे जो उपमुख्यमंत्री न बनाए जाने के कारण मुख्यमंत्री नायडू से दुखी हो कर उनका खेमा छोड़ आए थे।

अपनी दूसरी पत्नी लक्ष्मी पार्वती के साथ रामराव एक तरफ थे और दूसरी तरफ उनका भरापूरा परिवार उनके खिलाफ था। एनटीआर का परिवार लक्ष्मी पार्वती को उनकी पत्नी मानने को भी तैयार नहीं था। उनके जीते जी तो परिवार ने लक्ष्मी पार्वती को सौतेली मां मानने से इनकार किया ही, जब वे नहीं रहे तो उनके साथ बासवतारकम्मा यानी पहली पत्नी की तस्वीरें बनवा कर लगवाईं। परिवारवालों के साफ-साफ कह देने पर पंडितों ने भी सारे उत्तर कार्य में जहां-जहां पत्नी का नाम लिया जाना था वहां पूर्व पत्नी बासवतारकम्मा का ही नाम लिया। और लक्ष्मी पार्वती ने अखबारवालों के सामने छाती-माथा कूटते हुए शिकायत की कि देखिए सिंदूर मेरा पुंछा, चूड़ियां मेरी फूटीं, विधवा मैं हुई और वे मेरा नाम तक नहीं लेने दे रहे। उस औरत का नाम ले रहे हैं जो ग्यारह साल पहले मर गई।

एनटीआर के परिवार वाले अगर लक्ष्मी पार्वती को सभी उत्तर कार्य से बाहर रखना चाहते थे तो उनकी दूसरी पत्नी परिवारवालों को उनके पास भी फटकने नहीं देना चाहती थी। रामराव का सबसे छोटा बेटा जयकृष्ण बंजारा हिल्स के बंगले में बाप के साथ ही रहता था लेकिन उसे भी पिता के निधन की खबर दो घंटे बाद दी गई। चंद्रबाबू नायडू और रामराव के दूसरे बेटे जब मृत्यु की खबर पा कर पहुंचे तो घर में जमा लोगों ने उन्हें ताने मारे कि अब काहे को आए हो। और अब तो हो गई तुम्हारी मन की !

परिवार वाले चाहते थे कि रामराव का शव उनके पुराने घर ले जाएं लेकिन लक्ष्मी पार्वती हाथ नहीं लगाने दे रही थीं। बड़ी मुश्किल से वे इस बात पर राजी हुईं कि शव लाल बहादुर स्टेडियम में रखा जाए ताकि जनता उनके अंतिम दर्शन कर सके। वहां भी लक्ष्मी पार्वती सारे समय उनके सिर के पास बनी रहीं और वीआईपियों से ढाढ़स और संवेदना लेती रहीं। कैमरों और देखने वालों के लिए छाती कूटती हुई ढांडे मार कर रोती रहीं। उनने बताने में कोई कसर नहीं छोड़ी कि रामराव के शव पर उनका एकाधिकार है और बाकी के सब परिवार वाले धोखेबाज और पाखंडी हैं।

जब रामराव का तीसरा बेटा परिवहन मंत्री हरिकृष्ण हांगकांग से सरकारी यात्रा छोड़ कर आया तो उसने हुक्म दे दिया कि शव के पास मंच पर सिर्फ परिवार वाले बैठेंगे। यानी लक्ष्मी पार्वती और उनके लोग, विधायक आदि नीचे उतर जाएं। कुछ विधायकों को पीटा गया और

लक्ष्मी पार्वती कुछ देर के लिए गुसलखाने गईं तो उनकी कुर्सी हटा दी गई। लक्ष्मी पार्वती ने हंगामा कर के फिर अपनी कुर्सी प्राप्त की। लक्ष्मी पार्वती अंतिम यात्रा पर जाती तोपगाड़ी में बैठ गईं तो यह कह कर उन्हें उतार दिया गया कि हिंदू रिवाज के मुताबिक पत्नी श्मशान नहीं जाती। इस उतारे जाने का भी लक्ष्मी पार्वती ने नाटक बनाया।

फिर जब उन्हें अस्थियां नहीं मिलीं तो जनता दल के नेताओं के साथ वे श्मशान पहुंच गईं। वहां से अस्थियां पहले ही घर वाले ले गए थे। लक्ष्मी पार्वती वहीं धरने पर बैठ गईं कि जब तक उन्हें पवित्र अस्थियां नहीं मिल जाएंगी वे धरने पर बैठी रहेंगी। उन्हें समझाया गया कि ले जाने बाद अस्थि फिर श्मशान नहीं लाई जाती। लेकिन उनका धरना जारी रहा। जब उन्हें सूचना दे दी गई कि एक अस्थि कलश बंजारा हिल्स पहुंच गया है तभी लक्ष्मी पार्वती धरने से उठ कर घर गईं।

परिवारवालों और लक्ष्मी पार्वती ने अलग-अलग अस्थियां रखीं, घुमाई और विसर्जित कीं। खबर नहीं आई कि दशाकर्म को ले कर दोनों खेमे लड़े कि नहीं। लेकिन बंजारा हिल्स के भव्य मकान और एनटीआर की छोड़ी गई संपत्ति को ले कर झगड़ा चल रहा है और अदालत ने अभी यथास्थिति रखने को कहा है। लेकिन रामराव की राजनैतिक वसीयत पर झगड़ा, रस्साकशी और तूतू मैंमैं खुल कर और जम कर चल रही है। दुनिया तमाशा देख रही है।

निधन के कुछ दिन पहले रामराव ने अपने परिवार वालों से सार्वजनिक रूप से संबंध-विच्छेद कर लिया था लेकिन लक्ष्मी पार्वती को उत्तराधिकारिणी घोषित करते-करते रह गए थे। लेकिन वे चंद्रबाबू नायडू को 'वो पीठ में छुरा मारने वाला धोखेबाज' कहते थे। उसे औरंगजेब कहते थे जिसने अपने बाप और भाइयों को जेल में डाल कर सत्ता हथिया ली थी। वे नायडू को माफ करने को कतई तैयार न थे। वे धोखा देने वाले सभी परिवारजनों को सबक सिखाने के लिए लोकसभा चुनाव की तैयारी कर रहे थे।

गए साल अगस्त में जब दामाद नायडू ने विद्रोह का झंडा उठा लिया था तो हालत संभालने के लिए एनटीआर लक्ष्मी पार्वती को राजनीति के बजाय घर में रखने को तैयार थे। खुद लक्ष्मी पार्वती ने भी माफी मांग कर घर गिरस्ती और रामराव की सेवा में लौट जाने की घोषणा कर दी थी। लेकिन जब ये कोशिशें फेल हो गईं और साफ हो गया कि चंद्रबाबू नायडू सत्ता पर काबिज हो गए तो लक्ष्मी पार्वती फिर अपने पति की मदद में खुल कर मैदान में आ गईं और रामराव भी बेटों, दामादों, बेटियों आदि से बदला लेने और लक्ष्मी पार्वती को अपने उत्तराधिकारी बना कर स्थापित करने में लग गए थे। सब जानते थे कि दामाद के द्वारा गद्दी से उतारे और परिवार वालों की ओर से मुंह मोड़े जाने के बाद रामराव सिर्फ अपनी दूसरी पत्नी लक्ष्मी पार्वती के हो कर रह गए थे और उसी को अपनी राजनैतिक वसीयत लेने के लिए तैयार कर रहे थे। वे लक्ष्मी पार्वती को बेहद पढ़ी-लिखी, बुद्धिमान, समझदार और काबिल औरत बताने लगे थे। परिवार वाले जितने उस के पीछे पड़े हुए थे उतने ही रामराव अपनी दूसरी पत्नी को स्थापित कर रहे थे।

तीसरे बेटे हरिकृष्ण ने तो हैदराबाद पहुंचने के पहले ही बंबई से बयान दे दिया था कि रामराव की मृत्यु की परिस्थितियों की न्यायिक जांच होनी चाहिए। हरिकृष्ण और दूसरे बेटे अपने

पिता की मृत्यु के लिए लक्ष्मी पार्वती को जिम्मेदार मानते हैं। इन्हीं की ओर से यह भी फैलाया गया है कि लक्ष्मी पार्वती ने बूढ़े रामराव से एक पुत्र उत्पन्न करने के लिए उन्हें तरह-तरह की दवाइयां दीं ताकि उनका पुंसत्व जाग सके। उन्होंने रामराव को पुंसत्व की दवाइयां देने के अलावा खुद अपना भी इलाज—ऑपरेशन आदि करवा के अपने को गर्भधारण के लिए बिलकुल तैयार कर लिया था। दवाएं अपना काम करें और दूसरे उपाय अपना इसलिए तरह-तरह की तांत्रिक पूजाएं, अनुष्ठान, टोटके और पुत्रकामेष्टि यज्ञ तक दोनों ने मिल कर किए।

पूरे आंध्र प्रदेश में भद्दे और अश्लील मजाक चल रहे हैं कि लक्ष्मी पार्वती ने तिहत्तर बरस के रामराव से क्या-क्या करवाया। आम लोग मानते हैं कि लक्ष्मी पार्वती ने पुत्र प्राप्ति के लिए कोई कोर-कोसर नहीं छोड़ी। यह इच्छा रामराव की बत्तीस बरस छोटी पत्नी में सिर्फ मां बनने के लिए नहीं थी। मां तो वे पहले से हैं। अपने पूर्व पति वीरंगधम सुब्बाराव से उन्हें एक पुत्र है। रामराव से उन्हें पुत्र राजनैतिक उत्तराधिकार के लिए चाहिए था। जानकार लोगों का कहना है कि रामराव और लक्ष्मी पार्वती मानते थे कि उन्हें अगर पुत्र हो जाए तो एक दिन वह भारत पर राज करेगा। आंध्र प्रदेश में इस तरह के किस्से लक्ष्मी पार्वती को बदनाम करने के लिए ही नहीं रामराव के राज परिवार का मखौल उड़ाने के लिए भी चल रहे हैं।

रामराव का परिवार तो पहले से ही लक्ष्मी पार्वती को खलनायिका मानता रहा है। सितंबर तिरानवे में जब उन से रामराव ने विवाह किया उस के पहले से। लक्ष्मी पार्वती उनकी जीवनी लिखने के लिए नरसराउपेट से बस से हैदराबाद आती जाती थीं। रामराव ने उन्हें अपने ही घर रहने को जगह दे दी। रामराव खुद ही कहते थे कि एक दिन खून में उनकी चीनी इतनी बढ़ गई कि वे बेहोशी की हालत में आ गए। तब लक्ष्मी पार्वती ही उन्हें अस्पताल ले गईं। वे नहीं ले जातीं तो मेरी जान नहीं बच सकती थी। फिर तिरानवे के शुरू में लकवे के वार से रामराव बीमार हुए। लक्ष्मी पार्वती ने ही सेवा सुश्रूषा कर के उन्हें ठीक किया। लकवा और दिल का एक आध हल्का दौरा और भी पड़ा जब लक्ष्मी पार्वती ने उनकी सेवा की।

सन् उननवे में सत्ता से बाहर होने के बाद रामराव बहुत अकेले पड़ गए थे। कहते हैं परिवार वालों ने उन्हें देखना-भालना तक छोड़ दिया था। सब अपने काम-धंधों और मौज मजे में लगे थे। कई बार रामराव दौरा कर के लौटते और भूखे पेट ही सो जाते। अकेले खाना खाते-खाते वे इतने तंग आ गए थे कि एक बार तो साथ खाना खाने के लिए उनने अपने एक पत्रकार दोस्त को ही बुला लिया। सन् चौरासी में उनकी पहली पत्नी बासवतारकम्मा की कैंसर से मृत्यु हो गई थी। तब से वे भगवा धारण कर के रहते और अपने को राजनीति में लगाए रखते।

जब तक सत्ता में रहे तब तक तो आसपास बहुत भीड़ रही और बेटे-बेटी, बहू-दामाद भी घेरे रहे। लेकिन सत्ता गई तो बिलकुल अकेलेपन ने पकड़ लिया। लक्ष्मी पार्वती ने उन्हें न सिर्फ इस अकेलेपन से ऊबारा उन्हें नया जीवन दे कर नए राजनैतिक संघर्ष के लिए तैयार भी किया। एक तरह से नवजीवन से भर दिया। रामराव भगवा छोड़ कर पेंट-बुशर्ट और हैट में चुनाव अभियान पर निकले और लक्ष्मी पार्वती उनके साथ रहीं। इस बार वे सन् तिरयासी और पिच्चासी से भी बड़े बहुमत से जीते।

लक्ष्मी पार्वती राजनीति में उनके साथ, उनकी सलाहकार और सहकर्मी की तरह हो गईं। इसी से पार्टी और फिर सरकार में उनका पव्वा बढ़ा। वे असंवैधानिक सत्ता केंद्र हो गईं। कभी चंद्रबाबू नायडू भी ऐसे ही सत्ता केंद्र थे। रामराव के बेटे-बेटी, बेटी-दामाद इसीलिए लक्ष्मी पार्वती से कुपित और दुखी थे कि उनके पिता पर विमाता का लगभग पूरा और अटूट नियंत्रण था और अब तक पिता की जो सत्ता उनके पास थी वह छिन कर विमाता की मुट्ठी में चली गई थी। पिता की संपत्ति और सत्ता पर जो अधिकार रामराव के बेटे-दामाद अपना मानते थे वह अब पूरी तरह लक्ष्मी पार्वती का हो गया था क्योंकि रामराव उनके सामने किसी की सुनते नहीं थे।

यह संभव है कि लक्ष्मी पार्वती की लपलपाती महत्त्वाकांक्षा मात्र राजनैतिक थी और उसे पूरी करने के लिए वे बूढ़े रामराव का इस्तेमाल कर रही थीं। हो सकता है इसीलिए वे रामराव की सत्ताकांक्षा और कामाक्षा दोनों को सुलगाए रखती थीं क्योंकि इन्हीं से रामराव की उन पर निर्भरता लगभग संपूर्ण और दयनीय हो जाती थी। सन् तिरानवे में रामराव से विवाह और उनके निधन के बाद तक लक्ष्मी पार्वती के तौर तरीकों से साफ है कि वे एनटीआर की पत्नी होने और उनकी सेवा-सुश्रूषा को अपने लिए राजनैतिक लाभ में बदलने को तत्पर रही हैं। लेकिन यही सब आरोप तो रामराव के दोनों दामादों और राजनीति में सक्रिय बेटों पर भी आसानी से लगते हैं।

सवाल यह है कि इतने भरे-पूरे परिवार और फिल्मों और राजनीति में सफल जीवन वाले रामराव इतने अकेले क्यों हो गए थे ? और वे ऐसी बुरी तरह लक्ष्मी पार्वती पर आश्रित कैसे हो गए कि बुढ़ापे के इस प्रेम और जवान पत्नी ने उन्हें अपने परिवार से इतना काट दिया और अध्यक्ष के नाते अपनी पार्टी और मुख्यमंत्री के नाते अपने राज्य के प्रति अपने कर्त्तव्यों को भी वे भूल गए ? क्यों उनके बेटे-बेटियों और बहुओं-दामादों ने उन्हें ऐसा अकेला छोड़ दिया कि उनकी जीवनी लिखने आई एक तलाकशुदा औरत उनके जीवन की सबसे महत्त्वपूर्ण महिला हो गई ?

परिवारवालों को एनटीआर ने न सिर्फ अपनी संपत्ति बांट दी थी बल्कि उन्हें सत्ता में भी ऐसी भूमिकाएं दे दी थीं जो लोकतंत्र में परिवार के लोगों को नहीं दी जानी चाहिए। फिर भी वे इतने असुरक्षित क्यों हो गए कि लक्ष्मी पार्वती के राजनीति में रुचि लेने से उन्हें इतना डर लगने लगा ? क्यों रामराव के बेटों-दामादों को यह नहीं लगा कि उनके पास जो भी है सब उन्हीं का दिया हुआ है और ऐसे पितृ पुरुष की प्रेम और सम्मान के साथ सार-संभाल करनी चाहिए ? और जिस महिला ने उनके पिता की इतनी सेवा की और जिससे पिता ने विवाह कर लिया उसे वे सम्मान की जगह क्यों नहीं दे सके ?

और आखिर में यह कि खुद रामराव जो समाज सेवा करने और तेलुगु लोगों के आत्मसम्मान को स्थापित करने राजनीति में आए थे इतनी जल्दी रास्ते से क्यों भटक गए ? कहते हैं कि नंदेला भास्कर राव ने जब दलबदल कर के उन्हें सन् चौरासी में अपदस्थ किया और उस के महीने भर बाद जब वे फिर सत्ता में आए तो उस के बाद उन्होंने सत्ता के मामले में किसी पर विश्वास नहीं किया। थोड़ा बहुत किया भी तो पहले दामाद पर और फिर पत्नी पर। मृत्यु

के पहले रामराव दामाद चंद्रबाबू नायडू को औरंगजेब कहने लगे थे। अगर कोई पिता सारी सत्ता अपने हाथों में केंद्रित कर ले तो उसे औरंगजेब नहीं मिलेंगे तो क्या श्रवण कुमार मिलेंगे ? लोकतंत्र में जनता से प्राप्त सत्ता का जो ऐसा निजीकरण कर ले और उसमें किसी भी भागेदारी के लिए मौका ही नहीं छोड़े तो उसे तो धोखाधड़ी के साथ पीठ में छुरा भोंक कर ही हटाया जाएगा।

और ऐसे भरेपूरे परिवार के रामराव कैसे पितृ पुरुष थे जो सत्तर की उमर और इतनी बीमारियों के बावजूद ऐसे प्रेमजाल में फंसे और अपने से बत्तीस साल छोटी महिला की वासनाओं पर खेलने लगे। बेटे-बेटियों नाती-पोतों और परिवार के प्रति अपने कर्त्तव्यों को भूल कर ऐसे दीवाने हो गए। समाज सेवा के लिए राजनीति में उतरे रामराव दूसरी पत्नी की सेवा से ऐसे अभिभूत क्यों हो गए कि दीन-दुनिया ही भूल गए। जो तांत्रिक क्रियाओं में लाशों पर बैठ कर पूजा करने और तिहत्तर बरस की उमर में इकतालीस बरस की महिला से पुत्र उत्पन्न करने के लिए यज्ञ करने लगे उस रामराव की ऐसी फजीहत नहीं होती तो क्या होना चाहिए ? रामराव की जो गत हुई क्या वे उस के योग्य नहीं थे ?

(4.2.1996)

विजयाराजे सिंधिया

वे जो राजमाता थीं

तब मध्यप्रदेश विधानसभा की बगल में ही राजभवन था। सड़क पार करते ही राजभवन की चारदीवारी लग जाती थी। थोड़ी दूर चलने पर राजभवन आ जाता था। लेकिन स्मृति में अब भी यही लगता है कि हम लोग काफी दूर भींगते हुए गए थे। कोई बहुत बड़ा जुलूस नहीं था। कांग्रेस से टूट कर आए विधायक थे और संयुक्त विपक्ष के लोग। उनकी अगुआई गोविंद नारायण सिंह नहीं कर रहे थे। राजमाता विजयाराजे सिंधिया भी सब लोगों के साथ ही चल रही थीं हालांकि वही तब विपक्ष की नेता थीं और उन्हीं के नेतृत्व में विपक्ष और कांग्रेस के विधायक राज्यपाल से कहने वाले थे कि मिश्र जी की सरकार अल्पमत में आ गई है और चूंकि ज्यादा विधायक हमारे साथ हैं इसलिए हमें सरकार बनाने को बुलाया जाए। राजभवन पहुंचने तक हम लोगों को सूचना मिल गई थी कि द्वारका प्रसाद मिश्र राज्यपाल रेड्डी से मिल चुके हैं और उनने विधानसभा भंग करने की सिफारिश की है।

राजभवन में राज्यपाल से मिलने जाने के पहले राजमाता ने अपनी सफेद साड़ी को बल दे कर समेटा और जोर से निचोड़ा था। फिर उसे झटकार कर व्यवस्थित करते हुए उनने अपने बाल लहराए और सिर का पल्लू ठीक किया और कहा 'आज मेरे सारे पाप धुल गए।' उनके साड़ी निचोड़ने से बाल ठीक करने तक ऐसा ही लग रहा था जैसे वे गंगा में डुबकी लगा कर निकली हों जब कि वे विधानसभा में हंगामे और कांग्रेस विधायकों के दल बदलने की घोषणा के बाद गिरते पानी में पैदल चलती हुई राजभवन आई थीं। कपाल पर चंदन का जो टीका वे लगाती थीं उसे बरसात ने धो दिया था। पाप धुलने की बात उनने क्यों कही ? सन् सड़सठ की इस घटना में कहे गए इस वाक्य पर अक्सर विचार करता रहा हूं। कांग्रेस से तो वे कुछ महीने पहले ही निकल गई थीं। जनसंघ के टिकट पर विधानसभा और स्वतंत्र पार्टी के टिकट पर लोकसभा का चुनाव लड़ कर जीत भी गई थीं और अब विपक्ष की नेता थीं। क्या मिश्र जी की सरकार गिराने से उनके पाप धुल गए थे ? या कांग्रेस में इतने साल और उस के टिकट पर दो बार सांसद रहने को वे अपना पाप मानती थीं जो उसकी सरकार गिराने से धुल गया था ? या कांग्रेस और द्वारका प्रसाद मिश्र दोनों के ही साथ रहने को वे पाप मानने लग गई थीं ? मैं नहीं जानता। इन सवालों का जवाब पाने के लिए उन से कभी बात भी मैंने नहीं की। सन् बहत्तर के बाद तो अनगिनत बार उन से बात हुई होगी और कुछ यात्राएं भी साथ हुईं। लेकिन पाता हूं कि एक जिज्ञासु की तरह उन से बात करने की इच्छा कभी हुई ही नहीं, हालांकि ऐसे कई सवाल रहे जिनके उत्तर मुझे कुरेदने चाहिए थे।

राजभवन वाले उस जुलूस के बाद मध्यप्रदेश में संविद की सरकार भी बनी और मुख्यमंत्री जरूर गोविंद नारायण सिंह हुए पर राजमाता गैर कांग्रेसी जमावड़े की नेता तो बनी रहीं। यह सरकार भी गिरी और अड़सठ में अपन ने भोपाल और पत्रकारिता छोड़ कर दिल्ली का रास्ता पकड़ लिया। लेकिन इस दौरान राजमाता से मुलाकात होने पर भी बात नहीं हुई। सन् बहत्तर में चंबल घाटी में डाकुओं के समर्पण के पहले और बाद में भी ग्वालियर आना-जाना खूब रहा लेकिन ऐसा कभी लगा नहीं कि राजमाता से जा कर मिलें। जेपी ने जब एवरीमेन्स निकालने की तैयारी शुरू की और वह साप्ताहिक निकलने भी लगा तो एक्सप्रेस के बहादुरशाह जफर मार्ग वाले भवन में रामनाथ जी से मिलना-जुलना बढ़ा और वहीं कभी राजमाता से भी मिलना हुआ लेकिन जिसे बात कहते हैं वह नहीं हुई। राजमाता के अभिजात्य से निकले सौजन्य और संस्कारित शिष्टाचार से जैसे एक अनदेखी दीवार बन गई थी जिसे लांघने या तोड़ने की अपनी इच्छा कभी नहीं हुई। ऐसा भी अपने को नहीं लगा कि उन से राजनीति, आंदोलन, मध्यप्रदेश या उनके जीवन के बारे में बात करनी चाहिए। जनसंघ की जिस राजनीति से अपने को बरतना पड़ता था उसकी कर्ता वे नहीं थीं। उनका सम्मान था और उन्हें आगे भी किया जाता था। पर वे कोई पहल कर रही हों ऐसा कभी लगता नहीं था। योजनाएं बनाई जातीं और उनमें उनकी भूमिका होती तो पहले उन से बात जरूर की जाती। वे ज्यादा बहस मुबाहसे में नहीं पड़तीं। देखतीं कि कौन क्या करने को कह रहा है और उसी तत्परता से तैयार हो जातीं। लगता कि उनके अभिजात्य वजन और स्थान का उपयोग किया जा रहा है। लेकिन दिखा नहीं कि उन्हें इसका अहसास हो और इससे वे खफा होती हों। इतने साल से वे राजघराने और राजनीति में थीं लेकिन जिसे आप काइयांपन कहते हैं और जो दरबार की और हमारी लोकतांत्रिक राजनीति में भी इतना जरूरी और उपयोगी माना जाता है राजमाता में दिखाई नहीं देता था। उनमें ऐसी एक निष्कलुष सादगी थी जो सीखी या ओढ़ी हुई नहीं उनके साथ सहज उत्पन्न होती हुई बढ़ी है। छोटी, टुच्ची और कड़वी बात सोचने और कहने के जैसे वे योग्य ही नहीं थीं। अपने राजघरानों की वे नहीं थीं। नेपाल से निष्कासित एक राणा परिवार में सागर में जन्मी और पलीं पनपी थीं। घराना संपन्न था लेकिन वह अपना राजघराना नहीं था। उनका विवाह जरूर सिंधिया परिवार में हुआ जो कि भारत के पांच बड़े राजघरानों में एक था। पर वे मराठा परंपरा की बेटी नहीं थीं। जिस सहजता से उनने मराठा राज्य परंपराओं को अपनाया वह उनके व्यक्तित्व के लचीलेपन की सहज अभिव्यक्ति थी। अपने मूल पिंड में वे धार्मिक निष्ठा और पूजापाठ में खो जाने वाली खांटी भारतीय महिला थीं। जिन द्वारका प्रसाद मिश्र को गद्दी से उतारने की वे कारण बनीं और जिनके घमंड और अहम की वे आलोचक थीं—उनसे वे उनके महाकाव्य 'कृष्णायन' के कारण प्रभावित थीं। वे अपने को कृष्ण भक्त कहती थीं। और थीं भी।

राजमाता की धार्मिकता और भक्ति ग्वालियर की महरानी और फिर राजमाता होने के कारण या जनसंघ, भाजपा और विश्व हिंदू परिषद की नेता होने के कारण नहीं थी। वे पहले धार्मिक थीं फिर भक्त और फिर जो भी हो सकती थीं होती थीं। धार्मिकता उन्हें अपने होने का कारण प्रयोजन और औचित्य देती थी और भक्ति में वे जो साधारणीकरण पा सकती थीं वह शायद उन्हें कहीं और नहीं मिलता था। इसलिए राजनीति और राजकरण में उन्हें अपने को आगे

बढ़ाने और पाने के लिए हाथ-पांव मारने की जरूरत नहीं थी। शायद इसलिए उनका अभिजात्य उनके राजनीति में रहने में बाधा नहीं बना। वे भाजपा की उपाध्यक्ष जरूर रहीं और पिछले चुनाव तक लोकसभा का चुनाव लड़ कर संसद में भी पहुंचती रहीं। सन् सत्तावन में वे पहली बार सांसद बनीं तो सन् निन्यानवे तक बनी रहीं, इसमें दो बार राज्यसभा में भी गईं। लगभग बयालीस साल के संसदीय जीवन में उन्हें सत्ता में आने की इच्छा नहीं हुई। वे पार्टी की पदाधिकारी तो रहीं किसी सरकार में मंत्री नहीं हुईं। कहा जाएगा और कुछ हलकों में कहा भी जाता रहा कि वे राजनीति में सेवा के लिए रहीं। लेकिन जिस गांधीय अर्थ में सेवा कार्य होता है वैसा उनने नहीं किया। संघ परिवार में भी इतने वर्ष वे इसलिए रह सकीं क्योंकि उसमें उनकी धार्मिकता और भक्ति के लिए काफी गुंजाइश थी। राजनैतिक उठापटक उनके स्वभाव में नहीं थी न वे अपनी राजनीति से कोई प्रभावशाली भूमिका अदा करना चाहती थीं। इस माने में इंदिरा गांधी से उनका व्यक्तित्व और चरित्र लगभग विपरीत था। सन् सड़सठ में मिश्र जी की सरकार गिराने और फिर गैर कांग्रेसी सरकार बनवाने में उनकी भूमिका छोटी थी। वे गैरकांग्रेसवाद की कोई बड़ी नेत्री नहीं थीं। उनकी धार्मिकता और राजमाता होने की सीमाओं ने उन्हें राजनीति के झाड़ झंकाड़ में लोहा लंगड़ बटोरने में नहीं लगाया।

सन् बानवे में उज्जैन में सिंहस्थ लगा था। राजमाता इस तथ्य में गौरव धन्यता महसूस करती थीं कि चार-पांच सौ साल तक बंद पड़े रहे सिंहस्थ को सिंधिया परिवार ने फिर शुरू करवाया। उज्जैन ग्वालियर रियासत में ही पड़ता था। और वहां के महाकालेश्वर मंदिर का जीर्णोद्धार भी सिंधिया सरकार ने करवाया। वे कृष्ण भक्त थीं लेकिन शिवजी पर भी उनकी आस्था थी। एक बार दिल्ली मुंबई की उड़ान के दौरान उनने कहा कि नासिक के त्र्यंबकेश्वर मंदिर में रामनाथ जी की दीर्घ आयु के लिए महामृत्युंजय पाठ करवाना चाहिए। राजमाता ने कहा है इसलिए रामनाथ जी एकदम तैयार हो गए। उन्हीं के आग्रह पर रामनाथ जी ने विदिशा से सन् इकहत्तर में लोकसभा का चुनाव लड़ा और जीते। सन् बानवे के सिंहस्थ में मैं भी इंदौर के अपने पूरे परिवार के साथ गया था। बचपन से हमारा परिवार वहां जाता रहा है। उस सिंहस्थ में मैं और भेनजी महाकालेश्वर की सीढ़ियां उतर रहे थे कि सामने से राजमाता दर्शन करती ऊपर चढ़ रही थीं। हमें देखा और वे रुक गईं–'आज तो बड़े भाग्य हैं। महाकाल के दर्शन कर के निकली और ब्राह्मण दंपती सामने है।' और राजमाता ने वहीं हम दोनों के पांव पड़ लिए। इतना असमंजस और ऐसी ग्लानि अपने से कभी नहीं हुई थी। चाहा कि कुछ हो और हम वहां से गायब हो जाएं। भेनजी तो सहन कर ही नहीं सकीं और उनके सामने झुक कर दोहरी हो गई। मेरे कान जलते रहे और उस भीड़ में किसी तरह हमने अपने को छुपाया। उस घटना ने भेनजी को ऐसे छुआ कि वे राजमाता की भक्त ही हो गईं। कोई चार साल पहले हम मुंबई जा रहे थे कि हवाई अड्डे के लाउंज में राजमाता आती दिखीं। भेनजी लगभग लपकती हुई उनके पास पहुंचीं और पूछा कि कहां जा रही हैं ? राजमाता ने बड़ी भावना से कहा–परपोते को देखने जा रही हूं। उसने (यानी भैया यानी माधवराव सिंधिया) तो कहा नहीं। बुलाया भी नहीं। लेकिन होगा उसका पोता। मेरा तो परपोता है, मैं न जाऊं तो कैसे काम चलेगा। विमान में मुंबई तक भेनजी राजमाता के प्यार और ममता की बात करती रहीं और कहती रहीं कि माधवराव जी ने यह अच्छा नहीं किया।

परपोता होने पर वे सोने की निसरनी भी चढ़ीं। सिंधिया विला में उनने बड़े विधि विधान से यह समारोह भी करवाया।

सन् छियासी से नब्बे तक दिल्ली के उस सिंधिया किला में न जाने कितनी बार गया हूंगा। विपक्ष को राजीव गांधी के खिलाफ एक करने और फिर चुनाव में कांग्रेसी उम्मीदवार के सामने विपक्ष का एक उम्मीदवार लड़ाने की उन कोशिशों में अपने को भी एक भूमिका दी गई थी। रामनाथ गोयनका एक और हार्ट अटैक के कारण उतनी भागदौड़ नहीं कर सकते थे जितनी कि उनके स्वभाव में थी। इसलिए उनने अपने को लगा रखा था। राजमाता रामनाथ जी को बहुत मानती थीं और विपक्ष को एक करने में अपने प्रभाव का उपयोग करने और होने देने में तत्पर थीं। रामनाथ जी उन सरदार आंग्रे को भी खूब जानते थे जिनसे राजमाता की पटती थी और उन माधवराव सिंधिया को भी जिनसे राजमाता का मनमुटाव हो गया था। लेकिन वे इन दोनों सज्जनों से विलग राजमाता से सीधे संबंध रखते थे और मुझे उनने बताया भी था कि इन दोनों के प्रभाव से अलग कर के किस तरह राजमाता से बर्ताव किया जाए। राजमाता बहुत सीधी थीं इसलिए राजनैतिक रूप से उन से बरतना बहुत मुश्किल था। उन्हीं दिनों एक बार मैं राजमाता के साथ जोधपुर गया और जोधपुर महाराज गजसिंह के महल में ठहरा। तब हम राजपूतों और जाटों की प्रतिद्वंद्विता घटाने और दोनों को एक साथ कांग्रेस के खिलाफ वोट देने पर राजी करने के फार्मूले पर काम कर रहे थे। इस यात्रा में गजसिंह के परिवार के साथ उम्मेद महल में भोजन और फिर धूप में आरामकुर्सी पर पसरने का आराम अब भी मुझे याद आता है। देवीलाल के साथ भी इसी तरह मारवाड़ की यात्रा की थी और उस पर उनका मतीरे के बाद मतीरा खाना भी इसी तरह याद है। लेकिन सिंधिया विला में बैठकों, चर्चाओं और बाहर यात्राओं के दौरान भी मेरे मन में कभी नहीं आया कि राजमाता से पूछूं कि अपने बेटे माधवराव से उनका मनमुटाव क्यों हुआ और सरदार आंग्रे की उनके परिवार में क्या भूमिका है ?

राजमाता से हंसी-मजाक और ठिठोली अगर कोई कर सकता था या कोई करता था–तो रामनाथ जी ही करते थे। वे उन्हें राजमाता भी नहीं कहते थे–सिर्फ माताजी। उम्र में वे राजमाता से पंद्रह साल बड़े थे लेकिन वे राजमाता से अक्सर मजाक में कहते रहते–माताजी मेरी शादी करवा दो। इस एक थीम पर जितना भी मजाक वे कर सकते थे करते थे और देखने-सुनने वालों को उसमें वही मजा आता था जो नाटक में आता है। आखिर एक दिन शाम को मैं और भेनजी सुंदर नगर वाले गेस्ट हाउस में रामनाथ जी से मिलने गए। जब वीपी सिंह की सरकार बन गई थी और रामनाथ जी का एक संकल्प पूरा हो गया था। हम पहुंचे तो रामनाथ जी ने भेनजी से कहा–अरे, तुमने अपनी सास देखी ? राजमाता ने मेरी शादी करवा दी है। और फिर हमें वे अपनी अलमारी के सामने ले गए और उसे खोला–एक खूब बड़ी और सजी-धजी गुड़िया खड़ी थी। बाद में हमने राजमाता से पूछा तो उन्होंने कहा–क्या करूं ? उनकी तो वही दुल्हन हो सकती थी।

रामनाथ जी पर राजमाता का इंटरव्यू करना था। नहीं हुआ !

(4.2.2001)

सोनिया गांधी

दो बांकों के हाथ की एक विधवा तलवार

महाराजा शिवाजीराव मिडिल स्कूल की वह क्लास और इतिहास के वे माड़ साब उप्पल कुछ दिनों से मुझे याद आ रहे हैं। उप्पल साब इतिहास ऐसे पढ़ाते जैसे कहानी-किस्से सुना रहे हों। नेपोलियन बोनापार्ट और फ्रेंच रिवोल्यूशन उनके प्रिय विषय थे। नेपोलियन के किस्से सुना-सुना कर इस फ्रांसीसी सम्राट को मेरे लिए उन्होंने इतिहास पुरुष के बजाय कथा-पुरुष बना दिया था।

नेपोलियन की कथा कहते-कहते एक बार उप्पल माड़ साब ने कहा कि उनकी गौरव गाथा फ्रांसीसियों के मन में ऐसी समा गई थी कि उनके भतीजे लुई नेपोलियन को फ्रांस के लोगों ने सिर्फ इसलिए राजपाट सौंप दिया कि उनका नाम नेपोलियन था। लुई ने नेपोलियन की गाथा का इस्तेमाल कर के अठारह साल राज तो कर लिया लेकिन उसमें नेपोलियन प्रथम का एक भी गुण नहीं था और उस अत्याचारी सम्राट ने फ्रांस का कबाड़ा ही कर के छोड़ा।

उप्पल माड़ साब ने जब लुई नेपोलियन का किस्सा सुनाया तब नेहरू खानदान इस देश का राज परिवार नहीं बना था। जवाहरलाल नेहरू हालांकि तब सन् बावन का पहला चुनाव नहीं लड़े थे और तब तक उनके प्रतिद्वंद्वी माने जाने वाले सरदार पटेल की भी मृत्यु नहीं हुई थी। लेकिन जवाहरलाल को हम मोतीलाल नेहरू के बेटे की तरह नहीं देश के करिश्माई नेता के रूप में ही जानते थे। मैं जब भी मन की आंखों में जवाहरलाल जी को देखता उनके पीछे वैसा ही प्रभामंडल दिखाई देता जैसा हम राम या कृष्ण के सिर के पीछे मानते थे और जन्माष्टमी या रामनवमी को जब झांकी लगाते तो भगवान के पीछे चांदी वाली पत्नी का चक्र परदे के पीछे साइकिल से घुमाया करते।

बाल मन में जवाहरलाल का ऐसा प्रभामंडल होते हुए भी कभी लगा नहीं था कि नेहरू खानदान वैसा ही हो जाएगा जैसा उन्नीसवीं सदी के फ्रांस में नेपोलियन का खानदान हो गया था। और भारत के लोग भी पहले इंदिरा गांधी को और फिर राजीव गांधी को इसलिए दिल्ली के सिंहासन पर बैठा देंगे कि वे जवाहरलाल की बेटी और वे उनके नाती थे।

इंदिरा जी तो फिर भी आजादी के आंदोलन की संतान थीं और उनका राजनैतिक शिक्षण नेहरू के घर में हुआ था। लेकिन राजीव गांधी और उनकी इतालवी पत्नी सोनिया को तो राजनीति से छड़क ही पड़ती थी। खुद राजीव ने कहा है कि संजय की मृत्यु के बाद इंदिरा जी जब अपने बड़े बेटे को राजनीति में खींचने लगीं तो सोनिया ने आखिरी दम तक उन्हें रोकने की कोशिश की।

बेचारे राजीव गांधी देहरादून और इंग्लैंड में थोड़ा बहुत पढ़े-लिखे और भारत में आ कर एवरो जहाज उड़ाने लगे। वहीं से वे बिना पैराशूट के भारत सिंहासन पर उतार दिए गए।

पहले पार्टी, फिर सरकार और फिर विपक्ष में कोई आठ साल बिताने के बाद जब राजनीति में उन्हें अपनी जगह के लिए संघर्ष करने की नौबत आई तो जिन तमिल मुक्ति चीतों को उनने और उनकी मातुश्री ने मांस के टुकड़े डाल-डाल कर पाला था उन्होंने उन्हें बम से चिथड़े-चिथड़े कर दिया। कांग्रेसियों को ऐसा पढ़ना बुरा लगता है लेकिन जिस आतंकवाद के जरिए उनने सत्ता में रहने की कोशिश की उसी ने राजीव गांधी को मार दिया।

राजीव गांधी को राजनीति में जाने से रोकने वाली उन्हीं सोनिया गांधी को भाई लोग अब पहले कांग्रेस का नेतृत्व और फिर देश का सिंहासन सौंपने को मरे जा रहे हैं। आंध्र के कांग्रेसी नेता कहते हैं कि कांग्रेस यहां इसलिए हारी कि उसमें अब कोई करिश्माई नेता नहीं बचा है। वे अपने राज्य के ही नरसिंह राव को करिश्माई नेता नहीं मानते। और नरसिंह राव–तेलुगु बिड्डा–के नए अवतार में अपने को आंध्र स्वाभिमान के प्रतीक के रूप में नहीं बेच पाए। राव से ज्यादा करिश्मा तो रामराव का है और उनके बाद शायद उनकी दूसरी पत्नी लक्ष्मी पार्वती का हो जाएगा। तमिलनाडु में एमजीआर का था और उनके बाद उनके सुनहरे परदे की सखी जयललिता का है। रामराव और एमजीआर का सौभाग्य शायद यह है कि वे कांग्रेस के नहीं–फिल्मी अभिनेता से सीधे अपने प्रांत की क्षेत्रीय पार्टी के नेता हो गए। कांग्रेसी चाहे तमिलनाडु के हों या आंध्र के या यूपी के हों या एमपी के उनकी आंखों में तो करिश्मा सिर्फ नेहरू-गांधी खानदान का है।

गांधी का नाम नेहरू खानदान से यहां नाहक जुड़ गया है। गांधी से फिरोज गांधी किसी को याद नहीं आते जो इंदिरा गांधी के पति थे और जिनसे जवाहरलाल नेहरू की बेटी की बहुत कम पटी। लेकिन पति का खानदानी नाम तो लगता ही है चाहे उससे किसी पत्नी की पटती हो या नहीं। फिर गांधी तो ऐसा नाम है जिसे कौन छोड़ना चाहेगा ? इस तकनीकी ब्यौरे में कौन जाता है कि फिरोज गांधी का मोहनदास करमचंद गांधी के परिवार में कोई लेना-देना नहीं था। फिरोज पारसी गुजराती व्यापारी परिवार के थे और महात्मा गांधी के पुरखों की तरह उनके यहां भी पुश्तैनी इत्र-फुलेल का धंधा होता होगा इसलिए गांधी नाम पड़ गया।

पता नहीं फिरोज का खानदानी नाम गांधी नहीं होता तो इंदिरा जी अपना खानदानी नाम–नेहरू–छोड़ना पसंद करतीं या नहीं। पहले कागजों में वे अपना नाम इंदिरा नेहरू गांधी लिखती भी थीं। फिर नेहरू रह गया और इंदिरा गांधी ही चल पड़ा। वे जवाहरलाल नेहरू की बेटी के नाते तो राज के लायक मानी ही गईं गांधी का नाम जुड़ने से एक ऐसी धरोहर की भी उत्तराधिकारी हो गईं जिसका सत्ता से नहीं सेवा से सरोकार था। लेकिन आंध्र के एक कांग्रेसी नेता ने दावा किया है कि गरीब-गुरबों के लिए तो इंदिरा अम्मा ही सब कुछ थीं और उनके जाने के बाद वे अपने को अनाथ महसूस करते हैं। एक पत्रिका कहती है कि लोगों के मन में तो यही है कि इंदिरा गांधी जी की ही बेटी थीं। उप्पल माड़ साब ने नहीं कहा था कि दंतकथाएं ऐसे ही चलती हैं।

इंदिरा जी तो फिर भी कभी गांधी यानी महात्मा गांधी की गोद में बैठी होंगी। लेकिन राजीव गांधी तो सन् चवालीस में जन्मे और उस के बाद कोई साढ़े तीन साल बाद तक गांधी जी

जिंदा रहे। लेकिन ऐसा कोई फोटू किसी ने ढूंढ़कर नहीं निकाला कि बालक राजीव महात्मा गांधी की गोदी बैठे अपनी मोहिनी मुस्कान बिखेर रहे हों। राजीव गांधी को पिता फिरोज गांधी की तो फिर भी याद आती रही लेकिन महात्मा गांधी की किसी स्मृति का जिक्र उनने नहीं किया।

गांधी का नाम तो इतालवी सोनिया से भी जुड़ा हुआ है। लेकिन वह इंदिरा की तरह पति राजीव से मिला है जिनकी याद में फोटुओं की एक किताब वे छपवा चुकी हैं और राजीव गांधी प्रतिष्ठान भी चला रही हैं और जिनके मूल्यों और सिद्धांतों को आगे बढ़ाने का वे व्रत ले चुकी हैं। हालांकि कोई पूछे कि राजीव गांधी के मूल्यों और सिद्धांत का गांधी के मूल्यों और सिद्धांतों से क्या लेना-देना है तो मणिशंकर अय्यर और आबिद हुसैन ही जवाब दे पाएंगे। लेकिन इस बात से तो कई लोग सहमत होंगे कि गांधी के नाम का इंदिरा जी से जुड़ने के कारण जो घोटाला हुआ है वह आजाद भारत में धरोहर का सबसे बड़ा घोटाला है।

इंदिरा जी तो कांग्रेस की गोद में पली, पनपी और बड़ी हुईं और राजनीति उन्हें घुट्टी में मिली। सोनिया जी के बचपन का किसी भी भारतीय पार्टी से कोई लेना-देना नहीं रहा। उन्हें राजनीति घुट्टी में नहीं मिली। एक राजनैतिक परिवार की बहू बनने के बाद और राजनीतिक सास का इतना सम्मान करते हुए भी सोनिया जी के मन से भारतीय राजनीति के प्रति हिकारत नहीं गई। वे अपने अराजनैतिक पति की राजनीतिक से रक्षा करती रहीं और इंदिरा जी जब उन्हें राजनीति में घसीटने लगीं तो भी वे राजीव गांधी को बचाती और रोकती रहीं।

सास-बहू में राजीव गांधी के राजनीति में आने को ले कर कैसी रस्साकशी हुई इसका कोई विवरण इंदिरा जी या राजीव गांधी ने इतिहास के लिए छोड़ा नहीं है। सोनिया जी चाहें तो अपना विवरण दे सकती हैं। लेकिन पता नहीं, राजनीति से जन्मजात दुराव और इस कारण सास इंदिरा गांधी से पति को ले कर उनकी कशमकश का विवरण देंगी तो लोग उन्हें मेनका गांधी जैसा न समझ लें। लेकिन कार्यकर्ता से ले कर नेता अर्जुन सिंह तक ने मेनका गांधी को कांग्रेस की बागडोर सौंप देने की बात कभी नहीं कही जबकि राजीव गांधी की हत्या के बाद से ये नेता-कार्यकर्ता कह रहे हैं कि सोनिया जी को राजनीति में आना चाहिए यानी कांग्रेस को संभाल लेना चाहिए।

अब तथ्य यह है कि संजय गांधी की राजीव के बजाय राजनीति में बेहद रुचि थी। हम सब जानते हैं कि सन् तिहत्तर से मृत्यु पर्यन्त सन् अस्सी तक इंदिरा जी की राजनीति संजय गांधी ने चलाई। इंदिरा गांधी को राजीव के बजाय संजय में ज्यादा विश्वास था। वे संजय को राजनीति के ज्यादा योग्य मानती थीं और उन्होंने अपने पल्लू की छांव में अपने छोटे बेटे को राजनीति करने की पूरी छूट दी। यह संजय का दुर्भाग्य था कि वे सांसद तो हो गए लेकिन प्रधानमंत्री बनने के पहले ही एक छोटे से जहाज को गुलाटी खिलाते हुए दुर्घटना में मारे गए।

जिन राजीव गांधी को राजनीति में कोई रुचि नहीं थी और जिन्हें उनकी पत्नी राजनीति से दूर रखना चाहती थी वे विमान चलाना छोड़ कर राजनीति में आए। यह भारतीय राजनीति के लिए संजय गांधी की मृत्यु से भी बड़ी दुर्घटना थी। लेकिन इंदिरा गांधी भले ही संजय की मृत्यु से तहस-नहस हो गई हों, भारत माता ने तो इस बड़ी दुर्घटना को भी झेल लिया। और इंदिरा गांधी को श्रद्धांजलि में भारत के लोगों ने राजीव गांधी को प्रधानमंत्री भी बना दिया।

लेकिन जब पाया कि गलती हो गई है तो सन् उननब्बे के चुनाव में उन्हें नीचे भी उतार दिया। अंदाज तो यही है कि सन् इकानवे में भी लोग राजीव गांधी को सत्ता नहीं सौंपते। लेकिन राजीव गांधी को कांग्रेस की राजनीति जीवित रखना चाहती है और संजय गांधी को भुला दिया गया है।

यही हाल दोनों विधवाओं का भी है। मेनका गांधी राजनीति में संजय की बड़ी साथिन थीं। उन्होंने कंधे से कंधा मिला कर संजय के साथ राजनीति की और लोगों ने उन्हें एक राजनैतिक हस्ती के रूप में स्वीकार भी कर लिया। सोनिया की तरह मेनका ने न कभी कहा न ऐसा जाहिर होने दिया कि उन्हें राजनीति से छड़क पड़ती है। बल्कि मेनका तो संजय के साथ सरासर राजनैतिक प्राणी लगती थीं। उन्होंने पति के रहते हुए राजनीति भी खूब की। उनकी राजनैतिक महत्त्वाकांक्षाएं इतनी साफ थीं कि संजय की मृत्यु के बाद इंदिरा जी को उन्हें घर से बाहर कर देना पड़ा। उन्हें अपने नौसिखिया और गैरराजनैतिक बड़े बेटे को राजनीति में खींचने में कोई हिचक नहीं हुई लेकिन राजनीति की स्नातक हो चुकी विधवा बहू मेनका को साथ लेना गवारा नहीं हुआ।

इंदिरा गांधी ने जीते जी मेनका गांधी को राजनीति में उठने नहीं दिया। राजीव गांधी भले ही राजनैतिक नौसिखिया रहे हों लेकिन इतनी समझ तो उन्हें भी थी कि मेनका को कांग्रेसी राजनीति में आने नहीं देना है। राजीव गांधी ने लगभग उन सभी लोगों का पत्ता साफ कर दिया जो संजय के साथी थे और उनकी जैसी राजनीति करते थे। मेनका गांधी को राजनीति में अपनी जगह बनाने का मौका तभी मिला जब राजीव गांधी का पराभव हो गया। सन् उननब्बे के चुनाव में वे संसद के लिए चुनी गईं और राष्ट्रीय मोर्चा सरकार में पर्यावरण की मंत्री हुईं। सन् इकानवे में हारीं उस के बाद से पशु जीवन और पर्यावरण में रुचि लेती हैं और लिखती हैं। राजनीति में हैं फिर भी कुछ नहीं हैं।

सोनिया गांधी राजनीति में नहीं हैं लेकिन सब कुछ हैं। प्रधानमंत्री राव की तरफ से प्रचारित किया जाता है कि वे उन से मिलने गए और कहा कि कांग्रेस की बागडोर संभाल लो लेकिन उन्होंने इनकार कर दिया और कहा कि मेरे आशीर्वाद आपके साथ हैं। कुछ समय बाद सोनिया गांधी के घर से खंडन आता है कि ऐसा कुछ नहीं हुआ और आशीर्वाद आदि की बात बेकार है। अब सोनिया जी को राजनीति पसंद नहीं। अपने पति को भी वे राजनीति से दूर रखना चाहती थीं। राजीव गांधी की मृत्यु के बाद से कितनी ही कोशिश हुई हो लेकिन वे राजनीति में नहीं आईं। लेकिन उनका राजनैतिक रुतबा देखिए कि प्रधानमंत्री को उनके आशीर्वाद चाहिए। जिसे राजनीति में कोई रुचि न हो और जो राजनैतिक मामलों से दूर रहना चाहती हो उसका राजनीति में इतना पव्वा हो सकता है ?

और अर्जुन सिंह कहते हैं कि वे तो राजीव गांधी की मृत्यु के बाद से ही कह रहे हैं कि सोनिया जी को राजनीति में आना चाहिए। वे अपने को करिश्माई नेता नहीं मानते और संकेत देते हैं कि नरसिंह राव में भी करिश्मा नहीं है। ऐसा वे इस प्रचार के बीच कहते हैं कि करिश्मा कहीं है तो नेहरू-गांधी खानदान में हैं। उस खानदान की प्रियंका, राहुल और वरुण अभी बच्चे हैं। देवी हैं तो एक ही—सोनिया गांधी। उन्हें कांग्रेस की बागडोर संभालना चाहिए ऐसी मांग करने वाले एक और वयोवृद्ध नेता हैं—नारायण दत्त तिवारी।

अब आप देखिए कि राजीव गांधी ने चुनाव जीतते ही मुख्यमंत्री बन कर दिल्ली आए अर्जुन सिंह को पंजाब का राज्यपाल बना दिया। फिर दिल्ली बुलाया, चुनाव लड़ने को कहा, केंद्र में मंत्री बनाया। फिर हटा दिया। फिर कांग्रेस का कार्यकारी उपाध्यक्ष बना दिया। हमेशा यही जाहिर होने दिया कि उन्हें अर्जुन सिंह पर विश्वास नहीं है। अर्जुन सिंह ने कभी चूं नहीं की। जो कहा वही किया और वफादारी ढोल पीटते रहे। उनके जैसी ही गत राजीव गांधी ने नारायण दत्त तिवारी की बनाई। केंद्र से यूपी और यूपी से केंद्र के बीच उनकी फुटबॉल करते रहे। जितना भी अपमानित कर सकते थे किया। लेकिन उन्हीं राजीव गांधी की विधवा को कांग्रेस की बागडोर आज कौन सौंप देना चाहता है ? नारायण दत्त तिवारी। सब जानते हैं कि इंदिरा गांधी और उनके दोनों बेटों ने तिवारीजी को क्या समझा और उनका क्या किया। लेकिन वफादारी में वे भी अर्जुन सिंह से पीछे नहीं हैं।

अर्जुन सिंह और नारायण दत्त तिवारी नरसिंह राव को सीधे नहीं ललकार सकते। उन्हें मालूम है कि न तो वे साथ रह सकते हैं न उनमें से किसी एक के पीछे पार्टी आ सकती है। इसलिए नरसिंह राव पर हमले करने और उन्हें लगातार अस्थिर बनाए रखने के लिए उन्हें एक तलवार चाहिए। एक विधवा इन दो लखनवी बांके लड़ाकों के हाथ की तलवार बनी हुई है। बांके लड़ाकों को अपनी लड़त और हाथों पर उतना विश्वास नहीं है जितना तलवार के वजन और उसकी धार पर है। कांग्रेसी राजनीति के दो वयोवृद्ध नेता अपने को उस योग्य नहीं समझते जिसके लायक वे सोनिया गांधी को मानते हैं।

और सोनिया गांधी में कांग्रेस की बागडोर संभालने और प्रधानमंत्री पद नरसिंह राव से लेने की क्या योग्यता है ? वे राजीव गांधी की विधवा हैं। एक इतावली महिला को अपनी नियति सौंप देने की आत्मघाती लालसा निकम्मे कांग्रेसी बृहन्नलाओं में तो हो सकती है लेकिन क्या यह देश भी ऐसी आत्महत्या के लिए तैयार है ? कांग्रेसियों को इसकी चिंता नहीं है।

(25.12.1994)

राजशाही की 'रिस्पेक्टेड सोनिया जी'

एक नेलसन मंडेला को छोड़ कर सबने कहा—रिस्पेक्टेड सोनिया जी। सब कौन ? लोकसभाध्यक्ष शिवराज पाटील, राज्यसभा के अध्यक्ष और उपराष्ट्रपति नारायणन, प्रधानमंत्री नरसिंह राव और आखिर में राष्ट्रपति शंकर दयाल शर्मा। इस साल गणतंत्र दिवस समारोह के विशेष अतिथि दक्षिण अफ्रीका के राष्ट्रपति ने उसका नाम तक नहीं लिया जिसे इतने नेताओं ने इस तरह संबोधित किया।

माना जाता है कि कम से कम शिष्टाचार में तो मेहमान को वही करना चाहिए जो घर के लोग करते हैं। लेकिन नेलसन मंडेला का सोनिया गांधी को भारतीय नेताओं की तरह—रिस्पेक्टेड सोनिया जी कह कर संबोधित न करना मुझी को नहीं संसद के सेंट्रल हॉल में बैठे कई लोगों को कुछ राहत दे गया। इन कई लोगों में से कुछ के नाम बताऊं तो न आप आरोप लगा पाएंगे कि मैं सोनिया गांधी और नेहरू परिवार से यों ही खुन्नस खाने वाला ओछा आदमी हूं न कहेंगे कि उन्हें रिस्पेक्टेड सोनिया जी कहने से सिर्फ मुझी को अटपटा और अपमानजनक लगा।

देखिए, वह कोई अनौपचारिक, घरेलू कार्यक्रम नहीं था। गणतंत्र दिवस पर संसद के सेंट्रल हॉल के बाहर जवाहरलाल नेहरू की आदमकद प्रतिमा का अनावरण था। अनावरण राष्ट्रपति को करना था जिनके ऐसे कार्यक्रम और काम यों भी अनौपचारिक नहीं होते। उस कार्यक्रम में दक्षिण अफ्रीका के राष्ट्रपति को भाग लेना था। कार्यक्रम संसद के सेंट्रल हॉल में था और दोनों सदनों के अध्यक्ष वहां अपनी संसदीय हैसियत में थे। कार्यक्रम में वे सब कूटनीतिक औपचारिकताएं निबाही गईं जो किसी भी संसदीय राजकीय कार्यक्रम के लिए जरूरी मानी जाती है।

नेताओं ने मंच पर बैठे लोगों को ही नाम पद से संबोधित किया। बाकी सब लोग या तो मंत्रियों, सांसदों, कूटनीतिकों, गणमान्य अतिथियों और देवियों और सज्जनों की श्रेणियों में रखे गए। एक सोनिया गांधी को ही नाम से संबोधित किया गया और चूंकि सारा कार्यक्रम अंग्रेजी में हुआ इसलिए स्पीकर से ले कर राष्ट्रपति तक ने उनके नाम के आगे रिस्पेक्टेड और जी लगाया।

सोनिया गांधी की औपचारिक स्थिति क्या है ? कुछ भी नहीं। वे भारत के भूतपूर्व प्रधानमंत्री की विधवा हैं और बहुत ही खींचें तो जिन नेहरू की प्रतिमा का अनावरण किया गया उनकी बेटी के बड़े बेटे की बहू हैं। अगर नेहरू परिवार के प्रति सम्मान के नाते ही उन्हें आदरणीय और जी लगाकर संबोधित किया जाना जरूरी रहा हो तो वहां मंत्रिमंडल की एक सदस्य शीला कौल भी थीं जिनका नेहरू परिवार से और ज्यादा नजदीकी का रिश्ता है। लेकिन

उन्हें तो मंत्रिमंडल के साथ निपटा दिया गया। मैंने नहीं देखा कि मेनका गांधी और अरुण नेहरू वहां थे या नहीं। लेकिन उनका नाम नहीं लिया गया। और क्या होते तो लिया जाता ? इनके अलावा वहां कुछ लोग तो ऐसे थे ही जिनने नेहरू जी के साथ काम किया है और जो सोनिया गांधी की तुलना में नेहरू जी से ज्यादा नज़दीकी का दावा कर सकते हैं। सोनिया गांधी ने तो जवाहरलाल नेहरू को देखा तक नहीं है।

रिश्तेदारी और नज़दीकी की दो कसौटियां ही अगर लगाई गई होतीं तो स्पीकर से ले कर राष्ट्रपति तक को कुछ लोगों के नाम तो लेने ही पड़ते। लेकिन सोनिया गांधी के अलावा किसी का नाम नहीं लिया गया। यह भी नहीं कहा गया कि नेहरू-गांधी परिवार और उनके साथ काम करने और रहने वाले सम्मानीय लोगों।

सोनिया गांधी किसी राजकीय और कूटनीतिक पद पर नहीं हैं। वे सांसद भी नहीं है। वे नेहरू की प्रतिमा की शिल्पी भी नहीं हैं। और हालांकि शिल्पकार राम सुतार का वहां राष्ट्रपति ने शाल ओढ़ाकर सम्मान जरूर किया लेकिन किसी भी नेता ने उन्हें संबोधित नहीं किया। सोनिया गांधी भूतपूर्व प्रधानमंत्री की विधवा होने के अलावा–राजीव गांधी प्रतिष्ठान की अध्यक्ष भी हैं। लेकिन वैसे प्रतिष्ठानों के और भी अध्यक्ष वहां थे जिनका न नाम लिया गया न–आदरणीय और जी लगाया गया। फिर संसद के सेंट्रल हॉल में हुए एक औपचारिक समारोह में उन्हें किस हैसियत से–आदरणीय कह कर संबोधित किया गया ?

स्पीकर पाटील से ले कर राष्ट्रपति शर्मा तक सभी सोनिया गांधी से उम्र में बहुत बड़े हैं। सोनिया जी के ज्ञात गुणों पर चला जाए तो उन्हें आदरणीय और जी कहने वाले सभी नेता ज्यादा गुणवान और देश की सेवा करने वाले माने जाएंगे। उम्र, गुण, सेवा और सार्वजनिक जीवन में स्थान को देख कर संबोधन किया गया हो तो सभी नेता सोनिया गांधी से ज्यादा नहीं तो बित्ता भर तो ऊंचे निकलेंगे ही।

फिर क्या उन्हें इसलिए आदरणीय कहा गया कि वे महिला हैं और विधवा हैं और संस्कृत कहावत के नाते वहीं देवता रहते हैं जहां नारी की पूजा होती है ? अगर ऐसा हुआ हो तो वहां और भी सन्नारियां उपस्थित थीं। श्रीमती विमला शर्मा थीं जो श्रीमती राष्ट्रपति हैं–शीला कौल थीं जो महिला तो हैं ही नेहरू परिवार की नज़दीकी रिश्तेदार हैं और मंत्री हैं। मैंने नाम सिर्फ दो के लिए तो इसलिए कि दोनों की राजकीय हैसियत भी है। लेकिन विमला जी का और शीलाजी का नाम किसी ने नहीं लिया।

लोकसभाध्यक्ष पाटील ने पर्यटन मंत्रालय और पर्यटन मंत्री गुलाम नबी आजाद का नाम ले कर उन्हें धन्यवाद दिया क्योंकि मंत्री महोदय ने मंत्रालय के पैसे से नेहरू जी की यह प्रतिमा बनवा कर संसद को भेंट की। कहीं ऐसी जानकारी या जिक्र नहीं आया कि सोनिया गांधी और राजीव गांधी प्रतिष्ठान ने भी इस मूर्ति के बनने, संसद को भेंट किए जाने और सेंट्रल हॉल के बाहर लगने में सहयोग दिया हो। फिर भी उनका नाम लिया गया और राष्ट्रपति मंडेला को छोड़ कर बोलने वाले सभी नेताओं ने–एक ही तरह आदरणीय और जी लगा कर किया।

हमारे राम बहादुर राय को याद है कि एक साल देर से ही सही लेकिन जब सन् तिरानवे में भारत छोड़ो आंदोलन की स्वर्ण जयंती इसी सेंट्रल हॉल में मनाई गई थी तो उसमें भी

सोनिया गांधी उपस्थित थीं। लेकिन राष्ट्रपति और दूसरे वक्ताओं ने तब उन्हें संबोधित नहीं किया था। इसलिए सारे कारण छान लें और सभी तरह के औचित्य देख लें तो मामला एक बात पर आ कर टिकता है। कांग्रेस पार्टी की अंदरूनी राजनीति और उसमें चल रहा सत्ता संघर्ष जिसके कारण सोनिया गांधी अचानक बेहद महत्त्वपूर्ण और निर्णायक हो गई हैं।

लेकिन इस कारण भी उन्हें खुश रखने और मनाए रखने और राजनीति की चालू बोली में कहें तो मक्खन लगाने की राजनैतिक मजबूरी किसी को हो सकती है तो प्रधानमंत्री नरसिंह राव की होनी चाहिए। आखिर नए-नए विद्रोह और दस जनपथ के पुराने सेवक अर्जुन सिंह से ले कर केके तिवारी तक ने कहा है कि सोनिया गांधी नरसिंह राव से नाराज हैं क्योंकि उनकी सरकार राजीव गांधी हत्याकांड की ठीक से जांच नहीं करवा रही। और (लेकिन ऐसा दस जनपथ के सेवक नहीं कहते कि) नरसिंह राव बार-बार बोफर्स के घोटाले को जिंदा करवा देते हैं। अर्जुन सिंह सोनिया गांधी के इशारे पर ही मंत्री पद छोड़ कर राव के खिलाफ विद्रोह का झंडा ले कर खड़े हैं। जब तक राव ठीक से पूजा पाठ कर के सोनिया को प्रसन्न नहीं कर लेते कांग्रेस में उनके खिलाफ उठा विद्रोह शांत नहीं होगा और उनकी कुर्सी सुरक्षित नहीं रह सकती।

लेकिन रिस्पेक्टेड सोनिया जी—कहने की शुरुआत नरसिंह राव ने नहीं की। शुरुआत पाटील साब ने की और जब पहली बार उनका नाम लिया गया तो उनके स्वागत में मेजें थपथपाने की भी हल्की सी कोशिश हुई। अब नरसिंह राव पर चाहे जितना और जैसा भी राजनैतिक दबाव हो लोकसभाध्यक्ष शिवराज पाटील पर तो न तो कोई दबाव था न उनकी कोई मजबूरी। लोकसभा का कोई नियम या परंपरा भी ऐसी नहीं है कि उन्हें यह संबोधन करना पड़े। बल्कि लोकसभाध्यक्ष होने के नाते उनके लिए यह कतई जरूरी नहीं था।

स्पीकर ने जो शुरू किया वह राष्ट्रपति तक चला। सच पूछिए तो राष्ट्रपति के लिए तो यह न सिर्फ जरूरी नहीं था बल्कि राष्ट्राध्यक्ष के नाते तो उन्हें ऐसा संबोधन करना ही नहीं चाहिए था। राष्ट्रपति होने के नाते वे उन सभी दबावों, मजबूरियों और कारणों से मुक्त हैं जो प्रधानमंत्री पर या उनके लिए हो सकते हैं। उनकी संवैधानिक स्थिति और उनके पद की गरिमा दोनों ही उन्हें ऐसे शिष्टाचार से भी ऊपर रखती है। डॉक्टर शंकर दयाल शर्मा अपने पद की गरिमा और मर्यादा का बहुत सावधानी और सहजता से पालन करते आए हैं।

सेंट्रल हॉल में उपस्थित जिन लोगों को रिस्पेक्टेड सोनिया जी का संबोधन सबसे ज्यादा खटका वे भी कहते पाए गए कि प्रधानमंत्री ऐसा संबोधन करते तो फिर भी समझ में आता और शायद माफ भी किया जा सकता था। लेकिन राष्ट्रपति को तो ऐसा करना ही नहीं चाहिए था। ऐसा नहीं कि ये लोग मानते हैं कि राष्ट्रपति शंकर दयाल शर्मा उन मजबूर लोगों या भक्तों की जमात में कभी शामिल हो सकते हैं जिनकी कांग्रेस में अभी गिनती नहीं हुई है। लेकिन सोनिया गांधी को इस तरह संबोधित करने के साथ जो कीचड़ और गुबार उठ रहा है उससे वे राष्ट्रपति को बिलकुल दूर रखना चाहते हैं। अपना राष्ट्रपति किसी औपचारिक कार्यक्रम में किसी नाकुछ महिला को इस तरह संबोधित करे तो इससे अपने राष्ट्रीय गर्व और गरिमा की भावना को चोट पहुंचती है। और इसी कारण लोगों को ज्यादा खटका कि राष्ट्रपति ने भी ऐसा किया।

स्पीकर से शुरू हो कर राष्ट्रपति तक गए इस संबोधन में नरसिंह राव की राजनैतिक मजबूरी देखने से ही काम नहीं चलेगा। सब भारतीय नेताओं ने सोनिया गांधी को इस तरह संबोधित किया तो शायद इसलिए कि ऐसा चलन हो रहा है। और जाने अनजाने स्पीकर से ले कर राष्ट्रपति तक इस चलन में आ गए हैं। चलन कोई कांग्रेस की आज की अंदरूनी राजनीति और सत्ता संघर्ष के कारण नहीं चला है। उस के कारण तो उसे नया मतलब मिला है। चलन तो तभी चला जब राजीव गांधी की अकाल मृत्यु के बाद कांग्रेस अध्यक्ष और प्रधानमंत्री चुनने की नौबत आई।

तभी का किस्सा बताया जाता है कि सीताराम केसरी ने सिर से अपनी खादी टोपी उतार कर सोनिया गांधी के पांवों में रख दी थी कि अब कांग्रेस की इज्जत को वही बचा सकती हैं। अर्जुन सिंह ने गुहार लगाई थी कि सोनिया गांधी सक्रिय राजनीति में उतरें और कांग्रेस की बागडोर संभालें। इन बड़े नेताओं के अलावा तिवारी और पांडे जैसे लोग तो थे ही जो जोर लगा कर कह रहे थे कि सोनिया जी नेहरू-गांधी परिवार की हैं और उन्हीं का नेतृत्व कांग्रेस को स्वीकार होगा और वही उसकी अध्यक्ष और देश की प्रधानमंत्री हो सकती हैं। तब से यह चलन चल रहा है और प्रधानमंत्री नरसिंह राव भी दस जनपथ पर मत्था टेकने लगातार जाते रहे हैं और बताते रहे हैं कि उन्हें रिस्पेक्टेड सोनिया जी का आशीर्वाद प्राप्त है।

इटली में जन्मी, पली-पनपी और कैम्ब्रिज में पढ़ीं सोनिया गांधी को कांग्रेस राजनीति में यह अहमियत सिर्फ इस कारण मिली कि उन से इंदिरा जी के बड़े पुत्र राजीव गांधी ने विवाह किया और वे उनके साथ रहीं। सब जानते हैं कि सोनिया गांधी को राजनीति बिलकुल पसंद नहीं थी और वे पति राजीव गांधी को उसमें जाने देना नहीं चाहती थीं। राजीव गांधी के कांग्रेस महासचिव और फिर अध्यक्ष और प्रधानमंत्री और विपक्ष के नेता रहने के दौरान सोनिया गांधी ने ऐसा कुछ नहीं किया जो राजनीति की उनकी समझ और पकड़, प्रशासन की क्षमता और नेतृत्व की योग्यता का उदाहरण बन कर चमका हो। वे यात्राओं में और चुनाव अभियानों में राजीव गांधी के साथ जरूर रहीं जैसी कि कई भारतीय महिलाएं रहती हैं।

फिर भी कई कांग्रेसियों ने उन्हें कांग्रेस अध्यक्ष होने, प्रधानमंत्री बनने और देश का नेतृत्व करने के योग्य मान लिया तो इसलिए कि वे उस नेहरू परिवार की बहू हैं जिसे उनने भारत का लोकतांत्रिक राजवंश मान लिया है। नेहरू नेता और प्रधानमंत्री हुए क्योंकि उनके पिता मोतीलाल नेहरू कांग्रेस के नेता थे। इंदिरा गांधी कांग्रेस की महासचिव, अध्यक्ष और देश की शक्तिशाली प्रधानमंत्री हुई तो इसलिए कि वे जवाहरलाल नेहरू की बेटी थीं। संजय गांधी ने इसलिए इंदिरा जी की राजनीति इतनी बखूबी से की कि वे इंदिरा जी के बेटे थे। राजीव गांधी ने कांग्रेस अध्यक्ष और प्रधानमंत्री पद को इसलिए सुशोभित किया कि वे इंदिरा जी के बड़े बेटे थे। अब इस राजवंश में सोनिया जी ही बची हैं इसलिए वही देश को चला सकती हैं और वही राज करने की अधिकारी हैं। इस परिवार की बहू होना ही उन्हें देश का नेतृत्व संभालने के सबसे योग्य बना देती है।

राजभक्त कांग्रेसियों और उनकी चलाई आम लोगों की इस धारणा ने कि राज तो नेहरू वंश का कोई उत्तराधिकारी ही कर सकता है—सोनिया गांधी को ऐसा राजनैतिक पव्वा दे दिया है कि उसका ध्यान नरसिंह राव को भी रखना पड़ा और अब उसी को तलवार बना कर अर्जुन

सिंह नरसिंहराव पर हमला कर रहे हैं। आम कांग्रेसी में शायद यह धारणा बनाई गई है कि राज करने की सच्ची अधिकारिणी तो सोनिया गांधी हैं, नरसिंह राव तो झूठे दावेदार हैं और इसलिए प्रधाानमंत्री बने बैठे हैं कि सोनिया जी ने इंकार कर दिया है। वे नहीं तो प्रियंका या राहुल गद्दी संभाल लेंगे।

कांग्रेस के सत्ता संघर्ष में काम आते-आते या पार्टी में ऐसा कूट संघर्ष चलाते-चलाते सोनिया गांधी की छवि तक ताकतवर राजनेता की हो गई है। इस छवि का असर कांग्रेस के बाहर भी होता दिखाई देता है हालांकि कोई नहीं जानता न कह सकता है कि भारत के लोग सोनिया गांधी को प्रधानमंत्री के रूप में मंजूर कर लेंगे या वे कभी इस पद और देश का नेतृत्व करने के योग्य हो सकती हैं। लेकिन चूंकि ऐसा मानने का चलन चल निकला है और कांग्रेस में अभी चल रहे सत्ता संघर्ष की वे निर्णायक शक्ति बनी बैठी हैं इसलिए धारणा बन गई है कि वे सम्मान और विशेष संबोधन के योग्य हैं।

अगर ऐसा नहीं है तो बताइए कि लोकसभा के अध्यक्ष, उपराष्ट्रपति, प्रधानमंत्री और राष्ट्रपति को संसद के ऐतिहासिक सेंट्रल हॉल में हो रहे एक औपचारिक कार्यक्रम में–रिस्पेक्टेड सोनिया जी क्यों कहना चाहिए ? कोई कारण है ? इस देश के लोगों का कोई आत्म सम्मान और गौरव है या नहीं ?

(29.1.1995)

इस चुनाव का सीमित संतोष

इस बार तो खैर कोई मौका ही नहीं है। लेकिन अगली बार वे खड़ी हों तो वोट फिर भी मैं सोनिया गांधी को नहीं दूंगा।

इसके बावजूद ईमानदारी से बताता हूं कि इन दिनों राजीव गांधी की इस इतालवी विधवा के प्रति मेरे मन में वही विरोध नहीं है जो पिछले सातेक साल से चला आ रहा है। राजीव गांधी की हत्या से उनके प्रति जो सहानुभूति उमड़ी थी वह कांग्रेसियों के उनको किए गए साष्टांग दंडवत प्रणाम से और कांग्रेसियों की भक्ति कहिए या दासवृत्ति के प्रति उनने जो स्वीकृति/प्राप्ति का रवैया अपनाया था उससे न सिर्फ धुल गई थी बल्कि एक तरह से सक्रिय विरोध ने उसकी जगह ले ली थी।

थोड़े बहुत कांग्रेसियों को छोड़ कर उस वक्त यानी जून इकानवे में भारत को आजादी दिलाने का दावा करने वाली इस पार्टी में सभी सोनिया गांधी के पीछे पड़े थे कि वे कांग्रेस अध्यक्ष बन कर प्रधानमंत्री हो जाएं और इस तरह पार्टी और देश दोनों का नेतृत्व करना मंजूर कर लें। कांग्रेसियों की इस आत्मीयता पर मन में उतना गुस्सा नहीं था जितना सोनिया गांधी के रवैए पर। वे न सिर्फ कांग्रेसियों की दासता स्वीकारती रहीं बल्कि उनने आभास दिया कि वे जो कर रहे थे वही उन्हें करना चाहिए। और अगर आगे आ कर वे अपने पति की राजनैतिक जगह नहीं ले रही हैं तो इसलिए नहीं कि अपने को उस के निपट अयोग्य मानती हैं बल्कि इसलिए कि अभी इसका सही अवसर नहीं आया है।

इसलिए सोनिया गांधी ने अपने घर के सामने भीड़ लगने दी। कांग्रेसियों को घिघियाने और भक्ति प्रदर्शित करते रहने को छूट दी। और इस तरह स्पष्ट किया कि वे भले ही नेतृत्व न संभालें, ऐसा करना उनके होने भर का अधिकार है और कांग्रेसियों का कर्त्तव्य है कि वे उनकी देहरी पर मत्था टेक कर मनौती मनाते रहें, चिरौरी करते रहें और उनके दर्शन पाकर या उनके श्रीमुख से एकाध शब्द सुन कर अपने को धन्य महसूस करते रहें।

फिर जब नरसिंह राव प्रधानमंत्री बना दिए गए तो उनने ऐसे बताया जैसे उनने यह सब होने दिया हो और वे उम्मीद करती हैं कि नए प्रधानमंत्री और उनकी सरकार उन्हें अपनी अधिष्ठात्री देवी मान कर पूजते रहेंगे और वे जैसा भी इशारा करेंगी वैसा ही खुद अपनी तरफ से करते रहेंगे। ऐसे कुछ नेताओं/मंत्रियों को उनने न सिर्फ अपने दरबार में लगातार आने जाने दिया बल्कि बढ़ावा भी दिया कि जो सरकार और पार्टी को उनकी सेवा में लगाए रखने की जिम्मेदारी लिए रहें।

कांग्रेस के असंतुष्ट और नाराज लोगों को सोनिया गांधी के प्रतिष्ठान से लगातार आशा बनी रही। और जब नरसिंह राव ने अपने प्रधानमंत्री आप होने और सुबह शाम उनके दर्शन करने जाना बंद किया तो बड़ी नफासत से उन्हें सबक सिखाने और रास्ते पर लाने की कोशिश की गई। यह आभास उन्होंने हमेशा बने रहने दिया कि असली सत्ता तो उनके पास है और वही उसकी सच्ची अधिकारिणी भी हैं। नरसिंह राव को तो राजपाट चलाने दिया जा रहा है और अगर वे स्वतंत्र होने की कोशिश कर रहे हैं तो यह उनकी हिमाकत है। अपने सचमुच के सत्तावान होने का आभास देना उनकी अनाधिकार चेष्टा है। वे उस सत्ता के मालिक हो ही नहीं सकते जो उनकी है ही नहीं।

यह सब सोनिया गांधी ने ऐसे चतुराई से किया या होने दिया कि न कभी वे सारे परदे गिरा कर सामने आई न कभी तार को इतना तनने दिया कि वह टूट जाता। उन्हें कांग्रेस के राज का भरपूर उपयोग भी करना था और इतनी दूरी भी बनाए रखनी थी कि न किसी किए या अनकिए की जिम्मेदारी उन पर आए न वे किसी काम के लिए खुल्लमखुल्ला जिम्मेदार मानी जाएं। उनने न सिर्फ कांग्रेस के अंदरूनी सत्ता संघर्ष, खींचतान और दबाव का चालाकी से इस्तेमाल किया, देश दुनिया के सामने स्थापित भी होने दिया कि भारत की असली राजमाता तो वही हैं। ऐसा करने में उनने कूटनीति और राजकाज को चलाने की अच्छी समझ बताई। कभी कोई जिम्मेदारी नहीं ली न लोगों की नजर में अपने को जिम्मेदार दिखने दिया फिर भी सत्ता के जो भी लाभ लेना थे, लिए। रिंद की रिंद रहीं और हाथ से जन्नत भी न जाने दी। ऐसा करने में वे अपनी सास इंदिरा गांधी की सच्ची बहू साबित हुई।

आप कह सकते हैं कि अगर वे राजमाता बनी रहीं और कांग्रेसी सत्ता उनके पांव पखारती रही तो इसमें उनका क्या दोष ? दोष तो कांग्रेसियों का था जो उनके सामने जाजम की तरह बिछते रहें और उनकी देहरी पर मत्था टेक कर उनकी सेवा करते रहे। सही है। कांग्रेसियों की आत्मीनता और गांधी, नेहरू परिवार की भक्ति या दासता उनके पराभव और दयनीय दास बोध के ही उदाहरण हैं। आज उनकी जो हालत है वह उनके अपने किए-धरे का ही नतीजा है और ऐसी पार्टी और उस के ऐसे लोग जिन में न आत्म सम्मान है न नेतृत्व के गुण न अभिलाषा उनको भारत जैसे लोकतंत्र में सत्ता पाने और राज करने का न सिर्फ अधिकार नहीं होना चाहिए बल्कि गलती से भी मौका नहीं मिलना चाहिए। ऐसे आत्महीन लोग देश का कोई भला नहीं कर सकते।

लेकिन इस तरह की दास्ता को जो स्वीकार करता है और विश्वास करता है कि पूजा-पाठ और आरती के बाद जो भी उसे चढ़ाया गया है उस के वह न सिर्फ योग्य है बल्कि वह सब उसका अधिकार है—इसकी मगरूरी का क्या कीजिएगा ? सोनिया गांधी से राजीव ने विवाह किया जो इंदिरा गांधी के बेटे और जवाहरलाल नेहरू के नाती थे। दोनों भारत के प्रधानमंत्री थे। नेहरू सत्रह साल प्रधानमंत्री रहे और इंदिरा गांधी पंद्रह साल से ज्यादा। अगर संजय गांधी विमान दुर्घटना में मारे नहीं जाते तो राजीव को सोनिया न राजनीति में आने देती न वे प्रधानमंत्री बनते। सोनिया और राजीव राजनीति को हिकारत की नजर से देखते थे और माता इंदिरा और पुत्र संजय का जयकारा लगाने जो लोग इकट्ठे होते थे और जिनकी पूंछ लगातार सेवा में हिलती ही रहती थी उनके प्रति सोनिया-राजीव का रवैया जगजाहिर और खूब अच्छी तरह से दर्ज किया गया है।

दो दुर्घटनाओं ने राजीव गांधी को प्रधानमंत्री बना दिया और एक और दुर्घटना ने उन्हें इस दुनिया से उठा लिया। लेकिन इटली में जन्मी और ब्रिटेन में थोड़ी बहुत पढ़ी और बहू होने के कारण लोकतांत्रिक भारत का तथाकथित राज परिवार में रही सोनिया को यह विश्वास कैसे हो गया कि उन्हें भी भारत पर राज करने का वही अधिकार है जो राजीव गांधी को था और सही वक्त पर उन्हें बागडोर संभाल लेना चाहिए ? लोकतंत्र में राज्यतंत्र के अधिकार पाने के लिए कुछ तो किया होना चाहिए। क्या होना ही पर्याप्त होना चाहिए ? भारत जैसे पुराने और महादेश का नेतृत्व करने का विश्वास क्या ऐसे ही पैदा हो जाता है ? क्या इस के लिए अपनी क्षमताओं और योग्यताओं में विश्वास सिर्फ इसलिए हो जाएगा कि किसी का विवाह ऐसे परिवार में हुआ है जिससे कुछ नेता निकले और तीन प्रधानमंत्री भी बनें ?

सोनिया गांधी अगर विश्वास करती हैं कि वे भारत का नेतृत्व करने के योग्य हैं तो यह उनकी मगरूरी है और ऐसा व्यक्ति देश को कहां पहुंचाएगा इसका क्या भरोसा ? जीवन भर गरीब-गुरबों और पीड़ितों की सेवा करने वाली कोई मदर टेरेसा और विवाह के दिन से राज परिवार में रह कर हुकुम चलाने वाली सोनिया गांधी में आखिर कोई फर्क है या नहीं ? और जो देश सोनिया जैसी महिला को अपनी नेत्री मान ले उस के स्वाभिमान, आत्मसम्मान और नेता पैदा करने की क्षमता पर किसे गर्व हो सकता है ? कांग्रेस पार्टी भले ही उन्हें अपना तन-मन-धन अर्पण कर दे। कांग्रेस भारत नहीं है। कांग्रेस को भारत रद्द कर सकता है। मटियामेट कर सकता है। वह कांग्रेस की तरह बरताव करने और घिघियाने के लिए मजबूर नहीं है। नहीं होना चाहिए।

सेवक को तो कोई भी देश मंजूर कर सकता है लेकिन शासक तो एक देश अपने अंदर से ही पैदा करता है। जो नहीं करता वह गुलाम होता है। गुलामी क्या होती है इसे भारत जानता है। उसने कोई दो सौ साल संघर्ष कर के विदेशी शासकों से अपनी आजादी जीती है। कुरबानियां दे कर प्राप्त की है। फिर वह अपना नेतृत्व किसी ऐसी महिला को क्यों सौंप दे जो मुसोलिनी की इटली में जन्मी और ब्याही जाने से भारतीय हुई। क्या भारत मध्यकाल का यूरोप है ? या लोकतांत्रिक राज्यतंत्र जिसमें गांधी-नेहरू परिवार का कोई भी व्यक्ति शासक हो सकता है ? भारत को आजाद करने वाले अनगिनत स्वतंत्रता संग्राम सेनानियों की कुरबानी की शपथ होनी चाहिए कि अब फिर कोई विदेशी मूल का व्यक्ति इस देश पर राज न कर पाए।

सोनिया गांधी के प्रति मेरी ये भावनाएं सात साल से हैं जब से कांग्रेसियों ने उन्हें नेतृत्व सौंपने की पेशकश की और उनने यह उम्मीद बनी रहने दे कि वे सही मौके पर शासन की बागडोर संभाल सकती है। वे राजीव गांधी की विधवा और गांधी-नेहरू परिवार की बहू और प्रियंका, राहुल की मां बनी रहें, राजीव गांधी प्रतिष्ठान की तरफ से ऐसे काम भी करती रहें जो उनके विश्वास से उनके पति के अधूरे काम हैं–तो सम्मान के साथ रहें और प्रतिष्ठा पाएं। अपना सारा सम्मान और आदर उनको है। लेकिन इस देश की राजनीति में दखल न दें न इस पर राज करने की कोशिश करें। उनकी जो लक्ष्मण रेखा है उसे पार न करें। राजनीति में उनके आने का अपना यही विरोध है।

लेकिन शुरू में मैंने कहा कि सातेक साल से जो तीव्र विरोध मेरे मन में चला आ रहा है उसकी धार जब थोड़ी भोथरी हो रही है। सोनिया गांधी चुनाव नहीं लड़ रही हैं, वे प्रधानमंत्री भी नहीं हो रही हैं क्योंकि कांग्रेस को ऐसा बहुमत नहीं मिलेगा कि वह अकेले राज करने की हालत में हो और आत्महीन कांग्रेसी उन्हें अपना नेता चुन कर प्रधानमंत्री बना दें। गठबंधन की सरकार में कांग्रेस शामिल भी हो तो दूसरी पार्टियां सोनिया गांधी को अपना नेता नहीं मानेंगी। जब तक वे सत्ता से दूर रखी जाएं तब तक सोनिया गांधी का चुनाव प्रचार करने से अपने को कोई एतराज नहीं है।

बल्कि इस बात का संतोष है कि सोनिया गांधी के चुनाव प्रचार में उतरने से कांग्रेसियों में लड़ने का हौसला पैदा हुआ है और भाजपा को जो बढ़त कांग्रेसी डिफॉल्ट के कारण मिल गई थी, वह लगातार घटती चली जा रही है। इस संतोष पर मैं अपने से पूछता भी चला आ रहा हूं कि मुझमें और मध्यकाल के जयचंद में क्या फर्क है जो पृथ्वीराज चौहान को हराने के लिए मुसलमान हमलावर के साथ हो गया था। अगर मैं किसी विदेशी मूल के व्यक्ति को भारत का शासक बना देख नहीं सकता और इसे भारत की स्वतंत्रता और लोकतंत्र का अपमान मानता हूं तो सोनिया गांधी के चुनाव पर असर का स्वागत कैसे कर सकता हूं। मुझ में सोनिया गांधी के भाजपा को रोक देने से जो संतोष है क्या वह एक विदेशी ताकत के जरिए एक भारतीय पार्टी को थाम लेने और सत्ता से दूर रखने का संतोष नहीं है ? सिर्फ इसलिए कि मैं भाजपा का विरोधी हूं उसे भले ही सोनिया गांधी सत्ता में आने से रोके इसका मुझे संतोष कैसे हो सकता है?

लेकिन है। और सिर्फ इसलिए नहीं कि भाजपा ने सत्ता में आने के लिए जो समझौते किए हैं और जो निपट अवसरवादिता दिखाई है उस के कारण वह उतनी ही गई-गुजरी हो गई है जितनी कि कांग्रेस है और वह उसी तरह भारत पर राज करने का अधिकार खो चुकी है जैसी कि कांग्रेस। इसमें कोई संदेह नहीं कि कांग्रेस और भाजपा में आज कोई फर्क नहीं है और भारतीय राजनीति में पिछले पचास साल में जो भी आत्मघाती और अशुभ तत्व आए हैं उन से भाजपा ने भी सत्ता में आने के लिए वही और वैसे ही समझौते किए हैं जैसे कांग्रेस ने किए और आज भी कर रही है। अगर हम कांग्रेस को सत्ता में वंचित रख कर दंडित करना चाहते हैं तो भाजपा को किसलिए सत्ता से पुरस्कृत करें ? इसलिए कि जिस दयनीय और पतनशील अवस्था में पहुंचने के लिए कांग्रेस को कोई चालीस साल का सत्ताकाल लगा उसमें भाजपा सत्ता में आने के पहले ही पहुंच गई ?

फिर यह भी बता दूं कि भाजपा भारतीयता के नाम पर भारत का धोखा है। भारतीयता तो मेरा शब्द है। भाजपा का तो हिंदुत्व है और इसलिए वह हिंदुत्व के नाम पर हिंदू का धोखा है। सोनिया गांधी के नेतृत्व में जा कर कांग्रेस अगर फिर कोई पच्चीस-तीस ईस्ट इंडिया कंपनियों के हवाले भारत को कर देगी तो भाजपा का तो हिंदुत्व है ही भारत की यूरोपीय अवधारणा। हिंदुत्व कोई विचारधारा नहीं है। वह ज्यादा से ज्यादा हिंदुओं के हिंदू होने की एक अवस्था हो सकती है। भारत और इस के लोग हिंदू होने और मान लिए जाने के बाद क्या करें ? वे एक शक्तिशाली और व्यक्तित्ववान स्वतंत्र देश तभी हो सकते हैं जब उनकी अपनी विचारधारा और पहचान हो।

यह आत्म साक्षात्कार हिंदुत्व में नहीं है जो कि मुसलमानों और ईसाइयों को जवाब देने के लिए गढ़ी गई एक अवधारणा है जिसकी जड़ें भारत में नहीं उन्नीसवीं सदी के यूरोप में है। अगर हम अमेरिकी आर्थिक साम्राज्यवाद के उपनिवेश नहीं होना चाहते तो हमें हिंदू होने के नाम पर यूरोपीय सभ्यता के भारतीय पिछलग्गू भी नहीं होना चाहिए। सोनिया गांधी निस्संदेह एक विदेशी झुकाव है जो एक गैर भारतीय अवधारणा को सत्ता में पांव जमाने से रोक रही है। इसलिए सोनिया गांधी का अपना विरोध भोथरा हो रहा है। लेकिन उतना ही जितना कि वह भारत को बचा सकता है।

(15.2.1998)

जो बहस के लायक नहीं वह हमले के भी काबिल नहीं

कांग्रेस वाले फिर इस गलतफहमी में हैं कि लोगों के सामने यह सवाल है ही नहीं कि सोनिया गांधी विदेशी मूल की हैं। इतालवी नागरिक होते हुए भी उनने कैम्ब्रिज विश्वविद्यालय में पढ़ते हुए इंदिरा गांधी के बड़े बेटे राजीव से प्यार किया और ब्याह करने पर भारत आ कर रहीं और बरसों बाद इटली की नागरिकता छोड़ी। ऐसे व्यक्ति को इस देश का प्रधानमंत्री होने देना चाहिए या नहीं ?

और सवाल सिर्फ सोनिया गांधी का नहीं है। विदेशी मूल का कोई भी भारतीय नागरिक हमारा राष्ट्रपति, उपराष्ट्रपति और प्रधानमंत्री हो सकता है या नहीं इस पर भी शांति से विचार होना चाहिए। संविधान बनाने वाले हमारे बाप-दादों ने भारतीय मूल के भारतीय नागरिक और विदेशी मूल के भारतीय नागरिकों में भेद नहीं किया। वे सब विदेशी शासकों को भारत से भगाने वाले सेनानी थे। उनने कभी सोचा भी नहीं होगा कि विदेशियों के खिलाफ सौ साल तक लड़ने वाले इस देश में विदेशी मूल का कोई व्यक्ति प्रधानमंत्री होने का दावा करने लगेगा। और कांग्रेस जैसी पार्टी उस के सामने साष्टांग दंडवत में लोटपोट हो कर उसकी चरणरज अपने माथे पर लगाएगी। और कहेगी कि हे भगवती तू ही हम पापियों की डूबती नैया को पार लगा सकती है।

मेरी हिचक का एक कारण तो यह है कि हमारा संविधान इस बारे में कुछ नहीं कहता। संविधान यह भी नहीं कहता कि कोई कामचलाऊ सरकार हो सकती है और उस के ये-ये अधिकार और ऐसे-ऐसे अंकुश होंगे। इसका लाभ लेते हुए एक कामचलाऊ प्रधानमंत्री इंदर कुमार गुजराल ने चुन-चुन कर अपने लोगों को फिट किया और अब उनके चरणचिन्हों पर चलते हुए वाजपेयी सरकार जो जी में आए करना चाहती है। कामचलाऊ सरकार इसलिए कामचलाऊ है कि पराजित होने के बाद प्रधानमंत्री अपना और अपनी मंत्रिपरिषद का इस्तीफा देते हैं तो राष्ट्रपति उसे नई व्यवस्था हो जाने तक काम चलाने को कहते हैं। लेकिन इससे भी ज्यादा अर्थवान और महत्त्वपूर्ण बात यह है कि लोकसभा न हो और चुनाव होने वाले हों तो काम चलाने के लिए चलने दी गई पराजित सरकार के पास कोई जनादेश नहीं होता और संविधान कुछ कहे या न कहे लोकतंत्र और उसकी परंपरा है कि ऐसी सरकार जनादेश वाली सरकार की तरह काम नहीं कर सकती। लोकतंत्र के सारे काम संविधान की इबारत में नहीं होते वे संसदीय लोकतांत्रिक परंपरा से होते हैं। अगर ऐसा नहीं होता तो लोकतंत्र का मातृ देश ब्रिटेन लिखित संविधान के बिना चल नहीं रहा होता।

अब जो चाहते हैं कि संविधान में संशोधन कर दिया जाए कि राष्ट्रपति, उपराष्ट्रपति और प्रधानमंत्री वही हो सकता है जो इस देश में जन्मा हो—वे इस संशोधन को अगर चुनावी मुद्दा बनाते हैं तो इस पर वैसे विचार नहीं हो सकता जैसा कि संविधान संशोधन पर होना चाहिए। और जो सोनिया गांधी अपनी 'देशभक्ति और राष्ट्रीयता' को जनता के जवाब के लिए छोड़ देना चाहती हैं वे भी भावुकता की ताल पर जनता को भरमाने की कोशिश कर रही हैं। उनकी देशभक्ति और राष्ट्रीयता पर किसी ने सवाल नहीं उठाया है। पवार, संगमा और अनवर ने सवाल यह उठाया था कि जो विदेश में जन्मा और विदेशी नागरिक रहा हो वह इस देश का प्रधानमंत्री हो सकता है या नहीं ? वे मानते हैं कि नहीं होना चाहिए और इसलिए सोनिया गांधी से निवेदन किया था कि वही यह संशोधन पहले कांग्रेस के घोषणा पत्र में और फिर संसद में विचार के लिए पेश करें। ट्रेजेडी यह है कि सोनिया गांधी और उनके दांये-बांये विरोधी भी इस पर जनमत संग्रह करवाना चाहते हैं। मध्यावधि चुनाव जनमतसंग्रह नहीं होते। और उन्हें जो जनमत संग्रह बनाना चाहते हैं वे इस देश के राजनीतिक समाज को एक झूठे देशी-विदेशी मुद्दे पर दो फाड़ कर के बांट देना चाहते हैं। मैं समझता हूं कि इस देश का राष्ट्रपति-उपराष्ट्रपति और प्रधानमंत्री वही होना चाहिए जो इसी देश में जन्मा हो। दुनिया के सभी देश अपने यहां जन्मे नागरिक को ही यह अधिकार देते हैं। लेकिन इस सवाल पर फैसला मैं किसी मध्यावधि या आम चुनाव में नहीं करवाना चाहता क्योंकि चुनाव को जनमतसंग्रह बनाना और अपने राजनैतिक समाज को ऐसे पेचीदा मामले पर काले-धौले में बांटना लोकहित और राष्ट्रहित में नहीं है। लेकिन समस्या यह है कि हमारी पार्टियां और उनके नेता इस पर वोट तो डलवाना चाहते हैं। इस प्रश्न का सामना कर के इस पर आम बहस नहीं करना चाहते।

संघ परिवार की तरफ से खुसुर-पुसुर मुहिम में उठाए गए इस सवाल को सही संदर्भ और परिप्रेक्ष्य में उठा कर इस पर आम बहस करवाने का सबसे अच्छा मौका कांग्रेस कार्यकारिणी और उसकी अध्यक्ष सोनिया गांधी को मिला था। पंद्रह मई को जब कार्यकारिणी में मध्यावधि के मुद्दों और रणनीति पर विचार हो रहा था तब इन कथित विद्रोहियों ने कहा था कि संघ परिवार सोनिया गांधी के विदेशी मूल का सवाल उठाएगा और इस पर चुनाव अभियान में कांग्रेस को रक्षात्मक होना पड़ेगा क्योंकि इस तथ्य को न छुपाया जा सकता है न टाला जा सकता है कि वे इटली में जन्मी और वहां की नागरिक रही हैं। इसका काट यही हो सकता है कि घोषणा पत्र में संविधान संशोधन की बात कही जाए और यह संशोधन खुद सोनिया गांधी पेश करें। सोनिया गांधी की देशभक्ति और राष्ट्रीयता अगर कांग्रेस की परंपरा और नेतृत्व की महानता से प्रेरित होती तो वे कहतीं कि ठीक है इस पर बहस हो और कांग्रेस पार्टी माने तो संविधान में संशोधन करवाया जाए। सोनिया गांधी अगर इस सवाल को खुद उठाती तो यह तात्कालिक सत्ता देशी-विदेशी, नस्लवाद, फासीवाद आदि सभी निन्दनीय संदर्भों से उठ कर राष्ट्रीय और देशभक्ति के संदर्भ में विचारणीय हो जाता।

लेकिन जैसा कि बाद के उनके भाषण से ही साफ है—सोनिया गांधी को कार्यकारिणी में इस सवाल का उठाया जाना ही बर्दाश्त नहीं हुआ। पच्चीस मई को कांग्रेस के महाधिवेशन में उनने कहा—'मुझे बहुत दुख हुआ। मुझे लगा कि यह संघर्ष अकेले मेरा ही है। मुझे महसूस हुआ कि मेरे अपने लोग पद और सत्ता के लालच में बहक गए हैं। वे न मुझे जानते हैं न मेरी

प्रेरणा को समझते हैं। इतनी बड़ी चुनौती हमारे सामने है और हम इस छोटेपन के शिकार बन कर एक दूसरे के खिलाफ बगावत की साजिशें कर रहे हैं। यह सब देख कर मैं निराश हुई। और इसी दुख और निराशा में उनने कांग्रेस की अध्यक्षता से इस्तीफा दे दिया।' दो दिन बाद जब कार्यकारिणी की बैठक 'विद्रोहियों' के पत्र पर विचार करने के लिए हुई तो पंद्रह मई का यह इस्तीफा फेंक कर वे अपने घर चली आईं। यानी न उनने इस सवाल पर बहस की न कार्यकारिणी को करने दी। उनने ऐसी स्थिति पैदा की कि कार्यकारिणी 'विद्रोहियों' के पत्र और उनके इस्तीफे को रद्द कर के उन्हें वापस आने के लिए मनाने में लग जाए।

आठ दिन तक दस जनपथ और कांग्रेस के दफ्तर में उन्हें मनाने और फिर अध्यक्षता संभालने के लिए जो नाटक और नौटंकी चलती रही उसे मीडिया ही नहीं सभी लोगों ने शर्मनाक बताया। कार्यकारिणी ने विद्रोहियों को निकाल बाहर किया और कांग्रेस का महाधिवेशन बुलाया ताकि सोनिया गांधी से वापस अध्यक्षता लेने का आग्रह किया जाए। कोई नहीं मानता था कि सोनिया गांधी इस्तीफा वापस नहीं लेंगी इसलिए उन्हें मनाने के सारे प्रदर्शन नाटक-नौटंकी के अलावा कुछ नहीं थे। महाधिवेशन के एक दिन पहले सोनिया गांधी ने इस्तीफा वापस ले लिया और महाधिवेशन उनकी महाविजय का अभियान बना दिया गया। चूंकि सवाल उठाया गया था इसलिए सोनिया गांधी ने कांग्रेस में से अपने पर सवाल करने वालों का सफाया ही करवा दिया। उनने यह भी घोषित कर दिया कि उन्हें ऐसी कांग्रेस चाहिए जो अपने सिद्धांतों पर और उनके साथ पूरे दिलो दिमाग से चले। जिन्हें थोड़ी भी शंका हो वे अभी अपना अलग रास्ता चुन लें। यानी सोनिया गांधी की कांग्रेस में उनके विदेशी मूल की बात करने वाले के लिए भी कोई जगह नहीं है।

प्रधानमंत्री बनने की उनकी पात्रता को सोनिया गांधी ने उनकी राष्ट्रभक्ति और राष्ट्रीयता पर उठाया गया सवाल बना दिया जो कि लोगों को भरमाने का घटिया और नौटंकिया प्रयास था। इसे उन्होंने भावनात्मक ब्लेकमेल में भी इस्तेमाल किया। उनने कांपती आवाज में कहा—'हिंदुस्तान ने मुझे इक्तीस साल पहले ही अपना लिया था जब मैं इंदिरा जी की बहू बन कर यहां आई। मेरा जीवन इस देश ने देखा ही नहीं, यह देश मेरे जीवन के पल-पल में शामिल रहा। मैं सुहागिन यहीं बनी, मां यहीं बनी, मैं विधवा आपकी आंखों के सामने हुई। इस देश की सबसे महान पुत्री इंदिरा जी ने अपनी सांस मेरी बाहों में तोड़ी। मेरे खून की एक-एक बूंद कहती है कि यह मेरा वतन है। यह मेरा वतन है।'

स्टार टीवी पर उनका भाषण सुनती हमारी भेनजी ने कहा—'यह मेरा पतन है।' यानी महिलाओं में गांधी परिवार की बहू होने के नाते अपनी महान कुरबानियों पर जो सहानुभूति सोनिया गांधी जगाना चाहती हैं वह ऐसे मखौल का भी कारण हो सकती है। वैसे जनार्दन द्विवेदी नहीं है जो भी अपने को सच्चा कांग्रेसी समझता हो वह यह किस्सा सोनिया गांधी को सुना दें क्योंकि गांधी कोई महात्मा गांधी ही हुआ करता था और कांग्रेस कोई और भी संस्था थी जो लोकतांत्रिकता के कारण विदेशियों से इस देश को आजाद कराने की आंदोलन बनी थी। किस्सा महावीर त्यागी ने अपनी पुस्तक—*मेरी कौन सुनेगा* में लिखा है—यह सन् 1924 की बात है कि जब हमारा सन् 1921 का खिलाफत आंदोलन ढलाव पर था, लोग

अपनी-अपनी सजाएं काटकर जेलों से छूट रहे थे। खिलाफत के दिनों संयुक्त मोर्चे के कारण हिंदू-मुसलमानों में ऐसी एकता हो गई थी जैसे दूध-शक्कर की। लेकिन आंदोलन का ठंडा पड़ना था कि आपस में फिर फूट पड़ गई। हिंदुओं ने 'शुद्धि' और मुसलमानों ने 'तबलीग' शुरू कर दी। बस होने लगे दंगे। कहीं मस्जिद के सामने बाजा बजाने पर, तो कहीं शंख बजाने या 'अजान' देने पर। अंधा क्या चाहे ? दो आंखें। विदेशी सरकार की मनचाही हो गई। मुस्लिम लीग और हिंदू महासभा की भी बन आई, लेकिन कांग्रेसमैन का बाजार-भाव गिरने लगा। हममें से जो हिंदू थे, उन्हें तो ज्यादा फिक्र न पड़ी, क्योंकि अधिकांश हिंदू अभी तक कांग्रेस के साथ थे, पर मुसलमानों में कांग्रेस वाले 'काफिर' कहलाने लगे। इन्हीं दिनों कांग्रेस के अध्यक्ष मौलाना मुहम्मद अली का एक भाषण छपा जो उन्होंने मुसलमानों में दिया था : 'मैं एक 'फाजिर' (व्यभिचारी) और 'फासिद' (दुश्चरित्र) मुसलमान को भी महात्मा गांधी से अच्छा मानता हूं।' बस पंजाब के हिंदू अखबार बौखला उठे। इस भाषण के बाद साबित कदम हिंदू कांग्रेसियों के पैर भी उखड़ने लगे। मैं आल इंडिया कांग्रेस कमेटी का सदस्य था और पं. जवाहरलाल नेहरू सैक्रेटरी। कांग्रेस अध्यक्ष की यह तकरीर असहनीय हो गई। मैंने अविश्वास का प्रस्ताव भेज दिया और श्री नरदेव शास्त्री ने उस पर अनुमोदन के हस्ताक्षर कर दिए। जवाहरलालजी पहले से ही बहुत कायदे-करीने के आदमी हैं। उन्होंने मुझे पत्र लिखा कि 'क्या तुम सचमुच ही इस प्रस्ताव को पेश करना चाहते हो।' मैंने जवाब दे दिया कि 'बहुत सोच-समझ कर भेजा है, मैं इसे अवश्य पेश करूंगा।' प्रस्ताव एजंडा में छप गया। 27 जून एआईसीसी की बैठक अहमदाबाद में बुलाई गई। अहमदाबाद नगरपालिका के चेयरमेन सरदार पटेल स्वागत समिति के अध्यक्ष बने।

बैठक के प्रारंभ से पहले ही मो. मुहम्मद अली ने यह कहते हुए कि 'पहले मेरी तकरीर का फैसला हो जाना चाहिए।।' मुझे आवाज लगा दी 'अविश्वास का प्रस्ताव पेश करो।' मैं 24 वर्ष का तो था ही, खूंटा-सा प्लेटफार्म पर जा खड़ा हुआ। 'मिस्टर प्रेसीडेंट एंड फ्रैंड्स' कहते ही गांधी जी ने मुहम्मद अली से इजाजत चाही, 'प्रस्ताव से पहले मुझे दो मिनट प्रस्तावक से बात करने का मौका होना चाहिए।' मौलाना ने जोर से कहा, 'आर्डर, आर्डर, पहले प्रस्ताव का फैसला होगा, फिर दूसरी बात।' महात्माजी को चुप करना कठिन था। उन्होंने मुझसे कहा, 'तुम्हें तो मुझसे बात करने में एतराज नहीं है ?' मैंने कहा, 'नहीं।' तो जोर से हंसते हुए बापू ने कहा, 'जब मैं और वो राजी तो बीच में क्या बोलता है काजी।' सारी सभा हंसी से गूंज उठी। मैं फट से गांधी जी के पास जा बैठा। बापू बोले, 'यह प्रस्ताव तो ठीक नहीं है। मौलाना ने इसमें किसी और को तो कुछ कहा नहीं। महात्मा गांधी से 'फाजिर-फासिद' मुसलमान को अच्छा समझने की बात है। इसमें कोई गाली तो नहीं है। गाली का सबूत तो उसका लगना ठहरा। गांधी तो इसका लगना स्वीकार नहीं करता। फिर तो वह खलास हो गई।' मैंने उत्तर दिया–'महात्मा गांधी से कोई संबंध नहीं है। इस तकरीर के अनुसार 'अध्यक्ष' की निगाह में एक बदमाश और बदचलन मुसलमान भी दूसरे संप्रदाय के श्रेष्ठतम व्यक्ति से ऊंचा है। आजकल जगह-जगह हिंदू-मुसलमानों के दंगे हो रहे हैं ऐसी तकरीर जलती हुई आग में पेट्रोल का काम करेगी।'

गांधी जी–'तुम्हें इस प्रस्ताव के पास हो जाने की आशा है ? कितने वोट मिलेंगे ?' मैंने कहा–'दो वोट तो पक्के हैं। पास हो या न हो, कम से कम यह तो रिकार्ड पर आ जाएगा

कि कांग्रेस के अध्यक्ष की तकरीर पर कुछ लोगों को आपत्ति थी।' महात्माजी—'ऐसी बात को लाने से कांग्रेस का रिकार्ड अच्छा होने की बजाय ओर काला बनेगा। हिंदू-मुसलमान को साथ रखना है तो एक-दूसरे के खोट निभाना पड़ेगा। तुम जानते मित्रता किसे कहते ?' मैंने कहा— 'एक दूसरे कॉ प्यार करने को मित्रता कहते हैं ?' बापू ने कहा, 'नहीं वह तो बदमाशी है, मित्रता के मानो तो एक दूसरे के खोट को निभाना है। जो ऐसा नहीं करता वह मित्र नहीं है, यह प्रस्ताव ठीक नहीं।' 'अब वापिस तो नहीं करूंगा।' मैंने उठते हुए कहा। बापू टोकते हुए बोले—'अच्छा तुम्हारी खुशी। पर एक बात का जवाब लूंगा, तुम अक्लमंद है या महात्मा गांधी ?' मैंने कहा—'महात्मा गांधी'। बापू बोले—'फिर तो हो गया। एक बेवकूफ को अक्लमंद की बात माननी होगी, यह दलील तो तुमको पसंद आई होगी। वो तो मैं पहले से जानता था, बेवकूफ को अक्ल की दलील नहीं, बेवकूफी की पसंद आती है। अब तो वापिस लेंगे ? अब मैं क्या करता। प्रस्ताव वापस ले लिया।

वह कांग्रेस इंदिरा गांधी और राजीव गांधी की कांग्रेस नहीं थी। महात्मा गांधी, मोतीलाल नेहरू, सरदार पटेल और जवाहरलाल नेहरू की कांग्रेस थी। उस के अध्यक्ष मौलाना मुहम्मद अली थे जो महात्मा गांधी से एक व्यभिचारी और दुश्चरित्र मुसलमान को बेहतर मानने की बात कह सकते थे। उनके खिलाफ इस बात पर अविश्वास प्रस्ताव रखा जा सकता था। वे खुद उस पर बहस करवा सकते थे। और खुद महात्मा गांधी उस प्रस्ताव को वापस करवा सकते थे। कोई सोनिया गांधी को बताए कि इस कांग्रेस को नेतृत्व देने और विदेशी शासन से इस देश को आजाद करवाने वाले देशभक्त अपने कुरबानियों को चने फुटाने की तरह भुनवाने वाले लोग नहीं थे।

(6.6.1999)

गोविंदाचार्य

एक पतित कथा

छोड़ने तो किसी और को गया था दिख गए गोविंदाचार्य। नई दिल्ली रेलवे स्टेशन के अजमेरी गेट खुलाव पर वे चार-पांच लड़कों से घिरे खड़े थे। उन्हें देखते ही समझ पड़ा कि दक्षिण जा रहे हैं। पूछने की जरूरत नहीं थी कि क्या हुआ और क्यों जा रहे हैं। अपनी बातें खोल-खोल कर बताने और रोना रोने वाले आदमी वे नहीं हैं।

बिहार आंदोलन में आए एक विद्यार्थी की तरह उन्हें देखा था। अपने को आगे करने और जेपी के आसपास मंडराने वाले लड़कों में वे नहीं थे। दिखने करने में कोई प्रभावित नहीं करते न ज्यादा बोलते। लेकिन दिखते तो मन को लगता कि यह सात्विक समर्पित और विचारशील युवक हैं। मातृभाषा तमिल लेकिन पुरबिया ऐसी बोलते कि मेरी पत्नी बरसों तक उन्हें बिहारी समझे रही सिर्फ बोली से नहीं बाकी की बातों से भी। चार साल पहले जब वे विपक्ष की एकता वाले महीनों में दिल्ली आए और भाजपा की तरफ से सक्रिय हुए तो एक बुजुर्ग मित्र ने बहुत आग्रह किया कि उनकी माइनस पर्सैलिटी की प्रभावहीनता कम करने के लिए उन्हें कम से कम खादी के कुछ अच्छे कपड़े दिए जाएं। बहुत कोशिश की, गोविंदाचार्य नहीं माने।

फटी चप्पलें, जैसा-तैसा कुर्ता, पाजामा और झोला लटकाए घूमते रहे। लेकिन उनकी तेज बुद्धि, प्रतिबद्धता, चारित्रिक शक्ति और अपार धैर्य का कुछ ऐसा असर पड़ा कि विश्वनाथ प्रताप सिंह जैसे भाजपा विरोधी नेता और देवीलाल जैसे घुड़कने वाले तक भी भाजपा में किसी से बात करना चाहते तो गोविंदाचार्य से। ये दोनों भाजपा को गरियाते रहते और गोविंदाचार्य चुपचाप बल्कि मुस्कुराते हुए सुनते रहते और आखिर में वे चुप हो जाते और बोलते गोविंदाचार्य। तरतीव और मेहनत से जुटाए गए तथ्यों पर तथ्य और बोलने में न आक्रमण, न समर्पण, न जवाब देने का सुर। मझले कद के भाजपा नेता नहीं, गांधी या विनोबा के जमाने के रचनात्मक कार्यकर्ता लगते थे। 1989 में सत्ता परिवर्तन के बाद भी गोविंदाचार्य वैसे ही रहे। भाजपा में उनका कद और कार्यभार बढ़ गया। अखबारवालों ने उन्हें भाजपा का रणनीतिकार और भविष्य में नजर रखने लायक नेता बना दिया। पत्रकारों की मेहरबानी से गोविंदाचार्य ऐसे लाइम लाइट में आए कि पार्टी में ही कई लोग जलने-भुनने लगे। ताज्जुब नहीं कि गोविंदाचार्य अब निर्वासन में दक्षिण चले गए हैं।

आडवाणी जी राम रथ ले कर जब दिल्ली आए और लगा कि राष्ट्रीय मोर्चे की सरकार को भाजपा तोड़ देगी तब कोई गोविंदाचार्य को समझाता तो वे कहते–लेकिन हमारी पार्टी दूसरी पार्टियों जैसी राजनीतिक नहीं है ना ! अब निश्चित ही वे समझ गए होंगे कि सत्ता की राजनीति में पड़ी हर पार्टी कांग्रेस हो जाती है। बल्कि भाजपा तो करेला और नीम चढ़ा की

तुक में कांग्रेस और नकचढ़ी हो गई है। नैतिकता और संतई में एक तरह का कड़क दंभ होता है। उसमें वह लचक और विनम्रता नहीं होती जो फलों से लदी किसी डाल में होती है। कांग्रेस वाले सत्ता में रह-रह कर समझ गए हैं कि ज्यादा नैतिकता और सिद्धांतवादिता नहीं बघारनी चाहिए क्योंकि सत्ता भ्रष्ट करती है और सत्ता की कोठरी में कैसा ही सयाना जाए कालिख का एकाध धब्बा तो लग ही जाता है। कोई कितना ही पाखंड करे भंडफोड़ तो होगा ही। लेकिन यह समझ कांग्रेस में कुछ इतनी आ गई कि वह परमिसिव सोसाइटी बन गई। कड़क नैतिकता के दंभ से भ्रष्ट और प्रवाह पतित व्यक्ति की गलाजत बेहतर नहीं होती।

गोविंदाचार्य के साथ जो हुआ वह बताता है कि भाजपा में भी अंदर वही सब चलता है जो किसी और पार्टी में। बल्कि कुछ ज्यादा क्योंकि नैतिकता की ताता थैया किसी और पार्टी में उतनी नहीं है। सत्ता की होड़ में लगे सभी लोगों के वही एक जैसे हथकंडे होते हैं और मारे जाते हैं गोविंदाचार्य जैसे ब्रह्मचारी। सत्ता के जरिए खाने-पीने वाले भाजपाइयों को गोविंदाचार्य की सीधी सच्ची उंगली रास नहीं आई क्योंकि घी तो टेढ़ी उंगली से निकलता है। गोविंदाचार्य को कोई और हथकंडा या हथियार मार नहीं सकता क्योंकि धन से पद से यश से या सुख-सुविधाओं से रपट पड़ने और हरगंगे करने वाले आदमी वे नहीं हैं। इसलिए उन्हें स्त्री नाम की अमोघ शक्ति से मारा गया।

दुनिया भर में राजनीतिक इस शक्ति का इस्तेमाल अपने सत्ता समीकरण सीधे करने में करते हैं। जब गैरी हार्ट और डोना राइस का कांड अमेरिकी राष्ट्रपति के पिछले चुनाव में भंडा बन कर उड़ा और फूटा था तब एक पत्रकार बहन जी ने टाइम या न्यूजवीक में एक बड़ा हृदय विदारक और नयन विस्फोटक लेख लिखा था। उन्होंने बताया था कि अमेरिकी राष्ट्रपति किस तरह महिलाओं का इस्तेमाल अपनी राजनीति में करते हैं और कैसे ऐसे इस्तेमाल के खुद भी शिकार होते हैं। अंत में उन्होंने लिखा कि राजनीति में स्त्री के इस्तेमाल के ये किस्से छपते नहीं क्योंकि लगभग सभी पत्रकार-संपादक पुरुष होते हैं और कहीं न कहीं वे भी इस पतनगामी खेल में शामिल रहते हैं।

उमा भारती को राजनैतिक उग्रता और अपरिपक्वता की सजा उनके आदरणीय सम्माननीय और श्रद्धेय भाजपाई माता पिता ने दे दी है। इंदौर के गीता भवन में उमा भारती के प्रवचन सुन-सुन कर मेरी मां ने अपनी अंतिम संतान यानी मेरी बहन को उमा भारती कहना शुरू कर दिया था। उस बहन ने कभी प्रवचन नहीं दिया न भगवा धारण किया। इस बहन के छतरपुर के सर्किट हाउस में ही उमा भारती को नजदीक से देखने का मौका मिला। मुझसे और मेरी पत्नी से उमा भारती ने वैसा ही बरताव किया जैसा बहन उमा (अब) त्रिवेदी कर रही थी। पिछले किसी महीने एक दिन पत्नी ने कहा कि उमा भारती बहुत परेशान लग रही थीं और आप से बात करना चाहती हैं। अपनी बात नहीं हुई पर अखबारों में सब पढ़ता रहा।

उमा भारती साध्वी हैं या संन्यासिनी हैं या ब्रह्मचारिणी हैं। गोविंदाचार्य समर्पित सेवक और ब्रह्मचारी हैं। मैंने उन्हें साथ कभी नहीं देखा न दोनों को जानते हुए भी जोड़ सकता हूं। लेकिन उनके कैसे संबंध हैं या थे इससे मैं उत्सुक नहीं हो पाता। कोई अपने निजी जीवन में क्या करता है यह अपनी चिंता का विषय नहीं है। हालांकि मैं यह भी मानता हूं कि निजी और सार्वजनिक जीवन अलग नहीं होता। दोनों में एक दूसरे की झलक ही नहीं होती एक के

जरिए दूसरे को आप आसानी से देख और समझ सकते हैं। यह नहीं हो सकता कि निजी जीवन में आप व्यभिचारी हों और सार्वजनिक जीवन में ब्रह्मचारी। बर्नर्ड शॉ के जैकल में हाइड और हाइड में जैकल हमेशा मौजूद रहता है। इसलिए गोविंदाचार्य को जानने वाले किसी भी व्यक्ति को भरोसा नहीं होगा कि उन्हें और उमा भारती को ले कर जो अफवाहें भाजपाई संतों-महंतों ने उड़ाई हैं उनमें कहीं कोई तथ्य होगा।

लेकिन मान लिया कि उनमें दोस्ती है तो हम कौन तुर्रम खां हैं जो कहें कि नहीं होना चाहिए। क्या विवाह और पारिवारिक रिश्ते के अलावा स्त्री-पुरुष के मैत्री संबंध नहीं हो सकते ? आखिर स्त्री के कारण ही पुरुष का जीवन जीने के लायक और सार्थक होता है। अगर उसे हम बदनाम कर के ही उछालते रहें तो जीवन का क्या समझेंगे और करेंगे।

पंत जी की एक पंक्ति मुझे बहुत याद आती है–क्या क्षुद्र गुह्य ही बना रहेगा। बुद्धिमान, नर नारी का नैसर्गिक स्वर्गिक आकर्षण है। जो स्त्री पुरुष के बीच इस नैसर्गिक स्वर्गिक आकर्षण को समझ नहीं सकता उस के पल्ले कुछ पड़ना नहीं है। राजनीति स्त्री का इस्तेमाल कर के जितना उसका अपमान करती है उतना कोई कुरीति नहीं करती। उमा भारती के भगवे और गोविंदाचार्य के सफेद खादी कुरते पर जिन लोगों ने कीचड़ उड़ाया है वे पतित लोग हैं। राजनीति के रौरव नरक में भी उन्हें जगह क्यों होनी चाहिए ?

(26.4.1992)

अथ श्री उमा गोविंद कथा

एकांतवास में जाने के पहले गोविंदाचार्य एक दिन घर आए थे। खूब बातचीत हुई और जैसा भी मिला खाना खा कर प्रसन्नचित्त गए। कोई चौदह साल पहले कांग्रेस के खिलाफ विपक्ष को एक करने में हम दोनों ने साथ काम किया था। उन दिनों वे राजनैतिक काम में नए-नए पड़े थे और संघ परिवार के लोगों की चिंता रहती थी कि उनकी छवि को प्रभावकारी बनाया जाए। संघ के एक बड़े नेता ने एक बार सुझाया भी कि उन्हें यार-दोस्ती में खादी भंडार ले जाऊं और ऐसे कपड़े दिलवा दूं जिन्हें पहनकर वे स्मार्ट और नफीस दिखें। एक बार हिचकते हुए अपन ने कोशिश भी की लेकिन वे भांप गए और फिर हम दोनों ने ही तय किया कि इस सजावट में नहीं लगेंगे। हमारे घर उनका आना-जाना चलता था। भेनजी काफी समय तक उन्हें बिहारी और गावदी समझती रहीं। फिर उन्हें बताना पड़ा कि बिहार में छात्र आंदोलन खड़ा करने में राय साब और गोविंद जी ने बड़ा काम किया है और वे बनारस में पढ़े तमिल हैं। उस के बाद भेनजी का उनके प्रति रवैया बदला।

राष्ट्रीय मोर्चे की सरकार से जिस तरह भाजपा ने अपना समर्थन वापस लिया और मंडल चलाने वाले विश्वनाथ प्रताप सिंह को कमंडल से गिराया उस के बाद गोविंद जी से मिलना कम होता गया। फिर उमा भारती से उनके संबंध का ऐसा विवाद चला कि भाजपा और संघ के जिन इलाकों में वे बहुत लोकप्रिय और सम्मान के पात्र थे उन्हीं में उनकी आलोचना होने लगी। उन से इस संबंध के बारे में अपनी कोई बात नहीं हुई। उमा भारती से तो कभी नहीं, हालांकि अपन उन्हें टीकमगढ़-छतरपुर से जानते रहे हैं। लेकिन इन दोनों को ले कर संघ परिवार में पहले निंदारस में और फिर लगभग हिंस्र कटुता के साथ जो बातें हाने लगीं उन से अपन विचलित हो गए।

स्वनियुक्त शुभचिंतक के रूप में कई लोगों से मैंने बात की होगी। मुझे यह अजीब लगता था कि दो वयस्क जो अपने बारे में ठीक-ठीक सोच-समझ कर फैसले ले सकते हों और जिनने सार्वजनिक रूप से अखंड ब्रह्मचर्य का कोई व्रत न लिया हो—उनकी मैत्री का कांड बनाने का क्या मतलब। यह दोस्ती रख कर न गोविंदाचार्य अपने विवाहित जीवन की मर्यादा तोड़ रहे थे न उमा भारती अपनी गिरस्ती उजाड़ रही थीं। हमारे सार्वजनिक और राजनैतिक जीवन में दुराचार को अनुमतिशीलता के साथ ग्रहण नहीं किया जाता। लेकिन गोविंदाचार्य और उमा भारती तो दुराचार नहीं कर रहे थे। जितने संयम और सम्मान से ऐसी स्त्री-पुरुष मैत्री निभाई जा सकती है उसे इन दोनों ने नहीं छोड़ा। फिर क्यों लोग उनके पीछे हाथ धो कर पड़ गए थे ? मैंने पाया कि भाजपा और संघ के बड़े नेताओं में इनके प्रति हिकारत ही नहीं इन्हें दंडित कर के उदाहरण के रूप में टांग देने का प्रतिशोध था। हाल ही की घटना लें तो जिस तरह

मुजफ्फरनगर के एक गांव में घरवालों ने ही एक किशोर और किशोरी को प्रेम करने के अपराध में फांसी दे दी कुछ-कुछ वैसा ही रवैया संघ परिवार के बुजुर्ग नेताओं का था। एक ने तो मेरी सारी दलीलें और भावनाएं सुन कर कहा कि हमने तो कहा था कि शादी कर लो। पर उनने नहीं माना। यह तो चल नहीं सकता कि आप खुले दुराचार करते फिरो और फिर भी जिम्मेदार और प्रतिष्ठित बने रहो। इस के आगे उन से बात करना संभव नहीं था। ये नेता तो आजन्म संघनिष्ठ ब्रह्मचारी थे लेकिन उन भाजपाई नेताओं का भी यही रवैया था जिनके दत्तक परिवार हैं या जिनके परिवार विवाहेतर संबंधों के कारण छिन्न-भिन्न हो गए हैं। इन नेताओं में भी न तो गोविंदाचार्य के प्रति छुपी या दबी हुई सहानुभूति थी न उमा भारती के लिए। सभी इन्हें दंडित करने पर एकमत थे।

मैंने न तब गोंविदाचार्य से पूछा न अब कि विवाह की बात उनने क्यों नहीं मानी ? गोविंद जी ने शूल टांकेश्वर में कुछ पत्रकार मित्रों को बताया कि कोई दस साल पहले यानी सन् इकानवे में वे उमा भारती से विवाह करना चाहते थे। उनने उमा और उनके परिवार तक यह प्रस्ताव एक बड़े-बूढ़े भाजपाई नेता के जरिए पहुंचाया भी था। पर उमा भारती ने विवाह से इनकार कर दिया। कुछ समय बाद उनने संन्यास ले लिया। बात वहीं खत्म हो गई। दस साल में पहली बार गोविंदाचार्य ने सार्वजनिक रूप से स्वीकार किया कि वे उमा भारती से विवाह करना चाहते थे। उनने अब भी यह नहीं कहा है कि उन्हें उमा भारती से प्रेम था और वे भी उन्हें प्यार करती थीं। भारतीय निम्न मध्यवर्गीय पारंपरिक नैतिकता के अनुरूप ही उसका बयान है। मैं चाहता और अब भी चाहूं तो उमा भारती से भी पूछ सकता हूं कि भई, तुमने यह प्रस्ताव क्यों ठुकराया ? किस निराशा या अदृश्य सामाजिक-राजनैतिक दबाव या मजबूरी में संन्यास लिया और बावजूद संन्यास और भगवे कपड़े और पूजा-पाठ और आध्यात्मिकता के किसी भाजपा नेता से अपनी बाली उम्र के प्रेम की इतनी बातें क्यों करती रहती हो। दोनों से नहीं पूछा तो इसका कारण जिज्ञासा और लगाव की कमी नहीं है। मुझे उनके निजी जीवन में झांकने या दखल देने की कोई इच्छा नहीं है। मुझे लगता है कि दोनों ने बहुत पीड़ा व्यथा और अपनी बरबादी भुगती है। यह प्रेम करने का प्रसाद है, इसे न तो कोई छीन सकता है और न कोई इसमें भागेदारी कर सकता है। गोविंदाचार्य चाहें तो वे भी उमा के प्रसाद को बांट नहीं सकते, न उमा भारती गोविंदाचार्य के दग्ध हृदय पर कोई ठंडा लेप लगा सकती हैं।

लेकिन इनकी प्रेम कथा में बहुत कुछ ऐसा अर्थवान है जो हमें अपने मध्यवर्गीय पारंपरिक नैतिक जीवन और राजनैतिक सामाजिक जीवन में ब्रह्मचर्य या मर्यादित विवाहित जीवन के आग्रह को समझने में मदद कर सकता है। जैसे दस साल बाद एकांतवास में होते हुए भी गोविंदाचार्य को पत्रकारों को लगभग बुला कर यह बताना क्यों पड़ा कि उनने कभी उमा भारती से विवाह का प्रस्ताव भिजवाया था और उस पर उनने इनकार कर दिया था ? वे क्यों कहना चाहते हैं कि यह अध्याय खत्म हो गया ? इसे बार-बार क्यों उठाया जाता है ? क्यों मेरे सिले हुए घावों को बार-बार खोला जाता है ? उनने लिखित बयान में कहा–'मेरे बारे में जो चर्चाएं चलीं उन से बेपरवाह रह कर मैं अपना काम करता रहा। बाईस जुलाई को जब जीटीवी ने हमारे विवाह की खबर दी, तो भी मैं चुप रहा। उसने ही इस समाचार का खंडन कर दिया था फिर भी उस समाचार से मैं व्यथित हुआ। संताप से भरा हुआ हूं और

अपराधबोध से ग्रस्त हूं। उसी समय से अपनी बात कहना चाहता था। उन्नीस सौ बानवे से बार-बार मेरे नाम को जोड़ कर उमा जी पर प्रहार किया जाता रहा है। उन्हें शर्मिंदा करने के प्रयास किए जाते रहे हैं। जो बात दस साल पहले खत्म हो गई थी उसे बार-बार उभारा जाना मेरी समझ से परे है।'

गोविंदाचार्य को संताप और अपराधबोध बताने की जरूरत इसलिए नहीं पड़ी कि उनका प्रेम विफल हो गया और इस कारण उमा भारती इतनी उद्विग्न और विचलित रहती हैं कि न संन्यास में आश्वस्त और स्थिर रह पाती हैं न अपनी राजनीति और मंत्रालय में। इसकी जरूरत इसलिए पड़ी कि गए महीने जीटीवी दिन भर खबर देता रहा कि गोविंदाचार्य और उमा भारती ने विवाह कर लिया है। दोनों बंगलूर से विवाह कर के विमान से आ रहे हैं और हमारी कैमरा टीम हवाई अड्डे से आप को बताएगी। मैंने वह खबर नहीं देखी। जो सुना वह बता रहा हूं। मालूम किया तो पता चला कि जीटीवी ने सिर्फ दूसरी चैनलों पर बाजी मारने और अव्वल दिखने के लिए अफवाह पर भरोसा नहीं कर लिया था। उन्हें गोविंदाचार्य के साथ रहने वाले सौ टंच विश्वसनीय सूत्रों से खबर मिली थी और वे लोग जीटीवी को मूर्ख बनाने या टीवी के बाजार में बदनाम करने के इरादे से नहीं बता रहे थे। लेकिन खबर झूठी थी और जब उमा भारती ने जीटीवी की खटिया खड़ी कर देने की धमकी दी तो वह अपनी दी गई खबर को गलत बताने और माफी मांगने पर मजबूर हुआ और जितनी देर और जिस प्रमुखता से खबर दी थी उतनी ही देर और प्रमुखता से खंडन भी दिखाया। जीटीवी की खबर और खंडन आपने सुना होगा तो समझ गए होंगे कि वह उस पर रोपित खबर थी और उसका रोपण उन्हीं ने किया था जो राजनीति के उजले दिनों में गोविंदाचार्य के साथ थे और अब वनवास और एकांतवास में भी उनके निकट और सहयोगी हैं। ऐसा नहीं होता तो जीटीवी झांसे में नहीं आता।

खबर देने और प्रसारित करवाने वाले वही लोग हैं जो उमा भारती को उनके संन्यास और मंत्रालय में और गोविंदाचार्य को अपने राजनीति से वनवास और अध्ययन के एकांतवास में भी शांति से छोड़ देना नहीं चाहते। अगर गोविंद जी कहते हैं कि अध्याय दस साल पहले बंद हो गया और उमा भारती कहती हैं कि वे स्वेच्छा और स्वाभाविक झुकाव से संन्यासिन हुई हैं और अब उनके प्रेम और विवाह करने का कोई प्रश्न ही नहीं उठता तो उनके विवाह की खबर मात्र उनके विरोधियों और यथास्थितिवादियों को उड़ाने की जरूरत कैसे पड़ती ? आखिर यह वही प्रवृत्ति है जो दस साल पहले उनके प्रेम के प्रसंग में खुल कर प्रकट हुई थी। अगर गोविंदाचार्य और उमा भारती के बीच मृत अतीत और इतिहास ही होता तो इस प्रवृत्ति वालों को नए शिकार ढूंढ़ने पड़ते। अगर उमा भारती के अंदर संन्यास लेते ही सब कुछ जल कर खाक हो गया होता तो बद्री-केदार में पेजावर स्वामी के मठ के कमरे में वे अपनी प्रेम कथा को इतना रस ले कर क्यों सुनातीं ? उस में से बहुत कुछ छप गया और विवाद हुआ यह अलग बात है। लेकिन दुष्प्रवृत्ति वाले यथास्थितिवादी अब भी अगर उमा भारती और गोविंदाचार्य के पीछे पड़े हैं तो इसलिए कि इनके बीच वह कोमल प्राणदायी संबंध अब भी है जिसकी मृत्यु और अंत्येष्टि की पुष्टि बार-बार ये दोनों ही करते हैं। जिस दिन बंगलूर से खबर आई कि उनने विवाह कर लिया, वे दोनों बंगलूर में थे। गोविंदाचार्य वनवास और

एकांतवास में क्या कर रहे हैं इसकी पूरी खोज-खबर उमा भारती लेती हैं और खबर रखने वालों की खबर सब को होती है। अगर उमा भारती और गोविंदाचार्य में मधुर, कोमल और प्राणदायी संबंध बावजूद इतनी यातनाओं और प्रपंच के हैं तो यह बिलकुल सहज स्वाभाविक और अपने साधारण मनुष्य होने की आत्मस्वीकृति है और संघ परिवारियों को चाहे जितना आपत्तिजनक लगता हो मुझे तो बहुत अच्छा और दुरुस्त लगता है। विफल होने से प्रेम निरर्थक नहीं हो जाता, उमा भारती-गोविंदाचार्य का हो, आपका हो या मेरा हो। जब तक कोई आपकी सामाजिक-नैतिक धारणाओं और मान्यताओं से बिना समझे-बूझे खिलवाड़ नहीं करता उस के संबंध की निजी पवित्रता में हस्तक्षेप करने का अधिकार किसी को नहीं है। विवाह और स्त्री-पुरुष संबंधों में नैतिकता प्रेम की पवित्रता की रक्षा कर के ही बने रह सकते हैं। उसे नष्ट कर के तो नैतिकता और विवाह नाम की संस्था आत्मघात ही करेगी।

इतना कहने के बाद निवेदन करूं कि संघ परिवार और हिंदुत्व कितना ही आग्रह करे कि हमें पश्चिमी कसौटी से फासीवादी और अतिवादी मत मानिए, हमें भारतीय कसौटी पर परिवार के मूल्यों का रक्षक मानिए—जैसा कि सरसंघ चालक सुदर्शन ने हाल ही किया है। संघ संप्रदाय में भारतीय पारिवारिक मूल्यों से ज्यादा जोर प्रचारक-संगठक और कार्यकर्ता के ब्रह्मचर्य पर दिया जाता है। आखिर संघ संप्रदाय हिंदू धर्म और समाज की अखाड़ा परंपरा से निकला है और इस परंपरा में ब्रह्मचर्य बल का रक्षक और स्त्री से संबंध शारीरिक-मानसिक पतन का कारण माना जाता है। इसलिए प्रेम यहां सहन किया ही नहीं जा सकता। लेकिन गांधी की सेवा तो वैष्णव परंपरा और भक्तिकाल में से निकली है जिसमें कृष्ण की रासलीला और राधा और गोपियों से प्रेम को परम प्रतिष्ठा मिली है। यह सूरदास और दूसरे अष्टछापी कवियों के कारण ही नहीं है। यह भागवत में है जो कि इस्लाम और सूफी परंपरा के भारत पर असर के बहुत पहले का ग्रंथ है। कृष्ण को और किन्हीं कर्मों और बातों के कारण अपमानित और बदनाम होना पड़ा हो—राधा और गोपियों से प्रेम के कारण वे कहीं और कभी बदनाम नहीं किए गए। हमारी परंपरा और लोक जीवन में कृष्ण की यह प्रतिष्ठा और स्वीकृति पूरी तरह उपस्थित है। फिर भी मोहनदास करमचंद गांधी ने ब्रह्मचर्य लिया और कार्यकर्ता के ग्यारह व्रतों में ब्रह्मचर्य को भी शामिल किया। वे स्वयं गृहस्थ थे और हरिजन-सवर्ण विवाह में आशीर्वाद देने जाते थे। उनके यहां गृहस्थ धर्म का स्वीकार है। ब्रह्मचर्य उनके अर्थ में संयम और अपने सहचर या सहचारिणी के प्रति वफादारी और निष्ठा और सम्मान की कसौटी है। इस के बावजूद ब्रह्मचर्य का आग्रह तो है ही। हमारी परंपरा में दोनों हैं—प्रेम और गृहस्थ धर्म और ब्रह्मचर्य की प्रतिष्ठा। गांधी दोनों को मानते थे इसलिए वे दक्षिण अफ्रीका से भारत आने के कुछ ही बरसों में घर-घर में बस गए। संघ संप्रदाय अखाड़ा परंपरा के कारण भारत के वृहतर समाज में पचहत्तर साल के बावजूद अस्वीकार और आशंका की नजर से देखा जाता है।

उमा भारती और गोविंदाचार्य को हम उनके प्रेम, संताप और अपराधबोध में अकेला छोड़ दें और सोचें कि हम भारतीय मनुष्य और समाज का क्या कर रहे हैं—संदर्भ उनका ले सकते हैं।

(26.8.2001)

लालू की जेल में

जो अब जयप्रकाश नारायण अंतरराष्ट्रीय हवाई अड्डा हो गया है उस पर उतरने और पटने की ओर जाते हुए राय साब ने कही दिया था—और हां बेउर जेल भी जाना है। भाई लोग समझे थे कि वे मजाक कर रहे हैं। लेकिन यह मजाक नहीं था। हम लोग सचमुच ही बेउर जेल जाना चाहते थे। इसलिए शाम का कार्यक्रम पूरा होने के बाद जब हम बैठे गप कर रहे थे तब सुरेंद्र किशोर उर्फ सुरेंद्र जी से कहा गया सर, उनको फुनवा किया जाएगा ना। उनको से मतलब जेपी आंदोलन के एक पुराने साथी से था जो अब मंत्री हो गए हैं और जिनके बारे में माना जाता है कि वे चाहें तो कभी भी बेउर जेल ले जा कर लालू से मिला सकते हैं। जब हम लोग चाय पी रहे थे तब सुरेंद्र जी और श्रीकांतजी फोन करने चले गए थे। लौट कर उनने कहा—तो चला जाए। यानी वे मंत्री जी से तय कर के आ गए थे।

मंत्री जी का घर दिल्ली के या पंजाब-हरियाणा के मंत्रियों के घर की तरह चकाचक और सजा-धजा नहीं था। उनने जो आवभगत की उसमें भी मंत्री होने की शान नहीं थी। उमर भर आरएसएस में रह कर अब मंत्री हुए दिल्ली के कई मंत्री उन से ज्यादा शान-शौकत और रुतबे में रहते हैं। उनके घर की अराजकता जरूर खटकी लेकिन संतोष भी हुआ कि एक जन्मजात समाजवादी का फक्कड़पन बरकरार है और इतने साल के राजनैतिक जीवन और मंत्री पद ने उन्हें चिकना चुपड़ा और राजपाट करने वाला मंत्री नहीं बनाया है। उनके साथ बेउर जेल पहुंचे तो वहां तैनात होमगार्ड के जवानों जैसे दिखने वाले पुलिसवालों ने सलाम जरूर ठोंका लेकिन हमारे मित्र मंत्री ने रौबदाब नहीं दिखाया। बाहर ही एक सज्जन स्वागत करते मिल गए थे जो बताया गया कि लालूजी के साला हैं। एक के बाद एक तीन दरवाजे खुले और हम जेल के अंदर आ गए जो एक नजर में किसी स्कूल या बड़ी संस्था की तरह दिखी। हम लोग आ रहे हैं इसकी जानकारी जेल वालों को ही नहीं लालू को भी थी। बाएं हाथ पर दुमंजिला बने अस्पताल में गहमागहमी किसी कस्बे के सर्किट हाउस जैसी थी जहां आ कर कोई मुख्यमंत्री ठहरा हो। उस के आगे बगीचा बनाने की कोशिश की गई थी जो निश्चित ही पुश्तैनी मालियों की देखरेख में नहीं कैदियों की सजा काटने की मशक्कत में बना था। बीच के रास्ते से दाहीनी ओर अमरूद के कुछ मरियल पेड़ों और क्यारियों के बीच ओटले जैसी बनी जगह पर बैठने का इंतजाम था।

लालू लुंगी और सैंडो बनिया में थे और निश्चित ही काफी प्रसन्न और आत्मीय लग रहे थे। राय साब जेपी आंदोलन में उन से सीनियर छात्र नेता थे। अपने से एक तरह की सम्मानजनक दूरी पहले भी थी और अब भी है। लालू बड़े तपाक से मिले और क्यारियों के बीच बैठने की

जगह तक ले गए। वहां प्लास्टिक कुर्सियों के बीच एक मेज रख दी गई थी। ले जाते हुए लालू ने राय साब को उलाहना दिया—मीसा नाम तो आप का ही रखा हुआ है और आप ही उसकी शादी में नहीं आए। राय साब ने आदतन कोई जवाब नहीं दिया न शिष्टाचार में खुलासा किया कि वे आ क्यों नहीं सके। मीसा भारती आप जानते हैं लालू की बड़ी लड़की है जिसकी शादी पिछले साल देश के मीडिया की सुर्खियों में हुई थी। बैठ चुकने के बाद मैंने नोटिस किया कि लालू की भुजाओं का मांस ढीला हो कर लटकने लगा है और पेट आगे आ गया है। कोई चुपके से आ कर उन्हें तम्बाकू की चुटकी दे गया जिसे उनने मुंह के कोने में दबा लिया। उनकी कुर्सी की बगल में एक पीकदान रखा था।

लालू काफी संतोष से इस देश की जनता की न्यायप्रियता का बखान करते रहे। उनकी बातों से लगा कि उनके बीच सीबीआई ने जो किया है और उन्हें जो जेल भेजा गया है उससे जनता नाराज है। लोग मानते हैं कि हमें फंसाया गया है। वो किंग महेंद्र हमसे मिलने आए थे जिनको हमने राज्यसभा का टिकट दिया है। उनका ग्रैंड सन बंबई के उस बड़े स्कूल में पढ़ता है। क्या नाम है बाबा उस स्कूल का ? तो जो हो, वे कह रहे थे कि उनका ग्रैंड सन और उस के साथ के बड़े एलीट घरों के बच्चे कहते हैं कि लालूजी के साथ टू मच हुआ है। ये नहीं होना चाहिए। तो जब इस देश के एलीट के घरों में भी लगने लगे कि हमारे साथ अन्याय हो रहा है तो भई ये एलीट तो हमारे खिलाफ है। जब उसी को लग रहा है कि हमारे साथ ज्यादती हो रही है तो गरीब-गुरबा तो पहले ही मानता है ना ! लालू बहुत मजा ले-ले कर बताते रहे कि उनके साथ क्या-क्या हुआ है और वे किस तरह उनको फिनिश किए जाने का बेटल लड़ रहे हैं। वे परेशान कतई नहीं थे और मुझे लग रहा था कि यह एक ऐसे आदमी का बतियाना है जो अपनी हालत को इंजॉय करना जानता है और यह भी मानता है कि सारी जेल का फोकस वही है। बीच-बीच में लोग आते थे और उनके कान में कुछ कह जाते थे। वे भी अपने खांटी बिहारी ढंग से हुकम चलाते और बतियाते जा रहे थे। जेल से बाहर निकल आने की उन्हें क्या उम्मीद है इसका कोई साफ और दो टूक जवाब उनने नहीं दिया।

जहां हम बैठे बात कर रहे थे उनके सामने ही एक गोलाकार में एक मूर्ति लगी हुई थी। उस के बाद मैदान था और फिर स्कूल जैसी दिखती तीन दुमंजिला इमारतें खड़ी थीं। मैंने पूछा कि वे कैदियों के रहने के बैरक होंगे तो लालू उठ खड़े हुए। उनने हुकुम दे कर टार्च मंगवाई और हमें जेल दिखाने ले चले। उन्होंने बताया कि गोलाकार में बुद्ध की मूर्ति है। हमीं ने लगवाई है। पिछली बार आए तो हमें लगा कि यहां बुद्ध की मूर्ति होनी चाहिए। बुद्ध का बायां हाथ आगे था। लालू ने कहा कि आशीर्वाद तो लेकिन दाहिने हाथ से दिया जाता है ना ! फिर पास जा कर मूर्ति को देखा और कहा कि आशीर्वाद नहीं दे रहे हैं। देखिए अंगूठे पर पहली उंगली रखी हुई है। लगता है योग में ध्यान कर रहे हैं। वहां से बाहर आए तो इतनी भीड़ हो गई थी कि चलने लगे तो जुलूस ही बन गया। आगे बंदूकें लिए पुलिसवाले थे और पीछे जनता। पता नहीं कितने कैदी थे और कितने मिलने-जुलने वाले। एक टॉवर पर बड़े-बड़े सर्चलाइट लगे थे पर जल नहीं रहे थे। लालू ने कहा कि वोल्टेज ही इतना नहीं कि ये जल सकें। खाली मैदान पार कर के वे हमें दो बैरकों के बीच ले गए। वहां कैदियों की भीड़ जुट गई थी। पूछा

कि ये लोग सजायाफ्ता हैं या अंडर ट्रायल। लालू ने जवान लड़कों के चेहरों पर टार्च घुमा कर कहा—ये तो अंडर ट्रायल होंगे। लेकिन दोनों हैं सजायाफ्ता भी होंगे।

फिर लालू टार्च से एक चबूतरा दिखाने लगे। वे इन्हीं लोगों ने बनाया है। बीच में शिव जी हैं। ये जो पीपल देख रहे हैं यह भी इन्हीं ने लगाया है। ये लोग यहां पूजा-पाठ करते हैं।

भीड़ इतनी बढ़ गई कि बंदूकधारी पुलिस घुड़का कर लोगों को हटाने लगी। लालू ने उन्हें रोका—क्यों गरिया रहे हैं। जब हम हैं तो संभालेंगे। आप क्यों टूटे पड़ रहे हैं। हटिए अलग। पुलिस वाले हट गए। लालू को ठीक नहीं लगा कि उनके होते हुए पुलिस वाले कैदियों पर रौब गांठें। लोगों के साथ जो करना है हम करेंगे। पुलिस जोर क्यों दिखाएं ? हम कहें तो दिखाएं। कैदियों से मिलाते हुए लालू हमें एक बैरक में ले गए। पक्के बने ऊंचे ओटलों पर वे अपने बिस्तर लगाए हुए थे। एक ब्लैक एंड व्हाइट टीवी चल रहा था। एक कोने में देवी-देवताओं की कई तस्वीरें लगी थीं। ऊपर एक पंखा चल रहा था। लालू ने कहा कि ये लोग यहां पूजा करते हैं। उधर वो बाथरूम निकल जाता है। छत पर टार्च घुमा कर लालू ने पूछा कि क्यों जाला वाला क्यों नहीं साफ होता है। लालू का व्यवहार जेल के वार्डन जैसा भी था और शाला के हेडमास्टर जैसा भी। दोनों की तरह ही वे हमें बैरक दिखा भी रहे थे। किसी कैदी को घुड़काते थे, किसी से बतियाते थे और उनके बीच ऐसे ही घूमते थे जैसे जेल वही चला रहे हों। बैरकों से निकल कर मैदान पार करते हुए उनने बताया कि महिलाओं का वार्ड उधर अलग है। यहां तीन चार हजार कैदी होंगे। पूछा कि जेपी आंदोलन और इमरजंसी में वे यहीं थे ? कहा कि नहीं वो जेल अलग है। तब ये बनी ही नहीं थी।

बुद्ध की मूर्ति के परकोटे के बाहर कुछ बूढ़े और बीमार कैदी बैठे थे। लालू ने पूछा कि ये यहां क्यों बैठे हैं जी ! कई लोगों ने एक साथ कहा कि इन्हें आई जी ने बुलाया है। तो उठिए जाइए उनके पास। हमीं ने उन से कहा है कि आपका मामला देखें। कैदी उठ के हाथ जोड़ के खड़े हो गए। लालू ने उन्हें कहा कि वहां बात करो। छोड़ देंगे। फिर उन्हें लगा कि एक कैदी बिलकुल बहरा है तो हाथ के अभिनय से उसे कहा कि ये जंजीर कट जाएगी और जेल से छूट जाओगे। जाओ और बाहर बात करो। बैरक में जवान और बाहर इन बूढ़े कैदियों से बात करते लालू को देख कर लगा नहीं कि वे जेल में कैदियों के बीच हैं। उनके ढंग से लगा कि बिहार में कहीं भी जैसे वे लोगों से बात कर रहे हों। हमें बता रहे हों कि जैसे देखो ये मेरे लोग हैं और इनसे ऐसा मेरा संबंध है। और जेल के कैदी भी उन से ऐसे बरताव नहीं कर रहे थे जैसे वे कैदी हों। लालू उनके लिए सदाबहार नेता हैं और कोई फर्क नहीं पड़ता कि वे जेल में हों कि मुख्यमंत्री न हों कि उन पर आय से ज्यादा संपत्ति बनाने का मुकदमा चलने वाला हो।

हम फिर वहीं आ कर बैठ गए जहां पहले बैठे थे। मेज पर एक प्लेट में अंगूर, एक में संतरे की फांकें और एक में कटे हुए सेब आ गए थे। लालू ने बहुत आग्रह कर के फल खाने को कहा और नींबू की चाय का आर्डर दिया जैसे किसी पांच तारा होटल में कोई उद्योगपति आप को चाय पिलाने ले गया हो। लालू बहुत मजे में थे और अपने बारे में बता रहे थे कि वे कैसे निरीह प्राणी हैं। देखिए पत्नी राबड़ी देवी को सत्ता में बैठा कर हम यहां जेल काट रहे हैं। वो तो अदालत की मेहरबानी है कि हमें यहां जेल भेज दिया और राबड़ी को जमानत दे

दी। कहीं दोनों को जेल भेज देते तो सेपरेशन हो जाता। हम यहां इस जेल में और वो वहां औरतों की जेल में। राबड़ी देवी की लालू ने दिल खोल कर तारीफ की और साबित किया कि वो कितनी बड़ी उनकी ताकत हैं। यह फर्क करना मुश्किल था कि वे एक कार्यकर्ता की प्रशंसा कर रहे हैं या पत्नी के प्रति उनका आभार ज्ञापित कर रहे हैं। बाहर आ कर राजनीति करने की बात पर लगा कि जैसे अब वे अपने प्रति लोगों में उमड़ी सहानुभूति को पूरे समाज में भुनाना चाहते हैं। वे हमें कहते रहे कि हम पहल करें तो वे एक कार्यकर्ता की तरह मदद करेंगे। नई आर्थिक नीति से गांव बरबाद हो रहे हैं। काम धंधे चौपट हो गए हैं। खेती मारी जा रही है। लोग कहां जाएंगे। गरीब तो भूखों मर जाएंगे। ये नीति तो बदलनी पड़ेगी। आप लोग आगे आइए, कोआर्डिनेट करिए, सब को मिलाइए तो दिल्ली में मजबूत सरकार बन सकती है जो अमेरिका की सुनने के बजाय अपने देश के गरीब गुरबों की सुनेगी। ऐसी सरकार ही बाहर की ताकतों को ठेंगा बता सकती है। लालू की जिज्ञासा चार भूतपूर्व प्रधानमंत्रियों की बैठकों में भी थी। वे चाहते थे कि हम उनमें से किसी एक को तय कर लें। वह बीच तालाब में धुरी पकड़ कर खड़ा हो जाए तो हम तो तैर कर घूम-घूम चक्कर लगाते हुए उस के पास पहुंच कर उसकी ताकत बढ़ाएंगे। हाथ मजबूत करेंगे।

लालू चाहते थे कि हम वह कमरा देख लें जहां वे रहते हैं। वे हमें अस्पताल की उस इमारत में ले गए। पहले उस कमरे में जहां पिछली बार उनके साथ जगन्नाथ मिश्र को भी रखा गया था। लालू ने वह जगह बताई जहां उनने कहा कि जगन्नाथ मिश्र दिन भर बैठ कर पूजा किया करते थे। हाथ से अभिनय कर के बताया कि घंटी बजाया करते थे। फिर वे अपने कमरे में ले गए। साफ-सुथरा, बड़ा और ठीक से जमा हुआ था। एक बड़ा डबल बेड लगभग बीच में रखा था। कोने में रखी टेबल पर कुछ देवी-देवताओं की तस्वीरें थीं। एक छोटा टीवी सेट था। दो बड़ी टेबलों पर फलों के ढेर लगे थे। अंगूर, सेब, पपीता, संतरे और जाने क्या-क्या। लालू ने कहा कि रोज लोग मिलने आते हैं और दे जाते हैं। हम उन से ऐसे बात बनाते हैं कि दूसरे दिन ज्यादा लाएं। फिर सब फल हम कैदियों में बंटवा देते हैं। हम ऐसे गंगा के बालू को गीला कर के उस पर घड़ा रख लेते हैं। ये पानी ठंडा। पियो तो सीधे पेट में जाता है। फ्रीज का पानी गले में अटक जाता है।

बाहर छोड़ने जाते हुए लालू ने कहा कि जैसा राजाओं का किला हुआ करता था ना, ऊंची-ऊंची दीवारें और तालाब और सेना और पुलिस वाले वैसा ही अपना यह किला है। मजे में राजा की तरह रहता हूं। दरवाजे के पास बहुत सा कबाड़ पड़ा हुआ था। लालू ने पुलिस वालों और जेल प्रशसन को डांटना शुरू कर दिया कि अब तक यह हटाया क्यों नहीं गया। लालू का सत्ता बोध और गहरा होने के अभिनय की प्रतीति सर्वव्यापी है। वे हमारे संस्कृत नाटकों के राजा हैं और विदूषक भी। दोनों एक साथ।

(16.4.2000)

ज्योतिरादित्य सिंधिया

ज्योतिरादित्य का लोकतांत्रिक उत्तराधिकरण

ज्योतिरादित्य को अपन नहीं जानते। उनके ब्याह में माधवराव जी ने बुलाया था तो सपत्नी गए थे। नई दिल्ली के अशोक होटल में जो भव्य स्वागत समारोह हुआ था उसमें भी गए थे। डेढ़ किलोमीटर दूर गाड़ी पार्क करनी पड़ी थी। समारोह में जानने वाले इतने लोग थे कि रोशनी से चौंधियाते मंच पर इतने कैमरों के समाने जाने से बचा जा सकता था। माधवराव और उनकी पत्नी और उनके समधी गायकवाड़ और उनकी पत्नी बधाई देने वालों को वर-वधू से मिलाने में इतने व्यस्त थे कि नीचे आ कर संकोची लोगों को आशीर्वाद देने ले जाने का समय ही उनके पास नहीं था। इसलिए अपन संकोच की आसानी से रक्षा कर गए। उस रात की यही याद है कि रूमाली रोटी में लपेट कर चिकन कबाब हरी चटनी से लगा-लगा कर खाया था। होलकर राज में बचपन बीता है इसलिए ग्वालियर और बड़ौदा घराने की पृष्ठभूमि में इस विवाह को समझ सकते थे। विवाह और स्वागत समारोह में राजघरानों, उद्योग और व्यापार घरानों और राजनेताओं और उनके कार्यकर्ताओं, खेल संगठनों और देश के बड़े और नामी क्लबों में आने-जाने वाले लोगों की भीड़ वहां ठीक ही उमड़ी पड़ रही थी। ग्वालियर और बड़ौदा राजघरानों की जीवन शैली के अनुरूप ही सब हो रहा था। तीस-चालीस साल पहले ऐसे समारोह और ऐसी भीड़ में जाना भी अपने को घबरा देता। लेकिन अब अपन निस्पृह दर्शक भाव से ऐसे समारोह में जा कर हाथ झटकारते हुए वापस आ सकते हैं।

दूसरा मौका उस दिन हवाई अड्डे के लाउंज में लगा था। हम यानी भेनजी और मैं मुंबई जा रहे थे, पहली बार अपने बड़े बेटे के घर अपने पोते और बहू की खोज खबर लेने। तभी वहां राजमाता भी दिखीं और भेनजी उन से जा कर मिलीं। मैं भी गया। उन्हें खबर लगी थी कि ज्योतिरादित्य को लड़का हुआ है यानी राजमाता को परपोता। 'और हालांकि भैया ने उसे देखने को बुलाया तो नहीं है। पर मैं जा रही हूं। आखिर परपोता तो मेरा है'—राजमाता ने बड़ी खुशी से कहा था। विमान में बैठते हुए भेनजी ने कहा—'देखो तुम्हारे माधवराव जी को ! राजमाता को खबर तक नहीं की। लेकिन मां है कि जा रही है।' मुंबई उतरने के बाद भेनजी राजमाता के साथ ज्योतिरादित्य के बेटे को देखने जा सकती थीं। वह तो मैंने मनाया कि हम पहले अपने बेटे के घर चलें। मां-बेटे यानी राजमाता और माधवराव सिंधिया के झगड़े में हमें नहीं पड़ना था। हमारे एक्सप्रेस के ड्राइवर ने मुंबई के हाजी अली के समुद्र किनारे एक गगनचुंबी इमारत दिखा कर कहा था कि इस के पेन्ट हाउस में ज्योतिरादित्य रहता है। हमने सुन लिया। उसने यह भी बताया कि वहां से इस मंदिर के पास तक सिंधिया प्रापर्टी है। वह ड्राइवर राजमाता की सेवा में रहा करता था जब कभी वे एक्सप्रेस टॉवर के पेन्ट हाउस में रुकती थीं। इस यात्रा में भी ज्योतिरादित्य से हमारा मिलना नहीं हुआ। सुना कि वह पिता

के व्यापारिक संस्थानों को देखता है और कोई फाइनेंस कंपनी चलाता है। नसली वाडिया से पूछ सकते थे कि वह क्या करता है। नसली माधवराव जी को उनके घर के नाम भैया से ही बुलाते थे।

फिर गुना में पिछले लोकसभा चुनाव के दौरान एक दिन माधवराव जी के साथ बिताया था और रात उनके साथ उनकी रियासत की पुरानी इमारत में भोजन भी किया था। लेकिन वहां भी ज्योतिरादित्य या उनकी मां या बहन नहीं थीं। ग्वालियर घराने के कारिंदे ही थे। सन् छियानवे का चुनाव वे कांग्रेस से बाहर निकल कर ग्वालियर से लड़े थे। तब उनके चुनाव में ज्योतिरादित्य और उनकी बहन जोर-शोर से लगे थे। तब भी एक दिन उस चुनाव क्षेत्र में अपन ने माधवराव जी के साथ बिताया था। लेकिन तब भी ज्योतिरादित्य से अपनी मुठभेड़ नहीं हुई। यानी माधवराव सिंधिया के राजनैतिक इलाके और उनके चुनाव अभियान में आते-जाते हुए भी कोई अपनी तरफ से खास कोशिश न करता तो ज्योतिरादित्य से मिलना जरूरी नहीं होता। औरंगजेब रोड पर माधवराव जी के घर भी जाना अनगिनत बार हुआ होगा लेकिन वहां भी उन से मिलना नहीं हुआ। ज्योतिरादित्य निश्चित ही माधवराव जी के निजी और पारिवारिक इलाके में रहते थे और आप अगर उनकी निजी और पारिवारिक मित्र मंडली में न हों तो यह कतई जरूरी नहीं था कि पुत्र से भी आपकी मुलाकात हो ही जाए। माधवराव जी के निजी और पारिवारिक आत्मीय होने का न कभी अवसर आया न कभी इच्छा हुई। उनके राजनीति और अपने पत्रकारिता में होते हुए भी और इतने मेल मुलाकात के बावजूद उन से अपनी दुनिया अलग थी। लेकिन ज्योतिरादित्य की दुनिया भी वही नहीं थी जो माधवराव जी की थी। ज्योतिरादित्य के जनमने और बड़े होने के समय राजघरानों का वह तिलिस्म नहीं रह गया था जो माधवराव के जनमने और बड़े होने के जमाने में था।

इसलिए ज्योतिरादित्य के राजतिलक और महाराजा बनने और ग्वालियर राजघराने के माधवराव सिंधिया के हिस्से की धरोहर के मालिक होने की बात तो मेरी समझ में आती है क्योंकि इस सब का वारिस तो बेटा हो सकता है। लेकिन पिछले सोमवार को उन्हें जिस तरह दस जनपथ ले जाया गया और खुद कांग्रेस अध्यक्ष सोनिया गांधी ने उन्हें जिस तरह कांग्रेस में भरती किया और शाम को जिस गाजे-बाजे और तामझाम के साथ उनके कांग्रेस में आने की औपचारिक घोषणा हुई और समारोह मना वह पिछले पच्चीस साल से कांग्रेस का चरित्र जानते हुए भी मुझे बड़ा अटपटा लगता है। सही है कि इतने वर्षों से कांग्रेस नेहरू-गांधी वंश के इतनी अधीन हो गई है कि कांग्रेस का राज इसी वंश का राज कहलाने लगा और आजादी के बाद भारत का नया लोकतांत्रिक राजवंश नेहरू-गांधी का ही हो गया। नेहरू के दो साल बाद उनकी बेटी इंदिरा गांधी प्रधानमंत्री हुईं और सब जानते हैं कि इंदिरा जी अपने छोटे बेटे को तैयार कर रही थीं। संजय को अपनी राजनीति में उनने बड़ी भूमिका दी थी और कोई छह साल तक वे उनकी राजनीति चलाते रहे। इंदिरा गांधी ने पहले आजादी के आंदोलन में और फिर प्रधानमंत्री नेहरू का घरबार देखने और कांग्रेस पार्टी चलाने में सेवा और राजनीति का अच्छा अनुभव पाया था। फिर भी अपने दम पर तो प्रधानमंत्री नहीं बनी थीं। जवाहरलाल नेहरू की बेटी होने और कांग्रेस अध्यक्ष रहने ने उन्हें लालबहादुर शास्त्री के बाद प्रधानमंत्री होने में बेहद मदद की थी। यह बात अलग है कि असली सत्ता उनने सन् उनहत्तर में कांग्रेस

को तोड़ के और इकहत्तर का चुनाव अपने बूते जीत कर प्राप्त की थी। संजय ने इंदिरा गांधी की तुलना में बहुत कम राजनैतिक काम किया था और जिसे अपने यहां देश सेवा कहा जाता है वह तो की ही नहीं थी। फिर भी सब जानते थे कि इंदिरा गांधी की सत्ता अगर कोई चलाता है और उस पर स्वयं इंदिरा गांधी किसी का हक मानती हैं तो वह संजय गांधी हैं और वही उनके उत्तराधिकारी होंगे। यह भी कहा जा सकता है कि संजय इंदिरा गांधी के साथ राजनीति में बहुत सक्रिय थे और उनका बहुत सा राजनैतिक कार्य और उठापटक और जोड़-तोड़ वही किया करते थे। यानी पुत्र होने के अलावा वे राजनैतिक कार्यकर्ता भी थे और उनकी तरफ से सत्ता का इस्तेमाल भी करते थे। इसलिए इंदिरा गांधी के बाद वे अगर प्रधानमंत्री होते तो सिर्फ पुत्र होने के कारण नहीं होते जिस तरह कि इंदिरा जी भी सिर्फ पुत्री होने के कारण नहीं हुई थीं। यह उत्तराधिकरण जरूर था पर उत्तराधिकारी उन्हीं सब क्षेत्रों में खुद भी इतना सक्रिय था कि वह परंपरा का स्वाभाविक निर्वहन भी माना जा सके।

लेकिन मृत्यु ने संजय गांधी को मौका नहीं दिया। मौका दिया राजीव गांधी को जिनमें राजनीति और सत्ता की नेहरू-इंदिरा गांधी परंपरा का स्वाभाविक निर्वहन नहीं होता था। राजीव को संजय की अकाल मृत्यु के बाद इंदिरा गांधी ने अपना सहायक जरूर बनाया था और वे सांसद भी हो गए थे। लेकिन इकतीस अक्तूबर चौरासी के दिन जब इंदिरा गांधी की उन्हीं के अंगरक्षक ने हत्या कर दी तो राजीव गांधी अपनी माता के पुत्र ही ज्यादा थे, उनकी परंपरा के स्वाभाविक निर्वाहक नहीं। इसलिए इंदिरा गांधी से राजीव गांधी का उत्तराधिकरण हुआ। यह नेहरू से इंदिरा गांधी तक सत्ता आने की लोकतांत्रिक परंपरा का निर्वहन नहीं था। पूरी और सच्ची लोकतांत्रिकता तो नेहरू से इंदिरा में भी नहीं थी क्योंकि अगर वे बेटी नहीं होतीं तो उन्हें वे सब अवसर और वह अनुभव भी नहीं मिलता जो उन्हें परंपरा का निर्वाहक बनाने में मददगार हुआ। फिर भी आप कह सकते हैं कि इंदिरा गांधी में देश सेवा और राजनीति करने और सत्ता चलाने की अपनी स्वतंत्र क्षमता और अधिकारिकता थी और वे उसे नेहरू के रहते साबित कर चुकी थीं। राजीव गांधी के बारे में यह नहीं कहा जा सकता। स्वतंत्र क्षमता और अधिकारिकता सिद्ध करने का मौका उन्हें सन् इकानबे में मिल सकता था। लेकिन अकाल मृत्यु ने उन्हें यह मौका नहीं दिया। उनकी पत्नी सोनिया गांधी तो इसमें कोई शक ही नहीं कि इंदिरा जी की बहू और राजीव गांधी की पत्नी होने के कारण ही अपने देश के सार्वजनिक और राजनैतिक जीवन में वह जगह पा सकी हैं जो आज उन्हें प्राप्त है। अगर देश भर के कांग्रेसी अपनी पार्टी को नेहरू-गांधी परिवार की रियासत न मानते होते और उसे एक राजवंश का दर्जा न दिए होते तो सोनिया गांधी कांग्रेस अध्यक्ष नहीं हो सकती थीं। इसे आप चाहे जितना दुर्भाग्यपूर्ण कहें लेकिन वास्तविकता यही है कि भारत के आजादी के आंदोलन की अगुवाई करने वाली लोकतंत्र की मातृ संस्था सन् सत्तर के बाद से लोकतांत्रिक राजशाही की संस्था और हथियार बन गई है। अगर आज हम अपनी राजनीति में लोकवादी प्रयोजनशीलता नहीं पाते हैं और हमारी सभी राजनैतिक पार्टियां विघटन की शिकार हैं और हमारे नेता राजा-महाराजा और जमींदारों की तरह रहते और बरताव करते दिखते हैं तो उसका दोष कांग्रेस के एक रियासत में परिवर्तित हो जाने पर है।

अब देखिए कि ज्योतिरादित्य माधवराव सिंधिया की संपत्ति के उत्तराधिकारी उनके एक मात्र पुत्र होने के कारण तो जरूर हैं। अगर सिंधिया घराना ग्वालियर का राजघराना रहा है और भले ही अब ग्वालियर राज्य न रहा हो और हमारे लोकतांत्रिक गणराज्य में राज्यों के मालिक तो उनमें रहने वाले लोग हो गए हों लेकिन सिंधिया वंश में पिता के बाद पुत्र राजा होते हों, तो उस परंपरा को वह घराना अब भी चला सकता है और ज्योतिरादित्य ग्वालियर के राजा कहला सकते हैं। लेकिन लोकतंत्र में प्रतिनिधित्व का उत्तराधिकार पुत्र होने से नहीं मिलता। प्रत्येक प्रतिनिधि को अपना प्रतिनिधित्व वोटरों का विश्वास प्राप्त कर के कमाना पड़ता है और वह तभी तक प्रतिनिधि रह सकता है जब तक अपने लोगों की आशा आकांक्षाओं के अनुरूप काम कर के उनका विश्वास बनाए रख सकता हो। लोकतंत्र में प्रतिनिधित्व का पिता से पुत्र को उत्तराधिकरण नहीं हो सकता। अब बेचारे ज्योतिरादित्य दून स्कूल में पढ़े और आगे की शिक्षा पाने के लिए अमेरिका भेजे गए। वहां उनने हारवर्ड विश्वविद्यालय से स्नातक की डिग्री ली और स्टेनफर्ड विश्वविद्यालय से प्रबंधन सीखा यानी एमबीए किया। जिस भारत में वे लौटे वह समाजवाद का रास्ता छोड़ कर पूंजीवाद के रास्ते पर चल निकला था इसलिए वे घराने के औद्योगिक व्यापारिक हितों को देखने लगे और उनने अपनी अलग फाइनेंस कंपनी खोल ली। अपने घराने की परंपरा के अनुसार एक राजघराने में पिता का करवाया विवाह कर लिया। बाप बन गए। पिता के चुनाव में काम करने की जरूरत भी इसलिए पड़ी कि उनके हवाला में शामिल होने के संदेश में नरसिंह राव ने उन्हें मंत्री पद नहीं दिया और यह भी संभावना थी कि उन्हें कांग्रेस का टिकट ही न मिले इसलिए वे कांग्रेस से अलग हो कर स्वतंत्र लड़ रहे थे और ग्वालियर घराने के राजा होने के नाते ही जीत सकते थे। उस चुनाव में काम करने के बाद वे फिर अपना काम देखने मुंबई चले गए। माधवराव सिंधिया के लोकतांत्रिक कार्य और प्रतिनिधित्व में उनकी कोई भूमिका नहीं थी। इसलिए वे उस के उत्तराधिकारी भी नहीं हो सकते थे।

लेकिन मजा देखिए कि कांग्रेस अध्यक्ष सोनिया गांधी ने खुद उन्हें कांग्रेस की सदस्यता दी। दस जनपथ में ही अपनी माता, पत्नी और बहन के साथ आ कर ज्योतिरादित्य ने सदस्यता का फार्म भरा। उन्हें सदस्यता दिलवाने मध्य प्रदेश के मुख्यमंत्री दिग्विजय सिंह आए जो लोकतांत्रिक राजनीति के उस्ताद हैं और दो कार्यकाल अपने बूते पर पूरे कर रहे हैं। अर्जुन सिंह, श्यामाचरण शुक्ल और मोतीलाल वोरा आए जो तीनों मध्य प्रदेश के मुख्यमंत्री, केंद्रीय मंत्री, राज्यपाल और सांसद रह चुके हैं और जिनके बाल लोकतांत्रिक राजनीति में सफेद हुए और उड़े हैं। कमलनाथ और नटवरसिंह थे जो बरसों से सांसद हैं और केंद्रीय मंत्री रहे हैं। ये सब ज्योतिरादित्य को दस जनपथ वैसे ही ले गए जैसे दो महीने पहले ग्वालियर घराने के दरबारी उनके राजतिलक के लिए ले के गए थे। राजशाही के अनुसार जैसा उनका राजतिलक हुआ वैसे ही माधवराव सिंधिया की लोकतांत्रिक राजनीति उनके बेटे को थाली में रख कर दी गई। कांग्रेस इसी तरह चलेगी और इसी तरह अपने लोकतंत्र को चलाएगी। मंजूर है ?

(3.12.2001)

आरएनजी

रामनाथ जी होते तो उन पर लिखने की इच्छा और जरूरत तो इतनी ही होती लेकिन न मैं लिखता न इस अखबार में यहां यह छपता।

सिएटल, अमेरिका में जेपी गुर्दों का इलाज करवा के लौटे और बंबई हवाई अड्डे पर उतरे। आरएनजी (यानी रामनाथ गोयनका) उन्हें वील चेयर पर बैठा कर लाउंज की तरफ ला रहे थे। अखबारों के फोटोग्राफरों को वही एक दृश्य मिला फोटू खींचने के लिए। इंडियन एक्सप्रेस के फोटोग्राफर के पास भी जेपी के स्वदेश लौटने का वही एक अच्छा फोटू था और वही छपा। लेकिन उसी के साथ यह आशंका भी ठंडी लहर की तरह एक्सप्रेस में फैल गई कि आज उस फोटोग्राफर की खैर नहीं है। बीमार गाड़ी पर बैठे जेपी के पीछे आएएनजी खड़े थे और उनको साफ पहचाना जा सकता था। आरएनजी को यह कतई पसंद नहीं था कि उनके अखबारों में फोटू छपे। जेपी के साथ अपने ही अखबार में अपना फोटू छपा देख कर उनके गुस्से का पारा थर्मामीटर तोड़ कर बाहर आएगा और फिर क्या होगा कौन जाने।

जो आरएनजी को जानते थे और उनके विस्फोटक गुस्से में होते हुए भी उन से बात कर सकते थे उन्हें सुझाया गया कि वे कहें कि इसमें बेचारे फोटोग्राफर या समाचार संपादक की कोई गलती नहीं है। चूंकि वे खुद बीमार गाड़ी चलाते हुए ला रहे थे इसलिए ऐसा कोई कोण नहीं था जिस से उन्हें हटा कर जेपी का फोटू लिया जा सके। जो छपा है वही सबसे अच्छा फोटू था और इसीलिए छपा है इसलिए नहीं कि उसमें आरएनजी दिख रहे थे। एक यही दलील उनके सामने चल सकती थी कि जो किया गया है पत्रकारीय कसौटी पर वही सबसे उपयुक्त था और इसीलिए किया गया। बहरहाल इस के पहले कि फोटोग्राफर का कुछ होता आरएनजी को वस्तुस्थिति बतला दी गई फिर भी उन्होंने कहा कि उनकी नाराजगी फोटोग्राफर, समाचार संपादक और स्थानीय संपादक को बता दी जाए।

और कोई अखबार व और कोई मालिक होता तो उस फोटोग्राफर की सराहना होती और वह जान कर खुश होता कि चेयरमेन को उसका खींचा फोटू पंसद आया है। रामनाथ गोयनका के अखबार के मालिक होने के मानदंड अलग थे। अपने मुंह मियां मिट्ठू होने को वे विश्वसनीयता खोने का सबसे पक्का तरीका मानते थे। अपनी तारीफ सब को अच्छी लगती है–वे कहते और एक श्लोक सुनाते–लेकिन जो इस कमजोरी से बच नहीं सकते उन्हें भगवान भी बचा नहीं सकता। अपने बारे में अपने अखबार में छपे तो लोग कहेंगे कि इसमें क्या, अपना अखबार है कुछ भी छाप लो। छपा हुआ तभी विश्वसनीय होता है जब वह न सिर्फ लोकहित में हो बल्कि पढ़ने वालों को भरोसा भी हो कि वह लोकहित में ही है।

विश्वसनीयता की अपनी इस कसौटी के कारण ही आरएनजी अपने अखबारों में ऐसा कुछ होने देना नहीं चाहते थे जो लोकहित में उचित और उपयुक्त न हों।

इमरजंसी में तो वे देश के लोकतंत्र, प्रेस की आजादी और अपने और एक्सप्रेस अखबारों के जीवन-मरण की लड़ाई लड़ रहे थे। वे लोकसभा के सदस्य थे और इंदिरा जी और उनकी सरकार और पार्टी उन पर कई मोर्चों से हमले कर रही थीं। कोई आदमी जब अपना सब कुछ दांव पर लगा कर लड़ रहा हो तो साध्य और साधनों की रक्षा अक्सर नहीं होती। अंग्रेजी वाले तो कहते ही हैं कि युद्ध और प्रेम में सब कुछ जायज है। लेकिन उस समय भी एक्सप्रेस के संपादक के जरिए उन्होंने कहलवा रखा था कि उनके खिलाफ संसद में जो भी कहा या किया जाए उसे तो पहले पेज पर महत्त्व मिलना चाहिए। उनके बचाव में या उन्हें मदद करने के लिए जो भी किया और कहा जाए वह अंदर के पेजों में भी छपे तो कोई हरकत नहीं है। एक्सप्रेस के संपादक भी उस समय मुलगावकर थे जो हिंदुस्तान टाइम्स के संपादक होते हुए एक मुकदमे की खबर अपने ही अखबार में पहले पेज पर छाप चुके थे जो निजी तौर पर उनके खिलाफ जाती थी और दूसरे अखबारों ने जिसे मुलगावकर के सम्मान में छापना ठीक नहीं समझा था। कोई आश्चर्य नहीं कि आरएनजी मुलगावकर को सर्वश्रेष्ठ चली गई है। उस से लड़ने वाले तमाम योद्धाओं ने माना है कि रामनाथ जी के पास खोने के लिए देश का सबसे बड़ा अखबारी साम्राज्य था लेकिन उन्होंने उसे भी दांव पर लगा दिया। हम लोगों के पास खोने या हारने के लिए सिर्फ एक राजनैतिक लड़ाई थी और उसमें समझौता कर के हमारी राजनीति नहीं चल सकती थी। रामनाथ जी के लिए अखबारों को बचाए रखना जरूरी था क्योंकि उन्हीं से उन्हें जीना और लोकतंत्र और प्रेस की आजादी की लड़ाई लड़ना था। लेकिन उन्होंने कुछ भी बचा कर नहीं रखा। अपने खून पसीने और अपनी हड्डियों से जिस अखबार घराने को खड़ा किया उस के भी ध्वस्त हो जाने की चिंता नहीं की। पहली गैर कांग्रेसी केंद्रीय सरकार के प्रधानमंत्री बने मोरार जी देसाई ने इसीलिए कहा कि हम राजनीतिकों की तुलना में रामनाथ जी की इमरजंसी से लड़ाई कहीं अधिक नाजुक, निर्णायक और महत्त्वपूर्ण थी। गीता का जो श्लोक रामनाथ जी को सबसे ज्यादा पसंद था और जिसे वे हर किसी को सुनाते थे उसमें भी कहा गया है कि मरेगा तो स्वर्ग मिलेगा और जीतेगा तो पृथ्वी का राज्य भोगेगा। राजनेताओं को तो फिर भी इमरजंसी के बाद राज मिलना था रामनाथ जी को तो सत्ता की मदद भी नहीं लेनी थी। जान हथेली पर ले कर इमरजंसी का विरोध करने से एक्सप्रेस की विश्वसनीयता ऐसी ऊंची हो गई थी कि उसकी जरूरत नई सरकार को तो हो सकती थी, एक्सप्रेस को सरकार की जरूरत नहीं थी। फिर प्रतिष्ठान विरोधी होने की कीर्ति कमाते रहने वाले अखबार के लिए सत्ता समर्थक होना गले में डुबोने वाला पत्थर लटकाना भी था। लेकिन लाभ या हानि की तराजू पर तोल कर तो रामनाथ जी किसी संग्राम में उतर नहीं सकते थे। स्वतंत्रता, लोकतंत्र, प्रेस की आजादी और लोकमत के वर्चस्व की लड़ाइयां उन्होंने लड़ीं तो इसीलिए कि इस तरह लड़ने को वे अपना धर्म मानते थे।

उनकी खूबी तो थी ही कि नाकुछ में से उन्होंने इतने अखबारों का घराना खड़ा किया। लेकिन ऐसे घराने तो और लोगों ने भी खड़े किए हैं या उन्हें बने बनाए मिले हैं और उन्हें उन्होंने चलाया और बढ़ाया है। बाहर ही नहीं अपने इस देश में भी। लेकिन रामनाथ गोयनका की खूबी यह थी कि अखबारों के ऐसे घराने को उन्होंने उद्योग व्यापार और इसलिए लाभ

कमाने का जरिया नहीं बनाया। उन्होंने अपने अखबार घराने को देश और लोकहित का हथियार और औजार बनाया और इसीलिए वे इतनी लड़ाइयां लड़ सके। गांधी और अपने स्वतंत्रता संग्राम के दूसरे सभी बड़े नेताओं ने ऐसी संस्थाएं खड़ी कीं जो देश की आजादी और लोकहित की तलवार और रक्षक बनीं। हर संस्था का अपना पसारा होता है और परिवर्तन के लिए बनाई गई संस्था भी एक माने में और कुछ हद तक प्रतिष्ठान होती है। और हर संस्था का गुरुत्वाकर्षण होता है कि वह बनी रहे यानी यथास्थितिवाद का पोषण हर संस्था का निहित तत्व होता है। संस्था को इस गुरुत्वाकर्षण से निकालना और संग्राम में चलने वाली तलवार या यज्ञ में काम आने वाली हवन सामग्री बना देना बहुत मुश्किल होता है। गांधी कह सकते थे कि कांग्रेस को विसर्जित कर दो, जवाहरलाल नेहरू और सरदार पटेल नहीं कर पाए। रामनाथ गोयनका अपने बनाए अखबार घराने को लोकहित में दांव पर लगा देते हैं। एक बार नहीं, कई बार उन्होंने ऐसे पांसे खेले जिन पर उनका सर्वस्व लगा हुआ था। एक घड़ी की अनिवार्यता पर जो अपना सब कुछ न्यौछावर कर सके वही अपने संसार को पा भी सकता है। संपत्ति और सत्ता के मोह में झिझक कर रुक जाने वाले व्यक्ति से लोकहित नहीं सधता। लेकिन रामनाथ जी के कट्टर दुश्मनों और घनघोर आलोचकों ने भी माना कि उन्होंने लोकहित साधा था।

इसीलिए जब कोई उन्हें सेठ रामनाथ गोयनका कहता तो मुझे बड़ा अटपटा लगता। अभी भी लगता है। कोई पचास पचपन साल तक उनके साथी संगी और उनके तमिल अखबार के संपादक रहे शिवरामन बड़े मजे में बताते हैं कि करने को तो वे एक अंग्रेज कंपनी में काम करते थे। कंपनी को बताते थे कि किसे पैसा दिया जा सकता है और कहां पैसा लगाना ठीक होगा। साहुकारी के काम में आरएनजी मद्रास में पड़े हुए थे। और तब उन्होंने अखबार भी नहीं चलाए थे। लेकिन उस वक्त भी वे साहुकार पेठ (मद्रास के एक मुहल्ले) के नहीं थे। वे हमेशा मयलापुर यानी—पढ़ने लिखने और देश के लिए लड़ने वाले ब्राह्मणों के मुहल्ले के आदमी थे। आखिर तक रहे। शिवरामन अपने सिद्ध और खांटी तमिल तरीके से यह भी बताते हैं कि किस तरह मारवाड़ी रामनाथ गोयनका की तमिल किसी अभिजात तमिल की भाषा थी। और कैसे वैश्य होते हुए भी रामनाथ गोयनका में एक क्षत्रिय की आत्मा थी। वैश्य धर्म वे साध सकते थे और उन्होंने साधा भी लेकिन उससे भी ज्यादा क्षात्र धर्म साधा। दोनों को एक साथ साधने का करिश्मा वही कर सकते थे। शिवरामन पत्रकारिता में रामनाथ जी के साथी और साक्षी है।

गए साल इन्हीं दिनों वे मद्रास में हम से बार बार पूछते थे कि ठीक कितने बजे रामनाथ जी ने शरीर छोड़ा। चार और पांच अक्टूबर की रात जब रामनाथ जी का देहावसान हुआ उसी रात शिवरामन ने अपनी नाक से फूट कर बहते और तकिये पर फैलते रक्त को महसूस किया था। अपना वह तकिया दिखाते हुए वे बार-बार कहते रहे कि मेरा यह खून तभी निकला और बहा जब रामनाथ जी के प्राण ने शरीर छोड़ा। चिता पर रामनाथ जी के सिर के नीचे लगाने के लिए चंदन का एक टुकड़ा शिवरामन ने दिया था क्योंकि वे खुद श्मशान जा नहीं सकते थे। लेकिन दूसरे दिन उन से मिलने गए हम लोगों से उन्होंने पूछा कि ठीक कितने बजे रामनाथ जी की कपाल क्रिया की गई। समय पूछने के बाद उन्होंने फिर अपना तकिया

दिखाया और कहा जब उनका अंतिम संस्कार हुआ तब फिर मेरी नाक से खून निकला। देखो !

शिवरामन बहुत दुनिया देख चुके हैं और अठासी बरस के हैं। पुराने संस्कृत ग्रंथ पढ़ते रहते हैं और मजाक में कहते हैं कि मैं पांच हजार साल पीछे के संसार में रहता हूं। वे बुद्धि से समझ सकते हैं कि वे लगातार नसवार सूंघने वाले आदमी हैं और किसी की नाक से कभी भी खून निकल सकता है। लेकिन वे चाहें भी तो चार-पांच अक्टूबर की रात और पांच अक्टूबर की शाम अपनी नाक से निकले खून को कोई शारीरिक गड़बड़ी या संयोग नहीं मान पाते। उन्हें लगता है कि उनका खून तभी बहा जब रामनाथ जी की मृत्यु हुई और दाह संस्कार किया गया। उन्हें विश्वास है कि जब रामनाथ जी गए तभी उनका खून बहा। यह कैसे हो सकता है कि आरएनजी का देहांत हो जाए और शिवराम का कुछ नहीं हो। रामनाथ जी से अपने ऐसे संबंध मानने वाले एक कीर्तिवान तमिल संपादक कहते हैं कि वे सेठ नहीं थे, मयलापुर के तमिल ब्राह्मण थे और वृत्ति से क्षत्रिय थे। और शिवरामन अंग्रेज कंपनी में साहुकारी करने वाले रामनाथ गोयनका को तब जानते थे जब मेरा जन्म भी नहीं हुआ था।

नहीं, आप कोशिश भी करें तो लाभ कमाने और हानि से घबरा कर समझौता करने वाले सेठ की फ्रेम में रामनाथ गोयनका का फोटू नहीं लगा सकते। लाभ से प्रेरित और हानि से निराश होने वाले आदमी रामनाथ गोयनका नहीं थे। पेट भरने के लिए जीने को वे पशुवृत्ति और विलास पर खर्च करने का को राक्षसवृत्ति मानते थे। मुलगावकर उनके मुंह पर मजे में कहते थे कि जितना मेरी एक शाम (यानी पीने पिलाने) का खर्च है उतना तो इस मूंजी का महीने भर का भी खर्च नहीं होता। दो बार मंदिर जाने और वहां चढ़ाने का पैसा जरूर लगता था नहीं तो उनके निजी खर्चे-व्यसन् आदि कुछ नहीं थे। संपत्ति और सत्ता के प्रति ऐसा वीतरागी भाव होने के कारण ही वे न अपने आप को बल्कि साथ के सभी लोगों को अपनी पहुंच से कहीं आगे जाने की इच्छा और क्षमता दे पाए। किसी को प्रेरित करने और ज्वलित बनाए रखने की क्षमता उन्होंने अपने इसी वीतराग से निकाली थी। उनके जाने के इस एक साल में अपने को किसी ने चने के झाड़ पर भी नहीं चढ़ाया। उनके होते हुए अपन सातों आसमान नाप लेने की तमन्ना में जीते थे।

(11.10.92

संकड़े दरवाजे पर महावत

इस पांच तारीख को दो साल हो जाएंगे। सात अक्टूबर को रामनाथ जी की अस्थियां हर की पौड़ी की गंगा में प्रवाहित करने के बाद हमने हरद्वार से निकलते ही ड्राइवर से कहा कि गाड़ी दबा कर चलाओ। फिर भी दिल्ली के हवाई अड्डे पहुंचे तो मद्रास के विमान को उड़े आधा घंटा हो गया था। ऐसे में घर नहीं जाते इसलिए रात वहीं होटल में काटी और दूसरे दिन सवेरे की पहली उड़ान पकड़ी। आकाश में खिड़की की सीट से अनंत में उड़ते हुए मैंने अपने से पूछा—अब ? अब तुम क्या मिस करोगे ? बहुत देर तक टटोलता, ढूंढता और सोचता रहा। मद्रास उतरने के पहले मुझे अपना उत्तर मिल गया—प्रयोजन ! जीवन के घोड़े पर हरदम चढ़े रहने का मेरे पास कोई प्रयोजन नहीं रहेगा।

अठारह साल से रामनाथ गोयनका मुझे किसी न किसी काम में जोते रहते थे। अपनी पंसद के काम में दिन रात लगे रहना भी बड़ी नियामत है। आदमी की शक्ति बिजली की तरह होती है। इसे जमा कर के नहीं रखा जा सकता। जैसे बनती जाती है वैसे ही उसका उपयोग होना चाहिए। नहीं हो तो बेकार चली जाती है। इसलिए यह अच्छा है कि आदमी दिन भर लगा रहे। कोई पैंतीस साल सरकारी नौकरी कर के दा साब रिटायर हुए तो वे कोई काम करना चाहते थे। हमने करने नहीं दिया।—उमर भर आप सुबह से शाम तक खटे। अब आराम कीजिए—देखते देखते वे बूढ़े दिखने लगे। बीमारियों ने घेर लिया। उनका क्षय मन को बहुत कचोटता था।

उनकी बीमारी के दौरान एक बार रामनाथ जी चंडीगढ़ आए। अपने घर उन्हें और दा साब को साथ बैठे देख कर मुझे लगा कि जीवन के घोड़े को सरपट दुड़ाते रहने का प्रयोजन स्वास्थ्य ही नहीं आदमी के कुल रवैये को कितना बदल देता है। दा साब आरएनजी से चार साल छोटे हैं। लेकिन उन से कितने बड़े और बूढ़े लगते हैं ! दा साब बहत्तर के थे और रामनाथ जी छिहत्तर के। लेकिन रामनाथ जी सवेरे चार बजे से रात बारह बजे तक दुनिया सिर पर उठाए रहते थे। दा साब भी जल्दी उठते पर नहा-धो कर पूजा-पाठ कर ली। घूम आए। सो लिए। फिर घूम आए। संध्या कर ली। खाना खाया, कुछ पढ़ा और सो गए। लेकिन दा साब के इस क्षय का जिम्मेदार कौन है ? तुम्हीं ! तब बहुत इच्छा हुई कि उन्हें कहूं कि वे फिर कोई शुरुआत करें लेकिन तब तक बहुत देर हो चुकी थी। तभी यह भी लगा कि आरएनजी का फेंका पांसा नहीं उठाता तो मैं भी किसी गांधी संस्था में पड़ा व्याधियों की चिंता में अपने शरीर में ही सिकुड़ा रहता और बात करता मानस की !

तब बिहार आंदोलन बाकायदा छिड़ा नहीं था। लेकिन जेपी को लगने लगा था कि कुछ करना पड़ेगा। मई बहत्तर में डाकुओं के समर्पण के बाद जेपी ने कर्नाटक के हिल स्टेशन टिप्पगुंडहल्ली में अपने मित्रों की एक बैठक बुलाई थी। सारी बातचीत हमारे अनुपम मिश्र ने टेप की थी जिसे उतार कर एक पुस्तिका बनानी थी। चूंकि हमने चंबल में डाकुओं के समर्पण पर दस दिन में पूरी किताब निकाल दी थी इसलिए जेपी ने यह काम भी हमीं को सौंप दिया था। इसी बातचीत में एक सुझाव था कि जेपी एक साप्ताहिक निकालें जो देश की परिस्थिति और इंदिरा गांधी की बढ़ती तानाशाही पर लोगों को सोच-विचार में लगाए। यही साप्ताहिक बाद में एवरीमैंस के नाम से दिल्ली से निकला। रामनाथ जी इसे एक्सप्रेस की प्रेस में छापते और अज्ञेय जी इसका संपादन गांधी शांति प्रतिष्ठान के एक कमरे में करते। एवरीमैंस में मदद करते-करते रामनाथ जी को देखना-सुनना होता। एवरीमैंस जैसा निकलता था उससे न जेपी खुश थे न रामनाथ जी। लेकिन अपनी भूमिका उसमें एक विनम्र सहायक की थी इसलिए अपन फालतू की झंझट में नहीं पड़े।

फिर सुझाव आया कि एक साप्ताहिक हिंदी में भी निकालना चाहिए। आखिर आंदोलन में हिंदी इलाके के लोग ही तो लगेंगे। तब हम सर्वोदय साप्ताहिक निकाला करते थे। वह सीमित प्रसार का सर्वोदयी साप्ताहिक था। जेपी के मन में था कि हजार-लाख के सर्कुलेशन वाला लोकप्रिय साप्ताहिक निकले जो धीरे-धीरे आंदोलन का मुखपत्र हो जाए। हमारे एक सहयोगी श्रवण कुमार गर्ग के मन में था कि यह साप्ताहिक हम निकालें। अपन चुप थे। अपने को शंका थी कि हो न हो यह भी अपने ही मत्थे पड़ेगा। फिर एक दिल्ली यात्रा के दौरान जेपी ने कहा—जरा रामनाथ जी से बात करो ! उनके पास एक सुझाव है।

मैं जानता था कि सुझाव क्या है। एक सबेरे बहादुरशाह जफर मार्ग पर इंडियन एक्सप्रेस के गेस्ट हाउस पहुंचा। तब वह गेस्ट हाउस बिल्डिंग के उसी हिस्से में था जहां आजकल जनसत्ता, एक्सप्रेस और फाइनेंशियल एक्सप्रेस के संपादकीय विभाग हैं। वहां बोर्ड रूम में रामनाथ जी एक सिंगल सोफे पर बैठे थे। उनकी दायीं ओर कालीन पर सर्वोदय का ताजा अंक पड़ा हुआ था। उन्होंने कहा कि उसमें आजकल के राजनैतिक हालचाल पर लिखा मेरा एक लेख उन्होंने पढ़ा है और उन्हें मेरी हिंदी अच्छी लगी है। फिर उन्होंने बड़े उत्साह से कहा—आप जानते हैं, हमारा एक हिंदी अखबार था जनसत्ता। हिंदी के बड़े-बड़े धुरंधर महारथी उस अखबार को चलाते थे। लेकिन उसकी भाषा बड़ी क्लिष्ट होती थी। मैं उन से कहता कि आप ऐसी भाषा को क्यों नहीं लिखते जो पान वाले की समझ में आए और तांगे वाले की भी। हमारा एक तमिल अखबार है उसमें तो ऐसी भाषा होती है। कन्नड़ के, तेलुगु के, मराठी के हमारे सभी अखबारों में ऐसी भाषा होती है—पर हिंदी का अखबार तो मेरी भी समझ में नहीं आए। और माइंड यू मैंने हिंदी प्रचार का बहुत काम किया है। भारत भारती मुझे मुंह जबानी आती है। मैथिलीशरण मेरे दोस्त थे। दिनकर जी मेरे मित्र हैं। संस्कृत मैं जानता हूं और बाईस बरस का था तब बापू ने मुझे दक्षिण भारत हिंदी प्रचार सभा का ट्रस्टी बना दिया था। हमने दक्षिण में बहुत हिंदी सिखाई है राजगोपालचारी के साथ। लेकिन देखोऽऽ इन से मैं कहूं कि भैया इतनी क्लिष्ट हिंदी मत लिखो तो मेरी कोई सुने नहीं !

एक दिन मैं उनके दफ्तर चला गया। वहां मैं पूछता रहा कि ऐसी कठिन हिंदी लिखना ही क्यों जरूरी है। वे करें लंबी-चौड़ी बातें। हम ये हैं, हम वे हैं। मैंने कहा कि होंगे लेकिन

हिंदी ऐसी लिखिए कि थोड़ा-बहुत पढ़ा लिखा आदमी भी समझ जाए। पर वे तो उठ खड़े हुए। घेर लिया मुझे। कहा कि श्रीमान आप धनी हैं लेकिन आपके कहने पर हम अपनी मातृभाषा के साथ बलात्कार नहीं कर सकते। मैंने कहा कि रामनाथ आज बुरे फंसे। वहां से तो मैं जैसे तैसे निकल आया। पर फिर आ के मैंने नोटिस दिया और अखबार बंद कर दिया। कोई रास्ता ही नहीं था। वे महारथी सुनने को तैयार ही न हों।...

यहां रामनाथ जी की बात जरा रोकता हूं। हिंदी के एक ऐसे ही महारथी हैं कृष्ण बिहारी मिश्र। कलकत्ते में रहते हैं। एक किताब लिख दी है उनने-पत्रकारिता, इतिहास और प्रश्न। पत्रकारिता को साहित्य की एक विधा मानते हैं। साहित्यिक पत्रकारिता ही उनके लिए पत्रकारिता है। उनके पुराने रेकार्ड की घिसी हुई सुई पराड़कर जी, विद्यार्थी जी और माखनलाल जी पर अटकी हुई है ! क्या तो उन बेचारे की पत्रकारिता की जानकारी और क्या उनकी समझ। उन्हें मेरी हिंदी से एतराज हो सकता है। मजे में करें आलोचना। लेकिन ठीक से पढ़ तो लें कि मैंने क्या लिखा है। तथ्य तो पत्रकारिता में पवित्र माने जाते हैं ना ! वे लिखते हैं मैंने–'भावना के आवेग में अपने प्रतिष्ठान के मालिक को हिंदी पत्रकारिता का पितृपुरुष और पितामह विरुद के साथ स्मरण–किया है।' मैं रामनाथ जी को हिंदी पत्रकारिता तक सीमित नहीं करता। अंग्रेजी और भारतीय भाषाओं के दैनिक अखबारों का सबसे बड़ा, स्वतंत्र और जुझारू परिवार खड़ा करने और फिर उसे देश की स्वतंत्रता और प्रेस की आजादी की हर लड़ाई में दाव पर लगा देने वाले को हिंदी तक सीमित करना भी नहीं चाहिए। लेकिन कृष्ण बिहारी मिश्र लिखते हैं "अपने स्वामी की प्रशस्ति लिखने के लिए श्री (अरे !) प्रभाष जोशी को पूरी स्वतंत्रता उपलब्ध है।" कृष्ण बिहारी मिश्र की तो यथा समय यथायोग्य सेवा करूंगा। लेकिन अभी यह देखिए कि इस कथित स्वामी भक्त वेतन भोगी संपादक ने क्या किया।

रामनाथ जी उसी उत्साह में बोलते रहे। बीच में चाय पिलाई कुछ खिलाया लेकिन ज्यादातर बोलते ही रहे। अपनी धुन में बोलते चले जाने वाले लोगों को मैंने खूब सुना है। लेकिन रामनाथ जी के बोलने में एक अनगढ़, क्रूर और सामने वाले पर रोड रोलर चला देने की पशु शक्ति थी। आखिर में उन्होंने कहा कि वे हिंदी में एक साप्ताहिक निकालना चाहते हैं। एवरीमैंस जैसा नहीं। आम लोगों के लिए और सबकी समझ में आ सकने वाली भाषा में। मैंने कुछ नहीं कहा न उन्होंने पूछा। घर आ कर मैंने जेपी के नाम कोई सात पेज की चिट्ठी लिखी जिसमें रामनाथ गोयनका से अपनी पहली मुलाकात का वर्णन किया और आखिर में कहा कि मुझ गरीब से उनके साथ काम नहीं होगा। उस साप्ताहिक के लिए कोई और ढूंढ़ लिया जाए। मुझसे जितना बनेगा–सर्वोदय के जरिए करूंगा। चिट्ठी लिफाफे में बंद की। मालूम किया तो बताया गया कि जेपी थोड़ी देर में ही निकल जाएंगे पटना के लिए। मैं गांधी निधि से लगभग दौड़ता हुआ एक्सप्रेस बिल्डिंग पहुंचा। जेपी हवाई अड्डे के लिए निकल ही रहे थे। दरवाजे पर वह लिफाफा उन्हें दिया। वे समझे कि कोई लेख है। कहा कि नहीं चिट्ठी है। इतनी बड़ी ?–हां–मैंने कहा और एक ओर हट गया।

बाद में वह चिट्ठी जेपी ने रामनाथ जी को दे दी और चार पांच महीने अपन ने साप्ताहिक के बारे में कुछ नहीं सुना। फिर पता चला कि दिनकर जी के सुझाव पर रामनाथ

गोयनका ने उनके साहित्यकार मित्र प्रफुल्लचंद्र ओझा 'मुक्त' को संपादक बना कर बुलाया है। दो-तीन महीने बाद एक दिन राधाकृष्ण जी (तब गांधी शांति प्रतिष्ठान के मंत्री और जेपी के एक निकट सहयोगी) और रामनाथ गोयनका मेरे घर आ गए। गांधी निधि के उस छोटे से घर में बैठक ही अपनी स्टडी और अपना बैड रूम था। एक खाट थी, एक कुर्सी और एक छोटी सी टेबल। दोनों को कहां बैठाता ? एक को खाट पर और दूसरे को कुर्सी पर। खाट पर राधाकृष्ण जी को क्योंकि कुछ दिन पहले अब्बू जी (यानी अभय छजलानी—नई दुनिया इंदौर के मालिक और अपने मित्र) आए थे और कुर्सी पर बैठे थे तो वह टूट कर गिर गई थी। राधाकृष्ण जी का वजन सह नहीं सकती थी। बहरहाल ज्यादातर वही बोले। आंदोलन के लिए अच्छा साप्ताहिक जरूरी है। तुम्हारे रिजर्वेशन होंगे, हम जानते ही हैं। लेकिन उन्हें छोड़ो और काम करो। कॉफी ले कर भेन जी आई तो रामनाथ ने उन से बात की। बात-बात में पता कर लिया कि वे उन्हीं के गांव के पास के गांव की हैं। वैसे ही 'बाई' कर के बोलने लगे—जैसे मारवाड़ी बड़े-बूढ़े अपने गांव ढाणी की बेन-बेटी से बोलते हैं। तय कुछ नहीं हुआ। वे जाने लगे तो बाहर आ कर उन्हें कार में बैठाते हुए मैंने कहा—माफ कीजिए ! आप लोगों को बैठाने के लिए मेरे पास दो कुर्सी भी नहीं थीं। रामनाथ जी के चेहरे पर शरारती मुस्कान खिल गई। उन्होंने एक मारवाड़ी कहावत कही—महावतों से तो दोस्ती है और दरवाजा संकड़ा है। मैं इसका मतलब समझता तब तक तो रामनाथ जी अपनी छोटी फिएट में राधाकृष्ण जी को ले निकले थे। भेन जी ने जब कहावत का मतलब समझाया तो लगा कि रामनाथ जी में सेंस ऑफ ह्यूमर है।

बीच में राधाकृष्ण जी टोह लेते रहते कि मैंने क्या फैसला किया है। तब मैं उन्हीं के साथ काम करता था और बड़े भाई जैसे उस संबंध में कुछ छुपाने की गुंजाइश नहीं थी। गांधी संस्था में काम करना और फिर एक्सप्रेस जैसे विशाल व्यावसायिक संस्थान में नौकरी करने लगना कहां से कहां जाना है। राधाकृष्ण जी ने कहा कि तुम आंदोलन के लिए काम करोगे नौकरी के लिए नहीं। मेरा संकोच बना रहा। लेकिन एक शाम रामनाथ जी उसी तरह फिएट चलाते आए—जोशी मैं रोज मंदिर जाता हूं चलो मेरे साथ। फिर भेन जी को मारवाड़ी में कहा कि ये बामन तुम्हारे बच्चों को भूखों मार देगा। इसका दिमाग ठीक करता हूं। रास्ते में उन्होंने साफ-साफ पूछा कि मैं साप्ताहिक निकालने आता क्यों नहीं ? वह फालतू लटका हुआ है। मुक्त जी भले आदमी हैं। लेकिन साहित्यकार हैं। राजनैतिक साप्ताहिक उन से निकलेगा नहीं। मैंने ईमानदारी से उन्हें अपना संकोच बताया। मेरी आत्मा में एक टॉमस बेकेट है। यह बेकेट क्या होता है। मैंने उन्हें विस्तार से बताया कि कैसे टॉमस बेकेट ने राजा हेनरी की चर्च को काबू करने में मदद की और फिर जब हेनरी ने बेकेट को इंग्लैंड का आर्कबिशप बना दिया तो कैसे उसने हेनरी और राज्य के विरुद्ध चर्च की ओर से बगावत का झंडा उठा दिया।

कनॉट प्लेस में हनुमान जी और फिर काली बाड़ी में काली के दर्शन करते हुए जब वे लौट रहे थे तो मेरी बात खत्म हुई। उन्होंने मेरी जांघ पर धौल जमा कर लगभग उछलते हुए कहा—तुम यही कहना चाहते हो ना कि वीकली निकालने में तुम्हारा मेरा मामला मुकदमा हो सकता है। डोंट वरी, आई एम गेम। देखो...जो जानता न हो कि उसे क्या करना है और जो तन के खड़ा न हो सके वो क्या संपादकी करेगा...। कुछ दिन बाद मैं एक्सप्रेस दफ्तर गया। रामनाथ जी ने तब के जनरल मैनेजर आरके मिश्र को बुला कर कहा कि ये जो कहें वो करना

है। फिर उनके जाने के बाद मुझे कहा—काम न हो तो मुझे बताना...सब की खाल खींच दूंगा। उसका मौका नहीं आया। प्रजानीति निकला और इमरजंसी लगने के बाद उसका अंक सेंसर के पास गया तो सिर्फ सिनेमा और खेल का पेज बन कर आया। प्रजानीति बंद कर दिया गया। 'आसपास' निकला। उसे भी बंद करना पड़ा। इमरजंसी में मुलगावकर और मुझे एक्सप्रेस छोड़ना पड़ा। एवरीमैंस के तब संपादक हो गए थे अजित भट्टाचार्यजी। एवरीमैंस बंद हुआ तो वे एक्सप्रेस के डिप्टी एडीटर हुए।

लेकिन जिस दिन इंदिरा गांधी ने चुनाव की घोषणा की रामनाथ जी उसी उत्साह और उमंग में फिएट चलाते गांधी शांति प्रतिष्ठान आए—''चलो इलेक्शन सेल बनाएंगे। वे मुलगावकर को भी ले आए। मार्च सतहत्तर में जिस दिन मोरार जी ने शपथ ली उसी दिन मुलगावकर फिर इंडियन एक्सप्रेस के प्रधान संपादक हुए। रामनाथ जी ने इलेक्शन सेल को एक्सप्रेस के मॉनिटरिंग सेल में बदल दिया और अपन चार लोगों के स्टाफ के साथ बिना नियुक्ति पत्र, बिना पद और बिना निश्चित वेतन के अखबार को ठीक करने के काम में लग गए। रामनाथ गोयनका उस समय कीर्ति के शिखर पर थे। लेकिन वे खुद फिएट चलाते हुए जाते और संपादक को लिवा लाते। संपादक विज्ञापन से मिलते हैं सिफारिश से आते हैं और चेयरमैन लोग उन्हें नियुक्त भी करते हैं। रामनाथ जी ढूंढ कर लोग लाते थे और झगड़ा होने पर निकालते भी थे। लेकिन जो भी उनके साथ काम करता वह नौकरी नहीं कर सकता था। काम, आराम और छुट्टी को रामनाथ जी अलग-अलग नहीं कर सकते थे। नौकरी करने वालों के लिए उनके मन में सम्मान नहीं होता था। वे किसी बड़े उद्देश्य को समर्पित लोगों के साथ ही काम कर सकते थे। उनका प्रयोजन अखबार निकाल कर पैसे कमाना नहीं, लोगों की ओर से अखबार के जरिए सत्ताधीशों पर अंकुश लगाना था। आजादी के पहले वे अखबारों के जरिए अंग्रेजों से लड़े और फिर उन्हीं के जरिए लोकतांत्रिक भारत के मदमत्त शासकों से। कोई बताए कि यह व्यवसाय था या मिशन ?

(3.10.93)

कुमार गंधर्व

अनहद में रम जाई भाई संतो!

बाबा की अगवानी कर के मैं उन्हें लाड़ा-लाड़ी यानी संदीप-उमा के पास ले जा रहा था। तभी रुक के मैंने उन से पूछा—"इस आवाज को आप पहचानते हैं ?" बाबा मानो सवाल से अचकचा गए। विवाह के आशीर्वाद समारोह के भीड़ भड़क्के में कौन ध्यान देता है कि वहां लगे भोंगों पर क्या बज रहा है। बाबा रुके और उनने ध्यान लगा कर सुना—ऑफ कोर्स कुमार। वे मुस्कुराए और आगे बढ़ गए !

बाबा यानी राहुल बारपुते से कुमार गंधर्व की आवाज़ पहचानने को कहना बसंत को कोयल की कूक सुना कर पूछना है कि यह कौन कूक रहा है। फिर भी यह मूर्खता मैंने की तो इसलिए नहीं कि बाबा को चक्कर में डालना या ऐसे समारोह में कुमार जी के मालवी गीत बजा कर उन्हें प्रभावित करना चाहता था। बाबा को कोई क्या तो चक्कर में डाल सकता है और क्या प्रभावित कर सकता है ! उनके जैसे हाजिर जवाब और तेज दिमाग लोग ज्यादा नहीं हैं। वे मेरे पहले संपादक ही नहीं हैं। उन्होंने मुझे उंगली पकड़ कर पत्रकारिता में पैंया चलना सिखाया है। और सिर्फ मुझी को नहीं राजेंद्र माथुर को और शरद जोशी को भी। लेकिन इस तरह जैसे कोई लंगोटिया यार किसी को अंटी खेलना सिखाता है। राजेंद्र माथुर की शोक सभा में नामवरजी ने उन्हें संबोधित करते हुए कहा था कि पत्रकारिता की जो इंदौर कलम है राहुल जी उस के कुलगुरु हैं।

सही है। ऐसी बारीक बात नामवरजी ही पकड़ और कह सकते हैं। लेकिन बाबा को कोई कहे कि आप कुलगुरु हैं तो वे अपने ऐसा होने की और उन्हें ऐसा बताने वाले की भी मखौल उड़ाएं। गुरु गंभीर और बड़बोले भूमिका में बाबा अपने को देख ही नहीं सकते। पाखंड से जीवन में आप-हम कोई नहीं बच पाते। बाबा भी कोई ज्यों की त्यों चदरिया धर देने वाले नहीं हैं। लेकिन इस तरह के पाखंड से वे सचमुच दूर हैं जिससे हमारे कई साहित्यकार और संपादक शिरोमणि ग्रस्त रहे हैं और अब भी हैं। ऐसे बाबा को मैं चक्कर में डालने या चिढ़ाने की हिमाकत कर ही नहीं सकता। फिर भी मैंने पूछा कि यह कौन गा रहा है तो इसलिए कि एक वे और दूसरे गुरुजी यानी विष्णु चिंचालकर—दो ही ऐसे व्यक्ति इस समारोह में थे जिनके साथ कुमार जी का वह मालवी लोकगीत मैं उसी अर्थ में शेयर कर सकता था जिस में उसे बजवा रहा था—स्वर पुरुष कुमार गंधर्व को अपने बीच स्वर रूप में पाते और उनके गाने से उस समारोह को मांगलिक बनाने के लिए। गुरुजी चूंकि तीन घंटे पहले से मंडप को सजा रहे थे इसलिए उन्हें तो मालूम था बल्कि उन्हें बता कर ही मालवी विवाह गीतों का वह टेप हम बजा रहे थे। बाबा अभी आए थे और उन्हें भी

उस मांगलिकता में शामिल करना था जिसमें कलागुरु विष्णु चिंचालकर के साथ मैं पहले से ही था।

लाड़ा-लाड़ी ने बाबा के पांव पड़े और मैं उन्हें छोड़ कर फुर्ती से भीड़ में गुम हो गया। अपने उन आंसुओं के पीछे खींच कर दबाने के लिए जो कुमार जी के स्वर पर ध्यान देते ही मेरी आंखों में उमड़ने लगते थे। कुमार जी को आज के दिन गाना था। मालवी विवाह गीत गा कर इस लाड़ा-लाड़ी को आशीर्वाद देना था। और इस के बजाय हमें उनका टैप बजाना पड़ रहा था। हमने ब्याव करने में देर की या उनने जाने में जल्दी ? क्या पता ? लेकिन कुमार जी के गाने के बिना यह अवसर मंगलमय कैसे हो ? तमे जागो गवरी का पूत गनेस कि तम बिन घड़ी ना सजे—यह मालवी विवाह गीत भी कुमार जी ने ही गाया है। और इसी से मेरे मन की मांगलिकता जगती, खिलती है और हंसती है। कुमार जी के बिना मेरे घर की मंगल घड़ी कैसे सज सकती है। मैं कहां चला जाऊं ? कहां एकांत में बैठ कर उन कुमार जी के लिए फूट-फूट कर रो लूं जिनके जाने से मेरी मांगलिकता का संसार सूना हो गया है।

गए महीने मैंने लिखा था कि मामेरे में मंडप के नीचे बैठी लाड़े/लाड़ी की मां उन सगे-संबंधियों को याद कर-कर के रोती है जो उसकी खुशी में शामिल होने के लिए नहीं रहे। आप चाहें तो ऐसा लिखने के लिए भले ही मुझे स्त्रैण कह लीजिए लेकिन सच कहता हूं कुमार जी को याद करते हुए उस शाम आशीर्वाद समारोह में मेरा मन वैसे ही रो रहा था। मैंने मान कर के कुमार जी से कहा था और उन्होंने माना था कि पप्पू और लालू दोनों को ही वे मालवी गीत गा कर आशीर्वाद देंगे। लालू यानी हमारी सोनाल को जब मैंने पहली बार देखा तो मेरे गले से फूट निकला—जदे हो गोरल बेटी कूख नी जावता। बेटे के जन्म पर बधाई के गीत तो अपनी कई बोलियों में है। मालवी में वह गीत बेटी के जन्म पर है। अगर पार्वती जैसी यह बेटी मेरी कोख से नहीं जनमती तो शंकर जैसे जोगी-जमाई मेरे घर कैसे आते ? यह गीत भी कुमार जी ने गाया है और इसी से हमने अपनी बेटी का स्वागत इस दुनिया में किया।

सोनाल का कंठ मीठा हो और वह गाए इसलिए उसका अन्नप्राशन हमने कुमार जी से दिल्ली के राजघाटवाले घर में करवाया था। जब कुमार जी दिल्ली आए हुए थे तब अच्छा मुहूर्त दिखवाकर हमने उन्हें घर बुलाया था। खूब सारे दूध की सबेरे से उबाल-उबाल कर खीर बनाई थी। फिर कुमार जी को चांदी का लक्ष्मीवाला वह सिक्का दिया था जो मुझे 'नई दुनिया' में पहली दीवाली पर मिला था। चांदी की कटोरी में सरस्वती को भोग लगा कर दी गई खीर को कुमार जी ने चांदी के उस सिक्के से सोनाल का अन्नप्राशन किया था यानी पहली बार अन्न खिलाया था।

सोच रखा था कि सोनाल के विवाह का स्वागत समारोह जयपुर के कनक वृंदावन मैं करूंगा जिसमें सिर्फ कुमार जी गाएंगे और फिर मारवाड़ी बाटी-चूरमे का भोजन होगा। जयपुर का कनक वृंदावन इसलिए कि मूल शेखावटी की हमारी भेनजी को जयुपर और वहां गोविंद जी का पहले का स्थान सबसे प्रिय है। चार जनवरी बानवे की गुनगुनी दोपहर को उस कनक वृंदावन में अम्माजी यानी कवि भवानी प्रसाद मिश्र की पत्नी और भेनजी को मैं बता रहा था कि यहां अपन क्या करेंगे। आठ दिन बाद लखनऊ में सुना

कि रात कुमार जी नहीं रहे ! अब कनक वृंदावन में गोरल बेटी का आशीर्वाद समारोह नहीं होगा।

संदीप का आशीर्वाद समारोह इंदौर में होना था। तीन बरस के इस बेटे को ले कर हम दिल्ली आ गए थे। गांधी शताब्दी चल रही थी। कुमार जी ने गांधी जी को श्रद्धांजलि के लिए गांधी मल्हार नाम से नया राग बनाया था जो वे शताब्दी वर्ष की समाप्ति पर नई दिल्ली के विज्ञान भवन में पहली बार सार्वजनिक रूप से गाने वाले थे। कुमार जी को स्टेशन से लाने और गांधी शांति प्रतिष्ठान में ठहराने का जिम्मा मेरा था। तब न अपने पास गाड़ी थी न कुमार जी को लिवा लाने के लिए दिल्ली में गाड़ियों की लाइन लगती थी। कुमार जी और उनके तंबूरों को संभाल कर उतारने के बाद हम टैक्सी से गांधी शांति प्रतिष्ठान के लिए निकले थे। तब कनॉट प्लेस का पूरा चक्कर नहीं लगाना पड़ता था। यार्क होटल के सामने से गुजरते हुए संदीप ने कुमार जी को सरोज कुमार कहा। रास्ते भर कुमार जी उसको समझाते रहे कि वे सरोज कुमार नहीं कुमार जी हैं। लेकिन वह माने ही नहीं। कुमार जी का बार-बार कहना कि वे कौन हैं और संदीप का अड़े रहना कि वे वह नहीं है जो बता रहे हैं।

गांधी शांति प्रतिष्ठान आ जाने के बाद भी वह झगड़ा नहीं टूटा। दो साल बाद जब इंदिरा जी ने बांग्ला देश युद्ध जीता और उस साल के गणतंत्र दिवस की विजयी धूमधाम में अपन भी सकुटुंब-सपरिवार इष्ट मित्र सहित शामिल हुए तो हमारे हास्य-व्यंग्य कवि मित्र सरोज कुमार भी आए। जब हम रात को नार्थ ब्लॉक-साउथ ब्लॉक की रोशनी देखने गए और सरोज कुमार ने संदीप को कंधे पर बैठा कर घुमाया तब उसने माना कि कुमार जी सरोज कुमार नहीं हैं। आठ साल बाद कुमार जी चंडीगढ़ गाने आए और उन्होंने बड़े और मोटे हो गए संदीप से पूछा कि क्यों रे मैं कुमार जी हूं कि सरोज कुमार तब उसने शरमाते हुए कहा—"कुमार जी !"' कुमार जी ने स्वांग-संतोष में कहा—चलो अपन फिर कुमार हो गए।

कुमार जी और सरोज कुमार की यह गड्ड मड्ड संदीप उर्फ पप्पू प्रसाद सिंह ने बचपन में भले की हो पर वह कुमार जी के गाने का शुरू से बड़ा रसिया है। जब हम छुट्टी मनाने दिल्ली से इंदौर जाते तो सबेरे-सबेरे रतलाम से पहले उठ आता और खिड़की से लग कर जो मन में आता, गाने लगता। पहली बार इंग्लैंड क्रिकेट खेलने गया तो घर के कुमार जी के सारे टैप ले गया। उसकी टीम गनसी आइलैंड खेलने गई। मैच के बाद रात को पार्टी हुई। वहां नाच का संगीत ही बज रहा था। उसने चुपचाप जा कर कुमार जी का और वह भी मालवी लोक गीतों का टैप लगा दिया। कहता है, लोग कुमार जी के संगीत के रहस्य भरे असर में चकित रह गए। अब भी उस के क्रिकेट किट में कुमार जी के टैप होते हैं। फिल कॉलिन्स और इरिक क्लेप्टन के टैप भी होते हैं। लेकिन मेरी मंगल घड़ी की तरह उसका भी क्रिकेट किट कुमार जी के बिना सजता नहीं है।

चंडीगढ़ से इंदौर जा कर हमने पप्पू की जनेऊ यानी उपनयन संस्कार किया था। आखिर में पांच जने बटुक को जनेऊ पहनाते हैं। पप्पू को पहनाने वालों में एक कायस्थ—राजेंद्र माथुर, एक वैश्य—अभ्य छजलानी और एक मेरे राजपूत मित्र शामिल थे। मेरी बहुत इच्छा थी कि चौथे राहुल बारपुते के साथ कुमार जी होते। लेकिन उन दिनों कुमार जी के पुत्र मुकुल की

पत्नी का एक दुर्घटना में देहावसान हुआ था और वे दुख और सदमे से हिल गए थे। राहुल बारपुते और विष्णु चिंचालकर, कुमार गंधर्व के तब से मित्र थे जब तीस जनवरी अड़तालीस को वे इंदौर आए थे। कुमार जी अद्‌भुत गायक, विष्णु चिंचालकर मौलिक चित्रकार और राहुल जी प्रखर बुद्धिजीवी और हरफनमौला। इन तीनों ने अपना संस्कृति संसार रचा है। इनके बिना अपनी कोई मंगल घड़ी कैसे सज सकती है।

राहुल जी यानी बाबा और विष्णु चिंचालकर यानी गुरुजी के कारण ही अपना कुमार जी से घरोपा हुआ। गुरुजी की बेटी तारा बाई के विवाह में कुमार जी ने गाना गाया था। राग गारा गाया था। उस के बाद भोजन हुआ था। उस गाने के स्वर और उस भोजन की मिठास आज तक मुझमें घुटी हुई है। शायद तभी मेरे मन में जमा था कि कुमार जी के मालवी लोक गीतों के बिना अपने बेटे-बेटी का ब्याह कैसे होगा। बचपन से मां और दूसरी महिलाओं के मुख से जो मालवी गीत मैंने सुने थे वही और गहरे संस्कार और परिष्कार के साथ कुमार जी से सुने। वही खांटी मालवी सुर जैसे मां के गर्भ में सुने होंगे वैसे ही कुमार जी से सुने। अमीर खां साहब और कुमार जी के गायन ने अपना रस संसार बनाया है। एक बार इंदौर से दिल्ली की उड़ान पर सिंह बंधु मिल गए। एक ने पूछा कैसे ? तो मैंने कहा—अपना घर इंदौर, घराना देवास। सिंह बंधुओं का घराना इंदौर है। वे अमीर खां साहब के शिष्य हैं। अपना घर और घराना दोनों ही अपने जमाने के दो महान गायकों का है। शिष्य हो कर अपन ने गाना भले ही न गाया हो, अपना रस-संस्कृति संसार इन्हीं का रचा हुआ है। कुमार जी से यह लगभग जैविक जुड़ाव इसलिए कि उन्होंने मालवी लोक संगीत से अपने नए संगीत का सृजन किया और इसलिए अपने सृजनात्मक गौरव के पुरखे बने !

हमारे यहां ब्याह में मात्र माता बैठाने के साथ ही पुरखे न्यौतते हैं और फिर विवाह के बाद उन्हें पूज कर विदा करते हैं। आशीर्वाद समारोह वाले दिन ही मैंने पुरखे पूजे थे। दा साब और दाजी के बाद जिनके चेहरे मेरे ध्यान में आए वे आप जानते हैं कौन थे ? कुमार जी, भवानी बाबू, नरेंद्र तिवारी और रामनाथ गोयनका ! उस शाम जो गीत सबसे पहले बजा वह था—सैंया म्हारे आज प्रभु जी घर पावेणा, उतर्‌या तरवेणी के घाट, बधावो म्हारे नतेनवा। बिना हो खूंटी के बिना डोर के, तंबू तो दिया आसमान, बधावो म्हारे नतेनवा।—आज प्रभुजी मेरे घर मेहमान आए हैं। वे त्रिवेणी के घाट पर उतरे हैं। मैंने बिना खूंटी और बिना डोर के आसमान का तंबू उनके स्वागत में तान दिया है। मेरे घर नित्य बुलावा है। आप सब आइए। किसी स्वागत-आशीर्वाद समारोह के लिए ही जैसे यह मालवी गीत बना और कुमार जी ने गाया है।

मेरी सांस्कृतिकता की चेतना मालवी है और उसे कुमार गंधर्व के संगीत ने जीवंत और समृद्ध किया है। बिना इस सांस्कृतिकता के हमारे अनुष्ठान मांगलिक नहीं हो सकते। आपकी चेतना ब्रज, अवधी, भोजपुरी, मगही, बुंदेली, मैथिल, मारवाड़ी, बंगाली, मराठी या गुजराती हो सकती है। आप को वह उसी तरह अभिभूत और विचलित करेगी जैसी मुझे मालवी करती है। इसे दिए जा कर इस में गदगद होना संकीर्ण क्षेत्रीयता नहीं है। बिना स्थानीय हुए कोई संस्कृति जी नहीं सकती। इसकी जड़ों से जुड़ा रहूं तो स्टार टीवी का आकाशीय हमला मुझे उखाड़ नहीं सकता। जुड़े रहने की यह हूक ही मुझे कुमार जी को याद करते हुए रुलाती है।

इस आठ अप्रैल को होते तो कुमार जी सत्तर के हो जाते। उस दिन मैंने उनका गाया—

'हम पंछी परदेसी बाबा, अणि देस रा नाही' सुना। कबीर के इस भजन का पहला पद है– मुख बिन गाना, पग बिन चलना, बिना पंख उड़ जाई/बिना मोह की सूरत हमारी, अनहद में रम जाई भाई संतो–अणि देस रा नाहीं। कुमार जी तो अनहद में रम गए। हम सब परदेसी पंछी हैं। वह संगीत हमारे पास कहां है जो हमें अनहद में रमा दे ? अपने से पूछो, सुनो और गाओ।

(10.4.94)

राहुल बारपुते

एक भरपूर जीवन का खुटना

जाने के लिए बाबा ने आखिर वही दिन चुना। वही से मेरा मतलब है ऐसा दिन जब मुझे सीने पर बख्तरबंद बांध कर लोगों के सामने खड़े रहना पड़ा। बार-बार जो घुमड़ कर बरस पड़ना चाहता था उसे अंदर ही दबा कर रखना पड़ा। और बाहर से ऐसे दिखना पड़ा जैसे कुछ हुआ ही न हो।

इस कोशिश में निश्चित ही मैं असहज रहा हूंगा। पसीने से लथपथ भी घूमता रहा हूंगा क्योंकि कई बार इंतजाम में लगे भाई लोगों ने पानी पिलाया और बैठ जाने को कहा। कुछ लोगों को लगा कि शायद मेरी तबीयत खराब है। काम करते-करते थक गया हूं। आखिर बेटी का ब्याह है। उनने आग्रह किया कि बैठ जाऊं। काम तो आखिर हो ही रहा है और होता जाएगा। बैठे-बैठे भी बता सकता हूं कि किसका क्या किया जाए।

फिर भी घूमता रहा। थका नहीं था। तबीयत खराब नहीं थी। क्या हो रहा था यह मैं ही जानता था और उसे बता कर आशीर्वाद समारोह का वातावरण बिगाड़ना नहीं चाहता था। इतने लोगों को आखिर मैंने ही बुलाया था। मेरी ही बेटी के ब्याह का रिसेप्शन था। सब का स्वागत करना और देखना कि कोई भी खाए-पिए बिना चला न जाए आखिर मेरी जिम्मेदारी थी। इसलिए खड़ा रहा जैसे घायल सिपाही मोर्चे पर रहता है।

लेकिन मैं वहां नहीं था। वह मेरे लिए सुख, संतोष और कृतज्ञता बताने का अवसर नहीं था। मैं उस भीड़-भड़ाके से भागकर किसी अंधेरे कोने में जा छुपना चाहता था। बख्तरबंद खोल कर अपने घाव पर जबान फेरते रहना चाहता था। बाबा के जाने के दुख में गुम हो जाना चाहता था उनको याद करते हुए शून्य हो जाना चाहता था। लेकिन यह सब कर सकने के लिए स्वतंत्र नहीं था। करता तो भी कोसता रहता कि भाग आया हूं। और जब आप को लगे कि भाग आए हैं तो न इधर के रहते हैं न उधर के। मैं भागा नहीं फिर भी न इधर का रह सका न उधर का। बाबा ने जाने का यह कैसा दिन चुना।

बाबा एक ऐसे ही मौके पर गायब हो गए थे। उनकी इकलौती बेटी पमा का ब्याह हो गया था और बिदाई होनी थी। बाबा यानी राहुल बारपुते को बहुत ढूंढ़ा गया। पिता के बिना बेटी कैसे बिदा हो। लेकिन बाबा कहीं नहीं मिले। किसी को मालूम नहीं कि वे कहां चले गए हैं। जिस किसी को पता भी रहा होगा कि वे कहां हैं तो उसने बताया नहीं। शायद बाबा ने कह रखा होगा कि उन्हें बेटी को बिदा करने न बुलाया जाए। पमा उनके आए बिना ही बिदा हो कर चली गई। काकू ने सब कुछ अकेले किया।

वह पहला मौका था जब मुझे लगा कि राहुल जी कितने ही बौद्धिक, रेशनल और भावनाविहीन रहने की कोशिश करते रहे हों वे ऐसे पत्थर दिल नहीं हैं कि बेटी को बिदा कर दें और आंख में आंसू तक न आएं। लेकिन ऐसे मौके पर रोना आ जाए तो क्या यह ऐसी कमजोरी है कि आदमी को उसे छुपाना चाहिए। या गायब हो जाना चाहिए ताकि न तो आप बेटी को बिदा करने के मर्मभेदी त्रास से गुजरें न आप को कोई रोता हुआ देखे।

लेकिन गायब हो कर भी बाप क्या बेटी के विदा होने के त्रास से बच सकता है ? बाबा जहां कहीं भी अकेले जा छुपे होंगे वहां क्या वे इस दुखदायी सच्चाई से बचे रह सके होंगे कि घर-आंगन को सूना कर के बेटी विदा हो रही है। क्या अकेले में उनका कलेजा फटा नहीं होगा ? क्या वे रोए नहीं होंगे। फिर बेटी को छाती से लगा कर विदा करने और दिल खोल कर रोने से बचने में क्या फायदा ? किसी भी साधारण पिता जैसे बेटी के बाप होने और दिखने में ऐसा लज्जाजनक क्या है जिससे बाबा बचना चाहते थे ?

राहुल बारपुते भले ही आपके संपादक रहे हों लेकिन ऐसे सवाल उन से पूछे जा सकते थे। इससे भी ज्यादा निजी और नाजुक मामलों में सवाल उन से पूछे भी। लेकिन यह नहीं पूछा कि पमा को बिदा करने से बचने का क्या मतलब ? आखिर ऐसा कर के उनने बताया ही कि ऐसे सघन और भावुक क्षणों में वे अपने को कितना कमजोर और असहाय पाते हैं कि उनका सामना तक नहीं कर सकते।

राहुल बारपुते संसार को बिदा हो गए थे और इस कारण मैं अपनी बेटी के ब्याह के बाद आशीर्वाद समारोह में मन से हाजिर रह नहीं सकता था। मेरे अंदर जो सांय-सांय हो रहा था वह शहनाई के स्वरों से भर नहीं सकता था। लेकिन न तो मैं उस समारोह को होता छोड़ कर घर में छुपा रह सकता था न ऐसा कोई साधन था कि जिससे इंदौर पहुंच कर उन्हें आखिर प्रणाम कर सकूं। लेकिन मुझे बार-बार याद आता रहा कि राज मोहल्ले की उस धर्मशाला में कैसे हम राहुल जी को ढूंढते रहे और कैसे वे आखिर तक नहीं आए तो नहीं ही आए।

नई दुनिया से कई लोग दिल्ली आते रहते थे लेकिन बाबा कभी-कभार ही आते। हमारे बेटी हुई तो उसे भी बाबा ने शायद एक-दो साल बाद ही देखा। कहा कि यह निष्पाप अंतःकरण की कन्या है। उस के बचपन के दौरान हम जब भी इंदौर जाते राहुल जी यही पूछते कि वह निष्पाप अंतःकरण की कन्या कैसी है ? अपोलो अस्पताल के उस कमरे में उन्हें बताया भी कि—उस निष्पाप अंतःकरण की लड़की का ब्याह कर रहे हैं।

पता नहीं राहुल जी के मन पर यह छपा कि नहीं। वे मुंह से सांस लेते हुए बड़ी मुश्किल से सो पा रहे थे। पहुंचा था तब काकू ने उन्हें जगा कर कहा था कि देखो कौन आया है। बाबा ने देख कर पूछा था—तुम्हारे डॉन ब्रेडमन के क्या हाल हैं ? उन्हें हमारे बड़े बेटे की याद थी और स्पष्ट था कि वे पहचान भी गए थे कि उनके सामने कौन खड़ा है। दिल्ली आए एक दोस्त ने राहुल जी की तबियत के जो हाल बताए थे उसमें एक बात यह भी थी कि उनकी स्मृति का लोप हो गया था। इसलिए बड़े बेटे के हाल पूछने पर बड़ी राहत मिली कि उनकी याददाश्त बिलकुल ठीक है। लेकिन इसी के साथ मुझे बड़ी रुलाई भी आई जिसे जैसे-तैसे मैं रोक पाया।

राहुल जी को भीड़ भरे उस अस्पताल के छोटे से कमरे में उस हालत में देखना बहुत त्रासदायी था। उनका चेहरा काला पड़ गया लगता था और पहचानना मुश्किल था कि यही वे राहुल बारपुते हैं जिनकी बौद्धिक और सांस्कृतिक रूप में प्रेरक उपस्थिति में हमने पत्रकारिता में शुरुआत की और जो देखते ही देखते हमारे बौद्धिक और प्रोफेशनल संसार के ही नहीं घर में भी हमारे बुजुर्ग हो गए। तब उनमें से शारीरिक और बौद्धिक ऊर्जा निकलती थी और जिसे महसूस कर के हम अंदर से जागते हुए लगते थे। उन्हीं राहुल बारपुते को इतने बीमार और पस्त देख कर लगा कि अपनी जवानी की चमचमाती मूर्ति टूट पड़ी है।

पहली बार जब दिल्ली में सुना कि राहुल जी को मधुमेह और हाई ब्लडप्रेशर निकला है तो सनाके में रह गया। यह कैसे हो सकता है ? यह नहीं हो सकता। मैंने राजेंद्र माथुर को कहा था। और उनने कहा था कि जैसा शॉक लगा है वैसा ही खुद राहुल जी को लगा था कि जब जांच के बाद उन्हें बताया गया कि डाइबिटीज है और उन्हें अपने ब्लडप्रेशर को कंट्रोल में रखना होगा। इस के बाद से राहुल बारपुते ऐसा नहीं हुआ कि किसी खोल में चले गए हों। लेकिन उनके स्वभाव और उससे निकली जीवन शैली में जो फाकामस्ती थी वह कम होने लगी।

यह हम लोगों के लिए जितना दुखदायी था उतना शायद खुद राहुल जी के लिए भी न रहा होगा। क्योंकि नई दुनिया के हम जवान लड़कों के लिए राहुल जी संपादक से कहीं अधिक भरपूर जीवन जीने वाले एक लगभग संपूर्ण व्यक्ति थे। संगीत में उनकी बड़ी रुचि थी लेकिन सिर्फ समझ और रसिकता तक ही नहीं। वे कुछ गंधर्व की संगत भी कर सकते थे। पर ऐसा कभी नहीं लगा कि उनके मन में कहीं गायक या संगीतकार होने की दुबी-छुपी इच्छा हो या कभी उन्होंने गायक होना चाहा हो।

·राहुल जी बाबा डीके की नाट्य भारती के नाटकों में भी अभिनय करते थे। नाट्य भारती के साथ बाहर नाटक करने भी चले जाते थे। इस नाट्य मंडली के वे पूरे सदस्य ही हुआ करते थे। मराठी के नाटककार पु.ल. देशपांडे से उनकी गहरी दोस्ती थी। लेकिन इसका एक सेतु और हेतु कुमार गंधर्व का संगीत भी था। पु.ल. देशपांडे शायद राहुल जी से पहले से कुमार जी के रसिक मित्र थे—पूना के दिनों से।

पु.ल. देशपांडे का व्यंग्य राहुल जी को अच्छा लगता था लेकिन वे प्रशंसक जॉर्ज बर्नार्ड शॉ के थे। शायद शॉ की बौद्धिकता में ही अपने को प्रक्षेपित करते थे और शॉ की तरह एंटी हीरो और भावुकता विरोधी रवैए को बौद्धिकता के लिए जरूरी मानते थे। मैं जब नई दुनिया में जाने लगा तो वे एलियट और मिलर के नाटक पढ़ने में लगे थे और राजेंद्र माथुर से उन पर बहस करते रहते थे। रज्जू बाबू ने तब गुजराती कॉलेज में अंग्रेजी साहित्य पढ़ाना शुरू कर दिया था।

लेकिन नाटकों और उन्हें खेलने में इतनी रुचि के बावजूद राहुल जी ने नाटक लिखना और उनमें अभिनय करना अपने जीवन का काम कभी नहीं माना। वे हिंदी के प्रसाद जी से ले कर उन सब नाटककारों का मखौल उड़ाया करते थे जिनके नाटक मंच पर खेले न जा सकें। वे मानते थे कि नाटक खेल कर मंडली को इतना पैसा कमाना चाहिए कि न सिर्फ वह

अपना खर्च निकाल सके बल्कि अभिनेता-अभिनेत्री निदेशक और दूसरे सभी रंगकर्मियों को अच्छा पैसा दे सके। जो अपने को अपनी कमाई कर चला न सके उस रंगकर्म को राहुल जी परजीवी मानते थे। इसीलिए जब वे भारत भवन की तथाकथित सांस्कृतिकता और पूरी तरह से परजीवी रंगकर्म के समर्थक हो गए तो अपने को न सिर्फ अचरज हुआ बल्कि लगा कि राहुल बारपुते खुद अपनी चलाई पटरी से उतर गए हैं।

चित्रकारी में उन दिनों एक फ्राइडे ग्रुप था जिसके सदस्य राहुल बारपुते भी थे। इस ग्रुप में विष्णु चिंचालकर तो थे ही डीजे जोशी के अलावा बेंद्रे का भी वहां से संबंध था। मैंने राहुल जी का बनाया कोई लैंडस्केप नहीं देखा। लेकिन इस ग्रुप के कलाकारों के साथ वे लेंडस्केपिंग करने जाया करते थे। इन कलाकारों के आकलन में चित्रकला की राहुल जी की समझ उत्तम थी। इस के बावजूद कभी नहीं लगा कि राहुल बारपुते कभी कलाकार होना चाहते थे और न हो पाने का उन्हें अफसोस हो। वे कला समझते थे और उसमें लगे भी थे लेकिन कलाकार नहीं होना चाहते थे।

सभी कलाओं में उनकी अच्छी गति थी और अपने जमाने के चोटी के कलाकारों से दोस्ती भी थी। लेकिन बड़े बाल रखने या कला की साधना में सनकी बने रहने अराजक जीवन बिताने और अपनी अतियों का कला की साधना में औचित्य ठहराने का वे मखौल उड़ाया करते थे। दिखनौटी कलाकारिता की हंसी उड़ाना उनकी बौद्धिकता का जैसे आग्रह ही था।

कलाओं में अपनी रुचि का संतुलन जैसे वे खेलों में दिलचस्पी और खेल खेलने से साधते थे। बेडमिंटन अच्छा खेलते थे। खेलते-खेलते पसीने में ऐसे तरबतर हो जाते थे कि कपड़े निकाल कर निचोड़े तो कटोरा भर जाए। तैराकी करते थे और नियमित तैरने जाते थे। टेबल टेनिस के कुछ गेम तो अपने भी उनके साथ खेले थे। क्रिकेट में देखने-पढ़ने की रुचि थी। खेलते उन्हें नहीं देखा। लेकिन आमतौर खेलों में रुचि और उनकी जानकारी किसी खेल पत्रकार से कम नहीं थी।

बौद्धिक कलारसिक और शारीरिक तीनों गतिविधियों में राहुल बारपुते लगभग समान तन्मयता और निस्पृहता से लगे रहते थे। भाषण बहुत अच्छा देते थे और बातचीत करने में बेहद प्रभावी थे। उन से बोर शायद ही कभी कोई हुआ होगा। खाने में भी उन से टक्कर लेना आसान नहीं था। वे अच्छा खाने में ही नहीं खूब खाने और बनानेवालियों को खुश रखने वाले आदमी थे। उन्हें खिला कर गृहणियां बहुत संतुष्ट और खुश होती थीं। अच्छी शराबों का आनंद वे लेते थे लेकिन वैसे पियक्कड़ नहीं थे जैसे कि भारत भवन की सोहबत में अंततः हो गए थे।

ऐसा भरपूर जीवन जीने वाला आदमी संपादकी कब करता था ? बहुत ईमानदारी से कहें तो जब फुरसत मिलती थी तभी। एक बार देर रात को संपादकी लिखने आए और अंग्रेजी में पूछा क्या खबर हैं ? मैंने कहा कि संपादक काम करने आए। राहुल बारपुते ने ठहाका लगाया। तब अपने छोटे-मोटे क्या कहते हैं कि प्रशिक्षु पत्रकार थे और उस दिन का अखबार निकाल रहे थे। लेकिन राहुल जी ऐसी टिप्पणी का भी आनंद ले सकते थे और संपादकीय लिख कर थमा देते थे कोई गलती हो तो देख लेना।

ऐसा कभी नहीं लगा कि संपादकी उन पर कहीं भी हावी रही हो और वे कोई प्रयत्न कर के प्रधान संपादकी कर रहे हों। बहुत कम काम और उससे भी कम दखल देते थे। लेकिन ऐसा उनका अधिकार ऐसी उनकी यारगिरी और ऐसी उनकी बौद्धिकता थी कि अखबार में खटने वाले और दिन रात एक करने वालों को भी कभी उन से ईर्ष्या या उनके प्रति बेअदबी का भाव नहीं आया।

उनके संपादक रहते नई दुनिया हिंदी का सबसे अच्छा दैनिक था। लेकिन उनमें संपादकीयता का कोई ठसका, कोई प्रभामंडल और कोई रुतबा नहीं था। न कभी उन्होंने संपादकी को भुनवाया न कभी उसका उचित और जरूरी उपयोग किया। संगीत, नाटक, चित्रकला, खेलकूद और साहित्य पढ़ने में जितनी रुचि और जितना समय लगाते थे—और जैसी निस्पृह सघनता से लगे रहते थे वैसी ही संपादकी की। किसी भी नाम कमाने, झंडा गाड़ने और अपनी छाप छोड़ने की न उन्होंने कभी कोशिश की न कभी उनकी ऐसी इच्छा रही।

इसलिए उनका बीमार होना और धीरे-धीरे काल कलवित हो जाना जैसे जीवन की ऊर्जा का खुट जाना था। आप चारों तरफ घूम लीजिए। भारत की किसी भी भाषा में इतना प्रतिभाशाली और इतना भरपूर जीवन जी कर भी इतना निस्पृह और इतना निष्काम संपादक नहीं मिलेगा। लेकिन हमारे यहां किसी के काम और योगदान को नापने का क्या मानदंड है ? खुद अपने से पूछिए। मैं नहीं कहूंगा कि बाबा क्या नहीं थे।

(9.6.96)

एस. मुलगावकर

मुलगावकर ने जतन से ओढ़ी

मैंने तय किया था कि अंदर जो भी घुमड़ रहा हो, घुमड़े, मैं अपने को भावनाओं के हवाले नहीं करूंगा। बारह दिन तक नहीं किया। लेकिन तेरहवीं के दिन जब गीता पाठ और हवन हो गया और ब्राह्मणों को भोजन के लिए बैठाया गया तो कृष्णा मुलगावकर ने मेरी ढुंढवाई की। था तो वहीं सो पकड़ कर पंक्ति में बैठा दिया गया। लेकिन मैं उठा और हरीश चंदोला के पास ठंडे फर्श पर जा बैठा। पास ही वह कुर्सी थी जिस पर और जहां मुलगावकर को बरसों से बैठते देखा था। ब्राह्मणों ने हम से आग्रह किया कि पंक्ति में आ जाएं। हरीश चंदोला ने कहा—हमारे तो वे गुरु थे। हम यहीं उन के चरणों में बैठेंगे। भोजन परोस दिया गया तो पंडितजी ने मंत्र पाठ किया। मैंने आंखें मूंदीं और प्रणाम किया। सामने मुलगावकर थे। मेरी आंखें भर आईं। प्राणायाम में मैंने गहरी सांस खींची और फिर जैसे उसे छोड़ कर आ सकने वाले आंसुओं को सुखा दिया। अकेला होता तो मैं शायद अपने को आंसुओं के हवाले कर देता। अच्छा ही किया कि नहीं किया।

मुलगावकर के पुण्य स्मरण का यह तरीका नहीं हो सकता। वे अपने रोए जाने के कारण नहीं हो सकते। इस तरह की भावनात्मकता के साथ मुलगावकर को समझा नहीं जा सकता। वे विलक्षण संयम और वस्तुनिष्ठ तटस्थता वाले व्यक्ति थे। पिछले कुछ वर्षों से पूछने वाले को वे कहते—अब कोई अच्छा तो नहीं हो सकता हूं। जैसा चलता है चले। मुलगावकर के फेफड़े छलनी हो गए थे। प्रेस में लाइनो और मोनो मशीन में टाइप ढालने वाले लेड, एंटीमनी और टिन के गलते घोल से भभक निकला करती थी और मुलगावकर पेज बनवाते समय सिगरेट बहुत पिया करते थे। वे डेस्क से ज्यादा समय प्रेस में बिताते थे। सिगरेट के धुंए और इन तीन धातुओं के गलते घोल से निकलती भभक आधी रात और बंद हॉलों में उन के फेफड़ों को छलनी करती रही। पेज बनाना उन्होंने छोड़ा होगा अखबार में आने के बाद कोई बीस साल बाद और सिगरेट पीना छोड़ा जब सड़सठ साल के हो चुके थे। वे कोई सुबह शाम खुली हवा में टहलने या कसरत करने वाले स्वास्थ्य प्रिय व्यक्ति तो थे नहीं इसलिए पहले ब्रोकांइटिस और फिर अस्थमा के शिकार हुए।

वे जानते थे कि इन फेफड़ों को फिर ठीक नहीं किया जा सकता। धूल, धुआं, ठंड उन से बर्दाश्त नहीं होते। फेफड़ों पर जमने वाले कफ को गलाने के लिए नेबुलाइजर से दवा अंदर खींचते और बाद में तो लगभग आठ घंटे उन्हें ऑक्सीजन ही लेनी पड़ती। लेकिन इस शारीरिक अवस्था ने उन में कभी आत्म-दया, कातरता या पराजय बोध नहीं जगाया। वे आखिर तक अपने काम आप करने पर जोर देते रहे। नर्स की सेवा सुश्रूषा उन्हें मंजूर नहीं थी। और कोई प्रेम और सम्मान से भी देखभाल करता तो वे बड़े संकोच में पड़ते और चाहते

कि वह जल्दी से फारिग हो जाए। सेवा या प्रेम या सम्मान के सामने समर्पण कर देना उनके स्वभाव में नहीं था। वे आत्म निर्भर और स्वतंत्र व्यक्ति ही अंत तक बने रहना चाहते थे। स्वास्थ्य ने उनके साथ जो किया था या स्वास्थ्य का उन्होंने जो कर दिया था उसका उन्हें कोई पछतावा नहीं था। आखिर तक अपनी विस्की पीते रहे। बहुत कम खाते थे लेकिन अच्छा खाते थे।

तीन साल पहले के शरद, शीत और वसंत में बंबई में सबसे ज्यादा उत्फुल्ल और हलके बिलकुल लड़कों जैसे घूमने-फिरने निकल जाते। मैंने उन से कहा कि इस तरह की हालत में दिल्ली में तो वे कभी दिखे नहीं। ऐसा है कि बंबई में यू आर ए नो बडी। कहीं जाओ, कहीं घूमो कोई सामाजिक दबाव नहीं। उन्होंने नहीं कहा कि बंबई में आखिर जन्मा हूं, यहीं मेरा बचपन बीता है, यहां खेला-कूदा हूं और यहां का गरम मौसम मुझे अच्छा लगता है। एक तरह से वे लड़कपन में लौट गए थे लेकिन मुलगावकर ऐसे आदमी नहीं थे कि हिरस कर कहें कि मैं अपना बचपन जी रहा हूं ऐसे अतीतजीवी, विरही और अपने को गफलत में डालने वाले आदमी वे नहीं थे। रामनाथ जी उन्हें गुरु कहते थे और अंग्रेजी का शायद ही कोई पत्रकार, संपादक उन्हें आजादी के बाद का सबसे अच्छा अंग्रेजी संपादक मानने से इंकार करेगा। लेकिन खुद वे अपने को सबसे अच्छा संपादक तो नहीं लेकिन देश का सबसे अच्छा मुख्य उप संपादक यानी चीफ सब कहने में गौरव करते थे। खबर को संपादित करने, शीर्षक देने और फिर प्रेस में जा कर पेज बनवाने में उन्हें मजा आता था। वे खबर को पेज में पीछे से लगवाते ताकि सबसे महत्त्वपूर्ण अंश पहले पेज के लिए बच जाए। यह उनका ही प्रयोग और आविष्कार था। वे फालतू की खबरें कंपोज में नहीं जाने देते और कौन सी खबर कहां और कैसे जानी चाहिए इस पर किसी भ्रम या दुविधा में नहीं पड़ते। उनकी यह निर्णायकता उन्हें फोरमेन और प्रैस का चहेता बना चुकी थी। वे टेबल पर पांव रख कर और कुर्सी पर पीछे झुक कर पेड पर कापी सब करते। उनके सामन बैठे उप संपादक को ज्यादा और फालतू का काम नहीं करना पड़ता।

चीफ सब के रूप में वे कैसे अधिकारिक व्यक्ति थे इसका शानदार उदाहरण उनके सब रहे अजित भट्टाचार्यजी ने मुझे बताया। चूंकि वे ज्यादातर नाइट ड्यूटी करते और उप संपादकों से फालतू खबरें नहीं बनवाते इसलिए उनकी शिफ्ट में ज्यादातर सब खाली बैठे रहते। तब हिंदुस्तान टाइम्स के प्रबंध संपादक होते देवदास गांधी। महात्मा गांधी के सुपुत्र और घनश्यामदास बिड़ला के बड़े विश्वासपात्र। वे कनॉट प्लेस में हिंदुस्तान टाइम्स के दफ्तर के ऊपर ही रहते। रात को अक्सर दफ्तर में आ जाते और जिस किसी को खाली बैठा देखते उसे कोई काम थमा देते। एक रात वे आए। मुलगावकर शिफ्ट ले रहे थे। आदतन टेबल पर पांव रखे खबरें संपादित कर रहे थे। उनके सामने बैठे थे अजित भट्टाचार्यजी जिनके हाथ में कोई खबर नहीं थी। देवदास गांधी ने उन्हें कहा—'अजित जरा मेरे लिए वह फाइल ले आओगे।'

मुलगावकर वैसे ही टेबल पर पांव पसारे खबरें संपादित कर रहे थे। उन्होंने सिर उठाए बिना वहीं से कहा—मिस्टर गांधी ! अजित खाली नहीं है। न देवदास गांधी की हिम्मत हुई कि कुछ कहते न अजित उठ कर फाइल लेने गए। उस एक वाक्य के बाद मुलगावकर ने भी कुछ नहीं कहा। वैसे ही बैठे खबरें बनाते रहे। लेकिन उनके कहने में ऐसी अधिकारिकता थी कि

देवदास गांधी जैसे सर्व सत्ता और नैतिक शक्ति वाले प्रबंध संपादक की भी क्या मजाल कि कुछ कहते। अजित को भी कतई जरूरी नहीं लगा कि अपने चीफ सब के बजाय प्रबंध संपादक की सुनते। देवदास गांधी चुपचाप चले गए। लेकिन मुलगावकर ने उस के बाद कोई मूंछ भी नहीं मरोड़ी कि देखो मैंने देवदास की क्या गत बनाई। न दूसरे उप संपादक उनके अद्भुत साहस और चारित्रिक शक्ति के गुणगान में लगे। मुलगावकर सिर्फ इतना चाहते थे कि वे चीफ सब हैं तो उनकी शिफ्ट के उप संपादकों से कोई बेगार नहीं करवाए लेकिन वे खुद भी उप संपादकों की कोई कम घिसाई या रगड़ाई नहीं करते थे। वे व्यवहार का एक सभ्य और सम्माननीय पत्रकारीय तरीका स्थापित करना चाहते थे और इस के लिए प्रबंध संपादक को भी उनका एक वाक्य ही काफी होता था।

मुलगावकर आजाद भारत के पहले संपादक थे जिन्होंने जवाहरलाल नेहरू की चीन नीति के धुर्रे बिखेरे। अब तक जो पंडित जी लगभग देवता की तरह माने जाते थे उन्हें हाड़-मांस के गलती करने वाले प्रधानमंत्री के रूप में दिखाया। ऐसा नहीं कि वे नेहरू जी के विरोधी थे और कलम ले कर उनके पीछे पड़ गए थे। जवाहरलाल मुलगावकर के बड़े मित्र थे और अक्सर उनकी काफी बातें हुआ करती थीं। लेकिन चीन नीति पर मुलगावकर के नेहरू जी से गहरे मतभेद थे और उन पर उन्होंने खुल कर लिखा और कांग्रेस समर्थक हिंदुस्तान टाइम्स में लिखा जिसके कि अब वे संपादक हो चुके थे। नेहरू की चीन नीति के प्रखर आलोचक के नाते मुलगावकर की ख्याति थी और स्वाभाविक ही नेहरू जी इस मुद्दे पर उन से खुश नहीं थे।

लेकिन सन् बासठ में चीन ने हमला किया और पूर्वोत्तर सीमा पर भारतीय सेना की बड़ी दुर्गति हुई। हम लोग मानते नहीं कि हम हारे लेकिन चीन को बोमडीला तक कोई रोक नहीं सका। युद्ध विराम भी चीन ने अपनी तरफ से किया क्योंकि वह भारत में इतनी दूर नहीं उतर आना चाहता था कि उस की कुमुक हिमालय पार से बंद की जा सके। चीन ने इसे अपनी जमीन लेने का अभियान बताया था और साम्यवादी देश ही नहीं, पश्चिमी देश भी उस के प्रचार में आ गए थे। तब भारत में महसूस किया गया कि एक प्रतिनिधिमंडल पश्चिमी देशों में जाना चाहिए जो भारत का पक्ष और दृष्टिकोण उनके सामने रख सके। इस प्रतिनिधिमंडल में कौन-कौन जाए इस की एक सूची बना कर जवाहरलाल नेहरू के सामने रखी गई। उस में कई विख्यात और प्रतिष्ठित बुद्धिजीवी और विद्वान थे। उसे देख कर नेहरू जी ने हाशिए पर लिखा—श्री से क्यों नहीं पूछते हो ? प्रधानमंत्री दफ्तर के एक कारभारी वह कागज ले कर हिंदुस्तान टाइम्स में मुलगावकर के पास आए। जवाहरलाल की टिप्पणी पढ़ कर मुलगावकर को कैसा लगा, यह न तो मुझे किस्सा सुनाने वाले ने बताया न मुलगावकर ने। लेकिन मुलगावकर ने लिखा, प्रिय पंडितजी, बहुत धन्यवाद ! लेकिन मेरा काम अखबार निकालना है। सरकार की तरफ से दुनिया घूमते हुए उस की नीति समझाना नहीं !

आप कह सकते हैं कि वे जवाहरलाल नेहरू ही थे जो अपनी चीन नीति के सबसे प्रखर आलोचक को पराजय के बाद भी अपनी ओर से भारत का पक्ष समझाने के लिए उपयुक्त व्यक्ति मानते थे। लेकिन यह भी देखिए कि देश के सबसे बड़े नेता ने मुलगावकर में इतना विश्वास प्रकट किया। एक मित्र प्रधानमंत्री का ऐसा विश्वास किसी को भी देश के काम में लगने की महत्ता से प्रेरित कर सकता था। लेकिन मुलगावकर को अपनी संपादकी इससे

ज्यादा सार्थक लगी। विनम्रता से सुझाव पर ना कर दिया। लेकिन न नेहरू से उनके संबंध इस के बाद और प्रगाढ़ हुए न बिगड़े। एक और किस्सा है और यह तो मुझे मुलगावकर ने ही सुनाया। नेहरू जी ने उन्हें नाश्ते पर बुलाया था। बीच में एक दिन का टाइम था। किसी विषय पर मुलगावकर ने एक संपादकीय लिखा। दूसरे दिन प्रधानमंत्री कार्यालय से सूचना आई कि नाश्ते की मुलाकात नहीं हो सकेगी। मुलगावकर समझ गए कि इसका क्या कारण होगा। उन्होंने नेहरू जी को एक पर्ची भेजी—मैं मानता हूं कि आज का संपादकीय आप को ठीक नहीं लगा होगा। लेकिन इसका नाश्ते की मुलाकात से क्या लेना-देना है ? एक दिन भी नहीं लगा। जवाहरलालजी ने नोट भिजवाया माफ करना। नाश्ता कल सबेरे के लिए पक्का है। नाश्ता तीन मूर्ति में हुआ।

एक और किस्सा है। आप को याद होगा कि गौ हत्या बंदी के सवाल पर साधुओं ने संसद पर हमला बोल दिया था। उस के बाद जो हुआ उस पर गृह मंत्री गुलजारीलाल नंदा लोकसभा में बयान देने वाले थे। नंदा जी अखिल भारतीय साधु समाज के भी पदाधिकारी थे। उन्हें पता चला कि मुलगावकर ने हिंदुस्तान टाइम्स में कोई सख्त संपादकीय लिखा है। नंदाजी ने घनश्यामदास बिड़ला को फोन किया कि आज यह संपादकीय न जाए। उनका बयान हो जाने के बाद लिखा जाए तो अच्छा होगा। बिड़लाजी ने मुलगावकर को फोन किया कि नंदाजी ऐसा कह रहे हैं। मुलगावकर ने कहा—उनको कहिए कि मुझसे बात कर लें। बिड़लाजी ने नंदाजी को कहा और नंदाजी ने मुलगावकर को फोन किया। वही दलील कि बयान के बाद कल संपादकीय जाए तो अच्छा रहेगा। मुलगावकर ने कहा कि आप बयान जरूर दीजिए। उसे हम यथोचित महत्त्व के साथ खबरों में जरूर छापेंगे। लेकिन लिखा हुआ संपादकीय तो वापस नहीं लिया जा सकता। वह आज की परिस्थिति पर हमारी टिप्पणी है। उसका आप की सुविधा-असुविधा से मतलब नहीं है।

न तो बिड़लाजी ने मुलगावकर को कुछ कहा न नंदाजी उन के पीछे पड़े कि इस संपादक को बाहर करो। और यह किस्सा तो मेरे सामने का है। रामनाथ जी संपादकों के साथ लंच किया करते थे। सन् सतत्तर का अप्रैल या मई का महीना होगा। लंच चल रहा था इतने में प्रधानमंत्री मोरार जी देसाई का फोन आया—क्या रामनाथ जी, एक्सप्रेस ही अगर इंदिरा गांधी को ऐसा महत्त्व देगा तो फिर क्या होगा ? (उस दिन कमानी हॉल में इंदिरा जी की पराजय के बाद पहले भाषण की रपट पहले पेज पर उनकी दो कालम की तस्वीर के साथ छपी थी।) रामनाथ गोयनका सुनते रहे। फिर उन्होंने कहा—ये तो मोरार जी भाई संपादकीय आकलन का विषय है और आप जानते हैं कि मैं उस में नहीं पड़ता। ये मुलगावकर से बात कर लो—और उन्होंने फोन मुलगावकर को दे दिया। उन्होंने कहा कि लोग जानना चाहते हैं कि इंदिरा जी क्या कर रही हैं और क्या सोचती हैं। उन्हें सूचित करना हमारा काम है। हमने किया। इस में परेशानी की क्या बात है ? इस के पहले कि मुलगावकर फोन नीचे रखते रामनाथ जी ने उन्हें इशारे से कहा कि जरा मुझे देना। मुलगावकर ने फोन उन्हें दे दिया। रामनाथ जी ने कहा—मोरार जी भाई, एक बात कहना चाहता हूं बुरा मत मानना। एक कहावत है हमारे यहां—...के हिमायती मारे जाते हैं। और फोन रख दिया। जो पहला शब्द मैंने छोड़ दिया है वह रामनाथ जी तो प्रधानमंत्री को भी कह सकते थे पर यहां मैं लिख नहीं सकता।

कोई अचरज नहीं कि मुलगावकर धनश्यामदास बिड़ला और रामनाथ गोयनका को ही

अखबार मालिक होने के लायक मानते थे। कोई संभावना नहीं थी कि मुलगावकर सरकार के कोप से घबराने वाले या समझौता करने वाले या घुटने टेकने वाले किसी मालिक के अखबार में संपादक होते। मालिक से वे बराबरी का संबंध रखते। न उस के काम में दखल देते न अपने काम में उसे दखल देने देते। घनश्यामजी और रामनाथ जी सिर्फ धार्मिक ही नहीं पूजा-पाठ करने वाले धर्मभीरू व्यक्ति थे और मुलगावकर एगनॉस्टिक और कर्मकांड, धार्मिकता आदि को धोखा मानते थे। दोनों एक दूसरे से न अपनी आस्था छुपाते थे न थोपते थे। दोनों की अच्छी पटी। बिड़लाजी और गोयनकाजी दोनों ने ही दुनियादारी को साधा और लंबा-चौड़ा लवाजमा और राजपाट खड़ा किया। मुलगावकर दुनियादारी के लिए कुछ नहीं करते। वे निजतावादी और अकेले अपने शौक में लगे रहते। प्रतिष्ठान होना और बनाना उनके स्वभाव में नहीं था। रामनाथ जी मुलगावकर को मंदिर नहीं ले जाते लेकिन पत्ते उन्हीं के साथ खेलते। रामनाथ जी को चंडीगढ़ जाते हुए कार में मुलगावकर ने कहा—ये तो मूंजी है। जितना इनका महीने भर का खर्चा है, उससे ज्यादा तो मेरा एक शाम की शराब पर खर्च हो जाता है। रामनाथ जी को हां करने में कोई दिक्कत नहीं हुई।

मेरे पास मुलगावकर के सैकड़ों किस्से हैं। दो सौ पेज की किताब तो सिर्फ किस्सों की लिख दूं आप कहें तो। लेकिन इन सब में से मुलगावकर एक ऐसे शक्तिशाली संपादक के रूप में निकलते हैं जिनने अपना निजी जीवन अपने ढंग से रंगीनी, मुफलिसी और समृद्धि के साथ जिया लेकिन उस में संपादकी को नहीं आने दिया। संपादकी को कभी निजी या बाहरी तत्वों से प्रभावित नहीं होने दिया। अपने लिए संपादकी का कोई लाभ नहीं लिया न किसी को लेने दिया। संपादकी का इस्तेमाल संबंध बढ़ाने, सत्ता में भागीदारी करने, राजनीति करने और घरबार भरने में नहीं किया। अपने संपादकी पव्वे और प्रभामंडल का इस्तेमाल किसी और क्षेत्र या प्रयोजन में नहीं किया। उनका अहम् और आत्मसम्मान उन्हें ऐसा कोई काम करने की छूट नहीं देता जिसे वे ओछा या नीचा मान कर अपनी ही नजरों में गिर जाते। मुलगावकर अपने मानदंड खुद तय करते और फिर लगातार उन से अपने को नापते। अपनी कसौटी आप बनाते और उस पर अपने को हमेशा कसते। उन्होंने संपादकी चदरिया मैली किए बिना जयों की त्यों रख दी। वे मिशनरी नहीं थे। लेकिन जिन्हें मिशन की बड़ी चिन्ता है वे मुलगावकर की कसौटी पर तो चढ़ जाएं।

(23.5.93)

उनके नक्शे-कदम रह गए

बंबई से रवाना होते हुए अब भी लगता है कि चलते-चलते रेड बोस्का की दो बोतल ले लो। लेकिन किस के लिए लो ? जिनके लिए यह लाल वाइन लेना सीखा और जिन्हें दे कर अच्छा कुछ करने के सुख-संतोष से मन भर जाता रहा उन्हें गए तो इस नौ मई को पूरा एक साल हो जाएगा। संपादक नाम की संस्था की फजीहत के इस साल में कितनी बार लगा कि जाऊं मुलगावकर से कहूं कि देखिए ऐसा हो रहा है और इसे रोकने के लिए हम कुछ करते क्यों नहीं। दिल्ली के सारे संपादकों में श्री मुलगावकर अपने लिए संपादकीय शक्ति के अटल स्तंभ थे। मुलगावकर जिनके फेफड़े बिलकुल जवाब दे गए थे, जिनके लिए सांस लेना मुश्किल था और जो दिन में आठ घंटे ऑक्सीजन लिया करते थे, उन्हीं कृशकाय मुलगावकर से बात कर के कितनी ताकत और हिम्मत मिला करती थी।

किसी के लिए वाइन या शराब खरीदना अपने संस्कारों में अपकर्म की तरह है। लेकिन मुलगावकर के लिए रेड बोस्का की दो बोतलें लेना जैसा प्राणदायिनी दवा खरीदना था। मुलगावकर विस्की जैसी दमदार दारू वाले आदमी थे लेकिन डॉक्टरों ने उनकी विस्की बंद कर दी थी इसलिए भोजन के साथ वे रेड बोस्का लिया करते थे। पेरिस में कई साल रहे तो यों भी अच्छी से अच्छी फ्रेंच वाइन के शौकीन थे पर वाइन उनको हल्की पड़ती थी। डॉक्टर मजबूर नहीं करते तो वे विस्की की जगह रेड वाइन नहीं लेते।

अब रेड बोस्का या कोई और रेड वाइन ऐसा नहीं कि दिल्ली में नहीं मिलती हो। हां, बंबई में दिल्ली से दस पंद्रह रुपए सस्ती पड़ती थी क्योंकि दिल्ली में महाराष्ट्र की इस वाइन पर चुंगी लग जाती है। लेकिन दस-बीस रुपए सस्ती मिल जाए इसलिए आते-जाते आदमी से बंबई से रेड बोस्का मंगवाते रहो ऐसे दुनियादार और हिसाबी व्यक्ति वे नहीं थे। ऐसा करने को वे अपनी तौहीन समझते। पिछले साल शायद मैंने लिखा था कि चंडीगढ़ जाते हुए एक बार उन्होंने रामनाथ गोयनका से कहा था कि ये क्या है, मूंजी है। जितना इनका महीने भर का खर्च है उतना तो मैं एक शाम अपनी शराब में लगा देता हूं। मुलगावकर की मौज-मस्ती पराये माथे परमानंद वाली नहीं थी। जो भी करते उस की पाई-पाई चुकाने वाले आदमी थे।

फिर उन्हें क्यों अच्छा लगता कि मैं बंबई के रेड बोस्का से दो बोतलें ले आया हूं ? वे जानते थे और मजाक भी उड़ाते थे कि मैं पीने-पिलाने वाला आदमी नहीं हूं। इसलिए शायद उन्हें लगता कि ऐसा मैंने किया तो प्रेम और सम्मान के कारण ही किया होगा। लेकिन वे कोई सम्मान के भूखे आदमी नहीं थे और प्रेम करने वाले की कदर भी करते तो उसे कोई दिखाते नहीं फिरते थे। फिर उनका प्रेम-सम्मान करने वालों की सूची में अपना नाम बहुत नीचे आता था। बंबई से उन से मिलने आने वालों की आवाजाही चलती ही रहती थी।

लेकिन मुझे उनने कभी मना नहीं किया कि क्यों ले आए रेड बोस्का। न किसी और से कहा कि तुम ले आया करो। अपने को हमेशा उनकी यह कृपा लगी कि अपनी लाई रेड बोस्का वे स्वीकार करते रहे बल्कि कभी कहा भी कि जा रहे हो बंबई तो लेते आना। न तो रेड बोस्का दुनिया की सबसे अच्छी लाल वाइन है, न मैं उसे लाने वाला उनका सबसे बड़ा मित्र या प्रशंसक था।

फिर रेड बोस्का और उसका मेरा बंबई से लाना मुलगावकर को क्यों अच्छा लगता था ? शायद इसलिए कि वह बंबई की चीज़ थी और बंबई जाने वाला कोई मित्र-प्रशंसक ले कर आया था। मुलगावकर बंबई में जनमें, पढ़े और बढ़े थे। कोई उन्हें महाराष्ट्रीयन कहता तो कोई अच्छा नहीं लगता था न वे अपनी मातृभाषा मराठी में बोलने को उत्सुक रहते थे। लेकिन उनके चरित्र में बंबई का सार्वदेशिक महानगरीय तत्व सबसे प्रधान था और स्वभाव से ही वे लल्लो-चप्पो के बजाय धरती की सख्त और कटु वास्तविकता को पसंद करने वाले आदमी थे। यह महाराष्ट्रीन स्वभाव है। बंबई और महाराष्ट्र उनके स्वभाव और चरित्र में ऐसे एकम एक हुए थे, भले ही वे अपने को मुंबईकर और मराठी माणस कहा जाना अपमानजनक मानते रहे हों !

सरवटे आदि के मुंह से सुने हैं और जिनके बारे में पुरानी किताबों में पढ़ा है। मुलगावकर के साथ उस वक्त के बंबई के क्रिकेट और खिलाड़ियों पर उसी तरह बात की जा सकती थी जैसे ठंडी रातों में अलाव के पास दादा बाबा से कहानियां सुनी जा सकती हैं। मुलगावकर की रुचियों, जानकारियों और रस संसार में लगभग पूरी दुनिया समाई हुई थी।

लेकिन इसमें कोई संदेह ही नहीं कि मुलगावकर अपने अस्सीवें साल में बंबई में अपना बचपन ढूंढ़ रहे थे और इस तलाश ने जैसे उनका कायाकल्प कर दिया था। एक बार हम सीके की उस धुंआधार पारी की बात कर रहे थे जिसे मुलगावकर ने बच्चे की तरह देखा था और जिसकी दंतकथाएं मैंने सुन रखी हैं। मुलगावकर दूसरे दिन उसी जिमखाना में मुझे लंच करवाने ले गए जहां के मैदान पर सीके ने वह पारी खेली थी। बंबई मैं बीसियों साल से आता रहा हूं और मेरे क्रिकेट हीरो सीके ने अपना सबसे शानदार और धुंआधार क्रिकेट यहीं खेला है। लेकिन उस जिमखाना जा कर वहां खड़े होने और अपने आसपास उस पारी का वातावरण बनाने की कोशिश नहीं की। सीके को मैंने देखना शुरू किया तब मुलगावकर हिंदुस्तान टाइम्स में सहायक संपादक हो चुके थे और सीके को खेलते देखना छोड़ चुके थे।

जिमखाना मुझे बिलकुल इंगलिश लगा और उस के सामने का मैदान वैसे कई मैदानों की याद दिला गया जो मैंने इंग्लैंड में देखे हैं। वहां बैठ कर उस दिन लंच करना और मुलगावकर को सुनना समय और स्थान में पैंसठ साल पीछे जाना था। अगर उस समय का मैंने पढ़ न रखा होता तो एक-दो दिसंबर सन् छब्बीस का वातावरण बना ही नहीं सकता था। जैसे आसमान में गरुड़ उड़ता है उस तरह मैदान पर बल्ला ले कर उतरते लंबे और सुते हुए गठीले बदन के सीके की राजसी चाल फिर देख नहीं पाता। मुलगावकर ने बताया कि एमसीसी के अर्ली ने आठ छक्के कहां-कहां मारे थे और दूसरे दिन सीके ने ग्यारह छक्के कहां-कहां मारे। मुलगावकर की आंखों में बच्चों जैसी चमक और उनके बताने में वही उत्तेजना जो पंद्रह साल के श्रीकृष्ण मुलगावकर में निश्चित ही रही होगी। सीके की उस ऐतिहासिक और अंग्रेज बल्लेबाज पर भारतीय बल्लेबाज की श्रेष्ठता बताने वाली पारी का वीडियो टैप भी होता तो

उसे देख कर मैं वह नहीं प्राप्त कर सकता था जो चश्मदीद गवाह और बचपन को तलाशते मुलगावकर ने दिया। जिमखाना का वह लंच मैं कभी नहीं भूलूंगा।

क्योंकि उसी दिन मुझे यह भी समझ में आया कि चूंकि सीके नायडू मेरे क्रिकेट हीरो हैं इसीलिए मुलगावकर मेरे पत्रकारीय हीरो बने। न सिर्फ ललाट और नाक सीके और मुलगावकर की, मेरी नज़र में, एक जैसी थीं, दोनों के चलने में–सीके के खेलने और मुलगावकर के लिखने में ऐसा सहज आत्मविश्वास था जैसे जो वे कर रहे हैं वह उन्हीं का अधिकार है। दोनों को अपनी प्रतिभा और अपने कौशल पर गर्व था–छिछले, दिखनौटे और बड़बोले आदमी का गर्व नहीं ऐसे आदमी का आत्मगर्व जो जानता है कि वह क्या है और जिसे साबित करने के लिए उसे किसी के प्रमाण पत्र की जरूरत नहीं है। दोनों अपनी पसंद-नापसंद में सख्त और दोनों को अपनी सनक और धुन के पक्के होने का कोई गिला नहीं। सिर्फ मैट्रिक पास मुलगावकर ने अपने आप को देश का सबसे स्वतंत्रचेता और शक्तिशाली संपादक बनाया। बिना किसी कोचिंग और ट्रेनिंग के सीके ने अंग्रेजों और राजा महाराजाओं की साजिश वाली खेल दुनिया में अपने बल्ले को गर्वीले ध्वज की तरह फहराया। इंदौर महाराजा यशवंतराव होलकर ने कहा था कि 'मैं तो इंदौर का ही राजा हूं सीके तो क्रिकेट के बादशाह हैं।' सीके होलकर की सेना में कर्नल थे। और भारत के गोयनका-मुलगावकर को गुरु कहते थे और यह बताने में गौरव करते थे कि मुलगावकर चाहें तो मेरी बात पर ना कर सकते हैं मैं उनकी बात पर ना नहीं करूंगा। मुलगावकर इंडियन एक्सप्रेस के प्रधान संपादक थे।

उन्हीं दिनों मुलगावकर को किसी स्त्री के साथ ऐसे बोलते-बरतते पाया जैसे बढ़ते हुए बच्चे सहेली के साथ करते हैं। लीला मुलगावकर मलाबार हिल के अपने बड़े से फ्लैट में अकेली रह गई थीं। मुलगावकर के बड़े भाई टेल्को के चेअरमन सुमंत मुलगावकर का निधन हो गया था। पचीसों सामाजिक कार्यों में लगी रहने वाली लीला मुलगावकर पति के देहावसान से ऐसी विरक्त हो गई थी कि जैसे उन्हें दुनिया से लेना देना ही न हो। मुलगावकर पेंट हाउस छोड़ कर उनके पास रहने गए थे। लीला इस से जीवन में लौट आई थीं और मुलगावकर जैसे अपनी प्यारी भाभी के नटखट देवर हो गए थे। मुलगावकर को इस तरह की भूमिका में किसने देखा होगा ? हमने देखा और हम सचमुच चकित। सुखद अहसास से। लीला ताई मुलगावकर को मराठी में तू-तूकारे से बोलतीं और उनकी आदतों की मजाक बनातीं। मुलगावकर भी वैसी ही मराठी में तू-तकार और तकरार करते। अस्सी बरस के बड़े-बूढ़ी को इस तरह सखा-सहेली जैसी बातें करते देख कर लगता कि संबंधों का रस कभी सूखता नहीं और मृत्यु से जो संसार नष्ट होते हैं उनके समानांतर चले संसार पुनर्जीवित भी हो सकते हैं। बाद में लीला मुलगावकर एक दिन घर की सीढ़ियां चढ़ते लुढ़कीं और देह छोड़ गईं। मुलगावकर दिल्ली में थे।

(8.5.94)

गिरिलाल जैन

एक गिरि संपादक को अंतिम प्रणाम

गिरिलाल जैन को यह कैसी श्रद्धांजलि है भाई प्रभाष जोशी जिसमें भारत की अंग्रेजी पत्रकारिता को लोकविमुख और सरकारमुखी कहा जाए। गिरिलाल जैन का तो सारा जीवन ही अंग्रेजी पत्रकारिता करते कटा और मुलगावकार के बाद वे स्वतंत्र भारत की अंग्रेजी पत्रकारिता के सबसे वजनदार, प्रतिष्ठित और प्रख्यात संपादक थे। अपने दफ्तर को प्रधानमंत्री के दफ्तर के बाद देश का दूसरा सबसे महत्त्वपूर्ण दफ्तर कहने वाले दिलीप पाडगावकर क्षमा करें, लेकिन गिरिलाल जैन के छोड़ने के बाद मैंने टाइम्स ऑफ इंडिया के संपादकीय पढ़ना छोड़ दिया है। अंग्रेजी अखबार जरूर मैंने इंडियन एक्सप्रेस के खेल पन्ने से पढ़ना शुरू किए लेकिन गंभीर रुचि तो टाइम्स के संपादकीय पेज से ही शुरू हुई। मेरी और राजेंद्र माथुर की पत्रकारीय प्रारंभिक शिक्षा टाइम्स ऑफ इंडिया के एडिट पेज से ही हुई। हमने गिरिलाल जैन का शायद ही कोई लेख बिना पढ़े छोड़ा हो और हम चार लाइन पढ़ कर बता सकते थे कि कौन-सा संपादकीय गिरिलाल जैन का लिखा होगा। गिरिलाल जैन हमारे रज्जू बाबू के पत्रकारीय हीरो थे और मेरे हीरो थे मुलगावकर। यह एक तरह से हम दोनों के चरित्र का मूल अंतर भी था। गिरिलाल जैन की तरह राजेंद्र माथुर सरकार और उस की नीतियों और नेताओं की तीखी से तीखी और सही आलोचना करने के बाद भी प्रतिष्ठान विरोधी नहीं थे। चूंकि कांग्रेस देश का राजकीय और राजनैतिक प्रतिष्ठान रहा और है इसलिए संपादक गिरिलाल जैन और संपादक राजेंद्र माथुर तमाम आलोचना के बाद भी अंततः कांग्रेस समर्थक रहे। और अशोक जैन अगर माफ करें तो यह भी कहना चाहता हूं कि टाइम्स ऑफ इंडिया भी आजादी के पहले अंग्रेजों के हाथ में और बाद में डालमिया-जैन हाथों में प्रतिष्ठानवादी रहा है। यह संयोग नहीं है कि गिरिलाल जैन ने टाइम्स छोड़ कर कहीं पत्रकारिता नहीं की और सत्ताईस साल पत्रकारिता करने के बाद इंदौर छोड़ कर राजेंद्र माथुर कहीं संपादन करने आए तो नवभारत टाइम्स में।

गिरिलाल जैन और राजेंद्र माथुर से मेरा मन और मेरी बुद्धि बनी है। मैं इनकी आलोचना तो कर सकता हूं लेकिन इनकी बुराई नहीं कर सकता। ज्ञानी जैल सिंह जब राष्ट्रपति भवन छोड़ कर जा रहे थे तो उन्होंने सभी संपादकों और पत्रकारों को भोजन पर बुलाया था। तब पहली बार मैंने गिरिलाल जैन को बहुत आदर और प्रेम से कहा था—मैं आपसे कभी सहमत नहीं हुआ लेकिन आपका लिखा मैंने कभी पढ़ने से छोड़ा नहीं है। गिरिलाल जैन मेरी इस बात से कोई प्रसन्न नहीं दिखे। फिर सन् नब्बे में भोपाल में एक बहस में हम साथ थे जिसमें गिरिलाल जैन ने कहा कि अगली सदी हिंदुओं की सदी होगी। अरविंद घोष के सामने दुनिया का कोई चिंतक क्या टिकेगा। और हिंदुओं का सबसे बड़ा दोष उनकी आत्म-प्रताड़ना है। बाद

में मुख्यमंत्री सुंदरलाल पटवा के घर भोजन करते हुए मैंने गिरिलाल जैन से कहा कि ये विचार अगर आपके रिटायर होने के बाद के नहीं हैं तो आपने इन्हें टाइम्स के संपादकीय पेज पर क्यों नहीं लिखा ? उन्होंने मुस्कुरा कर कहा—'तब मैं टाइम्स का संपादक था और अब एक निजी और स्वतंत्र व्यक्ति हूं।' लोग समझेंगे कि गिरिलाल जैन कह रहे थे कि वे टाइम्स में लिखने के लिए स्वतंत्र नहीं थे और उन्हें टाइम्स की प्रतिष्ठानपरस्त नीति के अनुसार लिखना पड़ता था। बिलकुल नहीं। लोक में प्रचलित भ्रमों में से सबसे भ्रामक यही अवधारणा है। गिरिलाल जैन अखबार.की नीति और मालिकों की मर्जी के अनुसार और अपनी धारणा के खिलाफ लिखने वाले संपादक नहीं थे। न वे यह कह रहे थे कि अखबार के संपादक होते हुए ऐसा करना पड़ता है। उनके कहने का मतलब यह था कि अखबार के संपादक को सभी तरह के विचारों और दृष्टिकोणों को पाठकों के सामने रखना होता है और यह अपनी एक अलग सख्त लाइन ले कर अलख नहीं जगा सकता। जगाना चाहिए नहीं। गिरिलाल जैन संपादक और पत्रकार को तटस्थ आलोचक-समीक्षक की भूमिका में देखते थे। वे संपादक-पत्रकार के एक्टिविस्ट यानी पक्षधर कार्यकर्ता-नेता होने के खिलाफ थे इसीलिए अरुण शौरी से उनकी कभी पटी नहीं। संपादक पत्रकार के नाते गिरिलाल जैन और अरुण शौरी दो विपरीत धुरियों पर बैठे हुए व्यक्ति हैं।

भोपाल में गिरिलाल जैन से हुई बात मैंने नानाजी देशमुख से कही जो दीनदयाल शोध संस्थान के संस्थापक निदेशक थे और तब उन्होंने चित्रकूट में ग्रामोदय विश्वविद्यालय के संस्थापक-कुलाधिपति का पदभार संभाला नहीं था। नानाजी ने कहा कि गिरिलालजी तो हमारे पुराने मित्र हैं और वे हिंदुत्व पर काम करें तो दीनदयाल शोध संस्थान में उनके लिए कोई कमी नहीं होगी। लेकिन अपने काम के लिए वे शायद अलग संस्थान चाहते हैं। फिर नानाजी ने कहा कि जिन विचारों पर वे आजकल लिखते और बोलते हैं उन से मैं सहमत हूं और पसंद करता हूं लेकिन ये हमेशा से उन के विचार नहीं रहे हैं। गिरिलालजी नेहरू के राजकीय समाजवाद के बड़े और नैतिक समर्थक रहे हैं। उन्हें एक बार मैं गुरुजी (गोलवलकर) के पास ले गया था। उन से बहस में गिरिलालजी ने हिंदुत्व की सभी बातों का विरोध किया था। लेकिन अब वे हमसे भी बड़े हिंदुत्व समर्थक हो गए हैं तो यह तो बड़े संतोष की बात है। मैंने भी कम से कम सन् साठ से अठासी तक तो गिरिलाल जैन को टाइम्स में पढ़ा ही है और खूब ध्यान से पढ़ा है और मैं नानाजी से सहमत हूं कि पहले वे पश्चिम के वर्चस्व में ही विश्वास करते थे।

लेकिन इससे सिर्फ यही साबित होता है और ठीक साबित होता है कि आदमी के विचार बदलते हैं। गिरिलाल जैन टाइम्स के पश्चिम-परस्त संपादक के नाते झूठे नहीं थे न रिटायर होने के बाद घनघोर हिंदुत्व समर्थक हो जाने के कारण अवसरवादी साबित होते हैं। सोचने-समझने और विचार करने वाले लोगों को दलबदलू, अवसरवादी और धोखेबाज कहने वाले लोग विचार का मूल तत्व ही नहीं समझते। अंग्रेजी में कहावत है कि आजीवन और निरंतर वैचारिक समानता और सातत्य सिर्फ गधों में होता है और बुद्धिमान अक्सर सहमत नहीं होते और सिर्फ गधे ही हमेशा सहमत होते हैं। गांधी जी से किसी ने पूछा था कि आप कई बार अपने विचार बदल लेते हैं। हम किस पर जाएं और किसे आपकी पक्की राय मानें ?

गांधी जी ने कहा था कि आप उसी को मेरी राय मानें जो मैंने बाद में कही है। विचारों में अगर परिवर्तन न होता हो और वह ठीक नहीं हो तो विचार करने का और लिखने-पढ़ने का अर्थ और प्रयोजन ही क्या रह जाएगा ? अगर आप के विचार बदलें नहीं तो इसका एक ही मतलब है कि आपने ज्यादा विचार किया नहीं है। और अगर आप दूसरों के विचार बदल नहीं सकें तो इसका भी यही मतलब है कि आप के विचारों और उन्हें लिखने-समझाने में दम नहीं है। विचार से ही विचार बदले और बनाए जाते हैं। विचार परिवर्तन ही सही और सच्चा और स्थायी परिवर्तन है।

गिरिलाल जैन के विचारों से न मैं टाइम्स के समय सहमत था न अब हिंदुत्व के समय। लेकिन उनका शायद ही कोई लेख मुझसे पढ़े बिना रह गया हो। उनकी समझ, गहराई, तार्किकता और उनकी बातों का वजन भारत में अंग्रेजी में समसामयिक विषयों पर लिखने वाले संपादकों-लेखकों में दुर्लभ है। उन से आप बुरी तरह और पूरी तरह असहमत हो सकते थे लेकिन उनसे उदासीन नहीं रह सकते थे। ऐसा नहीं हो सकता था कि ठीक है यार गिरिलाल जैन ने लिखा है ना ! अभी तो टाइम नहीं है पढ़ने का। गिरिलाल जैन का लिखा समसामयिक मामलों में रुचि लेने वालों के लिए अनिवार्य वाचन था। उनके जाने के बाद अंग्रेजी अखबारों में पढ़ने के लायक ज्यादा कुछ रह नहीं जाएगा। गिरिलाल जैन न सिर्फ अच्छा और उत्प्रेरक लिखते थे, वे लिखते भी बहुत थे। एक बार कार से चंडीगढ़ से लौटते वक्त रामनाथ जी (गोयनका) ने कहा—'अपने पास इतने संपादक और लेखक हैं। लेकिन गिरि जितना लिखने वाला एक भी नहीं है। ऐसा कोई हफ्ता नहीं जाता जब वो न लिखता हो। कई बार तो हफ्ते में दो-तीन बार लिखता है। आई टेल यू, आई डोंट एग्री विथ हिम। बट आई एडमायर हिज जेस्ट फॉर राइटिंग।' मुझे मालूम है कि रामनाथ जी गिरिलाल जी को एक्सप्रेस में लेना चाहते थे। वे टाइम्स में थे तब भी और रिटायर हो गए तब भी।

बंबई के अपने पेंट हाउस में रामनाथ जी ने उन्हें कई बार खाने पर बुलाया और पटाते रहे कि वे एक्सप्रेस में आ जाएं। लेकिन गिरिलाल जैन टाइम्स छोड़ कर कहीं नहीं गए। उनकी यह वफादारी मुझे उनका सबसे बड़ा सद्गुण लगता है। उप संपादक, संवाददाता, सहायक संपादक, स्थानीय संपादक और प्रधान संपादक सभी टाइम्स में हुए। थोड़ी-सी शुरुआत बांबे क्रॉनिकल से भले ही की होगी। लेकिन कोई अड़तीस साल टाइम्स में काम किया और खूब किया जम के और लग के किया। वे टाइम्स की पहचान हो गए थे और टाइम्स उनकी पहचान। एक संस्थान, एक अखबार और एक प्रतिष्ठान के प्रति ऐसा नैतिक लगाव आज की पत्रकारिता में दुर्लभ है लेकिन गिरिलाल जैन जैसे पत्रकार-संपादक भी तो दुर्लभ हैं। जो टप्पे खाते फिरते हैं ना, वे न तो कभी आसमान में थिगते हैं न कहीं धरती पर टिकते हैं। जिसकी जड़ें धरती में खूब गहरी और मजबूत होती हैं वही तूफानों से टक्कर लेता है और वही उखड़ता है। तिनकों और सूखे पत्तों को तो हवाओं के झोंके भी उड़ाते और गिराते रहते हैं। गिरिलाल जैन के जाने से पत्रकारिता की जो धरती उखड़ गई है उसे मैं बटोर लाऊंगा और अपनी जड़ों पर थाप लूंगा ताकि वे धरती को मजबूती से पकड़े रहें। गिरिलाल जैन से मैंने पूछा था कि रामनाथ जी ने आप को इतना मनाया पर आप आए क्यों नहीं जबकि टाइम्स में समीर जैन से आपकी पट नहीं रही थीं ? गिरिलालजी ने कहा—रामनाथ जी जबरदस्त आदमी थे और बड़े मालिक। लेकिन उन से मेरी पटती नहीं। मैं जानता हूं कि उनके मन में

मेरे लिए सम्मान था। मेरी कदर करते थे। मैं भी उनके दम गुर्दे का घनघोर प्रशंसक हूं। लेकिन एक मालिक के नाते मेरी उन से कैसी बनती मैं नहीं जानता। मालिक के नाते मुझे अशोक जैन सब से अच्छे लगते हैं। मैंने अचकचा कर पूछा—अशोक जैन ? उन्होंने कहा—हां अशोक जैन। तुम जानते नहीं हो अशोक जैन को। गिरिलाल जैन ने बहुत आश्वस्ति और प्रशंसा भाव से कहा। मेरे चेहरे पर लिखी हैरत को गिरिलाल जैन के कहने के बावजूद मानता हूं कि कहां रामनाथ गोयनका और कहां अशोक जैन। लेकिन गिरिलाल जैन के अशोक जैन में विश्वास और आकलन का मैं आदर और सम्मान करता हूं। हमारी राय और हमारा विश्वास हमारे अनुभव से बनता है। मेरा अनुभव मुझे कहता है और मैंने गिरिलाल जैन को कहा भी—आप जानते नहीं हैं रामनाथ गोयनका को।

गिरिलाल जैन के खिलाफ मैंने लिखा भी। खास कर इमरजंसी में संपादकों की भूमिका पर उनकी टिप्पणी के खिलाफ। उन्होंने कहा था—पत्रकार-संपादक इमरजंसी से कैसे लड़ते ? क्या उनके परिवार के लिए किसी ने पांच-दस लाख बैंक में जमा कर रखा था। मैंने कहा था कि जिस किसी के खाते में पांच-दस लाख होंगे वह प्रेस और अपनी अभिव्यक्ति की आजादी के लिए नहीं लड़ेगा। उसकी नजर अपने खाते पर होगी। फिर सन् सत्तासी में एक्सप्रेस की हड़ताल और उसमें राजीव सरकार के रोल के वक्त गिरिलाल जैन ने लिखा था कि कोई अखबार कार्यपालिका से कैसे लड़ सकता है। कार्यपालिका चाहे तो उसे कुचल सकती है। मैंने कहा कि किसी कार्यपालिका को किसी अखबार को कुचलने का अधिकार नहीं होना चाहिए। जोगा तो प्रेस स्वतंत्र नहीं रह सकती। एक उद्योग व्यापार के नाते अखबार गड़बड़ कर सकता है। करता भी होगा। कानून से उस के खिलाफ जरूर कार्रवाई की जाए। अखबार होने के कारण उसे बख्शने की कोई जरूरत नहीं। अखबार को कोई विशेषाधिकार नहीं है। अखबार कानून से ऊपर नहीं है। लेकिन कोई सरकार भी कानून से ऊपर नहीं हो सकती न वह उनका दुरुपयोग कर सकती है।

गिरिलाल जैन नहीं रहे और मैं लंदन में हूं। लेकिन उनके जाने से जो धरती उखड़ी है मैं उसे समेट कर लाऊंगा। एक मुट्ठी भर उनकी भस्मि भी लाऊंगा। अपने पास रखूंगा और अपने बड़े बेटे से कहूंगा कि मेरी राख में उनकी मिट्टी और राख मिला देना। मेरी मिट्टी और राख को बनाने में गिरिलाल जैन का जो हाथ है उससे मैं उऋण तो नहीं हो सकता। उस गिरि संपादक के सामने अपन बौने और पंगु ! प्रणाम—छोटे और असहमत हाथों का !

(25.7.93)

निखिल चक्रवर्ती

दादा यानी ग्रैंडफादर

हमारे अब्बी भैया की शिकायत है कि हिंदी वाले ननिहाल पक्ष की तरफ झुके हुए हैं। वे नाना प्रकार की बातें तो करते हैं लेकिन दादा प्रकार की बातें नहीं करते। हिंदी वाले चूंकि अपन को हिंदी सेवी नहीं मानते इसलिए उनकी परंपरा का झंडाबरदार रहने का अपने पर कोई दबाव भी नहीं है। आज मैं आपसे दिल खोल कर दादा प्रकार की बातें करूंगा।

दादा यानी मेरे अपने दादा नहीं। रोज हथेली पर शिवलिंग बना कर पार्थिव पूजा करने वाले मेरे दादा जब शिवलोक गए तो मैं बहुत छोटा था। लेकिन मुझे याद है कि पूजा हो जाने के बाद बायीं पर दायीं हथेली रख कर मैं उन्हीं का रटाया वाक्य कहता था–'तू राम भजन कर प्राणी तेरी दो दिन की जिंदगानी। दाजी परसाद दो।'

खुश हो कर प्रसाद देता उनका चेहरा और त्रिपुंड वाला उनका दमदमाता चौड़ा ललाट मुझे अब भी याद है। हालांकि मेरी एक महिला मित्र का आरोप है कि मैं यादें घड़ लेता हूं। जितना छोटा तब मैं था उतनी उमर के बच्चों को कुछ याद नहीं रहता। मैं फ्रायड और जुंग का शिष्य नहीं हूं कि अपनी मित्र की बात को मनोवैज्ञानिक शास्त्र की कसौटी पर चढ़ा कर झूठी बता दूं। मैं मानता हूं कि वह सत्य भी घड़ा हुआ ही है जिसे हम परम सत्य कहते हैं। सवाल यह है कि आप उसे या उसमें मानते कितना हैं। मैं मानता हूं कि मुझे अपने दादा की वे सभी बातें याद हैं जो मैंने देखी थीं। झगड़ा खत्म।

उन फ्रायड वालों से भी अपना कोई झगड़ा नहीं है जो इस कागद कारे को पढ़ने के बाद कह सकते हैं कि मैं निखिल दा में अपने दादा को तलाशता और पाता हूं। दादा तो क्या मेरे दा साब ही जिंदा रहते तो दादा से पांच साल बड़े होते। लेकिन मान लिया जाए कि निखिल दा में मैं अपने दाजी को देखता हूं तो खराबी क्या है ? आखिर हम उमर भर उन लोगों में अपने नजदीकी लोगों को ही देखते रहते हैं जो अब नहीं रहे। हम सब अपने आसपास के वास्तविक संसार में अपना एक निजी संसार बनाए और बसाए बिना नहीं रह सकते। और जिसका वास्तविक और निजी संसार एक हो गया हो वह या तो परम पद को प्राप्त हो गया है या परमधाम पहुंच चुका है। अपन अभी इन दोनों स्थितियों से बहुत दूर हैं।

तो यह हो सकता है कि निखिल दा यानी निखिल चक्रवर्ती में अपन अपने दाजी को ढूंढ रहे हों या प्रक्षेपित या आरोपित कर रहे हों। इस से क्या फर्क पड़ता है कि उनका एक पोता सागनिक है और एक बेटी है शुमित यानी सुमित। मुझे मालूम है कि निखिल दा को हम सब लोग जो दादा कहते हैं तो इसलिए नहीं कि उन्हें दादा यानी पिता का पिता या ग्रैंडफादर मान कर कहते हैं।

मालूम किया है कि बांग्ला में दादा को ठाकुर दा और नाना को दादा मोशाय बुलाते हैं। निखिल नाम के आगे दा लगता है तो वैसे ही जैसे गुजराती में भाई लगता है। अपने घर और इंदौर के अनगिनत लोग अपने को प्रभाष दा ही बुलाते हैं और गांधी-सर्वोदय वाले प्रभाष भाई। सच पूछिए तो प्रभास के बजाय अपना नाम प्रभाष चला तो बांग्ला प्रभाव के कारण ही। तो ऐसा नहीं कि उन्हें निखिल दा या दादा बुलाने के पीछे जो बंगाली आग्रह है वह अपने को मालूम न हो। फिर भी उन्हें दादा यानी ग्रैंडफादर कहा तो इसलिए कि दिल्ली के पत्रकारीय इलाके में उन्हें हिंदी के मुहावरे में ही पत्रकारिता के कुछ-कुछ दादा की तरह माना जाता है।

अभी जॉर्ज (वर्गीस) कल कह रहे थे कि प्रेम भाटिया के बाद निखिल दा ही सबसे बूढ़े और सबसे सक्रिय पत्रकार होने चाहिए। मैंने कहा कि बिलकुल ! और दादा की सक्रियता की सच्चाई यह है कि इस सितंबर में कलकत्ता में मैंने रेणु दी को फोन किया और कहा कि दादा को मेरे साथ मसूरी जाना था पर वे टैक्सी ले कर आठ दिन पहले ही पहाड़ों में अकेले घूमने निकल गए और अब पाकिस्तान जाने वाले हैं। दीदी ने अंग्रेजी में जो कहा वह हिंदी में कुछ इस तरह कहा जाएगा—इस आदमी को तुम लोग बताते क्यों नहीं कि अब वह बूढ़ा हो गया है और घुमक्कड़ी कम करना चाहिए। मैंने दादा को बताया तो उनने प्रेम की खीझ में कहा—अरे बाबा, तुम उसको क्यों बताया ?

मेरी हंसी उड़ाते हुए दादा अक्सर कहते हैं कि इस का पता तो कोई विमान या रेल या कार—होना चाहिए। लेकिन आप हिसाब लगा कर देखें तो 35 काका नगर के घर में दादा मेरी तुलना में कम पाए जाएंगे। अस्सी के हैं, लेकिन नहीं हैं, न दिखते न लगते हैं। यात्रा पर जाने को जैसे हमेशा तैयार बैठे रहते हैं। इतनी उमर के आदमी के नाते जो सामान, दवाइयां, सुविधाएं और देखभाल का आग्रह नहीं तो सावधानी तो बरतनी ही चाहिए वह भी दादा नहीं रखते। उठाई छोटी सी अटैची और निकल पड़े। उन्हें देखता हूं और अपने से अक्सर पूछता हूं—क्या उनकी उमर में मैं इतनी और ऐसी यात्राएं कर सकूंगा ?

जिस रेलगाड़ी से गए साल हम अयोध्या के लिए लखनऊ गए वह रात में किसी और रेलगाड़ी से टकरा गई थी। हम चार में सबसे बड़े वही थे और नीचे की बर्थ पर गाड़ी के जाने की दिशा में सोए थे इसलिए फर्श पर फिंका गए। और सामने की बर्थ से सिर टकराया इसलिए बहुत बड़ा गूमड़ा दाहिनी ओर कपाल पर हो गया था। एक उन्हीं को लगी थी बाकी हम तीनों को खरोंच तक नहीं थी। सबेरे के बजाय दोपहर बाद लखनऊ पहुंचे थे।

लेकिन दादा ने गेस्ट हाउस पहुंचने के बाद पहले अपना कालम लिखा। दिल्ली पहुंचाने को इंतजाम किया। फिर बड़ी मुश्किल से किसी डॉक्टर को दिखाना मंजूर किया। अयोध्या और जहां भी जाना था सब जगह गए। बिलकुल ऐसे कि जैसे न कोई घर-परिवार हो न कोई चिंता-फिकर करने वाला। तीन बार लोकसभा के लिए चुनी गई पत्नी रेणु चक्रवर्ती कलकत्ता थीं। उनके पत्र 'मेनस्ट्रीम' का काम संभाल रहे पुत्र सुमित और उनका परिवार दिल्ली में था। काका नगर के घर में देखभाल करने वाले दो-तीन जने थे। दादा ने किसी को सूचित नहीं किया। हमें देखभाल या चिंता करने का मौका भी नहीं दिया। दिल्ली आए और डॉक्टर को

दिखाया तो न सिर्फ एक्स-रे किया, दवा दी और आंख को बचाने पर सावधान किया, कुछ दिन उनके पहियों को गैरेज में बंद करवा दिया।

यह मत समझिए कि यह स्वभाव की लापरवाही, खुदगर्जी या दुनिया में अपने निपट अकेले होने या अपने लिए अपने अलावा किसी और के जिम्मेदार न होने की भावना के कारण हो। निखिल दा खुदगर्ज तो बिलकुल नहीं हैं। अपनी और लोगों की परवाह भी वे करते हैं। कबीरी या गिरस्ती के अर्थ में न अकेले हैं, न अकेले होने का तीव्र अहसास या आग्रह है। सहज और चिर यात्री जैसे यात्रा में हुए को पांवों में झुलाए चलता है, वैसे ही वे यह भी सही, वह भी सही करते हुए जीते हैं। और ऐसा करते हुए आभास नहीं देते कि कुछ अनोखा कर रहे हैं। रात को हुई उस रेल दुर्घटना, कपाल पर उठे गूमड़े और उस के बाद दो दिन तक जिस तरह निखिल दा यात्रा, काम और बातें करते रहे उससे मेरे मन में वे एक चिर यात्री हो कर घूमते हैं।

प्रति सत्य को ध्यान में रख कर अपने सत्य में भी पड़ाव न डालने वाला ही सच्चा और खोजी यात्री है। इसलिए मुझे अचरज नहीं है कि ऑक्सफोर्ड में पढ़ते हुए निखिल दा कम्युनिस्ट हो गए। कम्युनिस्ट पार्टी के कार्यकर्ता भी हो गए। लेकिन सन् छप्पन में हंगेरी में उन्होंने रूस का जो हमला देखा उस के बाद वे पार्टी में नहीं रह सकते थे। इस के छह साल बाद ही उन्होंने अपना 'मेनस्ट्रीम' निकाल लिया था। तब पार्टी अध्यक्ष डांगे ने उन्हें कहा था कि ऐसा मत करो। इससे लोगों में गड़बड़ होगी। बाद में प्रमोद दासगुप्ता ने बाकायदा पार्टी पेपर में छापा कि 'मेनस्ट्रीम' का पार्टी से कोई लेना-देना नहीं है।

दादा ने उन्हें इस खुलासे के लिए धन्यवाद दिया और इससे 'मेनस्ट्रीम' का सर्कुलेशन बढ़ गया। विचार से साम्यवादी तो वे बाद में भी रहे लेकिन पार्टी या उस के किसी मंच से नहीं जुड़े। इंदिरा जी ने जब सन् उनहत्तर में कांग्रेस तोड़ी थी तो उन्होंने उसका समर्थन किया था। लेकिन पचहत्तर में जब इमरजंसी लगाई गई तो निखिल दा ने उसका विरोध किया। तब लगभग सभी कम्युनिस्ट इंदिरा जी के साथ थे। उन्हें और इंदिरा जी को निखिल दा का विरोध सहन नहीं होता था। वे सेंसर को 'मेनस्ट्रीम' के पेज तो भिजवाते थे लेकिन ईसप की कथाओं और ऐसे दूसरे तरीकों से इमरजंसी और सेंसरशिप का विरोध भी कर लेते थे। धीरे-धीरे सेंसर को उनकी चाल समझ में आने लगी और जिस प्रेस में 'मेनस्ट्रीम' छपता था उस पर सरकार का इतना दबाव पड़ने लगा कि इमरजंसी जाते-जाते पत्रिका का प्रकाशन स्थगित करना पड़ा। रमेश थापर के सेमिनार की तरह निखिल चक्रवर्ती के 'मेनस्ट्रीम' को इंदिरा जी ने नहीं निकलने दिया।

सेंसरशिप उठने के बाद 'मेनस्ट्रीम' फिर निकला। उसी में मैंने निखिल दा का पहला लेख—वेजेस आफ इमरजंसी—पढ़ा। और तब से मैं उनका लिखा पढ़े बिना नहीं छोड़ता। लेकिन उन से निजी तौर पर मिलना तो और भी कोई दस साल बाद हुआ। प्रेस क्लब में किसी सेमिनार के संपादक की भूमिका के बारे में मैंने कहा कि उसे ऋषि कर्म की तरह होना चाहिए। निखिल दा ने अपने भाषण में ही नहीं मुझे अलग से भी कहा कि उन्हें संपादक की भूमिका की यह भारतीय व्याख्या अच्छी लगी। उनके जैसे अनुभवी लेकिन उससे भी ज्यादा साम्यवादी आदमी

के मुंह से ऋषि कर्म की अवधारणा की सराहना सुन कर मुझे भी अच्छा लगा।

लेकिन निखिल दा अपने दादा सचमुच जनवरी नब्बे में बने। राष्ट्रीय मोर्चे की वीपी सिंह सरकार ने आते ही गणतंत्र दिवस पर उन्हें, हिंदू के संपादक–एन. राम और एक्सप्रेस के संपादक अरुण शौरी को पद्म भूषण की घोषणा की। पद्म भूषण लेने से विनम्र इनकार सिर्फ दादा ने किया। उन से पहले पूछ कर सम्मति नहीं ली गई थी। लेकिन इनकार इसलिए नहीं किया। इसलिए किया कि एक तो वे स्वयं लोकतंत्र में ऐसे सम्मान दिए जाने का विरोध कर चुके थे। फिर हाल ही के वर्षों में संकीर्ण पार्टी हितों के कारण दिए जाने से उनकी चमक और विश्वसनीयता भी घट गई है। लेकिन राष्ट्रपति को लिखे अत्यंत विनम्र पत्र में दादा ने लिखा कि पत्रकार को चूंकि लगातार राजनेताओं से मेलजोल और संबंध रखना पड़ता है इसलिए उसे जनता की नजर में अपने को किसी एक प्रतिष्ठान से एकाकार नहीं होने देना चाहिए। 'सैंतालीस साल से एक विनम्र पत्रकार की तरह मैंने बिना भय या लालच के काम करने की कोशिश की है। अपनी इस निजी मान्यता के कारण ही मैं पूरी विनम्रता और आपके प्रति आदर के साथ यह सम्मान अस्वीकार कर रहा हूं।'

पच्चीस जनवरी को पद्म सम्मानों की घोषणा हुई थी और दादा लंबी विदेश यात्रा से सत्ताईस को लौटे थे। उन से पूछने का मौका और समय सरकार को नहीं रहा होगा और उसने भलमनसाहत में और दादा के काम और व्यक्तित्व के प्रति सम्मान के कारण पद्म भूषण देने की सिफारिश राष्ट्रपति से की होगी। दादा के पत्र में यह सद् भाव स्पष्ट है। फिर भी दादा ने पद्म भूषण बनने से इनकार कर के त्याग में अपने को अलंकृत कर लिया। अरुण शौरी और एन. राम के सामने सारी जिन्दगी और काम पड़ा था। दादा सतत्तर के हो चुके थे। इस के पहले टाइम्स के संपादक गिरिलाल जैन यही सम्मान ले चुके थे। भरी जवानी में ब्रह्मचारी रहने के बाद अधेड़ या बूढ़े होने पर अक्सर लोग फिसल जाते हैं। दादा नहीं डिगे। अपने छोटे से पत्र 'मेनस्ट्रीम' से लगे रहे। लिखते रहे। सम्मान अस्वीकार करने वाले निखिल दा का समाज में सम्मान स्वीकार करने वालों से स्थान कई गुना ऊपर हो गया।

लेकिन अगले साल का भगवानदास गोयनका पुरस्कार दादा ने स्वीकार किया क्योंकि वह उन्हें पत्रकारिता और सार्वजनिक जीवन में अपनी विश्वसनीयता के लिए प्रतिष्ठित व्यक्तियों की चयन समिति ने दिया था। दादा जैसे कम्युनिस्ट ने नहीं देखा कि पुरस्कार एक्सप्रेस के मालिक रामनाथ गोयनका ने अपने पुत्र भगवानदास गोयनका की स्मृति में शुरू किया है। रामनाथ गोयनका और दादा दोनों ने ही इमरजंसी और सेंसरशिप से लड़ाई लड़ी थी। दोनों एक दूसरे का बहुत सम्मान करते थे। रामनाथ गोयनका का पूंजीपति होना दादा के आड़े नहीं आया और रामनाथ जी के मन में इस कम्युनिस्ट की पत्रकारिता और व्यक्तित्व के प्रति हमेशा सम्मान रहा।

लेकिन निखिल दा के प्रति ऐसा सम्मान मैंने संघ परिवार के नेताओं में भी पाया जब हम दोनों अयोध्या का समाधान निकालने की कोशिश में लगे थे। ऐसी हमारे निखिल दा की विश्वसनीयता है। अखबार कोई एक गोले की तोप नहीं है और न पत्रकारिता एक राउंड गोली की बंदूक। अगर आप में दम नहीं है तो आपका भंड़ाफोड़ देखते-देखते हो जाएगा।

दम प्राप्त परिस्थिति में किसी मान्यता पर खड़े हो कर टिके रहने में है। जिसमें दम नहीं होता वह बिखरता है और जिसमें होता है वह समय, कसौटियों और अग्नि परीक्षाओं में से निखरता जाता है। पचास साल पहले बंगाल दुर्भिक्ष की रपट लिखने से पत्रकारिता शुरू करने वाले निखिल दा ने इन वर्षों में जो कमाया है वह पद और पैसे के जोर से नहीं आ सकता। उनमें अपने दाजी को देखने की अगर मैं कोशिश करता हूं तो आप को कोई एतराज है ? नहीं ना !

(26.12.93)

जार्ज वर्गीज़

उमर नहीं, घड़ी होती है

छोड़ने और शुरू करने की कोई उमर नहीं होती। घड़ी होती है।

तब तो एक्सप्रेस का दिल्ली संस्करण छोड़े और जनसत्ता निकाले को भी दो साल हो गए थे। एक दोपहर महेशानंद दौड़ा-दौड़ा आया। रामनाथ जी का फोन था लेकिन गेस्ट हाउस के डाइनिंग हाल में था और उनने बात करने को वहीं बुलाया था।

अगर कोई रामनाथ गोयनका के साथ कुछ साल काम कर चुका हो तो समझने में देर नहीं लगाएगा कि अपने गेस्ट हाउस के डाइनिंग हाल में ही बात करने क्यों बुलाया। जरूर कोई ऐसी बात होती जो वे दफ्तर के फोन पर और सब के सामने नहीं करना चाहते।

वे शायद मद्रास से बोल रहे थे। तुम्हारे उस संत ने छोड़ने के लिए लिख दिया है। उसे मनाओ। कम से कम एक साल तो और रहे। अपने पास अभी कोई एडीटर नहीं है। बाहर भी नहीं है। उसी को मनाना पड़ेगा।

मेरा वह संत यानी जॉर्ज वर्गीस। तब वे इंडियन एक्सप्रेस के संपादक थे। आरएनजी को चिट्ठी लिख कर अपने नाम के आगे से, नहीं, पद के पीछे से—इन चीफ हटवा दिया था। एडीटर इन चीफ नहीं सिर्फ एडीटर रह गए थे और अंग्रेजी की साप्ताहिक प्रेस को गपशप ने इसे जॉर्ज के पर कतरना बताया था क्योंकि कुछ दिन पहले उनने अटल बिहारी वाजपेयी का लेख लौटा दिया था। और रामनाथ जी जो कि गपशप के मुताबिक भाजपा समर्थक थे, इससे बहुत नाराज हुए और उनने जॉर्ज वर्गीस का पद एडीटर इन चीफ से काट कर सिर्फ एडीटर कर दिया।

लिखने वाले जानते नहीं थे कि असलियत क्या है। और जॉर्ज ऐसे आदमी नहीं हैं कि ऐसे निंदा अभियान पर कोई ध्यान नहीं देते। बहरहाल अभी तो उस संत एडीटर ने रामनाथ जी को चुपचाप और शायद खुद अपने पुराने और खराब टाइपराइटर पर लिख दिया था कि फलां तारीख से छोड़ रहा हूं। जॉर्ज तब मेरे कमरे से लगे कमरे में ही बैठते थे और उन से बातचीत भी रोज ही होती थी। लेकिन अपने को भी कानों कान खबर नहीं लगी कि उनने क्या किया है।

कोई हफ्ते भर उनके घर जा कर उन्हें मनाता रहा। जॉर्ज अट्ठावन साल के हो रहे थे और उनने इतनी उमर पूरी करने वाले कई साथियों को रिटायर कर देने की सिफारिश की थी। एक्सप्रेस में ही नहीं हिंदुस्तान टाइम्स के संपादक के नाते भी। ऐसा जब मैंने अपने साथियों के साथ किया तो खुद के साथ अलग बरताव क्यों करूं ? मैं भी रिटायर हो जाऊंगा।

जॉर्ज का स्वास्थ्य एकदम बढ़िया था। बिलकुल फिट। कोई व्याधि नहीं। कभी-कभी

ब्लड प्रेशर गिर जाता था। नमक और चीनी का घोल पी लेते तो फिर टनटनाट। जमिला वर्गीस भी बिलकुल फिट और तितली की तरह हलकी, रंगीन और पर फड़फड़ाती उड़ती हुई। इन दोनों के सिर्फ दो लड़के जो पहले से ही पढ़ने-लिखने में अव्वल। दोनों ने अपनी मर्जी का काम ढूंढ़ लिया था। एक ने तो लड़की भी ढूंढ़ ली थी जिससे जॉर्ज-जमिला ने उसकी शादी भी कर दी थी। यानी कोई पारिवारिक जिम्मेदारी नहीं थी। होती भी तो उस के कारण हिचकने वाले आदमी वे नहीं हैं।

जब उन से बातचीत चल रही थी तो एक शाम जमिला भी सामने बैठी थीं। आम तौर पर जमिला पति के मामलों में दखलंदाजी नहीं करतीं। लेकिन उस दिन उनने बहुत आजिज हो कर कहा—क्यों मना रहे हो, प्रभाष। छोड़ने दो ना। इतने साल हो गए हमारी शादी को। एक शाम मुझे याद नहीं जो हमने साथ बैठ कर शांति से बिताई हो। अब तो कुछ साथ रह लें जिंदगी की इस शाम में।

तब तो अपन जॉर्ज से बातें करते रहे और एक साल और एडीटरी करने को वे तैयार भी हो गए। की भी। लेकिन जमिला की यह बात और इसे कहते हुए उनका चेहरा मेरे मन में कटारी की तरह गड़ गया। गए मार्च के महीने में एंजियोप्लास्टी के बाद जब भेनजी को पंत अस्पताल से छुट्टी मिली और डॉक्टर खलीलुल्लाह और डॉक्टर राजपाल दोनों ने कहा कि अब जिंदगी जरा शांति से जियो। सुबह-शाम इन्हें साथ टहलने ले जाओ। खुद देखो कि दवाएं ली हैं कि नहीं। खान-पान, रहन-सहन, टहलना और दवा लेना नियमित नहीं होगा तो ब्लॉकेड तो (हृदय की धमनियों में) फिर होने में कितनी देर लगती है।

तब मुझे डॉक्टरों की बात नहीं सुनाई दी। मर्म में जमिला की बात से कोई दस साल पहले लगी कटारी के घाव से खून निकला। उसी दिन तय कर लिया था कि अब अपन को क्या करना है। जॉर्ज वर्गीस अंग्रेजी संपादकों की तरह दस से पांच करने वाले जीव कभी नहीं रहे। अपने को अखबार के किसी भी काम के लिए उन से ज्यादा जिम्मेदार समझने वाला संपादक अपन ने नहीं देखा। उनके लिए अपने मन में सम्मान तब से है जब सहायक संपादक होते हुए टाइम्स ऑफ इंडिया में उनने पंचवर्षीय योजनाओं का आकलन करते हुए सीरिज लिखी।

मार्च बहत्तर में जब चंबल के बागी समर्पण करने की तैयारी कर रहे थे और जेपी के साथी होने के नाते अपन भी कुछ काम में लगे थे तब राधाकृष्ण के सुझाने पर समर्पण की तैयारियों पर अपन ने अंग्रेजी में एक लंबा लेख लिखा था और उन्हीं के कहने पर जॉर्ज को दे आए थे। गांधी निधि में एक दिन जॉर्ज का फोन आया कि लेख इस रविवार को जा रहा है और उसकी कितनी कापियां कहां भिजवा दूं। जॉर्ज तब हिंदुस्तान टाइम्स के चमचमाते संपादक थे।

वहां उन्हें लगा कि उनके अखबार में ऐसे कुछ साथी हैं जो उन से सीनियर हैं और बिना संपादक हुए बरसों से काम कर रहे हैं। तब एक पत्र लिख कर जॉर्ज ने बिड़लाजी (केके) को सुझाया कि हमें रोटेटिंग एडीटरी का प्रयोग करना चाहिए। कुछ साल एक साथी संपादक रहे और सब उस के मातहत काम करें फिर उन्हीं में से दूसरा संपादक हो जाए। जॉर्ज के लिए

संपादकी सिर्फ काम और जिम्मेदारी रही, सत्ता की कुर्सी नहीं। लेकिन बिड़लाओं के लिए जॉर्ज जब असुविधाजनक हो गए तो उनने उनकी उसी चिट्ठी का इस्तेमाल किया और कहा कि अब आप घूमिए, हम आप ही के फलां साथी को संपादक बना रहे हैं। और चिट्ठी उन्हें सीढ़ियों पर दी गई जब वे घर जा रहे थे। चुनाव की तैयारी में शिलान्यासों पर जॉर्ज ने इंदिरा गांधी और उनके साथियों की आलोचना में लिखा था। सिक्किम को भारत में मिलाने के इंदिरा गांधी के तरीके का भी उनने विरोध किया था।

मजा यह है कि टाइम्स आफ इंडिया छोड़ कर जॉर्ज कुछ साल इंदिरा गांधी के प्रेस सलाहकार रहे और वहीं से हिंदुस्तान टाइम्स के संपादक हुए। लेकिन संपादक होते हुए जॉर्ज ने इंदिरा गांधी का वही किया जो एक संपादक को एक प्रधानमंत्री का करना चाहिए। सतत्तर में जॉर्ज ने लोकसभा का चुनाव भी लड़ा लेकिन उत्तर के किसी राज्य से नहीं जहां से वे यों ही जीत जाते। अपने गृह प्रदेश केरल से लड़े और हार गए। उन्हें चुनाव लड़ने को किसने तैयार किया ? लालकृष्ण आडवाणी ने। जॉर्ज उत्तर भारत से क्यों नहीं लड़े ? क्योंकि हिंदी नहीं जानता हूं।

जनता पार्टी की सरकार बनी और रामनाथ फिर इंडियन एक्सप्रेस की सार-संभाल में लगे। तब उनकी बहुत इच्छा थी कि जॉर्ज एक संपादक हो जाएं। जॉर्ज से उनकी बातचीत का आखिरी जुमला मुझे याद है। बड़े उत्साह से रामनाथ जी ने कहा था–'स्काई इज़ द लिमिट। मन में आए जो करना।' जॉर्ज ने मुस्कुराकर कहा था–मैं आप को सोच कर बताऊंगा। जॉर्ज ने गांधी शांति प्रतिष्ठान में फैलो की तरह काम करना पसंद किया। पिछले चार-पांच साल से वे नौकरी में नहीं थे। अब उन्हें प्रेस का हीरा मानने वालों की सरकार थी। पर जॉर्ज ने दो-ढाई हजार की फैलोशिप मंजूर की। फिरोजशाह रोड के घर से राउज़ एवेन्यू गांधी शांति प्रतिष्ठान साइकिल से आए-गए। हमेशा रिसेप्शन पर आ कर फोन किया या सुना। सन् बयासी में जॉर्ज वर्गीस इंडियन एक्सप्रेस के संपादक हुए तो उनने उतना पैसा लेना मंजूर नहीं किया जितना रामनाथ जी दे रहे थे और और सच मानिए वे हाथ के खुले मालिक नहीं थे–'बाकी पैसे का क्या करूंगा क्योंकि कागज पर तो मैं दिखा नहीं सकता कि इंडियन एक्सप्रेस के एडीटर इन चीफ को सिर्फ इतना पैसा देता हूं ?' 'चैरिटी में दे दीजिएगा'–जॉर्ज ने कहा था। रामनाथ जी जॉर्ज का बहुत सम्मान करते थे लेकिन वे उस्ताद खिलाड़ी थे और जॉर्ज जैसे सीधे-सादे संत से उनकी घुटती नहीं थी। इसीलिए उनने मुझसे कहा कि जॉर्ज को मना लाऊं। अचरज ही है कि जॉर्ज मान गए।

इन्हीं जॉर्ज वर्गीस से इसी ग्यारह जून को श्रीनगर में मैंने कहा–मैं अट्ठावन का हो रहा हूं और छोड़ रहा हूं। कार में सिर्फ हम दोनों थे। जॉर्ज सिर्फ मुस्कुराए। पारदर्शी, सच्ची, ईमानदार जॉर्ज की मुस्कान। गए साल बंबई अस्पताल में ऑपरेशन के बाद जॉर्ज की चिट्ठी मिली थी। 'जल्दी ठीक हो जाओ और सौ साल काम करो जैसा कि मैं भी करना चाहता हूं।' अब कभी शाम को फोन करता हूं और जॉर्ज प्रवास पर बाहर होते हैं तो जमिला की चुटकी लेता हूं–क्यों छुड़वाई थी जॉर्ज से संपादकी ? लेकिन जॉर्ज से ठीक विपरीत अपने एक और आदर्श श्रीश मुलगावकर जब इंडियन एक्सप्रेस के संपादक हुए तो इकसठ साल के हो चुके थे। और

फेफड़ों के जवाब दे देने के कारण जब सन् इकासी में उनने संपादकी छोड़ी तो सत्तर बरस के हो रहे थे। रामनाथ जी तब सतत्तर बरस के थे और मुलगावकर को गुरु कहते थे। दोनों की जितनी पटती थी उतनी ही तू-तड़ाक भी होती थी। 'वो मुंह पै साफ कहता है। इसी से तो मेरी पटती है। तारीफ किसे बुरी लगती है। भगवान को भी नहीं। लेकिन जो मुंह पर मेरी तारीफ करे उस के काम का मैं तो हो सकता हूं वो मेरे किस काम का ? मुझे सच्ची सलाह चाहिए, लल्लो-चप्पो नहीं'—मुलगावकर से झड़प होने के बाद रामनाथ जी कहते। मुलगावकर चरित्र और जीवन शैली में जॉर्ज वर्गीस से लगभग उलट थे। जॉर्ज किसी को चोट पहुंचा ही नहीं सकते और मुलगावकर के सामने बकवास कोई कर नहीं सकता था। बिना किसी लाग लपेट के लेकिन समझदारी से खरी-खोटी सुनाने वाला मुलगावकर जैसा कोई संपादक अपन ने नहीं देखा। वे जवाहरलाल नेहरू के बड़े मित्र थे। लेकनि वे नेहरू की चीन नीति से असहमत थे और हिंदुस्तान टाइम्स के संपादक थे। तब घनश्यामदास बिड़ला के हाथों में यह अखबार था और वे भी जवाहरलाल जी के बड़े मित्र थे। लेकिन मुलगावकर ने नेहरू की चीन नीति के धुर्रे बिखेर के रख दिए। दोस्ती फिर भी रही और मुलगावकर संपादक भी।

फेफड़े जवाब नहीं दे जाते तो मुलगावकर फिर भी यानी सत्तर के होने के बाद भी संपादकी करते रहते। इसलिए नहीं कि छोड़ना नहीं जानते थे इसलिए कि स्वभाव से योद्धा थे। इमरजंसी में उन्हें एक्सप्रेस के हित में संपादकी छोड़नी पड़ी। लेकिन इस लड़ाकू अखबार को बचाने में फिर भी लगे रहे। उनकी इतालवी फिएट गांधी शांति प्रतिष्ठान में राधाकृष्ण के घर के बाहर देखी जा सकती थी जबकि राधाकृष्ण से उनकी पटती नहीं थी। गांधी के बाद के सभी गांधीजनों को वे पाखंडी और झूठा मानते थे। लेकिन राधाकृष्ण भी एक्सप्रेस को बचाने में लगे थे और वहां रामनाथ जी आते थे इसलिए मुलगावकर भी।

राजीव गांधी सरकार से भी रामनाथ जी के संघर्ष में मुलगावकर एक सेनापति थे हालांकि एक्सप्रेस की संपादकी छोड़े उन्हें छह-सात साल हो गए थे। रामनाथ जी के जाने के बाद भी एक बार संकट में वे संपादक हुए। उमर तब अस्सी थी और ऑक्सीजन पर चल रहे थे। लेकिन एक्सप्रेस के काम आ सकें इसलिए तैयार रहते थे भले ही लगातार कहते थे कि उनकी अब आखिरी तैयारी है। तब थे और हैं तो जॉर्ज वर्गीस भी। लेकिन कोई सोच नहीं सकता कि वे लौट सकते हैं और मुलगावकर सांस रहते तो एक्सप्रेस के काम आने से चूके नहीं।

इन दोनों को सामने और साक्षी रख कर ही मैंने जनसत्ता को संपादकी छोड़ी। एक की भी नकल नहीं की लेकिन किसी की भी भावना का उल्लंघन नहीं किया। आदमी जो भी करता है अपने ढंग से ही कर सकता है। दरअसल वही कुछ करता या कर सकता है जो अपनी आत्मा की आवाज पर अपने स्वभाव के अनुसार काम करे। अपने धर्म में मरना भी श्रेयस्कर है और जीना भी। उमर नहीं होती, घड़ी होती है।

(3.12.95)

परशुराम बाबाराम सावंत

सर्वहारा के सावंत की विदाई में

न्यायमूर्ति परशुराम बाबाराम सावंत बिना गाजे-बाजे के भारतीय परिषद के अध्यक्ष पद से रिटायर हो गए। पहले प्रेस आयोग की सिफारिश पर भारत की संसद ने एक विधेयक पास कर के सन् छाछठ में इसकी स्थापना की थी। परिषद का उद्देश्य प्रेस की आजादी की रक्षा करना और देश की समाचार एजंसियों और अखबारों का स्तर बनाए रखने और उसे सुधारने की कोशिश करना है। सोलह नवंबर छाछठ को यह पहली बार गठित हुई और इकतीस दिसंबर पचहत्तर तक चलती रही। फिर इमरजंसी और सेंसरशिप लगाने वाली इंदिरा गांधी की नजर इस पर पड़ी और यह भंग कर दी गई। जनता पार्टी के राज में संसद ने फिर सन् अठहत्तर में प्रेस परिषद कानून बना कर इसे पुनर्जीवित किया। तब से यह लगातार चली आ रही है। न्यायमूर्ति मुधोलकर से ले कर न्यायमूर्ति सावंत तक छह न्यायमूर्ति इसके अध्यक्ष रह चुके हैं। अब न्यायमूर्ति रेड्डी इस के नए अध्यक्ष बने हैं। राज्यसभा के अध्यक्ष, लोकसभा के स्पीकर और प्रेस परिषद के एक निर्वाचित सदस्य की समिति अध्यक्ष का चयन करती है।

इमरजंसी और उस के बाद के सवा तीन साल छोड़ दिए जाएं तो चौंतीस साल से चलती प्रेस परिषद उतनी सक्रिय और विवादास्पद कभी नहीं रही जितनी न्यायमूर्ति सावंत के छह साल के कार्यकाल में। जरूरी नहीं है कि जो संस्था सक्रिय हो वह विवाद में पड़े ही। लेकिन न्यायमूर्ति सावंत की अध्यक्षता में प्रेस परिषद लगभग वैसे ही अचानक उठ कर सक्रिय और विवादास्पद हुई जैसे टीएन शेषन के मुख्य आयुक्त होने पर चुनाव आयोग हो गया था। शेषन के आने के पहले चुनाव आयोग ज्योतिषी की तरह चुनाव की तारीख निकाल देता था और निगरानी कर लेता था। शेषन ने उस के दांत और पंजे दिखाए और चूंकि वे किसी भी नेता के सांसद/विधायक बनने और सत्तारूढ़ होने में बाधक हो सकते थे और उनके पास दंडाधिकार थे इसलिए हमारा राजनीतिक वर्ग सावधान हो कर लाइन में लग गया। शेषन के बावजूद कोई चुनाव सुधार तो नहीं हो गए पर कुछ अनुशासन आ गया। प्रेस परिषद के पास कोई दंडाधिकार नहीं है। न वह किसी अखबार का प्रकाशन रुकवा सकती है न किसी पत्रकार या संपादक को पत्रकारिता से बाहर कर सकती है। परिषद के पास जो भी अधिकार हैं सब नैतिक हैं और जब तक आप की अनैतिकता किसी कानून के मुताबिक आपराधिकता नहीं बनती आप मजे में अनैतिक कार्य करते हुए प्रतिष्ठित बने रह सकते हैं। इसलिए न्यायमूर्ति सावंत की अध्यक्षता वाली प्रेस परिषद प्रेस पर कोई आत्मानुशासन लाने के बजाय सिर्फ विवादास्पद हो कर रह गई।

लेकिन अपने जैसे खुले लोकतंत्र विवाद की भी एक भूमिका होती है। उससे लोगों को सूचनाएं मिलती हैं और उन से जनमत बनने में मदद मिलती है। सही है कि विवाद से

बदनामी भी होती है और प्रतिष्ठित लोग और संस्थाएं बदनामी से बचना चाहते हैं। इसलिए सम्मानजनक और प्रतिष्ठित बनने के लिए लौंग और संस्था विवाद में नहीं पड़ते। न्यायमूर्ति सावंत ने ऐसे सम्मान और ऐसी प्रतिष्ठा की चिंता नहीं की। वे सर्वोच्च न्यायालय के न्यायाधीश रहने के बाद परिषद में आए थे और आमतौर पर अपने न्यायमूर्तियों को न्याय से ज्यादा चिंता प्रतिष्ठित बने रहने की होती है। कुछ हद तक सही है कि प्रतिष्ठा न्याय के प्रयोजन को आगे बढ़ाने में सहायक होती है। लेकिन यह भी सही है कि प्रतिष्ठित बने रहना कुछ हद तक यथास्थिति को बनाए रखना भी है। ऐसा लगता है कि न्यायमूर्ति सावंत अपने मीडिया की यथास्थिति को स्वीकार करना मुश्किल पा रहे थे। इसलिए वे प्रेस परिषद के पहले अध्यक्ष हुए जिनके खिलाफ भारतीय समाचारपत्र संघ ने बाकायदा प्रस्ताव पारित किया कि वे उन्हें दी गई संवैधानिक भूमिका से आगे न बढ़ें। न्यायमूर्ति सावंत ने अपने एक भाषण में कहा था कि आजकल अखबारों में ठेके पर नौकरी करवाने का जो चलन चल रहा है वह पत्रकारों की स्वतंत्रता के विरुद्ध है और इसलिए प्रेस की स्वतंत्रता पर भी आघात करता है। अखबार मालिकों के संघ के इस प्रस्ताव के विरुद्ध प्रेस परिषद ने भी प्रस्ताव पास किया। इससे प्रेस परिषद, न्यायमूर्ति सावंत और बड़े अखबारों के संबंध इतने बिगड़ गए जितने कभी नहीं थे। इसका असर तब देखने को मिला जब सूचना प्रसारण मंत्री सुषमा स्वराज ने कहा कि अब इलेक्ट्रानिक मीडिया इतना बढ़ गया है कि प्रेस परिषद की जगह मीडिया परिषद बनानी पड़ेगी। अंग्रेजी के दो बड़े अखबार–टाइम्स और हिंदुस्तान टाइम्स के संपादक इससे इतने हर्षित हुए कि दोनों ने अपने-अपने कॉलमों में लिखा कि चलो पाप कटा अब इस खंडहर प्रेस परिषद से छुट्टी मिलेगी। हिंदुस्तान टाइम्स ने तो इस पर बहस ही शुरू कर दी।

प्रेस परिषद की संभावित मृत्यु की खबर से हर्षित इन संपादकों ने यह भी जानकारी नहीं ली कि प्रेस और इलेक्ट्रानिक मीडिया दोनों को मिला कर एक मीडिया परिषद बनाई जानी चाहिए इसका सुझाव सरकार को उनके खलनायक न्यायमूर्ति सावंत ने ही भेज रखा था। और सुषमा स्वराज की उसमें अचानक रुचि इसलिए जागृत हो गई थी कि न्यायमूर्ति सावंत उस व्यक्ति को प्रसार भारती का अध्यक्ष और मुख्य कार्यकारी अधिकारी बनने से रोक रहे थे जिसके नाम उनने उपराष्ट्रपति को भेज रखे थे। न्यायमूर्ति सावंत उस समिति के एक सदस्य थे जिसे प्रसार भारती का अध्यक्ष और सीईओ नियुक्त करना था। न्यायमूर्ति सावंत सरकारी नाम पर सहमत नहीं थे। सुषमा स्वराज तो बेचारी उस नाम को निकलवाने में न्यायमूर्ति सावंत पर दबाव डालने के लिए मीडिया परिषद की बात कर रही थीं लेकिन न्यायमूर्ति सावंत से जले बैठे संपादक इसे प्रेस परिषद की मृत्यु का शुभ समाचार ले कर उड़ चले। बड़े अखबारों के बड़े संपादकों ने लिखा और सभी तरफ छप गया कि मीडिया परिषद बन रही है। यह सचमुच बहुत दुर्भाग्यपूर्ण है कि प्रेस के लिए बनाई गई प्रेस की एक अपनी संवैधानिक संस्था के इस संभावित निधन पर प्रेस में इतनी प्रसन्नता दिखाई दी। यह घटना उदाहरण है कि प्रेस परिषद और बड़े अखबारों के संबंध कितने बिगड़ गए थे। प्रेस परिषद अपना संवैधानिक दायित्व पूरा नहीं कर सकती अगर प्रेस से उस के संबंध इतने खराब हो गए हों।

बड़े अखबारों और उनके संपादकों ने बाकायदा लिख कर संबंध बिगड़ने के लिए न्यायमूर्ति सावंत को दोषी ठहराया था। जो संस्था नैतिक अधिकार से ही काम कर सकती

हो उस के लिए अनिवार्य है कि वह उन लोगों और संगठनों का सम्मान प्राप्त करे जिनकी आजादी और बेहतरी के लिए वह बनी है। इन दो-चार बड़े संपादकों की राय में न्यायमूर्ति सावंत और प्रेस परिषद उनके सम्मान के पात्र नहीं रह गए थे। कोई नहीं पूछता कि ये संपादक ही अपने साथ काम करने वाले पत्रकारों और पाठकों के कितने सम्मान के योग्य रह गए हैं। बहरहाल यह सत्य होते हुए भी कि न्यायमूर्ति सावंत के कार्यकाल में प्रेस और प्रेस परिषद के संबंध इतने खराब हुए और ऐसे संबंध से प्रेस परिषद निश्चित ही प्रभावकारी नहीं हो सकती–इसके लिए न्यायमूर्ति सावंत को दोषी ठहराना सरासर गलत है। न्यायमूर्ति सावंत सर्वोच्च न्यायालय में आने के पहले मुंबई में श्रम मामलों के अच्छे वकील और न्यायाधीश रह चुके थे। उन्हें इस बात का बुरा लगता था कि अपने देश में जो श्रमजीवी पत्रकार सेवा शर्तों का कानून है और जिसके तहत पत्रकारों की नियुक्ति और सेवाओं की रक्षा होती है–उसे बिलकुल दरकिनार कर के अखबार आजकल पत्रकारों को ठेके पर रखते हैं। हो सकता है कि ठेके पर रखने के कारण योग्य पत्रकारों को ज्यादा पैसे भी मिल जाते हों लेकिन उन्हें मालिक जब चाहे तब बाहर कर सकता है। इसलिए ऐसे पत्रकारों को अपनी पत्रकारीय जिम्मेदारी से ज्यादा मालिक का प्रबंधन की मर्जी का ध्यान रखना पड़ेगा। इससे पत्रकारों की स्वतंत्रता और इस कारण प्रेस की आजादी को खतरा है। इसलिए न्यायमूर्ति सावंत ने पत्रकारों को ठेके पर रखने की नई प्रथा की आलोचना की। न्यायमूर्ति सावंत ने यह भी माना कि अगर मीडिया पूरी तरह निजी हाथों में रहेगा तो सूचना और मत मिलने का लोकतंत्र में जो वैविध्य होना जरूरी है वह नहीं रहेगा। मीडिया अगर खुलेआम घोषित करता है कि उसका उद्देश्य मुनाफा कमाना है और लोकतंत्र की दूसरी जिम्मेदारियां बाद में आती हैं तो फिर वह वही सूचनाएं देगा जो उसे मुनाफा दिलवा सकती हों। और अगर ऐसा खुला खेल फर्रुखाबादी होने दिया जाए तो लोकतंत्र बहुत अधूरा होगा क्योंकि जिन महत्त्वपूर्ण मामलों में वोट दे कर लोगों को सरकार बनानी है उन्हीं पर उन्हें सही जानकारी नहीं मिलेगी और मीडिया उन्हें जवाबदेह बनाने में उनका सहायक नहीं होगा जिन्हें वे सत्ता सौंप रहे हैं। मुनाफा जरूर कमाइए लेकिन मुनाफा कमाना ही अगर मीडिया का पहला और अंतिम प्रयोजन है तो वह लोकतंत्र में अपनी सही भूमिका अदा नहीं कर सकता। इसलिए न्यायमूर्ति सावंत ने मीडिया की मिलकियत में ज्यादा लोकतांत्रिकता और वैविध्य का विचार रखा और उसे प्रचारित भी किया।

अखबारों के मालिकों को यह नागवार गुजरा। उन्हें लगा कि एक संवैधानिक पद पर बैठे हुए व्यक्ति को इस तरह की बातें नहीं करना चाहिए। ये प्रेस की आजादी और प्रेस उद्योग के हितों के विरुद्ध है। अब अगर इंदिरा गांधी का जमाना होता तो देश का राजनैतिक वर्ग इन विचारों का स्वागत करता। लेकिन न्यायमूर्ति सावंत भूमंडलीकृत भारत में बोल रहे थे जिस पर उदारीकरण और निजीकरण का वर्चस्व था। मीडिया मालिकों की मांग थी कि उन्हें किसी को भी रखने और कभी भी निकाल बाहर करने का अधिकार होना चाहिए क्योंकि जब तक ऐसा नहीं होगा अपने देश में कार्य संस्कृति विकसित नहीं होगी। और जब सार्वजनिक उद्योगों का निजीकरण किया जा रहा है और निजीकरण जब सर्वसिद्धिदायक मंत्र है तो जो मीडिया क्षेत्र पहले ही निजी हाथों में है उसमें सहकारी हाथ या ट्रस्टीशिप या सार्वजनिक क्षेत्र की घुसपैठ क्यों होने देना चाहिए। मीडिया मालिकों का रवैया सरकार और सत्ता प्रतिष्ठान के

सोचने-विचारने वालों के रवैए के ज्यादा अनुकूल था इसलिए प्रेस परिषद के अध्यक्ष न्यायमूर्ति सावंत को समर्थन नहीं मिला। इस के ठीक विपरीत उन विचारकों ने उनकी आलोचना की जो सामाजिक और संवैधानिक जिम्मेदारियों की बात करने वालों में पुराने समाजवादियों के प्रेत देखते हैं। आप जानते हैं कि ये 'उदार' विचारक ऐसी बातों के लिए राष्ट्रपति नारायणन को भी नहीं बख्शते क्योंकि उनमें उन्हें विफल कम्युनिस्ट दिखाई देता है। बहरहाल न्यायमूर्ति सावंत मीडिया मालिकों के खलनायक बने तो प्रेस का सम्मान भी दूर हुआ। आजकल भारतीय समाचारपत्र संघ की टक्कर में पत्रकारों के संगठनों में दम कहां है जो वे न्यायमूर्ति सावंत के पक्ष में जाते।

फिर प्रेस परिषद ने कुछ फैसले भी ऐसे दिए जिनसे बड़े अखबार नाराज हो गए और उनने न सिर्फ परिषद के फैसले छापना बंद कर दिए न्यायमूर्ति सावंत के भाषण और बयान भी बड़े कहे जाने वाले अखबारों से बाहर हो गए। टाइम्स ने संपादक नाम का पद ही समाप्त कर दिया और कथित संपादकों को ब्रैंड मैनेजर के तहत काम करने को कहा। पत्रकारिता में आमतौर पर जो चल निकला है यह उसे औपचारिक रूप देना था। प्रेस परिषद ने इस के खिलाफ फैसला दिया। फिर टाइम्स ने ही संपादकीय सलाहकार दुआ को निकाल दिया क्योंकि वे संपादकीय जिम्मेदारियों के अलावा चेयरमैन अशोक जैन को आपराधिक मामलों में बचाने में मदद करने को तैयार नहीं हुए। प्रेस परिषद में यह मामला कोर्द दो साल चला। अपने उनहत्तर पेज के फैसले में प्रेस परिषद के संपादक के कर्त्तव्य, भूमिका, स्वतंत्रता और कुल मिला कर प्रेस की विश्वसनीयता पर गहन विचार किया जो निश्चित ही लोकहित के मामले हैं। चूंकि फैसले में टाइम्स प्रबंधन की निंदा की गई थी इसलिए दिल्ली के बड़े अखबारों ने उसे नहीं छापा। देश में संपादक नाम की संस्था का जो पराभव हो रहा है उसे देखते हुए यह फैसला अच्छी बहस छेड़ सकता है लेकिन अपने मीडिया में विमर्श का स्तर देखिए कि इस पर कोई हरकत तक नहीं। फिर इस के पहले फेरा के मामले में फंसे टाइम्स के चेयरमैन अशोक जैन को डायरेक्टरेट ऑफ इंसफोर्समेंट की कार्रवाई से बचाने के लिए टाइम्स ने इसे मानवाधिकार का मामला बना कर अभियान चला दिया। इसके पहले न टाइम्स ने मानवाधिकार की चिंता की थी न बाद में। अपने मालिक को कानून की गिरफ्तार से बचाने के लिए अपने कॉलमों के इस दुरुपयोग के बारे में भी प्रेस परिषद ने फैसला दिया। अचरज नहीं कि टाइम्स के एक्जीक्यूटिव मैनेजिंग एडीटर दिलीप पाडगांवकर ही न्यायमूर्ति सावंत के जाने और प्रेस परिषद की संभावित मृत्यु पर किलकारी मार कर ताली बजाने वाले पहले कथित संपादक थे।

न्यायमूर्ति सावंत ऐसे समय में प्रेस परिषद के अध्यक्ष रहे जब भारतीय प्रेस किसी नैतिक मर्यादा या अंकुश को मानने को तैयार नहीं है। वह बाजार को ही अपना अंतिम न्यायमूर्ति मानना चाहता है। बाजार ने उसे अभी सिखाया नहीं है।

(19.8.01)

रामविलास शर्मा

साम्यवादी ऋषि के सामने

रामविलास शर्मा ने बहुत लिखा है, अपन ने उसमें से बहुत थोड़ा पढ़ा है। रामविलास शर्मा ने लंबी उम्र जी है, अपन उनको बहुत कम देखा-भाला है। दरअसल इस महीने के शुरू में निजी तौर पर पहली बार मिलना हुआ। उनकी अस्सीवीं वर्षगांठ के कुछ दिन पहले नई दिल्ली के काले कोस विकासपुरी में। वे पलंग पर आलथी-पालथी मारे तकिये पर पीठ टिकाए और दीवार से सिर लगाए बैठे थे। कृशकाय लेकिन स्थिर, शांत और प्रसन्न मन।

साधु, संत, महात्मा आदि से भी पहली बार मिलाए जाने पर मुझे पैर छूने में हिचक होती है। सम्मान न होने या शिष्टाचार न जानने के कारण नहीं। पैर पड़ने में एक तरह की निजता है जो मुझे हर जगह नहीं मिलती और न हर जगह मैं उसे बिखेरना चाहता हूं। सम्मान और श्रद्धा देने के अपने निजी तरीके को शिष्टाचारी औपचारिकता में मिला देना जैसे अपने को भीड़ में गुम कर के निःशेष कर देना है। ऐसा करने की भी इच्छा होती है। भीड़ में तो अपने को विलीन कर के जैसे जीव के उस पार जा कर लौटा लाने की कोशिश कई बार कर चुका हूं। लेकिन किसी व्यक्ति या देवता या भगवान की मूर्ति के सामने झुक कर और पिघल कर बह जाने की न कभी इच्छा हुई न कभी ऐसा अपने आप हुआ। अपने होने की निरंतर प्रतीति से मुक्ति की कामना तो बहुत है लेकिन पार न कर पाता हूं, न मेरे साथ ऐसा होता है।

लेकिन उस शाम इच्छा हुई कि रामविलास जी के सामने जो तीन चौथाई पलंग खाली पड़ा था उस पर बैठ जाऊं। उनके पैर छुऊं और वहीं बैठे-बैठे बात करूं। एक घिसा-पिटा और अर्थहीन हो गया मुहावरा लूं तो उनके चरणों में बैठ कर बात करने काम न हुआ। ऐसा क्यों हुआ ? रामविलास शर्मा से यह पहली निजी मुलाकात थी। वे उम्र भर मार्क्सवादी रहे और हैं और मैं अगर कुछ हूं तो गांधीवादी। उनके और मेरे बीच उमर, विचार और अपरिचय की बहुत दूरी है। ये दूरियां एक तरह की औपचारिकता को अनिवार्य करती हैं फिर भी उस शाम मुझे लगा कि एक विनम्र निजता में अचानक उन से मैं जुड़ गया हूं। आसपास उनके घर के लोग और साथ में मंगलेश डबराल नहीं होते तो शायद मैं उनके पैर छूता। फिर भी बातचीत को सहज और उनके लिए थकाऊ न होने देने के बहाने मैं उनके सामने बैठ गया। जैसे किसी ऋषि के सामने कोई जिज्ञासु गृहस्थ बैठ जाए।

क्या ये मेरे ब्राह्मण संस्कार हैं जिन्होंने मुझ से ऐसा करवाया और मुझे ऐसा महसूस होने दिया। मुझे मालूम है कि रामविलास जी कुछ वर्षों से ऋग्वेद पर काम कर रहे हैं। उमर के पचहत्तर साल पूरे हो जाने और जानलेवा बीमारी के बाद ठीक होने पर क्या वे ऋग्वेद की ओर आए ? जीवन भर साम्यवादी रहते हुए क्या अब वे अध्यात्म की तरफ मुड़े हैं जैसे श्रीपाद डांगे भी अपने जीवन के चौथे पहर में मुड़े थे ? क्या हमें जब लगता है कि अब मौत से मुकाबला

होने वाला है तभी हम ऋग्वेद जैसे प्राचीन ग्रंथ और अध्यात्म जैसी भारतीय मानसिकता की ओर लौटते हैं ? जब तक शरीर चढ़ती पर होता है और मौत एक सुदूर संभावना की तरह क्षितिज पर कहीं बादलों में छुपी होती है तब तक हम जीवन-मरण के अनिवार्य प्रश्न से बेखबर दुनियादारी करते रहते हैं। लेकिन जब शरीर ढलने लगता है और देह धरने की व्याधियां घेरने लगती हैं तब शरीर से परे जीवन की जड़ें खोजने और उन से जीते रहने की शक्ति और औचित्य पाने की कोशिश करते हैं ? क्या यह हारे को हरिनाम है ?

हमारे यहां आम तौर पर माना जाता है कि अध्यात्म, भजन-पूजन और भक्ति भाव में आदमी तभी लगता है जब वह संसार कर चुका होता है। ये रिटायर होने के बाद की मनोवृत्तियां हैं और इहलोक कर चुकने पर परलोक को साधने की इच्छा बलवती होती है। इसी आम धारणा में हमारा अधकचरा अंग्रेजीपन और हमारी साम्यवादी-भौतिकवादी धारणाएं भी आ जुड़ती हैं। इसलिए जब कोई साम्यवादी पुरातन भारतीय ज्ञान और अध्यात्म की तरफ जाता है या पश्चिमी रहन-सहन, चाल-ढाल और जीवन दर्शन वाला व्यक्ति धोती-कुरता पहनने लगता है तो हम मान लेते हैं कि वह हारे की हरिनाम कर रहा है। ऐसे लोगों की कमी नहीं होगी जो रामविलास जी के ऋग्वेद में लगने को उनके ब्राह्मण संस्कारों का उनके चौथे पहर में उनके साम्यवाद पर हावी होना मानते होंगे। क्या कोई अपनी भारतीय जैविक जड़ों की तरफ तभी लौटता है जब उसे संसार में करने लायक कहीं कुछ दिखता या मिलता नहीं ? क्या अपनी जड़ों से जुड़ना, अपनी जातीयता में रहना, अपने देश के हजारों साल में पाए गए अनुभव, ज्ञान-विज्ञान और जीवन दर्शन को आस्थापूर्वक जीना इहलोक में अपनी पारी समाप्त होने पर परलोक की सीढ़ी तैयार करना है ? क्या इस धारणा के मूल में यह भावना नहीं है कि गैर भारतीय–पश्चिमी पूंजीवादी या साम्यवादी होना–तो संसार से कदम ताल मिला कर चलना और उसे जीतने की आकांक्षा रखना है और भारतीय हो कर भारतीयता में गौरव करना संसार से हार मान कर अपने आप में सिमटना और संसार छोड़ने की तैयारी करना है ?

लेकिन रामविलास जी से बात कीजिए तो लगता है कि ऋग्वेद उनके लिए संन्यास में जाने और अध्यात्म में रहने का आश्रम और आश्रय नहीं है। वे पाते हैं कि मार्क्स और एंगेल्स ने जिस द्वंद्वात्मक भौतिकवाद को अपनी विचारधारा का मूल माना वह ऋग्वेद में खुल कर खेल रहा है। आप उसे ऋग्वेद में कहीं भी पा सकते हैं। अग्नि में जल है और जल में अग्नि। ऋग्वेद में इहलोकवादिता का ही बोलबाला है। वह परलोक को जानने और साधने का नहीं इहलोक को जानने और उस में जीने की तीव्र और बलशाली आकांक्षा के साथ रहने का ग्रंथ है। रामविलास जी कहते हैं कि जब मार्क्स अपने दास कैपिटल ग्रंथ पर काम कर रहे थे तब तक ऋग्वेद का पश्चिमी भाषाओं में अनुवाद तो हो चुका था लेकिन बहुत सतही और भ्रामक। वेदों के दार्शनिक तत्व का तब तक खुलासा हो गया होता तो मार्क्स की भारत की समझ और उनकी अपनी दार्शनिकता पर भी अच्छा खासा असर पड़ता। वे ऋग्वेद के जरिए मार्क्सवाद और मार्क्सवाद के जरिए ऋग्वेद को समझने की कोशिश कर रहे हैं।

इस कोशिश को भी दो दृष्टियों से देखा जा सकता है। पहली तो यह कि अगर कोई जीवन भर साम्यवादी रहा हो तो उसकी दृष्टि इतनी बद्धमूल हो जाती है कि वह ऋग्वेद में भी द्वंद्वात्मक भौतिकवाद के ही दर्शन करता जाता है। वही पाता है जो जीवन भर और कहीं और

सब जगह पाता रहा है। यह दरअसल ऋग्वेद की खोज नहीं है, साम्यवाद को ऋग्वेद में देखना है। जब साम्यवाद एक व्यावहारिक जीवन पद्धति, राज्य व्यवस्था और राजनैतिक विचारधारा के नाते अपने ही गढ़ों में पराजित हो गया हो तब उसकी जड़ें ऋग्वेद में ढूंढना अपनी आस्था को अपनी जैविक जातीयता की शक्ति देना है। एक भारतीय ब्राह्मण विचारक का ऋग्वेद में साम्यवादी धारणाओं का पाना वैज्ञानिक खोज और चिंतन का उतना विषय नहीं है जितना जन्मजात और जातीय आस्थाओं का है। दूसरी दृष्टि यह हो सकती है कि रामविलास जी अपने चौथे पहर में अपने संस्कारों के कारण ऋग्वेद में पहुंचे हैं। लेकिन वहां वे वेदांत और अध्यात्म में लग जाएं, यह उनकी उस बुद्धि को स्वीकार नहीं हो सकता जो चेतना के स्तर पर प्रयत्नपूर्वक साम्यवादी बनी रहना चाहती है। इसलिए वानप्रस्थ में होते हुए, ऋग्वेद का अध्ययन करते हुए और उसकी दार्शनिक और काव्यात्मक गहराइयों में डूबते उतराते हुए भी रामविलास जी इस पलायन को साम्यवाद की अनिवार्यता से ही उचित ठहरा सकते हैं। इसीलिए ऋग्वेद में जीवन की जो नई शक्ति वे पाते हैं उसे भी इहलोकवादिता और द्वंद्वात्मक भौतिकवाद की अवधारणाओं में ही प्रकट कर सकते हैं। आखिर अपनी बौद्धिक गलियों को कौन अपने चौथे पहर में ध्वस्त कर के मार्ग बना सकता है ?

देखने के इन तरीकों में कहीं यह धारणा घर किए बैठी है कि साम्यवाद का पुरातन भारतीय चिंतन से कहीं कोई लेना देना नहीं है। पुरातन भारतीय ज्ञान-विज्ञान या तो बेकार हो गया है या वह ऐसे कर्मकांड, धार्मिकता और आध्यात्मिकता की ओर ले जाता है जो साम्यवाद की बिलकुल विलोम है। इस धारणा को जितने दुराग्रह से भारतीय कम्युनिस्टों ने चलाया और भारतीयता की किसी भी बात को हिंदू पुनरुत्थानवादी पतनशील प्रवृत्ति मान कर उसकी भर्त्सना की उतनी ही दूर वे साम्यवाद को भारत से ले गए और उसे बिलकुल विदेशी बना कर रख दिया। इसमें अंग्रेजों का भारत और ईसाइयों का हिंदू विरोध भी काम करता रहा है। पश्चिम का पूंजीवाद हो या उसका विरोधी साम्यवाद, दोनों को ही पढ़े-लिखे भारतीयों ने अपने पांच हजार साल के ज्ञान-विज्ञान और दार्शनिक चिंतन से बेहतर माना। पश्चिमीकरण के कारण उनमें अपने जातीय अनुभव और ज्ञान-विज्ञान के प्रति वह सम्मान नहीं रहा जो उन्हें अपने चिंतन से इन विचार और जीवन पद्धतियों को जोड़ने और एक-दूसरे का आकलन करने की क्षमता देता। इसी का परिणाम है कि पश्चिमी विचार और जीवन पद्धतियों की ओर झुकाववाले लोगों में भारतीयता का नकार है। और जो भारतीयता में गौरव करते हैं वे पूंजीवाद और साम्यवाद दोनों का ही नकार कर के पश्चिम के तमाम ज्ञान-विज्ञान को वेदों से निकला हुआ मानते हैं और पश्चिमी विचार और जीवन पद्धतियों का नकार करते हैं। सोवियत संघ के विघटन और पूर्वी यूरोप में कम्युनिस्ट राज्य के पराभव से इस देश के साम्यवादी उतार पर और बचाव की मूड में हैं। लेकिन खुले बाजार से विश्वव्यापी पूंजीवादी भारत को पश्चिम का पुछल्ला बनाने में ही मोक्ष देख रहे हैं।

रामविलास शर्मा इनमें कहीं नहीं हैं। उनमें ऋग्वेद के प्रति श्रद्धा और सम्मान की दृष्टि और समझ है लेकिन वे साम्यवाद को चुका हुआ मान कर छोड़ देने वाले नहीं है। बल्कि कहते हैं कि समाजवाद ही भारत को बचा सकता है। वे कट्टर और अंध साम्यवादी वैसे भी कभी नहीं रहे। जब दुनिया में रूस और भारत में नेहरू का बोलबाला था तब वे लिख चुके थे कि सर्वहारा की तानाशाही एकदम गलत है धारणा और इस से सत्ता एक निहित स्वार्थी वर्ग के

हाथ में वैसे ही चली जाती है जैसे पूंजीवादी व्यवस्था में। आचार्य नरेंद्र देव जैसे समाजवादी तो इस बात को मानते और कहते ही थे कम्युनिस्टों में ऐसी बात कहने वाले रामविलास शर्मा थे। भारतीय कम्युनिस्टों के कट्टर कम्युनिज्म को उन्होंने कभी बर्दाश्त नहीं किया। वे एक स्वतंत्रचेता भारतीय की तरह साम्यवाद की धारणाओं को उलट पुलट कर देखे और जांचते रहे, स्वीकारते और नकारते रहे। लेकिन कम्युनिस्ट धारणाओं के साथ ही उन्होंने ऐसा नहीं किया। वे पश्चिम की और भी धारणाओं को जांचते रहे। जैसे उन्होंने ब्रिटेन की चलाई इस स्थापना को गलत पाया कि आर्य भारत में बाहर से आए थे। उन्होंने खोजा और पाया और इसलिए माना कि आर्य उत्तर भारत के ही आदिवासी थे। रामविलास जी पर कोई संघ परिवार का भारतीय होने का आरोप नहीं लगा सकता। लेकिन यह मानना कि आर्य भारत के थे संकीर्ण हिंदू दुराग्रह नहीं है। रामविलास जी मोहनजोदड़ो और हड़प्पा को भी सिंधु नदी की सभ्यता नहीं मानते। वे उसे सारस्वत सभ्यता मानते हैं जिसे आर्यों ने बाहर से आ कर नष्ट नहीं किया। जो सरस्वती नदी के लुप्त होने के पर्यावरणीय कारणों से नष्ट हो गई। इस सभ्यता के भग्नावशेषों में युद्ध से नष्ट होने के कोई प्रमाण नहीं मिलते। इसलिए यह मानना कि सिंधु घाटी सभ्यता को विदेशी आर्यों ने नष्ट किया गप और शुद्ध गल्प है।

रामविलास शर्मा में निरंतर शोध और परिष्कार की यह वृत्ति नहीं होती अगर वे निरे कम्युनिस्ट या प्रगतिशील लेखक संघ के पदाधिकारी होते। मूलतः और अनिवार्य रूप से साहित्य के आदमी हैं इसलिए पार्टी और विचारधारा की चौखट में बंध नहीं सके। साहित्य को राजनैतिक विचारधारा का प्रचार माध्यम भी नहीं मान सके। उन्होंने भले ही सर्जनात्मक साहित्य न लिखा पर साहित्य की आलोचना में भी सर्जना होती है यह उनके लेखन और जीवन दर्शन से स्पष्ट है। ऋग्वेद के इस साम्यवादी ऋषि के चरणों में बैठने की मेरी इच्छा हुई तो ऐसे भले ही संस्कारों के कारण हुआ हो। लेकिन ऐसी इच्छा से संस्कार गर्हित और त्याज्य नहीं गौरव के शक्तिशाली जीवन स्रोत हो जाते हैं।

(18.10.92)

पंच महाभूतों में लौटा है ऋषि

उनसे मुझे पांच महीने से मिलना था। लेकिन जिस दिन वे चले गए मैं दिल्ली में भी नहीं था। रात आठ बजे लौटने पर पता चला कि अंत्येष्टि भी हो गई। सुबह से पत्रकारों के बीच था और कोई घंटा डेढ़ घंटा तो एक अखबार के दफ्तर में भी वहां काम करने वालों से बतियाता रहा था। किसी ने नहीं बताया। रामविलास शर्मा का जाना शायद उनके लिए ऐसी खबर नहीं थी कि वे किसी को बताते या सम्मेलन में प्रस्ताव पारित करवाते। अखबार के दफ्तर में भी उनके निधन की कोई खबर नहीं थी। वहां एक रिपोर्टर ने यह तो कहा कि इतनी देर हो गई और मैंने ढाका में चल रहे मैच का स्कोर तक नहीं पूछा। लेकिन उसने नहीं पूछा कि मुझे मालूम है या नहीं रामविलास शर्मा नहीं रहे। उसे खुद भी पता नहीं होगा और शायद यह जानकारी उस के लिए इतनी बड़ी खबर नहीं होगी कि पता भी होता तो वह मुझे बताता। रात भर मैं उस दिन और पत्रकारों के बीच होने को कोसता रहा। जिनके लिए रामविलास शर्मा का जाना खबर न हो वे हिंदी के पत्रकार कैसे हो सकते हैं ? शोक सभा में जाते हुए मंगलेश डबराल से मैंने कहा—अब हिंदी के अखबारों में पढ़ने-लिखने वाले जानकार लोग नहीं रहे।

मुझे उन से मिलना था क्योंकि एक काम अधूरा रह गया था। नई सदी और सहस्राब्दी की पहली सुबह उन से मिलने विकासपुरी के उनके घर गया था। यह संयोग नहीं था। मुलाकात पहले से तय थी और एक जनवरी की सुबह मैंने ही मांगी थी। भोपाल में हिंदी पत्रकारिता और बाजार के नए अवतार पर गोष्ठी के लिए उन से बात करनी थी। हिंदी के अखबार पूरे हिंदी इलाके का कोई समग्र चित्र, उसकी निश्चित पहचान और उस के व्यक्तित्व का स्वरूप अपने पाठकों के सामने नहीं रखते। वह राज्यों बोलियों और जनपद संस्कृतियों में बंटा और बिखरा हुआ है। उसका सुस्पष्ट उकेरा हुआ व्यक्तित्व राष्ट्र के मानस और चेतना पर नहीं है। राष्ट्रीय और अंतरराष्ट्रीय बाजार उसे पिछड़ा और नाकारा मान कर दुत्कार रहा है। हिंदी पहली बार क्षेत्रीय भाषा बनाई जा रही है। इस हिंदी क्षेत्र की अगर यही हालत रही तो वह राष्ट्रीयता कैसे जोर दिखा सकती है जो भारत को अंतरराष्ट्रीय बाजार का गुलाम बनने से बचा सके ? क्या हिंदी पत्रकारिता को उस हिंदी अस्मिता का वाहक बनाया जा सकता है जो हिंदी जाति के स्वत्व को फिर से स्थापित कर सके ?

रामविलास जी ने इन सवालों पर बोल कर ऑडियो और वीडियो कैसेट बनवाना मंजूर किया था। उनने हिंदी अखबारों, उनके प्रचार-प्रसार की संख्या और क्षेत्र और हिंदी इलाके में लगी देसी और विदेशी पूंजी के आंकड़े मांगे थे। कुछ तो मिल गए और उनके पास पहुंचा भी दिए

गए लेकिन पूंजी निवेश के आंकड़े नहीं मिले और गोष्ठी रामविलास जी का कैसेट सुनाए बिना करनी पड़ी। मुझे इसका दुख था। रामविलास शर्मा ने हिंदी जाति की अवधारणा और उस के विकास का विवरण पहली बार हमारे सामने रखा। वही इस हिंदी इलाके को एक और शक्ति के साथ जोर जमाने वाला बनने के उपाय भी बता सकते थे। उनका ऑडियो या वीडियो कैसेट होता तो उससे एक नए सांस्कृतिक आंदोलन की भूमिका तैयार होती। अपनी साधन और सूचनाहीनता के कारण यह काम तब नहीं हो सका था। गोष्ठी के बाद बहुत सी जानकारी इकट्ठी कर ली थी। पर तब पता चला कि उनकी तबीयत ठीक नहीं है। ठीक तो वह एक जनवरी को भी नहीं थी। लेकिन बताया गया कि और बिगड़ गई है। प्रतीक्षा कर रहा था कि कुछ ठीक हो तो जा कर बात करूं। आने और बात करने की इजाजत उन से ली हुई थी। लेकिन वह दिन नहीं आया।

उस एक जनवरी की वह मुलाकात बड़े भावुक और आत्मीय स्तर पर पूरी हुई थी। वे अंदर के बरामदे में आए धूप के घेरे में एक कुर्सी पर बैठे थे और मैं उनके सामने। उठते-उठते मैंने कहा कि यह तो आपके जीवन भर का काम है। मेरी इच्छा है कि इसको बढ़ाया जाए। मुझे आपका आशीर्वाद चाहिए। और अनायास ही मेरा हाथ उनके घुटनों पर जा बैठा। उस स्पर्श से या मालूम नहीं क्यों मेरा गला रुंध गया और आंखें गीली हो गई। रामविलास जी वैसे ही कुर्सी से टिके बुत की तरह बैठे रहे। लेकिन उनने अपना हाथ मेरे हाथ पर रखा और आगे जो भी बोले वह किसी तरह रुआंसे गले को धकेलते हुए निकला। उनकी आंखें भी तैर रही थीं। मैं उठ कर बाहर आया और कार में बैठने के बाद रूमाल से आंखें पौंछी और जैसे सुस्ता लेने के बाद रामसिंह को कहा कि अब कहां चलना है। धीरे-धीरे मुझे लगा कि मेरे कपड़े कुछ और सफेद और कुछ और उजले हो गए हैं। सफेद कार की सफेद कवर वाली पीछे की सीट पर बैठे हुए मुझे लगा कि कार कुछ ऊपर उठी हुई है और वह पश्चिमी दिल्ली की स्मॉग भरी सड़क पर नहीं निरभ्र आकाश में ताजी प्राणदायिनी हवा में चल रही है। मैं होने के अहसास और सारी भव बाधाओं से ऊपर उठ गया हूं और नए साल, नई सदी और नई सहस्राब्दी की वह सुबह सचमुच एक नई और दिव्य घड़ी है और उसमें इस तरह होना परम सौभाग्य और धन्यता का अनुभव है।

रामविलास शर्मा से यह दूसरी बार ही मिलने गया था। पहली बार कुछ बरस हुए मंगलेश डबराल के साथ उनका इंटरव्यू करने गया था। दो किस्तों में वह इंटरव्यू इसी अखबार में छपा था। फिर इसी जगह इसी कागद कोरे में मैंने इस मुलाकात पर भी लिखा था। मैंने उनकी आत्मकथा—अपनी धरती अपने लोग—पढ़ी नहीं थी। मुझे उनके बारे में बहुत जानकारी भी नहीं थी। उनके काम और उनके लिखे हुए को थोड़ा बहुत जानता था। लेकिन उन से बात करते-करते मुझे लगा कि मैं जिससे बात कर रहा हूं वह मेरे संस्कार और कल्पना का ऋषि पुरुष है। उन्हें मार्क्सवादी ऋषि कह कर ही उस मुलाकात के बारे में लिखा था। आर्यों के मूल रूप से भारतीय होने, ऋग्वेद में श्रम संस्कृति के वर्णन, हिंदी जाति की पहचान और समकालीनता पर उन से बड़ी लंबी बात हुई थी। मैं मार्क्सवादी नहीं हूं। कभी नहीं रहा। लेकिन जब भी मार्क्स का चित्र देखता हूं वे मुझे ऋषि लगते हैं। ऐसा ही रामविलास शर्मा से बात करते हुए मुझे लगा था। उस मुलाकात के बरसों बाद अब इस पहली जनवरी की सुबह उन से मिला था। मुझे विश्वास नहीं था कि इक्कीसवीं सदी और तीसरी सहस्राब्दी की पहली

सुबह जीवित और चंगा रहूंगा। उस सुबह उन से मिलने शायद इसी अवचेतन अपेक्षा से गया था कि आगे जीने और काम करने का आशीर्वाद पा सकूं। लेकिन अपने से यह उम्मीद नहीं थी कि उनके घुटनों पर हाथ रख दूंगा और कृतज्ञता में रोने लगूंगा। ऐसे उन से मेरे संबंध ही नहीं थे। और यह तो कभी सोचा ही नहीं था कि वे भी मेरे हाथ पर हाथ रखेंगे और रुआंसे हो जाएंगे। जितनी उमर उनकी थी उसमें लोग अक्सर ऐसा कर सकते हैं। लेकिन रामविलास जी से यह मेरी सिर्फ दूसरी मुलाकात थी और मैं उनके लिए अनजान नहीं तो दूर का आदमी रहा होऊंगा। फिर भी बिदा लेते समय यह सब हुआ। इसे मैं अपनी तरफ से और उनकी ओर से भी एक अनपेक्षित घटना मानता हूं। शायद नए साल, नई सदी और नई सहस्राब्दी की पहली सुबह अवसर ही ऐसा था कि यह सब घट सके।

फिर एक शाम नामवरजी का फोन आया कि रामविलास जी की तबीयत ठीक नहीं है और एम्स वाले भरती नहीं कर रहे हैं। आप को कुछ करना पड़ेगा। मुझे सुन कर ही बड़ा वाहियात लगा कि रामविलास शर्मा को किसी अस्पताल में भरती करवाना हो और इनकार हो जाए। सब कुछ जान लेने के बाद समझ आया कि यह तो प्रधानमंत्री कार्यालय से ही करवाना पड़ेगा। अब इस प्रधानमंत्री कार्यालय से ही नहीं किसी भी प्रधानमंत्री कार्यालय से अपने ऐसे संबंध नहीं रहे कि उठाएं फोन और कहें कि यह काम कर दीजिए। राय साब ने कहा कि शिवकुमार शर्मा से कहिए। उनके एम्स में अच्छे संबंध हैं और वे प्रधानमंत्री के विशेष कार्य अधिकारी तो हैं ही। दूसरी सुबह जा कर उन से बात हुई और उनने कहा कि फलां डॉक्टर को दिखा दीजिए। वहां भरती भी कर लेंगे। रामविलास जी भरती हो गए आईसीयू में और उनके घर लौटने तक की खबरें मिलती रहीं। फिर उनके घर फोन कर के पूछा और कहा कि मिलने कब आ सकता हूं। समय मिल भी गया। लेकिन तब कहीं और जाना पड़ गया। फिर शताब्दी पुरुष के नाते उनके सम्मान की खबर पढ़ीं और फोटू में मुख्यमंत्री शीला दीक्षित के साथ उन्हें देखा। लगा कि जल्दी मिल आना चाहिए। लेकिन देर हो ही गई और ऐसी हुई कि उमर भर पछतावा होगा। मधु लिमये के जाने के वक्त भी ऐसा ही हुआ था। अब जब कभी किसी से जा कर बात करने को मन करता है तो लगता है अपन चूक गए। अब वह मौका कभी नहीं मिलेगा। वह उपस्थिति भी नहीं रही जिसके होने से आश्वस्ति होती थी कि कोई है जिससे प्रकाश मिलता है। कोई है जिसके किए, देखे और लिखे से आप प्रेरित और प्रवृत्त हो सकते हैं। ऋषि अपने आश्रम में है। उसका होना ही आपके घर-आंगन को चेतन और भरा-पूरा रखता है। कई दिन आप सूरज की तरफ देखते तक नहीं लेकिन उससे मिली उजास और उष्मा से ही आपका काम चलता है।

पहली बार मिलने पर ही मुझे लगा था कि रामविलास शर्मा ऋषि हैं। तब सच मानिए मुझे मालूम नहीं था कि मार्क्सवादी चिंतन से कहां-कहां उनके मतभेद हुए, प्रगतिशील लेखक संघ से महापंडित राहुल सांस्कृत्यायन ने उन्हें क्यों निकलवाया। कम्युनिस्ट पार्टी से उनके कैसे संबंध रहे और पार्टी अनुशासन उन्हें कभी बांध सका या नहीं। उनकी किन स्थापनाओं के कारण वामपंथियों ने उन्हें दक्षिणपंथी कहा और उनकी किन अवधारणाओं के कारण वे संघ परिवार के सरोकारों के नजदीक पाए और देखे गए। वे सभा-सम्मेलन-गोष्ठी आदि में नहीं जाते हैं यह मुझे मालूम था और मैंने देखा था। वे संगठन, संयोजक और साहित्य-संस्कृति की

दुनियादारी में नहीं पड़ते यह भी जानता था। उनने पुरस्कारों का सम्मान माथे पर लगाया पर उनकी रकम साक्षरता, शिक्षा आदि कार्यों के लिए दे दी यह मुझे मालूम था। सभी साहित्यकारों को सत्ता प्रतिष्ठान की चिंता करते हुए उस के साथ या खिलाफ होते हुए और समाज से कटु या अपेक्षा में जीते हुए देखा है। मुझे इसमें कुछ गलत नहीं लगता कि कोई साहित्यकार, लेखक, विचारक अपने समय की घटनाओं को अपने होने से प्रभावित करने की कोशिश करे। वह लेखन के अलावा भी ऐसे काम करे कि जिनसे समाज और समय पर उसका असर पड़े। लेकिन जब से रामविलास शर्मा दिल्ली आए उन्हें कहीं 'सक्रिय' होते हुए न तो मैंने देखा न सुना। फिर भी जो व्यक्ति अपने लिखे और सोचे और किए हुए का ऐसा जबरदस्त वायवी प्रभाव छोड़ सके वह सिर्फ लेखक और विचारक नहीं हो सकता।

रामविलास शर्मा ऋषि थे क्योंकि वे जो पढ़ते, सोचते, निष्कर्ष निकालते और लिखते उनमें उनका ऐसा विश्वास था कि वही उनके जीवन को धारण करने वाले तत्व, सिद्धांत और लक्ष्य हो जाते। वे मार्क्स से असहमत हुए, पुरातत्ववेत्ताओं और भाषाशास्त्रियों से उनकी स्थापनाएं भिन्न हुई, उनने हिंदी जाति के मिथक को इतिहास दिया। भाषा के जरिए संस्कृति, साहित्य, इतिहास आदि को नए सिरे से समझने और समझाने की कोशिश की। उनने इतिहासकारों की उस पश्चिमी दृष्टि से भारत को देखने से इनकार किया जो हमारे यहां लगभग सर्वमान्य हो गई थी। उनने भारत को उस के भीतर से देखा और उसे समझने की एक भारतीय दृष्टि विकसित की जो न मार्क्सवादियों को जमती थी न दक्षिणपंथियों के लक्ष्य साधती थी। उनने साबित किया कि आर्य बाहर से नहीं आए थे और जो समय इतिहासकारों ने आर्यों के भारत आने का माना है वह दरअसल उनके यूनान तक फैल जाने का समय था। ऋग्वेद में उनने श्रम की प्रतिष्ठा और भौतिक द्वंद्वात्मकता देखी और बताई और कहा कि वेद भारत के ही गण समाजों की रचनाएं हैं। साम्यवादियों की स्थापनाओं और दक्षिणपंथियों के लक्ष्यों से भिन्न जो विश्लेषण उनने भारतीय इतिहास, संस्कृति और हिंदी जाति का किया उस के लिए उन्हें बाहर से पुष्टि या समर्थन पाने की जरूरत कभी नहीं पड़ी। वे इन विधाओं के पंडित नहीं थे लेकिन उन्हें नहीं लगा कि शास्त्र या विद्वान मंडली या समाज से उन्हें मान्यता लेनी चाहिए।

ऋषि वह होता है जो अपने में स्थित और अपनी कसौटी आप होता है। उसे बाहर से प्रमाण और मान्यता की जरूरत नहीं होती। वह जो करता है, सोचता है, लिखता है उसमें उसका ऐसा विश्वास होता है कि वही उसका सत्य हो जाता है। इसीलिए ऋषि का कहा, सोचा और लिखा मंत्र शक्ति में व्यक्त होता है। रामविलास शर्मा ऐसे ही ऋषि थे। जैसा कि कृष्ण ने अर्जुन से कहा ऐसे ऋषि पुरुष के जाने पर शोक मनाना अपने को शोभा नहीं देता।

(4.6.2000)

त्रिलोचन शास्त्री

अभाव से दबे नहीं जागे स्वभावमय

बहुत बाद में पता चला कि त्रिलोचन शास्त्री हमारे अमित के पिता हैं। अमित, यानी अमित प्रकाश सिंह। पहले दिन से जनसत्ता में हैं और अब कलकत्ता संस्करण के समाचार संपादक। शास्त्री से सिंह का पिता-पुत्र संबंध जोड़ कर समझ पाना यों ही तो हो नहीं सकता।

पहली बार मिलना हुआ तो दफ्तर में और काफी कुछ औपचारिक। एक ही बात याद है। त्रिलोचनजी ने कहा था—आपके लिखे से ऐसा लगता है कि आप भाजपा के नजदीक हैं। मैंने कोई बहस नहीं की लेकिन मुझे ठीक नहीं लगा। मेरी भारतीयता और हिंदुत्व की मेरी समझ का भाजपा से कोई लेना-देना नहीं है। उसकी सारी जड़ें गांधी विचार में हैं। भाजपा के पिछले अवतार जनसंघ के प्रकट होने के पहले से हैं। और सनातन धर्म और पुराणों के बारे में संघ की शाखा में नहीं मां की गोद, उंगली, तेजी से बढ़ते उस के पांव और भक्ति के आंसू से धाराधार बहती उसकी आंखों से जाना है। और वह तो बेचारी क्या कभी कहेगी लेकिन महंत अवैद्यनाथ, स्वामी चिन्मयानंद, अशोक सिंघल और विनय कटियार की राम भक्ति उसकी शक्ति के सामने गंगा को चीरने की कोशिश में लगे पीतल के त्रिशूल की तरह है।

लेकिन त्रिलोचनजी से मैंने बहस नहीं की। उन दो दिनों में भी नहीं की जब उन्होंने मुझे सागर बुलाया। सागर विश्वविद्यालय में तब वे मुक्ति बोध सृजन पीठ पर आसीन माने जा रहे थे। लेकिन जैसा कि मैंने उन्हें उन दो दिनों में समझा और बाद में जाना, उनकी अपनी सृजन पीठ है और उसे वे किसी भी विश्वविद्यालय में स्थापित कर के उस पर नहीं बैठेंगे। प्रतिष्ठान गढ़ने वाले और अपने आगे-पीछे संरक्षकों-प्रशंसकों और चेलेचपाटों का जंजाल खड़ा करने वाले आदमी वे नहीं हैं। कुछ गृहस्थ और दुनियादार होते हैं जिन्हें देख कर ही लगता है कि यह आदमी अकेला, अविवाहित और संन्यासी होना चाहिए। त्रिलोचनजी के साथ होते हुए अपने को बार-बार याद दिलाना पड़ता है कि उनकी पत्नी थीं और बच्चे हैं। सागर विश्वविद्यालय में वे कोई पीठाध्यक्ष कतई नहीं लगते थे। उन्हें मध्यप्रदेश के अर्जुन सिंह-अशोक वाजपेयी अपसंस्कृति रैकेट में कहीं से भी और कभी भी बैठाया नहीं जा सकता था। हमारे विश्वविद्यालय जिस गुरडम और राजनीति के अड्डे बने हुए हैं, सागर का विश्वविद्यालय उसमें गले-गले धंसा हुआ है। लेकिन वहां त्रिलोचनजी को देख कर लगता था कि जैसे अपनी ही तरह वे भी वहां किसी कार्यक्रम में आए हैं और एक दो दिन में चले जाएंगे। शाम को घूमने और बाद में छोटी सराय जैसे उनके घर में उन्होंने बताया कि भोपाल में कैसे उन्हें हार्ट अटैक आया था और फिर क्या हुआ। उनके वर्णन से लगा जैसे कोई अनजान आदमी उनमें घुस आया था और जब उन्होंने उसे पकड़ा तो वह काफी कुछ उथल-पुथल कर चुका था। लेकिन

सब कुछ बटोर कर और पोटली बांध कर ले जाता कि उस के पहले उन्होंने उसे पकड़ लिया। भवानी बाबू को तो कोई आधा दर्जन हार्ट अटैक आए थे। लेकिन वे वर्णन करते तो ऐसा लगता कि जैसे हरेक को अलग-अलग जानते-पहचानते थे और जैसे हरेक से उनका निजी और आत्मीय संबंध था। त्रिलोचनजी का हार्ट अटैक कोई अनजान घुसपैठिया था जिसे उन्होंने पकड़ कर निकाल बाहर किया। खानपान की कुछ पाबंदियों का उन्होंने जिक्र जरूर किया लेकिन उनके चलने-फिरने और खाने-पीने से कहीं लगा नहीं कि एक हार्ट अटैक से झकझोर दिए गए आदमी को देख रहे हैं।

अब पिचहत्तर के होने पर भी त्रिलोचनजी का शरीर वैसा ही गठीला है। चढ़ी जवानी में वे पहलवानी करते थे। कुछ ईनामी कुश्तियां भी उन्होंने लड़ीं। बता रहे थे कि तब कोई वजन वगैरा नहीं देखा जाता था। सामने पहलवान को दिखाते थे और पूछते थे कि लड़ोगे इससे। हां हुई तो हो जाती थी कुश्ती। अभी उस दिन मेरे सामने अमित ने उन से मजाक में पूछा कि पहले पहलवानी शुरू की या कविता। त्रिलोचनजी ने कोई जवाब नहीं दिया। लेकिन गर्दन पर बायीं हथेली फेर कर बताया कि एक बार बहुत रंदा खाया तो दो-तीन दिन तक होश आता-जाता रहा। गर्दन में एक नस होती है जो दब जाए तो होश नहीं रहता या रहता भी है तो जैसे नहीं है। शायद वह नस दब गई थीं। उस के बाद पहलवानी छोड़ दी। जोर कराता रहा। एक दो पहलवानों को जोर कराते रहो तो काफी मेहनत हो जाती है। मैं कोई सात सौ दंड और हजार बैठक लगा लिया करता था। बैठक लगाने वाले के घुटने जरूर दुखते हैं। आर्थराइटिस पकड़ लेता है। पहलवानों के शरीर में लोच नहीं रहती। अपने यहां तो शरीर को पत्थर बनाया जाता है ना। सब मसल सख्त हो जाती है। बैठक नहीं लगाना चाहिए। दौड़ना चाहिए। उससे शरीर में फुर्ती बनी रहती है।

लेकिन पहलवानी ही एक गैर कविताई काम नहीं है जो त्रिलोचनजी ने किया हो सागर में बता रहे थे कि सन् छत्तीस में वे गुजराती अखबार फूलछाब में प्रूफरीडर हो गए थे। गुजराती के लोक कथाकार भवेरचंद मेघाणी ने उनसे फूलछाब में कहा कि वे अनुवाद किया करें। फिर कहा कि तुम गुजराती में लिखा करो। मैंने कहा कि मुझे गुजराती नहीं आती तो उन्होंने कहा, तुम लिखो तो। मैं हूं, तुम्हारी गुजराती ठीक करूंगा। कुछ लिखने लगा। उन्हें पसंद भी आया। लेकिन मुझे लगा कि गुजराती में लिखूंगा तो हिंदी में मुझे कौन याद रखेगा। मैं तो हिंदी का आदमी हूं। वहां पैसे अच्छे मिलते थे। पांच रुपया महीना। लेकिन काफी था। पैसे बचा कर फूलछाब छोड़ने के बाद मैं दक्षिण घूम आया। लौट कर बनारस आया तो फिर एक पत्रिका में काम किया। पंद्रह रुपया महीना। पैंतालीस रुपया महीने में कोई और भी काम दे रहा था। लेकिन वहां गया और उन्होंने मालूम किया कि पहले कितना मिलता था तो पैंतालीस की जगह पंद्रह ही दिए। और यह सब बताते हुए त्रिलोचनजी हंसते रहे। ऐसा नहीं कि देखो हमने कितने पापड़ बेले और कैसी तंगाई में दिन काटे।

त्रिलोचनजी कहते हैं कि किसी की चाहे जितनी अच्छी स्मृति हो पर सिर्फ उसी के भरोसे नहीं लिखना चाहिए। अच्छे-अच्छे गलती कर जाते हैं। देख लेना चाहिए किताब में। तो मैंने भी तय किया कि जो सुना है वह उन्हीं से पूछ कर कंफर्म कर लें। सुना था कि एक बार त्रिलोचनजी रिक्शा चला रहे थे। रिक्शे में श्रीपत मिश्र और कोई और बैठा था। रिक्शे के नीचे उन्होंने देखा तो किताब रखी थी। निकाली तो–योग वशिष्ठ। सवारियों ने पूछा कि इसे कौन

पढ़ता है तो रिक्शा चलाने वाले ने सहज ही कहा—मैं। त्रिलोचनजी से पूछा कि क्या यह सही है ? उन्होंने कहा, नहीं श्रीपत मिश्र तो बहुत छोटे हैं। उनके चचा थे कमलापति मिश्र। लखनऊ विश्वविद्यालय में संस्कृत पढ़ाते थे, हेड ऑफ डिपार्टमेंट थे। और मैं कलकत्ता में था। यह तीन पहिए का रिक्शा नहीं चलाता था। वहां आदमी जिसे खींचते हैं वह रिक्शा चलाता था। उसमें बैठे थे कमलापति मिश्र और उन्होंने देखी थी वह योग वशिष्ठ की प्रति। लेकिन आप को रिक्शा चलाने की जरूरत कैसे पड़ गई ? मैं जिनके साथ रहता था वे बीमार पड़ गए। अच्छे ही न हों। अब रोज कुआं खोदना और पानी पीने जैसा जीवन था तो रिक्शा चलाने लगा। बीच में सवारी नहीं मिलती या फुरसत होती तो योग वशिष्ठ पढ़ता रहता।

त्रिलोचनजी बता रहे थे तो मेरे सामने करघे पर बैठे कबीर की तस्वीर उभर रही थी। करघा चलाते-चलाते कोई आया या थक गए तो एकाध निर्गुण पद कह दिया और फिर लग गए ताना-बाना बुनने में। वे जब पहलवानी की बात करते हैं तो मुझे बार-बार निराला की याद आती है। निराला भी पहलवानी और कुश्ती में कितनी रुचि रखते थे। क्या यह संयोग ही है कि त्रिलोचनजी भी पहलवानी करते रहे और निराला को बहुत मानते हैं। और कबीर पर उन्होंने कितना अच्छा सॉनेट लिखा है—काशी का जुलहा। लेकिन वे सब से ज्यादा तो तुलसीदास को मानते हैं। उन्हीं से मैंने भाषा सीखी। उन्हीं से कविता। सच वे उसी जनपद के कवि हैं। अवधी के ही नहीं। उसी धरती और संस्कृति और लोकजीवन के कवि। यह धरती और लोकभाषा उनके जीवन और उनकी कविता का प्राणतत्व है। उन्होंने गजल लिखी हो या सॉनेट, सब में यही धरती और भाषा बोलती है। संस्कृत, फारसी, अंग्रेजी और कितनी भारतीय भाषाएं जानते हैं त्रिलोचनजी। ऐसा कोई बड़ा कवि और लेखक नहीं है जिसे त्रिलोचनजी ने पढ़ा न हो और जो उन्हें याद न हो और जिसकी भाषा और लिखे की वे व्याख्या न करते हों।

लेकिन जिसे संभ्रांत और प्रतिष्ठित कहा जा सके ऐसी कोई नौकरी त्रिलोचनजी ने नहीं की। 'नहीं मैं एक बार एक इंटर कॉलेज में अध्यापक हो गया था। अंग्रेजी पढ़ाता था। लेकिन वहां के अध्यापक परचे जांचने-एग्ज़ामिनरशिप पाने की जोड़तोड़ में लगे रहते थे। मेरे कुछ परिचित थे जो जांचने के लिए परचे दिलवा सकते थे। तो मुझे मालूम हुआ कि ये अध्यापक लोग क्या करते थे। मुझे लगा कि इनके साथ रहूंगा तो मैं भी ऐसा ही हो जाऊंगा। है ना ! तो मैंने अध्यापकी छोड़ दी।' लेकिन आगरे में एक मंदिर में वे बाबा की तरह रहते थे। वहीं उन्हें आगरा विश्वविद्यालय के दर्शन विभाग में भारतीय दर्शन के क्रमिक विकास पर बोलने के लिए कहा गया। अब दर्शन तो अंग्रेजी में पढ़ाया जाता था। लेकिन त्रिलोचनजी ने पांच व्याख्यान दिए हिंदी में। कोई शब्द-अवधारणा फंस जाती तो उसकी व्याख्या कर देते। मैं खादी की सफेद धोती पहना करता था। वही पहन कर गया और दिए व्याख्यान। नंगे पांव—त्रिलोचनजी ने जोर दिया और मुस्कुराए। उन्हें निश्चित ही खादी की धोती में और नंगे पांव आगरा विश्वविद्यालय में भारतीय दर्शन पर व्याख्यान देने में मजा आया होगा।

ऐसा नहीं कि त्रिलोचन शास्त्री ने औपचारिक शिक्षा नहीं पाई। बीए किया और एमए का एक साल भी। बचपन में ही संस्कृत पढ़ी, फारसी पढ़ी और अंग्रेजी। वे किसी भी प्राध्यापक, महामहोपाध्याय या वाइस चांसलर से ज्यादा पढ़े और जानकार थे। लेकिन

रामकुमार वर्मा या नामवर सिंह या सुमनजी की तरह विद्या के प्रतिष्ठान से जुड़ कर पढ़ने-लिखने का व्यवस्थित और सुरक्षित जीवन उन्होंने नहीं जिया। कवि की जो रूमानी और अराजक बोहेमियन छवि हम लोगों के मन में होती है वैसे भी वे कभी नहीं रहे। लेकिन पढ़ने-लिखने और कविता करने वाले लोगों का जैसा जीवन इस देश में पिछले पचास-साठ साल में रहा है उस के सर्वमान्य औसत खांचे में भी उन्हें बैठाया नहीं जा सकता। भक्त कवि तो वे नहीं हैं। लेकिन जैसे कबीर जुलहाई करते और रैदास चमड़ा पकाते हुए कविता करते रहे वैसे त्रिलोचन शास्त्री जो भी काम मिला या हाथ आ गया उसे बेझिझक करते हुए कविता लिखते रहे। उन्हें रिक्शा चलाने, प्रूफ बांचने, पढ़ाने, सधुक्कड़ी करने या मुक्तिबोध सृजन पीठ पर रहने में कोई मानसिक अवरोध या पीड़ा नहीं हुई। उनके जैसा पढ़ा-लिखा विद्वान भाषाविद् और प्रतिभावान व्यक्ति एक प्रतिष्ठित और व्यवस्थित जीवन जी सकता था। लेकिन वे उस खांचे में फिट नहीं हुए। इसलिए नहीं कि तबीयत से बड़े विद्रोही हैं और यथास्थिति वाले प्रतिष्ठान को देखते ही भड़क जाते हैं। नहीं, अपने एक सॉनेट अपराजेय में उन्होंने बताया है कि हिंदी कविता क्या है—भाव उन्हीं का सब का है जो थे अभावमय/पर अभाव से दबे नहीं जागे स्वभावमय। त्रिलोचनजी स्वभाव से ही ऐसे व्यक्ति और कवि हैं जो ब्रिटिश राज के अंतरसंघर्ष और आधुनिक नागरीय जीवन से अछूते और खांटी देहाती आदमी हैं। अज्ञेय जी में जो नफासत और अभिजात्य था त्रिलोचन शास्त्री उससे ठीक विपरीत अनगढ़-देहाती लेकिन देशज प्रतिभा के धनी व्यक्ति हैं।

त्रिलोचनजी से पिछले आठ-दस वर्षों में पांच-छह बार ही मिलना बोलना हुआ। कविताएं भी उनकी पहली पुस्तक से ले कर अभी तक की पढ़ी हों ऐसा भी नहीं है। लेकिन उनका व्यक्तित्व और कविता मुझे इतनी अपनी और खांटी भारतीय लगती है कि भवानीप्रसाद मिश्र के आसपास ही कहीं अपने में उन्हें मैं पाता हूं। बाबा नागार्जुन भी अपनी देसी प्रतिभा और जीवन के प्रतिनिधि पुरुष हैं। लेकिन त्रिलोचनजी की जड़ें अपनी जमीन में ज्यादा गहरी हैं और इसलिए वे किसी झोंके या आंधी के थपेड़े या विचारधारा के ज्वार भाटे में नहीं आते। जो आदमी अपने आसपास के जीवन, कष्ट और प्रलोभन यश और प्रतिष्ठा और धन आदि को देखते समझते हुए भी जैसा है वैसा ही रहे और जिसमें नकार का न और स्वीकार की हां और छुट जाने का विषाद न हो और जो अपने होने का औचित्य बाहर न ढूंढता हो वह आदमी मुझे बहुत चरित्रवान और भरापूरा लगता है और मेरी इच्छा होती है कि उसे स्पर्श करूं और उसकी ऊर्जा से अपनी बैटरी को चार्ज करूं।

मुझे अक्सर लगता है कि त्रिलोचन शास्त्री, भवानी बाबू और नागार्जुन अगर ऐसे अपनी धरती से जड़ें जमाए आदमी नहीं होते तो हमारी कविता का क्या होता। इन तीनों के देह-मन अपनी मिट्टी से बने। उसी की बोली इनने सीखी। हमारे देहाती-कस्बाई जीवन की जैविकता इन्हें हमेशा इस धरती के लोकजीवन से जोड़े रही इसलिए उनकी कविताएं सीधे मन से निकल कर मन में उतरती रहीं। इन्हें इनकी जड़ें हमारी धरती से प्राणतत्व खींच कर हरा-भरा किए रही। इनमें दो-तीन पीढ़ी बाद के कवि पढ़-लिख कर नगरों और महानगरों में आएं। उन्होंने अपने तार पहले और दूसरे महायुद्ध से उखड़ कर बंजर हुए समाज के पश्चिमी साहित्य से जोड़े। वहां के कवि-लेखक एक निजी भाषा से निजी संसार को टटोलते रहे हैं। हमारे महानगर भी वैसे ही कंक्रीट के भग्नावशेषों के बंजर क्षेत्र हैं। इन में आजादी के बाद के कवि

वही करते रहे जो महायुद्धों से ध्वस्त और औद्योगिकता के निर्जन में खड़े पश्चिम के कवि करते रहे हैं। हमारी तथाकथित नई कविता दुरूह और पत्थरों के ढेर में जड़ें खोजती हुई भटकती लगती हैं तो इसीलिए कि उस के तार पश्चिम के उस साहित्य से हैं। किताबों में हैं। अनुवादीय जिंदगी में है। विस्थापित जीवन में है। इस कविता के सामने त्रिलोचनजी की बिल्ली के बच्चे, हम साथी, भोरई केवट के घर, चंपा काले-काले अक्षर नहीं चीन्हती, चित्रा जांबोरकर और नगई महरा जैसी कविता रखो तो अचानक महसूस होता है कि हमारी कविता में ऐसा क्या है जो दिल्ली, बंबई और कलकत्ता में बिला गया है।

कविता समाज के सांस्कृतिक जीवन से निकाला गया अमृत तत्व है। इस के अंगूर खट्टे हों या मीठे वे इसी धरती से उपजते हैं। यहीं के स्वर्ण पात्र में उन्हें लगाना होता है। जो हवा, पानी, मिट्टी, गंध और स्वर उसने लिया है वही अमृत बन कर निकलता है। त्रिलोचन शास्त्री की कविता में उसे आप पी सकते हैं। अमृत निकालने की यह कीमियागिरी विलोप न हो जाए इसलिए मनाइए कि त्रिलोचन जी सौ साल जिएं।

(23.8.92)

शिवमंगल सिंह सुमन

कल कल कहती चली गई

ऐसा भी हुआ कि सुमनजी का सम्मान मेरे हाथों हुआ। मैं जो उनका विद्यार्थी रहा हूं और चढ़ती जवानी में सुमनजी जिसके साहित्यिक हीरो रहे हैं। इसका और कोई औचित्य तो मेरी समझ में नहीं आता, शायद ऐसा होना मेरे हाथों पर लिखा था।

भोपाल में एक मित्र हैं कैलाश पंत जिन्हें महू में बचपन के संबंधों के कारण मैं दादा कहता हूं। वे एक पत्र निकालते हैं जनधर्म जिसकी ओर से साल में एक साहित्यकार का सम्मान किया जाता है—सारस्वत सम्मान। कोई बहुत लंबी-चौड़ी रकम इस सम्मान में नहीं होती। लेकिन पंतजी के साधन देखते हुए उसे बड़ी कहा जा सकता है। पेट काट कर तो नहीं लेकिन अपनी रोटी का घी और कार का पेट्रोल बचा कर वे यह सम्मान जरूर करते हैं और इसीलिए उसका महत्त्व है। साहित्य और साहित्यकारों के लिए कुछ कर के अपने को धन्य समझने की जो भावना पांचवें और छठे दशक में थी और कस्बों और छोटे शहरों में अभी भी पाई जाती है उस के शिकार हैं कैलाश पंत। कहने वाले कहते हैं कि वे बहुधंधी जीव हैं। होंगे। लेकिन यहां मैं उन पर इनवेस्टिगेटिव स्टोरी नहीं कर रहा हूं।

उस साल डॉक्टर शिवमंगल सिंह सुमन का सारस्वत सम्मान मध्यप्रदेश के मुख्यमंत्री के हाथों होना था। मुख्यमंत्री थे मोतीलाल वोरा। अर्जुन सिंह नहीं जिन्होंने अपने कार्यकाल में मध्यप्रदेश को सम्मान-दाता राज्य होने की प्रतिष्ठा दिलाई और खुद के लिए कला मर्मज्ञ होने की छवि बनाई। वारो जी बहुत विनम्र, सावधान और मुख्यमंत्री हो जाने की घटना से तब बड़े भौंचक से लगते थे। अर्जुन सिंह का साया जैसे उनकी कुर्सी और दफ्तर पर मंडराता रहता था। लगता था जैसे अर्जुन सिंह कभी भी लौट कर भोपाल के अपने सिंहासन पर दावा करेंगे और मोतीलाल वोरा को उसे छोड़ना पड़ेगा। वोरा जी मुख्यमंत्री की कुर्सी पर आगे के फट्टे पर आधे बैठे से लगते थे। सत्ता में ऐसे असहज बैठे आदमी के लिए मेरे मन में प्रेम और सम्मान उमगता है। जो समझते हैं कि चित्त भी मेरी पट भी मेरी और अंटा मेरे बाप का है वे सत्ता का अक्सर बहुत निर्लज्ज दुरुपयोग करते हैं। जो सत्ता के लबादे को पहनते और उतारने की पोशाक मानते हैं अपने शरीर की चमड़ी नहीं, वे जानते हैं कि यह माया महाठगिनी है। ऐसे लोग चाहें तो सत्ता को भोग्या बनाने के बजाय उससे लोगों की सेविकाई करवा सकते हैं। लेकिन आप कहें तो मैं मान लूंगा कि ऐसे भले लोग हमारे लोकतंत्र की सत्ता में टिक नहीं पाते।

वोरा जी कह गए थे कि सुमनजी का सम्मान करने के लिए वे शाम तक भोपाल जरूर लौट आएंगे। राज्य के जहाज या हेलीकाप्टर से कहीं गए थे और आप जानते हैं कि मध्यप्रदेश का एक जिला बस्तर ही यूरोप के एक देश ब्रिटेन, जी हां ग्रेट ब्रिटेन से बड़ा है। इसलिए जब

वहां के मुख्यमंत्री कहीं से लौट कर कार्यक्रम में जाने वाले होते हैं तो समझदार लोग मान कर चलते हैं कि वे शायद न आ पाएं। वोरा जी भी नहीं आ पाएं। उनका रास्ता देखे जाने के दौरान खुसुर-पुसुर में कहा गया कि वे जान-बूझ कर नहीं आए होंगे क्योंकि सुमनजी ठाकुर हैं यानी अर्जुन सिंह की लॉबी के साहित्यकार। सुमनजी और वोरा जी की जात देखने की इस राजनीति पर मैं चकित था क्योंकि मैंने तो कभी देखा ही नहीं कि सुमनजी के नाम के आगे जो सिंह लगता है तो उसका मतलब क्या है। बहरहाल कार्यक्रम लेट शुरू हुआ। मंच पर नरेश मेहता और श्रीमती कमला रत्नम दोनों थे। लेकिन पंतजी ने घोषणा कर दी कि सुमनजी का सम्मान मैं करूंगा। मंच पर ना-नकुर करने या कुरता फाड़ कर भाग जाने की गुंजाइश नहीं थी। लेकिन मेरा संकोच और पसोपेश लगभग आत्महीनता में पहुंच गया था। इस शर्म से मेरे कान लाल और गरम हो गए थे कि आज मेरे हाथों ऐसा कुछ होना है जिसके योग्य मैं नहीं हूं।

बहरहाल सम्मान हुआ। भोपाल में गैस हादसे के बाद होने वाले विश्व काव्य सम्मेलन का हमने विरोध किया था। श्रीकांत वर्मा तब भारत भवन की संस्कृति के दिल्ली में साहित्यकार-राजनैतिक संरक्षक थे। एक इंटरव्यू में किसी पत्रिका को उन्होंने कहा था कि प्रभाष जोशी की साहित्यिक हैसियत क्या है ? मुझे लगा कि आज मैं इसका जवाब दे सकता हूं। मैंने कहा कि श्रीकांत जी कहीं भी हों कृपया नोट करें कि मेरी हैसियत है कि शिवमंगल सिंह सुमन का विद्यार्थी हूं और एक शिष्य का इस से बड़ा सौभाग्य क्या होगा कि उस के हाथों उस के गुरु का सम्मान हो। लेकिन आप से सच कहूं तो यह बात मैंने श्रीकांत वर्मा के लिए नहीं दरअसल अपने लिए कही थी। इंदौर में हाईस्कूल और कॉलेज में पढ़ते समय हिंदी साहित्य की जिन विभूतियों को हम पढ़ते थे उन में हमारे आसपास दो ही व्यक्ति थे। खंडवा में दादा माखनलाल चतुर्वेदी और इंदौर-उज्जैन में शिवमंगल सिंह सुमन। सुमनजी से पढ़ा तो छह महीने भी नहीं क्योंकि पिताजी के जोर देने पर विज्ञान और गणित पढ़ने के लिए होलकर कॉलेज छोड़ कर गुजराती कॉलेज आ गया था। लेकिन साहित्य ही मेरे पढ़ने और मगन रहने का विषय था और इसलिए छह महीने पढ़ने का तथ्य ही मेरे जीवन का गौरव बिंदु हो गया कि सुमनजी का शिष्य हूं। आप सच पूछें तो तथ्यात्मकता या वस्तुपरकता की कसौटी पर सुमनजी से मेरा गुरु शिष्य का नाता खरा नहीं उतर पाएगा। लेकिन संबंधों की एक आत्मिक कसौटी भी होती है जो भौतिकता और वस्तुपरकता के परे जाती है और जिस पर खरा उतरना तथ्य नहीं सत्य होता है।

सुमनजी का गौरव बिंदु होने से कविता पढ़ना, याद रखना और उसे झूम-झूम कर तन्मयता से गाना जीवन का सघन आनंद हो गया। सुमनजी ने बच्चनजी को होलकर कॉलेज में कविता पढ़ने के लिए बुलाया था। बच्चनजी तब आयरिश कवि विलियम बटलर यीट्स पर डॉक्टरेट कर के लौटे थे और नेहरू जी ने उन्हें विदेश विभाग में काम करने के लिए दिल्ली बुला लिया था। भारत आने के पहले बच्चनजी का एक गीत धर्मयुग में छपा था—अब हेमंत अंत नियराया लौट न आ तू गगन बिहारी। सुमनजी को कविता पढ़ते सुनते और उनके ओजस्वी भाषणों में भारत भर के कवियों के उद्धरण देखते हुए प्रेरक छंद याद रखने की आदत पड़ गई थी। ऐसी कि जब पता चला कि सुमनजी बच्चनजी को कविता पाठ के लिए बुला रहे हैं तो मैंने उन्हें पत्र लिखा कि आप जब होलकर कॉलेज में कविता पढ़ रहे होंगे तो

आप के श्रोताओं में एक लड़का ऐसा भी होगा जिसे आपकी कविताएं आप से ज्यादा कंठस्थ होंगी। इस कैशौर्य दंभ का बच्चन जी ने छोटा सा लेकिन बहुत ही पानी-पानी कर देने वाला उत्तर दिया था। यह दंभ भी सुमनजी के शिष्य होने का परिणाम था। लेकिन आप से सच कहता हूं कि शानदार दंभ है क्योंकि जीते हुए संकट, संघर्ष या समाधान की किसी भी घड़ी में गंगावतरण की तरह कविता उतर आती है। सुमनजी इंदौर-उज्जैन में नहीं होते तो यह आंतरिक समृद्धि भला मुझ जैसे अर्धसाक्षर मनुष्य को मिल सकती थी।

माखनलाल चतुर्वेदी के बाद शिवमंगल सिंह सुमन हिंदी के सबसे ओजस्वी और प्रभावी वक्ता हैं। दादा को तो एक ही बार स्कूल में सुना था। वे कोई घंटा भर बोले होंगे। लेकिन एक लड़का इधर से उधर नहीं हुआ न कोई आवाज निकली। उसी दिन समझ में आया था कि पुंगी बजती है तो सांप उसकी ओर मुंह कर के कैसे और क्यों डोलता है। सुमनजी की शैली दादा की शैली नहीं है। लेकिन सुमनजी भी लोगों को मंत्रमुग्ध कर देते हैं। जिह्वा पर सरस्वती के बैठने का अर्थ समुनजी को सुन कर ही समझ में आया। सुमनजी फटकारने में भी उतने ही प्रभावी थे। उन्हें अक्सर ही कवि सम्मेलनों का अध्यक्ष बनाया जाता। हर कवि सम्मेलन में दो-तीन कवि तो ऐसे होते ही हैं जिन्हें जनता, खास कर लड़के हूट करना चाहते हैं। जब किसी की दुर्गत होती और संयोजक के लाख मनाने पर भी श्रोता कवि को नहीं सुनते तो सुमनजी उठते। फिर उनका रौद्र रूप दिखता। वे उन लड़कों को हॉल या पंडाल के बाहर धकेल देते। हाथों से नहीं, शब्दों के डंडों और धिक्कार से। सुमनजी शब्दों में जितने रिझा सकते हैं उतने ही ध्वस्त भी कर सकते हैं। पचास से साठ के बीच कवि सम्मेलन पर गोपालदास नीरज और वीरेंद्र मिश्र के गीतों का वर्चस्व चलता था। वीरेंद्र मिश्र और नीरज अक्सर आखिर में गीत गाते और फिर अध्यक्ष होने के नाते अंत में सुमनजी को कविता पढ़नी होती। अब सुमनजी का ऐसा है कि 'गीत गाने को दिए गए स्वर नहीं।' श्रोता नीरज और वीरेंद्र मिश्र की स्वर लहरी से या तो तृप्त हुए होते या उन्हीं को फिर सुनना चाहते। ऐसी स्थिति को सुमनजी ही संभाल सकते थे। वे किसी रुबाई से शुरू करते फिर फरमाइश पर और रुबाइयां सुनाते फिर एक आध गीत या कविता। इनका ओजस्वी काव्य पाठ नीरज और वीरेंद्र मिश्र के सुमधुर काव्य गान से हल्का नहीं पड़ता। बाद में ऐसा लगने लगा था कि सुमनजी के पास नया सुनाने को ज्यादा कुछ है नहीं। इस कारण वे खुद भी कुछ क्षमाप्रार्थी की मुद्रा में आ जाते थे। फिर भी जब पुरानी रुबाई या कविता ही सुनाते तो साफ हो जाता कि लोकप्रिय गीत और साधन के बजाय सुमनजी की कविता ही क्यों ज्यादा टिकी रहेगी। अब तो न नीरजजी का जमाना है न वीरेंद्र मिश्र का। न उन कवि सम्मेलनों का। लेकिन सुमनजी की कविता है।

सुमनजी अध्यापक, प्रशासक और कूटनीतिक भी रहे। लेकिन मूलतः और अंततः वे कवि ही थे और हैं। एक रूमानी कवि जो कविता को लिखने का नहीं जीने का कारण और औचित्य मानते हैं। उन्हें हिंदी के प्रगतिशील काव्य आंदोलन में बैठाया जाता है। लेकिन प्रगतिवादी यथार्थ से सुमनजी का बंधना नहीं हो सकता। उन्हें साम्यवाद नहीं साम्यवाद का सपना ही लुभाता था। गांधी, नेहरू आदि को भी वे रूमानी स्तर पर ही उठाते रहे हैं। मुझे कई बार लगता है कि वे हमारे छायावाद और प्रगतिशील आंदोलन के बीच की धरती के कवि

हैं। किसी काव्य आंदोलन के प्रणेता वे नहीं हुए तो इसका कारण शायद उनका समय था। एक कारण शायद यह भी रहा हो कि वे उज्जैन-इंदौर में रहे और अग्रणी वही माने जा सकते थे जो इलाहाबाद, बनारस या लखनऊ में रहते और गोलबंद हुए रचनाएं करते थे। एक कारण यह भी हो कि अध्यापकी, प्रशासन और सार्वजनिक जीवन ने उनका काव्य समय और प्रतिभा का काफी उपयोग कर लिया और लिखने-पढ़ने को वे उस पूरी तरह से नहीं दिए जा सके जिससे लिखने में विशिष्टता आती है और जो आप को सबसे अलग और ऊपर रख देती है। कुछ और भी कारण हो सकते हैं कि सुमनजी का हिंदी कविता में वह स्थान नहीं है जो अज्ञेय जी या भवानी बाबू का है। मैं हिंदी साहित्य का अध्येता आलोचक नहीं हूं जो सुमनजी की पूरी कविता को समझ कर उन्हें परंपरा में देख कर उनका स्थान और उसकी ऊंचाई तय कर सकूं।

मैं तो इतना जानता हूं कि आज भी कभी उन्नाव के पास से गुजरता हूं या विमान से कानपुर के आसपास देखता हूं तो गंगा किनारे की कांस मुझे हमेशा सुमनजी की ये पंक्तियां सुना देती है–'कांस सी मेरी व्यथा फैली चतुर्दिक। बाढ़ सा उमड़ा हृदयगत प्यार। मेघ भादों के झमाझम झर रहे हैं। जो शरद सी तुम कर रही होगी कहीं शृंगार 'सुमनजी का काव्य पाठ और भाषण देने का ओजस्वी स्वर और लटका झटका हम लोगों को इतना कंठस्थ और अभ्यस्त हो गया था कि जब उन्होंने अपनी बेटी का विवाह धृष्टद्युम्न सिंह से किया तो मेरे दोस्त दीन दयाल पांडे उर्फ दीना ने कहा कि जानते हो सुमनजी ने उन्हें दामाद क्यों चुना होगा क्योंकि (हाथ के झटके के साथ बोलते हुए उस ने कहा) उनका नाम धृष्ट/द्युम्र/सिंह कर के भाषण में फिट किया जा सकता है। कानपुर के आईआईटी में चार साल पहले गिरिराज किशोर ने दादा माखनलाल चतुर्वेदी की जन्मशती पर एक गोष्ठी की थी। पहले दिन की गोष्ठी के बाद शाम को गिरिराज के घर सब लोग इकट्ठा थे और सुमनजी से आग्रह किया जा रहा था कि वे निराला की 'राम की शक्ति पूजा' का पाठ करें। सुमनजी इस कविता का अद्भुत पाठ करते हैं। किसी कारण सुमनजी ने हम सब का अनुरोध नहीं माना। तब बाचचीत के दौरान मैंने उन्हें बताया कि उनके दामाद के नाम और उनके काव्य पाठ का हमने कभी कैसा मेल बैठाया था। मुझे लगा कि सुमनजी कहीं आहत हुए। आज छिहत्तर साल पूरे कर लेने वाले सुमनजी से मैं यही माफी मांगना चाहता हूं कि इस विद्यार्थी की शरारत माफ कर देना सुमनजी–'सुमनों के मुंह पर माटी ही मली गई। पुलिनों ने जब कर फैला कर सरिता से मांगा आलिंगन। वह आज नहीं प्रिय कल-कल कहती चली गई।

(2.8.92)

गिरिजा कुमार माथुर

होगा दुख दूना, मन

अखबार में होने की अगर कोई सबसे बड़ी सुविधा है तो यही कि खबर पहले मिल जाती है। लेकिन खबर पहले मिलने की जो कीमत चुकानी पड़ती है वह इस सुविधा से कहीं अधिक भारी और दुखदायी है।

जैसे गिरिजा कुमार माथुर के देहावसान का दुखद समाचार सबेरे ग्यारह बजे मिल गया। पर सब कुछ छोड़-छुड़ा कर जनकपुरी पहुंचने, और कुछ नहीं तो उनके पार्थिव शरीर पर ताजे, गबरीले और कस कर गुंथे गए सुगंधित फूलों की माला चढ़ाने और चुपचाप उनके पैंताने बैठ कर उनके जाने से आए खालीपन को टटोलने और टांके टूटे घाव पर जवान फेरने के बजाए यह देखने में लग गया कि उनका चित्र है या नहीं, जीवनी कौन लिखेगा, और किससे टिप्पणी लिखवाई जाए। अपने निजी दुख के बजाए उनकी मृत्यु संपादकीय कर्तव्य हो गई।

लेकिन यह बहुत आसानी से उस संवेदनहीनता को छुपाने का बहाना भी हो सकता है जो अखबार में काम करते हुए अपरिहार्य रूप से आती है। दैनिक अखबार की डेड लाइनें संवेदन को ठस, भोथरी और सुन्न करने में बहुत निर्ममता से अड़ जाती हैं। अगर आप राग-द्वेष वाले साधारण आदमी की तरह बरताव करने के लिए स्वतंत्र न हों तो धीरे-धीरे आप में वह क्षमता नष्ट होती जाती है जो सुख-दुख को मसूसस करने और उन्हें अभिव्यक्त करने के लिए कुदरत ने आप को दी है। अगर दुनिया भर के संपादक सिनिसिज्म के शिकार हैं तो इसका कारण यही रुटीन का रोडरोलर है। इसीलिए अपन संपादकीय सफलता से कहीं अधिक महत्त्व संवेदनशील बने रहने को देते हैं।

फिर भी उस शाम शोक सभा में बोलने से इनकार कर के साहित्य अकादेमी के हॉल में बैठे-बैठे मुझे लगा कि नहीं मैं अखबारवाला होने के तथ्य को अपने सामने एक ढाल की तरह इस्तेमाल कर रहा हूं। मैं जनकपुरी नहीं गया जहां गिरिजा कुमार जी रहते थे। उनकी अंत्येष्टि में नहीं गया क्योंकि उस वक्त मुझे पहले से तय किसी मुलाकात के लिए जाना था और वह कल पर छोड़ी नहीं जा सकती थी। लेकिन सचमुच ऐसे काम और इंटरव्यू कितने होते हैं जिन्हें आप किसी मृत्यु के बावजूद पूरे करते हैं ? नहीं, मेरे अंदर कुछ था जो मुझे गिरिजा कुमार की निष्प्राण देह का सामना करने से रोक रहा था। एक अपराध बोध।

फाइलों में ढूंढूंगा तो मिल जाएगा। लेकिन उस पत्र को घर या दफ्तर के पुराने कागजों में ढूंढ निकालने का भी साहस नहीं हो रहा है। मुझे उन्होंने सन् बानवे में एक पत्र लिखा था जिसमें अपनी बीमारी का वर्णन किया था और यह उलाहना भी कि मालवा का होते हुए भी अपने लोगों की मैं कोई खोज खबर नहीं लेता। उस चिट्ठी से मैं सचमुच शर्मिंदा हुआ और

सहेज कर रख ली कि एक पूरा दिन निकाल कर जाऊंगा। निर्माण विहार के एक पड़ोसी ने एक बार जनसत्ता का सूत्र वाक्य पकड़ कर, इसी तरह हंसी उड़ाई थी कि—सबकी खबर ले, सबकी खबर दे और पड़ौसियों की तरफ कभी देखे तक नहीं। उस दिन मुझे लगा था कि घर की बैठक में ही कब से नहीं बैठा हूं।

जाना नहीं हुआ और उस चिट्ठी पर दूसरी चिट्ठियां जमती गईं। फिर वे फाइल में जा कर अलमारी में दब गईं। कितनी और कैसी-कैसी चिट्ठियां कैसे-कैसे लोगों की उन फाइलों में दबी हैं। सब मैंने यही मान कर रख ली थीं कि जवाब दूंगा। आज तक नहीं दिए। वे अलमारी में नहीं मेरे मन के खानों में रखी हुई हैं और उनका वजन दिनों-दिन मेरी छाती पर बढ़ता जा रहा है। अखबार में काम करने का दूसरा बड़ा नुकसान हुआ है कि जब तक डेडलाइन का दबाव न हो काम पूरा नहीं होता। डेडलाइनों पर काम करते हुए आसानी से भुला दिया जाता है कि छाती पर दूसरा बोझ कितना बढ़ता जा रहा है। गिरिजा कुमार जी का वह अंतरदेशीय पत्र एक ठंडी शिला की तरह रखा हुआ है और उनके देहावसान ने अचानक उसका वजन टनों बढ़ा दिया है। अपनी भाषा का एक बड़ा कवि अपने जनपद के एक आदमी से इतनी उम्मीद भी नहीं रखे कि वह आ कर उसकी कुशलक्षेम पूछ ले। दिल्ली में हिंदी वाले अपने कवियों, लेखकों आदि की अंत्येष्टि, शोकसभा तक में नहीं आते इसे मैं अपने लोगों की कृतघ्नता मान कर कोसता हूं। लेकिन खुद तुम क्या करते हो बच्चू ! उनकी चिट्ठी का न जवाब दिया न उन से मिलने गए। वक्त और साधन का तुम्हारे पास ऐसा अभाव तो नहीं है।

सही है कि गिरिजा कुमार जी से अपनी निजी घनिष्ठता नहीं थी। बहुत पहले अपन ने तय कर लिया था कि जब तक आकाशवाणी और दूरदर्शन स्वायत्त नहीं हो जाते अपने को उन पर नहीं जाना। इसलिए दिल्ली आने के बाद वहां या उस के कारण उन से मुलाकात होने का अवसर ही नहीं आया। भवानी बाबू जब राजघाट आ कर रहने लगे और उनके घर अपना आना-जाना अपने घर की तरह होने लगा तो अज्ञेय जी, जेनेंद्रजी बल्कि दिनकर जी तक से मिलना हुआ पर गिरिजा कुमार जी से नहीं हालांकि भवानी बाबू भी विंध्य और नर्मदा के ही कवि पुत्र थे और उनकी कविताओं में भी अपनी मिट्टी का रंग-रूप-गंध सब वैसा ही बोला है जैसा गिरिजा कुमार जी की कविताओं में। दिल्ली में रहते हुए दोनों को ही अपनी धरती, अपना परिवेश और मां के गर्भ में सुनी हुई ध्वनियां विचलित करती थीं। लेकिन आज सोचता हूं तो बड़ा अजीब लगता है कि कोई चौदह साल भवानी बाबू राजघाट रहे और वहां गिरिजा कुमार माथुर के दर्शन एक बार भी नहीं हुए।

लेकिन वे पहली लाइन की कुर्सी पर विट्ठल भाई पटेल भवन के हॉल में बैठे हुए थे जहां भवानी बाबू के निधन के बाद शोकसभा हो रही थी। मैं बोला था और सभा समाप्त होने के बाद वे मेरे पास आए और कस कर गले लगा लिया। मन्ना यानी भवानी बाबू भी ऐसे ही गले लगाते थे इसलिए उनकी भुजाओं में बंधे मुझे वही मालवी आत्मीयता का ऐसा सघन अहसास हुआ जिसे कुछ दिनों से मैं तलाश रहा था। उनके साथी होने का तुमने अच्छा फर्ज निभाया, गिरिजा कुमार जी ने कहा। उनने ऊनी बंद गले का कोट पहना था और वैसी ही पैंट। मुझे आलिंगन से मुक्त करने के बाद उनने कहा—'आखिर में तुमने वह जो श्लोक बोला था, उसे लिख दो।' आसपास कोई कोरा कागज नहीं था इसलिए उस सभा की सूचना वाले परचे के पीछे ही ईशोपनिषद का वह श्लोक मैंने लिखा जो हर मृत्यु के साथ मैं अपने को सुनाता हूं।

वायुरनिलममतंभथेदं भस्मांतं शरीरम्—लिखते-लिखते मैं अचानक सचेत हो गया कि उसे मैं गिरिजा कुमार माथुर को लिख कर दे रहा हूं। अपन ने कोई बाकायदा संस्कृत पढ़-लिख कर तो उपनिषद पढ़े नहीं हैं। यह तथ्य हमने धीर पुरुषों से सुना इससे हुआ इस तथ्व का दर्शन हमें—ऐसा ईशोपनिषद में ही ऋषि ने कहा है। अपन ने भी विनोबा और उनके जैसे ऋषि पुरुषों से ही ईशोपनिषद सुना है और हिंदी और अंग्रेजी में उसकी व्याख्या पढ़ी है। जो स्मृति में रह गया वही अपना है। लेकिन जब भी लिख कर देना हो तो मैं हिचक जाता हूं। कहीं गलत तो नहीं लिख जाऊंगा। उस दिन भी हिचका और अपनी कोशिश जितना भी सही लिख सकता था उन्हें लिख कर दिया।

बाद में जब भी कभी उस शोक सभा और गिरिजा कुमार माथुर की याद आती तो मैं अपने से पूछता कि क्या यह सचमुच ऐसा दुर्लभ श्लोक है कि उन्होंने सुना नहीं होगा ? उनके जैसे पढ़े-लिखे मां-बाप के पढ़े-लिखे बेटे ने ईशोपनिषद नहीं पढ़ा होगा यह अपन मान ही नहीं सकते थे। हाल ही "मुझे और अभी कहना है" की भूमिका पढ़ी तो उसमें तो गिरिजा कुमार जी ने लिखा है—"मेरे पिता बाबू देवीचरणजी उर्दू, हिंदी, अंग्रेजी में बहुत शिक्षित थे। वेदांत, दर्शन, उपनिषद का उन्हें भरपूर ज्ञान था।" मां के बारे में लिखा है, "मेरी मां लक्ष्मी देवी मालवे की थीं और उस समय को देखते हुए काफी पढ़ी-लिखी थीं। हिंदी, संस्कृत, उर्दू, फारसी का उन्हें अच्छा ज्ञान था। जिस जमाने में स्त्रियां पढ़ती नहीं थीं तब वे मिडिल तथा विद्याविनोदिनी तक शिक्षित थीं। बालिका स्कूल खुलने पर वे ही मुख्य अध्यापिका बनाई गईं क्योंकि और कोई महिला दूर-दूर तक पढ़ी-लिखी नहीं थीं। जब वे बीमार हुईं तब हमारे घर में ही लड़कियों का स्कूल लगने लगा। मेरा परिवार शिक्षा, शील, सभ्यता से प्रदीप्त नए संस्कारों से आलोकित था। मेरे घर में वेद-उपनिषद के अतिरिक्त महाभारत और महाभारत मीमांसा, दर्शन ग्रंथ, आयुर्वेद आदि की टीका सहित उपलब्धि थी।" निरालाजी की 'राम की शक्ति पूजा' से उन्हें 'संस्कृत के प्राचीन महाकाव्य, व्यास और कालिदास की ज्योतिर्मयी भाषा का स्मरण आता था।'

ऐसी पृष्ठभूमि के कवि गिरिजा कुमार माथुर ने ईशोपनिषद का वह श्लोक पढ़ा-सुना न हो या उसकी एक प्रति उनके पास न हो यह संभव ही नहीं है। फिर क्यों उन्होंने मुझसे कहा कि वह श्लोक लिख दूं। ठीक कागज नहीं मिला तो हर किसी कागज पर क्यों लिखवाया ? इन सवालों के जवाब न तब मुझे मिले न बाद में। लेकिन अभी मैं उनके अंतिम संग्रह—"मैं वक्त के हूं सामने" की भूमिका पढ़ रहा था। इस संकलन में 'काल के कगार से' शीर्षक के अंतर्गत पांच रचनाओं का एक कविता क्रम भी है जिसमें जीवन और मृत्यु के बीच झूलते आसन्न मृत्यु के अनुभवों की अंतर्भूमि व्यक्त हुई है।' 'मैं 1984 में बहुत बीमार हो गया था और मेरा रोग असाध्य बता दिया गया था। तभी मुझे मृत्यु का अकेला आभास हुआ था।' 'इसे पढ़ने के बाद मैंने वे कविताएं पढ़ीं। पहली "अनंत की देहरी पर" 20 फरवरी 1984 को लिखी है। तारीख के साथ उनने नोट भी लगाया है—जब मेरी बीमारी को असाध्य बता दिया गया था। "ठंडे कुहरे", "समय एक सतरंगी डोर है", और "पुनर्जन्म की नई कामना" चार दिन में लिखी गईं। लेकिन पांचवीं "रजनीगंधा कुम्हलाई" 27 अक्तूबर 1986 की है।

बीच में यानी फरवरी '85 में भवानी बाबू का देहावसान हुआ। यानी जब गिरिजा कुमार जी ने शोक सभा के बाद मुझ से श्लोक लिखवाया तब वे मृत्यु के अकेले आभास से जूझ रहे थे। भवानी बाबू उन से छह साल बड़े थे। वे मालवा के एक छोर के और गिरिजा कुमार जी दूसरे के थे। भवानी बाबू दिल के सात दौरे झेल चुके थे और कविता के बल पर ही मृत्यु के मुंह से हर बार लौट कर आए थे। उनके जाने ने गिरिजा कुमार जी को मृत्यु के अकेले आभास में जूझते हुए कुछ और अकेला कर दिया होगा। भवानी बाबू की मृत्यु में उन्हें अपनी आसन्न मृत्यु दिखी होगी। ईशोपनिषद का यह श्लोक मृत्यु के भय से मुक्त करने वाला श्लोक है। यह अपने पंच तत्वों को महाभूतों में मिला देने और अपने प्रभु को स्मरण करते हुए चले जाने की इच्छा पूरी करने वाला श्लोक है। इससे बड़ी शक्ति मिलती है। उस मनःस्थिति में इस श्लोक ने उन्हें शायद ऐसा छुआ हो जैसा पहले कभी छुआ न हो। मुझ मालवी जन से एक मालवी कवि के देहावसान पर उसे लिखवा कर शायद उन्हें मृत्यु में अपनत्व और अमरत्व का आभास हुआ हो।

यह सोच कर मुझे और भी बुरा लगा कि मैं क्यों उन से मिलने नहीं गया। क्यों सोचता ही रह गया कि जाऊंगा और कभी नहीं जा पाया। क्या जरूरी है कि व्यक्तिगत घनिष्ठता हो तभी मिलने-जुलने जाना चाहिए ? क्या ऐसा नहीं होता कि कई बार निपट अनजान आदमी भी हमें ज्यादा आश्वस्त कर के और ज्यादा शक्ति दे जाता है। ''मुझे और अभी कहना है''– में अपनी पचास साल की रचना यात्रा के बारे में लिखते हुए अपने बचपन के जिस मालवे की बातें उन्होंने कही हैं वही मेरे बचपन का मालवा है। उसे पढ़ते हुए मुझे लगा कि यह तो मेरा ही बचपन है। मेरी ही भावभूमि है। ऐसे निपट अपने कवि से विट्ठल भाई पटेल भवन की शोकसभा के पहले, उस के बाद और उनकी चिट्ठी आ जाने के बाद भी मैं क्यों नहीं मिल पाया ? उनकी मां मालवे के बीचों-बीच शुजालपुर कस्बे में जन्मी थीं और मेरी मां जन्मी हैं सारंगपुर में। शाजपुर, शुजालपुर और सारंगपुर सब लगे हैं। गिरिजा कुमार जी ने लिखा है– मालवे की काली और उर्वर मिट्टी, हर चीज की सौंधी गंध, सुरीले कंठों का संगीत, प्रकृति की सुषमा, स्त्रियों के लंबे बाल और काली बड़ी आंखें। लाख और कांसे के आभूषण, लाल लुगड़े और काले लहंगे, पुरुषों की बड़ी-बड़ी रंगीन राजस्थानी गुजराती सीमांत की पगड़ियां। बढ़िया नाज, तिलहन, कपास, खान-पान, रंगमयता, असाढ़ में घुमड़ते बादल–ये सब बचपन से ही मेरे अनुभव संसार के अंग बने। मालवे का लोच, लालित्य, मिठास, उल्लास, सौंदर्य और संगीतमयता मुझे मां के पक्ष से मिली–पढ़ते-पढ़ते मेरी आंखें पानी से भर गईं। यही मेरा भी अनुभव संसार है।

धारवाड़, कर्नाटक से बरास्ता पुणे आ कर मालवा के देवास में घर बनाने वाले अद्भुत गायक कुमार गंधर्व कहते हैं–''हम बड़े गाने वाले लोग हैं। ऐसा क्या है जिस पर मालवा में गीत न हो।'' उस दिन नामवरजी गिरिजा कुमार जी के नाद-ज्ञान की बात कर रहे थे। वे मालवे के थे नामवरजी ! नाद को समझने के लिए इतना ही काफी है। शोकसभा के बाद केदारनाथजी ने कहा कि मुझे बोलना चाहिए था। मैं किस मुंह से बोलता ? छाया मत छूना, मन/होगा दुख दूना, मन ! जिसकी काव्य पंक्तियां हमारी बोली के मुहावरे में मिल गईं, उस कवि पर बोलने का इस अपराधी का क्या हक है ?

(16.1.94)

क्योंकि रचना ही रचने का कारण है

इसे आप श्रद्धांजलि कह लीजिए, पुण्यस्मरण कह लीजिए या मेरा निजी कर्मकांड। दस बारह दिन से मैं गिरिजा कुमार माथुर की कविताएं पढ़ रहा हूं। कभी मन ही मन, कभी सस्वर और कभी ऐसे कि बात करते-करते कोई बात निकल गई हो। हमारे यहां हर मृत्यु के बाद हरिवंश पुराण का पारायण होता है। और जो श्लोक मुझसे गिरिजा कुमार जी ने लिखवा कर लिया था उसमें भी पंच तत्वों के महाभूतों में विलीन होने के बाद क्रतो स्मर कृतम स्मर को दुहराया गया है। विद्वान लोग इसका अलग-अलग अर्थ निकालते हैं। अपन गंवारू ने यह निकाल रखा है कि जो गया उस के संकल्पवान कर्म का स्मरण कर। अपन करते हैं।

गिरिजा कुमार जी की कविताएं पढ़ते-पढ़ते अक्सर लगता है कि यह कविता तो सुनी है, या पढ़ी है, या अपने को याद है। अब कविता में थोड़ी-बहुत रुचि भी रखने वाले को अपनी भाषा के एक बड़े कवि की समग्र कविताएं पढ़ते समय ऐसा लगना ही चाहिए। लेकिन अपन ने अखबार में आने यानी सन् साठ के बाद कविता वैसे नहीं पढ़ी है जैसे उस के पहले पढ़ी थी। यानी एक कवि की पहली से ले कर आखिरी किताब तक और जो अभी लिख रहे हैं उनके पिछले संग्रह तक। बच्चन जी तक कविताएं व्यवस्थित पढ़ी हैं। जब छुटीं तो रामावतार त्यागी और गोपालदास नीरज के संग्रह पढ़े थे। गिरिजा कुमार माथुर का कोई संग्रह नहीं पढ़ा था।

इसलिए अब पढ़ते समय लगता है कि पढ़ी है, सुनी है या याद है तो जैसे कोई परिचित चेहरा दिख गया हो। या जिस के साथ कभी रहे हों ऐसा व्यक्ति भीड़ में अचानक मिल गया हो। खुशी होती है कि एक संपर्क फिर सध गया, एक धागा फिर बंध गया। वी शेल ओवर कम को हिंदी में और बहुत नजदीक से समझाने वाला गीत—हम होंगे कामयाब—तो कई संकल्पी लोगों के साथ गाया भी है हालांकि मुझे मालूम नहीं था कि वह गिरिजा कुमार माथुर ने लिखा है। मेरे इस अज्ञान पर आप हंस सकते हैं। लेकिन मेरा यह अज्ञान गिरिजा कुमार जी के गीत की अपने समाज में पैठ का भी एक उत्तम उदाहरण है। सन् साठ के बाद की हिंदी कविता में मुझ जैसे निरक्षर की ही बात नहीं है। फिल्म—जाने भी दो यारो—में भी भलमनसाहत की कीमत चुका कर जब नसीरुद्दीन शाह और रवि वासवानी जेल से निकलते हैं—तो हम होंगे कामयाब गाते हुए निकलते हैं।

जो गीत एक मुहावरे और एक अर्थ मुद्रा की तरह बंबई की एक फिल्म में आ जाए, वह, मान कर चलना चाहिए कि हिंदी समाज में विलीन हो कर उसका अपना हो गया है। एक गीत की इससे बड़ी सार्थकता और क्या हो सकती है ? अपने जो लोग पढ़ना-लिखना तक नहीं जानते उन्हें कोई बात कहनी होती है तो तुक मिलाते हैं और आगे तुलसी, कबीर, सूर, नानक, मीरा, किसी का भी नाम जोड़ देते हैं। जैसे संस्कृत में जो श्लोक लिखे वह व्यास होता है और

इसलिए व्यास के नाम से कई कवियों ने रचनाएं कीं। व्यास एक स्वयंभू कवि न रह कर एक परंपरा हो गए हैं। हमारे भक्त कवि भी इस तरह एक लोक परंपरा हैं। हम अपने समाज को अंग्रेजों के सुर में चाहे जितना गंवार और पिछड़ा आदि कहें अपने महान कवियों की सचमुच महान कविताएं इस समाज ने वाचिक परंपरा से जिस तरह जीवित रखी हैं वैसी तो दुनिया के किसी साहित्यिक समाज ने भी नहीं रखी हैं।

हम होंगे कामयाब गीत ऐसी ही परंपरा में मिल गया है। लेकिन यही नहीं, 'पहरुए सावधान रहना' या 'होगा दुख दूना मन' भी इसी परंपरा में हैं। स्वच्छ आकाश वाले देस-विदेश के किसी भी गांव में पूनम की रात में मैंने कितनी बार कहा है—यह झकाझक रात, चांदनी उजली कि सुई में पिरो लो ताग। या रात यह हेमंत की—कोई कम याद आती है। विश्वास कीजिए गिरिजा कुमार जी की कविताओं और सन् साठ के बाद की हिंदी कविता के मामले में अपन निपट निरक्षर हैं। अगर मेरी भी निजी काव्य-स्मृति में ये पंक्तियां और गीत चल रहे हैं तो इसका मतलब यही कि समकालीन कविता में दीक्षित होने के किसी प्रयास के बिना इन्हें मैंने उठते-बैठते और चलते-फिरते उसी तरह ले लिया है जैसे बहता पानी मिट्टी ले लेता है। जिस कवि की कविता, गीत अपने समाज की पोषक मिट्टी हो जाए उसका कवि होना सार्थक हो गया। गिरिजा कुमार माथुर हमारे ऐसे ही कवि हैं।

इसलिए उस शाम साहित्य अकादेमी की शोक सभा में जब कृष्णदत्त पालीवाल और दूसरे वक्ताओं ने भी कहा कि गिरिजा कुमार जी को शिकायत थी कि उनका सही मूल्यांकन नहीं हुआ या जैसा होना चाहिए था, सम्मान नहीं हुआ और इसे ले कर उनके मन में पीड़ा थी तो मुझे कुछ अचरज हुआ। अज्ञेय जी की हीरक जयंती पर हम उनका एक लंबा इंटरव्यू कर रहे थे। हम यानी मैं, रघुवीर सहाय, मंगलेश डबराल आदि। उन दिनों एक बार मैंने इला डालमिया से लगभग ऐसे ही अचरज से पूछा था कि अज्ञेय जी में यह कटुता क्यों है ? उनके जैसी उपलब्धि और कीर्ति वाले शिखर पुरुष में यह कटुता तो होनी नहीं चाहिए। इलाजी ने जो कहा उसका मतलब यह था कि आलोचकों और लेखकों ने उन के साथ जो किया और उन पर और उन के बारे में जो लिखा उसे देखते-समझते हुए अज्ञेय जी की कटुता स्वाभाविक लगती है।

मुझे संतोष नहीं हुआ। न यह समझ में आ रहा है कि गिरिजा कुमार माथुर को उपेक्षित किए जाने की पीड़ा क्यों होनी चाहिए। उन्होंने कविताएं क्यों लिखीं ? आलोचकों से हिंदी कविता में ऊंचा स्थान निर्धारित किए जाने और पाने के लिए ? सम्मान या पुरस्कार के लिए ? सही है कि साहित्य अकादेमी पुरस्कार उन्हें सन् इक्यानवे में मिला और व्यास सम्मान दिसंबर तिरानवे में जब वे पचहत्तर के पास पहुंच रहे थे। ज्ञानपीठ नहीं मिल पाया, सरस्वती नहीं और भारत-भारती भी नहीं मिला। लेकिन इस तरह देर से मान्यता और प्रतिष्ठता तो और भी कुछ बड़े साहित्यकारों को मिली है। या कुछ तो मान्यता और प्रतिष्ठा ही नहीं, उपेक्षा भी नहीं, गरीबी और गुमनामी में ही चले गए और बाद में लोगों ने पाया कि कितने बड़े थे। क्या ऐसे साहित्यकार अपने जीवन को अकारथ मान कर गए होंगे ?

मैं नहीं जानता। लेकिन मैं नहीं मानता कि कोई सर्जक अपने सृजन की सार्थकता आलोचकों के दिए गए ऊंचे स्थान से मानता हो या पुरस्कारों और सम्मानों से अपने को

प्रतिष्ठित समझता हो। अपने कहने के महत्त्व को समझने वाले कबीर ने तो मसि कागद को छुआ तक नहीं था और पोथी पढ़ने वाले पंडितों को वे मूरख कहते थे। अपने गरीबी में बिताए सहज समाधि के जीवन को वे ज्यों का त्यों धर दीनी चदरिया कहने और अपने को दास बताने के बाद यह भी कह सकते थे कि देवताओं, मुनियों आदि ने भले ही इस चदरिया को मैली कर दिया हो मैंने कहीं किया है। कमाल अगर धोती बेच कर घर में कुछ पैसे ले आया हो तो उन्हें लगा कि ऐसे पुत्र के होने से उनका वंश डूब गया है। और बाबा तुलसीदास ने जो भी लिखा स्वांतः सुखाय लिखा।

आप कह सकते हैं कि ये दोनों तो भक्त थे और भगवान की भक्ति के लिए कविता कहते या लिखते थे। आज के कवि को यश की, धन की, सुरक्षा की सहज चाह हो सकती है और ऐसी चाह हो तो कोई खराबी नहीं। देह धरे का धरम है और परिवार चलाने के लिए कमाई करना अनिवार्य पराक्रम है। जो इससे भागे वह निकम्मा और कायर है। लेकिन धन चाहिए तो उस के लिए कविता लिखने से काम नहीं चलेगा। किसी का नहीं चलता। धन कमाने के और भी कई सम्मानित, प्रतिष्ठित और शोषण विहीन तरीके हैं। कबीर कपड़े बुनते थे, रविदास चमड़े का काम करते थे और नामदेव दरजी थे। गिरिजा कुमार माथुर भी रेडियो और टीवी में नौकरी करते रहे। उप महानिदेशक होने के लिए अच्छे और बड़े कवि होना कतई जरूरी नहीं होता। नौकरी करते हुए कविता लिखी ही जा सकती है इस के उदाहरण भी वे थे ही।

कविता लिख कर खूब धन कमाऊं ऐसा सपना तो लालची से लालची आदमी का नहीं होता। धन कमाने के लिए निकला व्यक्ति कविता के चक्कर में नहीं पड़ता। इसलिए कविता से पैसे बनाने की इच्छा किसी में नहीं होती। सही है कि पुरस्कार धन नहीं होता। धन तो उसका एक भाग है। पुरस्कार के साथ जो सम्मान और प्रतिष्ठा मिलती है वही मुख्य है। लेकिन नोबेल समेत ऐसा कौन सा पुरस्कार है जो सिर्फ कविता के बल पर मिलता हो ? हर कवि जानता है कि पुरस्कारों और सम्मानों में राजनीति, गुटबंदी, उठापटक, जोड़तोड़ और पैरवी-सिफारिश चलती है। इसलिए हर ईमानदार कवि को पुरस्कार की असलियत समझने के बाद उसे अपनी प्रतिभा और उपलब्धि से जोड़ने की इच्छा नहीं रहती होगी। तिकड़म से पुरस्कार या सम्मान पाने वाला ऊपर जो भी कहे और दुनिया को कुछ भी दिखाए अगर उस में थोड़ी भी प्रतिभा है तो वह उसका खोखलापन समझे बिना नहीं रह सकता। इसलिए यश और कीर्ति की भी जिसे चाह होगी वह पुरस्कारों और सम्मानों से परे देखेगा जरूर।

जो धन, सम्मान और पुरस्कार से परे देख रहा है उसमें सही और उचित मूल्यांकन की इच्छा हो सकती है और ऐसी इच्छा में कोई खोट नहीं है। लेकिन ऐसे मूल्यांकन की इच्छा रखने वाला जानता है कि समीक्षक या आलोचक उस में और उसकी कृति में जो देखने की कोशिश कर रहा है या जो उसने देखा है वह देखने वाले का ही ज्यादा है। या कई बार तो देखने वाले का इतना ज्यादा होता है कि कृति या लेखक पर तो वह आरोपित ही होता है। कई कहानीकार या उपन्यासकार अपनी कहानी या उपन्यास पर बनी फिल्म को देख कर बहुत निराश होते हैं। फिल्म बनाने वाला हर कहानी की अपनी व्याख्या करता है जो अक्सर कहानी लिखने वाले की व्याख्या से भिन्न होती हैं। इसी तरह नाटक का निर्देशक ही नहीं

मुख्य पात्र या नायक की भूमिका करने वाला भी नाटक की अपने ढंग से पुनर्रचना करता है। निदेशक और अभिनेता की पुनर्रचना वह नाटक नहीं है जो नाटककार ने लिखा है।

यानी आपने जो लिखा है उसे आप खुद भी अगर समीक्षक की नजर से देख सकते हैं तो आप जानते हैं कि जितने भी समीक्षकों ने जितनी भी दृष्टियों से आपकी कृति को देखा है वे अंततः उनकी दृष्टियां ही हैं और जरूरी नहीं है कि कृतिकार की समझ से मेल खाती हों। इसलिए हर लिखने वाला समीक्षा और आलोचना के अधूरेपन या सीमाओं से परिचित होता है। वह समीक्षाओं को समझ कर उनकी सराहना कर सकता है या उन्हें गलत बता सकता है। लेकिन वह उन्हें अपनी रचनाओं पर दिए गए प्रमाण पत्रों की तरह स्वीकार नहीं करेगा। और अगर वह अपनी रचना और रचनाकार के नाते अपनी किस्मत को समीक्षकों और आलोचकों के अधीन नहीं मानता और अपनी रचनात्मकता ही उसे अपना अंतिम प्रमाण लगती है तो वह अच्छी या बुरी समीक्षा से ऊंचा नीचा भी नहीं होगा। बल्कि सचमुच की प्रतिभा वाला सर्जक तो अपनी कृति में ऐसा अटूट विश्वास रखता है कि उस के पाठक, श्रोता और दर्शक वही आनंद लें और वही समझें जो कृति के जरिए उस ने दिया और समझाया है।

और जो बिलकुल ही मौलिक प्रतिभा से लिख, गा या बनाते हैं उन्हें तो पाठक, श्रोता, दर्शक और समीक्षक भी समझने में गड़बड़ा जाते हैं या गलती करते हैं। ऐसे सर्जक अपने पाठकों और श्रोताओं को अनजान या मूरख नहीं मानते। वे समीक्षकों और आलोचकों को भी दुराग्रही और पक्षपाती नहीं मानते। उन्हें मालूम होता है कि उन्हें रचना के साथ-साथ उसका आनंद लेने का तरीका भी बताना है। ऐसे युगांतरकारी सर्जक न सिर्फ मौलिक रचना करते हैं बल्कि अपनी रचना की समझ और समीक्षा के नए मानदंड भी स्थापित करते हैं। बाद में दूसरे लोग उन मानदंड से उन्हीं की नहीं दूसरे रचनाओं की भी कृतियों को समझते और परखते हैं।

सच पूछिए तो हर मौलिक रचनाकार अपनी रचना के साथ समीक्षा के मूल्य और मानदंड भी बदल देता है। फिर वह रचनाकार लेखक हो या गायक या चित्रकार या खिलाड़ी या अभिनेता। इसलिए एकदम मौलिक प्रतिभा वाले रचनाकार को अपने जीवन काल में अक्सर घनघोर उपेक्षा या भयंकर आलोचना और गलतफहमी का शिकार होना पड़ता है। ऐसे रचनाकार अगर आलोचना या उपेक्षा से विचलित हो जाएं तो या तो वे अपनी प्रतिभा के साथ अन्याय करेंगे और सब को ठीक लगने वाली दोयम दर्जे की रचना करने लगेंगे या यही ध्यान नहीं रखेंगे कि रचना से उन्हें जो आनंद और सार्थकता मिली है वह दूसरों को भी वैसे ही और वैसी ही मिलनी चाहिए। सारी रचना का प्रयोजन आखिर यही है कि हम सब को अपने अंदर मिला लें और इस तरह सब में मिल जाएं। मैं एक हूं जो अनेक हो जाऊं—सारे सृजन की यही प्रेरणा, यही प्रयोजन और यही सार्थकता है।

जिसने इसे समझ लिया है उस के लिए बाहर से मिलने वाली मान्यता और प्रतिष्ठा, सम्मान और पुरस्कारों का कोई परिवर्तनकारी महत्त्व नहीं रहता। मिले तो ठीक है नहीं मिले तो भी कोई फर्क नहीं पड़ता। प्रशंसा या भर्त्सना से वह विचलित नहीं होगा। अपना औचित्य और प्रमाण वह अपने अंदर से यानी अपनी रचना से पाता है। वह सफलता के चक्कर में नहीं है

जो कि बाहर से मिलती है। वह सार्थकता की खोज में है जो उसे अपने अंदर से ही मिल सकती है। मुझे लगता है कि इस तरह आत्मस्थित हुए बिना कोई बड़ा रचनाकार नहीं हो सकता। अज्ञेय और गिरिजा कुमार माथुर दोनों ही बड़े कवि थे फिर उनमें कटुता और उपेक्षा की पीड़ा क्यों थी ?

अज्ञेय से तो मैं पूछता भी तो वे शायद नहीं बताते। उन्हें खोल कर समझने की कोशिश करता तो वे शायद करने नहीं देते। और गिरिजा कुमार माथुर की उपेक्षा की पीड़ा की तो अपने को भनक तक नहीं थी। लेकिन हिंदी में ऐसा क्यों होता है कि रचनाकार को मान्यता और सही मूल्यांकन न होने का शिकायत बनी रहती है और समीक्षकों और आलोचकों के प्रति कटुता। और उनके घर वाले और प्रियजन कहते नहीं थकते कि समाज ने उनके लिए क्या किया ? अपनी समझ में नहीं आता।

(23.1.94)

धर्मवीर भारती

माता के आंगन में उत्सव

भारतीजी से बेहतर कौन हो सकता था ? इसलिए तय किया था कि उन्हीं से आशीर्वाद लेता एअरपोर्ट निकल जाऊंगा। जिसे मूसलाधार कहते हैं वही बारिश हो रही थी और उसमें से होते हुए नरीमन पाइंट से सांताक्रुज पहुंचने में दो से तो ज्यादा घंटे लगने ही थे। फिर बीच में भारतीजी के वहां भी रुकना था। यानी तीन घंटे ले कर चलना था।

लेकिन इतना समय ले कर निकलना अपने लिए जैसे टाइम बरबाद करना है। टाइम पर या उससे पहले पहुंचना वह भी विमान पकड़ने के लिए यह जोशी बंदे से तो कभी हुआ नहीं। समय को साधना सीखा होता तो ऐसा मूरख जनम नहीं गंवाया होता। एक बंधी-बंधाई दिनचर्या में मिनट टू मिनट काम करना अपने को हमेशा बहुत मेकेनिकल लगा और इसलिए जान-बूझ कर समय पर नहीं पहुंचे, टाइम पर काम नहीं किया और एक तरह की अराजकता में गर्व किया। इसका नतीजा अब भुगत रहे हैं जब लगता है कि अपने पास समय कम रह गया है और करने को इतना कुछ पड़ा है।

फिर भी पानी से बचता-भागता भारतीजी के यहां पहुंचा तो विमान को उड़ने में घंटा भर था। ड्राइवर ने कहा था कि यहां से भोत लगे तो बीस मिनट लगेंगे। तीस मिनट पहले रिपोर्ट करना होता है। यानी अपने पास दस से ज्यादा मिनट नहीं थे। लेकिन उम्मीद थी कि ऐसी बारिश में कौन सी उड़ान समय पर जा सकती है, इसलिए बीस मिनट भी लग गए तो चलेगा। लेकिन पुष्पाजी ने कहा कि ऐसी बारिश में तो पकौड़े खाने चाहिए। उनका कहना सही था और पकौड़े यों भी इस मालवी आदमी की कमजोरी हैं। लेकिन पकौड़े कोई इंस्टंट कॉफी तो नहीं होते कि पानी उबला और बनी।

फिर भी पुष्पाजी ने जल्दी बना दिए। लेकिन बारिश में पकौड़े खाने का आनंद घास काटने से नहीं आता। आवभगत तो फिर भी सध गई लेकिन आगे की जल्दी में मुश्किल थी। आज तक तो कभी किया नहीं। अब करूंगा तो बताना पड़ेगा कि क्यों किया और उस में फिर समय लग जाएगा। मन में संकोच हो और इच्छा भी हो कि खुल कर बता देने में ही भला है। समय भी बचेगा और भावना भी रहेगी।

इसलिए कुछ ऐसे उठा कि लगे कि जल्दी में हूं और भारतीजी के चरण छुए। इस के पहले कि मेरे ऐसा करने से वे सकुचाते या चकित होते मैंने खुद ही कह दिया—आज मेरी वर्षगांठ है और इस महानगर में मेरा अब और कोई नहीं है जिसके चरण छू कर आशीर्वाद ले सकूं। और आशीर्वाद मुझे चाहिए। दो कारणों से। एक अभी बताऊंगा नहीं और दूसरा यह कि आज शायद मैं दादा हो जाऊं।

भारतीजी अभिभूत हो गए। गले से लगाया। पुष्पाजी से मंगवा कर शॉल ओढ़ाई। जब वे बंबई अस्पताल में भर्ती थे और गंभीर थे और कागज पर मैंने कुछ लिख दिया था और उस के बाद उनकी तबीयत और नाजुक हो गई थी तो मैंने तय किया था कि ऐसी हालत में उनके जैसे आदमी से नहीं मिलूंगा। फिर उसी अस्पताल में अपनी बाई पास हुई और भारतीजी देखने आए तो समझ आया कि ऐसे मिलने से कितनी ताकत मिलती है। उस दिन भी मिली।

अपने को भींच कर चला तो पुष्पाजी ने कहा हो जाओ तो दादा होने पर एक कागद कारे जरूर लिखना। लेकिन जैसा अपने से समय नहीं सधा वैसी अपने पोते से भी घड़ी नहीं सधी। वह भी उस दिन नहीं पांच दिन बाद हुआ। उस के माता-पिता ने दो साल में टेलीफोन पर इतनी बातें की थी कि उस के चाचा उर्फ मुनमुन प्रसाद सिंह ने भविष्यवाणी की थी कि देखना जो भी होगा टेलीफोन का तार पकड़े होगा। तार तो नहीं पोताराम ने अपनी गर्भनाल पकड़ ली थी इसलिए पेट काट कर निकालना पड़ा।

मौका न साधा हो पर परिस्थिति उसने जरूर साधी। जोधपुर में भी झड़ी लगी रही जैसी अपने जनमने पर आष्टा में लगी थी। पुष्पाजी को मैंने कहा था–दादा होने के सुख में तुक नहीं मिलती दुख में मिलती है। लेकिन उनने दादा होने के दुख जैसा शीर्षक मंजूर नहीं किया। तब से अपन ने दस कागद कारे लिखे लेकिन दादा होने पर एक नहीं। इसलिए नहीं कि यह कोई घटना नहीं है। किसी भी आदमी के लिए पिता और दादा होना नाकुछ नहीं होता। कोई भी स्त्री अपने मां और दादी होने के क्षण को भुला नहीं सकती। अपने पुनर्जन्म के इस जैविक सत्य को कौन झुठला सकता है ?

मुझे तो उस दिन नहीं तो अगले दिन तो लिखना ही था। लेकिन जोधपुर में सूरदास की पंक्ति–"दौड़ि दौड़ि नंद गए, सुत मुख देख्यौ, वो सुख मौ से बरनि न जाई"–डबडबाती आंखों से गाते हुए भी, लिखा मैंने बीडीओ पर। जिसका सूरदास वर्णन नहीं कर सके उसका अपन क्या करते। जान-बूझ कर नहीं लिखा।

कभी कभी कोई प्रेमी पाठक लिख देता है कि मैं अपनी बातों पर बहुत लिखता हूं। क्या बताऊं भाई साब, अपनी और सचमुच निजी बातों पर मैंने आज तक एक लाइन नहीं लिखी। ऐसा लिखना सिर्फ कवि से सधता है। और जो जितना बड़ा कवि होता है वह अपने अंदर उतना ही गहरा उतर पाता है और उतनी ही पते की बात कहता है जो हर पढ़ने-सुनने वाले को अपनी बात लगती है। अपना यह भाग्य नहीं।

इसलिए पुष्पाजी माफ करें। दादा होने पर तो धर्मवीर भारती ही लिखेंगे और अपन पढ़ेंगे। लेकिन इस बार माता पूजन पर पोते की परदादी ने क्या किया या क्या नहीं किया यह जरूर आप को बताऊंगा। इसलिए भी कि आप जानते हैं कि अपनी वैष्णव माताराम कोई पंद्रह साल से भगवा ले चुकी हैं और साल भर लगातार घूमती रहती हैं। सावन-भादौं उनका वृंदावन वास रहता है और अपने ठाकुरजी की वे बच्चे से ले कर स्वामी जैसी सेवा करती हैं।

आपको बता चुका हूं कि पुष्कर के पास हमारी कुल देवी को हमारी माताराम ने ही ढूंढ कर निकाला। नहीं तो उनके पहले यह पारिवारिक दंतकथा ही थी कि वहीं कहीं अपनी कुल देवी है। कुल देवी वहीं होती है जहां का कुल होता है और हम सब वहीं से निकल कर फैल गए हैं जहां हमारी कुल देवी बैठी है या होती है। कुल देवी दरअसल आद्य मातृशक्ति है और

अपने पूरे देश में किसी न किसी रूप में हम उसकी पूजा करते हैं। अपने पितृसत्ताक समाज में पिता पूजा नहीं होती। पूजा तो माता की ही होती है भले ही स्त्री शक्ति को हम लोग दबाए रखने के लिए हमेशा तत्पर रहते हैं।

माताराम के पुष्कर के पास कुल देवी ढूंढ निकालने के पहले शारदीय नवरात्र में हमारे यहां वैसे विधि-विधान से माता पूजन भी नहीं होती थी। माताराम ने ही दा साब को नवरात्र में उपवास रखने और दुर्गा सप्तशती का पाठ करने को प्रेरित किया और अब तो घर में वह परंपरा लगभग वैसी ही हो गई है जैसी रवि ठाकुर और शरत बाबू के साहित्य में दुर्गापूजा प्रतिष्ठित है।

माताराम ने घोषणा कर दी कि उनके परपोते का अन्नप्राशन दुर्गाष्टमी को ही होगा लेकिन उनने अपना एक उत्सव और जोड़ दिया था। दशहरे के बाद वे नंद उच्छव यानी नंद उत्सव करने वाली थीं। हम लोग जो वृंदावन जा कर नहीं रहते, नहीं जानते कि नंद उत्सव क्या होता है। माताराम कर के दिखाने वाली थीं कि क्या होता है। मैंने यों ही पूछ लिया कि तमारा पास उच्छव का वास्ते पइसा कां से आएगा, माताराम ने उसी ढंग से जवाब दिया– ''तम कंई समजो हमारे ? हम पइसा वाला लोग हां।''

उनकी इच्छा से हमारा कुनबा माता पूजन के लिए इकट्ठा हो गया था। जानते हैं कितने लोग हैं हमारे कुनबे में। माताराम। काकाजी-काकी। उनके दो बेटे और सात बेटियां। एक बेटे के तीन बच्चे। उनके दो बेटे और सात बेटियां। एक बेटे के तीन बच्चे। हम पांच भाई–पांच बहनें। पांच भाइयों के पांच पुत्र, नौ कन्याएं। सब जोड़ लें तो गिनती पचास के पार हो जाएगी। सब से बड़ी मातारम अस्सी के पार और सबसे छोटा पोताराम ढाई महीने का। इतने लोग जब एक उत्सव के लिए इकट्ठे हों और उत्सव सप्तमी के दिन कड़क उपवास के साथ शुरू हो कर चार दिन चलने वाला हो तो अंदाज लगाइए कि क्या वातावरण बनता होगा।

शुरुआत घटस्थापना से होती है यानी नवरात्र का पहला दिन जब देवी का घट स्थापित किया जाता है। होलकरों के जमाने में घटस्थापना के दिन आम तातिल यानी जनरल हौली डे यानी छुट्टी हुआ करती थी। इस बार उस दिन मैं जयपुर था और वहां भी मैंने पाया कि पूरे राजस्थान में छुट्टी थी। बंगाल में क्या होता है अपन नहीं जानते लेकिन महाराष्ट्र और गुजरात में भी नौ दिन का उत्सव पर्व की तरह शुरू होता है।

अपनी कुछ सबसे सांस्कृतिक स्मृतियों में घटस्थापना है। उस दिन सबेरे घर की सब महिलाएं सूरज उगने से पहले उठतीं, स्नान करतीं और आंगन को काली गाय के गोबर से लीपतीं, देहरी के सामने लिपे हुए ओटले पर आटे के पगले मांडे जाते और फिर वे कपाल पर हल्दी कुंकू लगा कर हरसिद्धि माता की पूजा करने जातीं। जब वे लौट कर आतीं तो घर घटस्थापना के लिए तैयार किया जाता जैसे रहने वाले घर को मंदिर में परिवर्तित किया जा रहा हो। उसी दिन से कड़े उपवास शुरू होते।

सबेरे हम बच्चे जब बिस्तर में ही होते हुए बाबा इकतारा बजाते हुए गाते निकलते– बिजासन माता भरेगी भंडार। बिजासन माता का मंदिर दूर हवाई अड्डे के पास टेकरी पर होता है। वहां साइकलों पर बैठ कर बड़े और बच्चे दर्शन करने जाते। लौटते हुए पहाड़ी के

रास्ते पर छोटे-छोटे पत्थरों के घर बनाते और कपाल पर चांदी-सोने के चमकीले रंगों से बेल-बूटे बनवाते जिसे देखते ही कोई भी समझ जाता कि दर्शन कर के आया है।

तब समझ नहीं आता था कि बिजासन माता क्या होती है। बाद में कुमार जी के गाए मालवी गीतों में एक भजन सुना है–''हूं तो दुरा से देखूं समंदर भरया हो माताजी''–यह समंदर वात्सल्य का समुद्र है और बिजासन माता–उर्वरता की माता है। इसकी पूजा से सौभाग्यवती संतानवती होती है। इस लोकगीत में एक अनुर्वरा महिला बिजासन माता से कह रही है कि–दूसरी औरतें उसे दूर रहने को कहती हैं क्योंकि उसकी छाया से उनका समंदर सूख जाता है। एक संतानहीन महिला की पुकार का यह गीत एक ऐसी पीड़ा को गाता है जिसे गाना मुश्किल होता है।

फिर देवास तो है ही माता की नगरी। वहां की पहाड़ी पर एक बड़ी माता है और एक छोटी माता। नवरात्र पर वहां क्या मेला लगता है। ईएम फॉस्टर ने अपने देवास वास पर जो किताब लिखी उसका तो नाम ही 'द हिल ऑफ द देवी' है। कुमार गंधर्व जब गायक के नाते प्रतिष्ठित हो गए तो उनने भी जो घर बनवाया वह माताजी के रास्ते पर है। कुमार जी की पहली पत्नी का नाम भानुमती कोमकाली था। कुमार जी ने इस घर का नाम ही भानुकुल रखा है। कुमार जी ने अपने घर को भानुकुल कहा तो क्या इसलिए कि जो उनकी पत्नी थी वही उनके कुल की माता हो गई ? पता नहीं। लेकिन अपनी सबसे उदात्त स्मृतियों में हैं नीले कच आकाश के नीचे माता की टेकरी पर बैठना और अनंत तक फैली हरियाली में गुम हो जाना।

कुल के सबसे छोटे सदस्य यानी माताराम के परपोतेराम–माधव को सबसे पहले हम बड़े गणेश ले गए। गणेश की यह प्रतिमा इतनी बड़ी है कि उनकी पगथली के बराबर ही लगता है माधव। इन बड़े गणेश ने चमचे से दूध पीने से इनकार कर दिया था और घड़े से दूध पिलाने की हिम्मत किसी ने की नहीं। पर हम उसे बिजासन माता के दर्शन करवाने ले गए। कभी मैं वहां इसी तरह ले जाया गया था और उसका पिता संदीप भी। बिजासन माता आखिर गोद भरने वाली माता है। बिजासन माता के गर्भ से अमर बेल निकलती है। जिसके आंगन में यह बेल लग जाए वह वंश कभी नहीं सूखता। देवास की टेकरी पर छोटी और बड़ी दोनों माताओं के चरणों में उसे रखा गया और भानुकुल की संगीत पीठ पर भी बैठाया गया।

घर में माता के सामने हवन होता तो खूब धुआं उठता और कमरा गंध से भर जाता। माधव को उसी धुएं में रखा जाता ताकि संस्कार हो कि हवन की धूम्र और गंध क्या होती है। फिर उस के हाथ से पांच नारियल माता को चढ़वाए गए। सुबह-शाम आरती होती तो शंख, घंटे, घड़ियाल और निरंजनी के समवेत स्वर में उसे रखा जाता। दुर्गाष्टमी के दिन जब हवन, पूजन और आरती हो गई और नैवेद्य चढ़ गया तो एक-एक कर सभी ने माता के प्रसाद खीर को चांदी की कटोरी में से चांदी के चम्मच से ले कर उसे चटाया। इस तरह पहली बार उसने अन्न ग्रहण किया। अन्न जो माता का प्रसाद है। अन्न जो धरती माता से उगा है। अन्न जो गौ माता के दूध में पका है। पहली बार इतनी खीर खाने के बाद भी ढाई महीने के माधव को कुपच नहीं हुआ।

फिर हुआ दशहरे के बाद नंद उत्सव। माताराम के जो कृष्ण कन्हैया बरसों से पालने में झूल रहे हैं उन्हें मंदिर से उठा कर आंगन में रखा गया। उन्हीं के पास माधव को भी पालने

में रखा गया। कृष्ण कन्हैया की पूजा-आरती हुई, प्रसाद बंटा। फिर माताराम ने उन पर मेवे और पैसे न्यौछावर कर के लुटाए। सब बच्चों को रंग-बिरंगे रूमाल बांटे और फिर माताराम कृष्ण भक्ति में नाचीं। भावना के कारणों से अपन वहां नहीं थे। लेकिन घर के सब लोग अभी तक चकित हैं कि माताराम ऐसी और इतनी देर तक कैसे नाचती रहीं। उनके घर फिर उनके कृष्ण का जन्म हुआ। वे संदीप के बेटे माधव के लिए नहीं नंद के बेटे कृष्ण के लिए नाचीं।

जब तक इस देश में मातृ रूपेण संस्थिता हैं—परिवार नहीं टूटेंगे, बिना मां के बच्चे जंगल में खरपतवार की तरह नहीं उगेंगे।

(8.10.95)

जिनसे हम नापते थे ऊंचाई

क्या करें ! अपने भाग में इतना ही था। संगम के मटमैले जल में भारतीजी की अस्थियां बहते और मिलते देखीं और उन पर गुलाब की पंखुरियां डालीं। बहुत इच्छा थी कि प्रवाहित किए जाने के पहले उन्हें छू कर प्रणाम करूं। जैसे अस्थि-भस्म में जो शाश्वत धर्मवीर भारती थे वे पोरों से हो कर मुझमें आ जाएंगे और रहेंगे। लेकिन जो मल्लाह नाव चला कर जमना से बीच संगम में ले गया था उसे हलचल से नाव के डांवाडोल होने का भय था इसलिए जो जहां था उसे वहीं रहने को वह लगातार कह रहा था। हम में इधर-उधर होने के लिए भारतीजी का नाती अंशुमान ही काफी था।

फिर भी हमारे देखते-देखते रामगोपाल बजाय संगम में उतर गए और जिस जल में भारतीजी की अग्नि स्नानित देह विलीन हुई थी उसमें मल-मल कर नहाए। बजाज देश के नामी नाट्य निदेशक हैं और जाने क्यों मेरे मन में छाप थी कि वे इस तरह के स्नानादि में विश्वास नहीं करते होंगे। लेकिन उन्हें नहाते देख अच्छा लगा और कसक भी हुई कि मैं क्यों नहीं। बाई पास कोई इतना असमर्थ तो नहीं बनाता कि लुंगी लगा कर बहते पानी में उतरा न जा सके। फिर इससे कहीं अधिक जोखिम से भरी उधम तो कर चुका हूं। लेकिन जैसा था वैसा ही खड़ा रहा। अपनी किसी हरकत या बोलचाल तक से जैसे वातावरण का संतुलन बिगाड़ना नहीं चाहता था। नाव के वापस जमना किनारे के घाट पर पहुंचते बजाज गीले कपड़ों में बैठे रहे। घाट के बाहर उनने धीरे से कहा, अब शायद भारतीजी का सही मूल्यांकन हो। बजाज अगर अब अंधायुग का मंचन करें तो जरूर देखने जाऊंगा।

नावों से उतरे लोग कारों-स्कूटरों में बैठ कर चले गए। वापस लौटती पुष्पाजी के हाथों का ठंडा स्पर्श उस उमस और गर्मी में भी उंगलियों पर बना रहा। उनके साथ उनके जो प्रियजन थे उनमें प्रज्ञा के अलावा किसी को जानता नहीं था। फिर ऐसे मौकों पर पूछना-ताछना ज्यादातर बेकार ही होता है। फिर भी मन में रह गई कि जानूं कि इतनी जल्दी क्या थी। भारतीजी बिन बताए नींद में चले ही गए थे, तो क्या वे उन्हें एकाध दिन और नहीं रख सकती थीं ताकि जो भी उनकी आखिरी यात्रा में उनके साथ जाना चाहे उसे पहुंचने का समय मिल जाए।

बेटा अमेरिका से क्यों नहीं आया ? और मामूली वाइरल बुखार इतना मारक कैसे हो गया ? वे कहते थे कि बंद हॉलों में ज्यादा देर बैठना उन्हें तकलीफ देता है। उस शाम बिरला मातुश्री सभागार में वे इतनी देर तक क्यों बैठे रहे। क्या हम उन्हें वाइरल इंफेक्शन देने के लिए जिम्मेदार हैं ? क्या ओमप्रकाश की श्रद्धा और उस के उपक्रम को आशीष देने की उनकी प्रेमेच्छा उन्हें बुखार में ले गई ?

मैं जरूर चाहता था कि ओमप्रकाश अपने अखबार की पहली कॉपी भारतीजी को ही दे और इसलिए उनका 31 अगस्त के उस कार्यक्रम में आना जरूरी भी था। लेकिन उनका वहां आना हम सब के लिए इतना भारी पड़ जाएगा इसका तो दूर-दूर तक अंदेशा भी नहीं था। छह बजे मुझे कहीं जाना था इसलिए उन से ठीक से मिला भी नहीं था। और फिर उनके जाने की पांच दिन बाद खबर मिली तो रेलगाड़ी में और वह भी एक लोकल अखबार में जिसे किसी स्टेशन पर कोई उठा लाया था। उसी में अविश्वास से पढ़ा कि 31 अगस्त की रात से ही भारतीजी बुखार में थे और चार सितंबर की सुबह नींद में ही चले गए।

वे चले गए और मैं यहां रेल में क्यों बैठा हूँ ? कल इब्राहिम पट्टी में इतने लोग थे। क्या किसी को कोई खबर नहीं थी ? किसी ने बताया क्यों नहीं ? मुझे अखबार से खबर क्यों मिली और वह भी इतनी बदतमीज तटस्थता के साथ ? मेरा कंधा लिए बिना वे कैसे जा सकते हैं ? आखिर उन्होंने कहा था कि मेरे कंधों पर बैठ कर देखो तो दूर तक दिखेगा और बेहतर दिखेगा। उनके कंधों पर हमारा अधिकार था तो उनकी आखिरी यात्रा हमारे कंधों पर क्यों नहीं हुई ? उन्हें चार दिन पहले बिरला मातुश्री सभागार में बुलाने का अपराध बोध इस प्रतीति से और भी धार से काट रहा था कि वे गए तो अपन उन्हें कंधा तक नहीं दे पाए। अभागे !

पुष्पाजी के अलावा किसे यह सब कहता ? और अब कहने में रह क्या गया ? अपने भाग में यही था कि जिस पानी और मिट्टी से भारतीजी बने थे उसी में उन्हें विलीन होते देखा। वही गंगा-जमना और सरस्वती के संगम का जल जिससे देवता भी पवित्र होते हैं और वही इस जल के निरंतर अभिषेक से बनी मिट्टी जिसकी उर्वरता और सौंधी गंध अक्षत है। इसी मिट्टी और इसी जल से हमारे गुनाहों का देवता बना था जो इस अंधे युग में हमें बताता रहा कि अंधे संशय, दासता और पराजय से बचा जा सकता है।

बाद में उसी संगम पर नाव से तैरते हुए मुझे महसूस करते अच्छा लगा कि आखिर भारतीजी उसी प्रयाग में आए जिसे वे मुंबई में छत्तीस साल रहते हुए कभी भुला नहीं पाए। जीवन के पहले चौंतीस साल इलाहाबाद में रहते हुए वे महानगर के चक्कर में नहीं पड़े और बाद के छत्तीस साल इलाहाबाद की कस्बाई निजता और स्थिरता में लौट नहीं पाए। भारतीजी इलाहाबाद का जिक्र आते ही लगभग वैसे ही विह्वल हो जाते थे जैसे भवानी बाबू नर्मदा किनारे के गांव का नाम आने पर। भवानी बाबू तो आखिर देह त्यागने के लिए अपने नरसिंहपुर पहुंच गए थे। भारतीजी नहीं पहुंचे तो शायद इसलिए कि इलाहाबाद से विह्वल होने के बावजूद वे वहां लौट नहीं आना चाहते थे।

शायद इसलिए कि जानते थे कि जिस इलाहाबाद में जन्मे और चौंतीस साल जिए और जहां उनने अपना सारा सर्जनात्मक लेखन किया और जिसे छोड़ देने के बाद उनकी सरस्वती जैसे सचमुच भूमिगत हो गई, वह नगर वही नहीं रह गया था। अगर मुझ जैसे तीर्थ यात्री को इलाहाबाद अब खंडहरों का नगर लगता है तो भारतीजी के लिए तो उस अनजान हुए शहर में लौटना और रहना और भी और कितना त्रासदायी होता। अस्थि विसर्जन में आए प्रयाग शुक्ल ने भी कहा कि अब उन्हें इलाहाबाद आना बहुत दुखी कर जाता है। वे वहां रहे हैं और उन दिनों रहे हैं जब वह संगम के अलावा भी सांस्कृतिक-साहित्यिक तीर्थ हुआ करता था।

भारती जी लौटते तो उन्हें अतीत का वही संसार अपने आसपास गढ़ना पड़ता जिसे वे छोड़ आए थे। भारतीजी को उस अतीत में रहना पसंद नहीं था भले ही वह उनका सबसे रचनात्मक काल रहा हो। वे भविष्य में रहना चाहते थे जो उन्हें इलाहाबाद में नहीं मुंबई में दिखाई देता था।

कहते हैं भारतीजी को मुंबई में रहना इसलिए भी बेहतर लगता था कि भारत में यही एक महानगर है, यही एक समाज है, जो स्त्री-पुरुष के सखा भाव को सम्मान के साथ स्वीकार करता है। आप जानते हैं कि कनुप्रिया के लेखक और राधा को इतनी मानवीयता में रचने-देखने वाले भारतीजी को इस सखा भाव के कारण कितना त्रास और कितनी मानसिक वेदना भुगतनी पड़ी और इसने उनके जीवन को कितना समृद्ध किया, संघर्ष में कितना संबल दिया। शायद सही है कि मुंबई के सखा भाव स्वीकार में कहीं न कहीं जैविक समाज का अभाव और कामकाजी संसार की जरूरतें और समयाभाव के कारण दूसरों के निजी जीवन और संबंधों के प्रति उदासीनता का भी कोई कम योगदान नहीं है। लेकिन अगर इस सखा भाव स्वीकार को अपने रचनात्मक संसार में लग जाने दें तो उसकी नकारात्मकता का कोई मतलब नहीं रह जाता। शायद दूसरे किसी भी नगर में वह अपने समाज के विकृत और निषेधात्मक रवैए के कारण आप में एक तरह की रक्षात्मकता पैदा करता है जो स्त्री के सखा भाव को अपनी रचनात्मकता में फलने-फूलने नहीं देता।

लेकिन भारतीजी ने जो भी कालजयी लिखा वह सब इलाहाबाद में ही लिख लिया था और मुंबई में धर्मयुग के संपादक हो कर आने के बाद उनके धर्मयुग को जरूर बनाया लिखना नहीं किया। वह साठ के दशक की शुरुआत थी और हिंदी के साहित्यिक संसार में आज जैसा सन्नाटा नहीं था। भारतीजी खुद अपने पराक्रम से बनाए धर्मयुग के सत्ताशील संपादक थे और इसलिए यह बिलकुल हो सकता था कि उनके साहित्य को केंद्र में रख कर विचार होता, विवाद होता और कोशिश की जाती कि उनके लिखे का बार-बार मूल्यांकन होता। लेकिन जैसा कि रामगोपाल बजाज ने उस दिन संगम पर कहा भारतीजी का सही (या गलत) मूल्यांकन हुआ ही नहीं। जबकि और कुछ नहीं तो अंधा युग और सूरज का सातवां घोड़ा और सात गीत वर्ष के कुछ गीत हमारे साहित्य की ऐसी निधि है, जिसके बिना वह काफी विपन्न होगा। पाठकों में इन कृतियों को जितनी लोकप्रियता और सम्मान मिला आलोचकों में वे लगभग उतनी ही उपेक्षित रहीं।

क्या कारण है इसका ? क्या इसलिए कि पचास से सत्तर के वर्षों में हमारा साहित्य आकलन जनवाद, कलावाद आदि के दलदल में फंसा रहा और भारतीजी ऐसे किसी कलासाहित्य आंदोलन के साथी समर्थक नहीं थे जो अपनी राजनीतिकता के कारण महत्त्व पाता या खोता था। क्या वे मठाधीशी इलाहाबाद में रहते और रचनात्मक से चुक जाने के बावजूद साहित्यिक कर्मी बने रहते और अपना मठ, दल या गुट चलाए रहते तो उनके साहित्य और योगदान की ज्यादा चर्चा होती और वे ऊंचे किसी ओटले पर बैठाए जाते और दूसरे लोग उन्हें गिराने के लिए सक्रिय रहते। भारतीजी की ऐसी कोई राजनीति नहीं थी जैसी कि हमारे प्रगतिशील लेखकों की रही है और जिनके लिए साहित्य मानवीय मूल्य संबंधों का स्वायत्त और स्वयंभू उपक्रम न हो कर एक ऐसे राजनीतिक दर्शन को स्थापित

करने का माध्यम रहा जो मानवीय समाज को समता और शोषणहीनता का नया आधार देता है।

गुनाहों के देवता ने भारतीजी को एक रूमानी लेखक की छवि दी और उनकी कई कविताएं रूमानियत की उत्तम और बेहद मर्मस्पर्शी रचनाएं हैं। भारतीजी के चरित्र में भी एक लगभग अनिवार्य रूमानियत थी, जो उन्हें अपने समय के ज्यादातर लेखकों से अलग करती थी। यह छायावाद का विस्तार नहीं था। भारतीजी की रूमानियत में एक ऐसी मांसलता और इहलौकिकता थी, जो अंग्रेजी के रोमेंटिक कवियों से भी मूल में भिन्न है। इस रूमानियत का स्रोत हमारे लोकजीवन में है और वहीं से यह भारती जी में अभिव्यक्त हुई। उनके पुराने इलाहाबादी दोस्त उनकी रूमानी तबीयत के कई और बड़े मजेदार किस्से सुनाते हैं। लक्ष्मीकांतजी ने बताया कि मुंबई जाने और धर्मयुग के प्रतिष्ठित संपादक रह चुकने के बाद भी वे उन्हें उसी रूमानियत में मिले, जिसमें वे उन्हें निकष के जमाने से जानते आए थे।

लेकिन अपना अंधा युग पढ़ें तो यह रूमानियत कहीं दिखाई नहीं देती। अंधा युग कई मानो में एक अद्भुत कृति है। वह सन् चौपन में लिखी गई जब आजादी को मिले सात साल हुए थे। देश नेहरू युग के गुलाबी नवनिर्माणी सपनों में लगा अपना भविष्य बना रहा था। चारों तरफ जैसे एक नई ऊर्जा, एक नई रचनात्मकता और एक नया सार बनाने का उत्साह और संकल्प था। आजादी के सातवें साल में यह सब बहुत सहज और स्वाभाविक था भी। लेकिन उस समय अट्ठाईस बरस के धर्मवीर भारती ने अंधा युग लिखा। उनके इस महाभारत में मुख्य पात्र या नायक कृष्ण, अर्जुन, युधिष्ठिर या कर्ण नहीं है—अश्वत्थामा है जो प्रतिहिंसा की अंधी आग में चलता पशु है। अंधा युग कृष्ण-प्रभु की मृत्यु है। पांडव और महाभारत के दूसरे महानायक लगभग नहीं हैं और हैं भी तो ना कुछ हैं। अश्वत्थामा शापित मानवता का भविष्य है। जब सारा देश विजय पर्व और नवनिर्माण में लगा था, तब धर्मवीर भारती ने लिखा—

उस दिन जो अंधा युग अवतरित हुआ जग पर
बीतता नहीं, रह-रहकर दोहराता है
हर क्षण होती है प्रभु की मृत्यु कहीं न कहीं
हर क्षण अंधियारा गहरा होता जाता है
हम सब के मन में गहरा उतर गया है युग
अंधियारा है, अश्वत्थामा है, संजय है
है दासवृत्ति उन दोनों युद्ध प्रहरियों की
अंधा संशय है लज्जाजनक पराजय है।

दूसरे महायुद्ध के बाद किसी यूरोपीय कवि ने यह लिखा होता तो बिलकुल सटीक और अपने समय का स्वर होता। लेकिन धर्मवीर भारती ने यह सन् चौपन में अट्ठाईस बरस की जवान उमर में लिखा। रूमानी बताया गया यह कवि उस अंधे युग को लगभग पचास साल पहले देख रहा था, जिसमें आज हम रह रहे हैं। मुझे तो सात गीत वर्ष में पराजित लोगों के गीत की—हम सब के हाथों में टूटी तलवारों की मूठ आज के भारतीय ही नहीं, आज के मनुष्य की ही त्रासदी लगती है, जिसके सामने इक्कीसवीं सदी का कोई नया सपना नहीं है और जहां ऐसी कोई नई विचारधारा नहीं है जो मनुष्य को नए संसार की रचना का सपना दे सके। ऐसे

धर्मवीर भारती के साहित्य को नए सिरे से देखने-समझने की जरूरत नहीं है ? अपन तो न आलोचना समझते हैं न मूल्यांकन कर सकते हैं। सिर्फ पढ़ सकते हैं।

दिल्ली की श्रद्धांजलि सभा में भीष्म साहनी ने कहा कि भारती जैसे रचनाधर्मी साहित्यकार ने धर्मयुग को बनाने में अपनी सारी प्रतिभा, समय और शक्ति लगा दी। एक साहित्यिक पत्रिका बनाई, जो अपने आप में संस्था हो गई। जीवन के छब्बीस साल उनने इसे बनाने में लगाए, लेकिन धर्मयुग को चलाने में उस के प्रकाशन गृह ने कोई मुरव्वत, कोई समझदारी, कोई सूझ-बूझ नहीं दिखाई। आखिर धर्मयुग बंद हो गया। भारती लिखते रहते तो उनका लिखा आज कम से कम हमारे पास रहता। धर्मयुग को बनाए रखने में उस के प्रकाशकों ने नहीं सोचा कि इसमें एक भारती जैसे रचनाकार ने अपने जीवन के सर्वश्रेष्ठ वर्ष होम कर दिए थे। बात इनकी सही है, लेकिन यह भी सत्य है कि जो संस्था हम अपने खून से खड़ी करते हैं, वही हमारी कब्र हो जाती है। धर्मयुग से अलग होने और उसकी फजीहत ने भारतीजी को वह रहने नहीं दिया जो वे थे।

वे गए तो अपने लिए तो वह शिखर ही गिर गया, जिससे हम ऊंचाई नापते थे। जिसे देख कर आसमान में सपने की तरह जीते थे। अब क्या करें। अपने भाग में चढ़ाने के लिए कुछ पंखुरियां भर हैं गुलाब की !

(21.9.97)

अंधा युग तो अब हमारे बीच है

सच, इस धर्मवीर भारती को मैं नहीं जानता था। उनके सात गीत वर्ष भी पहले पढ़े थे और उनका अंधा युग भी। अंधा युग के तो अलग-अलग निदेशकों के प्रदर्शन भी देखे हैं। लेकिन वे अपने समय से इतने आगे और ऐसे दूरदर्शी कवि नाटककार थे इसे अपन ने ठीक से देखा-समझा नहीं था।

वह तो जयदेव तनेजा की पुस्तक अंधायुग पाठ और प्रदर्शन के विमोचन के लिए राष्ट्रीय नाट्य विद्यालय के निदेशक रामगोपाल बजाज ने कहा और यह भी जोड़ दिया कि पुष्पा भारती ने भी यही कहा है तो अपने पास भारतीजी का जो भी था उसे नए सिरे से पढ़ना शुरू किया। तनेजाजी की जिस पुस्तक का विमोचन करना था वह तो बजाजजी ने मुंबई विमान में ही दी और रात तीन बजे तक पढ़ना पड़ा तब जा कर पूरी हुई। संतोष हुआ कि अंधा युग को अपने जमाने का सबसे महत्त्वपूर्ण और अर्थवान नाटक मानने वाले अपन कोई अकेले नहीं हैं। नेमिचंद जैन और गिरीश करनाड जैसे नाटककार और आलोचक भी यही मानते हैं।

मुझे अब भी यह बात विस्मय में डाल देती है कि भारतीजी ने अंधा युग सन् चौपन में लिखा जब वे खुद अट्ठाईस बरस के थे और गुनाहों के देवता और इन फिरोजी होठों पर बरबाद मेरी जिंदगी जैसे कैशोर्य-रूमानी रचनाओं के लिए जाने जाते थे। फिर सन् चौपन में भारत को आजाद हुए सात वर्ष भी नहीं हुए थे। चीन का हमला अभी आठ वर्ष दूर था। भारत द्वितीय महायुद्ध के खून खच्चर और आत्मघात से नहीं गुजरा था। अंग्रेजों से उस के संघर्ष में मुक्ति की कामना थी जो सन् सैंतालीस में कमोबेश पूरी भी हुई। भारत के लोगों की मनस्थिति वैसी हताशा, अनास्था और मर्यादाविहीनता से त्रस्त नहीं थी जैसी कि दूसरे महायुद्ध के बाद यूरोप के लोगों की। न सिर्फ जवाहरलाल नेहरू की अचकन में लगा गुलाब का लाल फूल स्वास्थ्य और मुस्कुराहट बिखेरता था, पूरे देश में एक नया भारत बनाने की ललक थी। हम लोग जो उस जमाने में जवान हो रहे थे ऐसा भारत बनाना चाहते थे जो यूरोप की राख पर नहीं अपनी परंपराओं की सौंधी मिट्टी की नींव पर मजबूती से खड़ा हो।

युग कतई नहीं था। वह कुल मिला कर उजाले, निर्माण और रचनात्मक संभावनाओं का युग था। उस के नायक प्रतिहिंसा में अंधे हुए नरपशु और अनास्था से ध्वस्त संजय, युयुत्सु, आदि नहीं थे। जरा व्याध जैसे नाथूराम गोडसे की गोली से महात्मा गांधी मारे गए थे लेकिन उनकी शहादत ने भारत के हिंदुओं और मुसलमानों को उस यादवी युद्ध से बचा लिया था जिसने कृष्ण की द्वारका और यादव वंश को नष्ट कर दिया था। भारत के विभाजन से फैली

सांप्रदायिक हिंसा को गांधी ने जैसे अपने रक्त से ठंडा किया था। अंधा युग में कृष्ण की मृत्यु से सन् अड़तालीस में गांधी का निधन कहीं अधिक रचनात्मक निष्पत्तियों और विरेचन की प्रवृत्तियां पैदा कर के गया था।

ऐसे समय में तबीयत से रूमानी धर्मवीर भारती ने अंधा युग लिखा 'जब इस कृति का पूरा जटिल विज्ञान मेरे अंतर में उभरा तो मैं असमंजस में पड़ गया। थोड़ा डर भी लगा। लगा कि इस अभिशप्त भूमि पर एक कदम भी रखा कि फिर बच कर नहीं लौटूंगा।' खुद भारतीजी ने ही अंधा युग की भूमिका में लिखा है। वे इस अभिशप्त धरती से लौट कर आ सके तो इसलिए कि एक धरातल ऐसा भी होता है जहां निजी और व्यापक का वाह्य अंतर मिट जाता है। अंधा युग को भारतीजी ने व्यापक सत्य कहा है जिसकी निजी उपलब्धि मैंने की है। अतः उसकी मर्यादा इसी में है कि वह पुनः व्यापक हो जाए। लेकिन अंधा युग का सत्य तब यूरोप का व्यापक सत्य भले ही रहा हो भार का नहीं था, वह भारत विध्वंस, निराशा, हताशा, आत्मघात और अंधत्व का भारत का। लेकिन इस आजाद भारत में इक्कीस से अट्ठाईस बरस के होते हुए धर्मवीर भारती ने अंधा युग लिखा।

लेकिन जब वे अंधा युग लिख रहे थे तब भी जानते थे कि क्या लिख रहे हैं और न सिर्फ जानते थे बल्कि लिखा भी कि एक मैं ही हूं जो कि समय के आर-पार और दूर तक देख रहा हूं। सात गीत वर्ष में ही एक कविता है बृहन्नला। उसे पढ़ा तो मैंने पहले भी है। एक बार नहीं शायद कई बार। लेकिन इस बार हम कविता की शुरुआत पढ़ कर जैसे मैं फिर गीत हो गया। आप भी देखिए–

मेरी रचनाएं पढ़ कर तुम यह जानोगे
इस संकटकाल में तो अर्जुन एक मैं ही था
अन्यायी हृदयों में सालती टंकारें थीं जिसके
गाण्डीव की।
मैं ही दृष्टिहीनों की दुनिया में
आंखें खोल देखता रहा था यथार्थ को।

यानी उस समय के भारत में वे यथार्थ को देख रहे थे लेकिन संजय की तरह दिव्यदृष्टि से नहीं। संजय की तरह तटस्थ भी नहीं। बृहन्नला की तरह भेस बदले हुए अर्जुन की तरह और जानते हुए कि मेरे गाण्डीव की टंकारें अन्यायी हृदयों को साल रही हैं। लेकिन उनने अपने को बृहन्नला क्यों बताया ? शायद इसलिए कि जिस अर्जुन को अपने परम प्रतापी गाण्डीव पर विश्वास हो वह कुछ दिन बृहन्नला बन जाए तो कोई बृहन्नला तो नहीं हो जाएगा। इस कविता के अंत में भारतीजी ने व्यंग्य भी किया–

कैसा लगेगा तुम्हें/जब तुम यह जानोगे
कि दूसरे जब जूझ रहे थे नवयुग लाने को
मैंने सिर्फ उत्तरा की गुड़िया सजायी थी।

तब भारतीजी ने अंधा युग लिखा जो अनास्था, हताशा, मर्यादा विहीनता और अंधेरे में ले जाता है। जहां प्रभु यानी कृष्ण की मृत्यु हो गई है और जहां–हम सब के मन में गहरा उतर गया है (अंधा) युग

अंधियारा है, अश्वत्थामा है, संजय है
है, दासवृति उन दोनों वृद्ध प्रहरियों की
अंधा संशय है लज्जाजनक पराजय है।

कुछ वृद्ध प्रहरियों में तब के भारत में दासवृत्ति भले ही शेष रह गई हो लेकिन इस देश में वह अंधे संशय और लज्जाजनक पराजय का।

दूसरे तो सचमुच नवयुग लाने को जूझ रहे थे और भारत में वह नवयुग लाने का समय भी था और धर्मवीर भारती उत्तराओं की गुड़ियाएं सजा रहे थे यह भी हम सब जानते हैं। लेकिन अंधा युग के साथ उनकी कविताएं थोड़े भी गौर से पढ़ें तो आज की दुनिया के यथार्थ के लगभग सारे अर्थ खुलने लगते हैं। मुंबई में उस शाम जयदेव तनेजा की पुस्तक और भारतीजी की लंबी कविताओं के विमोचन के बाद पुष्पा भारती के बुलाने पर रंगमंच और फिल्मों की कई हस्तियां भारतीजी की कविताएं पढ़ने आई थीं। और उनमें से एक ने यह कविता पढ़ी—

और भी पहले वे कई बार आए हैं
एक बार
जब उनके हाथों में भाले थे
घोड़ों की टापों से खैबर की चट्टानें कांपी थीं
एक बार
जब भालों के बजाय
उनके हाथों में तिजारती परवाने थे
बगल में संगीनें थीं
लेकिन इस बार और चुपके से आए हैं
आधे हैं जिनके हाथों में हैं
कैमरे,
थैलियां
टूअरिस्ट पासपोर्ट
रंग-बिरंगी फिल्में
शाधे हैं जिनके पास
रंग-बिरंगे चेहरे
(जिनको वे हुक्म के मुताबिक बदल सकते हैं)
दो-दो आने वाले
(दूर किसी नगरी में छपे हुए)
पेम्फलेट
रोटी और पेम्फलेट के ढेरों में ढंक-ढंक कर आयी हैं
दूर किसी नगरी में ढली हुई जंजीरें।
ढंग है नया
लेकिन बात यह पुरानी है
घोड़ों पर रख कर या थैली में भर कर

या रोटी से ढंक कर या फिल्मों में रंग कर
वे जंजीरें, केवल जंजीरें ही लाए हैं
और भी पहले वे कई बार आए हैं।

सात गीत वर्ष की इस कविता का शीर्षक हैं 'गुलाम बनाने वाले'। अब आप अगर आर्थिक उदारीकरण, खगोलीकरण और खुले बाजार की अर्थव्यवस्था की घोषणा के बाद अपने देश में आने वालों और उनके पास की चीजों और उनके देश की चीजों से अपने महानगरों के अटे पड़े बाजार देखें तो कोई शक रह ही नहीं जाएगा कि ये नए गुलाम बनाने वाले खुले बाजार के प्रतिनिधि हैं जिनके पास जंजीरें और केवल जंजीरें हैं। भारतीजी ने उन्हें पचास का दशक पूरा होते या साठ का दशक लगते ही देख लिया था। उस वक्त हम नियंत्रित अर्थव्यवस्था के दौर में थे। रूस के मॉडल पर बड़े-बड़े जंगी कारखाने लगाए जा रहे थे। राज्य केंद्रित अर्थव्यवस्था में नियंत्रण ही नियंत्रण थे। उस वक्त कौन जानता था कि किसी दिन कोई नरसिंह राव प्रधानमंत्री बनेगा जिसका वित्त मंत्री मनमोहन सिंह होगा जो हमारे देश की अर्थव्यवस्था को विश्व बैंक और अंतरराष्ट्रीय मुद्रा कोष को सौंप देगा और खुले बाजार के प्रतिनिधियों को ईस्ट इंडिया कंपनी से कहीं ज्यादा सुविधाएं दी जाएंगी और उनकी जंजीरों के लिए हम अपने हाथ और पांव आगे बढ़ा देंगे। भारतीजी ने उन्हें देख लिया था।

उसी शाम किसी ने पराजित पीढ़ी का गीत भी पढ़ा–

हम सबके दामन पर दाग
हम सबकी आत्मा में झूठ
हम सबके माथे पर शर्म
हम सबके हाथों में टूटी तलवारों की मूठ।

यह गीत भी बीसवीं शताब्दी का अंत होते-होते नहीं लिखा गया था। यह भी उसी वक्त लिखा गया जब और तो और हमारे स्वतंत्रता संग्राम के सेनानियों ने भी अपने को पराजित पीढ़ी के लोग कहना शुरू नहीं किया था। उस वक्त लिखा गया यह गीत मुझे तो आज के लोगों का गीत लगता है क्योंकि हमारे सामने लड़ने के लिए ऐसा कोई युद्ध नहीं है जो महान ध्येयों के लिए हो। हमारे हाथों में टूटी तलवारों की मूठ है जो गवाह है कि हम कभी लड़े थे लेकिन अब हमारे पास इसका गर्व भी नहीं है कि हम योद्धा हैं क्योंकि वे युद्ध और उनके ध्येय सब व्यर्थ हो गए हैं। इसलिए जहां खून था वहां दाग है, यहां सत्य था वहां झूठ है और जहां तिलक था वहां शर्म है।

अब अगर आप अंधा युग के मुख्य पात्रों को देखें तो अश्वत्थामा हैं जो युधिष्ठिर के अर्द्ध सत्य का शिकार और धोखे से पिता द्रोण की हत्या का बदला लेने के लिए नराधम पशु हो गया है। वह धर्मराज के अर्ध सत्य के फलित से पागल हो गया है। युयुत्सु है जो कौरव होते हुए भी पांडवों की तरह से लड़ा क्योंकि सत्य वही था जहां कृष्ण थे। सत्य के परखचे उड़ते और उसे झूठ होते युयुत्सु ने अठारह दिन के महायुद्ध में देखा। वह लौटा तो न धृतराष्ट्र और गांधारी उसे अपना पुत्र मानने को तैयार थे न पांडव उसे अपना मानते थे। दोनों से तिरस्कृत युयुत्सु आस्थाहीन और धुरीहीन पहिए सा इधर-उधर लुढ़क रहा है। संजय है जो अपनी दिव्यदृष्टि खो चुका है। जो महाभारत के सर्वनाश का तटस्थ गवाह है। उसकी तटस्थता उसे

ऐसी स्थिति में छोड़ गई है जिसमें उसका अस्तित्व निरर्थक हो गया है। इन सबने प्रभु की मृत्यु देखी है और कृष्ण के इस तरह जाने के साथ इनको लगा है कि वे एक गलत धुरी पर टिके पहिए थे। वह धुरी अब टूट गई तो वे न सिर्फ यों ही इधर-उधर बेकार लुढ़कते पहिए हो गए हैं बल्कि उन्हें पिछला जीवन, धुरी और आस्था सब बेकार लग रही है।

यह महाभारत का अंत जैसे बीसवीं सदी का भी अंत है। साम्यवाद और पूंजीवाद की जिन विचारधाराओं ने हमारी उस सदी को नए संसार के सपने दिए वे दोनों ही विचारधाराएं अपनी ऊर्जा और सृजनशीलता खो चुकी हैं। साम्यवादी संसार बिखर कर पूंजीवादी बैसाखियों पर चलने की कोशिश कर रहा है और पूंजीवाद मनुष्य के कल्याण का सपना छोड़ कर मानवता की नियति को बाजार के हवाले कर के नेपथ्य में चला गया है। मनुष्यता के सामने कोई नया सपना नहीं है। महाभारत की समाप्ति के बाद विष्णु पुराण ने कहा कि अब भविष्य में/धर्म अर्थ ह्रासोन्मुख होंगे/क्षय होगा धीरे-धीरे सारी धरती का। सत्ता होगी उनकी/जिनकी पूंजी होगी। आज के संसार में यही नहीं तो क्या हो रहा है। अंधा युग तो सचमुच अब शुरू हुआ है। इसलिए 'अंधा युग' के नए प्रयोग और प्रदर्शन होने चाहिएं। 'अंधा युग' आज से पहले कभी इतना प्रासंगिक और अर्थवान नहीं था।

धर्मवीर भारती को इससे बड़ी श्रद्धांजलि क्या हो सकती है कि हम मानें कि वे हमारे बीच हैं और जीवित हैं। उस शाम—पांव मेरी गोद में से ले कर प्रमथ्यु गाथा के पाठ तक कितनी बार मेरी आंखों से धाराधार होता रहा। क्या बताऊं !

(4.1.98)

हरिशंकर परसाई

पवन के खंबे का कुछ और मलबा

खबर तो सबेरे ही मिल गई थी। लिखना भी मुझे ही चाहिए था। खबर के साथ नहीं तो कागद कारे में। लेकिन आजकल अपने किसी के जाने पर पत्रकारीय काम करने से अपने को रोकता हूं। यह नहीं कि तात्कालिकता के दबाव में किए गए काम को हलका या गलत मानने लगा हूं। अपना विश्वास दृढ़ है कि जो पिंड में है वही ब्रह्मांड में है और जो तत्काल में है वही शाश्वत में।

लेकिन पिछले चार वर्षों में अपने जीवन की कई बालू की भीत और पवन के खंबे ढह गए हैं। एक और खंबा ढह गया तो टटोलता रहा कि जान लूं कि क्या-क्या गिर गया है। उसे महसूस कर लूं और ठीक से देख लूं कि अब अपने भवन के क्या हाले गए हैं। फिर बताऊं कि क्या हुआ ?

परसाईजी से मिलना बरसों से नहीं हुआ था। मध्यप्रदेश का पहला शरद जोशी सम्मान तय करने की बैठक मे कहा था कि व्यंग्य का पहला सम्मान तो हरिशंकर परसाई को ही जाना चाहिए। वही हिंदी व्यंग्य के प्रथम पुरुष हैं और भले ही शरद जोशी उनके बाद आए और पहले चले गए हों सम्मान तो परसाईजी को ही जाएगा। समितियों की बैठकों में इस तरह बोला नहीं जाता। जानता हूं। लेकिन समिति के सभी सदस्य मेरी बात से एकदम और शत प्रतिशत सहमत थे।

हिचक एक ही थी। पता नहीं परसाईजी सम्मान लेंगे या नहीं। जब कभी कोणों से विचार हो गया तो मैंने कहा कि कोई बात नहीं। बताए जाने पर अगर वे थोड़ी भी उदासीनता दिखाएं तो मुझे तत्काल सूचित किया जाए। आजकल जबलपुर विमान तो नहीं जाता लेकिन मैं कैसे भी जाऊंगा और मनाऊंगा। हम तय करें कि पहला सम्मान परसाईजी का ही होगा।

इतना भरोसा था मुझे परसाईजी पर हालांकि तब भी उन से मिले को बोस से ज्यादा साल हो गए थे। हिचक यह थी कि परसाईजी शरद जोशी से कम से कम सात साल बड़े थे। व्यंग्य लिखना भी उनने शरद जोशी के पहले शुरू किया था। व्यंग्यकार के नाते प्रतिष्ठित भी वही पहले हुए और व्यंग्य को एक विधा के रूप में स्थापित भी उन्हीं ने किया।

शरद जोशी उनके बाद में आए और पहले चले गए इसलिए उनके नाम पर सम्मान पहले शुरू हुआ। इस में कोई क्या कर सकता था। यमराज हर एक की डेट ऑफ बर्थ देखकर तो वरिष्ठता के अनुसार लोगों को उठाते नहीं। अपने से छोटे शरद जोशी के नाम पर चले सम्मान को स्वीकार करने में कहीं परसाईजी को संकोच तो नहीं होगा ?

ऐसे संकेत पर लोग समझेंगे कि हो न हो दोनों में प्रतिद्वंद्विता रही होगी और शायद बड़े बेटे की भावना भी रही हो। लेकिन परसाईजी से अपना तो मिलना ही शरद जोशी के कारण और उनके जरिए हुआ था। दोनों के व्यक्तित्व की बनावट भिन्न जरूर थी और परसाई जैसी राजनैतिकता शरद जोशी में नहीं थी। लेकिन अपने को याद नहीं कि दोनों में खटपट हुई हो या समान रूप से व्यंग्य लेखक होने के कारण प्रतिद्वंद्विता रही हो। बल्कि अपन तो दोनों को साथ ही जानते थे और अपने मन में यह कभी नहीं आया कि गड़बड़ है।

भोपाल छोड़ देने के बाद भी शरद जोशी से तो तार जुड़ा रहा लेकिन परसाईजी से तो बस उनके लिखे को पढ़ने का संबंध रह गया। जनसत्ता निकलने के बाद एकाध छोटा सा पत्र उनने लिखा जरूर लेकिन मिलना नहीं हुआ। मुझे लग रहा था कि 'शरद जोशी सम्मान' स्वीकार करने से वे इंकार कर दें तो मैं जबलपुर जा कर उनसे मिलूं। मालूम था कि वे आजकल उठते नहीं। लगभग सारे काम बिस्तर से ही होते हैं।

लेकिन परसाईजी ने निराश किया। उनने सम्मान लेना मंजूर नहीं किया और इस तरह अपने जबलपुर जाने की नौबत ही नहीं आई। जब उनका नाम तय हो रहा था तभी किसी ने कहा था कि वे कहीं आ जा नहीं सकते। तो कोई बात नहीं, उनका सम्मान उनके घर जा कर ही करेंगे—ऐसा कहते हुए भी उम्मीद थी कि समिति के सदस्य और मित्र के नाते सम्मान समारोह में अपने को बुलाया जाएगा।

बाद में भोपाल के अखबारों में पढ़ा कि राष्ट्रपति शासन के दौरान राज्यपाल ने जबलपुर उनके घर जा कर उन्हें 'शरद जोशी सम्मान' दे दिया। अपन फिर बुलाए जाने का रास्ता देखते हुए टापते रह गए। किसी ने पूछा तक नहीं। बाद में पता ही नहीं चला कि उस समिति का क्या हुआ हालांकि परसाईजी के बाद जो दो नाम हमने सम्मान के लिए तय किए थे उनमें से एक को तो गए साल वह मिला ही है।

आप पूछ सकते हैं परसाईजी से मिलने जाने के इतने बहाने ढूंढ़ने की जरूरत क्यों पड़नी चाहिए ? तो मन में एक बोल्डर ठसा हुआ था। जब अपन नई दुनिया के साहित्य संपादक हुआ करते थे तब परसाईजी का एक कॉलम 'सुनो भई साधो' छापा करते थे। वह हमें जबलपर से मिला करता था। जहां की नई दुनिया में वह पहले छपता था। उस नई दुनिया को मायाराम सुरजन निकाला करते थे जो तब नई दुनिया के एक भागेदार हाअ करते थे। और मायाराम सुरजन जैसा कि आप अब तक कहीं न कहीं पढ़ चुके होंगे परसाईजी के अनन्य मित्रों में से एक थे।

'सुनो भई साधो' तब हमारी नई दुनिया का बड़ा लोकप्रिय कॉलम हुआ करता था। अपन ने वही कॉलम दुबारा छाप कर परसाई जी को जानना शुरू किया। कॉलेज की पढ़ाई छोड़ कर गांव-गांव घूमने और गांधी-विनोबा का काम करने और विनोबा को रिपोर्ट करते हुए पत्रकार हो जाने वाला प्रभाष जोशी बेचारा परसाई जी के व्यंग्य का पात्र ही हो सकता था।

वह कॉलम पढ़ते यानी उसका प्रूफ पढ़ते हुए अपने को कई बार लगता कि मखौल तो अपना ही उड़ाया गया है। लेकिन तब तक अपन एंटन चेखव काफी पढ़ चुके थे और जानते थे कि असली व्यंग्य के मूल में सहानुभूति होती है, करुणा होती है। बड़ा व्यंग्यकार व्यंग्य में अपने को सूली पर टांगता है और फिर अपनी ही कमजोरियों पर कीलें ठोकता है। अपना

क्रूसीफिकेशन किए बिना कोई महान ही नहीं अच्छा व्यंग्य भी नहीं लिख सकता। दूसरी भारतीय भाषाओं में लिखा व्यंग्य अपन ने ज्यादा पढ़ा नहीं। लेकिन अंग्रेजी के अच्छे से अच्छे व्यंग्यकार के सामने हमारे परसाईजी बित्ता भर ऊंचे ही निकलेंगे, ऐसा विश्वास तब भी अपने को था।

परसाई ऐसे आदमी नहीं थे कि जिनसे संपादक-लेखक का औपचारिक संबंध रह सके। फिर अपन तो सिर्फ साहित्य संपादक थे और परसाईजी की मित्रता के दावेदार भी नहीं हो सकते थे। इतने छोटे थे। लेकिन पहले छोटे-छोटे पत्रों से और बाद में सामने सीधी मुठभेड़ से परसाईजी से ऐसे संबंध हो गए कि जब अपना ब्याह होना तय हुआ तो उनको अपन ने एक निजी पत्र लिखा आने के लिए।

ब्याह होता उसके पहले ही उनका पत्र आ गया। पत्र अब अपने पास नहीं है। किसी के नहीं है। लेकिन वह याद है। परसाईजी ने लिखा कि आता जरूर, लेकिन तम उस स्थिति से बाहर निकल गए हो जब मेरी सलाह किसी काम आ सकती है। लेकिन शरद जोशी भोपाल से आए। वे भी उज्जैन की धर्मशाला में मंडप तक साथ गए, फिर कहा—जिसे फांसी लगनी होती है उसे भी दोस्त लोग इतनी दूर छोड़ने आते हैं। शादी में भी यहीं तक छोड़ने आ सकते हैं। इसके आगे और इसके बाद अपनी आप जानो। कोई काम नहीं आएगा।

तब नई दुनिया में—घर की दुनिया—यानी महिलाओं का कॉलम वीणा नागपाल देखा करती थीं। उनके पति ओम नागपाल क्रिश्चियन कॉलेज में राजनीति विज्ञान पढ़ाया करते थे और जब-तब नई दुनिया में लिखते भी थे। परसाईजी तब तक बहुत पीने लग गए थे। लेकिन उनकी कीर्ति तो थी ही और हम इंदौरवालों के लिए तो वे विभूति थे। वीणा नागपाल ने उन्हें भोजन के लिए अपने घर बुलाया।

हम भोजन पर और कौन-कौन बुलाए गए थे यह तो अब याद नहीं है लेकिन रज्जू बाबू (राजेंद्र माथुर) सपत्नीक और अपन भी सपत्नीक निमंत्रित थे। उस भोज में क्या हुआ उसका पूरा वर्णन तो नहीं करूंगा। लेकिन चूंकि तब परसाईजी प्रातःकाल की मंगल वेला से पीना शुरू कर देते थे इसलिए इतने पिए हुए आए कि सूफी लोगों की उस कंपनी में उनका मुख्य अतिथि बने रहना संभव नहीं था। वह भोजन लगभग हुआ ही नहीं।

ये वे दिन थे जब हम लोग—यानी शरद जोशी, रज्जू बाबू और अपन इस चक्कर में रहा करते थे कि परसाईजी का विवाह करवा दिया जाए। इंदौर के एक कॉलेज में हिंदी साहित्य पढ़ाने वाली एक प्राध्यापिका हमारी नजर में थीं। उनकी भी काफी उमर हो गई थी और वे भी परसाईजी की तरह कुंआरी रह गई थीं। परसाईजी की पहले मां चल बसी थीं फिर पिता। पांच भाई-बहनों में वे सबसे बड़े थे। परिवार का भार उन्हीं पर था इसलिए वे पहले बहनों की शादी करना चाहते थे। सबसे बड़ी बहन की शादी की और फिर अपनी करने की सोचते उसके पहले वे विधवा हो गईं। उनका परिवार पालने में परसाईजी के कुंआरे रह गए।

हमें जाने क्यों भरोसा था कि प्राध्यापिका को दिखा कर हम परसाईजी को शादी के लिए तैयार कर लेंगे। मालूम नहीं नागपालों के दिए गए उस भोज में वे प्राध्यापिका निमंत्रित थीं या नहीं। लेकिन वहां अगर उनने परसाईजी को देखा होता तो कम से कम वे तो तैयार नहीं होतीं।

उस न हुए भोज से हमारी निराशा दुहरी थी। एक तो पहली बार परसाईजी को ऐसे रूप में देखा जिसमें कभी देखा नहीं था न देखना बरदाश्त कर सकते थे। अपने संस्कारों में उलाल होने वाले आदमी के लिए सम्मान टिक पाना मुश्किल था। प्रेम शायद फिर भी बच रहता। लेकिन उनके पिए होने की स्थिति और भोज के बिगड़ने ने हमें उतना अपसेट नहीं किया जितना इस बात ने कि इसके बाद परसाईजी के ब्याह की बात चलाने की हिम्मत नहीं रही। फिर कभी कोशिश नहीं की कि परसाईजी को उस स्थित के परे ले जाते जहां उनकी सलाह उन्हीं के काम न आती।

अब पीछे मुड़ कर देखता हूं तो लगता है कि उस भोज के बाद मेरे मन में जो हुआ वह बचकाना था। मुझे मालूम नहीं था कि आदमी क्यों पीता है और ऐसी बुरी तरह क्यों पीता है ? अनुभव से इतना बालक था कि ऐसे पीने को आम बात मान नहीं सकता था। ऐसा नहीं था कि परसाईजी को ऐसे ओटले पर बैठा रखा था कि उन्हें देख कर मन में उनकी मूर्ति टूट गई हो। मालूम था कि वे खुद ही मूर्ति भंजक हैं और पोते हैं। फिर भी सच कहूं—उस भोजन के बाद जैसे उनके—अपने बीच का दूध फट गया।

फिर अपन भोपाल आए और वहां से दिल्ली आ गए। परसाईजी का लिखा तो पढ़ने को मिल जाता लेकिन यह भी सुनने को मिलता कि वे बहुत काम करवाने लगे हैं। हर किसी की मदद करना, हर किसी के लिए चिट्ठी लिख देना, हर किसी की पैरवी करना तो उनके स्वभाव और उनकी बनावट में था। हमारे मन्ना (भवानी प्रसाद मिश्र) भी इसी तरह किसी का भी काम करवाने को तैयार रहते थे और फिर उलझन में पड़ जाते थे।

दोनों में यह समानता थी। शायद इसलिए कि दोनों होशंगाबाद जिले के नजदीक गांवों में जन्मे थे। मन्ना टिकरिया में और परसाईजी जमानी में। मनोहर नायक ने बताया कि परसाईजी अपने को मन्ना वाले अखाड़े का ही पट्ठा मानते थे। 'हम लोग एक ही मिट्टी पर कुश्ती लड़के निकले हैं।' हालांकि भवानी बाबू परसाईजी से कोई ग्यारह साल बड़े थे। लेकिन एक ही अखाड़ा दोनों का रहा होगा यह जानने के लिए तो भवानी बाबू की कविता और परसाईजी का व्यंग्य पढ़ना ही काफी है। शायद उस अखाड़े में 'जिस तरह हम बोलते हैं उस तरह तू लिख और उसके बाद भी हमसे बड़ा तू दिख' की सहज ललक थी इसीलिए किसी की भी मदद में लग जाते थे।

लेकिन परसाईजी के बारे में जो बात सबसे परेशान कर गई वह दिल्ली में यह सुनना कि वे काम करवाने के पैसे भी ले लेते हैं। अपने को मालूम नहीं, न अपने को भरोसा होता लेकिन इंदौर, भोपाल, जबलपुर आदि का कोई परिचित आता तो ऐसे किस्से सुनाता। परसाईजी को छुटभैया नेताओं, विधायकों जैसा काम करवाने वाला मानना अपने लिए संभव नहीं था। शरद जोशी को सत्ता से छड़क पड़ती थी। परसाईजी सत्ता के आसपास रहने का बुरा नहीं मानते थे। लेकिन किसी सत्ताधारी की वे तारीफ करें या उससे वे कोई काम करवा लें ऐसा हो नहीं सकता।

इसलिए अपन ने किसी आने जाने वाले से पूछना ही बंद कर दिया। नई दुनिया और इंदौर में रहते हुए जिन परसाईजी को जाना था उन्हीं को सुरक्षित रखने की शायद यह कोशिश थी। इसीलिए उनके बाथरूम में गिर जाने, रीढ़ की हड्डी टूट जाने, इलाज करवाने के बावजूद ठीक से चाल फिर न पाने की खबरें मिलने पर उनसे मिलने दौड़ जाने की इच्छा नहीं हुई।

लेकिन दूर रहने का एक और बड़ा कारण था। परसाईजी ने इमरजंसी का समर्थन किया था। मालूम था कि वे जेपी का मखौल उड़ाने वाले लेखक थे लेकिन ऐसे लोग तो सर्वोदय आंदोलन में भी थे। यह भी मालूम था कि वे इंदिरा गांधी के प्रशंसकों में थे। भारतीय कम्युनिस्ट पार्टी ने तो इमरजंसी का समर्थन किया ही था और परसाईजी भी करते तो अचरज नहीं होना चाहिए था।

लेकिन परसाई अगर सिर्फ भाकपाई होते तो कुछ नहीं होते। वे पहले और हमेशा लेखक थे। उसमें भी व्यंग्य लेखक और हिंदी के–शायद भारत के–सबसे अच्छे व्यंग्यकार। वे इमरजंसी और सेंसरशिप जैसी दमनकारी कार्रवाई का समर्थन कैसे कर सकते थे ? राजनैतिक पाखंड, वैचारिक पाखंड और व्यवहार के पाखंड के धुर्रे बिखेरना वाला परसाईजी से प्रखर कोई लेखक अपनी भाषा में नहीं हुआ। उन्हें इमरजंसी का पाखंड क्यों नहीं दिखा ? जो लोग जेपी के विरोध थे उन्हें भी इमरजंसी रास नहीं आई। फिर हमारे हरिशंकर परसाई को क्या हो गया था ?

अपने पास इसका कोई उत्तर और औचित्य नहीं है। लेकिन इसके बावजूद अपने परसाई अपने अंदर अभी सुरक्षित हैं। मैंने कहा कि अपना एक और पवन का खंबा गिर गया और जीवन खंडहर में और मलबा जम गया। अपन इस मलबे में कुछ और दब गए हैं। थोड़ी आक्सीजन दो, थोड़ा सा पानी मुंह में डाल दो। नहीं, गंगाजल अभी नहीं।

(20.8.95)

काका हाथरसी

हीरक जयंती में बहती 'संगीत' पत्रिका

मोरार जी के देहावसान के कारण समारोह सब रद्द हो गए थे। सात दिन का राजकीय शोक घोषित हो गया था। मैंने मान लिया था कि मासिक पत्रिका 'संगीत' की हीरक जयंती का कार्यक्रम भी अब क्या होगा ! लेकिन शाम होते-होते खबर आई कि—नहीं, कार्यक्रम हो रहा है और मुझे समय पर पहुंच जाना है।

मन में फिर भी झिझक बनी हुई थी कि जाऊं कि न जाऊं। निजी तौर पर मैं दुख में नहीं था। मोरार जी आखिर सौवें साल में थे। सौ साल जीने का आशीर्वाद हमारे ऋषियों का है और लोक में भी धारणा है कि पूरा जीवन यानी सौ साल। इसलिए किसी की याद करें और वह आ जाए तो कहावत में कहते हैं सौ साल जियोगे। बाइबिल ने थ्री स्कोर एंड टेन यानी सत्तर साल की उमर बताई है। मोरार जी पूरा जीवन जी चुके थे। वैसे भी वे स्थितप्रज्ञ हो चुके थे जैसा कि उनके बेटे कांति देसाई ने बार-बार बताया है। ऐसे मोरार जी के जाने का शोक मनाना सही नहीं है। गीता में तो कृष्ण ने कई तरह से समझाया है कि किसी की भी मृत्यु पर समझदार लोग शोक नहीं मनाते।

लेकिन हमारी सरकार न तो भारतीय मान्यताओं पर चलती है न परंपराओं पर। नई दिल्ली में रायसीना की पहाड़ी यानी लुटियन के टीले पर जो सरकार बैठी है वह ब्रिटिश राज की उत्तराधिकारी है। उस के बनने के छह महीने के भीतर महात्मा गांधी की हत्या हो गई। राजपाट से हमेशा अलग रहने और अहिंसा में आस्था वाले महात्मा की शवयात्रा इस सरकार ने तोपगाड़ी पर निकाली और राजकीय सम्मान के साथ उनका अंतिम संस्कार किया। इस सरकार के लिए महात्मा गांधी राज्य के संस्थापक थे।

मोरार जी देसाई इसी सरकार के प्रधानमंत्री रह चुके थे इसलिए उनके निधन पर भी सात दिन के राष्ट्रीय शोक की घोषणा हुई। शोक के अवसरों को छुट्टियों में बदल लेने वाले हमारे नौकरशाहों ने सात दिन के शोक पर सचमुच सात दिन की छुट्टी मना ली। ऐसे लोगों से कोई क्या उम्मीद रखे कि वे मोरार जी के सौ साल जी कर उमर पूरी कर लेने और बाहरी आडंबर से दूर रहने के स्वभाव को ध्यान में रख कर राजकीय शोक के बारे में निर्णय करते।

फिर भी भले ही औपचारिक हो लेकिन पूरा राष्ट्र शोक मना रहा हो तो आप समारोह कैसे मना सकते हैं। इसलिए तय कर के त्रिवेणी सभागार पहुंचा कि मुकेश गर्ग से कहूंगा कि अब भी अगर हम इस कार्यक्रम को आगे किसी तारीख में रख लें तो बेहतर होगा। लेकिन वहां के माहौल में संजीदगी होते हुए भी कुछ ऐसा निश्चय भी था कि अब यह कार्यक्रम तो निपटा ही लिया जाए। काका हाथरसी-हाथरस से कार से जब चले थे तो मोरार जी के जाने

की खबर नहीं थी। दिल्ली पहुंचने और त्रिवेणी सभागार में आने के बाद उनकी भी तबीयत बिगड़ गई। काका भी आखिर अगले साल नब्बे के होंगे और उनकी भी तबीयत ऊंची-नीची होती रहती है। उन्हें कार्यक्रम किए बिना हाथरस ले जाना और फिर लाना उनके साथ भी ज्यादती करना है। और काका के बिना 'संगीत' पत्रिका की हीरक जयंती का कार्यक्रम कैसे हो सकता है।

अब आप में से जो भी काका हाथरसी की हास्यकवि के रूप में जानते हैं उन्हें काका को 'संगीत' पत्रिका से जोड़ने में दिक्कत होगी। ज्यादातर लोगों को यह भी नहीं मालूम होगा कि काका का असली नाम प्रभुलाल गर्ग है और हास्यकवि काका हाथरसी के नाम से मशहूर होने के पहले वे साठ साल से निकलती चली आ रही 'संगीत' पत्रिका निकाल चुके थे और हाथरस में संगीत कार्यालय प्रकाशन गृह भी स्थापित कर चुके थे। काका को जिन लोगों ने हास्य कविता सुनाते सुना है वे मानेंगे भी नहीं कि उनका संगीत और वह भी शास्त्रीय संगीत के गाने और उस पर लिखने-पढ़ने से कोई ताल्लुक हो सकता है।

लेकिन यह सही है कि भारत में साठ साल से संगीत पर लगातार निकलने वाली अकेली पत्रिका के संस्थापक और संचालक प्रभुलाल गर्ग उर्फ काका हाथरसी न गायक हैं न संगीत के बड़े जानकार। एक संयोग या आपदा ही उन्हें संगीत के प्रकाशन में खींच लाई। वे सिर्फ बांसुरी बजाते थे और वह भी दुख और अकेलापन दूर करने के लिए, पन्नालाल घोष बनने के लिए नहीं। सन् बीस बत्तीस में किसी सेठ के यहां चार-चार रुपए की नौकरी करते थे और वह भी छूट गई। बेकारी में बांसुरी बजाते हुए ही एक दोस्त के साथ खयाल आया कि क्यों नहीं एक किताब निकाली जाए जिसमें बताया गया हो कि हारमोनियम, तबला, बांसुरी आदि किस तरह बजाया जाए।

प्रभुलाल गर्ग के दोस्त नंदलाल शर्मा ने वह किताब लिखी। घर में जितनी भी पूंजी थी सब लगा कर किताब–'म्युजिक मास्टर' के नाम से छाप दी। अब अपने यहां गाना-बजाना किताब से तो नहीं सीखा जाता–गुरु या उस्ताद से सीखा जाता है। गाने-बजाने वाले का पढ़ने-लिखने से सरोकार नहीं रहता। लेकिन 'म्युजिक मास्टर' बिकने लगी और ऐसी बिकी कि दो-तीन साल में 'संगीत' मासिक पत्रिका भी निकालने लगे। सन् साठ में संगीत के रजत जयंती अंक में काका उर्फ प्रभुलाल गर्ग ने लिखा है–'ब्रज की पावन भूमि पर जन्म लेने के कारण हमारे शरीर में कुछ संगीत संस्कार थे जिनका उदय संगीत मासिक पत्र के रूप में सन् 1935 ई. के एक दिवस को हुआ। संगीत कार्यालय में उन दिनों केवल एक छोटी-सी मेज, एक तिपाई, मित्र का एक पुराना ग्रामोफोन और तीन रिकार्ड थे। घर की नकद पूंजी में अस्सी रुपए से अधिक नहीं थे अतः एक ही समय प्रेम से भोजन बनता था, शाम को या तो हम बांसुरी बजाया करते थे अथवा किसी दिन सुबह की बची हुई सूखी रोटी खा लिया करते थे। चित्रकारी का भी शोक था अतः संगीत के टाइटिल खुद बनाया करते थे। चिट्ठियों के जवाब देना, संगीत का संपादन करना, उस के प्रूफ देखना और फिर अखबार (पत्रिका) पैक कर के टिकिट लगा कर उसे डाकखाने में डालना यह सभी काम इस अकेले शरीर से ही होते थे। कुछ दयालु, कुछ ईर्ष्यालु और कुछ सहयोगी मित्र भी उस हमारे छोटे से जीवन में थे। 'संगीत' के पृष्ठों पर जनरुचि का खयाल रख कर अपनी बुद्धि और योग्यतानुसार हम केवल

गज़ल, हास्य रस की कविताएं और दो-तीन शास्त्रीय संगीत के चाहे जैसे लेख छपा दिया करते थे।'

काका उर्फ प्रभुलाल गर्ग ने जब 'म्युजिक मास्टर' निकाली तो कहीं और छपवाई थी। फिर उनने संगीत कार्यालय बना लिया, प्रेस खोल ली और उससे संगीत पर किताबें और मासिक पत्रिका छाप कर बेचने लगे। धीरे-धीरे हाथरस का संगीत कार्यालय—संगीत का प्रकाशन गृह बन गया और काका की जो माली हालत 'म्युजिक मास्टर' निकालने के पहले थी वह निश्चित ही सुधर गई। काका आखिर वणिक परिवार में जन्मे थे और बनिया बुद्धि भी उनमें निश्चित ही रही होगी नहीं तो 'म्युजिक मास्टर' छाप कर और घाटा खाने वाली पत्रिका 'संगीत' निकाल कर कोई घर-गिरस्ती तो नहीं चला सकता था। कवि सम्मेलनों से काका ने यश और धन भी कमाया। लेकिन उनकी कहानी है तो चिंदी से चार महल की। काका जब छह महीने के भी नहीं थे तब प्लेग की महामारी फैली। शायद 1906 में। प्लेग में काका के पिताजी जाते रहे। घर में खाने के लाले पड़ गए। मां पास के गांव इगलास में भाई के पास रहने चली गई। काका के मामा रोशननाल छोटी-मोटी दुकानदारी के साथ नाटक भी किया करते। थोड़े बड़े हुए होंगे कि मामा ने उन्हें नाटक में रोल देना शुरू किया। एक रोल मिला विदूषक का जिसका नाम नाटक में काका हुआ करता। उसी से नाटक के बाहर भी प्रभुलाल गर्ग काका कहे जाने लगे। यह रोल और नाम ऐसा चिपका कि वे हास्य कविताई करने लगे और अपने नाम के आगे काका भी लगाने लगे—प्रभुलाल गर्ग 'काका'।

लेकिन दाढ़ी रख कर काका हाथरसी तो वे अपने बेटे लक्ष्मीनारायण गर्ग के सुझाव पर हुए—बेढ़ब बनारसी की तर्ज पर काका हाथरसी। लक्ष्मीनारायण गर्ग भी काका के भतीजे होने चाहिए थे लेकिन बेटे हो गए। काकी आ तो बहुत पहले गई थीं और काका काकी के चार बच्चे भी हुए थे लेकिन चारों नहीं रहे। काका यानी प्रभुलाल गर्ग अपने बड़े भाई भजनलाल के साथ रहते थे और भाइयों में अनबन और झगड़ा भी हो जाता था लेकिन जेठानी किरण देवी और दिरानी रतन देवी में दांत कटी रोटी थी।

गर्ग परिवार गंगोत्री की यात्रा पर निकला था और जैसा कि पहले होता था यात्रा पैदल ही होती थी। पैदल यात्रा हो रही थी कि पहाड़ धंसा। एक बड़ा सा पत्थर गिरा और किरण देवी को परमधाम पहुंचा गया। अब रतन देवी के तो चार बच्चे हुए और चारों नहीं बचे। वे खुद ही बची रहीं। लेकिन जो किरण देवी गंगोत्री की यात्रा पर परमधाम चली गई उनके तीन लड़के और तीन लड़कियां थीं। काका-काकी ने सभी को गोद ले लिया। काकी के लिए तो ये बच्चे पहले से ही अपने थे, अब और भी अपने हो गए। लक्ष्मीनारायण गर्ग इन्हीं बच्चों में सबसे बड़े हैं। वे संगीत के संपादक भी हुए और काका की तरह नहीं संगीत के सचमुच जानकार भी हैं।

सन् बत्तीस में नंदलाल शर्मा की लिखी 'म्यूजिक मास्टर' छपवा कर प्रभुलाल गर्ग ने रोजी-रोटी की जुगाड़ करने की खतरनाक कोशिश की थी। लेकिन खतरा उन्हें फल गया। हिंदी में संगीत कार्यालय—संगीत का सबसे बड़ा प्रकाशन गृह हो गया। अकेले 'म्युजिक मास्टर' के अब तक तैंतीस संस्करण निकल चुके हैं यानी उनकी पहली किताब कोई

लाख-सवा लाख तो बिक चुकी है। संगीत कार्यालय ने साठ साल में कोई दो सौ किताबें छापी हैं। इनमें भातखंडे की लिखी पुस्तकें—स्कूलों, कॉलेजों में संगीत शिक्षा के कोर्स में लगी हैं।

सिर्फ संगीत का एक विश्वविद्यालय खैरागढ़ में है। कई विश्वविद्यालयों में संगीत के विभाग हैं। विद्यालयों में संगीत सिखाया जाता है। संगीत एक विषय होने से संगीत कार्यालय की किताबें विद्यार्थी खरीदते हैं। ये प्रकाशन ही 'संगीत' पत्रिका का घाटा बर्दाश्त करते हैं। किताबों से गर्ग परिवार को कमाई तो निश्चित ही हुई होगी और हो रही होगी। लेकिन पिछले साठ साल में संगीत कार्यालय ने हिंदुस्तानी संगीत को पढ़ने-लिखने वालों तक पहुंचाया, उस के प्रति रुचि जागृत की और जो गाना-बजाना सीखना चाहते थे उनकी मदद की। भातखंडे, पलुस्कर आदि संगीत के महान शिक्षक थे। उनके काम को संगीत कार्यालय की किताबों और 'संगीत' पत्रिका ने फैलाया और बढ़ाया।

हिंदी की और दूसरी पत्रिकाएं जब बंद हो रही हैं तब संगीत का साठ साल से लगातार निकलते जाना और बिला लांघा, बिला दान-अनुदान निकलते जाना अपने आप में एक शुभ घटना ही कहा जाएगा। सही है कि संगीत की कोई तीनेक हजार प्रतियां ही हर महीने छपती हैं। उसमें कोई विज्ञापन नहीं होते। 1935 में जब निकली थी तो उसका मूल्य सालाना सिर्फ दो रुपए था। रजत जयंती वर्ष में सालाना मूल्य छह रुपए हुआ और एक अंक का पचास पैसे। हीरक जयंती वर्ष में सालाना मूल्य है एक सौ पैंतीस रुपए और साधारण अंक का बारह रुपए। दो रुपए से एक सौ पैंतीस रुपए हुए साठ साल में। महंगाई ने रुपए की कीमत कितनी कर दी है ?

आप कह सकते हैं कि 'संगीत' आखिर एक विशेष रुचिवाले और विशेष वर्ग की पत्रिका है और घाटा उठा कर भी चल सकती है। इतनी कम छपती है इसलिए सालाना घाटा भी पचास-साठ हजार के आसपास होता होगा। व्यावसायिक पत्रिकाएं इतनी कम नहीं छपतीं। लाखों में नहीं तो हजारों में तो छपती ही हैं और इसलिए विज्ञापन नहीं मिलें तो उन से लाखों का घाटा होता है और हिंदुस्तान टाइम्स और टाइम्स ऑफ इंडिया जैसे समृद्ध प्रकाशन गृह भी लगातार इतना घाटा खाने वाली पत्रिकाएं नहीं चला सकते।

आजादी के एक दो दशक बाद तक हिंदी की पत्रिकाएं ठीक चल सकीं क्योंकि तब हिंदी इलाके में सृजन का नवोन्मेष था। धीरे-धीरे विज्ञापन देने वालों ने समझ लिया कि हिंदी को पढ़ने-लिखने वाला वर्ग द्विभाषी है। वह अंग्रेजी से भी अपना काम चला सकता है। सिर्फ सूचनाएं ही नहीं ज्ञान, विज्ञान, साहित्य और मनोरंजन भी वह अंग्रेजी से कर सकता है। और उसे अपनी भाषा से वैसा लगाव और उस पर वैसा गर्व नहीं है जैसा कि बंगालियों, मराठियों, मलयालियों और कन्नड़िगों को है इसलिए उत्पादकों को हिंदी पत्रिकाओं के जरिए अपने ग्राहकों-संरक्षकों तक पहुंचने की मजबूरी नहीं है। और इसलिए हिंदी पत्रिकाएं बंद हो रही हैं। उदारीकरण और खगोलीकरण के कारण अंग्रेजी का बोलबाला और बढ़ गया है और इलेक्ट्रानिक क्रांति ने पढ़ने के बजाय लोगों को देखने में लगा दिया है।

ऐसे में 'संगीत' पत्रिका खगोलीकरण और कोकाकोलाकरण के विरुद्ध निजी उद्यम और पराक्रम का उदाहरण है। वह बाजारवाद के रोडरोलर के सामने उगा हुआ छोटा सा फूल है

जो कुचले नहीं कुचलता। 'संगीत' बताती है कि पत्रिका के जीवित रहने और निकलते रहने के लिए पूंजी और साधन उतने अनिवार्य नहीं हैं जितना कि मिशन। मिशनरी भावना के बिना 'संगीत' पत्रिका साठ साल से निकलती नहीं रह सकती थी। इसलिए मोरार जी भाई के निधन के गमगीन माहौल में भी 'संगीत' का हीरक जयंती अंक काका हाथरसी उर्फ प्रभुलाल गर्ग को समर्पित कर के अपन धन्य हुए।

(16.4.95)

वीरेंद्र मिश्र

दूर एक सर्जना पुकारती

तब साढ़े छह बज गए थे। निगम बोध घाट पर यों तो बहुत लोग थे। लेकिन उनमें पहचान का कोई दिखा नहीं। देखा हुआ चेहरा भी नहीं दिखा। अंदर कुछ चिताएं जल कर ठंडी हो गई थीं और कुछ धधक रही थीं। एक ऐसी कि जैसे अभी अग्नि दी गई हो लेकिन उस के आसपास कोई नहीं था। एक नोचा-तोड़ा फूल चक्र पड़ा था। नहीं, वह भी उनकी नहीं होगी।

जनार्दन द्विवेदी ने छह का टाइम दिया था। पिछली बार आधे घंटे बाद आया था तो सब जा चुके थे। आजकल लोग गाड़ी से शव लाते हैं। दिए वक्त पर दाग देते हैं। पंद्रह बीस मिनट में कपाल क्रिया करवा देते हैं और हाथ-मुंह धोकर सिर पर पानी छिटकते हुए हाथ जोड़ कर खड़े हो जाते हैं। वक्त किसके पास है। जो आ गया है उसे जल्दी जाना है। श्मशान घाट पर कोई कितनी देर रहेगा।

लगा कि कहीं से वे सब कुछ कर-कुरा के चले न गए हों और हमें वीरेंद्र मिश्र की चिता भी न मिले। मन से भयभीत हो उठा। आज भी इतनी देर हो जाए कि न कंधा दे सकूं न पंच लकड़ी तो अपने को कैसे माफ करूंगा। ढूंढ़ते हुए बाहर आए और फिर अंदर गए। तब मंगलेश जी को प्रदीप पंत मिले और उनने कहा कि वे तो आधे घंटे से खड़े हैं और अभी कोई पहुंचा नहीं है। पांच बजे चलने वाले थे सरोजिनी नगर से। घंटा भर तो लगता ही है। आते होंगे।

हम फिर बाहर जा कर खड़े हो गए। पंद्रह-बीस मिनट बाद एक मटाडोर आई। उसमें पांच-छह लोग थे। उसी में दूधिया शाल से ढंके वीरेंद्र मिश्र थे। उन्हें विश्राम घाट पर रख दिया गया। दाह संस्कार का प्रबंध होने लगा। जब उन्हें उठा कर बाएं छोर के दाह कुंड की ओर ले जाने लगे तो मैं चुपचाप अंतिम प्रमाण कर आया। वहां ले जाते समय बीसेक लोग हो गए थे। लकड़ी आ गई। चिता पर शव रखा जाने लगा तो गुलाब की पंखुरियां दी गईं जो हम उन पर चढ़ा आए। यों भी गरमी बहुत थी। फिर पास ही के कुंड में दहन हो रहा था। पांव जलने लगे। किसी ने कहा कि चप्पल पहने रखूं तो कहा कि एक बार झुलस भी जाएं तो क्या !

फिर कपाल क्रिया होने तक सीमेंट की बेंचों पर बैठे रहे। अंदर मैं पसीने से लथपथ हो गया। बायीं भुजा में दर्द होने लगा। सीने में दिल के पास भी जलन-सी होने लगी। क्या तबीयत बिगड़ रही है ? उठूं और डॉक्टर के पास जाऊं। खड़ा हो गया। चहलकदमी करने लगा और यों ही बात छेड़ दी। नल पर लोगों को देखा तो लड़खड़ाता वहां पहुंचा। हाथ धोए। सिर पर पानी के छींटें दिए तो समझ आया कि बहुत गरमी है। जी घबराए नहीं तो क्या ! सर्जन को कंधों से पकड़ कर दबाया। हाथ जोड़े। हम पंद्रह बीस लोग बाहर हो गए।

कवि-साहित्यकार कुल दो थे—गंगा प्रसाद विमल और मंगलेश डबराल। दिल्ली में वीरेंद्र मिश्र के लिए कौन आए !

खबर मिलने से दूसरे दिन शाम तक मैंने अपने को पाषाणवत वर्तमान में घेरे रखा। फिर जब गीतम की फटी पुरानी प्रति खोली और—दीप में कितनी जलन है/धूप में कितनी तपन है/यह बताएंगे तुम्हें वे जिंदगी जिनकी हवन है—पढ़ा तो पल भर में चालीस-पैंतालीस साल पार कर के कैशोर्य के काव्य संसार में पहुंच गया। फिर जो भी पढ़ता गया सब पढ़ा हुआ, सुना हुआ और याद में लिखा हुआ लगा। पहले गीत—जिस दुनिया में प्रीति बसे वह प्रियतम है—से ले कर आखिरी गीत—लेखनी बजा रही सितार है—तक। एक एक लाइन जैसे अपनी जी हुई और लिखी हुई हो। कितना रोना आया। जैसे अपने बचपन का कोई दोस्त मिल गया हो। जैसे फूल-पत्तियों, गंधों, स्वरों और सपनों का अपना वह संसार फिर मिल गया हो जिसे छोड़ कर इस रेगिस्तान में आना पड़ा हो।

यह सन् छप्पन में दुबारा छपी 'गीतम' की प्रति है। सन् छप्पन में अपन साइकिल पर गांव-गांव भटक रहे थे और अकेले में जोर से इन गीतों को गाया करते थे—चक्रव्यूही पर्वतों के गांव में/दूर काले बादलों की छांव में/बीहड़ों में, मौत को ललकारती/पथ बनाती जा रही है जिन्दगी/दूर होती जा रही है कल्पना/पास आती जा रही है जिंदगी

वह कल्पना का संसार था जिसमें जिंदगी जा रही थी और अपने को लगता था कि सचमुच की जिंदगी में जा रहे हैं। वीरेंद्र मिश्र के गीत, उनके गाने की तरन्नुम और उन से बनता हुआ संसार जैसे अपना संसार था। उनके गीत सुन कर, पढ़ कर और गा-गा कर अपन गीत बना रहे थे। कोई किशोर से जवान हो रहा तो सपने घेरे ही रहते हैं फिर वह कवि हो रहा हो तो उड़ा-उड़ा ही फिरेगा नहीं तो क्या करेगा।

लोग और घर वाले कहते कि पढ़ते-लिखते नहीं तो कोई काम करो। अपन उन से तो कुछ नहीं कहते। लेकिन जब अकेले गांव-गांव भटक रहे होते तो जैसे उन्हें जवाब देते हुए गाते—क्यों कर जीवन काट दिया गाते गाते/संघर्षों में सूरदास ने, मीरा ने/लिखने के पहले कुछ तो सोचा होता/मेरे पूर्वज तुलसी और कबीरा ने—

और लगता है कि यह जवाब वीरेंद्र मिश्र ने नहीं बिलकुल अपन ने दिया है। अपन सूरदास और मीरा, तुलसी और कबीर की परंपरा में आ कर खड़े हो गए हैं। गीत गा रहे हैं। अपने को कमाने-धमाने और दुनियादारी करने से क्या मतलब ! जब इन पूर्वजों ने नहीं सुना, वीरेंद्र मिश्र ने नहीं सुना और गाते-गाते संघर्षों में जीवन काट दिया तो अपने को नाहक चिंता क्यों करना—गीत अगर बिछुड़े तो दुनिया उजड़ गई/जीवन की आवाज गीत की धड़कन में/प्रीति अगर पछता-पछता कर टूट गई/शेष रहा ही क्या फिर सांस भरे मन में/दुनिया का सौभाग्य—गीत का कुंकुम है/वैसे दुनिया क्या ? नीरस है मातम है/जिस दुनिया में स्वप्न पले वह संगम है।

वीरेंद्र मिश्र ने भी आखिर क्यों दुनियादारी की चिंता नहीं की। बीस बरस की उमर में ही मराठी लड़की प्रेमा से प्रेम विवाह कर लिया और गिरस्ती चलाते हुए भी नौकरी-धंधे की परवाह नहीं करते। गीत गाते हैं और मगन रहते हैं—लेखनी जब हाथ में है मैं किसी से क्यों

डरूंगा/आज मैं अपने लिए ही घर बनाऊंगा, रहूंगा। अपनी प्रेमा को कहते हैं—तुम बिलख-बिलख आंचल में बरखा नहीं भरो/अपनी सांसों की गरमी मुझ तक आने दो। तब तक अपन ने जाना नहीं था कि किसी की सांसों की गरमी क्या होती है। लेकिन यह गीत गाते और पूरे बदन में फुरहरी से हो जाती।

आजादी के बाद किशोर और फिर किशोर से जवान हुए लोगों की खुशकिस्मती थी कि वे ऐसे समय में जी रहे थे जब सामने एक सपना था। देश का सपना। अपने जीवन का सपना। अपनी साहित्यकता, सांस्कृतिकता और सर्जनात्मकता का सपना। चारों तरफ नवोन्मेष था। उसमें अमीर खां साहब के इंदौर, कुमार गंधर्व के देवास और वीरेंद्र मिश्र के ग्वालियर वाले मध्यभारत का तो कहना ही क्या। लेखनी बजा रही सितार है, गा रहा नवीन गीतकार है। एक कोने में खंडवा में माखनलाल चतुर्वेदी और उत्तर के कोने में गिरिजा कुमार माथुर। दादा की—वेणु लो गूंजे धरा मेरे सलोने श्याम—और गिरिजा कुमार जी के रूमानी सलोने गीत। गीत-संगीत के उस संसार में कोई भावुक और रूमानी तबीयत का लड़का कवि नहीं होना चाहे तो क्या होना चाहता !

तब इंदौर के मालवा हाउस में आकाशवाणी का केंद्र खुला ही था। कुछ ही घरों में रेडियो थे। कवि सम्मेलन रेडियो पर आते तो अपन ऐसे सुनने बैठते जैसे हॉल में पहली लाइन में बैठे हों। अभी उस दिन नीरजजी से पूछा—एक तेरे बिना प्राण औ प्राण के सांस मेरी सिसकती रही उम्र भर—पहली बार रेडियो पर कब गाया था ? उनने कहा—सन् तिरपन में। मैंने उसे एक होटल में सुना था और कंठस्थ हो गया था। नीरजजी को बताते हुए मेरी आंखों के सामने वह होटल घूम गया जो रावजी बाजार से हाथीपाला जाते हुए बीच सड़क पर पड़ता। जहां की कांच लगी अलमारी में ताजा बनी मिठाइयां रखी रहतीं और पंडितजी के ठीये के ऊपर दीवार पर लगे फट्टे पर रेडियो रखा रहता। शाम को कविता सुनते और ठंड के दिनों में क्रिकेट की कमेंट्री।

रेडियो का तब ऐसा तिलिस्म था कि सुनने वाले झूमे रहते। गीतम की इस प्रति पर छपा है—रेडियो द्वारा प्रसारित गीत। पहले से इकतालीसवें गीतों में से तेरह गीत वीरेंद्र मिश्र ने रेडियो पर सुनाए थे और अपन ने सभी सुने और अभी देखे तो एकदम याद आया कि अरे ये तो सब याद हैं। तब रेडियो कवि सम्मेलनों का ऐसा आकर्षण रहता कि उसकी टक्कर का सीधा प्रसारण आज के रंगीन टीवी की पंद्रह में से किसी भी चैनल पर नहीं होता। अपने में शायद कैशोर्य की वह उत्सुकता, जिज्ञासा और रूमानियत नहीं रह गई नहीं तो वह रोमांच तो अब भी लड़के-लड़कियों को होता ही होगा।

रेडियो तब मंगलध्वनि में शुरू होता और ऐसा लगता कि गीत-संगीत उसमें से किसी अमृत नदी की तरह बहता ही रहता है। कोई अचरज नहीं कि सभी कवि-गीतकार तब रेडियो पर कुछ न कुछ करते ही। वीरेंद्र मिश्र भी रेडियो पर काम करते और अक्सर उनके गीत सुनने को मिलते। रेडियो तब अपने देश की सांस्कृतिकता और साहित्यिकता का बड़ा गरिमामय माध्यम लगता। सूचना प्रसारण मंत्री केसकर रेडियो पर हारमोनियम बजने नहीं देते क्योंकि वह उनकी राय में शास्त्रीय संगीत के काम आने वाला वाद्य नहीं था।

मंच पर कवि सम्मेलनों की भी बड़ी प्रतिष्ठा थी। सुमनजी अक्सर अध्यक्षता करते और उन पर छाए रहते नीरज और वीरेंद्र मिश्र। दोनों का स्वर अलग और गीतों का कथ्य भी

अलग। लेकिन दोनों बहुत जमते। लोग रस ले-ले कर रात भर सुनते और सबेरे घर लौटते। आजकल जैसे हास्यकवि मंच लूट लेते हैं वैसा तो तब एक भी नहीं होता। गीत बड़ी तन्मयता से गाए जाते। वीरेंद्र मिश्र के एक तो गीत बड़े सधे हुए छंदों में लिखे होते दूसरे उनके गाने में शास्त्रीय संगीत का ऐसा संस्कार होता कि गीत की साहित्यिकता और संगीत की शास्त्रीयता दोनों का ही आनंद आता। नीरज की आवाज उनकी तुलना में तीखी और दर्दभरी होती लेकिन उसमें एकरसता भी होती। कभी रमानाथ अवस्थी भी बुलाए जाते।

वीरेंद्र मिश्र को एक गीत हर मंच से सुनाना पड़ता—देश ! आजादी आने के सात साल बाद लिखा गया यह लंबा गीत वीरता भरे देशप्रेम का गीत नहीं है। देश की लोक संस्कृति, साहित्य, सांस्कृतिकता और परंपरा के उत्स के अभिनंदन का गीत है। आजादी की लड़ाई के दौरान लिखे गए और सन् बासठ में चीन के हमले के बाद बनाए गए देशप्रेम के गीतों से यह बिलकुल भिन्न गीत है। नए-नए आजाद हुए देश के प्रति उस के लोगों में जैसा सकारात्मक प्रेम हो सकता है वैसा इस के हर छंद में है। तुम भी सुनते होगे इस संदेश को/नई उमर है मिली पुराने देश को/जाऊंगा अपनी मिट्टी को पूजता/देखूंगा अब नहीं स्वप्न को टूटता/सिर माथे लेना है धरती धूल को/जिसने जन्मा है मधुवन में फूल को। यह देशप्रेम गुलामी में छटपटाते या खतरे में पड़े देश के लिए नहीं—अपने सपनों के नए देश का प्रेम है—अपने को यह पूरा याद था और वीरेंद्र मिश्र की तरह ही इसे गा कर अपन सुना सकते थे। अब भी—लो अब गाता हूं—पढ़ा और एक के बाद एक पंक्ति याद आती गई।—सुनाऊं—

झूमर-हंसुली-पायल-नूपुर-रागिनी/काजल मेहंदी-म्हावर क्वांरी चांदनी/शुभशकुनों के मंगल कलश दुआर पर/अनब्याहे दृग उठते वंदनवार पर/और एक दिन जाती घर से लाड़ली/कुंकुम की डोली में चंपा की कली/देस कहीं परदेस कहीं किसकी लगन/किसकी ममता डोरी मन किसमें मगन/और एक दिन संघर्षों की राह पर/जाता है परिवार बिलखता आह भर/साध चली शमशान उमंगों पर कफन/प्यासे मनवा प्यासे ही हो गए दफन/लेकिन इसका अर्थ नहीं होता मरण/मुझको जाना है न किसी की भी शरण/हंसी उड़ाने वाले जाते भूल हैं/मेरे मरघट में भी खिलते फूल हैं/इन पैरों में अभी सफर की प्यास है/इन अधरों पर तो अब भी उल्लास है/लो अब गाता हूं...और

किसी पेड़ को बना नसैनी तैश में/गंध चली जाती है नभ के देश में/फिर जैसे अंबर से झरते फूल हैं/भू की स्वप्नांजलि में जाते झूल हैं/लगता है ये आई मीरा बावरी/नर्तित-गुंजित-जीवित राधा सावरी/और सुनो भई साधो जुलहा बोलता/दास कबीर विष में अमृत घोलता/नभ के परदे जलते सूरज-दीप से/चले संदेसे इंद्रराज के द्वीप से/मेघदूत ज्यों कालिदास के राज के/छिड़ते मेघ मल्हार किसी के साज के/तानसेन संग आता बैजू बावरा/सुन जिस को निज सुध-बुध खो देती धरा/बरसत नयन हमारे सूरा झूमता/चित्रकूट के वन में तुलसी घूमता/गीतकार से कहता मैं तुम भी उठो/झूमो मत पिछली जय में, आवाज दो/लो अब गाता हूं...

गाते-गाते—जब मैंने खींची लक्ष्मण रेखा कोई पांव बढ़ाए ना, मेरा देश है ये—पर वीरेंद्र मिश्र आते तो तालियां ऐसे बजने लगतीं जैसे स्वर्गलोक से करतल ध्वनि हो रही हो और भारत माता अपने संपूर्ण सतीत्व के प्रभामंडल में प्रकट हो गई हो। वह ऐसा दिव्य अनुभव होता कि गोरे सुंदर खादी के कुरते-पजामे वाले वीरेंद्र मिश्र देवदूत लगते—साक्षात गंधर्व, किन्नर।

वीरेंद्र मिश्र नव स्वतंत्र देश के सांस्कृतिक और साहित्यिक गौरव के गीतकार थे। उनमें सामाजिक-आर्थिक चेतना भी यथार्थ की कोई कम नहीं थी लेकिन वह भी ताल-लय-छंद में प्रकट हो कर गीतमय हो जाती।

उस मध्यभारत की राजधानी छह महीने वीरेंद्र मिश्र के ग्वालियर में रहती और छह महीने इंदौर में। दोनों राजधानियों में बड़ी खटकती लेकिन वीरेंद्र मिश्र वह छवि थी जिसमें उन से दस साल छोटे हम अपने को देखते। फिर भी कभी उन से जा कर सामीप्य नहीं मांगा। वे इंदौर रेडियो पर आए तो अपन नई दुनिया में साहित्य संपादक थे। मिलना-जुलना नहीं किया। वे दिल्ली थे तब अपन भी दिल्ली आ गए। वे बंबई रहे। अपना खूब आना-जाना रहा—मिलना नहीं हुआ। तीन साल से वे दिल्ली थे मिलना एक बार भी नहीं हुआ।

इसे क्या कहेंगे ? अपना स्वभाव है। जिनकी कवि-छवि में अपना कैशोर्य बीता और यौवन आया उनके साथ पिछले गुरुवार को अपने कवि-जीवन का शव भी पंचतत्व में विलीन हो गया। दूर एक सर्जना पुकारती/पास ही शहीद का मज़ार है।

(4.6.95)

रमेश बक्षी

बाहर आ कर टूटना

खबर कभी भी आ सकती थी।

लेकिन जब आई तो मैं सो रहा था। उसे फोन पर लेने वाले ने इसलिए नहीं जगाया कि वह पहले मुझे उस के लिए तैयार करना चाहता था। खबर मिली आखिर दफ तर में और कुछ ऐसे अनिजी, तटस्थ और वस्तुपरक ढंग से कि जैसे दूसरी सब खबरें बताई जाती हैं।

मैं जानता था कि रमेश बक्षी कभी भी–अच्छा, बॉय कहते हुए चले जाएंगे। फिर भी कुर्सी पर धच्च से गिर गया और खबर देने वाले को खा जाने की नजर से घूरता रहा। वह जैसे कहता रहा कि इसमें मेरा दोष नहीं है। मैं यमराज का दूत नहीं हूं। फिर उससे कहा कि अच्छा जाइए, उन पर मटीरियल इकट्ठा कीजिए। वह चला गया। कमरा मैंने अंदर से बंद कर लिया और फोन के रिसीवर उतार कर नीचे रख दिए। पिछले डेढ़ साल में यह सातवां अपघात था। पथराया हुआ मैं छत को घूरते हुए कुछ हो जाने का रास्ता देखता रहा। कुछ नहीं हुआ। तीन अक्तूबर को जब रमेश बक्षी को दूसरी बार भरती करवाया गया था तब भी मैं जानता था कि जिगर के सिदोसिस से उनका बचना मुश्किल होगा। दुनिया में कोई दवा, कोई तरीका नहीं है कि शराब से इतनी बुरी तरह खराब हुए लीवर को स्वस्थ किया जा सके। फिर भी जब एक रात घर लौटने पर बताया गया कि बलदेव वंशी का फोन आया था और वे कह रहे थे कि बक्षी जी को सफदरजंग अस्पताल से अखिल भारतीय आयुर्विज्ञान संस्थान (ऐम्स) में रखा जा सके तो बेहतर होगा तो आधी रात गए भी हमारे प्रदीप श्रीवास्तव को काम पर लगाया। सफदरजंग अस्पताल के डॉक्टरों ने सही कहा था कि जो इलाज हम कर रहे हैं वही ऐम्स में होगा इसलिए आप चाहें तो उन्हें वहां ले जाइए, हम तो नहीं कहेंगे लेकिन अच्छे से अच्छे इलाज के अलावा रमेश बक्षी का हम क्या करवा सकते थे। अपने स्वास्थ्य को जहां वे ले गए थे वहां से उन्हें लौटा लाना तो अपने बस में नहीं था। लेकिन ऐसी तटस्थ तार्किकता से जीवन चलता और मन मानता होता तो उस रात मुझे नींद आ जाती। फिर जब वे ऐम्स में रख लिए गए और बताया गया कि हालत सुधार रही है तो मैंने अपने से कहा कि कुछ दिन और। तीन दिन बाद वह दिन आ गया और उनके इलाज के लिए जिस आर्थिक सहायता की कोशिश हो रही थी उस पर अपने आप विराम लग गया।

रमेश बक्षी को मैं ग्रीन पार्क के श्मशान में भी नहीं देख पाया क्योंकि कोई चौबीस घंटे मुर्दाघर में रखा उनका शव टिकटी पर भी दो चादरों से ढंका था। अंत्येष्टि करवाने वाला पंडित भी ऐसा था कि उसने चिता पर शव को चादरों में वैसा का वैसा रखवा दिया और लकड़ियां रख दी गईं। जोर देता तो उनका चेहरा देख सकता था लेकिन वहां के ठंडे तनावी

वातावरण में ऐसा करना सस्ती ड्रामेबाजी होती। मैंने जलती चिता की पांच परिक्रमा की, हर बार लकड़ी का एक टुकड़ा डाला और ईशोपनिषद के पांच श्लोकों के साथ पंच लकड़ी दे कर आ गया।

अस्पताल में रमेश बक्षी को देखने मैं एक बार भी नहीं गया। तीन साल पहले बंबई अस्पताल में भारतीजी को देखने गया और उन्हें कुछ कहा और जवाब में उन्होंने प्लेट पर कुछ लिखा और उस के बाद उनकी जो हालत हुई उस के बाद से तय कर लिया कि जिसको देख कर दिल डूबने लगे और आंखें भर-भर आएं उसको अस्पताल में देखने नहीं जाऊंगा। ऐसा करना कितना ही अटपटा, वाहियात और क्रूर हो लेकिन मैं करता हूं। जिसको हमेशा जीता रहता देखना चाहता हूं उसकी मृत्यु का कारण मैं नहीं बनना चाहता।

किसी ने कहा भी कि तुम कैसे दोस्त हो जो अस्पताल तक नहीं आए। मैंने सुन लिया। बताया नहीं कि रमेश बक्षी और मैं एक ही जगह जन्मे। उनके माता-पिता मेरे माता-पिता के मित्र थे। दोनों के पिताओं ने एक जगह काम किया। इंदौर में एक ही मुहल्ले में रहे। परिवारों में रिश्तेदारी जैसा घरोपा रहा। मैंने रमेश को बच्चे से लड़के और लड़के से किशोर और जवान और कहानीकार होते देखा। मैं उससे दो साल छोटा हूं। दिल्ली हम लगभग एक ही समय आए—वे कलकत्ता से और मैं भोपाल से। लेकिन मेरे घर वे पिछली बार सुमित अय्यर के साथ इमरजंसी में कोई सोलह साल पहले आए थे। और दफ तर गए साल नेशनल बुक ट्रस्ट की नौकरी छोड़ने के बाद। उस वक्त भी उनके मुंह से शराब की बू आ रही थी और वे इतने कृशकाय और पीले लग रहे थे कि मेरी इच्छा हुई कि उन्हें हाथों पर उठा कर कार में लिटा कर भेज दूं। पिछले साल तीस जुलाई को रमेश ने लिखा था—उस दिन राजेंद्र (माथुर) के अंतिम संस्कार के समय देखा था लेकिन वह बात करने का अवसर नहीं था। एक तो यह कि मैंने परेशान हो कर एनबीटी की नौकरी छोड़ दी है। अभी छुट्टी पर हूं। सो लिखना-पढ़ना ही एक सहारा है। इस पंद्रह अगस्त को मेरी पचपनवीं सालगिरह है। कभी उस शाम आ सको तो खुशी होगी।

जिस शारीरिक, मानसिक और आर्थिक हालत में रमेश थे कम से कम उसमें तो मुझे उनकी सालगिरह पर उनके घर जाना चाहिए था। लेकिन मैं नहीं गया जिस तरह कि पिछले चौबीस साल में एक बार भी नहीं गया था। चिट्ठी का जवाब भी नहीं दिया गया क्योंकि उन से कोई पत्र-व्यवहार कभी किया ही न था। पंद्रह महीने में उनकी कोई खोज खबर भी नहीं ली थी। राजेंद्र माथुर और शरद जोशी से बहुत पहले से रमेश को अच्छी तरह जानता था। लेकिन दिल्ली में चौबीस साल आप रहें और यह एक दूसरे से मिल-मिलाप या मुठभेड़ का हाल हो तो इसे दोस्ती कौन कहेगा ? लेकिन रमेश ने जो चिट्ठी लिखी थी उसमें उन्होंने भी भाई प्रभाष कहा था। मैं लिखता तो भी भाई रमेश ही लिखता। अब रमेश के न होने पर लग रहा है कि उनका होना ही जैसे काफी था। सिर पर आसमान होता है लेकिन आप उसे रोज देखते हैं ? जमीन न हो तो आप कहां होंगे लेकिन उस पर होते हुए आप जानते हैं कि उस पर खड़े हैं ? हमारे कई संबंध अमूर्त होते हैं जो हमें मूर्त बनाए रखते हैं। कितनी बार इस दिल्ली में निपट मित्रहीनता से घबरा कर किसी के पास बैठने और किसी का ऊष्म स्पर्श पाने की इच्छा हुई है लेकिन रमेश बक्षी की कभी तलाश नहीं की। कभी नहीं लगा कि रमेश नाटक नहीं कर रहा होगा। साहित्य में तो सभी अपने जीवन को फिक्शन बनाते हैं। लेकिन रमेश बक्षी अपने

जीवन को फिक्शन बनाते थे, उसी में भरोसा करना चाहते थे और चाहते थे कि आप भी उसमें विश्वास करें।

अपने आसपास ऐसा फिक्शनल संसार बनाने की आदत उन्हें बचपन से थी। एक फंतासी में वे रहते थे। बड़े और लेखक होने के बाद भी मुझे हमेशा लगा कि वे यथार्थ की भी फंतासी ही बनाते रहे। मां-बाप के खिलाफ उनका तथाकथित विद्रोह मेरी समझ में कभी नहीं आया। हमारा पांच भाई, पांच बहन और काका बाबा के बच्चों का परिवार था और माता-पिता ने अकेले किसी को लड़ियाया हो ऐसा याद तक नहीं आता। लेकिन रमेश मां-बाप का इकलौता लड़का था। वे दोनों न उसे बेहद लड़ियाते थे बल्कि जो कहे करते और जो बताए करते थे। उनके पिता को तो अपने बेटे के लिखने-पढ़ने पर इतना गर्व था कि वे बार-बार उसका नाम लेते थे। कुछ इस तरह कि हमारे घर में—मेरा बेटा रमेश—कह कर किसी लड़के को चिढ़ाने का मुहावरा चल निकला था। रमेश की मां ने उसकी प्रेमिकाओं और पत्नियों को जैसा और जितना भुगता—उतना तो कोई भी मां जलील नहीं होती। ऐसे माता-पिता के प्रेम से कोई आतंकित और बाधित तो महसूस कर सकता है लेकिन उन से नफरत कैसे कर सकता है ? आप महसूस करें कि ऐसे प्रगाढ़ प्रेम और सघन लगाव के लायक आप नहीं हैं तो आत्महीनता और आत्मपीड़न में उन्हें दुत्कार सकते हैं। रमेश के मां-बाप ऐसे थे कि उन्हें साथ ले कर समाज से अपनी लड़ाई वे लड़ सकते थे। लेकिन रमेश ने मां-बाप के प्रेम को ही उनका अत्याचार माना और लगभग वैसा ही उसे अपनी कहानियों, उपन्यासों और नाटकों में चित्रित किया।

पढ़ने-लिखने और डिग्री पाने में भी रमेश ने वैसा तिरस्कार और वैसी उच्छृंखलता नहीं दिखाई जैसा कि उनके बाद के लिखे से लगता है। रमेश ने खेलने-कूदने में और स्कूल-कॉलेज की दूसरी आवारागर्दियों में समय बरबाद नहीं किया। कॉलेज में होते हुए ही उन्होंने मजदूर संघ के अखबार जागरण का साहित्य संपादन किया और रेडियो में भी काम किया। उन्होंने और उनके पिता ने उनके पढ़ने-लिखने का जैसा कमरा बनवाया था उसे देख कर मुझे तो दहशत ही होती थी। प्रेमिकाओं के झूठे-सच्चे किस्से वे जरूर सुनाते थे और कहानी भी लिखते थे लेकिन ऐसी मजनूगिरी या दीवानगी रमेश में कभी नहीं रही कि कॉलेज न जाए, पढ़े नहीं, और फेल हो जाएं। एमए तक वे अव्वल आते रहे और इंदौर के क्रिश्चियन कॉलेज में वे अच्छे विद्यार्थी और होनहार लेखक माने जाते थे। कॉलेजी पढ़ाई-लिखाई और डिग्री को बेकार मान कर मैं एक गांव में चला गया था। लेकिन रमेश, रणजीत (जो अब बांदा में हिंदी विभाग के अध्यक्ष हैं और कवि हैं) और दीना (दीन दयाल पांडे जो अंग्रेजी साहित्य में अव्वल रहे और अब शाजापुर में प्रिंसिपल हैं) बड़े पढ़ाकू थे। एक बार गांव से इंदौर आ कर मैं दीना और रमेश के साथ एक होटल में चाय पीने गया और वहां मैंने कहा कि इस पढ़ाई में क्या दम धरा है ? तो रमेश ने व्यंग्य से कहा—हां, हमें देखो, हम तो पढ़े ही नहीं। नौकरी और कैरियरवाद का बाद में रमेश बक्षी ने बड़ा मखौल उड़ाया लेकिन पहले तो वह नौकरी चाकरी में राजा बाबू ही था जैसा कि बचपन और किशोरपन में राजा बेटा था। भोपाल और गुना में कॉलेज की अध्यापकी और कलकत्ता में ज्ञानोदय की संपादकी उन्होंने खूब अच्छी की थी।

इसी तरह स्वच्छंद प्रेम की बात है। किस्से तो रमेश बक्षी उड़ाते ही थे और थोड़े बहुत थे भी। लेकिन रमेश अगर धार में उपाध्याय परिवार की लड़की से शादी न करना चाहता तो

कोई उसे मजबूर नहीं कर सकता था। मां-बाप का प्रेम भले ही रमेश को अत्याचार लगता हो लेकिन वे अत्याचारी मां-बाप नहीं थे। रमेश ने अपने विवाह की निमंत्रण पत्रिका खुद बनवाई और छपवाई थी और उसमें छपे कालिदास के श्लोक खुद ही ढूंढ कर निकाले थे। शादी भी पारंपरिक ठाठ-बाठ से ही हुई थी। ऐसा नहीं कि शरद जोशी की तरह रमेश बक्षी किसी इरफाना के साथ भाग गया हो और समाज को विद्रोह में धता बता कर शादी की हो। शुरू का पारिवारिक जीवन भी रमेश का पारंपरिक ही था और चीन से युद्ध के बाद जन्मे पहले बेटे का नाम इसीलिए उन्होंने सीमांत रखा था।

समाज और शिष्टाचार से विद्रोह करने और उन्हें मुंह चिढ़ाने के लिए स्वच्छंद प्रेम और शराबखोरी करने को क्रांतिकारी रहन-सहन रमेश बक्षी ने क्यों माना यह मेरी समझ में कभी नहीं आया। मैं भले ही न पियूं लेकिन पीने को मैं पाप नहीं समझता। पत्नी से न पटे तो अलग रहना और जिस स्त्री से पटे उस के साथ रहना भी कोई तीर मारना नहीं है। लेकिन स्त्री से और खास कर यौन संबंधों को ही अपने-आप में मूल्य मानना—स्त्री शक्ति से पुरुष में जो ऊर्जा का विस्फोट होता है उसे पटाखे की तरह उड़ा देना है। स्त्री-पुरुष संबंधों के जटिल रचनात्मक तत्व को दो अंगुल जमीन के पशु मैथुन में बरबाद करना मुझे लगता है कि दुनिया के सबसे महत्त्वपूर्ण आदिम संबंध का अपमान करना है। इसी तरह दिन रात शराब पिए रहना भी पलायन ही नहीं अपनी कमजोरी में अपने को सहन करते हुए पतित होना है। इस तरह की शराबखोरी और औरतबाजी रमेश बक्षी के शुरू के जीवन की नैसर्गिक परिणति नहीं थी। वह एक तरह की प्रतिक्रिया थी जिसे कोई बड़ा और सार्वभौमी अर्थ रमेश बक्षी नहीं दे पाए। अगर दे पाते तो शराबखोरी और औरतबाजी रमेश बक्षी की ऐसी जानलेवा कमजोरी नहीं बन पाती। समाज पसंद नहीं करता इसलिए आप दिन भर शराब पिए रहें तो पीजिए लेकिन यह कोई पराक्रम नहीं हो जाता। और समाज और परंपरा स्वच्छंद प्रेम की अनुमति नहीं देते इसलिए स्त्री से अपने संबंधों को आप मैथुनी कवायद और साथ सोई हर स्त्री को शिकार की ट्रॉफी की तरह जीवन की दीवार पर नहीं टांग लेते। ये अपने आप में कोई मूल्य, कोई जीवन दर्शन और कोई विचारधारा नहीं बन जाते।

रमेश बक्षी की चिंतन कृति मानी जाने वाली किताब—बाहर आए हुए लोग—मैंने अभी हाल में पढ़ी। समझ नहीं आया कि वे बाहर क्यों आए और बाहर आकर उन्होंने किया क्या? उनके बाहर आने की छटपटाहट किसी सार्वभौमिक अनिवार्यता को स्थापित नहीं करती। उनका बाहर आना—बाहर को कोई सर्वव्यापी स्वप्न नहीं बना देता। अपनी जिंदगी को रमेश बक्षी ने चौंकाने वाली और छपने वाली कहानी बना दिया। वह बेहतर व्यवस्था के लिए मौजूदा व्यवस्था के खिलाफ सार्थक और रचनात्मक विद्रोह नहीं था। रमेश बक्षी बेहतर व्यवस्था का कोई खाका खींचते न वे, मौजूदा व्यवस्था के उन पतनकारी पहलुओं को समझदारी से उधेड़ते हैं जिनसे इसमें, दमनकारी क्रूर व्यवस्था से बाहर आना जरूरी है। ड्रॉप ऑउट हो जाना अनिवार्य है। लेकिन क्यों और किस व्यवस्था के लिए अगर स्त्रियों से ऐसे संबंध रखने, हर कहीं और हर वक्त शराब पीने, नौकरियां छोड़ने, कैरियर को फिर तबाह करने, व्यावसायिकता को रद्द करने और अपने को ध्वस्त करने के लिए ही बाहर आना हो तो इससे क्या सधेगा?

रमेश बक्षी में बहुत प्रतिभा थी। सन् साठ के आने तक भाषा और शिल्प के गजब के प्रयोग उन्होंने किए, ज्ञानोदय को अव्वल दर्जे की साहित्यिक पत्रिका बनाया। छोटी अव्यावसायिक

पत्रिकाओं का आंदोलन चलाया, खूब लिखा और नामी और बदनाम दोनों हुए। परंपरागत रूढ़िनिष्ट औदंबर ब्राह्मण परिवेश में जिसमें मदिरापान और स्त्री गमन वैसे आमफहम नहीं हो सकते थे जैसे कि पश्चिम के परमिसिव समाज में आज है। जो आपके समाज में सहज नहीं हो उसे करके आप अपने आपको तीस मार खां तो मान लें लेकिन अंदर कहीं यह अपराध बोध भी पैदा कर देता है। भगवान या प्रकृति जिसको प्रतिभा देती है अपने को सहेज कर बढ़ाने की क्षमता और सिद्ध कर देने की इच्छा भी देती है और एक साथ आत्म अनुशासन और लगन से वे अपनी प्रतिभा को रचनात्मकता में निचोड़ लेते हैं, महान हो जाते हैं। जो अपनी प्रतिभा की पूरी चढ़ी महानदी को अनुशासित नहीं कर पाते उनमें अपने को ध्वस्त कर देने की इच्छा बलवती हो जाती है। प्रतिभा को सहेजने की प्रेरणा और ऊर्जा को सृजन की धारक शक्ति जिनमें होती है, शराब भी उनकी तल्लीनता को बढ़ाती है। आप अपने को ध्वस्त करने की सहज इच्छा पर रचनात्मक धारण शक्ति को हावी नहीं होने देते तो मदिरा आपका सर्वनाश कर देती है।

मुझे लगता है कि बाहर आने की प्रक्रिया में रमेश ने अपने जिन संस्कारों और संबंधों को तोड़ा उनने उनके मन में अपराध बोध को बहुत गहरे उतार दिया। अपराध बोध में प्रतिभा के साथ उन्होंने खेल करने के आत्महंता तत्त्व को भी बढ़ाया और फिर खुद ही अपने दुश्मन बनकर अपने से बदला ले लिया। अगस्त के आखिरी सप्ताह में वे जिगर के रोग के साथ अस्पताल में भर्ती हुए थे और ठीक हो रहे थे। लेकिन उन्होंने फिर शराब पीना शुरू किया। जीने की कामना रखने वाला कोई भी आदमी इस तरह शराब नहीं पीता। लेकिन रमेश बक्षी सब जानते हुए भी पीते रहे और एक महीने बाद चले गए। यह अपने को ध्वस्त करने की उनकी आखिरी कोशिश थी।

रमेश बक्षी कोई लंबे-चौड़े भारी-भरकम शरीर वाले आदमी नहीं थे जो चौतरफा खुला खेल फर्रुखाबादी करके भी अपने को स्वस्थ बनाए रखते। फिर हेमिंग्वे ने भी आखिर अपने को मारकर खत्म किया था। वे सार्त्र भी नहीं थे जो वैचारिकता और आत्ममुखी संवेदना और सिमोन बोउवा के साथ सहज सहजीवन जीते रहते। ये समरसेट मॉम नहीं थे जो लेखकीय व्यावसायिकता को सफलता के साथ साधे रहते। एलियट का अनुशासन और रेशम के कीड़े की महीन संवेदना और अनुभूति के तार बुनने की ठंडी आग भी उनमें नहीं थी। ये अपने को साठ के बाद के और यूरोप में चले पुरागामी लेखकीय छवि में रखना चाहते थे लेकिन जानते नहीं थे कि अपने संस्कार और अपने सांचे से निकलने के बाद उनके पास नया परिवेश और नया सांचा गढ़ने के लिए कुछ नहीं था।

(25.10.92)

श्यामाचरण दुबे

इतने सारे पेरों के बावजूद

यह वह पेरेग्राफ नहीं है जो दुबेजी कुछ व्यंग्य में और कुछ दुनियादारी की रीत बता कर कह रहे थे कि उनके जाने पर मैं लिख दूंगा क्योंकि अगर वह पेरेग्राफ यह होता तो रविवार की शाम को ही लिख देता और उनकी निधन की खबर से साथ छप भी जाता।

लेकिन श्यामाचरण दुबे के न रहने की खबर पर कोशिश कर के मैं चुप, शांत और संयमित रहा। चंडीगढ़ प्रेस क्लब में एक सेमिनार में था। इलेक्ट्रानिक उपकरणों का उपयोग और महत्त्व समझने वाले हमारे चंडीगढ़ के संपादक ओम थानवी के जेब में हलकी सी घंटी बजी। पेजर हथेली पर निकाल कर पहले उनने उसे चुप किया और फिर उठ कर आए और मेरे सामने कर दिया। उस पर मेरे लिए सूचना थी। पढ़ कर मैं वैसा का वैसा ही बैठा रहा।

ओम थानवी ने सदन को सूचित किया और समाज कार्य और अखबारों में लगे हम लोगों ने खड़े हो कर दो मिनट दुबेजी को मौन श्रद्धांजलि दी। फिर हम सब अपने सेमिनार में लग गए। वहां से कई लोग साढ़े पांच की हिमालयन क्वीन पकड़ कर दिल्ली लौट रहे थे। उनके साथ अपन भी लौट सकते थे। लौट जाना चाहिए था। लेकिन समाप्ति के बाद भी लोगों से बात करता रहा और रात के भोजन पर आने वालों का शाम का कार्यक्रम जान कर ही लिखियों के घर लौटा।

अंदर भले ही लग रहा हो कि सूतक में हूं बाहर किसी को लगने नहीं दिया कि दुबेजी के न रहने से अपने को क्या हुआ है। इच्छा हुई कि दफ्तर फोन कर के डेस्क से पूछ लूं कि प्रिंटर पर क्या-क्या आया है। अपनी स्टोरी है या एजंसी की ? लेकिन लगा कि इस पत्रकारीय जिज्ञासा को भी क्यों प्रकट होने दिया जाए ? यह जिज्ञासा भी शायद इसलिए थी कि कहीं मन कर रहा था कि दफ्तर जा कर अपनी श्रद्धांजलि लिख दूं।

न डेस्क से पूछा न दफ्तर जा कर लिखा। सिर्फ दिल्ली घर फोन कर के मालूम किया कि अंत्योष्टि कब है ? वहां से थोड़ी देर बाद फोन आया कि अभी उनने यानी दुबेजी के घर वालों ने बिजली के श्मशान में टाइम निश्चित नहीं किया है। हो जाएगा तो बता देंगे। लेकिन दोपहर बाद दो बजे तक तो दाह संस्कार हो जाएगा। यानी दोपहर की बजाय सवेरे की शताब्दी से जाना होगा। टिकट बदलवाने का इंतजाम करवाने का कह कर टीवी में मन लगा दिया।

पत्रकारीय और दुनियादारी के तकाजों से सिर्फ इसलिए दूर नहीं रहा कि उन पर हफ्ते भर पहले ही दुबेजी व्यंग्य कर चुके थे। ये तकाजे हमें महसूस करने, मनन करने और सोचने के

लिए अकेला नहीं छोड़ते यह तो है ही। इससे भी बुरा यह कि ये हमें अपना दुख, अपना नुकसान, अपना मर्ज दुनिया भर को दिखाते फिरने में लगा देते हैं।

मुझे यह कई बार फूहड़ बल्कि झूठा लगता है। कई बार कई लोगों को फूट-फूट कर बल्कि दहाड़ें मार कर रोते देख कर मुझे लगता है कि यह पशुवत प्रतिक्रिया है। या दुनिया को दिखाने के लिए किया जा रहा है कि देखो हमारा कलेजा फटा जा रहा है। हमारा अपने पर कोई काबू ही नहीं है क्योंकि हमारा दुख ही ऐसा है। मैं नहीं जानता कि इसमें कितना सहज और कितना सीखा हुआ है।

लेकिन जो अपने दुख को प्रदर्शन में न जाने दे और उसे तभी व्यक्त करे जब वह अंदर से अनिवार्य हो और ऐसा करते हुए भी संयम उसका साथ न छोड़े वही व्यक्ति मुझे सचमुच दुखी और उसी के लिए मेरे मन में सम्मान और सहानुभूति उपजती है। टीवी इसीलिए मुझे संवेदनाहीन माध्यम लगता है क्योंकि वह अपने सुख-दुख को नाटक बना कर पेश करता है और उसकी निजता को नष्ट कर देता है।

टीवी के सामने बैठा दुबेजी के जाने के निजी दुख को बरगलाता रहा। छब्बीस जनवरी को हम राष्ट्रपति भवन के एट होम से सीधे दुबेजी के घर पहुंचे थे। लीलाजी ने बताया था कि कल से फिर तकलीफ है। वे बिस्तर में थे और रजाई ओढ़े हुए थे। मियां-बीवी के आने पर वे प्रयत्न कर के बैठने की मुद्रा में आए और तकिए से टिके अधलेटे-अधबैठे हो गए।

देखने के लिए लीलाजी से मैंने उनके मेडिकल कागज मांगे। यह शायद दुबेजी को अच्छा नहीं लगा। उनने कहा—हां जो खुद भुगत चुका हो वह कुछ तो एक्सपर्ट हो ही जाता है। उनकी बात का व्यंग्य समझते हुए भी मैंने कागज देखे। बहुत ज्यादा नहीं थे। ज्यादातर वार्ड की रपटें थीं। ईसीजी, ईको, एंजियोग्राफी, एक्सरे आदि की रपटें नहीं थीं। दो-तीन कागज तो यही बता रहे थे कि दवाएं क्या दी जा रही हैं।

देख कर मैंने कहा कि इनमें से आधी तो भेनजी को भी दी गई थीं। मैंने नहीं कहा कि बंबई अस्पताल में मुझे कौन-कौन-सी दवाएं दी गईं। लेकिन दुबेजी ने पूछा कि बाई पास सर्जरी हुई तो क्या-क्या हुआ। पर आप को तो इस सबसे गुजरना नहीं होगा। ऑपरेशन तो आपका होगा नहीं। इंफ्राक्शन एक बार हो चुके तो फिर तो दवाओं से ही काम चलाना पड़ता है। गए साल मेक्सिको जाने से पहले सौरभ ने बताया था कि दुबेजी को दिल का हल्का दौरा पड़ चुका है। अपनी जानकारी तो यही थी कि एक बार अटेक पड़ जाए तो दिल को इतना नुकसान हो जाता है कि ऑपरेशन नहीं हो सकता।

लेकिन लीलाजी ने कहा कि नहीं डॉक्टर पद्मावती ने तो कहा है कि ऑपरेशन करना पड़ेगा। अभी दो-तीन सप्ताह तो दवाएं दे कर दिल ठीक करते हैं फिर ऑपरेशन करेंगे। धमनियों में इतना अवरोध है कि उस के निकाले बिना काम नहीं चलेगा। फिर कुछ देर हम ऑपरेशन करवाने न करवाने पर बात करते रहे। कभी कहा कि अब इस उमर में और इतनी ज्यादा डाइबिटीज के होते हुए ऑपरेशन करवाने का क्या मतलब ? फिर कहा कि सात-आठ साल भी जिंदगी अगर अच्छी चल सके तो ऑपरेशन करवा लेना चाहिए। वर्थ इट।

दुबेजी की छोटी टेबल पर पंप रखा था जो अस्थमा में सांस लेने में सुविधा करने के काम आता है। सार्बिट्रेट के एक-दो पत्ते भी पड़े थे जिन में से कुछ गोलियां ली गई थीं।

लगातार चुरट पीने के कारण दुबेजी के फेफड़े काफी बेकार हो गए थे। लीलाजी और मेरे चुरट विरोधी होने की उन्हें थोड़ी चिढ़ थी और जब लीलाजी ने कहा कि चुरट तो इनकी छुट गई है तो उनने जोर दे कर कहा कि किसी ने क्या छुड़वाई मैंने ही छोड़ दी है।

दिल, डाइबिटीज, फेफड़े आदि की बहुत बातें हो गईं तो दुबेजी ने कहा कि ये सब छोड़ो कुछ और बातें करो अब ! बिस्तर के कोने में दबी कुछ पत्रिकाएं उनने निकाली। एक पत्रिका निकाल कर कहा कि ऐसा क्या लिख दिया था आपने परसाईजी पर जो ये लोग अभी तक जवाब दिए जा रहे हैं। फिर निकाल कर के उनने भगवत रावत का छपा हुआ पत्र दिखाया। दुबेजी को मालूम था कि मैंने क्या लिखा है बल्कि लिखने के पहले और उस के बाद उन से मेरी बात भी हुई थी।

साफ था कि दुबेजी अपनी बीमारियों और स्वास्थ्य की स्थिति पर बात नहीं करना चाहते थे। विषय बदलने के लिए कोई भी विषय चला देना चाहते थे। बीच में लीलाजी और हमारी भेनजी उठ कर दूसरे कमरे में चली गईं और हमें उनकी बातें सुनाई देती रहीं। हम दोनों इधर-उधर की बातें करते रहे। काफी देर हो गई तो उन्होंने आवाज दे कर लीलाजी को बुलाया। फिर बात करते-करते बड़े ललक से कहा—लीला, ऐसा करो कि कल नहीं तो परसों बहुत से बच्चों को इकट्ठा करो। खूब मजा करेंगे। हमने कहा कि कुछ बच्चे हम भी ले आएंगे। मुझे लगा कि हम अपने पोते को ले आए हैं।

इसी तरह की बातें करते मैंने कहा होगा कि अभी कुछ नहीं होना है आप को। और अभी आप आठ-दस साल खूब मजे में जिएंगे और लिखेंगे। उनने यह तो बताया कि कितनी मुश्किल से बीबीसी पर वे गांधी और भ्रष्टाचार आदि पर बोले।

लेकिन यह भी कहा कि किसी के आने-जाने से क्या होता है। चला जाऊंगा तो क्या होगा ? कोई लिखे न लिखे जोशीजी एक पेरेग्राफ लिख देंगे। इसमें व्यंग्य था गैर दुनिया की रीत भी। लेकिन अच्छा नहीं लगा कि दुबेजी ऐसी स्थितियों पर सोचें और मानें कि उनके जाने का कोई नोटिस ही नहीं लेगा !

फिर हम जाने लगे तो उनने कहा कि आते रहें। ये क्या कि साल में एक-दो बार आएं। मैं गिनाता रहा कि साल मे एक-दो नहीं कई बार आया हूं। लीलाजी ने शायद हुंकारा भी भरा। वे माने नहीं और उठ कर हमें बैठक तक छोड़ने आए। आगे हमने आने नहीं दिया।

तीसरे दिन फोन किया तो किसी ने बताया कि रात दुबेजी की तबीयत बिगड़ गई थी तो लीलाजी उन्हें फिर अस्पताल ले गई हैं। जी हां, उसी नेशनल हार्ट इंस्टीट्यूट में।

तभी मेरा माथा ठनका था और दिल बैठ गया था। दुबारा ले जाना और वह भी आने के चार दिन बाद ही अच्छा नहीं है। यों भी छब्बीस जनवरी को जब हम उनके घर गए थे तो लीलाजी ने कहा था कि रात से फिर तबीयत खराब है और हार्ट बीट (धड़कनें) गड़बड़ कर रही हैं।

कोई बीस दिन वे उस अस्पताल में रह कर ही आए थे और वहां जाना भी उनने तभी मंजूर किया था जब देखने आने-जाने वाले डॉक्टरों ने कहा था कि ले जाइए। दिल

तो कमजोर और अटेक खाया हुआ था ही फेफड़ों में भी पानी भर रहा था और यह सब ठीक नहीं था।

इतने दिनों जब वे अस्पताल रहे तो घूमते-फिरते रहने के चक्कर में उन्हें देखने जाना नहीं हुआ था। इस बार गया तो लीलाजी रिसेप्शन के पास ही बैठी मिलीं और कहा कि ऊपर तो किसी को बैठने नहीं देते। देखने वाले भी नहीं जा सकते।

लेकिन अब तबीयत ठीक है। हमने तय किया था कि अब उन्हें यहां से छोड़ेंगे तो घर ले जाने के बजाय महीने भर पंत अस्पताल के ही किसी अच्छे से कमरे में रखेंगे। इतना तो कर ही सकते हैं अपन। फिर हार्ट थोड़ा ठीक हो जाएगा तो ऑपरेशन करवाएंगे। लीलाजी ने बताया कि अब तो वे भी ऑपरेशन के लिए तैयार हो रहे हैं। कह रहे थे कि इस्टिमेट तो बनवाओ।

चूंकि लीलाजी के रात भर नीचे बैठे रहने का कोई मतलब नहीं था और डॉक्टर ने उन्हें जाने को कह दिया था इसलिए मैं उन्हें उनके घर ले आया। रास्ते में उन्होंने कहा कि इस तरह छोड़ के आने को मेरा जी नहीं करता। जानती हूं कि वे मुझे उनके साथ रहने नहीं देंगे और मेरे रहने से उनके इलाज में कोई मदद भी नहीं होगी। फिर भी मैं घर रहूं और वे आईसीयू में इसे मेरा मन नहीं मानता। लगा तो मुझे भी अटपटा था उन्हें कहते वक्त लेकिन ऐसी बीमारी, ऐसे इलाज और ऐसे अस्पताल में पत्नी, बेटे या भाई की जगह तो बाहर होती है।

फिर मैं घूमता रहा और चंडीगढ़ में यही सूचना मिली। अखबार में छपा था कि अंत्येष्टि चार बजे होगी इसलिए दोपहर की शताब्दी से आ कर सीधे बिजली के श्मशान पहुंचा लेकिन अंत्येष्टि तीन बजे ही हो चुकी थी और अपने लिए शामिल होने को कुछ नहीं रह गया था। दुबेजी का व्यंग्य ही सच हुआ और अपने उन से जुड़े रहने और उन्हें अपना मानने का आभास रीता निकला।

दुबेजी बीमारियों से आजिज आ चुके थे और उनकी बातें करना भी उन्हें अच्छा नहीं लगता था। वे घर में खूब सारे बच्चे इकट्ठे करवाना चाहते थे ताकि उन्हें नवजीवन का, भविष्य का और खिलते हुए फूलों का स्पर्श मिले।

नवजीवन और भविष्य की यह कामना उनकी पूरी नहीं हुई। मुझ सरीखे उनके प्रदेश और उनके परिवेश के लोग उन्हें चाहते और मानते हुए भी दिल्ली में उन्हें वह अपनापा और जीवंत संबंधों को कच्चा सूत नहीं दे सके जिनसे आदमी इस बियाबान में हिलगा रहता है।

श्यामचरण दुबे इस देश के विश्व प्रसिद्ध समाजशास्त्री थे। उनकी बौद्धिकता में हम लोग गौरव करते थे। उनकी उपलब्धियां हमारे गर्व की संदर्भ लाइब्रेरी थीं। वे थे इसलिए हम लोग बौद्धिक रूप से समृद्ध थे।

लेकिन वे मुझसे कहते थे कि आप तो मालवा से जुड़े हैं और उसकी याद में ऐसे हुमकते हैं और आपका अपना नगर है जिसके आप हैं। मैं किसे अपना कहूं ? कहां का हो कर रहूं ?

छत्तीसगढ़ की मिट्टी और आदिवासी समाज की समझ ले कर श्यामाचरण दुबे विश्वविख्यात हो गए। हम उन्हें अपने होने का निरंतर और अटूट विश्वास भी नहीं दे सके। दुबेजी हम अपने पर रोएं तो आप स्वर्ग से व्यंग्य तो नहीं करेंगे। प्लीज़।

(11.2.96)

नीरद चौधरी

नीरद महर्षि और नीरव आकाश

ऑक्सफर्ड के विद्युत शवदाह गृह में पिछले गुरुवार नीरद चौधरी का अंतिम संस्कार कर दिया गया। वे कह के गए थे कि उन्हें पंचभूतों में वहीं विलीन किया जाए जहां पांच साल पहले उनकी पत्नी का शव अग्नि को अर्पित किया गया था। मालूम नहीं कि ऑक्सफर्ड का यह शवदाह गृह यानी श्मशान उनने इसलिए चुना था कि वह इंग्लैंड में है जहां भारत छोड़ कर वे पिछले उन्तीस साल से रह रहे थे या इसलिए कि वही उनकी पत्नी अमिया का भी अंतिम संस्कार हुआ था जो विवाहित जीवन के बासठ साल उनके साथ रही। नीरद बाबू का इंग्लैंड प्रेम जितना प्रसिद्ध या बदनाम था उतना पत्नी अमिया से उनका प्रेम और उन पर निर्भरता ज्ञात नहीं है।

जो नीरद चौधरी बहुत घमंडी और बड़बोले माने जाते थे और जिन्हें अपनी कमजोरी दिखाना कतई पसंद नहीं था वे पत्नी अमिया के बिना जीना पसंद मुश्किल पा रहे थे। अमिया के निधन पर वे हतप्रभ रह गए थे क्योंकि सित्यानवे साल के लंबे जीवन और बासठ साल के पतित्व में वे पहली बार मृत्यु का सामना कर रहे थे। मुझे नीरद बाबू को भारतीय दिखाने की इच्छा बिलकुल नहीं है लेकिन लगता है कि ब्रिटेन की धरती पर अंतिम संस्कार किए जाने के बजाए उनने उस दो गज जमीन से प्रयाण करना पसंद किया होगा जहां से उनने अपनी पत्नी को आखिरी यात्रा पर रवाना किया था।

नीरद चौधरी अपनी अंतिम यात्रा पर बंगाली शैली की धोती और कुरते में जाना चाहते थे। ओक की लकड़ी की शव पेटिका में वे धोती-कुरते में ही नहीं थे उन्हें बंगाली ढंग की चादर भी लपेटी गई थी। कुरते में सोने के वही बटन लगाए गए थे जो पत्नी अमिया ने कभी उनके लिए खरीदे थे। पता नहीं कि जब उनकी टिकटी उठाई गई तो राम नाम सत्य है की तरह हरि बोल, हरि बोल कहा गया या नहीं लेकिन उनकी आखिरी विदाई का जो विवरण आया है उससे लगता है कि उन्हें खांटी बंगाली ढंग से विदा किया गया। रवींद्र संगीत सुनाया गया और उसमें भी वह गीत जो उन्हें बहुत पसंद था और जो मिट्टी का चोला छोड़ती आत्मा पर है। गीता से वे श्लोक भी पढ़े गए जो आत्मा की अमरता बताते हैं।

कहा गया है कि नीरद बाबू खुद अपने अंतिम दिनों में बांग्ला की कविताएं और लोकगीत बुदबुदाया करते थे। जीवन भर पश्चिमी शास्त्रीय संगीत को सुनने और जानने में गौरव करने वाले नीरद चौधरी बीथोवन और हेडेन को नहीं सुन रहे थे। वे चाहे जैसे अंग्रेजी साहित्य और जीवन, पश्चिमी शास्त्रीय संगीत और यूरोपीय संस्कृति के प्रशंसक और समर्थक रहे हों जन्म से तेरह बरस उनने पूर्वी बंगाल के किशोरगंज और जवानी के बत्तीस बरस कलकत्ता में बिताए

थे। उनका मन और संस्कार दोनों बंगाली थे और आखिरी पलों और दिनों में वही लौट कर आता है जो आपने बचपन में सुना और जिया हो। नीरद बाबू एक शत शरद जी चुके थे और जब अंत का सामना कर रहे थे तो जानते थे कि ग्रेट अनार्क का हाथ उठाने के लिए उनकी ओर बढ़ रहा है। नीरद चौधरी जीने और लिखने में जैसे थे उससे तो कहा जा सकता है कि जाने का यह ढंग उनने इसलिए चुना होगा कि इंग्लैंड में अंग्रेजों से भिन्न और विशिष्ट वे बंगाली शैली में ही लग सकते थे। जीवन भर अपनी दुनिया अपने माहौल और अपने समय से भिन्न दिखने वाले नीरद चौधरी अपनी मृत्यु और अंतिम यात्रा में भी अलग दिखना चाहते थे। अगर वे भारत से अंतिम यात्रा पर जाते तो थ्री पीस सूट और बाउलर हैट में जाते जैसे कि आजादी आने के साल दो साल में पुरानी दिल्ली के मोरी गेट से दफ्तर जाते हुए करते थे और निकलसन रोड के जॉनी वॉकर कहलाते थे। भारतीयों में अंग्रेज और अंग्रेजों में बंगाली दिख कर विशिष्ट लगना नीरद चौधरी के चुनौती भरे व्यक्तित्व का ही तत्व था। लेकिन ऐसा कहना नीरद चौधरी के साथ अन्याय करना होगा। वे नाटकबाज नहीं थे।

नीरद चौधरी एक सौ एक साल का भरपूर जीवन जी कर गए। निन्यानवे साल में उनने अपनी आखिरी किताब 'थ्री हार्समेन ऑफ द न्यू एबोकेलिप्स' लिखी और यह जानते और बताते हुए लिखी कि इस उम्र में किसी के लिखने की बात उनने न सुनी है न पढ़ी है फिर वह लेखक चाहे कितना ही महान और जबरदस्त लिक्खाड़ रहा हो। यानी अपनी अद्भुत सक्रियता और तत्परता पर वे खुद भी कोई कम सजग और चकित नहीं थे। ऐसे आदमी के जाने पर दुख नहीं होना चाहिए। लेकिन मेरी उदासी और अकेलापन जैसे एकदम घना हो गया। नीरद बाबू से अपना निजी कोई संबंध नहीं था। प्रत्यक्ष उन्हें देखा तक नहीं था। दिल्ली आया तब वे भारत छोड़ कर गए नहीं थे और इंग्लैंड इतनी बार जाना हुआ तब वे वहीं ऑक्सफर्ड में रहते थे लेकिन उन से मिलने जाने की इच्छा तक नहीं हुई तब भी नहीं जब लंदन से ऑक्सफर्ड गया या वहां से गुजरा। फिर भी मेरा अकेलापन घना हो गया तो इसलिए कि नीरद बाबू के जाने के मेरे अंदर के उस शून्य को जैसे फिर हवा दी जो रज्जू बाबू के जाने से बना है। बाहर जो नीरद चौधरी थे अंदर वे मेरे लिए राजेंद्र माथुर थे।

चढ़ती जवानी के दिनों में जब आप अपने को तलाशने और अपनी दुनिया बनाने की धुन में लगे होते हैं तब भी सघनता अद्भुत होती है। पचास के दशक की समाप्ति और साठ के दशक के पहले पांच साल मैंने इसी प्रक्रिया में गुजारे और रज्जू बाबू जैसे अपनी तलाश की सघनता में तब मेरे साथ थे। तभी उनने पहले और मैंने उनके बाद नीरद चौधरी की पहली किताब—'इन ऑटोबायोग्राफी ऑफ एन अननोन इंडियन' पढ़ी, फिर 'ए पैसेज टू इंग्लैंड' और फिर 'द कांटिनेंट ऑफ सर्सी'। इन तीन किताबों ने जो उत्सुकता, उत्तेजना, उमंग और उन्माद हम में जगाया उससे जैसे हम अपने आसपास के इंदौर और अपने अखबार और अपनी दुनिया के ऊपर हो जाते थे। पागनीसपागा की पुलिया रज्जू बाबू के तब के घर और हमारे घर के बीच पड़ती थी। उस पर अपनी-अपनी साइकिलें टिका कर हम रात भर बहस करते। भारत और इंग्लैंड की मुठभेड़ और उससे उछला भारत और अपने में सिमटा इंग्लैंड, यूरोपीय सभ्यता और भारतीय संस्कृति, अंग्रेजों का रास्ता और रवैया और गांधी और नेहरू की समझ और तौर-तरीके, भारतीय खास कर हिंदी साहित्य और अंग्रेजी का साहित्य, रूस और फ्रांस

के महान कथाकार, अंग्रेजी की कविता और शेक्सपियर के नाटक। सब हमारी घनघोर रुचि और लगाव के विषय। दुनिया तब बहुत हलकी, रंगीन और सपनीली थी।

रज्जू बाबू तब गुजराती कॉलेज में अंग्रेजी पढ़ाते थे और नई दुनिया में संपादकीय लिखते थे। अपन ग्रामीण मालवा में अपने सर्वोदयी दौर से निकल कर नई दुनिया में सब यानी क्या नहीं करते थे। रज्जू बाबू नेहरू को मानते थे, हलके से लाल यानी वामपंथ में झुकते थे, अंग्रेजी और हिंदी साहित्य और अंतर्राष्ट्रीय मामलों पर लिखा पढ़ते और बातचीत में बड़ी दिलचस्पी लेते। वे पश्चिम की जीवन पद्धति, संस्कृति और वैभव को भारतीयत्व से बेहतर मानते थे या बहस छेड़ने के लिए उस के वर्चस्व से शुरुआत करते। इसी में नीरद चौधरी आते और कई बार मुझे लगता कि रज्जू बाबू और नीरद बाबू में ज्यादा फर्क नहीं है। कद रज्जू बाबू का भी छोटा था, काठी तब हलकी थी और अंग्रेजी बोलने और लिखने में लगभग वैसी ही सावधानी बरतते थे जैसी कि नीरद बाबू की मानी जाती थी। फर्क यह था कि नीरद बाबू भारतीय जीवन पद्धति, दर्शन, साहित्य, आदि की भी आलोचना करते थे, वह रज्जू बाबू नहीं करते थे। वे भारत में अंग्रेजी साम्राज्य के वैसे प्रशंसक नहीं थे जैसे नीरद चौधरी लेकिन तब भारत की तमाम बीमारियों के लिए अंग्रेजी राज को दोषी मानने की जो राष्ट्रीय फैशन थी उससे भी वे असहमत थे। कांटिनंट ऑफ जर्सी में नीरद बाबू ने अंग्रेजों के भारत में आ कर पतित होने और इस तरह एक यूरोपीय 'नस्ल' के बरबाद होने की जो कथा बनाई है उससे तो रज्जू बाबू सहमत नहीं थे लेकिन उसमें भारतीयों की जो आलोचना थी उसे वे मानते थे।

आप जानते हैं कि अपन कोई स्कॉलर किस्म के आदमी नहीं हैं। पढ़ने-लिखने का अपना कोई अनुशासन नहीं है। अपनी औपचारिक शिक्षा ही ऐसी नहीं हुई कि इस तरह का कोई अनुशासन अपने में बन पाता। जो पढ़ा वह अपने और देश के जीवन को और दुनिया को समझने के लिए और जो समझ में आया उसे एक अमेच्युअर-शौकिया तबीयत के आदमी की तरह लिखता रहता हूं। यह फितरत पत्रकारिता के कारण नहीं है उसमें आसानी से अभिव्यक्त होती है। रज्जू बाबू से अपनी बहस या मुठभेड़ या बातचीत इसलिए तब भी अकादमिक किस्म की नहीं होती। उसमें उत्सुकता और जीवन का आवेग और लगाव सब होता। वैसा बौद्धिक सक्रियता जीवन में शायद ही कभी आई हो जैसी तब रज्जू बाबू से नीरद चौधरी के लिखे पर मुठभेड़ में आती थी। नीरद चौधरी की ऐसी बहुत कम स्थापनाएं थीं जो अपने गले उतरती हों और उनके यूरोपीय संस्कृति और भारत में ब्रिटिश साम्राज्य को वरदान समझने की मान्यता तो अपने को बिलकुल कबूल नहीं थी। फिर भी अपनी और अपने देश के जीवन की तलाश में दुनिया को मथने के लिए नीरद चौधरी बड़े शक्तिशाली प्रेरक और प्रस्थान बिंदु हो सकते हैं। उनने उन्नीसवीं सदी के उत्तरार्ध और बीसवीं सदी के पहले दो दशकों में बंगाली भद्रलोक की मान्यताओं को सबसे दमदार विश्लेषण के साथ स्थापित किया। भारत और ब्रिटेन की मुठभेड़ को बहुत रचनात्मक ढंग से दिखाया। आप उससे असहमत भी हों तो इस मुठभेड़ को देखने समझने का एक कोण तो पाते ही हैं।

नीरद चौधरी ने अपनी जीवनी उस ब्रिटिश साम्राज्य की याद को समर्पित की है जिसने हमें प्रजा तो बनाया लेकिन ब्रिटिश नागरिकता नहीं दी और इस बात को हमने चुनौती दी क्योंकि

हमारे अंदर जो भी भला और जीवंत था उसे इसी ब्रिटिश राज ने बताया, गढ़ा और गतिवान किया है। अपन इससे 'सहमत' नहीं हैं। ब्रिटेन से हमारी मुठभेड़ में विष और अमृत दोनों निकले। इस विष से अंग्रेजों ने हमें मारने की कोई कम कोशिश नहीं की लेकिन इस अमृत से अंग्रेज भी मुक्त हुए और हमें भी मुक्ति मिली। नीरद बाबू ने कहा है कि अपने देश और लोगों के इतिहास के कुछ अंश को मैंने अपने जीवन में जिया है और इससे इस प्रक्रिया के प्रति मेरे मन में सहानुभूति है। इसलिए भारत के इतिहास की मेरी अवधारणा बाहरी नहीं है। बाहरी तो वह निश्चित ही नहीं है लेकिन, नीरद बाबू ने डेढ़ सौ साल के ब्रिटिश इतिहास को भी भारत में जिया है और इस प्रक्रिया में ब्रिटिश साम्राज्य का जो संसार उनने अपने अंदर बनाया है उससे भी उनकी इतिहास दृष्टि बनी है और उसी से वे भारत के इतिहास को देखते और समझते हैं। लेकिन जब इसी दृष्टि से उनने इंग्लैंड के जीवन को देखा तो पाया कि वह भी अपने इतिहास से प्रवाह पतित हो कर पतन के गर्त में गिर गया है। नीरद बाबू के पास समय और शक्ति का अभाव नहीं था लेकिन उनने नहीं बताया कि वह कौन सा कांटिनंट ऑफ सर्सी था जहां पहुंचने के बाद अंग्रेजों का पतन हुआ। उनके अपने गौरवशाली इतिहास में ऐसे कौन से तत्व थे जो अब उनके पतन और पराभव के कारण बने हैं। नीरद चौधरी जो मोह और सहानुभूति अंग्रेजी साम्राज्य से रखते हैं वह उन्हें उनके प्रति नरम और सहनशील बनाता है। लेकिन जिस बंगाल में वे जन्म और जिस भारत में वे पचास साल के हुए उससे उन्हें इतना प्रेम है कि उस पर कोड़े बरसाते रहे क्या वे आत्मपीड़न से ग्रस्त नहीं थे जो यूरोप के कोड़े से अपनी ही पिटाई करने में आनंद पाते थे ?

इस सबके बावजूद नीरद चौधरी अद्‌भुत व्यक्ति थे। भारतीय परंपरा में तो उन्हें महर्षि ही कहा जाएगा। वे शब्द में विश्वास करते थे और खूब सोच विचार कर के निकाले गए अपने निष्कर्ष में सिद्धान्त की आस्था रखते थे। उनने उन्नीसवीं सदी के जिस विक्टोरियन इंग्लैंड और भारत के बारे में पढ़ा और अपनी समझ से दोनों का जो संसार बनाया उसमें वे आखिर तक टिके रहे। भारत बदल गया, इंग्लैंड और यूरोप बदल गया। इन्हें बदलते हुए भी उनने देखा लेकिन जो इंग्लैंड, यूरोप और भारत उनने अपने निष्कर्षों से बनाया था उसे वास्तविकता को देख कर भी बदला नहीं। वे अपने उसी आदर्श और तर्कसम्मत संसार में अकेले जीते रहे। भारत और यूरोप के कितने विद्वान ऐसे अपने संसार में स्थिर और अक्षुण्ण रह सके हैं ?

(8.8.99)

वी.एस. नायपाल

सर विदिया का अंधकार क्षेत्र

मैंने सोचा कि बधाइयां देने वालों की कतार खत्म हो जाए तो सर विदिया से अपन भी हाथ मिला लें। अपन भी दूसरे कई लोगों की तरह माने बैठे थे कि आज नहीं तो कल नायपाल को साहित्य का नोबेल पुरस्कार मिलेगा ही। अज्ञेय जी की तरह सर विदिया मात्र एक संभावना या उम्मीद नहीं थे। वे बरसों से नोबेल के ठोस दावेदार थे। उनका नाम रह जाता था तो शायद इसलिए वे नोबेल मिलने के लिए जो एक तरह की तत्कालिकता की चिनगारी उठती है वह शायद ऐन मौके पर निकल नहीं पाती थी। कहते हैं ग्यारह सितंबर को न्यूयार्क और वाशिंगटन पर आतंकवादी हमले और अमेरिका के बिन लादेन के खिलाफ युद्ध घोषित करने ने इस्लाम और पश्चिम के बीच उस अनिवार्य संघर्ष को उपस्थित कर दिया जिसकी ओर सर विदिया संकेत करते आ रहे थे। स्वीडन की नोबेल समिति राजनैतिक तौर से सही रहने की कोशिश में रहती है ऐसा इस पर आरोप है। इस्लामी कट्टरवादिता के प्रति पश्चिम के आज के रवैए में सर विदिया के निष्कर्ष बिलकुल फिट बैठते हैं। फिर भी यह कहना वाहियात होगा कि उन्हें इस्लाम पर उनकी टिप्पणियों के कारण नोबेल मिल गया। ऐसी किसी भी तात्कालिकता से नायपाल के साहित्यिक अवदान को तौलना उनकी प्रतिभा का अपमान करना है। आप उन से सहमत हों या असहमत विद्याधर सूरज प्रसाद नायपाल की साहित्यिक प्रतिभा और अन्वेषणशीलता का लोहा माने बिना रह नहीं सकते।

जैसे कोई तीस साल से अपन भी उन से असहमत हैं। दिल्ली आने के पहले उनका उपन्यास ए हाउस फॉर मिस्टर बिस्वास और उनकी भारत की खोज एन एरिया आफ डार्कनेस पढ़ लिया था। इस के पहले और बाद में नायपाल ने बहुत कुछ लिखा जिसकी चर्चा होती नहीं है और पढ़ने लिखने वाले पढ़ते रहते हैं। उनकी इंडिया ए वुंडेड सिविलिजेशन हमारे मित्र एचके दुआ ने खरीद के पढ़ने को दी थी। वह अब भी वैसी ही अनपढ़ी खुली अलमारी में लगी हुई है। अपनी एक बार भी उसे निकालने, देखने और पढ़ने की इच्छा नहीं हुई। ए हाउस फॉर मिस्टर बिस्वास–उपन्यास बड़े लगाव, उत्सुकता और सघनता से पढ़ा था। इंदौर में ही। मन में बनाया इसका वह दृश्य अब भी ताजा है कि तुलसी के आसपास बैठ कर खाना खाने के लिए किस तरह उनका परिवार ट्रिनिडाड के बाटेनिकल गार्डन गया था और कैसे उस तुलसी को घेर कर बैठा था जिस पर उसका लेटिन वनस्पतीय नाम लिखा एक छोटी तख्ती से टंगा था। प्रवासी भारतीय परिवार का अपने रीति रिवाज से रहना और अपनी परंपराओं का पालन करने का यह लगभग हास्यास्पद प्रयास तब तो मजेदार ही लगा

था लेकिन दिल्ली आने के बाद उसकी दयनीयता समक्ष में आई। इस उन्यास से नायपाल जितने नजदीक लगे थे एन एरिया आफ डार्कनेस से उतने ही दूर हो गए। जैसे नोबेल मिलने की खबर खुद लेने को वे तत्पर नहीं थे। बड़ी मुश्किल से उनकी पाकिस्तानी पंजाबी पत्नी नादिरा ने उन्हें फोन पर बुलाया। तब उनने कहा—यह मेरे घर इंग्लैंड और मेरे पुरखों के घर—भारत का सम्मान है। लेकिन अपनी वाली पर आने में उन्हें एक दिन नहीं लगा। उनने कहा—चालीस साल पहले तक भारत में लोग कर्मकांड में जी रहे थे। उससे निकलने में मैंने उनकी मदद की। समाज के बारे में लिखने वाले मेरे जैसे लोगों की दिक्कत यह है कि जहां कोई बौद्धिक जीवन नहीं होता उस समाज के बारे में लिखो तो उन्हें बड़ा गुस्सा आता है। अव्वल तो वे पढ़ते नहीं फिर किताब पढ़ें भी तो उम्मीद करते हैं कि आप उनकी सराहना करें। भारत अब थोड़ा सुधरा है। वहां मेरी किताबें स्वीकार कर ली गई हैं। अपने पुरखों के घर के बारे में सर विदिया के ये उच्च विचार हैं। उनकी किताबें यहां स्वीकार कर ली गईं तो वह सभ्य और बुद्धिजीवी हो गया नहीं तो उसका क्या है ! न कोई बौद्धिक जीवन न सभ्यता ! सर विदिया का यह बौद्धिक दंभ और यह अहमन्यता भारत के पढ़े लिखे पश्चिम परस्त समाज के प्रति उनका लगभग स्थायी भाव है। वे जानते हैं कि यह त्रिशंकु समाज है। अपनी भारतीय जड़ों से यह उखड़ा हुआ है और पश्चिम के जिस समाज में यह मिल नहीं जाना चाहता है उसमें कभी मिल नहीं सकेगा। जड़ों के लिए जमीन नहीं और ऊंची उड़ान भरने के लिए आकाश नहीं। यह कहीं का नहीं है। घर का न घाट का। इस समाज को चाहे जितना दुतकार दो, चाहे जितना लतियाओ और गरियाओ। इसमें दम नहीं कि उठ कर ये आपकी जबान खींच ले। इसमें न कोई मौलिकता है न अपनी परंपरा और अपने इतिहास में होने का आत्म गौरव। इस दयनीय समाज की आलोचना करो तो इसे नपुंसक क्रोध आता है। इसे उम्मीद लगी रहती है कि बाहर वाले आएंगे और हमारी पीठ थपथपाएंगे। जो अपने में स्थित नहीं और ऊपर नीचे होने के जिसके अपने मानदंड नहीं, उस समाज का क्या बौद्धिक जीवन हो सकता है।

भारत के पढ़े-लिखे पश्चिम पस्त समाज के प्रति नायपाल का यह रवैया आप को उनकी सभी भारत संबंधी किताबों में दिखाई देगा। नायपाल और नीरद चौधरी दोनों के रवैए में यह भाव आप को साफ दिखाई देगा कि जिसकी भदेस नकल तुम होना चाहते हो वह पश्चिमी समाज हमारा सम्मान करता है। हमें पूजता है। हम असल समाज के हरावल दस्ते के मार्ग दर्शक और आलोचक हैं। तुम हमें अपना क्या मानते हो ! हम उनकी भी पहुंच के बाहर हैं जिन तक तुम्हारे हाथ कभी पहुंचेंगे नहीं। दयनीय नकलचियों हमसे आंखें मत लड़ाओ। सर विदिया नीरद चौधरी से भिन्न हैं। नीरद चौधरी अपने को उन भारतीयों में शामिल नहीं करते थे जिन पर अंग्रेजों ने राज किया और जो अपने को भारतीयों से श्रेष्ठ मानते थे। नीरद चौधरी ने अपने को साम्राज्यवादी अंग्रेजों में मिलाया और माना और कहा कि अंग्रेज साम्राज्यवाद में जो सर्वश्रेष्ठ था उस के प्रतिनिधि वे हैं। बाद में तो नीरद चौधरी ने पाया कि अंग्रेज भी उस साम्राज्यवादी सर्वोत्कृष्टता के प्रतिनिधि नहीं रह गए हैं। उनका भी पतन हो गया है और अब वही उस के असली नमूने बचे हैं। नीरद बाबू इसी भ्रम में आक्सफोर्ड यूनिवर्सिटी में मृत्युपर्यंत रहे। सर विदिया ने अपने को अंग्रेज साम्राज्यवादियों के साथ कभी नहीं किया। वे अंग्रेज

उपनिवेश ट्रिनिडाड में जा बसने वाले गिरमिटिया प्रवासी भारतीय भी नहीं बने। वे अठारह साल की उमर में इंग्लैंड जा बसे पर उनने अपने को इंगलिशमैन भी कभी नहीं माना। उनने न अपने को भारतीय कहा, न वेस्ट इंडियन, न अंग्रेज। उनने किसी देश को अपना नहीं कहा न किसी जातीय पहचान से मिलाया। वे अपने को शाश्वत विस्थापित, जन्म का उखड़ा निर्वासित और अनिकेत मानते रहे। उनने कहा मैं किसी का प्रतिनिधित्व नहीं करता। मेरी कोई भूमि नहीं है और जड़ें तो मेरी हैं ही नहीं जिन्हें कहीं उतार कर मैं उसका हो सकूं। सर विदिया के हिसाब में साम्राज्यवाद भी उतना ही नाकुछ है जितना राष्ट्रवाद। वे तो स्थायी यायावर हैं। उन्हें तो हो कर गुजर जाना है। वे जहां से गुजरते हैं, उनमें जो देखते हैं, उनका जो देखते हैं, उस पर बेलाग बेझिझक, दो टूक बातें करते जाते हैं, नीरद चौधरी और उनमें बस यही समानता है कि दोनों भारतीय मूल के थे और दोनों अंग्रेजी ऐसी लिखते हैं जैसी अंग्रेज भी क्या लिखेंगे।

लेकिन सर विदिया का कोई देश, धरती, आकाश और ठीया न हो पर क्या उनका देखना और समझना भी बिलकुल कोरा और मूल्य निरपेक्ष है ? हो सकता है ? अगर ऐसा हो सकता हो, तो क्या वे बने अधबने समाजों और सभ्यताओं को देख-समझ सकते हैं। आंखें जो देखती हैं वह सिर्फ देखना तो कभी हो नहीं सकता। देखने में मन है और देखने में मस्तिष्क है। मन और मस्तिष्क कभी कोरा नहीं हो सकता। वह अपने इतिहास, भूगोल, संस्कृति, जीवन पद्धति और परिस्थिति से बनता है। सर विदिया के दादा उत्तर प्रदेश के गांव के दुबे ब्राह्मण थे। गिरमिटिया हो कर ट्रिनिडाड गए गन्ने के खेतों में काम करने। वहीं बस गए। अपने साथ एक ग्रामीण भारत ले गए जिसे वेस्ट इंडीज के उस छोटे से द्वीप में जीने की कोशिश करते रहे। उनका बेटा सूरज प्रसाद पोर्ट ऑफ स्पेन के छोटे से अखबार में पत्रकार हो गया। अंग्रेजी में साहित्य लिखने की तमन्ना थी जो पत्रकारिता में पूरी नहीं हुई। पिता की महत्त्वाकांक्षा बेटे में आई जिसे सिर्फ अट्ठारह बरस की उमर में छात्रवृत्ति मिली ऑक्सफोर्ड में पढ़ने की। वह बेटा—गिरमिटिया दादा का पोता—ऐसा इंग्लैंड गया कि फिर कभी लौटा नहीं। सदा का यायावर हो गया। उसकी उर्ध्वगामी जिजीविषा ने आकाश में जड़ें जमाईं और फिर वहीं खूंटी गाड़ दी। सर विदिया की टक्कर का कोई अंग्रेजी साहित्यकार नहीं है। लेकिन भारतीय, वेस्ट इंडियन और अंग्रेज—विद्याधर सूरज प्रसाद नायपाल की दृष्टि और मूल कसौटी पाश्चात्य है। वे भारत आए और अपने गांव गए। एन एरिया आफ डार्कनेस में उनने उसका वर्णन किया है। यह किसी बामन गिरमिटिए के पोते का अपने घर लौटना नहीं था। यह एक ऐसे आदमी का घर लौटना था जिसका अब कोई घर नहीं बचा था न जिसमें घर बनाने की क्षमता या इच्छा रह गई थी। एक पाश्चात्य दृष्टि ने विद्याधर को विदिया बना दिया था और उसने अपने दादा और अपने पिता से घर और देश के बारे में जो सुन रखा था वह वास्तव में इतना गंदा, फूहड़ और वितृष्णा पैदा करने वाला था कि कोई अपनापा जागा ही नहीं। विद्याधर सूरज प्रसाद नायपाल (दुबे नहीं क्योंकि पोर्ट ऑफ स्पेन में जिस सड़क पर दुबे लोग रहते थे उसका नाम नेपाल स्ट्रीट था इसलिए वे नायपाल हो गए) के लिए भारत अनजान और इतना तिरस्कृत कर दिए जाने लायक था कि वह उसका हो नहीं सकता था और उसने जो भारत पर लिखा वह ऐसा धिक्कार भरा था कि भारत के अंग्रेजी पढ़ने-लिखने वाले लोग उसे स्वीकार नहीं कर सकते

थे। नायपाल में भारतीय दृष्टि वंश से आई नहीं थी। ट्रिनिडाड में अपनी कोई संस्कृति नहीं इसलिए अपनी कोई दृष्टि भी नहीं इसलिए वे यूरोपीय मन-मस्तिष्क के खिलाफ युवक होकर इंग्लैंड गए लेकिन उसे उनने कोई स्वर्ग नहीं पाया। वे वहां विस्थापित, निर्वासित और अनिकेत लेकिन तलवार की धार जैसा मस्तिष्क और वीणा के तने हुए तार जैसा संवेदनशील मन वाले लेखक हो गए। ऐसा लेखक जिसका लिखना ही उसकी भूमि थी। लेकिन दृष्टि पाश्चात्य हो गई।

इसी दृष्टि से नायपाल ने भारत को देखा। एन एरिया ऑफ डार्कनेस से ए मिलियन म्यूटिनिज नाउ की यात्रा की। निपट बाहरी व्यक्ति से समझदार अंदर-बाहरी आदमी हो कर। नायपाल का भारत चकित करता है लेकिन वह एक विचित्र भारत है। उसमें आप जो यहीं के हैं अपने को पाते हैं और देखते हैं कि यह वह आप नहीं हैं जिसे आप जानते रहे हैं। नायपाल जिन्हें ब्रिटेन ने सर विदिया बना दिया और जो अब नोबेल लॉरियेट हो गए हैं उस भारत को नहीं जानते जो अंग्रेजी भाषा और पश्चिमी दृष्टि से समझा नहीं जा सकता। यही वह असली भारत है जिसे गांधी ने जाना और रवींद्रनाथ ठाकुर ने। सर विदिया गांधी को अपढ़ कहते हैं और कुछ भी सोचने के अयोग्य। लेकिन सार्वजनिक जीवन और राजनीति में अहिंसा और नैतिकता को कारगर औजार बनाने वाले गांधी की मौलिकता आइंस्टाईन और टॉयनबी की समझ में आ सकती है सर विदिया की समझ में नहीं आती। जैसे बाबरी मस्जिद का ध्वंस सर विदिया को बहुत स्वाभाविक लगता है क्योंकि उन्हें समझ नहीं आता कि सनातन धर्म को मानने वाले दूसरों के मंदिर-मसजिद नहीं तोड़ते क्योंकि धर्म धार्मिक स्थल नहीं होता। बेचारे सर विदिया समझते हैं कि इस्लामी हमलावरों ने मंदिर तोड़े तो हिंदू मसजिद तोड़े तो इसमें अचरज और गलत क्या है ? अपने को लगता है कि नहीं यह तो अधार्मिक है क्योंकि अपन सर विदिया नहीं हैं। सर विदिया वही हैं जिनसे वीर सावरकर, डॉक्टर हेडगेवार और गुरु गोलवलकर ने प्रेरणा ली है। पश्चिम का वह मानस नहीं समझता कि मुसलमान होने पर भी हिंदू हिंदू ही रहता है। इस्लाम को भारत और धर्म ने कितना बदल दिया है यह अरब में मुसलमानों को देखने और भारत में देखने के बाद भी सर विदिया की समझ नहीं आता।

सेंट स्टीफंस कॉलेज में अंग्रेजी साहित्य पढ़ाने वाले हमारे मित्र हरीश त्रिवेदी ने सर विदिया से दिल्ली की एक पार्टी में कहा कि एक हिंदू लालच में आ कर ईसाई हो गया। लेकिन हनुमान के मंदिर में माथा टेकते पकड़ा गया। पादरी ने गुस्से में पूछा कि यह क्या है तो उस हिंदू ने कहा—ईसाई हुई गए तो क्या हुआ। अपना धरम थोड़े छोड़ देंगे। इसका आनंद और मतलब सर विदिया नहीं समझे। उनने त्रिवेदीजी को कहा कि इसे अंग्रेजी में सुनाओ तो जरा। अब ईसाई होने और फिर भी धरम न छोड़ने का अंग्रेजी में क्या अनुवाद होगा ? सर विदिया के मानस में यह उतरना मुश्किल है कि धर्म वह है जो ईसाई होने पर भी बदलता नहीं क्योंकि उस के साथ या उसमें आप जन्मे हैं और उसी में आप को मरना है। धरम छोड़े नहीं छूटता। सर विदिया भारत के संघ संप्रदाय और धर्म का संघर्ष भी नहीं समझते, क्योंकि उनकी धरती पश्चिम की सामी धरती है वे भले ही उस के हों या नहीं। इस्लाम को मानने वालों पर भी सर विदिया ने दो किताबें—अमंग द बिलिवर्स और बियांड बिलीफ लिखी है। लेकिन उनकी

स्थापनाओं और निष्कर्षों को आप भारत और इस्लाम के असर से जांचें परखें तो आप पाएंगे कि यहां भी वे भारत को नहीं समझते। जो विद्याधर अंग्रेजी के कारण विदिया हो गए उनको कौन समझाए कि अंग्रेजी में विद्या का यही हाल होता है। सर विदिया–सनातन भारतीयों की तरह आवागमन को ले कर सम्मोहित हैं। उनकी एनिग्मा ऑफ अराइवल–एक क्लासिक पुस्तक मानी जाती है। उनके नोबेल का उत्सव समाप्त हो जाए तो यह पुस्तक पढ़ूंगा और आप को बताऊंगा कि सर विद्याधर सूरज प्रसाद दुबे कितने सर विदिया और कितने मिस्टर नायपाल हैं।

(21.10.01)

सर विदिया संघ को प्यारे क्यों !

खबर बताती है कि संघ संप्रदाय के मुखपत्र कहे जाने वाले पांचजन्य के संपादक कहे जाने वाले तरुण विजय संघ के कुछ पदाधिकारियों को ले कर पांच तारा होटल मोर्या शेरेटन में नोबेल पुरस्कार विजेता सर विदियाधर सूरजपरसाद नायपॉल से मिलने गए। बाकी लोगों और लेखकों को मूर्ख, गंवार आदि कह कर सम्मानित करने वाले सर विदिया ने कहते हैं कि इन संघ संप्रदायियों के साथ कोई एक घंटा बिताया। राजस्थान के नीमराना किले में जब नेहरू परिवार की एक बेटी लेखिका नयनतारा सहगल लिंग-भेदभाव और साम्राज्यवादी दमन पर बोल रही थीं तो तुनक मिजाज सर विदिया ने एकदम फट पड़ कर उन्हें डपट दिया। ऐसी तुच्छताएं मुझे चिढ़ाती हैं और दमन जैसी बातें उबाती हैं। मेरी छोटी सी जिंदगानी है और उसे मैं ऐसी बेतुकी बातों पर बरबाद नहीं कर सकता। नयनतारा सहगल कोई सर विदिया के लिए नहीं बोल रही थीं। वे एक गोष्ठी में बोल रही थीं जिसमें आने की तोहमत सर विदिया ने उठाई थी। सर विदिया नीमराना की गोष्ठियों को ही नहीं दिल्ली में चले और नीमराना गए भारतीय साहित्य के महोत्सव—एट होम रेन द वर्ल्ड—के पूरे कार्यक्रम को ही अपने हुजूर में लगा दरबार मान कर चल रहे थे इसीलिए नयनतारा सहगल की बातों से वे इतनी बुरी तरह चिढ़ गए।

अपने मिजाज और अपने जीवन को इतना महत्त्वपूर्ण और इतना छोटा बताने वाले सर विदिया को संघ संप्रदायी प्रतिनिधिमंडल के लिए एक घंटा कैसे मिल गया ? और गंवार-अनपढ़ों को एक क्षण के लिए भी बर्दाश्त न करने वाले सर विदिया संघ संप्रदायियों की बातों को कैसे सहन कर सके ? अखबारवालों को सर विदिया तो बताने से रहे। उन्हें तो वे बातचीत के लायक भी समझते नहीं होंगे। इसलिए यह उचित ही है कि मुखपत्र कहे जाने वाले पांचजन्य के संपादक कहे जाने वाले सज्जन ने ही अखबार को बताया कि वे सर विदिया से मिल कर कैसे धन्य हुए और कैसे उनने सरस्वती की कांस्य मूर्ति उन्हें भेंट की और ऋग्वेद का यह कथन भी कि उच्च विचार सब दिशाओं से हमारे पास आएं। कहते हैं कि सर विदिया इससे बहुत प्रभावित हुए। अखबार के रिपोर्टर ने नहीं पूछा कि उच्च विचारों के सब दिशाओं से आने और ग्रहण करने से सर विदिया और संघ संप्रदायियों का क्या लेना-देना है ? फिर भी संघ संपादक ने बताया कि सर विदिया संघ के हिंदुत्व को मानते हैं। मैंने संघ की विचारधारा नहीं कहा न संघ के सिद्धांत कहा, क्योंकि विचारधारा कहो तो उसमें प्रवाह होना चाहिए और सिद्धांत कहो तो उनमें निष्ठा। आप जानते हैं कि संघ के विचार वहीं हैं जो सन् उन्नीस सौ पच्चीस में थे और संघ वाले सिद्धांत से ज्यादा राजनीति को महत्त्व देते हैं। इसलिए संपादक ने जो भी कहा हो और सर विदिया ने जिससे भी अपनी सहमति जताई हो, आप कह नहीं

सकते कि वह क्या था। उसे मौर्या शेरेटन का कमरा या लाउंज ही जानता होगा। संपादक ने यह भी कहा कि सर विदिया ने कहा कि भारतीय बुद्धिजीवियों की राज्य के प्रति जिम्मेदारी है और उन्हें मुसलिम मानस पर बहस करना चाहिए। सर विदिया यह भी कहते हुए बताए गए हैं कि मुसलमान दूसरों के प्रति जितनी सहिष्णुता दिखाते हैं उससे ज्यादा की उम्मीद करना नहीं चाहिए। सर विदिया कहते हैं कि यह सुन कर अचंभित रह गए कि इस देश में अयोध्या में मंदिर का विरोध करने वाले लोग भी हैं। राम तो भारत के केंद्र में हैं और अयोध्या में राम मंदिर वहीं बनाए जाने की बात का स्वागत होना चाहिए। यह भी बताया गया कि सर विदिया को भारत की नई पीढ़ी में अपनी जड़ें तलाश करने की उत्सुकता जान कर भी बड़ी प्रसन्नता हुई।

संघ संप्रदाय के मुखपत्र कहे जाने वाले पांचजन्य के संपादक कहे जाने वाले तरुण विजय सर विदिया का उन लोगों की तरह से सम्मान करने गए थे जो भारत में विश्वास रखते हैं। पता नहीं वे खुद कब से भारत में विश्वास करने लगे और उन लोगों का प्रतिनिधित्व कैसे करने लगे। उनके हिंदुत्व के मूल विचारक वीर सावरकर ने तो बड़ी मेहनत और तर्क प्रणाली से बताया है कि वे भारत को भारत के बजाय हिंदुस्तान कहने पर क्यों जोर देते हैं। और क्या उनने सर विदिया से पूछा कि वे भारत में विश्वास करते हैं ? सर विदिया उस त्रिनिदाद को जहां उनका जन्म हुआ और उस भारत को जहां उनके बाप-दादे जन्मे और कई बार और कई तरह से झटकार कर छोड़ चुके हैं। वे मानते हैं कि उनका कोई देश नहीं है। न वे किसी देश को अपना कहते हैं न किसी देश को अधिकार देते हैं कि वह उन्हें अपना कहे। सर विदिया मानते हैं कि लेखक का प्रयोजन उसे अपनी अवधारणाओं के अलावा और किसी के भी प्रति सच्चा नहीं होने दे सकता। साहित्य में अप्रमाणिकता उसी क्षण से शुरू हो जाती है जब लेखक अपने लिखे को राजनैतिक परिप्रेक्ष्य देने लगता है। सर विदिया ने नीमराना में जो कहा उसका मतलब था कि लेखक अपने अलगाव में से समाज के चाल-चलन और पूर्वग्रहों को देखता तो है लेकिन उन से जुड़ता नहीं। वह अपने दिव्य प्रार्थक्य में रहते हुए उस समाज के जीवन और संघर्षों से सर्वथा ऊपर और अप्रदूषित रहता है। ऐसे सर विदिया अपने को हिंदुत्व और उस के हिंदुस्तान से कैसे संबद्ध कर सकते हैं ? लेकिन करते हैं, क्योंकि इसलाम पर दो पुस्तकें लिखने के बाद वे उस के घनघोर विरोधी हो गए हैं। कई लोग मानते हैं कि ग्यारह सितंबर के बाद इसीलिए उन्हें नोबेल पुरस्कार भी दिया गया। सर विदिया उम्मीदवार तो बरसों से थे लेकिन नोबेल देने वाली समिति ने उन्हें इस के योग्य तभी समझा जब वे पोलिटिकली करेक्ट– यानी राजनैतिक रूप से सही हो गए। नीमराना में भी उनने भरातीय मानस पर इसलामी विजय और मूर्तिभंजन से हुए घावों का जिक्र किया। उनकी अवधारणा या स्थापना है कि इसलाम जहां-जहां भी गया है, उस देश और उस के लोगों के अतीत को उसने बुरी तरह नष्ट किया है। 'अगर आपका अतीत तभी से शुरू होता है जब आपने इसलाम में धर्मांतरण किया तो यह उतना ही खराब और दुखदायी होगा जितना कि भारतीयों का अपना इतिहास न जानना।'

सर विदिया की इस स्थापना को आप भारत पर लागू कर के सख्ती और ईमानदारी से जांचना शुरू करें तो यह मिट्टी के ढेले की तरह बिखर जाएगी। भारतीय परंपरा में बाहर से

आने वाले मुसलमानों और इसलाम में धर्मांतरण करने वाले भारतीयों का कितना योगदान है और अपने साझे इतिहास के प्रति उनकी जितनी जागरूकता और स्मृति है उतनी खुद सर विदिया की नहीं है, जो भारतीय मानस पर इसलाम के आक्रमण से हुए घावों की बात करते हैं। सर विदिया को इसलिए साहित्यिक सम्राट की तरह बुलाया गया और उनके चक्रवर्तित्त्व को स्वीकार किया गया क्योंकि अपने इसलाम विरोध से उनने संघ संप्रदाय का विशेष आदर-सम्मान प्राप्त किया है। बाबरी मसजिद के ध्वंस को सही बताने वाले वे भी एक थे और दूसरे थे नीरद सी चौधरी। सर विदिया के तो बाप-दादे वेस्टइंडीज में गिरमिटिए बन कर गए थे और वे खुद त्रिनिदाद को छोड़ कर ब्रिटेन में आन बसे। नीरद सी चौधरी बंगाल में जन्मे थे और भारत में अंग्रेजी राज को वरदान मानते थे। वे भी आजादी के बाद ब्रिटेन के ऑक्सफर्ड में जा बसे थे। भारत के एक भी लेखक ने बाबरी मसजिद के ध्वंस को सही नहीं ठहराया था। संघ संप्रदाय को मिले तो भारतीय मूल के दो अंग्रेज लेखक समर्थक को मिले। सर विदिया सर्जक लेखक हैं नीरज चौधरी बौद्धिक थे। दोनों का ही मानस यूरोपीय वैचारिक मिट्‌टी का बना था। सर विदिया मुसलमानों से हिंदुओं के ऐतिहासिक प्रतिरोध लेने के संघ संप्रदायी तर्क को अपने यूरोपीय तरीके से सही मानने वाले हैं। वे मानते हैं कि भारत में इसलामी हमलावरों ने मंदिर तोड़े तो हिंदू मसजिदें तोड़ कर मंदिर क्यों न बनाएं !

मजा देखिए कि भारत में रहने वाला कोई भारतीय साहित्यकार ऐतिहासिक प्रतिशोध के तर्क को नहीं मानता। संघ संप्रदाय के हिंदुत्व को हिंदी के किसी भी सर्जक साहित्यकार ने स्वीकार नहीं किया। कुछ लोग कहते हैं कि निर्मल वर्मा हिंदी के साहित्यकारों में से संघ संप्रदाय के सबसे नजदीक हैं। उन से एक बार मैंने पूछा था कि क्या वे हिंदुत्व को मानते हैं ? निर्मलजी ने साफ कहा कि वे नहीं मानते। मैं भले ही निर्मल वर्मा का वैसा प्रशंसक नहीं हूं जैसे कि रूपवादी लोग हैं, लेकिन मैं नहीं मानता कि धर्म और हिंदुत्व का बुनियादी फर्क वे न जानते हों। वे न्यायमूर्ति जगदीश शरण वर्मा नहीं हैं, जिनने अपने एक फैसले में धर्म की तरह हिंदुत्व को जीवन-पद्धति कह दिया था। सावरकर का हवाला दे कर उनके फैसले को मैंने चुनौती दी थी। मुझ पर न्यायालय की मानहानि का मुकदमा नहीं चलाया गया। मैं नहीं मानता कि भाषा के मामले में निर्मल वर्मा और जगदीश शरण वर्मा में फर्क नहीं है। बहरहाल विचार का मुद्‌दा यह है कि भारतीय, खास कर हिंदी का कोई साहित्यकार हिंदू-मुसलिम मामले में संघ संप्रदाय का समर्थक नहीं है और सर विदिया क्यों हैं ? या नीरद सी चौधरी कैसे हो गए थे ? सर विदिया का मनस और दिमाग यूरोपीय हवा, मिट्‌टी, पानी, आग और आकाश से बना है। वे भारत को उस तरह देखते, समझते और महसूस नहीं करते जैसे कि भारतीय, खास कर भारत के संवेदनशील लेखक देखते, समझते और महसूस करते हैं।

जैसे यह अवधारणा कि एक धर्म को मानने वाले लोग एक राष्ट्र होते हैं। यूरोप में धार्मिक देश और राष्ट्र बने हैं और वहां चर्च और राज्य में लंबे और हिंसक संघर्ष हुए हैं। वहीं क्रूसेड हुए हैं जैसे कि अरब देश के इसलामी लोगों ने जिहाद किए हैं। भारत में सनातन धर्म के अलावा बौद्ध, जैन, यहूदी, ईसाई आदि धर्म पहले से हैं। भारतीय धर्मों के सिखों को छोड़ कर, चर्च नहीं हैं न उनका राज्य से वर्चस्व को ले कर युद्ध हुआ है। इसलिए धर्म से राष्ट्रीयता और धर्म प्रतिष्ठान और राज्य के युद्ध और वर्चस्व की होड़ जैसी अवधारणाएं अपने यहां नहीं

हैं। अंग्रेज यह अवधारणा ले कर आए और उनने भारत पर साम्राज्य चलाए रखने को, हिंदुओं को अलग राष्ट्र बताया और मुसलमानों को अलग। दोनों में होड़ और फिर संघर्ष करवाया। मुसलिम लीग ही उनकी इस अवधारणा और कोशिश से नहीं जन्मी थी, सावरकर की हिंदू महासभा और फिर हेडगेवार का राष्ट्रीय स्वयंसेवक संघ इसी प्रेरणा से जन्मे और चले और चल रहे हैं। वीर सावरकर यूरोप में जा कर इटली से हिंदुत्व का विचार लाए और इस के तो कई प्रामाणिक अध्ययन हैं कि हेडगेवार और गोलवलकर ने नाजियों और फासिस्टों का कितना अध्ययन किया था और जर्मन और इतालवी विचारकों से उन्हें कितनी प्रेरणा मिली थी। संघ संप्रदायी सनातन धर्म से हिंदुत्व को कितना ही गड्डमड्ड करने की कोशिश करे, धर्म को जानने और उस पर आचरण करने वाले आसानी से समझ जाते हैं कि हिंदुत्व एक अहिंदू, अभारतीय और अधार्मिक यूरोपीय राजनैतिक अवधारणा है।

इसलिए यह संयोग नहीं है कि सर विदियाधर सूरजपरसाद नायपॉल जैसे यूरोपीय दिल-दिमाग वाले अपने को संघ संप्रदाय के निकट पाते हैं। उन्हें भाजपा के नेतृत्व वाले गठबंधन के राज में भारतीय सांस्कृतिक संबंध परिषद साहित्य के चक्रवर्ती सम्राट की तरह बुलाती है। अंग्रेजी में लिखने वाले भारतीय लेखकों को देश-विदेश से बुलाया जाता है और उन्हीं तिथियों पर भारतीय साहित्य का उत्सव मनाया जाता है जिन पर साहित्य अकादमी का साहित्योत्सव बरसों से होता आया है और इस बार भी हो रहा था। जिस तरह भूमंडलीकरण के जमाने में अनिवासी भारतीय उस भारत को चलाने की कोशिश कर रहे हैं जिसे वे छोड़ गए, उसी तरह इन अंग्रेजी लेखकों को भारतीय साहित्य पर रुतबा जमाने का मौका दिया गया है। कोई अचरज नहीं कि उसमें खुशवंत सिंह जैसे दो कौड़ी के लेखक ने भाषा और उस के लेखकों को गरियाया। खुशवंत और सलमान रशदी जैसे भारतीय साहित्य पढ़े बिना घोषणा करते हैं कि भारत में जो भी पढ़ने लायक लिखा जा रहा है, वह अंग्रेजी में है। नीमराना और दिल्ली में अंग्रेजी के इन दोयम दर्जे के लेखकों ने भी ऐसा ही व्यवहार किया। सर विदिया तो अपने को ऐसे ऊंचे सिंहासन पर बैठाए हुए हैं कि भारतीय भाषाओं के साहित्य की ओर देख कर भी अपनी आंखें नहीं बिगाड़ेंगे, उसकी बात करना तो उनको शोभा देगा ही नहीं। भारतीय और भाषाई लेखकों ने तो कहा भी कि ये अंग्रेजी में लिखने वाले और सर विदिया नहीं होते तो यह पांच तारा साहित्य उत्सव नहीं होता।

भाजपा और उस के गठबंधन को भारत की आर्थिक आत्मनिर्भरता और स्वाभिमान की कोई चिंता नहीं है। हमारा उच्च और मध्यवर्ग भूमंडलीकरण के दौर में भारत की आर्थिक गुलामी को अपरिहार्य मानता है। उस के राज में सांस्कृतिक परिषद जैसी संस्थाएं भारतीय भाषाओं के साहित्य और स्वाभिमान को अंग्रेजी के हवाले कर देने में लगी हैं। सर विदिया संघ संप्रदाय के प्यारे हो सकते हैं, उन्हें भारतीय संस्कृति, इतिहास और साहित्य की कोई समझ नहीं है !

(17.3.02)

अरुंधती नहीं जानतीं

अरुंधती राय नहीं जानतीं।

वे नहीं जानतीं कि बूबली जॉर्ज वर्गीज़ किसी के लेख का सरकारी जवाब नहीं लिखते। वे नर्मदा पर सरदार सरोवर के पक्षधर हैं, वे बड़े बांधों के पक्षधर हैं और कुल मिला कर आजादी के बाद से इस दौर में चली आ रही विकास की अवधारणा को गलत नहीं मानते। उनका विश्वास है कि सरदार सरोवर ही नहीं विकास की जो भी योजनाएं चलीं और चल रही हैं उनके बुरे असर को दूर किया जा सकता है। ऐसा वे इसलिए मानते और लिखते नहीं कि भारत सरकार और राज्य सरकारें या इस देश का सत्तारूढ़ प्रतिष्ठान ऐसा मानता है। जो जॉर्ज वर्गीज़ को जानते हैं उन्हें मालूम है कि सन् पचास-बावन में जब सामुदायिक विकास का श्रीगणेश हुआ तो वे उस के शुरुआती समर्थक व्याख्याकारों में से थे। देश की पचास साल की विकास यात्रा के वे साक्षी और सहयात्री ही नहीं उस के पैरोकार भी रहे हैं। इसलिए नहीं कि सरकारी प्रतिष्ठान के रक्षक हैं। इसलिए कि उनकी निजी निष्ठा, आस्था और प्रतिबद्धता में विकास की स्थापित अवधारणा में बुनियादी रूप से कोई गड़बड़ नहीं है।

जॉर्ज वर्गीज़ से जरूरी नहीं कि अरुंधती राय असहमत न हों। अरुंधती से बहुत पहले से कई लोग वर्गीज़ से सहमत नहीं हैं। अपन भी उनमें से एक हैं। लेकिन जॉर्ज के जीवन और सोच-समझ की उन्तीस-तीस साल से देखते-परखते हुए मुझे यह वाहियात लगता है कि उनकी नीयत और इरादे में खोट देखा और बताया जाए। उन्हें सरकारी या प्रतिष्ठानी आदमी कहा जाए। कुछ समय के लिए वे इंदिरा गांधी के प्रेस सलाहकार जरूर रहे लेकिन वह पद उन्होंने खुद छोड़ा और उनके आलोचक भी रहे। टाइम्स ऑफ इंडिया, हिंदुस्तान टाइम्स और फिर इंडियन एक्सप्रेस के संपादक रहे तो नौकरी करने के लिए। अपनी निष्ठा, आस्था और प्रतिबद्धता के साथ काम करने के लिए। उन से असहमत होते हुए भी आप उनके मित्र ही नहीं उनके स्नेहभाजक भी हो सकते हैं। जेपी ने कोई अट्ठाईस बरस पहले मुझे कहा था कि अगर कोई सच्चा ईसाई इस देश में है तो जॉर्ज हैं। पत्रकारिता में संतई नहीं चलती। लेकिन अपने जीवन के सबसे सक्रिय और अच्छे वर्षों में जॉर्ज पत्रकारिता ही करते रहे और फिर भी मनसा वाचा कर्मणा संत रहे। उनकी नीयत में खोट देखना आदमी की भलमनाहत में भरोसा घटाना है।

फिर अगर आप बहस चाहते हैं जैसा कि अरुंधती कहती हैं कि वे चाहती हैं तो सामने वाले को नीयत और राय का आप को वही सम्मान करना होगा जो आप अपनी नीयत और राय का करते हैं। अगर यह सम्मान आप में नहीं है तो इसका मतलब होता है कि आप विचार, समझ और तर्क में विश्वास नहीं करते। लिखना और बहस करना मुकाबला करने के

लिए नहीं पढ़ने और बात करने वाले को मनुहार कर के अपनी बात पर मना लेना है। दरअसल सबसे अच्छा लिखना वही है जो सामने वाले को पोट कर पटा लेता है। वाद-विवाद, तर्क-वितर्क से टकराव होता है और गरमी बढ़ती है लेकिन टकराव और गरमी भी मनाने की प्रक्रिया में सहायक हो सकते हैं, होना चाहिए। अरुंधती राय अपने निबंध 'द ग्रेटर कॉमन गुड' में जिस आस्था से प्रेरित हैं और उस के प्रभाव की एक कसौटी यह भी है कि जॉर्ज वर्गीज़ जैसे सोचने-समझने वाले की राय और आस्था को बदला जा सके। उनकी नीयत में खोट देखना और उन्हें सरकारी कहना एक तरह से इस आरोप को मान लेना है कि मेधा पाटकर विदेशी मदद से नर्मदा बचाओ आंदोलन चला रही हैं जो कि मैं जानता हूं कि गलत है।

मैंने शुरू में कहा कि अरुंधती नहीं जानतीं तो ऐसा इसलिए भी कहा कि उन से नई दिल्ली के नए बौद्धिक फैशनघर हेबिटाट सेंटर में हाल ही पूछा कि मुद्दों पर ध्यान देने और जागरूकता बढ़ाने के लिए हमें यशस्विता की जरूरत क्यों होती है ? बारूदी सुरंगों के खिलाफ आवाज उठाने के लिए राजकुमारी डायना, महिलाओं पर बात करने के लिए शबाना और नर्मदा घाटी में जनसंघर्ष पर बोलने के लिए अरुधंती राय की जरूरत क्यों होनी चाहिए ? सच पूछिए तो मैं (नर्मदा घाटी में जन संघर्ष के) मुद्दे पर जानने के लिए उतना नहीं आया/आई जितना आप को सुनने के लिए। अरुंधती ने इस सवाल का जवाब नहीं दिया। उनने कहा कि वे एक यशस्वी व्यक्ति के नाते नहीं लेखक के नाते नर्मदा बचाओ आंदोलन से जुड़ी हैं। फिर यह भी कहा कि बुकर पुरस्कार जीतने वाले अपने उपन्यास 'द गॉड ऑफ स्माल थिंग्स' की सफलता के बाद मेरे पास कई वस्तुओं के लिए मॉडलिंग करने के प्रस्ताव आए लेकिन मैं अपने यश को किसी आकर्षक वस्तु को बेचने में नहीं लगाना चाहती। मैं लेखिका हूं। मुझसे बात कीजिए। कहिए कि मैं गलत हूं।

फिर अरुंधती राय ने पुस्तकाकार आए नर्मदा घाटी के जनसंघर्ष पर अपने निबंध 'द ग्रेटर कॉमन गुड' में से कुछ वाचन किया और पूछा कि लेखक, चित्रकार, नर्तक और अभिनेता ऐसे मुद्दों पर सवाल क्यों नहीं उठा सकते ? राजनैतिक मंच हमने छोड़ क्यों दिया है ? लेखक सिर्फ लिखें क्यों ? चित्रकार सिर्फ चित्र क्यों बनाएं और अभिनेता सिर्फ अभिनय क्यों करें ? हमें राजनैतिक मंच पर फिर चढ़ना है। असमानता के बढ़ने के हालात इतने नाजुक हो गए हैं कि हमारे समाज का ताना-बाना ही टूट जाएगा और हम सुविधा की इस हालत में नहीं रह जाएंगे। नर्मदा घाटी से जो लोग उखड़-उजड़ रहे हैं वे कहां जाएं ? भारत में कोई पुनर्वास नीति नहीं है। कोई सुनता क्यों नहीं है ? यह कैसा समाज है ? रोज सवेरे उठना और सोचना कितना भयंकर है कि नर्मदा घाटी में पानी लोगों के सिर पर बढ़ता और गुजरता जा रहा है।

ये सब सवाल ठीक हैं और नर्मदा घाटी के लोगों की त्रासदी पर अरुंधती राय की चिंता और दुख में संदेह का कोई कारण नहीं है। फिर भी सवाल जवाब मांगता हुआ खड़ा है कि नर्मदा घाटी में लोगों के संघर्ष पर ध्यान दिलाने के लिए अरुंधती राय की जरूरत क्यों होती है ? ऐसे मामले पर देश को जगाने के लिए यशस्वी व्यक्ति ही क्यों चाहिए ? क्योंकि अरुंधती नहीं जानतीं कि अंग्रेजी में 'द गॉड ऑफ स्माल थिंग्स' उपन्यास लिख कर और उस पर इंग्लैंड का बुकर पुरस्कार जीत कर उनने जो परम यशस्वी स्तर इस देश में प्राप्त किया है वही उन्हें सुनने के लायक बनाता है नर्मदा घाटी में विकास के लिए बनाया जा रहा—सरदार सरोवर और

दूसरे तीन हजार छोटे-बड़े बांधों से होने वाला सर्वनाश नहीं। जैसा कि हेबिटाट सेंटर में उस श्रोता ने कहा—वह नर्मदा मुद्दे पर जानकारी लेने उतना नहीं आया जितना अरुंधती राय को सुनने। अरुंधती राय के नाम पर आने वाले श्रोताओं और उन्हें पढ़ने वालों के लिए नर्मदा और उसकी त्रासदी से बड़ी खुद अरुंधती राय हैं। ऐसा क्यों होना चाहिए ? और अगर यही होता है तो अरुंधती राय के लिखने से नर्मदा घाटी में चल रहे जनसंघर्ष पर कितनी जागरूकता बढ़ेगी और उसे कितनी सहानुभूति और बल मिलेगा ?

अरुंधती राय के पाठक, श्रोता और प्रशंसक इस देश के पश्चिम परस्त अंग्रेजी दां हैं। उनकी जीवन पद्धति और शान की भाषा अंग्रेजी है। नर्मदा घाटी में वे रहते नहीं। जो रहते हैं वे घाटी के उसी विकास में लगे होंगे जिसकी भयावह कीमत वहां के आदिवासी दलित और दूसरे गरीब चुका रहे हैं। नर्मदा घाटी में विकास के शिकार लोगों की भाषा मालवी, निमाड़ी, गुजराती, मराठी और आदिवासी बोलियां हैं। इन लोगों में जा कर उन्हें जगाने, संघर्ष के लिए तैयार करने और तैयार लोगों को आगे मोर्चे पर पहुंचाने वाले लोग वही हो सकते हैं जो उनकी जबान में बोलते हों, उन्हीं के जैसा महसूस करते हों और उन्हीं की तरह बढ़ते हुए पानी में डूब जाने के लिए कटिबद्ध हों। बाबा आम्टे, मेधा पाटकर और इनके साथ काम करने वाले हजारों युवक-युवतियों की भाषा अंग्रेजी नहीं है न वे उस पश्चिमी जीवन पद्धति में जाने वाले हैं जो कि भारत में हो रहे विकास की फलश्रुति है। अरुंधती राय ने सही कहा है कि वे सक्रिय कार्यकर्ता नहीं हो सकतीं न नर्मदा बचाओ जैसा आंदोलन चला सकती हैं। वे लेखिका हैं और लिख कर ही नर्मदा घाटी के लोगों की नियति और त्रासदी से लोगों को अवगत, जागृत और प्रेरित कर सकती हैं। अपनी भूमिका और अपने सरोकार को अपने स्वधर्म से परिभाषित और निर्धारित कर के अरुधंती राय ने बहुत समझदारी का काम किया है। लेकिन इससे भी हेबिटाट सेंटर के उस श्रोता को उत्तर नहीं मिलता।

दरअसल अरुंधती राय इसका उत्तर दे भी नहीं सकतीं क्योंकि वे स्वयं उस प्रक्रिया की बेटी हैं जो ऐसी यशस्विता का मायाजाल बुनती है। भारत पर अंग्रेजी में जो भी साहित्य लिखा जाता है वह दरअसल अंग्रेजी भाषी पश्चिम के लिए होता है। भारत में यह साहित्य पढ़ने और उससे तादात्म्य करने वाले वे लोग हैं जो अपनी जमीन और अपने लोगों से कटे हुए हैं और जिनका संसार पश्चिम का छाया संसार है। वे न भारत की जमीन पर हैं न पश्चिम के आसमान में। अंग्रेजीदां भारतीयों का यह त्रिशंकु समाज अब खुले बाजार की अर्थव्यवस्था में पश्चिम का बाजार बन गया है। इस बाजार की भाषा अंग्रेजी है। अंग्रेजी में लिखा गया साहित्य इस बाजार का उत्पाद है और चूंकि उत्पाद खरीदी-बिक्री के लिए होता है इसलिए पढ़ने वालों पर उसका वह असर नहीं होता जो अपनी भाषा के साहित्य का होता है। अंग्रेजी में लिख कर कोई पैसा और बाहर-भीतर यश तो कमा सकता है सार्थकता नहीं पा सकता। अपन तो हिंदी, मराठी, गुजराती, बांग्ला, तमिल, तेलुगु आदि भारतीय भाषाओं में लिखे साहित्य को एंग्लो इंडियन साहित्य से हमेशा ही बेहतर पाते हैं। शुरू में मुल्कराज आनंद, आरके नारायण, खुशवंत सिंह आदि का लिखा बांचा और फिर आखिरी उपन्यास सलमान रुश्दी की 'मिडनाइट्स चिल्ड्रन' पढ़ा। उस के बाद कुछ नहीं। विक्रम सेठ का 'सूटेबल ब्वॉय'

और अरुंधती राय का 'द गॉड ऑफ स्माल थिंग्स' भी नहीं। साहित्य के मामले में तेजी से बंजर होते पश्चिम में पैसा, पुरस्कार और नाम कमाने वाला उपन्यास अपने लिए कभी पठनीय नहीं हुआ न पश्चिम में प्रसिद्ध हुए भारतीय लेखक के प्रति मन में सम्मान बढ़ा। कोई अचरज नहीं कि ये यशस्वी लोग अपने पाठकों-श्रोताओं के लिए अपने विषय और सरोकार से बड़े हो जाते हैं।

अरुंधती राय का 'द ग्रेटर कॉमन गुड' भी अपन ने इसलिए बांचा कि उस पर विवाद हुआ। इस निबंध में सरदार सरोवर और नर्मदा परियोजना पर ऐसी कोई बात नहीं है जो पहले कही न गई हो। ऐसा कोई तथ्य नहीं है जो नर्मदा घाटी में चल रहे आंदोलन को जानने वाले को मालूम न हो। ऐसा कोई संदर्भ और परिप्रेक्ष्य नहीं है जो पहले लिखा या बताया न गया हो। अगर कुछ नया है तो वह अरुंधती का आवेग, लगाव, आक्रोश और उनकी पीड़ा। जॉर्ज वर्गीज़ ने उसे काव्य कहा क्योंकि वे अंग्रेजी के पोएटिक लाइसेंस के अंतर्निहित व्यंग्य को निबंध पर चस्पा करना चाहते थे। साहित्य लिखने के अभ्यासी के लिखने में एक तरह की अनौपचारिकता और आत्मीयता होती है जो लिखे को ताजगी देती है। वह निश्चित ही अरुंधती के निबंध में है। लेकिन उससे अपन गा गा नहीं होते क्योंकि अपना भी बचपन और उस के यादगार दिन-रात, महीने और वर्ष इसी नर्मदा के किनारे कटे हैं। इसी के पानी से अपनी मिट्टी बनी है। इसी के खरबूज, तरबूज और ककड़ी से दांत पके हैं। यही नर्मदा अपनी मां और विंध्य अपना पिता है। मेधा पाटकर और बाबा आम्टे ने नर्मदा बचाओ आंदोलन शुरू किया उस के काफी पहले से अपन नर्मदा घाटी परियोजना के विरोधी रहे हैं। आंदोलनकारी होना अपना भी स्वधर्म नहीं है। इसलिए लिख-पढ़ और छाप कर जो कर सकते हैं किया है और करेंगे। अरुंधती राय ने अपने निबंध में जो लिखा है उससे अपन सहमत हैं। नर्मदा बचाओ आंदोलन की अपनी कोई आलोचना है तो यही कि गुजरात पर उसका वह असर नहीं है जो कि एक अच्छे और सच्चे आंदोलन का होना चाहिए। गुजरात के लोगों के गले उतारना यह भी जरूरी है कि सरदार सरोवर उनके लिए भी उतना ही विनाशकारक है जितना कि मध्यप्रदेश के लिए। एक बार गुजरात के लोग यह मान जाएं तो नर्मदा परियोजना यहीं ठप्प हो जाएगी।

फिर भी अरुंधती के नर्मदा घाटी के जनसंघर्ष पर लिखने का आंदोलन को लाभ हो सकता है। नर्मदा घाटी परियोजना को बनाने और चलाने वाले लोग आखिर वही हैं जो विकास की पश्चिमी अवधारणा को मानते हैं। इन लोगों के विमर्श की भाषा वही अंग्रेजी है जो अरुंधती की भी है। ये लोग अपने वर्गगत आर्थिक और राजनैतिक हितों से संचालित होते हैं जो अरुंधती की भावुकता से ज्यादा ठोस और स्थायी हैं। इसलिए ऐसा तो नहीं होगा कि अमीरों को और अमीर और गरीबों को और गरीब बनाने वाले इस विकास को वे रोक देंगे। लेकिन जो वे मेधा पाटकर से नहीं सुनते वह अरुंधती राय से सुन सकते हैं। क्योंकि अरुंधती उनके अंग्रेजी समाज की कन्या ही नहीं यशस्वी सुकन्या हैं। हमारे श्रेष्ठि समाज और प्रभुवर्ग में यशस्विता की इसीलिए जरूरत होती है।

(5.7.99)

सत्यजित राय

सांस्कृतिक दैन्य के अरण्य में

कहा गया कि सत्यजित राय के ज्यादातर दर्शक और प्रशंसक पश्चिम में थे। एक हलका सा आरोप भी कि वे भारत के सर्वश्रेष्ठ फिल्मकार कहे गए क्योंकि पश्चिम ने उन्हें ऐसा माना। वे पश्चिम की आंखों से भारत को देखते बताते थे इसलिए वहां इतने लोकप्रिय और वहां के आलोचकों के इतने प्रिय थे। नरगिस ने संसद में कहा था कि सत्यजित राय भारत की गरीबी, गंदगी, हताशा और अंधकार के व्यापारी हैं तो इसमें दबा-छुपा एक लांछन भी कहीं था। जैसे वे भारत को बदनाम करने वालों की साजिश में शामिल हों। हालांकि नरगिस बंबई की उस देशभक्त फिल्मी दुनिया की प्रतिनिधि आवाज नहीं थी जिसे सत्यजित राय की फिल्में और कीर्ति कभी पसंद नहीं आई।

बंबई की टीन टप्परी चकाचौंध को हिकारत से देखने वाले हिंदी इलाके के कलाप्रिय धवल हंसों में भी सत्यजित राय का दबदबा इसलिए था कि दांतों के बीच चुरट दबाए वे लोकप्रिय सिनेमा को जैसे मुंह चिढ़ाए रहते थे। सत्यजित राय से इन आधुनिक कलाप्रेमियों का तादात्म्य इसलिए बैठ गया था कि उन्होंने भारतीय सिनेमा को महानगरीय श्रेष्ठिवर्ग में प्रतिष्ठा और गौरव का स्थान दिला दिया था। दुनिया के नए और समानांतर सिनेमा और क्रांतिकारी फिल्मकारों की चर्चा में सत्यजित राय का नाम भी उछाला जा सकता था और गर्व किया जा सकता था कि हमारे एक फिल्मकार भी ऐसे महीनों की सूची में हैं।

हिंदी इलाके के महानगरीय कलाकर्मियों ने सत्यजित राय की सीधे आविष्कार नहीं किया था। राय की फिल्मों को उन्होंने इंगलिश सब टाइटल्स और पश्चिम में उनके आकलन के जरिए जाना था। सत्यजित राय और उनकी फिल्मों को बंगाली फिल्मकारों और बंगाली सिनेमा की परंपरा में देख समझ कर पहले भारतीय और फिर विश्व सिनेमा पर उनका प्रभाव और उसमें उनका स्थान देखने की स्वतंत्र कोशिश हमारे कलाप्रेमी संसार में नहीं की गई। ऐसा करने के औजार और उनके उपयोग का आत्मविश्वास भी हमारे कलाप्रेमियों में नहीं है। उनकी ऊपर टप्पे की दुनिया आयातित पुर्जों से इस देश में असेंबल की गई है। उसमें अपने असल होने का वह सहज विश्वास नहीं है जो गहरी जड़ों वाले वृक्ष में होता है और जो ऋतुओं के परिवर्तन के उत्तर में प्रकट होता है। इन कलाकर्मियों के लिए सत्यजित राय कलकत्ते से सीधे दिल्ली, बंबई, लखनऊ, भोपाल, पटना, जयपुर, इलाहाबाद आदि नहीं आए, न कलकत्ता और उस के बंगाली इलाके में जा कर इन्होंने उन्हें खोजा और समझा। सत्यजित राय इन्हें बरास्ता पश्चिम ही मिले और बंबइया फिल्मी दुनिया राय की इस छवि के खिलाफ प्रतिक्रिया में पड़ी रही।

सत्यजित राय के देहावसान पर कलकत्ता में जो दिखा वह उनकी इन दोनों ही छवियों से भिन्न था। नंदन में उनके पार्थिव शरीर पर फूल चढ़ाने के लिए लाख दो लाख लोग लंबी

लाइनों में दिन भर खड़े रहे। बच्चे, बूढ़े, जवान, लड़कियां और बूढ़ी महिलाएं। बिलकुल साधारण लोग और उन्हीं के साथ लाइन में लगे रहे साहित्यकार, कलाकार, फिल्मकार और समाज में प्रतिष्ठित उद्योगपति, व्यापारी, पूंजीपति और राजनेता। जैसे, मृत्यु के सामने सब बराबर हैं वैसे सत्यजित राय के पार्थिव शरीर के सामने बंगाली समाज अपनी बराबरी में लाइन लगाए शोकमग्न खड़ा था। एक अंदाज है कि उनकी अंतिम यात्रा में कुल कोई पंद्रह लाख लोग शामिल हुए होंगे। कलकत्ता ने रवींद्रनाथ ठाकुर को भी विदा किया है और इस महानगर की स्मृति में कुछ और भी अंतिम यात्राएं हैं जो अविस्मरणीय और ऐतिहासिक हैं। इनके कुछ साक्ष्यी अभी हैं और उन से बात करने पर साफ लगता है कि कलकत्ता और बंगाल के लिए सत्यजित राय सिर्फ एक कला या श्रेष्ठ फिल्में बनाने वाले नहीं थे। वे बंगाल के गौरव पुरुष थे और ऐसा वहां के खास नहीं आम लोग मानते थे। उन्हें उसी तरह बंगाल ने बिदा किया।

सत्यजित राय बंगाल में लोकप्रिय फिल्में बनाने वाले बड़े फिल्मकार थे। उनकी फिल्में महीनों चला करती थीं। वही फिल्में जो बाकी भारत में कला फिल्में मान कर चलाई जाती थीं और हफ्ते भर बाद उतर जाती थीं। उन फिल्मों से सत्यजित राय करोड़पति नहीं हुए न इतना काला पैसा बना कि वे हर किसी को रुपए बांटते फिरते। लेकिन ऐसा कभी नहीं हुआ कि वे घाटे में डूब गए हों। बंगाल में उनकी फिल्मों के दर्शक आम बंगाली थे। उन्होंने शिकायत नहीं कि राय की फिल्मों में बंगाल की गरीबी, गलाजत और अंधकार ही क्यों होता है। या वे उच्च स्तर की कला फिल्में क्यों बनाते हैं जो बहुत धीमी उदास और दुखी कर देने वाली होती हैं। वे हलकी-फुलकी मनोरंजक फिल्में क्यों नहीं बनाते ? सत्यजित राय चित्रकार, संगीतकार, कहानीकार आदि तो थे ही बच्चों के लिए भी उन्होंने खूब लिखा और जासूसी साहित्य भी लिखा। शिकायत नहीं हुई कि जासूसी कथाएं लिख कर सत्यजित राय ने सस्ते और लोकप्रिय होने की कोशिश की। बल्कि आप पाएंगे कि उन्होंने ऐसा कुछ नहीं किया जो लोकप्रिय होने के लिए किया गया हो। अपने दूध में उन्होंने पानी नहीं मिलाया ताकि कमजोर पाचन शक्ति वालों के लिए भी सुपाच्य हो सकें।

सत्यजित राय जो करना चाहते थे वही उन्होंने किया और जिस बंगाल को जानते थे उसी पर किया। अखिल भारतीय और अंतर्राष्ट्रीय होने के लिए उन्होंने ऐसी कोई फिल्म नहीं बनाई जो देश भर या सारी दुनिया को लुभाने के लिए हो। वे खांटी बंगाली रहे। कोई अपनी जमीन, अपने परिवेश और अपने लोगों को गहराई से जानता हो और जिस में अपने जाने हुए को ही ब्रह्म मानने का आत्म विश्वास हो उसे दुनिया को देख कर नहीं चलना होता। गांधी जी एक अनजान जगह—वर्धा—में आश्रम बना कर बैठ गए। वर्धा देश की हलचल का केंद्र हो गया। दुनिया वहां जाती थी गांधी जी को दुनिया भर में दौड़ना-फिरना नहीं पड़ता था। सत्यजित राय का सिनेमा शुद्ध आंचलिक है लेकिन है किसी में दम जो उसे आंचलिक कह कर डिसमिस कर सके। बंगालियों की जातीय अस्मिता को कितना गर्व होता होगा जब खांटी बंगाली फिल्में बनाने वाले सत्यजित राय का सम्मान करने फ्रांस के राष्ट्रपति कलकत्ता आए और विशेष ऑस्कर देने वाले दौड़े दौड़े आए कि कहीं ऐसा न हो कि राय दुनिया को अलविदा कह दें। अंतर्राष्ट्रीय ख्याति पा लेने के बाद भी सत्यजित राय ने अंतर्राष्ट्रीयता की सेवा में अपनी प्रतिभा को नहीं लगाया। और ऐसा भी नहीं कि खांटी बंगाली होने के कारण सत्यजित

राय धोती-कुरता पहनने, मछली भात खाने और आमार शोनार बांग्लादेश गाने वाले टिपिकल बंगाली रहे हों। बल्कि लोगों का कहना है कि उनका निजी जीवन काफी अंग्रेजियत का था। अंग्रेजों की तरह ही वे अंग्रेजी बोलते थे जो लोगों को नकली और दिखावटी लगती थी। अच्छी अंग्रेजी बोलने का आग्रह उनका जग जाहिर था। बड़े साहब की तरह अपनी नफासत और अपने अभिजात्य में वे दूर, अकेले और संगमरमरी टीले पर अपने घमंड में बैठे लगते थे। अपनी फिल्मों के पोस्टर तक वे दूसरों के जिम्मे नहीं छोड़ते थे। अपनी पसंदगी-नापसंदगियों पर उन्हें कोई झिझक नहीं होती थी। जो करना चाहते थे और जिससे करवाना चाहते थे वही करते और उसी से करवाते थे। अपने प्रमाण वे आप थे और ऐसा करने, समझने और दिखाने में उन्हें न दुनिया को जताना था न उससे छुपाना। उनकी अहमन्यता लोगों को खटकती तो उनकी बला से। वे थोड़े लेकिन सघन संबंधों वाले व्यक्ति थे। लोकप्रिय लोगों का जनसंपर्क और सब को खुश रखने की इच्छा उनमें कभी नहीं थी।

वे सभी तरह से एलिटिस्ट होने की हमारी अवधारणा को पूरी करते थे। शेष भारत उन्हें एलिटिस्ट मानता भी था। लेकिन बंगाल में वे आम लोगों के सांस्कृतिक जननायक थे। जनवादी नहीं थे बल्कि लोकप्रिय मार्क्सीय कसौटियों पर तो बड़े बोर्जुआ साबित होंगे। लेकिन अपने साहित्य, अपनी फिल्मों और अपने जीवन से वे बंगाल के जनमत से जुड़े बल्कि उन्हीं में से एक थे। लोकप्रिय और शास्त्रीय की जो खाई हमारे हिंदी भारत में अनिवार्य रूप से दिखाई देती है वह बंगाल में सत्यजित राय के साथ तो थी ही नहीं। राय का उच्च सांस्कृतिक, कलात्मक स्तर बंगाल का लोकप्रिय स्तर है।

ऐसा हमारे हिंदी भारत में क्यों नहीं होता ? क्यों हमारे बड़े-बड़े से लेखक के देहावसान पर सौ लोग भी शोक मग्न लाइन में खड़े नहीं होते। क्यों उनकी शवयात्राएं नगर निगम की मुर्दा गाड़ियों में निकल जाती हैं ? लोकप्रिय गुलशन नंदा और गौरवशाली अज्ञेय दो दुनिया के लेखक क्यों हैं ? फणीश्वरनाथ रेणु की कहानी पर बनी 'तीसरी कसम' तो हिंदी इलाके की खांटी फिल्म थी। शैलेंद्र ने क्या तो उस के गाने लिखे थे और क्या उसका संगीत था। राज कपूर और वहीदा रहमान ने अभिनय भी क्या गजब का किया था। लेकिन वह फिल्म कहीं महीने भर नहीं चली और 'शोले' और 'जय संतोषी मां' बरसों चलती रहीं। हमारे कवि सम्मेलनों में कभी नीरज, वीरेंद्र मिश्र आदि रात भर समां बांधते थे लेकिन साहित्य में उनकी क्या जगह बनी ? आज अशोक चक्रधर, सुरेंद्र शर्मा, गोविंद व्यास आदि सबसे लोकप्रिय कवि हैं लेकिन कौन साहित्यकार इन्हें कवि मानता है ? क्यों हमारे बड़े कवि टीवी और रेडियो पर कविता पाठ कर देते हैं लेकिन सुनाएं तो सुनने पचास लोग न आएं। एक हजार प्रतियां भी उनके काव्य संग्रह की नहीं बिकतीं। कहानी, उपन्यास, नाटक कौन पढ़ता और देखता है ? कितनी साहित्यिक पत्रिकाएं हमारे हिंदी में बची हैं ? हिंदी सिनेमा ने एक ऋत्विक घटक और सत्यजित राय पैदा नहीं किया। क्यों हिंदी इलाके की लोक सांस्कृतिक परंपराएं शास्त्रीय परंपरा से मिल कर एक नई आधुनिक सांस्कृतिक चेतना और लगाव में नहीं बदली ? क्यों जो लोकप्रिय है वह हलका, सस्ता और अर्थहीन माना जाता है और जो वजनदार और सार्थक है उसे पूछने वाले नहीं मिलते ?

बंगाल में लोकप्रिय और शास्त्रीय का कोई भेद नहीं दिखता तो इसका कारण यह है कि वह भारतीय सांस्कृतिक पुनर्जागरण की भूमि है। जिस पुनर्जागरण की प्रक्रिया से बंगाल गुजर

कर बना है उस से हिंदी भारत अछूता छूट गया है। लोक परंपराएं सिंहासन पर स्थापित नहीं हैं और जो सिंहासन पर बैठा हुआ है उसका दबदबा चाहे जितना हो वह लोक जीवन के उत्स में सहज स्वीकार्य नहीं है। हमारा एलीट न पश्चिमी हो सका है न उस की धरती में जड़ें बची हैं। वह महानगरों के अवास्तविक जीवन में धुएं के प्रदूषणी स्तर जैसा लटका हुआ है। लोक परंपराएं कुतुहल और अजायबघर में पहुंचाए जाने की कोशिश में विकृत हो रही हैं। सारे भारत भवन और अपने उत्सवों के कर्त्ता सत्ता के संघर्ष पर संस्कृति का परदा झुलाते हुए लगते हैं। हिंदी का ग्रामीण भारत सांस्कृतिक अरण्य नहीं है लेकिन शहरी खास कर महानगरीय भारत तो सीमेंट कंक्रीट का बियाबान है। आप कितने ही राजीव सेठियों और अशोक वाजपेइयों को प्रपुल जयकर के चंवर डुलाने में लगा दीजिए इनसे सांस्कृतिक पुनर्जागरण की वह प्रक्रिया शुरू नहीं होगी जिसमें से कोई सत्यजित राय कभी निकल सके।

(3.5.92)

लता मंगेशकर

ए मेरे वतन के लोगों

ऐसा तो हो नहीं सकता कि लता बाई का गाया कोई गाना आपका अपना गाना न हो। कहीं कोई धुन, कहीं कोई बोल और कहीं कोई पूरा गाना ही जीवन की पगथली में कांटे की तरह चुभ कर टूट जाता है। मर्म में खुबी हुई नोक रह जाती है और जो जब-तब या कभी-कभी अकारण ही कसकने लगती है। तब वह धुन, वह बोल और वह गाना बार-बार घुमड़ता है और आप गुनगुनाते रहते हैं। ऐसा होने के लिए जरूरी नहीं कि आप गाना सुनने वाले या गाने वाले हों। हर व्यक्ति गुनगुनाता है—बाथरूम हो या कमरा या सड़क या सुनसान बियाबान या भीड़ भरा चौराहा। याद कीजिए आपने अपने को कभी न कभी तो गाते हुए पाया या पकड़ा ही होगा। है न ?

लता मंगेशकर होने की सार्थकता यह है कि पचास साल में उन्होंने इतनी परिस्थितियों में और इतनी भाषाओं में इतने गीत गाए हैं कि शायद ही कोई भारतीय होगा जिसके निजी जीवन को उनके स्वर ने छुआ न हो। गाने में यश है, कीर्ति है और अब तो धन भी है। लेकिन ये तीनों तो आप प्रतिभाशाली और मेहनती और अपनी धुन के पक्के हों तो और कई क्षेत्रों में भी पा सकते हैं। जैसे लता मंगेशकर के गाने की स्वर्ण जयंती पर बंबई के शिवाजी पार्क समारोह में बोलने आए सुनील गावसकर। बल्लेबाजी के इस वामन अवतार ने तीन डग से क्रिकेट की दुनिया नाप ली है। यश, कीर्ति और धन उन्हें भी भरपूर मिला है और उनकी कीर्ति ध्रुव तारे की तरह रहनी है। लेकिन एक मामूली भारतीय के जीवन को उसकी निजता में जिस तरह लता मंगेशकर के स्वर ने छुआ है वैसा सुनील गावसकर के बल्ले ने तो नहीं छुआ।

गाना क्रिकेट खेलने से कहीं अधिक स्वाभाविक, व्यापक और सार्थक है। कोई आदमी औरत नहीं है जिसने गाया न हो—प्रेम में, सुख में, दुख में, विषाद में, समर्पण में, शरारत में यानी भावावेग की कोई न कोई अभिव्यक्ति तो ऐसी है ही जो किसी के जीवन में गाने से हुई हो। गाने में ऐसा कुछ आदिम है जो हम सब के जीवन में है। भारतीयों के जीवन के इस आदिम तत्व में लता मंगेशकर कहीं न कहीं स्वर की तरह घुली और खुबी हुई हैं। इतना व्यापक और गहरा स्पर्श इस देश के और किसी भी गाने वाले या गाने वाली का नहीं है।

फिल्मों की टीन टप्परी दुनिया में वैसे भी कोई ज्यादा देर तक नहीं टिकता। पचास साल तो बहुत बड़ा काल है। इतने में कम से कम पांच पीढ़ियां बीत जाती हैं। सदाबहार कहे जाने वाले हीरो, हमेशा सोलह साल की बनी रहने वाली तारिकाएं, संगीत निदेशक, गायक, गीतकार, कहानीकार सभी मौसम के साथ चढ़ते और उतर जाते हैं। उस बाजार में कोई किसी

का नहीं होता। बाक्स ऑफिस पर जो जितना चल जाए उतना ही उसका कैरियर है। लता मंगेशकर ने जब पहला गाना गाया तो वे तेरह बरस की थीं। और हालांकि उनके घर में गाने-बजाने की परंपरा थी और पिता मास्टर दीनानाथ का तो टुप ही था और वही लता मंगेशकर के पहले गुरु थे। लेकिन यह घर और घराना उनके काम नहीं आया। पहले माता साथ छोड़ गईं और फिर पिता। लता मंगेशकर के काम आई उनकी अद्भुत और जन्मजात प्रतिभा, कंठ और लगातार रियाज करते रहने और अपने को बेहतर बनाते रहने की लगन। फिल्मी दुनिया की लगातार खिसकती रेत में लता जी बचपन से ले कर अब बुढ़ापे के तिरसठ साल तक अगर पैर जमाए मजबूती से खड़ी रहीं तो इसका कारण उनका अपना गाना ही है। अगर उन्होंने कहीं समझौता नहीं किया और अपने आत्म-सम्मान को कहीं आंच नहीं आने दी तो सिर्फ इसलिए कि इस चरित्रवान स्त्री को अपनी प्रतिभा पर गजब का भरोसा था और है।

पचास साल से वे गा रही हैं और गिनीज़ बुक ऑफ वर्ल्ड रिकार्ड्स में सबसे ज्यादा गीत गाने के कीर्तिमान को छोड़ भी दें तो भारतीय सिने संगीत में वे हमेशा शिखर पर रही हैं। इतने साल कोई शिखर पर नहीं रहा लेकिन लता मंगेशवर को कोई चुनौती नहीं मिली। बहुत कहा गया कि उन्होंने अपना एकाधिकार जमा रखा है। वे अपनी प्रतिभा और अपने स्थान का दुरुपयोग करती हैं और संगीतकारों और निर्माताओं को धौंस पट्टी में रखती हैं। वे नई गायिकाओं को उभरने और जमने का मौका नहीं मिलने देतीं। सिने संगीत में उनकी छवि सर्वसत्तावादी और तानाशाह महिला की बनाई गई और तमाम नई गायिकाओं को उनकी ज्यादती की शिकार। बंबई की फिल्मी दुनिया में और उनकी गला कांटू होड़ में सारे हथियार और हथकंडे जायज हैं। इनको लता मंगेशकर जैसी समझौता न करने वाली और अपनी प्रतिभा की ऐंठ पर बल खाए खड़ी रहने वाली महिला को कीचड़ में रगड़ने और धूल में मिला देने में अपार आनंद ही मिल सकता है। उन्होंने कोशिश भी बहुतेरी की लेकिन लता मंगेशकर ने न तो मैदान छोड़ा न अपनी गरिमा से नीचे उतर कर गाना गाया।

फिल्मी दुनिया की उस काजल की कोठरी में अगर अभी वे अपनी सफेद धोती में ठसके से बैठ कर गाती हैं तो यह उनकी चारित्रिक और धारणा शक्ति की विजय है। फिल्मी दुनिया की शायद ही किसी हस्ती का भीतर और बाहर इतना दबदबा और सम्मान हो जितना लता मंगेशकर का है। उन्होंने ज्यादातर सिनेमा के लिए गाया और फिल्मी संगीत को संगीत के संसार में कोई महत्त्व नहीं मिलता। लेकिन भीमसेन जोशी जैसे हमारे जमाने के दिग्गज गायक लता मंगेशकर का सम्मान करने शिवाजी पार्क आए थे और कहा कि लता बाई तो महाराष्ट्र को भगवान की देन हैं। कुमार गंधर्व भी पिछले पचास साल के सर्जक गायकों के अग्रणी थे और उनके मन में भी लता मंगेशकर के लिए प्रेम और सम्मान था। अमीर खां साहब क्या सोचते थे मुझे मालूम नहीं। लेकिन शायद ही ऐसा कोई शास्त्रीय गायक हुआ है जिसको लता मंगेशकर ने प्रभावित न किया हो। यह सम्मान फिल्मी दुनिया की किसी गाने वाली या गाने वाले को ही मिला हो, ऐसा नहीं। देश के सभी क्षेत्रों के सभी अग्रणी लोगों में लता मंगेशकर की इज्जत है। सिर्फ सिनेमा के गाने गा कर कोई ऐसी सर्वमान्य लोकमान्यता पा ले तो इसे अद्भुत ही माना जाना चाहिए।

मामूली सड़क छाप आदमी से ले कर अपने क्षेत्र के शिखर पर बैठे व्यक्ति तक का कोई न कोई गाना है जिसे लगा मंगेशकर ने गाया है। लेकिन मैं पाता हूं कि सिनेमा का ऐसा कोई गाना नहीं है जो मेरे मर्म में कांटे की तरह खुबा हो और जिसे बार-बार गुनगुना कर मैं राहत और मुक्ति पाता हूं। अपन संगीत के मामले में कोई नकचढ़े आदमी नहीं हैं कि फिल्मी यानी लोकप्रिय संगीत को हिकारत की नजर से देखें यह भी नहीं कि जिस इंदौर में अमीर खां साहब और देवास में कुमार गंधर्व का गाना सुना उसी इंदौर में जन्मी लता बाई के लिए अपने मन में कोई मोह और सम्मान नहीं है। मेरे एक मामा हारमोनियम अच्छा बजाया करते थे और दफ तर के बाद के टाइम में संगीत की ट्यूशन किया करते थे। उनका दावा था कि उन्होंने लता को बचपन में गाना सिखाया। मैं तब भी मानता था कि यह गप है क्योंकि लगा मंगेशकर का तो जन्म ही सिर्फ इंदौर में हुआ था। उनके पिता अपना टुप ले कर आए थे और चले गए थे। फिर भी इंदौर वालों को गर्व है कि लता मंगेशकर उनके यहां जन्मीं। वहां उनके नाम पर उनके जन्मदिन पर सुगम संगीत का एक लखटकिया पुरस्कार भी दिया जाता है। अब शायद वहां निराशा हुई होगी कि खुद लता बाई अपने को महाराष्ट्र की कन्या मानती हैं।

लता मंगेशकर का जो गाना मुझे आज भी विचलित करता है वह उन्होंने फिल्म में नहीं गाया। बत्तीस साल पहले दिल्ली के नेशनल स्टेडियम में चीनी आक्रमण के बाद लता मंगेशकर ने प्रदीपजी का लिखा—ऐ मेरे वतन के लोगों—गाया था जिसे सुन कर जवाहरलालजी की आंखों से आंसू टपकने लगे थे। उन्होंने लता मंगेशकर को कहा भी था—'बेटी तूने आज मुझे रुला दिया।' वे एक पराजित प्रधानमंत्री के आंसू नहीं थे। वे विश्व शांति के एक ऐसे महापुरुष के आंसू थे जिसे राष्ट्रहित की हिंसक राजनीति ने छल लिया था। मैं उस कार्यक्रम में नहीं था। इंदौर में बैठा नई दुनिया अखबार निकालता था और चीनी आक्रमण से अपने को उसी तरह छला हुआ और घायल पाता था जैसे जवाहरलाल और अपना पूरा देश। नेफा में हुई पराजय पर रोना नामर्दी लगता था। लेकिन मोर्चे की खबरें पढ़-पढ़ कर और छाप-छाप कर मन में तो रुलाई आती ही थी। लता मंगेशकर का—ऐ मेरे वतन के लोगों—सुन कर और गा कर मन पानी-पानी हो जाता। लगता कि अपन वह शहीद भी हैं जो संगीन पर माथा रख कर सो गए और वह वतन के लोग भी हैं जो अमर बलिदानी को याद कर के रो रहे हैं। एक राष्ट्र की आहत आत्मा की आवाज थी जो लता मंगेशकर के गीले गले से निकली थीं और करोड़ों लोगों को रुला रही थी। मैं हमेशा गाती हुई लता मंगेशकर और रोते हुए पितृ पुरुष जवाहरलाल को अपनी डबडबाई आंखों के सामने पाता और रुलाई दबाता।

चीन से पराजय का वह अपमान अब समय के कागज़ पर धुंधला हो कर बहुत हलका पड़ गया है। लेकिन आज भी—ऐ मेरे वतन के लोगों—सुनता हूं तो जैसे घाव में खून भर आता हो और टपकने लगता हो। ठंड और अंधेरे और हताशा के दिन आसपास मंडराने लगते हैं। एक जवान होता लड़का अधेड़ शरीर में देव की तरह आ कर कांपने लगता है। लता मंगेशकर की आवाज बर्फीले पहाड़ों को काट कर आती और ठंडी धार की तरह अंदर उतर जाती है बल्कि आर-पार हो जाती है। लता मंगेशकर ने और भी कई सदाबहार गीत गाए हैं। अपन भी कोई ऐसे लाइलाज देशभक्त नहीं हैं कि हमेशा राष्ट्रीय अपमान की ही याद करते रहें। लेकिन मेरे मन में लता मंगेशकर कुरबानी से जुड़ी हुई हैं। मुझे लगता है कि

तेरह बरस की उमर से गाने वाली इस महिला ने मां-बाप का वियोग सहा। अपने भाई-बहनों को पाल-पोस कर बड़ा किया। अविवाहित रहीं। अपना जीवन संग्राम एक क्षत्राणी की तरह अपने गाने से लड़ते हुए जीता। सरहद पर लड़ने वाले वीर जवानों से कोई कम नहीं हैं यह वीरांगना। इसलिए जब किसी पत्रिका में पढ़ा कि लता मंगेशकर ने राजसिंह डूंगरपुर से चुपचाप शादी कर ली तो ऐसा लगा कि उन्हें अपवित्र करने की कोशिश की गई हो। राजसिंह भी हमारे इंदौर में क्रिकेट खेलते थे और संगीत के शौकीन हैं। और लता मंगेशकर भी हमारे इंदौर में जन्मीं और अनन्य गायिका हैं और उन्हें भी क्रिकेट का बेहद शौक है। अपने परिवार और गायन के लिए अपने मौज-मजे को कुरबान करने वाली कोयल पर कोई कीचड़ कैसे उछाल सकता है ? उनका गाना सुन कर आंखें गर्व और आनंद से उठ जाती हैं। क्यों नहीं लगता कि वे एक फिल्मी गायिका हैं ?

(4.10.92)

स्टीवन कपूर

भारत के अपाची इंडियनों के बीच आया अपाची

दिल्ली के दो अंग्रेजी अखबारों ने उस अपाची इंडियन उर्फ स्टीवन कपूर, उसकी संगिनी हरजिंदर सहोटा और उससे उत्पन्न पुत्र, केलविन का पहले पेज पर फोटू छापा है। अच्छा बड़ा और ऊपर। उस अपाची को मैं एमटीवी के परदे पर कई बार नाचते-गाते देख चुका हूं। उस के और उस के गाने के बारे में बाहर के अखबारों में पढ़ चुका हूं। बाकी जानकारी मुनमुन प्रसाद सिंह उर्फ हमारे छोटे पुत्र से मिली है जो माता की अनवरत झिड़कियों के बीच एमटीवी सुनते-देखते और रेकार्ड करते रहते हैं। एमटीवी पर नाचते गाते और जाने क्या-क्या करते रहने वाले सितारों के बारे में मुनमुन की जानकारी अच्छी है। लेकिन उस की दीवानगी पर मुझे दुख होता अगर अक्सर सबेरे उठ कर वह मल्लिकार्जुन मंसूर की भैरवी या कुमार गंधर्व के कबीर भजन नहीं लगाता होता या बीबीसी के प्रश्नोत्तरी कार्यक्रम मास्टर माइंड में पूछे जाने वाले सवालों के तड़ाक-तड़ाक जवाब न देता होता।

उन अखबारों में वह फोटू देख कर मैं पहले कुछ उत्तेजित और बाद में उदास हो गया। मैंने अपने से पूछा और पूछते हुए मेरा गला भर आया—भीमसेन जोशी को पचास साल हो गए तान लगाते हुए। क्या ऐसा कभी हुआ कि वे इस नगर में गाने आए हों और अंग्रेजी के किसी अखबार ने उनका इतना बड़ा और बिलकुल ऊपर फोटू छापा हो ? इंटरव्यू किया हो कि आजकल वे क्या गा रहे हैं ? पंडवानी गाने वाली तीजन बाई पेरिस के भारत उत्सव से लौटी हो और किसी अंग्रेजी अखबार ने जानना चाहा कि यूरोपीय संस्कृति के उस केंद्र में छत्तीसगढ़ी लोक शैली में महाभारत गाने का क्या आनंद है ? या कोई आल्हा गाने वाला आया हो और अशोक होटल के कन्वेंशन हॉल में उसका प्रोग्राम हुआ हो और उसका इंटरव्यू करने की अंग्रेजी अखबारों में होड़ लग गई हो ? फिर अपाची इंडियन पर ये लोग ऐसे न्यौछावर क्यों हो रहे हैं ?

क्या है अपाची इंडियन ? बरमिंघम, ब्रिटेन में जालंधर से जा कर बसे एक भारतीय परिवार का लड़का। मास्टर होना चाहता था वेल्डर हो गया। फिर शाम को काले लोगों और वेस्ट इंडियनों के रैप और रेगे संगीत की लय और भांगड़ा की ताल पर नाचने-गाने लगा और देखते-देखते अनिवासी भारतीय का पॉप स्टार हो गया। काले लोगों का जो संगीत उसने लिया है वह उनका आदिम आदिवासी संगीत है। जैसे अपने यहां आदिवासी नाचते गाते हैं। और नाचना-गाना उनके जीवन का सहज और अनिवार्य तत्व है वैसा ही काले लोगों का संगीत है। अमेरिका, इंग्लैंड, वेस्टइंडीज आदि देशों में जो लोकप्रिय पॉप संगीत चलता है उस में काले लोगों की आदिवासी ताल और लय ने नया आनंद जोड़ दिया है। उनकी ताल पर काले-गोरे लड़के-लड़कियां नाचते-गाते हैं। कई गोरे गाने वालों की टोलियों ने भी इस संगीत को अपना

लिया है। इंग्लैंड में वेस्टइंडीज के बहुत से लोग रहते हैं और अपने नाचने-गाने में उसी तरह मगन रहते हैं जैसे हमारे आदिवासी। सच पूछिए तो अपाची इंडियन उत्तरी अमेरिका की एक इंडियन जनजाति का नाम है। उनका अपाची नृत्य भी है जिसे दो लोग तेजी से और झूम कर करते हैं। इसी से अंग्रेजी बोलने वालों ने एक शब्द अपॉश बना लिया है जिसका मतलब होता है गुंडा, बदमाश, रास्ता चलता शोहदा। पता नहीं गोरों ने यह शब्द और अर्थ अपाची इंडियनों के लिए बना लिया है या इसका मूल रंगभेद में न हो कर कहीं और है।

स्टीवन कपूर का नाम स्टीवन इसलिए है कि उसकी मां को अंग्रेजी नाम अच्छे लगते थे। उसने गाने वाले के रूप में अपना नाम अपाची इंडियन रख लिया और उसे अपने तखल्लुस पर गर्व है। रैप और रेगे संगीत उस ने बरमिंघम में रहने वाले कालों से लिया और अपना भंगड़ा भी उस में जोड़ दिया। भंगड़े को पॉप से जोड़ने वाला अपाची इंडियन पहला भारतीय नहीं है। मलकीत सिंह ने भी भंगड़े को पॉप से जोड़ कर इंग्लैंड और दूसरी जगहों में बसे पंजाबियों में बड़ा नाम और पैसा कमाया और उन्हें आनंद भी दिया है। एक बार संदीप कहीं हिमाचल में खेलने गया और एक टेप ले आया। उसी में तूतक तूतक तूतिया हाय जमालो !– था जिसने हमारे घर में हंगामा मचा दिया। बाद में मैंने पाया कि मलकीत सिंह का वह अलबम पंजाब और दिल्ली में हर कहीं बज रहा है। और तो और हाल ही उसे मैंने लखनऊ या भोपाल की शताब्दी गाड़ी के संगीत नेटवर्क पर भी बजते सुना।

लेकिन मलकीत सिंह ब्रिटेन में भी उतना लोकप्रिय नहीं हुआ जितना अपाची इंडियन है। अपाची की अपील काले अफ्रीकियों, वेस्टइंडियनों और एशियाइयों में समान रूप से मानी जाती है। मुझे मालूम नहीं कि उसका कोई गाना एमटीवी के टॉप बीस गानों में आया कि नहीं और बीस से चढ़ते हुए पहली पायदान पर चढ़ा कि नहीं। लेकिन एमटीवी के फरमाइशी गानों में उस के गाने अक्सर बजते रहते हैं। एमटीवी को भारत में आए दो साल भी नहीं हुए हैं। और अपाची इंडियन का भी पहला रेकार्ड तीन साल पहले निकला था। पिछले साल उसका पहला अलबम निकला। भारत में अपाची इंडियन की लोकप्रियता एमटीवी के कारण ही है जो महानगरों और बिचौले नगरों के खाते-पीते और पश्चिम परस्त परिवारों के लड़के-लड़कियों का सबसे प्रिय टीवी चैनल है और जिसका पॉप संगीत इन लड़के-लड़कियों का अपना संगीत हो गया है। इन्हें पॉप में और एमटीवी पर अपाची इंडियन को देख कर शायद एक ऐसा अपनापा लगता है जो माइकल जेक्सन या फिल कौलिन्स जैसे गोरे सितारों से नहीं लगता होगा। बहरहाल भारत के इन लड़के-लड़कियों के एमटीवी वाले मायालोक में अपाची इंडियन एक जगमगाता सितारा है। उन्हीं में अपाची की लोकप्रियता को ध्यान में रख कर अंग्रेजी अखबार उसका फोटू और इंटरव्यू छाप रहे हैं। क्या वे अमीर खां, भीमसेन जोशी, कुमार गंधर्व या बाल मुरलीकृष्णन का भी इसी तरह फोटू छापते अगर वे खाते-पीते पश्चिम परस्त परिवारों में इसी तरह लोकप्रिय होते ? लेकिन क्या हमारे ये महान गायक कभी इन परिवारों या इनके लड़के-लड़कियों में ऐसे लोकप्रिय हो सकते हैं ?

पॉप यानी पश्चिम के लोकप्रिय संगीत के सबसे बड़े सितारे एलविस प्रेसली के बाद उभरे बीटल्स बालकों ने साठ के दशक में हंगामा कर दिया था। वह दशक पॉप संगीत में बीटल्स का दशक कहा जाता है। बीटल्स जब अपनी लोकप्रियता के शिखर पर थे तब मैं इंग्लैंड में

था और उन्हें मैंने सुना भी। जहां भी जाता वहां लड़के-लड़कियां उन्हीं के गाने सुनते मिलते। लड़के उन्हीं की तरह बाल रखते और कपड़े पहनते और लड़कियां उन्हें देखते ही चीखती हुई पागलों की तरह टूट पड़ती। संभ्रांत ब्रिटिश परिवारों के बड़े-बूढ़ों को लड़कों के लंबे बाल रखना पसंद नहीं आता और वे बच्चों को ऊंची आवाज में बीटलों का संगीत सुनने से मना करते। कुल मिला कर मुझे लगता कि पुरानी पीढ़ी और जिसे अभिजात्य कहा जाता है उस में बीटल्स और उनके संगीत का नकार था, लेकिन घर-घर में उनके गाने बजते थे—हमारे यहां जैसे किसी नई हिट फिल्म के गाने बजते हैं। बाद में बीटल्स लगभग राष्ट्रीय नायक हो गए और महारानी ने उन्हें एमबीई के अलंकार से विभूषित किया। इसे आप लोकप्रिय का सत्ता प्रतिष्ठान में स्वीकार कह सकते हैं। ब्रिटिश समाज हमारे जैसे वर्गों और जातियों में आड़ा और खड़ा बंटा हुआ है। फिर भी वहां लोकप्रिय और शास्त्रीय के बीच वह खाई नहीं होती जो हमारे यहां है। वहां का अभिजात्य अपने समाज से निकला है और उसी में उसकी जड़ें हैं। वहां के लोकप्रिय स्तर पर भी अभिजात्य की समझ है और अभिजात्य में लोकप्रिय के प्रति हिकारत का वह भाव नहीं है जो हमारे यहां है।

बीटल्स का उदाहरण इसलिए लिया कि भारत लौटने के बाद मैंने पाया कि अपने आम लोगों को तो उनका नाम भी मालूम नहीं। लेकिन बंबई और दिल्ली के खाते-पीते पश्चिम परस्त घरों के लड़कों में उनके जैसे बाल रखने का फैशन है और उन के माता-पिता उन्हें झिड़क और नकार की वैसी नजर से नहीं देखते जैसे इंग्लैंड के अभिजात्य वर्ग के अभिभावक देखते थे। भारत के धनी पश्चिम परस्त श्रेष्ठि वर्ग में बीटल्स की नकल जैसे आधुनिकता और तरक्की की निशानी मानी जा रही थी। आज भी अपने देश का खाता-पिता पश्चिम परस्त श्रेष्ठि वर्ग ब्रिटेन और अमेरिका के लोकप्रिय और सस्ते माने जाने वाले संगीत, सिनेमा, टीवी और साहित्य को ऊंची और बड़ी चीज मान कर लपक लेने के लिए लालायित रहता है। लेकिन अपने ही देश के लोकप्रिय संगीत, सिनेमा, टीवी और साहित्य को हिकारत से देखता है। और अपने शास्त्रीय संगीत, नृत्य, साहित्य आदि का तो उसे अंदाजा भी नहीं होता। हमारे देश के खाते-पीते, अंग्रेजी पढ़े-लिखे पश्चिम परस्त श्रेष्ठि वर्ग की जड़ें हमारी भूमि में नहीं है। वह अपने बनाए एक पश्चिमी आकाश में रहता है। वह पश्चिम का कभी नहीं हो पाएगा और इस भूमि में उसे जड़ें नहीं मिलेंगी। इंग्लैंड में अपाची इंडियन के दर्शक, श्रोता, प्रशंसक भले कोई भी हों भारत में तो इसी त्रिशंकु समाज के लड़के-लड़की उस के चाहने वाले हैं और उन्हीं के बीच उसकी लोकप्रियता ने अंग्रेजी अखबारों को उसका फोटू छापने को प्रेरित किया है।

जरा कल्पना कीजिए कि भिलाला आदिवासी जैसा उपनाम रख कर कोई मेट्रिक फेल गुजराती लड़का डांडिए की ताल पर नाचते हुए महाराष्ट्र की लावणी या उत्तर का आल्हा या बंगाल का बाउल गाए तो हमारे पढ़े-लिखे पश्चिम परस्त श्रेष्ठि वर्ग के लड़के-लड़की उसे किस नजर से देखेंगे और उसका संगीत कितना समझेंगे और क्या उस के पीछे दीवाने हो जाएंगे ? रैप रेगे आदि की ताल पर नाचने वाले इन लड़के-लड़कियों को अंदाज भी होगा कि अपने देश के आदिवासियों के कौन से और कैसे नाच हैं और उनकी ताल और लय कैसी है ? लोकसंगीत में भारत में जो अद्‍भुत विविधता और जीवन है उसका स्पर्श इन लोगों को नहीं होता। हमारे शास्त्रीय संगीत और नृत्य को तो ये लोग न सुनने के लिए कान देंगे न देखने के लिए आंख। न इनका सांस्कृतिक दारिद्रय इतना विकट है कि जिस के पीछे दीवाने हैं उसे

किसी कला बोध के कारण समझते हों ऐसा नहीं है। वह उनके लिए पश्चिमी मायालोक से आई फैशन है जिसके रंग में रंगे रहने को जैसे वे मायालोक में होना मानते हैं। जहां जन्मे और जहां पले पनपे उस मिट्टी-आकाश के रूप, स्वर, गंध की जिन लोगों को समझ न हो वे कहीं के भी संगीत-नृत्य को समझ नहीं सकते।

अपाची इंडियन ने कुल छह सप्ताह बचपन में पंजाब में बिताए हैं। वह समझता था कि भारत की भाषा पंजाबी है। यहां के लोगों को अंग्रेजी बोलते देख कर वह चकित है। भारत उस के सपनों में जाने कैसा देश था और बंबई और दिल्ली के त्रिशंकु समाज में वह उसी समाज का रूप देख रहा है जिसके लिए इंग्लैंड में गाता, बजाता और नाचता है। लेकिन उसे भारतीय होने का गर्व है। वह भारत की महान संस्कृति का प्रचार करना चाहता है। उसे स्थापित करना चाहता है। वह भारतीयों को बताना चाहता है कि भारतीय मूल के लड़के अगर पॉप संगीत में लग जाएं तो उसमें भी अपना डंका पीट सकते हैं। जैसी अपाची इंडियन की भारत की समझ है वैसी ही उस के भारतीय प्रशंसकों और दीवानों की अपने देश की समझ है। इन्हें पंडवानी की गायिका तीजन बाई, आल्हा गाने वाले किसी ऊदल या तमाशा करने वाली किसी अग बाई की कला का कोई अंदाज नहीं है। बिरजू महाराज के नृत्य, कुमार गंधर्व की लोक संगीतिका, भीमसेन जोशी की शुद्ध शास्त्रीय आदि की तो बात करना भी बेकार है। ये पश्चिम की उपभोक्ता संस्कृति के कच्चे माल हैं लेकिन इनकी रुचि का राष्ट्रीय कहे जाने वाले प्रतिष्ठित और सम्मानित अंग्रेजी अखबारों को इतना ध्यान है कि अपाची इंडियन का फोटू छापते हैं ?

क्या कहा जाए ? जिस देश के खाते-पीते पढ़े-लिखे लोगों के लड़के-लड़की अपाची इंडियन के पीछे पागल होते हैं लेकिन जिन्हें भारत के लोक और शास्त्रीय संगीत ने छुआ नहीं, तरस उन पर खाई जाए या देश पर ? मैं जानता हूं कि अपाची इंडियन के दीवानों से देश का कुछ बनेगा नहीं। लेकिन बिगड़ कितना जाता है ?

(13.6.93)

सिद्धराज ढड्ढा

उनके जैसे लोग अब नहीं होते

मालाएं और अभिवादन स्वीकार करते सिद्धराज जी के लगभग काले होंठ पान की पीक से रंगे हुए थे। उनके पान खाए होने ने हमें अपने अपराध बोध से जैसे राहत दी। फिर वीडियोग्राफी के लिए जलाए गए लाइट में हमने यह भी देख लिया कि उनके गले में हाथ कते सूत की मालाओं के साथ फूल की मालाएं भी हैं। अब हमारी हिचक बिलकुल दूर हुई और हमने उन्हें वे मालाएं पहनाईं जो तीसरी चौपड़ के मुसलमान माली की दुकान से ली थीं–गुलाब, गुलदाउदी और मोगरे की मालाएं।

इन मालाओं को लेते हुए हमें लग रहा था कि हम उन्हें ऐसे गले वाले व्यक्ति के लिए ले रहे हैं जिसे वे मंजूर नहीं होंगी। हम सिद्धराज जी के लिए खादी भंडार से सूत की मालाएं लेना चाहते थे। लेकिन जयपुर के बाजारों की और सब दुकानें खुली थीं सिर्फ खादी भंडार ही सब जगह बंद थे। और खादी भडारों के अलावा सूत की मालाएं कहीं और मिल नहीं सकतीं। दूसरे विकल्प के नाते हमने सोचा कि चंदन की मालाएं ले लें लेकिन वे भी हर किसी दुकान पर और आसानी से नहीं मिलतीं। लगभग आठ बज रहे थे और मालाएं लेने में और देर की नहीं जा सकती थी। हमें मजबूरी में और हिचक के साथ फूलों की मालाएं लेनी पड़ीं।

सिद्धराज जी फूलों की माला नहीं पहनेंगे और पहनेंगे तो सूत की ही पहनेंगे यह हमारी धारणा थी। उन्हें फूल के बजाय सूत के साथ बैठाने की यह कोशिश हमने क्यों की हम नहीं जानते। लेकिन कैलाश खंडेलवाल जैसे फूल और सूत में भेद न करने वाले व्यकित ने ही कहा था कि सिद्धराज जी तो सूत की माला ही पहनेंगे और चूंकि वही गाड़ी चला रहे थे और उन्होंने सवेरे से हमारे अतिथि सत्कार की जिम्मेदारी ले रखी थी इसलिए हम भी उनके साथ इसी कोशिश में लगे रहे कि हाथ के कते सूत की मालाएं ली जाएं। लेकिन यह सिर्फ इसलिए नहीं था कि सिद्धराज जी पिछले कोई पचास साल से गांधी-सर्वोदयी नेता हैं और इसलिए अपने विवाह की पचहत्तरवीं वर्षगांठ पर यानी वैवाहिक जीवन के अमृत महोत्सव पर सिर्फ हाथ कते सूत की माला पहनना पसंद करेंगे। ज्यादा ठीक यही है कि हम इनका तादात्म्य फूल से नहीं सूत से करते हैं। फूल सौंदर्य, सुगंध और शोभा का प्रतीक है और सूत अकेली निष्ठा के श्रम, सादगी और उपयोगिता का। सिद्धराज जी को अपन ने इतने निकट से तो नहीं देखा कि जान सकें कि वे अपने निजी जीवन में भी सौंदर्य, सुगंध और शोभा के रसिया हैं या नहीं। लेकिन सार्वजनिक जीवन में जितना उन्हें देखा-समझा है उससे तो वे सूत के ही ज्यादा निकट दिखाई पड़ते हैं।

दरअसल जब उनके पोते-पोतियों और नाती-नातिनों की तरफ से इस अनूठे अमृत महोत्सव का निमंत्रण मिला तो यह विश्वास तो आसानी से हो गया कि सिद्धराज जी के उमराव कंवर से विवाह के पचहत्तर साल हो गए होंगे और यह अवसर सचमुच दुर्लभ और मनाने लायक है। लेकिन यह सवाल फिर भी उठा कि सिद्धराज जी ने इसे समारोहपूर्वक मनाना मंजूर कैसे कर लिया ? ऐसी निजी औत्सविक समारोहिता से सिद्धराज जी को बैठाया नहीं जा सकता। विवाह हुआ फिर उस के पच्चीस साल हुए, फिर पचास अब पचहत्तर तो इसमें वैवाहिकता का क्या पराक्रम है। पति-पत्नी का स्वास्थ्य अच्छा है, दोनों काम में लगे रहते हैं और उम्र अपनी गिनती चलाती रहती है। इसमें होना ही ज्यादा महत्त्वपूर्ण है करना तो है नहीं। करना तो तभी महत्त्वपूर्ण और पराक्रमी माना जाता जब हमारे समाज में और हमारे देश के पति-पत्नियों में लंबे समय तक और एक दूसरे के साथ वफादार रहते हुए वैवाहिक जीवन बिताना उतना ही दुर्ला होता जितना अमेरिका या यूरोपीय देशों में है। वहां तो लंबी उम्र होते हुए भी स्त्री-पुरुष का पचहत्तर साल तक साथ रहना लगभग असंभव होता है। विवाह की रजत और स्वर्ण जयंती मनाना ही बड़ा दुर्लभ है और जो इतने बरसों में भी पति या पत्नी नहीं बदले उनके प्रेम और एक दूसरे के साथ रहने के निश्चय और उनकी अद्भुत सहनशीलता सचमुच बड़ी पराक्रमी मानी जानी चाहिए। जहां औसतन तीन-चार साल में पति या पत्नी बदल जाती हों वहां पचहत्तर साल साथ रहना तो लगभग असंभव ही माना जाएगा। उस पश्चिमी समाज में कोई दंपती विवाह का अमृत महोत्सव मनाए तो यह सचमुच बहुत बड़ी उपलब्धि मानी जाएगी।

लेकिन अपने समाज में जहां तलाक अपवाद और उम्र भर एक ही वैवाहिक बंधन में रहना आम चलन में है वहां भी विवाह का अमृत महोत्सव मनाने वाले दंपती कितने होते होंगे ? लाख में ही नहीं लाखों में एक। इसलिए जिस समाज में एक बार विवाह के बंधन में एक हुए तो आम तौर पर दूजे नहीं होते वहां भी विवाह का अमृत महोत्सव विरल और दुर्बल ही है। आम तौर पर तो नब्बे पार कर लेने वाले लोग ही कम होते हैं। मुझे मालूम नहीं कि आजकल एक औसत भारतीय की औसत उम्र क्या है। लेकिन मेरा अंदाज है कि मरने वालों की उमर अक्सर सत्तर और अस्सी के बीच होती है। इस हिसाब से मियां-बीवी दोनों ही अगर जीवित रहें तो मोटे अंदाज से विवाह की स्वर्ण जयंती मना सकते हैं। ज्यादातर तो यही होता है कि या तो पत्नी नहीं रहती या पति नहीं रहता। विवाह की रजत जयंती लगभग आम है। स्वर्ण जयंती मुश्किल है और अमृत महोत्सव तो सचमुच विरल और दुर्लभ ही है। इसलिए जो भी दंपती विवाह का अमृत महोत्सव मना रहे हों उसमें तो बिना बुलाए भी जाना चाहिए।

विवाह का तो अर्थ ही साथ रहने और वफादार रहने का निश्चय है। जो इसे पचहत्तर साल तक चला ले जाएं उनका निश्चित ही अभिवादन करना चाहिए क्योंकि जो चौखट उनने जीवन के लिए मंजूर की उसे बाहरी सीमा तक ले जा सकने का पराक्रम और सौभाग्य उनने किया है। जो लोग स्त्री-पुरुष के संबंध को नर-मादा का संबंध मानते हों और जो जरूरी मानते हों कि अलग-अलग साथियों के साथ रहने का स्वाद लेना चाहिए उनका तो चौखट ही अलग-अलग है। लेकिन जो एक ही साथी के साथ रहना चाहते हों और फिर साथ रहना असंभव पाते हों वे भी चौखट छोड़ कर अलग हो जाएं तो कोई अमानवीय और असामाजिक

कार्य नहीं करते हैं। लेकिन सचाई यही है कि मानवों में जोड़ी बना कर साथ रहना और रहते-रहना ज्यादा स्वाभाविक और श्रेयस्कर है और पशुओं में जोड़ी बनाना और संभोग के बाद अलग हो जाना ज्यादा सहज और प्राकृतिक है। मानवों का समाज जोड़ी बनाने, संबंध विकसित और स्थापित करने और लगातार साथ रहने के कारण विकसित हुआ है। इसलिए जो विवाह की रजत और स्वर्ण जयंती और अमृत महोत्सव मनाते हैं वे दरअसल समाज के विकास के प्रयोजन की पुष्टि करते हैं इसलिए उनका अभिनंदन होना चाहिए।

लेकिन इस भावना से हम सिद्धराज जी और उमराव कंवर के विवाह के अमृत महोत्सव में नहीं गए थे। इस अवसर की विरलता और दुर्लभता ने तो हमें प्रभावित किया ही था यह देखने-समझने की जिज्ञासा भी थी कि एक तो सिद्धराज जी ने इस अवसर की समारोहिकता कैसे मंजूर की और कर लेने के बाद जो हुआ उसका उन पर क्या असर हुआ। मैंने कहा कि फूल, विवाह की समारोहिकता और आम तौर पर एक अभारतीय उत्सव से सिद्धराज जी को जोड़ा नहीं जा सकता। विवाह की वर्षगांठ, रजत जयंती, स्वर्ण जयंती आदि भारतीय परंपरा में नहीं हैं। अपने यहां षष्ठिपूर्ति है जो समारोहिकता में पर्व के ज्यादा नजदीक है। दक्षिण में तो षष्ठिपूर्ति पर पुनर्विवाह ही होता है। वैसे भी यह धूम-धड़ाके से ज्यादा धार्मिक विधि से फिर एक दूसरे के लिए प्रतिबद्ध होने का अवसर माना जाता है। षष्ठिपूर्ति के बाद अपने यहां शतजीवी होना महत्त्वपूर्ण और अभीष्ट है। वेद उपनिषद सभी कहते हैं कि सौ साल जियो। फिर कहते हैं कि काम करते हुए जियो और फल की कामना छोड़ कर जियो लेकिन उससे भी ज्यादा ऐसे जियो कि जीने में कोई दीनता न हो। जैसे-जैसे मनुष्य की उम्र बढ़ती जाती है उसकी शक्ति घटती है और वह परनिर्भर और दीन होता जाता है। वेद का कहना है कि दीन हुए बिना सौ साल जीना चाहिए।

बानवे साल में होते हुए भी सिद्धराज ढड्ढा में कोई दीनता नहीं है। उनकी ओसवाल जैन राजस्थानी जीवन पद्धति में ही ऐसी सादगी और ऐसा संयम है जो व्यक्ति को आम तौर पर स्वस्थ रखता है। फिर इस जीवन पद्धति पर गांधीय जीवन शैली का पुनर्संस्कार हो गया। सफाई, सादगी, संयम, व्यवस्था प्रियता और सतर्क-सावधानी जैसे उनका सहज स्वभाव है। स्वाद के लिए नहीं पोषण के लिए खाना है, विश्राम इसलिए कि उस के बाद ज्यादा और अच्छा काम हो सकता है। सुविधाएं इसलिए नहीं कि वे मिलनी ही चाहिए। इसलिए कि उन से काम करते रहने में आसानी और व्यवस्था रहती है। जीवन जीने के लिए नहीं है, काम करते रहने के लिए है और काम सेवा के लिए, धर्म के लिए और मनुष्यता के बड़े प्रयोजन के लिए है। सिद्धराज जी की इस जीवन पद्धति में प्रयत्नपूर्वक कुछ किया नहीं जाता है—यह सब सहज स्वाभाविक है। इस जीवन शैली में स्त्री-पुरुष संबंध सहजीवन का सहज योग है और जिसने इसे साध लिया है वह इसका वैसा समारोह नहीं मनाएगा जैसे दूसरे लोग अपनी उत्सव प्रियता में मनाते हैं।

सिद्धराज जी ने मंच पर बैठे गीत गाते अपने नाती-पोतों-पोतियों की ओर दिखा कर कहा कि यह सब इन लोगों का किया धरा है। उनके और उमराव कंवर जी के बीच एक लड़की बैठी ही थी जो उनकी पड़पोती है। और नाती-पोते-नातिनें और पोतियां गा रही थीं। वे दरअसल अपने दादा परदादा नानी परनानी के प्रति कृतज्ञता ही प्रकट कर रहे थे। जो लोग

सिद्धराज जी और उमराव कंवर का अभिवादन कर के मोहनबाड़ी में भोजन कर रहे थे वे भी जैसे एक समारोह के बजाय पर्व में भाग लेने आए हों। बहुत से लोग थे लेकिन सभी सिद्धारजजी और उनके परिवार को ठीक से जानने वाले थे और रिश्तेदारी में नहीं, औपचारिकता में नहीं उनके प्रति अपना सम्मान बताने आए थे। सिद्धराज जी को पान खाया देख कर मुझे अटपटा लगा था क्योंकि जो आदमी गुड़ के अलावा और कोई मीठा नहीं खाता, नमकीन नींबू शिकंजी के अलावा कोई शीतल पेय नहीं पीता वह कभी-कभार पान खा लेता होगा–यह सोचा नहीं जा सकता। लेकिन सिद्धराज जी ने बताया कि वे कभी-कभी पान खा लेते हैं। दरअसल चौड़ा रास्ता की गली के अंदर उनका जो पुराना घर है वहीं वह बैठता है और आज के लिए स्पेशल पान बना कर लाया था। नाती-पोतों की मर्जी के सामने झुकना और कभी-कभी पान खा लेना सिद्धराज जी को कुछ मानवीय ही बनाता है क्योंकि मानवीयता निश्चय, संयम, अनुशासन और सादगी में जितनी प्रकट होती है उससे ज्यादा उन कमजोरियों में होती है जो हम दूसरों के लिए प्रेमवश दिखाते हैं। उनके सामने उमराव कंवर जी से मैंने पूछा कि उनकी उम्र कितनी है ? उनने कहा कि वे चार साल छोटी हैं। मैंने मजाक में कहा कि मैं तो समझा था कि आप एक साल बड़ी होंगी। सिद्धराज जी ने तत्काल कहा कि वे तो कस्तूरबा थीं। इतनी उमर और ऐसे अवसर पर भी उनकी चेतना इतनी सजग है।

सिद्धराज जी पिछली सदी के पहले दशक में पैदा हुए। बचपन में सिद्धाचल सिद्धबड़ और आदीश्वर भगवान की बातें बता कर उनने सब को चकित कर दिया था। इन स्थानों पर गए बिना ही वे इनका वर्णन करते थे और कहते थे कि पूर्वजन्म में वे तोते थे और सिद्धाचल पर पूजा करते थे। उनके पिता ने ही बचपन में उनकी पूर्वजन्म की इन स्मृतियों का वर्णन किया है। लेकिन इस के बाद सिद्धराज जी ने कोई विलक्षणता नहीं दिखाई। जयपुर, लखनऊ, इलाहाबाद आदि में पढ़ कर वे कलकत्ता में इंडियन चैंबर ऑफ कॉमर्स एंड इंडस्ट्रीज के सचिव हो गए। सन् बयालीस तक रहे फिर स्वाधीनता आंदोलन में कूद पड़े तो लौट कर कहीं और नहीं गए। समाज सेवा में ही लग गए। पहले पत्रकारिता और राजनीति के जरिए की और फिर रचनात्मक कार्यों में लग गए। विनोबा, जेपी के साथ काम किया। सर्वोदय आंदोलन और सर्व सेवा संघ के मुखिया रहे। इमरजंसी में जेल काटी। सतत्तर के बाद से राजनीति के परे लेकिन राजनीति में से देश का रास्ता निकालने की कोशिश कर रहे हैं। अब भी लगातार घूमते हैं। उनके जैसे लोग अब नहीं होते।

(30.4.2000)

राधाकृष्ण का अनुष्ठान

देखिए ऐसा होता है। नोएडा के अपने घर में सोफे पर बैठे जिस वक्त राधाकृष्ण कोमा में सो गए थे उस वक्त बंबई अस्पताल में मैं एनजियोग्राफी के लिए तैयार हो रहा था। न सिर्फ पूरी तरह जाग रहा था बल्कि मन में यह माने हुए था कि कर लें एनजियोग्राफी, निकलना क्या है ? लेकिन राधाकृष्ण सोफे पर ऐसे सोए थे कि जागें ही नहीं। नोएडा मेडिकल सेंटर की एंबुलेंस में उन्हें आठ लोगों ने सोफे सहित उठा कर बिठाया। मेडिकल सेंटर की केजुअल्टी में भी उन्हें सोफे पर ही ले जाया गया। वे खुद तो शरीर से बहुत भारी थे ही सोफे समेत उन्हें उठाना कितना मुश्किल रहा होगा। लेकिन केजुअल्टी में थोड़े बहुत इलाज के बाद वे न केवल जाग गए बल्कि जिस वार्ड में उन्हें रखने की व्यवस्था की गई थी उस के लिए अपनी रोज की चाल से तिगुनी चाल से चल पड़े। डॉक्टर और परिवार वाले इससे घबराए। वे क्यों इतनी तेजी से चले ? क्या वे सब को बताना चाहते थे कि बेहोश नहीं थे, सचमुच सो रहे थे। और अच्छी तरह से सो लेने के बाद तेजी से चल सकते थे। या वे अपने आप को बताना चाहते थे कि बिलकुल चंगे हैं और उन्हें कुछ नहीं हुआ।

बहरहाल उनका उतना तेजी से चलना अजीब था पर कमरे में जा कर वे फिर सो गए। फिर उठे और फिर उन्हें ऑक्सीजन दी गई। ऑक्सीजन उन्हें बहुत पहले और नियमित रूप से दी जानी चाहिए थी। जैसा कि बाद में पता चला उन्हें पिकविक सिंड्रोम था जिसमें शरीर को उतनी ऑक्सीजन नहीं मिलती जितनी की अनिवार्य होती है।

जिस वक्त बंबई में मेरी एनजियोग्राफी हो रही थी राधाकृष्ण की तरह-तरह की जांच हुई लेकिन तब वे बहुत फॉर्म में थे। डॉक्टरों और घरवालों से मजाक कर रहे थे। लिम्का पीना चाहते थे इसलिए सबके लिए लिम्का मंगाया गया। एक गिलास में उन्हें लिम्का दिया गया लेकिन वे उसे पीते इस के पहले ही वह उनके हाथ से गिरा और गिलास टूट गया। तभी उन्होंने डॉक्टरों से कहा कि उन्हें साफ दिख नहीं रहा। उनके पुत्र चंद्रहास कहते हैं कि उस रात उन्होंने उन से ऐसे बात की जैसे विदा ले रहे हों। चंद्रहास कहते हैं कि उन्होंने कभी उन से बाई नहीं किया था। उस रात किया।

चौदह मई को बंबई अस्पताल में जब दिल खोल कर मेरी काटपीट की जा रही थी तब नोएडा मेडिकल सेंटर की सलाह पर राधाकृष्ण को एम्स यानी अखिल भारतीय आयुर्विज्ञान संस्थान ले जाया गया। अब राधाकृष्ण कोई इतने मामूली मरीज तो नहीं थे कि एम्स के परिसर में उन्हें कोई डेढ़ घंटे एंबुलेंस में पड़े रहना पड़े। हुआ यह कि जिनसे उन्हें भर्ती करवाने की बात पक्की की गई थी उनमें और घरवालों में तालमेल नहीं बैठा और वही भारी पड़ा। क्योंकि

आखिर जब उन्हें सघन चिकित्सा कक्ष में ले जाया गया उस के पहले कोई छह से दस मिनट तक उनका दिल बंद हो गया था। आजकल डॉक्टरी का ऐसा कमाल है कि दिल तो फिर से चला दिया गया जैसे किसी मोटर का बंद हुआ इंजिन फिर से चला लिया जाए। लेकिन आधुनिक मेडिकल विज्ञान मनुष्य के शरीर को चाहे जितना मशीन समझे मशीन वह है नहीं। यानी जिन मिनटों में दिल के बंद होने से राधाकृष्णजी के दिमाग को खून नहीं मिला और इसलिए उस के सेल मर गए थे उन्हें फिर जिंदा नहीं किया जा सका। वे अपनी स्मृति पूरी तरह खो चुके थे। और दिमाग, शरीर का जो संचालन करता है, वह भी बंद हो गया। डॉक्टरों ने उन्हें उस व्यवस्था पर लगा दिया था जिस पर आदमी के शरीर को जीवित रखा जा सके। यानी यह भले ही कबीर की उलटबांसी की तरह लगता हो आयुर्विज्ञान मनुष्य के शरीर को बिना आत्मा के भी जैविक रूप से जीवित रख सकता है। यह जरूर है कि इस तरह जीना साग-भाजी हो जाना है। और मानवीय अर्थों में वह निरर्थक ही है लेकिन बिना आत्मा के आप राजनीति में ही नहीं जीव विज्ञान में भी जीवित रह सकते हैं।

राधाकृष्ण चौदह मई की दोपहर से उन्नीस जून की सुबह तक नकली साधनों से जीवित रखे गए। यानी छत्तीस दिन वे अचेत और अनचाही शरशैया पर सोए रहे। भीष्म पितामह से अट्ठारह दिन ज्यादा। बिना भीष्म पितामह की तरह इच्छा मृत्यु का वरदान लिए। आप इसे चाहें तो विज्ञान का विकास और चमत्कार कह सकते हैं। लेकिन इच्छा मृत्यु के सामने क्या इसे आप सचमुच चमत्कार कहेंगे ?

इस बीच वे सारे सवाल उठे जो साग-भाजी की तरह जीवित रखे गए शरीर को ले कर उठने चाहिए थे। यह तय था कि राधाकृष्णजी की याददाश्त अब नहीं लौटेगी। यह भी तय था कि वे जीवित भी रहे तो बिस्तर पर शव की तरह पड़े रहेंगे। यह भी तय था कि अगर कोई चमत्कार नहीं हो तो वे पहले की तरह कभी जीवित नहीं रह सकेंगे। अब कोई शुद्ध तर्क और बुद्धिवादी हो तो कहेगा कि ऐसे मरीज को मर जाने देना चाहिए। सीधे तो मैं जानता नहीं क्योंकि बंबई था। लेकिन सुना है कि इस तरह के तर्क दिए भी गए। और एक बार तो शायद यह सोचा भी गया कि प्राण को इस तरह कृत्रिम तरीके से रोक कर न रखा जाए। लेकिन सुनता हूं कि उनके इकलौते बेटे चंद्रहास ने कह दिया कि जीवन और मृत्यु का निर्णय लेने वाले हम कौन होते हैं। यह निर्णय तो विधाता पर ही छोड़ देना चाहिए। लेकिन दिल्ली आ जाने के बाद भी देखने आने वालों ने मुझे यह आभास दिया कि गंगा दशहरे जैसा पुण्य पर्व देख कर उन्हें जीवित रखने वाले उपकरण हटा दिए गए।

लेकिन यह गलत है। उन्नीस जून को निर्जला एकादशी जरूर थी लेकिन उस दिन सवेरे बावजूद सारे उपकरणों के सुबह कोई साढ़े आठ बजे उनके दिल ने चलने से विराम ले लिया। यानी यह न इच्छा मृत्यु थी न निर्णय मृत्यु। विधाता ने उन्हें, उनके परिवार वालों और अनगिनत मित्रों को आत्माहीन जीवन की निरर्थक पीड़ा से मुक्त कर दिया। राधाकृष्ण के साथ कई अन्याय हुए लेकिन मुझे लगता है कि यह उनके साथ सबसे बड़ा अन्याय था। वे इससे कहीं बेहतर मृत्यु के योग्य थे। स्वर्ण के रथ पर नहीं तो गरुड़ के पंखों पर जाने का अधिकार तो उनका था ही। जब यमराज से मुठभेड़ होगी तो पूछूंगा कि उसने ऐसा क्यों किया ?

अपने यहां रिवाज है कि जो गया उस के बारे में अच्छी बातें ही कहीं और लिखी जाएं। राधाकृष्ण की प्रशंसा में मैं एक किताब लिख सकता हूं। भगवान ने मेरा कोई बड़ा भाई नहीं दिया। राधाकृष्णजी सगे माने में मेरे बड़े भाई थे इसलिए उनके बारे में बेईमानी से नहीं बोलूंगा। हमारी भेनजी कहती हैं कि आधी बातें मैंने रामनाथ जी से सीखी हैं और आधी राधाकृष्णजी से। सन् उनहत्तर के पहले मैं उन्हें जानता तक नहीं था। सर्व सेवा संघ की किताबों में प्रकाशक की जगह उनका नाम जरूर देखता था, लेकिन किताब में छपे प्रकाशकों के कितने नाम आपकी आंखों के सामने कोई तस्वीर और मन में कोई रिश्ता बनाते हैं ?

दिल्ली भी मैं देवेंद्र भाई के कहने पर आया और हालांकि देवेंद्र भाई को मालवा के एक गांव माचला से कोई पंद्रह साल से जानता था और यह भी जानता था कि राधाकृष्ण उनके बड़े मित्र हैं और वर्धा में दोनों ने साथ-साथ काम शुरू किया था। लेकिन राधाकृष्ण को कभी देखा-सुना नहीं था। देवेंद्र भाई ने गांधी स्मारक निधि के मंत्री और गांधी शताब्दी समिति के संगठन मंत्री के नाते जब मुझे राजघाट कालोनी में घर दे दिया तो उससे लगे हुए विशेष अतिथिगृह को देखते रहने का जिम्मा भी दिया। वहीं राधाकृष्ण को पहली बार देखा। वे ऐसे गोल-मटोल और भारी-भरकम लगे कि सहसा मुझे विश्वास ही नहीं हुआ कि वे सर्वोदय आंदोलन की दूसरी पंक्ति के आगे के नेताओं में से एक हैं। मेरे मन में सर्वोदय के क्रांतिकारियों की एक छवि बचपन से बनी हुई थी। वे सब जैसे भूखे, नंगे और उपभोग की तमाम चीजें छोड़ देने वाले रूखे, सूखे पर अहिंसक क्रांति को समर्पित लोग हैं। इस छवि के सामने राधाकृष्ण खाए-पीए और मौज-मजा किए आदमी लगते थे। गांधी शांति प्रतिष्ठान का राउज एवेन्यू वाला भवन तब बन कर तैयार ही हुआ था और आंदोलन के बड़े नेताओं की इच्छा थी कि उसे गांधी विचार और कार्यक्रम के अंतरराष्ट्रीय केंद्र की तरह विकसित किया जाए। राधाकृष्ण इस के लिए सबसे उपयुक्त व्यक्ति माने गए थे। यह जिम्मेदारी लेने के लिए ही वे बनारस से सर्व सेवा संघ के मंत्री का पद छोड़ कर दिल्ली आए थे और गांधी निधि के गेस्ट हाउस में ठहरे थे। एक दिन देवेंद्र भाई ने बुला कर बहुत प्रेम और विश्वास से कहा था 'राधाकृष्ण अब गांधी शांति प्रतिष्ठान के मंत्री होंगे। इसे अपनी निजी जिम्मेदारी समझिए कि हम दोनों के बीच समन्वय बना रहे और संस्थाओं में जो लोग वैमनस्य पैदा करते हैं वे हमारे बीच खेल न कर पाएं। थोड़े दिनों बाद राधाकृष्ण की सुंदर बेटी शोभना और उतना ही सुंदर बेटा चंद्रहास स्कूल में भरती होने के लिए आए और उस के बाद उनकी पत्नी कमला बेन। फिर वे लोग गांधी शांति प्रतिष्ठान में मंत्री के मकान में रहने चले गए। देवेंद्र भाई के कहने पर एक दिन सबेरे-सबेरे मैं राधाकृष्ण को हवाई अड्डे छोड़ने गया। वे वापस आए तो सर्व सेवा संघ की मासिक अंग्रेजी पत्रिका 'पीपुल्स एक्शन' का मुझे प्रकाशक बना दिया।

गांधी शताब्दी समाप्त हुई तो मैंने पाया कि देवेंद्र भाई से भी ज्यादा घनिष्ठता मेरी राधाकृष्ण से हो गई। गांधी शताब्दी के बाद शांति प्रतिष्ठान के प्रकाशनों का काम मैं गांधी निधि में बैठ कर करने लगा। यानी औपचारिक रूप से शांति प्रतिष्ठान का कार्यकर्ता हो गया। तभी भवानी प्रसाद मिश्र से घनिष्ठता हुई और राधाकृष्ण के कारण जेपी से।

मैंने कहा कि राधाकृष्ण सर्वोदय के क्रांतिकारी नहीं लगते थे। फिर भी मैंने पाया कि मैं उन पर ज्यादा निर्भर रहने लगा हूं और स्वभाव से प्रतिष्ठान विरोधी होते हुए भी प्रतिष्ठानवादी राधाकृष्ण मुझे किसी और की तुलना में ज्यादा प्रेरित करते हैं। उन दिनों जेपी का बिहार आंदोलन शुरू नहीं हुआ था। लेकिन वे मुसहरी में नक्सलवादियों से संघर्ष करते हुए अपनी हड्डियां गलाने बैठ गए थे। राधाकृष्ण ने मुझे मुसहरी में जेपी से मिल कर बिहार में नक्सलवादी आंदोलन को समझने के लिए भेजा था। बिहार के गांव, वहां की समाज शास्त्रीय विविधता और बिहारियों का खांटी बिहारी होने का सहज आत्मविश्वास गरीबी, दीनता और अत्याचार–राधाकृष्ण के कारण ही देखने-समझने को मिला। फिर बांग्लादेश का संकट आ गया और कलकत्ता होते हुए जसोर तक जाने का मौका मिला। जेपी से बातचीत, बांग्लादेश की मुक्ति के लिए अलग-अलग लोगों से मिलना, यानी एक नया संसार ही राधाकृष्ण ने अपने लिए खोल दिया। फिर सन् 72 की शुरुआत में चंबल घाटी के डाकुओं के समर्पण की बात चली और उसमें भी राधाकृष्ण ने अपन को जेपी के साथ कर दिया। तब जेपी ने एक दिन मुझे कहा भी कि हमें तो शक था कि आप सनसनी की तलाश में एक पत्रकार की तरह डाकुओं वाले काम में हमारे साथ आ गए। खुशी है कि हमारा शक शक ही निकला। फिर राधाकृष्ण ने जार्ज वर्गीज से मिलाया जो उस वक्त हिंदुस्तान टाइम्स के संपादक थे और जिनने डाकुओं के समर्पण की जरूरत पर सनडे मैगजीन में न सिर्फ मेरा लेख छापा बल्कि उम्र भर चल सकने वाली दोस्ती की शुरुआत की।

उन दिनों गांधी शांति प्रतिष्ठान की क्या रौनक थी ! देश भर के बुद्धिजीवी वहां आते थे। राजनेता वहां बैठकें करते थे और इवान इलीच जैसे नए सोचने-समझने वाले विद्वान वहां ठहरते थे। कुमार गंधर्व, मल्लिकार्जुन मंसूर, परवीन सुलताना आदि गायक वहां रहना पसंद करते थे। तब गांधी शांति प्रतिष्ठान में होना देश की सामाजिक, सांस्कृतिक और राजनैतिक गतिविधियों के केंद्र में होना था। राधाकृष्ण ने तब सचमुच गांधी शांति प्रतिष्ठान को गांधी विचार और कार्य के प्रचार-प्रसार का ही नहीं दुनिया भर के शांति आंदोलनों का भारतीय केंद्र बना दिया था। गांधी शांति प्रतिष्ठान और इंडिया इंटरनेशनल सेंटर तब दिल्ली के दो बौद्धिक केंद्र थे। एक पश्चिमी संस्कारों वाला और दूसरा गांधीय संस्कारों का। देश भर की गांधी और सामाजिक कार्य संस्थाओं से तो गांधी शांति प्रतिष्ठान का जीवंत संपर्क था ही, देश भर के बुद्धिजीवी, लेखकों और सामाजिक क्रांति में लगे लोगों से भी शांति प्रतिष्ठान एक आत्मीय संबंध में जुड़ गया था। वहां की लाइब्रेरी, ठहरने के कमरे, सेमिनार के हॉल, लॉन, फूल-पौधे-क्यारियां, सबमें एक प्रकार की सादगी वाला सफाई और जातीय संस्कारों वाला सौंदर्य।

पारंपरिक गांधीय नजर से देखें तो गांधी शांति प्रतिष्ठान तब कोई पांच सितारा संस्था की तरह लगता था। लेकिन जिस संस्था का मुख्य कार्य ही राष्ट्रीय-अंतरराष्ट्रीय संस्थाओं से संबंध, कार्यक्रमों का आदान-प्रदान और गांधीय मूल्यों के अंतरराष्ट्रीय आंदोलनों से संपर्क रखना हो वह किसी संगठन और व्यवस्था विहीन संस्था की तरह तो काम नहीं कर सकती थी। ऐसी संस्था राधाकृष्ण ही बना सकते थे जिनके अपने खुद के जीवन में व्यवस्था, संगठन, वैचारिक स्पष्टता और नफासत थी। उनकी टेबल पर एक-दो कागज होते और उन से ज्यादा

पेपरवेट। घामड़पन वे बर्दाश्त नहीं कर सकते थे। किसी को दिया काम पूरा नहीं होता तो डांटते नहीं, लेकिन उसे बुला कर समझाने का कोई मौका नहीं छोड़ते। पारंपरिक गांधीवादियों को उनकी जीवनशैली गैरगांधी और आधुनिक लगती। कंधे पर झोला लटकाए भूदान, ग्रामदान मांगते कार्यकर्ताओं को वे दिल्ली की शान-शौकत वाले गांधीकर्मी लगते। लेकिन जेपी, विनोबा और सर्वोदय के दूसरे बड़े नेता उनके संगठन कौशल, वैचारिक तीव्रता और सब को साथ ले कर चल सकने की क्षमता के ऐसे प्रशंसक थे कि उनके आलोचक बुदबुदाने से ज्यादा कुछ कर नहीं पाते थे। जब विनोबा और जेपी में इंदिरा गांधी के राजकाज को ले कर मतभेद हुए और जेपी ने आंदोलन छेड़ा तो राधाकृष्ण जेपी के साथ थे। हालांकि भूदान आंदोलन के पहले वर्धा पवनार में विनोबा ही उनके गुरु हुआ करते थे। चूंकि गांधी शांति प्रतिष्ठान दिल्ली में जेपी की गतिविधियों का केंद्र हो गया था और उस के कर्ताधर्ता राधाकृष्ण थे इसलिए इंदिरा गांधी का कहर उन पर ही गिरा। इमरजंसी में राधाकृष्ण और उनके परिवार ने क्या नहीं भुगता ?

लेकिन जब जनता पार्टी सत्ता में आई तो गांधी शांति प्रतिष्ठान ही मानी सत्ता का समानांतर केंद्र हो गया। आप जानते हैं कि जनता पार्टी सरकार के प्रधानमंत्री का चुनाव जेपी और दादा कृपलानी ने गांधी शांति प्रतिष्ठान में ही किया था। और अगर मोरार जी देसाई के प्रधानमंत्री बनवाने का श्रेय किसी एक व्यक्ति को दिया जा सकता है तो राधाकृष्ण को देना चाहिए जिन्होंने जनता पार्टी के कई घटकों के विरोध के बावजूद जेपी और दादा कृपलानी के गले उतारा कि सबसे उपयुक्त उम्मीदवार मोरार जी ही हो सकते हैं। मोरार जी से सरकार नहीं चली। लेकिन बाद में चरणसिंह और जगजीवन राम ने जो किया उससे इतना तो साबित हुआ कि इमरजंसी के बाद उन्हें प्रधानमंत्री बनाना इमरजंसी को भुगतने वालों के साथ धोखाधड़ी होती, जेपी का राजनेताओं की तुलना में राधाकृष्ण पर ज्यादा विश्वास था। राधाकृष्ण के हर क्षेत्र में मित्र और शुभचिंतक थे। आधुनिक संसार को गांधी से जोड़ने में राधाकृष्ण की महत्त्वपूर्ण भूमिका थी।

इसलिए यह सचमुच आश्चर्य का विषय था कि इंदिरा गांधी के बैठाए कुदाल आयोग से न तो राधाकृष्ण गांधीवादी संघर्ष कर सके न वे उसकी काली छाया से गांधी शांति प्रतिष्ठान और अपने को उबार पाए। सन् 80 के बाद इंदिरा गांधी की सरकार और कुदाल आयोग के कारण गांधी शांति प्रतिष्ठान श्रीविहीन हो गया। और राधाकृष्ण का पराक्रम और अर्जित कीर्ति जैसे धूल-धूसरित हो गई। मैं अक्सर सोचता हूं कि इतने चतुर, तरकीबी और आत्मविश्वासी राधाकृष्ण सन् 80 के बाद लगातार वह सब खोते ही क्यों गए जो कि उनके जीवन भर की कमाई थी ? छोटे-मोटे और स्वभावगत कारण तो कई बताए जा सकते हैं। लेकिन मुख्य कारण शायद यह था कि गांधी कार्य को प्रतिष्ठानवादी नहीं बनाया जा सकता। बीसवीं सदी के दोनों महान क्रांतिकारी माओ और गांधी का विश्वास सतत चलने वाली क्रांति में था। क्योंकि दोनों नहीं समझ चुके थे कि क्रांति का प्रतिष्ठान क्रांति को ही पराजित कर देता है। अकेले गांधी ने इस देश में जितनी संस्थाएं बनाई होंगी। लेकिन जितनी संस्थाओं को काम पूरा हो जाने पर गांधी ने विसर्जित किया उतनी किसी भी व्यक्ति ने नहीं की। गांधी तो कांग्रेस का भी विसर्जन चाहते थे, क्योंकि आजादी के बाद उस के आंदोलन बने रहने की

संभावना समाप्त हो गई थी। कांग्रेस के प्रतिष्ठान बन जाने का कारण खुद कांग्रेस और देश का क्या हुआ है यह हमने देख ही लिया है। संस्था एक निमित्त के हथियार रहे जो काम पूरा हो जाने पर छोड़ दी जाए यह गांधीय प्रयोग का निचोड़ है।

राधाकृष्ण गांधीय विचार की संस्था का प्रतिष्ठान बनाने का प्रयोग कर रहे थे। वे गांधी कार्यकर्ता या नेता से कहीं ज्यादा गांधीय मैनेजर थे। प्रतिष्ठान प्रवाह पतित होने के बाद व्यक्ति और संस्था की जो गत करता है वही अंततः गांधी शांति प्रतिष्ठान और राधाकृष्ण की हुई। राधाकृष्ण उसी प्रतिष्ठान के शिकार हुए जिसे खड़ा करने की कोशिश में उन्होंने अपने सर्वश्रेष्ठ वर्ष लगाए। यह दोष राधाकृष्ण का नहीं था। वे एक से विचार का प्रतिष्ठान बनाने की कोशिश कर रहे थे जिसका कोई प्रतिष्ठान नहीं हो सकता। सफलता और उपलब्धि को हम सब पूजते हैं। असंभव प्रयोग करने वाले एक राधाकृष्ण को भी प्रणाम करना चाहिए। जिनने एक असंभव प्रयोग से अपने को बनाया और मिटाया। उनके जैसे कितने लोग हैं हमारे आज के संसार में ?

(26.6.94)

एक दीया सेवाग्राम के आदमी के नाम

मंच के बीचोबीच देवेंद्र भाई का बड़ा-सा रंगीन चित्र रखा था। उस के पीछे भाई-बहन बैठे चरखा कात रहे थे। हॉल कोई बड़ा नहीं था और उसमें भी कुर्सियां लगी हुई थीं फिर भी वह आधे से ज्यादा भरा नहीं था। जिन गांधी संस्थाओं के साथ देवेंद्र भाई ने दिल्ली में कोई पंद्रह साल काम किया और जिनसे वे जीवन भर जुड़े रहे थे उनके भी पदाधिकारी वहां बैठे दिख नहीं रहे थे। यह श्रद्धांजलि सभा देवेंद्र भाई के देहावसान के तीन-चार महीने बाद हो रही थी लेकिन गांधी निधि संग्रहालय गांधी दर्शन और राजघाट समाधि के कार्यकर्ता-पदाधिकारी गांधी दर्शन के इस हॉल में जुटे नहीं थे। दिल्ली में इससे बड़ी उम्मीद नहीं करनी चाहिए। यहां आ कर लोग परिवार और संबंध नहीं बनाते। इसलिए जाने वाले को याद रखना ही अपने आप में एक अच्छी-खासी कवायद है। साधन संपन्न लोग ही यह कवायद करते रह सकते हैं।

सभा शुरू होने के पहले जो भी उसमें आए थे पास ही रखी डालिया से पंखुरियां उठा कर देवेंद्र भाई के चित्र पर चढ़ाते थे, प्रणाम करते थे और अपनी जगह पर जा कर बैठ जाते थे। मैंने भी ऐसा किया और जब अपनी कुर्सी पर बैठ कर सामने देखने लगा तो मुझे लगा कि उस फ्रेम में देवेंद्र भाई का नहीं मेरा अपना चित्र लगा है। और मेरे जो भी साथी आ सकते थे वे आ कर मेरे चित्र पर फूल चढ़ा गए हैं। जैसे यह श्रद्धांजलि सभा देवेंद्र भाई के लिए नहीं, मेरे लिए रखी गई हो। अपने को ऐसा महसूस करते हुए पकड़ लेने पर मेरे भीतर कोई झेंप या डर नहीं था। बल्कि ऐसा महसूस कर के मैं आश्वस्त था कि अपनी परिणति को देख सका हूं। फिर मैंने खोजना चाहा कि मुझे ऐसा क्यों लगा कि यह श्रद्धांजलि सभा मेरी याद में हो रही है ? काफी देर बाद समझ आया कि देवेंद्र भाई में मैं अपनी मृत्यु और उनकी श्रद्धांजलि सभा में अपनी शोक सभा देख रहा हूं। उनके जाने में मेरा भी कार्यकर्ता रूप जैसे चला गया है। फिर मैं अपने को अंग्रेजी की कविता सुनाने लगा—इच मेन्स डेथ डिमिनिशस मी, देअर फोर डू नॉट टर्न टू आस्क, फॉर हूम द बेल टॉल्स, इट टॉल्स पॉर दी। देवेंद्र भाई की मृत्यु एक तरह से तुम्हारी ही मृत्यु है। इसलिए मन में मत पूछो कि यह श्रद्धांजलि सभा किस के लिए है। यह तुम्हारे लिए है। जरूर है और गनीमत है कि तुम खुद ही इसमें शरीक भी हो रहे हो। इससे बढ़ कर तुम्हारे लिए और क्या हो सकता है ?

ऐसा मुझे शायद इसलिए भी लगा कि कोई पैंतालीस साल पहले देवेंद्र भाई को गांव माचला में देख कर मुझे लगा था मुझे भी ऐसे ही रहना चाहिए। तब समाज शास्त्र के एक प्रोफेसर पाटील स्कूलों और कॉलेजों के नए-नए लड़कों को गांवों में ले जाया करते थे। वहां वे उनकी कोई कक्षाएं तो नहीं लगाते थे न कोई भाषण दिया करते थे। वे शायद इतना ही चाहते थे

कि इंदौर जैसे शहर के लड़के मालवा के ग्रामीण इलाके में जा कर उसे देखें, समझें और उनमें अपनी कोई भूमिका पाते हों तो जो भी कर सकते हों करें। क्रिश्चियन कॉलेज के ये मराठी भाषी प्राध्यापक न तो ग्राम स्वराज आंदोलन से प्रेरित थे न वे जवाहरलाल नेहरू के चलाए सामुदायिक विकास कार्यक्रम में जवान लोगों को स्वयंसेवकों की तरह लगाना चाहते थे। लेकिन उनमें यह इच्छा निश्चित थी कि पचास के दशक के नए लड़के यानी आजादी के बाद की जो पहली पीढ़ी शहरों में बड़ी हो रही है वह देहाती इलाके की वास्तविकता और असलियत को समझे। भीतर की प्रेरणा से जो लड़के कुछ करना चाहें उन्हें करने का अवसर मिले। वे प्राध्यापक थे और समाजशास्त्र पढ़ाने में उनका बड़ा नाम और आदर था। लेकिन वे उस जमाने के खांटी अकादमिक विद्वान नहीं थे। वे गांधीवादी या नेहरू के सपने से प्रभावित कार्यकर्ता भी नहीं थे। मुझे नहीं लगता कि उनकी कोई राजनैतिक या राजनीति पर प्रभाव से कोई अकादमिक पद पाने की आकांक्षा रही हो। पता नहीं, शायद अपनी जवानी में आजादी के आंदोलन में भाग न ले पाने की कमी वे इस तरह पूरी कर रहे हों। पर वे मुझे अपनी किस्म के अद्‌भुत प्राणी लगते थे और गुजराती कॉलेज का फर्स्ट इयर विज्ञान का विद्यार्थी होते हुए भी मैं उनके साथ गांवों में जाया करता था।

इन्हीं गांवों में एक गांव माचला था। वहां देवेंद्र भाई सपरिवार ही नहीं मित्र मंडली के साथ आ कर रहने लगे थे। वे वहां मगन संग्रहालय वर्धा से आए थे जहां इलाहाबाद में विज्ञान की अपनी पढ़ाई पूरी कर के कुमारप्पा के साथ ग्रामोद्योग की टेक्नोलॉजी विकसित करने में लगे थे। आप जानते हैं कि कुमारप्पा गांधी के अर्शशास्त्री ही नहीं उनके मिस्त्री भी थे। गांधी जो स्वदेशी अर्थव्यवस्था लागू कर के ग्रामोद्योग का विकास करना चाहते थे उसमें प्रयोग करने की जिम्मेदारी कुमारप्पा ने ले रखी थी। देवेंद्र भाई जैसे नए विज्ञान के विद्यार्थी उनके काम में नया आकर्षण देखते थे और देश भर से आ कर वर्धा के मगन संग्रहालय में जमा होते थे। वहां देवेंद्र भाई ने जो कुछ देखा-समझा था उसे गांव में करने के लिए वे माचला आ गए थे। वे रहने वाले पश्चिमी उत्तर प्रदेश के थे और खाते-पीते परिवार के थे। उनने विवाह आंध्र की तेलुगुभाषी प्रभा बेन से किया था शयद वर्धा में ही मगन संग्रहालय में काम करते हुए। माचला में उनने अपने और अपने साथियों के लिए गांवों के दूसरे घरों जैसे ही कच्चे घर बना लिए थे। लेकिन गांव के घरों से कहीं अधिक करीने से और साथ-सुथरे रहने वाले। मैं नहीं जानता कि वे घर और माचला की दूसरी संस्थाएं उन्होंने अपने पास के पैसों से बनाई थीं या उन्हें खादी ग्रामोद्योग आयोग से मदद मिली थी या गांव के लोगों ने ही अपने साधन और परिश्रम से वह परिसर खड़ा किया था। लेकिन तब वह मुझे ग्रामसेवा और ग्रामविकास के लिए आदर्श लगता था। देवेंद्र भाई तब तीस बरस के होते लगते थे। वे काफी लंबे और दुबले थे और उनके चेहरे पर कभी कोई उत्तेजना नहीं दिखती थी। सफेद खादी के कुरते-पजामे में वे बड़े सक्रिय, स्नेही और पराक्रमी लगते थे। अपने साथियों से वे भाई की तरह बरतते थे और पत्नी प्रभा बहन से काफी आदर से बात करते थे। गांव वाले और हमारे प्रोफेसर पाटील और दूसरे गांधी कार्यकर्ता सभी उनका सम्मान करते थे।

देवेंद्र भाई की तरह किसी गांव में जा कर काम करने और उन्हीं की तरह रहने की प्रेरणा माचला की हर यात्रा से मिलती। इंदौर से माचला दूर नहीं था। विंध्य की एक पहाड़ी की

तलहटी में बसाए गए कस्तूरबा ग्राम से भी वहां पैदल जाया जा सकता था और जहां विनोबा के सान्निध्य में पहला सर्वोदय सम्मेलन हुआ उस गांव राऊ से भी। कस्तूरबा ग्राम सन् पचास के आसपास कस्तूरबा ट्रस्ट ने महिला कार्यकर्ताओं के लिए बसाया था और देश के सभी गांधी और सरकारी नेता वहां आते थे। वह गांधी कार्य का बड़ा केंद्र था। लेकिन राऊ में ऐसा कुछ नहीं था जो पहले सर्वोदय सम्मेलन के स्थान के नाते गतिविधियों का केंद्र हो। वैसे भी उन दिनों भूदान आंदोलन, ग्रामदान आंदोलन बन रहा था और विनोबा से प्रेरित हजारों कार्यकर्ता देश भर में अलख जगा रहे थे। वे प्रेम से भूमि के न्यायिक बंटवारे में लगे थे और ऐसा महसूस करते थे कि सन् सत्तावन आते-आते देश में भूमिक्रांति हो जाएगी। विनोबा की पदयात्रा और नेहरू के सामुदायिक विकास कार्यक्रम ने देश में एक नए भारत की हवा बना रखी थी। आखिर उस हवा में उड़ कर अपन ने भी कॉलेज और विज्ञान का पढ़ना-लिखना छोड़ दिया। घूमते-घूमते ठौर मिला क्षिप्रा के पास के गांल सुनवानी महाकाल में। वहां माचला जैसा परिसर तो अपने से नहीं बना लेकिन गांव वालों ने जो घर दे दिया था उसे गांधीय करीने और साफ सुथरेपन से जरूर रखा और गांव वालों की मदद से पूरे गांव को ही ग्राम सेवा परिसर बनाने की कोशिश की। यहीं अपने बुलावे पर देवेंद्र भाई अपने विद्यालय-आश्रम आदि के कार्यकर्ताओं के साथ आए। इतने लोगों के लिए खाना बना सकने का न अपने पास सामान था न बर्तन। गांव के प्रत्येक घर से रोटियां इकट्ठी की। दाल, सब्जी जो भी मिली वह भी अलग-अलग बर्तनों में जमा की। गांव में ही बना गुड़ जमा किया और प्रेमपूर्वक पंगतें जीमीं। गांव वालों पर देवेंद्र भाई के इस आने और दिन भर रहने का बड़ा असर हुआ। अपन गांधी का काम करते थे लेकिन किसी गांधी संस्था से सम्बद्ध नहीं थे न अपनी कोई संस्था थी।

फिर जब विनोबा पहली बार नगर स्वराज का प्रयोग करने इंदौर आए तो नई दुनिया के लिए महीने भर उनको कवर किया। सुबह तीन बजे से शाम छह बजे तक विनोबा के साथ घूमता और फिर दफ्तर आ कर टेबलॉइड साइज के पूरे दो पेज लिखता। कई बार हथेली पर भी नोट्स लेता क्योंकि विनोबा के साथ लगातार चलते रहना पड़ता था। देवेंद्र भाई तब ज्यादातर विनोबा के साथ होते और मुझे हथेली पर नोट्स लेते देखते और दूसरे दिन अखबार में पढ़ते तो खुश होते। विनोबा की इस यात्रा के बाद अपन पत्रकारिता के रास्ते चल निकले और देवेंद्र भाई वापस माचला लौटे। लेकिन जब राष्ट्रीय स्तर पर गांधी शताब्दी मनाने की बात चली और भारत सरकार ने एक राष्ट्रीय समिति बनाई तो देवेंद्र भाई को उसका संगठन मंत्री बना कर बुलाया गया। सन् पैंसठ जब वे दिल्ली आए तो चालीस बरस के थे। इस तरह के काम का उनका कोई अनुभव नहीं था। वे भूदान कार्यकर्ता के नाम से जाने नहीं जाते थे। वे गांधी के रचनात्मक कार्यक्रम की परंपरा में थे लेकिन विनोबा और उनके ग्रामदान आंदोलन के प्रति सम्मान और निष्ठा रखते थे। उनमें सर्वोदय आंदोलन के प्रति वह मखौल का भाव नहीं था जो गांधी रचनात्मक कार्य के कई प्रतिष्ठानवादी लोगों में था। देवेंद्र भाई न सर्वोदय आंदोलन के नेता माने जाते थे न गांधी संस्थाओं के प्रतिष्ठानवादी। पर वे दोनों में ही स्वीकार थे।

'नई दुनिया' के बाद 'मध्यदेश' का प्रयोग भी जब फेल हो गया और अपने को लगा कि क्षेत्रीय पत्रों में वापस लौट कर कोई विचार और लिखने-पढ़ने का काम नहीं किया जा सकता तो गांधी कार्य में फिर लगना ठीक लगा। लेकिन अब अपना भी विवाह हो गया था और एक

बेटा था। पहले जैसी आकाशवृत्ति नहीं की जा सकती थी। दिल्ली में हिंदुस्तान के तब के संपादक रतनलाल जोशी के नाम अपने एक काका ने पत्र दिया था। हिंदुस्तान जा कर जोशीजी को वह देने के बजाय मैं राजघाट कॉलोनी में देवेंद्र भाई के पास आया। उनने कहा पत्रिकाओं और पुस्तकों के प्रकाशन में हमारी मदद करो। इंदौर जा कर वापस आया और प्रकाशन समिति का काम करने लगा। साल भर बाद परिवार लाया और जमनापार कृष्णानगर में किराए के मकान में रहने लगा। देवेंद्र भाई ने पूछा कि घर कैसे चलता है तो हिसाब बताया। हालत इतनी खस्ता थी कि उनने राजघाट कॉलोनी में ही घर दिलाया। फिर उन्हीं के कहने पर वहां से निजामुद्दीन गया क्योंकि इमरजंसी थी और अपन तब एक्सप्रेस में काम करने लगे थे। इमरजंसी का काल ही देवेंद्र भाई के लिए सबसे कठिन गुजरा। वे गांधी निधि के सेक्रेटरी थे। इंदिरा गांधी ने कांग्रेस के विभाजन के साथ गांधी संस्थाओं को भी बांट दिया था। उनमें भी मोरार जी और फिर जेपी समर्थक इंदिरा जी की नजर में खटक गए। देवेंद्र भाई जेपी के आंदोलन में नहीं लगे लेकिन उस के खिलाफ इंदिरा जी की तरफ भी वे नहीं हुए। वह संकट काल था। उसमें मित्र या शत्रु ही हो सकते थे। तटस्थ विचार वाले विश्वस्त नहीं रहे। दोनों तरफ उन्हें ले कर शंका। देवेंद्र भाई सरकार विरोधी नहीं थे लेकिन जेपी आंदोलन के आलोचक भी नहीं थे। विनोबा और उनकी स्थिति लगभग एक-सी थी।

संस्था, देश की हालत और लोगों के रवैए के कारण देवेंद्र भाई गांधी निधि से हटे। इतने साल और ऐसे पदों पर वे रहे लेकिन न उनने ऐसा तामझाम बनाया कि दूसरी संस्थाएं या जनता सरकार उन्हें अपने यहां लेने को उत्सुक होती। उनने अपनी संस्था या प्रतिष्ठान भी नहीं बनाया जो देशी-विदेशी सहायता से मजे में चलता और देवेंद्र भाई वैकल्पिक विकास के नेता होते। वे दक्षिण के गांधीग्राम विश्वविद्यालय के कुलपति बने और फिर अपने उसी मगन संग्रहालय में आ गए जहां से निकले थे। मगन संग्रहालय को नरसिंह राव की सरकार से सहायता मिली इसलिए वहां फिर रौनक आ गई। लेकिन देवेंद्र भाई का स्वास्थ्य नष्ट हो चुका था। अपने आखिरी दस वर्ष उनने ऐसे भारत में जिए जहां रचनात्मक गांधी कार्य के लिए कोई जगह, उपयोगिता और इज्जत नहीं रह गई थी। आप को अचरज नहीं होगा कि उनके निधन के तत्काल बाद शोकसभा नहीं हो सकी और महीनों बाद हुई श्रद्धांजलि सभा का हाल तो मैंने बता ही दिया। दिल्ली किसी को याद नहीं रखती। देवेंद्र भाई तो सेवाग्राम के आदमी थे।

उनके लिए आज दिवाली पर एक दीया जलाऊंगा। मैं न दिल्ली का आदमी हूं न सेवाग्राम का। उनके नाम पर कुछ प्रकाश मुझे मिलेगा।

(14.11.99)

सोम भाई

उनको व्यर्थ करना खुद व्यर्थ होना है

सोमभाई जब सौलह बरस के थे और दिल्ली में इन्द्रप्रस्थ गुरुकुल में पढ़ रहे थे तो उनने महात्मा गांधी को चिट्ठी लिख दी कि वे उनके गुरुकुल में आएं। गांधी जी कोई आज के नेता या महापुरुष तो थे नहीं जो कोई वजनदार और जान-पहचान के लोगों के कहे जाने के बाद कहीं जाएं। उनने खुद अपने हाथ से सोमभाई को जवाब दिया कि वे फलां-फलां दिन आएंगे।

वह सन् बीस से तीस की दशक थी और गांधी जी जहां जाते थे वहां किसी न किसी राष्ट्रीय कार्यक्रम के लिए लोगों से पैसा इकट्ठा करवाते थे। सन् उन्तीस के उन दिनों में वे खादी कोष के लिए पैसे ले रहे थे। इसलिए गुरुकुल इन्द्रप्रस्थ के विद्यार्थियों ने तय किया कि वे अपने भोजन में कटौती और बाहर मेहनत-मजदूरी कर के पैसा जमा करेंगे और बापू को भेंट करेंगे। बहुत मारा-मारी करने के बाद सोमभाई और उनके साथियों ने आठ सौ रुपया जमा किया। जब गांधी जी आए तो गुरुकुल ने वह राशि उन्हें अर्पित की और इस बात का थोड़ा संतोष भी बताया कि इतनी बड़ी रकम अब तक किसी विद्यालय ने खादी कोष में नहीं दी है।

महात्मा गांधी आप जानते हैं कि आसानी से खुश हो जाने वाले भोले भंडारी नहीं थे। वे इस देश की जनता को झूठमूठ फुसला कर और गुदगुदा के नेता नहीं बने थे। वे फटकार सकते थे, कड़ी से कड़ी मेहनत करवा सकते थे और जो 'काम करने को कहा हो' उसमें कोताही बरतने की छूट नहीं देते थे। आजादी के बाद हमारे सभी नेताओं ने लोगों से कहा कि तुम हमें वोट दो हम तुम्हें स्वर्ग बना के देंगे। गांधी जी अगर चुनाव भी लड़ते तो वे स्वर्ग की एवज में वोट नहीं मांगते। वे साफ कहते कि देश को और भी ज्यादा जरूरी आर्थिक और सामाजिक आजादी पानी है मगर उस के लिए कड़ी मेहनत और त्याग करना हो तो मुझे वोट दो। और अगर वे सत्ता में आ जाते तो खुद तो मिनट भर चैन से नहीं बैठते लोगों को भी नेताओं के भरोसे जीने की छूट नहीं देते। वे जनता को बरगला कर सत्ता में आने वाले नेता नहीं थे। वे सब लोगों के पराक्रम से देश को नीचे से बनाने वाले क्रांतिकारी ऋषि थे। नेताओं को जिम्मेदारी सौंप कर सरकार माई बाप के हाथों अपनी नियति और अपना भविष्य कर देने को वे साफ कहते कि यह गुलामी का विस्तार है।

ऐसे महात्मा गांधी थे तभी तो भोजन में कटौती और मेहनत-मजदूरी कर के जिन बालकों ने आठ सौ रुपए जमा किए थे उनके पराक्रम की तारीफ करते। गांधी जी ने उनकी पीठ तो ठोकी लेकिन कहा कि स्वामी श्रद्धानंद की संतानों से तो उसने कहीं ज्यादा रकम की उम्मीद कर रखी थी और करते हैं। जरा सोचिए कि सन् उन्तीस में आठ सौ रुपए की कितनी कीमत रही

होगी और वह भी विद्यार्थियों ने कोई अपने पालकों से खादी कोष में देने के लिए मंगवा नहीं ली थीं। उनने अपने भोजन से घी-दूध बंद किया था। कभी एक बार का भोजन छोड़ा था। गुरुकुल से बाहर जा कर दिहाड़ी मजदूरों की तरह मजदूरी की थी। तब कहीं वे रुपए जमा हुए थे। वह रकम हमारे बालकों की पॉकेट मनी से त्याग-बलिदान कर के नहीं निकाली गई थी।

गांधी जी यह सब जानते थे। वे खुद चूंकि एक-एक पाई बचाने और एक-एक पैसा इकट्ठा कर के आजादी का आंदोलन चलाते थे। इसलिए ऐसे कोष का महत्त्व निश्चित ही उन्हें मालूम था। उस छोटी रकम के पीछे बड़ी भावना की कदर करना भी उनकी आदत थी। फिर भी उनने कहा कि स्वामी श्रद्धानंद की संतानों से तो उनने कहीं ज्यादा योगदान की उम्मीद कर रखी है। गुरुकुल आप जानते हैं कि स्वामी श्रद्धानंद के बनाए शिक्षण संस्थान हैं और वहां पढ़ने वालों को गांधी जी उनके मां-बाप की नहीं स्वामीजी की संतान मानते थे और आजादी की लड़ाई का प्रशिक्षण लेते रंगरूट भी। इन रंगरूटों को बापू बातना चाहते थे कि आजादी के लिए इससे भी कड़ी मेहनत और त्याग करना होगा। ऐसे हमारे नेता थे तभी तो तब के बच्चे और नौजवान देश के लिए कुछ भी कर गुजरने को तैयार रहते थे।

उन्हीं बच्चों और नौजवानों की पीढ़ी के सोमभाई हैं और तेरह मई को छियासी साल पूरे कर चुके हैं। घुटनों में गठिया का दर्द जरूर रहता है—नहीं तो पूरी तरह स्वस्थ हैं और सत्तर साल से लगातार खादी का काम कर रहे हैं। साठ साल से खादी संस्थाओं में मामूली कार्यकर्ता से संस्थापक अध्यक्ष तक रहते हुए अब भी सक्रिय हैं। लगातार घूमते रहते हैं और खादी ग्रामोद्योग का काम टिंबकटू में भी हो रहा हो तो रेल से जाते हैं। सत्तर साल पहले गांधी जी से सीख मिली थी कि अपना सर्वश्रेष्ठ भी भारत माता की अपेक्षा में पर्याप्त नहीं है इसलिए समर्पण और विनम्रता से अपना सर्वश्रेष्ठ करते जाओ। दीनता न आए और फल की वासना न पकड़े। सार्थकता अपने नियत कार्य में विलीन हो कर शून्य हो जाने में है। काम ही रहे, मैं न रहूं—गांधी जी का कबीर की बानी का यह कर्मयोग अनुवाद है। आज कोई कहे कि मैं अपने काम में विलीन हो कर शून्य हो गया हूं तो लोग हंसेंगे और कहेंगे पाखंड की हद है।

लेकिन विनोबाजी को देह त्यागे तो अभी बीस बरस भी नहीं हुए हैं। उनने देश में इतनी पदयात्रा की कि दुनिया की दो परिक्रमा हो जाती। आजादी के बाद का सबसे बड़ा और लंबा आंदोलन चलाया—ग्राम स्वराज का। लेकिन गांधी शताब्दी के बाद सूक्ष्म में प्रवेश कर के अपने आश्रम पवनार लौट आए और जी कर उदाहरण पेश किया कि शून्य में विलीन होना क्या होता है। फिर इच्छा मृत्यु का वरण किया। तो ऐसा नहीं है कि अपने काम को समर्पित हो कर कोई शून्य में विलीन न हो सके। कहूं कि सोमभाई अपने को शून्य करने में लगे हैं तो कोई पूछ सकता है कि ऐसी आध्यात्मिक और वायवी अवधारणाएं उन पर क्यों थोपते हो ? मैं खुद सोमभाई तो हूं नहीं जो कह सकूं कि हां शून्य हो रहा हूं। और सोमभाई की विनम्रता ऐसी अपार है कि वे दावा नहीं करेंगे कि हां मैं शून्य हो रहा हूं। कहेंगे कि कुछ भी करने वाला मैं कौन हूं ? मेरा जो भी हो रहा है वह तो ईश्वर कर रहा है।

जैसे तेरह मई को पानीपत में सोमभाई का अभिनंदन हुआ खादी और ग्रामोद्योग के सेवकों की तरफ से। मैंने पहले ही कहा है कि सोमभाई गुरुकुल में पढ़ते थे और वेदालंकार की

उपाधि पाई है। इसलिए वेद और उपनिषद तो जानते ही हैं। वेदों का आशीर्वाद है–अदीनाः स्याम शरदः शतं–दीन न होते हुए सौ बरस जिओ। और ईशोपनिषद ने कहा–

कुर्वन्नेवेह कर्माणि जिजीवेषत शतं समाः॥
एवें स्वयि नान्यचेतोस्ति न कर्म लिप्यते नरे॥

रामनरेश त्रिपाठी ने इस श्लोक को पद्य में यों कहा है–करते हुए ही कर्म नित संसार में शत वर्ष का जीवन हमारा इष्ट हो। तुझ देहधारी के लिए पथ एक यह अतिरिक्त इससे दूसरा पथ है नहीं। होता नहीं है लिप्त मानव कर्म से, उस से चिपकती मात्र फल की वासना। मैंने कहा कि सोमभाई में दीनता कहीं नहीं दिखाई देती। वेद एक कसौटी तो उनने पूरी की। उपनिषद ने कहा कि कर्म करते हुए सौ साल जियो। कर्म आदमी से नहीं चिपकता उस के फल की वासना ही उससे चिपकती है। कर्मयोगी मनुष्य में कर्म के फल की वासना नहीं होती। सोमभाई में भी नहीं है। इस तरह उपनिषद की शर्त भी वे पूरी करते हैं। जब वे वेद और उपनिषद दोनों की ही परीक्षा में पास हैं तो उनका आशीर्वाद भी उन्हें मिलेगा और जीवन के बाकी चौदह बरस भी दीन हुए बिना फल की वासना अलिप्त कर्म करते हुए ही जिएंगे।

चंद्रशेखरजी ने पूछा कि ठीक है अभिनंदन की एक औपचारिकता है, चौदह नहीं मैं तो चाहूंगा कि वे चौबीस साल और जिएं। लेकिन सोमभाई से भी पूछना चाहिए कि क्या वे बाकी के बरस इस भारत में जीना चाहते हैं ? गांधी जी भी सवा सौ साल जीना चाहते थे लेकिन अपने होते हुए उनने जो देखा उस के बाद उनकी इच्छा नहीं रह गई थी। मंच पर सादिक अली और सिद्धराज ढड्डा भी बैठे थे। उनका जिक्र करते हुए चंद्रशेखर ने कहा कि सादिक भाई नब्बे के और सिद्धराज जी इकानवे के हो गए। ये तीनों गांधी जी के कहने पर भरी जवानी में गांव चले गए और वहां लोगों को जगाने और उनका पराक्रम बढ़ाने में खप गए। गांधी जी इस देश के आम लोगों गरीब से गरीब और विपन्न लोगों की शक्ति खड़ी करना चाहते थे क्योंकि उस के खड़े होते ही न सिर्फ अंग्रेजों की गुलामी से लोग आजाद हो जाएंगे बल्कि एक नया और बराबरी का न्यायप्रिय समाज बनाएंगे। इसी सपने को साकार करने में सिद्धराज जी, सादिक भाई और सोमभाई खप गए। गांधी जी और इनकी त्याग-तपस्या का हमने क्या किया ? मैं तो सोमभाई का अभिनंदन करना अपना राष्ट्रीय कर्त्तव्य समझता हूं और इसीलिए आज पानीपत आया हूं। लेकिन कहना चाहता हूं कि हमने स्वतंत्रता संग्राम सेनानियों का सपना तो तोड़ा ही गांधी जी इस देश के दीन-हीन लोगों का जो आत्मबल और पराक्रम जगाना चाहते थे उसे भी हमने तोड़ा।

फिर चंद्रशेखर नवल किशोर शर्मा की तरफ मुड़े। नवलजी उस अभिनंदन सभा के अध्यक्ष थे और कांग्रेस के मंत्री, नेता आदि रहने के अलावा खादी ग्रामोद्योग आयोग के अध्यक्ष भी रह चुके हैं। चंद्रशेखर ने कहा कि नवलजी आप हम उस लोकसभा के सदस्य थे जिसने कहा कि विदेशियों आओ और हमको बचाओ। मगर विश्व बैंक और आईएमएम मदद नहीं करेंगे तो हम डूब जाएंगे। गांधी जी ने कहा कि विदेशियों यहां से जाओ। भारत के लोग खुद अपना देश बना लेंगे क्योंकि उन्हें लोगों की शक्ति पर विश्वास था विदेशी कंपनियों और पूंजीपतियों पर नहीं। हमें इस देश के लोगों की शक्ति और उनकी जीनियस पर भरोसा नहीं है। हम

अपने लोगों का आत्मविश्वास और उनकी आत्मनिर्भरता को तोड़ रहे हैं। और इससे जो भारत बन रहा है वह सादिक भाई, सिद्धराज जी और सोमभाई के सपनों और उनकी त्याग-तपस्या के साथ धोखा है। देश विदेशी पूंजी और विदेशी कंपनियों से नहीं अपने लोगों की ताकत और हौसले से बनते हैं।

चंद्रशेखर ने यह भी कहा कि प्रभाषजी ने सोमभाई के बारे में लिखा हुआ जो पढ़ा वह किस मीडिया में कितनी जगह पाएगा। जिस मीडिया के वे प्रतिनिधि हैं उसको सोमभाई और इस देश के लोगों की कितनी चिंता है। खादी तकनीक नहीं है खादी साइकॉलोजी है। लोगों की मानसिकता ही जब बदल गई तो खादी का कितना ही उत्पादन बढ़ा लीजिए, ग्रामोद्योग पनपा लीजिए लेकिन उससे लोगों का पराक्रम नहीं बढ़ेगा। जिस देश के लोगों को विदेशी पहल, पूंजी और तकनीक पर जीने को मजबूर किया जा रहा है उसमें क्या सादिक भाई, सिद्धराज जी और सोमभाई जैसे लोग जीना चाहेंगे ?

चंद्रशेखर में राष्ट्रीय मामलों को ले कर एक पवित्र आक्रोश है जो उन्हें हंटर उठा कर सब को मारने पर बाध्य करता है। लेकिन जो भारत आज बना है उसी के अंग वे भी हैं। और उनके देखते-देखते नेताओं ने भारत को थाली में रख कर विदेशियों को परोसने की कोशिश की है और वे उन्हें रोक नहीं सके हैं। इसलिए लोकसभा में हो या ऐसी सभाओं में चंद्रशेखर जो बोलते हैं वह ठीक बोलते हैं लेकिन जो हंटर वे चलाते हैं वे उनकी पीठ पर भी पड़ते हैं। मुझे लगता है कि अपराध बोध से वे अपने को मुक्त नहीं मानते। आखिर वे इसी राजनीति में, इसी समाज में और इसी शासन तंत्र में खुद भी रह रहे हैं जिसमें उनके और हमारे देखते-देखते राष्ट्रहित और लोकहित पीछे चले गए हैं और निजी, पार्टी और सत्ता के निहित स्वार्थ ज्यादा महत्त्व पा कर आगे आ गए हैं। लोग और देश मंच के बीच से हटा कर हाशिये पर पहुंचा दिए गए हैं तभी तो गांधी और उनके आह्वान पर आजादी लाने में लगे सेनानी अप्रासंगिक हो कर अपने गुमनाम आश्रमों में दुखी, निराश और व्यर्थ महसूस करने के लिए छोड़ दिए गए हैं। इस हालत पर जब हम हंटर चलाते हैं तो अक्सर पीठ अपनी ही होती है और हमीं उसकी मार सहने के लिए रह जाते हैं। जिन्हें यह संवेदनशीलता नहीं मिली है वे तो हमारे समाज के विखंडन और अपने लोगों के पराश्रित होने पर दुखी नहीं होते। वे इसे तरक्की मान कर इसका श्रेय लेने की होड़ में लगे हुए हैं।

सही है कि सादिक भाई, सिद्धराज जी और सोमभाई हमारे बनाए भारत में अप्रासंगिक और उपेक्षित रह कर जीते रहने के लिए अभिशप्त हैं। लेकिन जो देश अपने स्वतंत्रता संग्राम सेनानियों को व्यर्थ करता है वह दूसरे हाथों में जा कर खुद भी व्यर्थ होता है। क्या हम अपने स्वतंत्रता संग्राम के मूल्यों को और इस तरह अपने अतीत को धोखा नहीं दे रहे ? समाज परिवर्तन और क्रांति से उपजे समतावादी न्याय आधारित समाज बनाने के सपने टूटने पर सोमभाई या सादिक अली ही क्यों हम भी व्यर्थ नहीं हो रहे हैं ?

(16.5.99)

टिहरी का उपवास दिल्ली में टूटा

सुंदरलाल बहुगुणा टिहरी से दिल्ली आ कर महात्मा गांधी की समाधि राजघाट पर प्रधानमंत्री की उपस्थिति में अपना तिहत्तर दिन का उपवास तोड़ेंगे, यह खबर सुनने के बाद मैंने पूछा कि क्या दूरदर्शन और आकाशवाणी से इसका सीधा प्रसारण होगा ? और क्या इसे स्टार टीवी और सीएनएन के जरिए सारे संसार में दिखाया जाएगा ?

सुनने वाले मित्रों ने समझा कि या तो मैं मजाक कर रहा हूं या व्यंग्य। एक ने यह भी कहा कि आप चाहें और कोशिश करें तो अंतरराष्ट्रीय महत्त्व की इस घटना का देश-विदेश में सीधा प्रसारण भी हो सकता है। यह कटाक्ष मुझ गरीब पर इस गफलत में था कि पिछली बार जब बहुगुणाजी उपवास पर बैठे थे और तब के प्रधानमंत्री और उत्तर प्रदेश के राज्यपाल के आश्वासन पर उनने तोड़ा था और इस के पहले जब वे हेलीकॉप्टर से दिल्ली लाए गए थे तो इस भागदौड़ में अपना हाथ था। जन्नत की हकीकत या फजीहत मैं जानता हूं लेकिन दिल को बहलाने का यह खयाल चूंकि अच्छा है इसलिए यहीं और ऐसा ही छोड़े दे रहा हूं।

लेकिन सच, मैं जानना चाहता था कि क्या बहुगुणाजी के उपवास भंग का सीधा प्रसारण हो रहा है। गए महीने इन्हीं दिनों विश्वास का मत पाने के लिए वाजपेयी सरकार ने लोकसभा की पूरी कार्रवाई का सीधा प्रसारण करवाया था। और चूंकि उसने मिसाल कायम कर दी थी इसलिए देवगौड़ा सरकार को भी अपने विश्वास के मत का सीधा प्रसारण करवाना पड़ा। कहते हैं लोगों ने यह प्रसारण उसी रुचि और लगाव से देखा जिससे वन-डे क्रिकेट मैच देखते हैं। कहते हैं सड़कें सूनी हो गई थीं और लोग घरों में टीवी पर आंख लगाए बैठे देश के भविष्य के निपटारे का इंतजार कर रहे थे। वाजपेयी सरकार ने उसे दो-तीन दिन खींचा और फिर टांय-टांय फिस्स की तरह मतदान और फैसला कराए बिना ही इस्तीफे की घोषणा कर दी। देवगौड़ा सरकार उसे एक दिन में ही निपटाना चाहती थी लेकिन अब विपक्ष में विराजमान भाजपा उसे दो दिन चला कर फिर देश को दिखाना चाहती थी कि देखो हम कैसे भाषण वीर हैं और ये कैसे अनपढ़ हैं जो संसद में ठीक से बहस तक नहीं कर सकते।

प्रधानमंत्री देवगौड़ा ने बहस का जवाब देते और विश्वास का मत मांगते हुए कहा कि हिंदी और इंगलिश में शानदार भाषण देने से देश की समस्याएं हल नहीं होंगी। उनका इशारा अटल बिहारी वाजपेयी, सुषमा स्वराज और जसवंत सिंह की ओर था। लेकिन सीधा प्रसारण देश की समस्याएं हल करने के लिए नहीं होता पब्लिसिटी-प्रचार के लिए होता है।

और प्रचार अच्छे भाषणों से ही हो सकता है। चूंकि भाजपा के पास अच्छा भाषण देने वाले लोग हैं और संघ परिवार का प्रचार में अटूट विश्वास है इसलिए कहते हैं इन दोनों सीधे

प्रसारणों से भाजपा को बहुत लाभ मिला। लोगों ने देखा कि कितने 'बुद्धिमान' और 'अच्छा बोलने वालों' की सरकार को बहुमत नहीं मिला और हल्ला करने वाले 'गंवारों' की सरकार कोरे संख्या बल से जीत गई।

कई लोग तो कहते हैं कि विश्वास मत का सीधा प्रसारण वाजपेयी सरकार की सबसे बड़ी उपलब्धि है और उसने तेरह दिन में वह कर के दिखा दिया जो कांग्रेस सरकारें तीस साल में भी नहीं कर पाई थीं। अगर एक सीधा प्रसारण अगले चुनाव में भाजपा की सरकार सुनिश्चित कर सकता है तो राजघाट पर सुंदरलाल बहुगुणा के उपवास तोड़ने का प्रसारण गंगा और हिमालय को निश्चित ही बचा सकता है।

लेकिन सुंदरलाल बहुगुणा के उपवास तोड़ने का सीधा प्रसारण नहीं हुआ। न प्रधानमंत्री देवगौड़ा ने हिंदी और इंगलिश में शानदार भाषण दिया। वे कन्नड़ में बोले क्योंकि हिंदी या अंग्रेजी में बोलने से कोई समस्या हल नहीं होती। समस्या बहुगुणा का उपवास था जो उनके रस पी कर तोड़ने और देवगौड़ा के कन्नड़ में बोलने से हल हुई। लेकिन कई जानकारों का मानना है कि इससे न गंगा बचेगी न हिमालय क्योंकि न तो उपवास तोड़ने का सीधा प्रसारण हुआ है न सरकार ने वचन दिया है कि समीक्षा समिति की रपट पर अमल किया जाएगा। एक और समीक्षा समिति की एक और रपट एक और सरकार दाखिल दफ्तर कर देगी।

यह सनकी रवैया उन लोगों का है जो जनता के बीच जा कर सीधे और जड़ों से निकला हुआ काम नहीं करते और दिल्ली में बैठ कर सरकारों की चाल देखते हैं। यही वे लोग हैं जो सुंदरलाल बहुगुणा के तिहत्तर दिन के उपवास को फार्स यानी बेमतलब का नाटक कहते हैं। सही है कि बहुगुणाजी रोज बेल और शहद लेते थे और दिन में सिर्फ एक घंटे बोलते थे।

अब आप अगर प्राकृतिक चिकित्सा के जानकार हों तो कहेंगे कि पका हुआ बेल इतना गुणकारी फल है कि न सिर्फ पेट के तमाम रोगों का इलाज कर सकता है बल्कि इतनी शक्ति भी देता है कि शरीर के विकारों को दूर कर सके। फिर शहद की शर्करा तो सीधे खून में जाती है और इतनी ऊर्जा देती है कि आप स्वस्थ रह सकें। बेल और शहद ले कर आप सिर्फ एक घंटे बोलें और कटि स्नान आदि करते रहें तो आप जो कर रहे हैं वह उपवास, आमरण अनशन या प्रायश्चित व्रत आदि कुछ नहीं है। वह प्राकृतिक चिकित्सा है। वह कल्प है।

प्राकृतिक की चिकित्सा और आयुर्वेद में कई तरह के कल्प होते हैं। जो चिकित्सक या वैद्य आपके शरीर और आपकी प्रकृति जानता हो वह उस के अनुसार कल्प बता सकता है। ये कल्प कायाकल्प होते हैं यानी इन्हें करने के बाद आपका शरीर विकारों से मुक्त हो कर नया हो जाता है। आम का मौसम है तो वैद्य लोग आम का रस और दूध पिला कर महीने दो महीने में कायाकल्प कर दे सकते हैं। काशीवास के दौरान लोग कई तरह के कल्प कर के अपने शरीर का पुर्ननवीनीकरण करते हैं।

सुंदरलाल बहुगुणा ने भी तिहत्तर दिन का बेल और शहद का कल्प किया है और इस तरह शरीर, मन और आत्मा से वे उस पाप से मुक्त हो गए हैं जो टिहरी बांध परियोजना की समीक्षा का वचन न निभाने के कारण उन से हुआ था। यह कायाकल्प उन्हें अगली बार और भी लंबा कल्प करने की शक्ति देता क्योंकि समीक्षा समिति में भले ही चार वही विशेषज्ञ हों

जिनके नाम बहुगुणाजी और उनके मित्रों के सुझाए हुए हों और यह समिति भले ही कह दे कि टिहरी बांध हिमालय और देश के लिए खतरनाक है इसकी संभावना नहीं है कि देवगौड़ा सरकार तब तक रही तो टिहरी परियोजना को रद्द कर देगी।

इसलिए रपट पर अमल करवाने के लिए सुंदरलाल बहुगुणा को फिर उपवास पर बैठना पड़ेगा। पिछली बार उनपचास दिन और इस बार तिहत्तर दिन लगे तो अगली बार सौ दिन भी लग सकते हैं। उनके मित्रों-समर्थकों को सरकार को बताने में कि बहुगुणाजी की जान बचाओ। बेल और शहद का यह कल्प सुंदरलाल बहुगुणा को टिहरी के लिए लंबे संघर्ष की शक्ति देगा।

चूंकि संघर्ष लंबा चलना है इसलिए उपवास या प्रायश्चित व्रत या कायाकल्प के पूरे होने का टीवी और रेडियो पर सीधा प्रसारण होता तो इससे टिहरी और हिमालय को बचाने में मदद मिलती। अगर सीधा प्रसारण अल्पमत की भाजपा सरकार के प्रचंड बहुमत में लौटने का रास्ता बन सकता है तो वह हिमालय को बचाने के संघर्ष को भी ताकत दे सकता है।

फिर सुंदरलाल बहुगुणा के टिहरी से दिल्ली आ कर राजघाट पर उपवास तोड़ने का जो तर्क और अर्थ है वह भी तभी पूरा होता जब उसका टीवी-रेडियो पर सीधा प्रसारण होता। नहीं तो कहीं आपने पढ़ा-सुना है कि किसी ने उपवास तो कहीं किया हो लेकिन उसे तोड़ा हो कहीं और जा कर। अगर गंगा और हिमालय को बचाने के लिए बेल और शहद के कल्प करने का गांधी की समाधि पर ज्यादा महत्त्व होता तो सुंदरलाल बहुगुणा को टिहरी के बजाय राजघाट पर बैठना चाहिए था। और चूंकि समस्याएं अंग्रेजी और हिंदी में फर्राटेदार भाषण देने से हल नहीं हो सकती इसलिए प्रधानमंत्री को बहुगुणाजी की जान बचाने के लिए रोज आ कर कन्नड़ में बोलना चाहिए था।

चूंकि स्थान और प्रधानमंत्री की सुविधा दिल्ली में ही पूरी हो सकती थी इसलिए तेरह अप्रैल से चौबीस जून तक टिहरी में बेमियादी अनशन या प्रायश्चित व्रत पर बैठने के बाद सुंदरलाल बहुगुणा दिल्ली आए। जाहिर है कि यह इसलिए किया गया कि इससे ज्यादा से ज्यादा पब्लिसिटी मिल सके। राजघाट पर छोड़ने के कारण उनके कल्प को गांधीय उपवास का पावित्र्य और मान्यता मिल सके और प्रधानमंत्री के रस पिलाने से लगे कि राज्य ने अहिंसक जनसंघर्ष की शक्ति को माना है।

लेकिन ये दोनों बातें सीधे प्रसारण के बिना पूरी नहीं होतीं। अखबारों में फोटू और खबर छपना ही काफी नहीं है। टीवी पर होते दिखना और आकाशवाणी से सुनाई देने का प्रभाव ही कुछ और होता है। फोटू और खबरें तो टिहरी से भी छपी थी। और भी छप सकती थीं। दिल्ली आ कर सुंदरलाल बहुगुणा के साथ फिर धोखा हो गया है। फिर एक प्रधानमंत्री के आश्वासन पर उन्होंने प्रायश्चित व्रत तोड़ दिया है। अब पता नहीं उन्हें कितने महीनों का प्रायश्चित कल्प करना पड़े।

सीधे प्रसारण के बिना अंतरराष्ट्रीय महत्त्व की पर्यावरणीय घटना बनने के बजाय सुंदरलाल बहुगुणा का उपवास छोड़ना मिन्नत पूरी करने जैसा हो गया है। अपने यहां लोग मनाते हैं कि बेटा हो जाए या घर बन जाए या नौकरी लग जाए, बेपार जम जाए या पति रास्ते पर आ जाए तो सवामनी करेंगे, दण्डौती करेंगे और इतने दिन का उपवास कर के उद्यापन करेंगे।

महिलाएं तो ऐसा करती ही हैं पुरुष लोग भी करते हैं। दंडवत करते हुए कामदगिरि की परिक्रमा या किसी देवस्थान पहुंचना, साल भर तक कोई कठिन उपवास कर के उद्यापन करना—आदि अपने यहां होता रहता है। ऐसे ही लोग अपना घर या स्थान छोड़ कर देवस्थान या तीर्थ जाते हैं और वहां व्रत छोड़ते हैं या उद्यापन करते हैं।

सुंदरलाल बहुगुणा ने कोई मन्नत नहीं मानी थी। मन ही मन मानी हो तो किसी को पता नहीं। उपवास पर बैठते हुए तो उन्होंने सब को यही लिखा था कि 'मैं टिहरी बांध परियोजना की समीक्षा का वचन न निभाने के पाप के प्रायश्चित स्वरूप अपना व्रत प्रारंभ कर रहा हूं।' समीक्षा का वचन सरकार ने दिया था और वह उसने नहीं निभाया था। बहुगुणाजी उसी का प्रायश्चित कर रहे थे। "यह विशुद्ध आध्यात्मिक कार्य है और इसका अर्थ किसी भी रूप में दबाव नीति नहीं लगाया जाना चाहिए।"

तो होना यह चाहिए कि सरकार मानती कि उससे गलती हुई और अब वह समीक्षा करवाने को तैयार है। प्रधानमंत्री खुद टिहरी जाते और वहां सुंदरलाल बहुगुणा को रस पिलाते और उनका उपवास तुड़वाते। लेकिन इसकी चिंता किए बिना ही बहुगुणाजी खुद दिल्ली आए गए और यहां आ कर उनने रस पी कर अपना प्रायश्चित व्रत छोड़ दिया। आप जानते हैं कि ऐसा मन्नत मानने वाले करते हैं।

क्या बहुगुणाजी की मन्नत यह थी कि सरकार समिति बैठाए और प्रधानमंत्री खुद रस पिला कर उनका उपवास तुड़वाएं ? लेकिन उनने तो विशुद्ध आध्यात्मिक कार्य किया था और वे किसी भी तरह का दबाव नहीं डालना चाहते थे। तो फिर उन्हें न दिल्ली आने की जरूरत थी न प्रधानमंत्री के हाथों रस पीने की। प्रायश्चित पूरा हुआ कि नहीं यह तो आत्मा बताती है। आत्मा न दिन गिनती है न राजघाट ढूंढ़ती है न प्रधानमंत्री के हाथों रस दिए जाने का रास्ता देखती है।

लेकिन जब इन सब बातों का प्रबंध हो गया तभी सुंदरलाल बहुगुणा उपवास तोड़ने दिल्ली आए। इसलिए मान लेना चाहिए कि 'अन्याय के प्रतिकार न्यायालय को सत्य की खोज में मदद और देश व दुनिया में गंगा व हिमालय के संकट के प्रति जागरूकता पैदा हो गई थी' ऐसा हो गया था तो इसका सीधा प्रसारण होना चाहिए था क्योंकि देश और दुनिया को पता होना चाहिए कि प्रायश्चित में किए गए उपवास का कितना असर होता है। तभी तो मुझे लगता है कि सुंदरलाल बहुगुणा के साथ फिर धोखा हुआ है और उन्हें फिर प्रायश्चित स्वरूप लंबे उपवास पर बैठना पड़ेगा।

दिल्ली के सनकी लोग कहते हैं कि सुंदरलाल बहुगुणा को गंगा और हिमालय की उतनी चिंता नहीं है जितनी पब्लिसिटी की इसीलिए तो वे गंगा और हिमालय को छोड़ कर दिल्ली आए। लेकिन ये नहीं जानते कि गंगा और हिमालय सिर्फ उत्तराखंड वालों की चिंता नहीं है और उनको बचाए ये बचने वाले भी नहीं हैं। गंगा और हिमालय को देश और दुनिया से खतरा है और उन्हीं से इन्हें बचाना होगा। इसलिए उपवास दिल्ली में तोड़ा। सीधा प्रसारण होता तो इससे पर्यावरण की रक्षा होती। पर्यावरण पब्लिसिटी के बिना बच नहीं सकता है।

(30.6.96)

अनुपम मिश्र

अपने पर्यावरण का यह अनुपम आदमी

ये कागज मैं उन्हीं अनुपम मिश्र और उनके काम पर काले कर रहा हूं जिनका जिक्र आपने इस जगह कई बार देखा और पढ़ा होगा। खतरा है कि आप में से कई लोग मुझ पर पक्षपात करने यानी अपने ही लोगों में रेवड़ी बांटने जैसा अंधत्व होने का आरोप लगा सकते हैं। लेकिन इसलिए कि आप पर कोई आरोप लगा सकता है, आप वह करना और कहना छोड़ दें जो आप को करने और कहने को प्रेरित कर रहा है तो आपके होने-करने का मतलब क्या रह जाएगा ?

लोकलाज या आरोप लगने का डर अगर आप को वह करने और कहने से रोकने लगे तो आप को अपने तई सच्चा बनाता है तो देखते-देखते आप मुखौटे हो जाएंगे। फिर आप को खुद ही समझ नहीं पड़ेगा कि आप वही हैं जो अंदर हैं या वह जो मुखौटे से दिखते हैं ? मुखौटों के बिना दुनिया और जीने का काम नहीं चलता। लेकिन जो आदमी मुखौटा हो जाए उसका जीना अपना नहीं रहता। वह दूसरों के बताए जीवन को जीता है और ऐसे जीने से खोखला कोई जीना नहीं होता।

यह सफाई नहीं है। भूमिका भी नहीं है। आगे जो कह रहा हूं उसका निचोड़ भी नहीं है। यह जीने का वह रवैया है जिसे पहले समझे बिना अनुपम मिश्र के काम और उसे करने के तरीके को समझना मुश्किल है। जो बहुत सीधा, सपाट और समर्पित दिखता है वह वैसा ही होता तो जिंदगी रेगिस्तान की सीधी और समतल सड़क की तरह ऊबाऊ होती। आप हम सब एक पहलू के लोग होते। और दुनिया लंबाई, चौड़ाई और गहराई के तीन पहलुओं वाली बहुरूपी और अनंत संभावनाओं से भरी नहीं होती। विराट पुरुष की कृपा है कि जीवन संसार अनंत और अगम्य है। कितना अच्छा है कि अपने हाथों की पकड़, आंखों की पहुंच और मन की समझ से परे इतना कुछ है कि अपनी पकड़, पहुंच और समझ में कभी आ ही नहीं सकता। ऐसा है इसीलिए तो जीना, करना और खोजना है। ऐसा न हो तो जीने और संसार में रह क्या जाएगा ?

मन में कहीं बैठा था कि अनुपम से मुठभेड़ सन् इकहत्तर में हुई। लेकिन यह गलत है। गांधी शताब्दी समिति की प्रकाशन सलाहकार समिति का काम संभालने के बाद देवेंद्र भाई यानी राष्ट्रीय समिति के संगठन मंत्री ने कहा कि भवानी भाई ने गांधी पर बहुत सी कविताएं लिखीं हैं। वे उन से लो और प्रकाशित करो। उन्हें लेने की जुगाड़ में ही भवानी मिश्र के घर जाना हुआ और वहीं उनके तीसरे बेटे यानी माननीय अनुपम प्रसाद मिश्र, अनुपम मिश्र या पमपम से मिलना हुआ। भवानी भाई की ये कविताएं गांधी पंचशती के नाम से छपी–पांच सौ से ज्यादा कविताएं हैं।

गांधी शताब्दी समाप्त होते-होते एक दिन देवेंद्र भाई ने कहा कि अनुपम आने वाले हैं उनका हमें गांधी मार्ग और दूसरे प्रकाशनों में उपयोग करना है। फिर राधाकृष्णजी ने कहा कि किसी को भेज रहा हूं, जरा देख लेना। अनुपम को देखा हुआ था। लेकिन किसी के भी भेजे हुए को अपन जरा दूर ही रखते हैं। जब तक कोई भेजा हुआ आया हुआ नहीं हो जाता तब तक वह अपनी आंखों में नहीं चढ़ता। बहरहाल अनुपम ने काम शुरू किया—सेवक की विनम्र भूमिका में। सर्वोदय में सेवकों और उनकी विनम्र भूमिकाओं का तब बड़ा महत्त्व होता था। सीखी या ओढ़ी हुई विनम्रता और सेवकाई को मैं व्यंग्य से ही वर्णित कर सकता हूं। विनम्र और सेवक होते हुए भी अनुपम सेवा को काम की तरह कर सकता था।

सेवा का पुण्य की तरह ही बड़ा पसारा होता है। विनम्र सेवक का अहम् कई बार तानाशाह के अहम् से भी बड़ा होता है। तानाशाह तो फिर भी झुकता है और समझौता करता है क्योंकि वह जानता है कि ज्यादती कर रहा है। लेकिन विनम्र सेवक को लगता है कि वह गलत कुछ कर नहीं सकता क्योंकि अपने लिए तो वह कुछ करता ही नहीं है ना ! अनुपम में अपने को सेवा का यह आत्म औचित्य नहीं दिखा हालांकि काम वह दूसरों से ज्यादा ही करता। लादने वाले को ना नहीं करता था और बिना यह दिखाए कि शहीद कर दिया गया है—लदान उठाए रहता। तब उसकी उमर रही होगी इक्कीस-बाईस की। संस्कृत में एमए किया था और समाजवादी युवजन सभा का सक्रिय सदस्य रह चुका था। संस्कृत पढ़ने वाले का पोंगापन और युवजन सभा वाले की बड़बोली क्रांतिकारिता—माननीय अनुपम प्रसाद मिश्र में नहीं थी। भवानी प्रसाद मिश्र के पुत्र होने और चमचमाती दुनिया छोड़ कर गांधी संस्था में काम करने का अहसान भी वह दूसरों पर नहीं करता था। ऐसे रहता जैसे रहने की क्षमा मांग रहा हो। आप को लजाने या आत्म दया में नहीं, सहज ही। जैसे उसका होना आप पर अतिक्रमण हो और इसलिए चाहता हो कि आप उसे माफ कर दें। जैसे किसी पर उसका कोई अधिकार ही न हो और उसे जो मिला है या मिल रहा है वह देने वाले की कृपा हो। मई बहत्तर में छतरपुर में डाकुओं के समर्पण के बाद लौटने के लिए चंबल घाटी शांति मिशन ने में एक जीप दे दी। हम चले तो अनुपम चकित ! उसे भरोसा ही न हो कि अपने को एक पूरी जीप मिल सकती है। सच इस जीप में अपन ही हैं और अपने कहने पर ही यह चलेगी ! ऐसे विनम्र सेवक का आप क्या कर लेंगे ? समझ न आए तो अचार भी डाल कर नहीं रख सकते। अनुपम मिश्र से बरतना आसान नहीं था। अब भी नहीं।

बहरहाल गांधी शताब्दी आई गई हो गई और गांधी संस्थाओं ने उपसंहार की तरह गांधी का काम फिर शुरू कर दिया। विनोबा क्षेत्र संन्यास ले कर पवनार के परमधाम में बैठे और बी से बाबा और बी से बोगस कह कर ग्राम स्वराज्य कायम करने की निजी जिम्मेदारी से मुक्त हो गए। सब को लगता कि अब यह काम जेपी का है। और जेपी को लगने लगा कि ग्राम स्वराज्य सर्वेषाम् अविरोधेन नहीं आएगा। संघर्ष के बिना आंदोलन में गति और शक्ति नहीं आएगी और अन्याय से तो लड़ना ही होगा। बाबा के रास्ते से जेपी कुछ हटना चाहते थे लेकिन लक्ष्य उनका भी ग्राम स्वराज्य ही था। मुसहरी में जेपी ने नक्सलवादी हिंसा का सामना करने का एलान किया। फिर बांग्लादेश के संघर्ष और चंबल के डाकुओं के समर्पण में लग गए।

सर्वोदयी गतिविधियों का दिल्ली में केंद्र गांधी शांति प्रतिष्ठान हो गया और अनुपम और मैं–आंदोलन के बारे में लिखने, पत्रिकाएं निकालने और सर्वोदय प्रेस सर्विस चलाने में लग गए। उसी सिलसिले में अनुपम का उत्तराखंड आना-जाना होता। भवानी बाबू गांधी निधि में ही रहने आ गए थे, इसलिए कामकाज दिन-रात हो सकता था। फिर चमोली में चंडीप्रसाद भट्ट और गौरा देवी ने चिपको कर दिया। चिपको आंदोलन पर पहली रपट अनुपम मिश्र ने ही लिखी और चूंकि सर्वोदयी पत्रिकाओं की पहुंच सीमित थी इसलिए वह रपट हमने रघुवीर सहाय को दी और दिनमान में उन्होंने उसे अच्छी तरह छापा। चिपको आंदोलन को बीस से ज्यादा साल हो गए लेकिन अनुपम का उत्तराखंड से संबंध अब भी उतना ही आत्मीय है। जिसे आज हम पर्यावरण के नाम से जानते हैं उस के संरक्षण का पहला आंदोलन चिपको ही था और वह किसी पश्चिमी प्रेरणा से शुरू नहीं हुआ। पेड़ों को कटने से रोकने के लिए शुरू हुए इस आंदोलन और इससे आई पर्यावरणीय चेतना पर कोई लिख सकता है तो अनुपम मिश्र। लेकिन कोई कहे कि वही लिखने के अधिकारी हैं तो अनुपम मिश्र हाथ जोड़ लेंगे। अपना क्या है जी, अपन जानते ही क्या हैं–उनकी छोटी बहन डॉक्टर नमिता (मिश्र) शर्मा भी इसी लहजे में कह सकती हैं।

लेकिन इस के पहले कि अनुपम मिश्र पूरी तरह पर्यावरण के काम में पड़ते बिहार आंदोलन छिड़ गया। हम लोग गांधी प्रतिष्ठान से एवरीमैन्स होते हुए एक्सप्रेस पहुंच गए और 'प्रजानीति' निकालने लगे। तब भी दिल्ली के एक्सप्रेस दफ्तर में कोई विनम्र सेवक पत्रकार था जो अनुपम मिश्र। सबकी कॉपी ठीक करना, प्रूफ पढ़ना, पेज बनवाना, तंबाकू के पान के जरिए प्रेस को प्रसन्न रखना और पत्रकार और आंदोलनकारी होने की हवा कभी न खाना, झोला लटका के पैदल दफ्तर आना और जब भी काम पूरा हो पैदल ही घर जाना। प्रोफेशनल जर्नलिस्टों के बीच अनुपम मिश्र विनम्र सेवक मिशनरी पत्रकार रहे। इमरजंसी लगी, 'प्रजानीति' और फिर 'आसपास' बंद हुआ तो अनुपम को इस मुश्किल भूमिका से मुक्ति मिली। जनसत्ता निकला तो रामनाथ जी (गोयनका) की बहुत इच्छा थी कि अनुपम उसमें आ जाए। अपन ने भी उसे समझाने-पटाने की बहुत कोशिश की लेकिन अनुपम बंदा लौट कर पत्रकार नहीं हुआ। प्रोफेशनल पत्रकार हो सकने की तबियत अनुपम मिश्र की नहीं है। क्यों नहीं है, यह आगे समझ में आएगा। इमरजंसी में एक्सप्रेस से भी बुरे हाल 'गांधी शांति प्रतिष्ठान' के थे। बाबूलाल शर्मा की सेवाएं अब भी वहीं थीं वे वहां चले गए। मैं भी किसी तरह वहीं लौटा। लेकिन अनुपम मिश्र फ्रीलांसर हो गए। आपने बहुतेरे फ्रीलांसर देखे होंगे। अनुपम उनकी छवि में कभी फिट नहीं हो सकता। लेकिन इमरजंसी के उन दिनों में जो भी करने को मिल जाए अच्छा और काफी था। अनुपम और उदयन शर्मा इधर-उधर लिख कर थोड़ा-बहुत कमा लेते। अनुपम फोटोग्राफी भी कर सकता है। लेकिन फोटो-पत्रकारिता से कोई आमदनी नहीं होती।

इमरजंसी उठी और चुनाव में जनता पार्टी की हवा बहने लगी तो कई लोग कहते कि अब हम लोगों के वारे-न्यारे हो जाएंगे। किसी को यह भी लगता कि प्रभाष जोशी तो चुनाव लड़ के लोकसभा पहुंच जाएगा। जेपी से निकटता को भला कौन नहीं भुनाएगा। लेकिन अपन एक्सप्रैस में चुनाव सेल चलाने में लगे और अनुपम वहां भी मदद करने लगा। जनता पार्टी जीती तो गांधी शांति प्रतिष्ठान से सरकार दमन का साया हटा। अनुपम आखिर प्रतिष्ठान में

काम करने लगा। अपना एक पांव एक्सप्रेस और दूसरा शांति प्रतिष्ठान में। उन्हीं दिनों नैरोबी से राष्ट्रसंघ के पर्यावरण कार्यक्रम का पत्र मिला कि गांधी शांति प्रतिष्ठान भारत की स्वयंसेवी संस्थाओं का एक सर्वे कर के दे सकता है ? हम इतने डॉलर सर्वे के लिए दे सकेंगे। यह भी ख्याल रखिए कि क्या ये संस्थाएं पर्यावरण का काम करने में रुचि ले सकती हैं। राधाकृष्णजी और मुझे लगा कि यह सर्वे तो अनुपम ही सबसे अच्छा कर सकता है। उसे दिया गया और निश्चित समय में वह न सिर्फ पूरा हुआ, जितना खर्च मिला था उसका एक तिहाई भी खर्च नहीं हुआ। उस सर्वे से अनुपम का देश की स्वयंसेवी संस्थाओं और पर्यावरण के काम में लगी विदेशी संस्थाओं से जो संपर्क हुआ वह न सिर्फ कायम है बल्कि जीवंत चल रहा है।

लेकिन एक बार राधाकृष्णजी ने अनुपम से कहा कि फलां-फलां विदेशी संस्था से इतना पैसा इस प्रोजेक्ट के लिए मिला है और हमारी इच्छा है कि इसमें से तुम पांच-छह हजार रुपया महीना ले लो। तब अनुपम के मित्र इससे ज्यादा वेतन सहज ही पाते थे और प्रोजेक्ट करने वाले को तो वे पैसे मिलने ही थे। लेकिन अनुपम घबराया सा मेरे पास आया। वह प्रतिष्ठान की सात सौ रुपट्टी के अलावा कहीं से एक पैसा लेने को तैयार नहीं। विदेशी पैसा है। मैं जानता हूं इफरात में मिलता है। इसे लेने वालों का पतन भी मैंने देखा है। अपने देश का काम हम दूसरों के पैसों से क्यों करें ? अगर आप अनुपम को जानते हों तो उसका संकोच एकदम समझ आ जाएगा। नहीं तो उस के मुंह पर तारीफ और पीठ पीछे बुद्धू कहने वालों में आप आसानी से शामिल हो सकते हैं। पिछले तीन साल से होशंगाबाद में नर्मदा के किनारे उस के लिए पर्यावरण की कोई संस्था खड़ी करने के जुगाड़ में हूं। इसलिए भी कि देश के पर्यावरण के लिए नर्मदा योजना आरपार की साबित हो सकती है। लेकिन अनुपम को सरकारी जमीन और पैसा नहीं चाहिए। विदेशी पैसे को वह हाथ नहीं लगाएगा। और तो और गांधी शांति प्रतिष्ठान छोड़ कर अपना बनाया गांधी शांति केंद्र चला रहे राधाकृष्णजी से भी वह संस्था खड़ी करने के लिए एकमुश्त पैसा नहीं लेगा। कुछ उद्योगपतियों से पैसा ला सकता हूं लेकिन मुझे मालूम है कि वे पैसा क्यों और कैसे देते हैं। और वह लाना अनुपम के साथ छल करना होगा।

पर्यावरण का काम आजकल विदेश यात्रा का सबसे सुलभ मार्ग है। अनुपम एकाध बार तो नैरोबी गया क्योंकि वहां पर्यावरण संपर्क केंद्र के बोर्ड में निदेशक बना दिया गया था। कुछ और यात्राएं भी वैसे ही की जैसे आप हम मेरठ या अलवर या चंडीगढ़ हो आते हैं। झोला टांगा और हो आए। मैं नहीं जानता कि बाहर बैठक में अंग्रेजी कैसे बोलता होगा ? बोलना ही नहीं चाहता। मुंह टेढ़ा कर के अमेरिकी स्लैंग में अंग्रेजी बोलना तो अनुपम के लिए पापकर्म होगा। धीरे-धीरे उसने बहुत जरूरी विदेश यात्राएं भी बंद कर दीं। इस साल रियो में हुए विश्व सम्मेलन का कार्यक्रम तय करने के लिए पिछले साल फ्रांस सरकार की मदद से पर्यावरण संपर्क केंद्र ने पेरिस में सम्मेलन किया था। अनुपम को ही लोग भेजने थे। उसने भेजे पर खुद ऐन मौके पर ना कर गया। रियो भी नहीं गया। भारत सरकार या राज्य सरकारों को पर्यावरण पर सलाह वह नहीं देता। कमेटियों और प्रतिनिधिमंडलों में शामिल नहीं होता। गांधी शांति प्रतिष्ठान में चुपचाप सिर गड़ाए मनोयोग से काम करता रहता है। उसकी पुरानी कुर्सी के पीछे एक स्टिकर चिपका है—पॉवर विदाउट परपज़-सत्ता बिना प्रयोजन के। अनुपम के पास

प्रयोजन ही है सत्ता का तो स्पर्श भी नहीं है। अभी तक वैसे ही तंगी में यात्रा करता है। जैसी हम जेपी आंदोलन के समय झोला लटकाए किया करते थे। और ज्यादातर यात्राएं बीहड़ सुनसान या रेगिस्तान या जंगलों में।

अनुपम को लड़कपन में गिलटी की टीबी हुई थी। अब फिर कोई टीबी हुई है। इस बीच उस के दिल ने भवानी बाबू वाला रास्ता पकड़ लिया था। नाड़ी कभी पचास हो जाए और कभी एक सौ पचास। दिल का चलना इतना अनियमित हो गया कि सब परेशान कौन जाने कब क्या हो जाए। लड़-झगड़ कर डॉक्टर खलीलुल्ला को दिखाया। उन्होंने गोली दी और कहा कि पेसमेकर लगवा लो। मन्ना यानी भवानी बाबू को लगा ही था। लेकिन अनुपम ने न गोली ली न पेसमेकर लगवाना मंजूर किया। निमोनिया कभी भी हो जाए। मुझे और बनवारी (जो कि अनुपम के कॉलेज के दोस्त हैं) लगे कि अनुपम में शहीद होने की इच्छा है। लेकिन अनुपम अपनी बीमारी से पर्यावरण का काम करते हुए और किताबें निकालते हुए लड़ रहा है।

''देश का पर्यावरण'' उस ने कोई नौ साल पहले निकाली। संपादित है। लेकिन क्या तो जानकारी, क्या भाषा, क्या सज्जा और क्या सफाई। जिस दिलीप चिंचालकर ने जनसत्ता का मास्टहेड बनाया, अखबार डिजाइन किया उसी दिलीप ने इस किताब का ले आउट स्केचिंग और सज्जा की है। हिंदी में ही नहीं, इस देश में अंग्रेजी में भी ऐसी किताब निकली हो तो बताना। लेकिन अनुपम ने किताब निकालने में भी शांति प्रतिष्ठान का पैसा नहीं लगाया। फोल्डर छपाया। संस्थाओं और पर्यावरण में रुचि रखने वाले लोगों से अग्रिम कीमत मंगवाई। उसी से कागज खरीदा, छपाई करवाई। फिर खुद ही चिट्ठी लिख-लिख कर किताब बेची। दो हजार छपवाई थी। साठ हजार लागत लगी। दो लाख कमा कर अनुपम ने प्रतिष्ठान में जमा करवा दिए। चार साल बाद 'हमारा पर्यावरण' निकाली देश के पर्यावरण से भी बेहतर। इसका भी फोल्डर छपवा कर अग्रिम कीमत इकट्ठी की। इस बार डेढ़ लाख के आसपास आई। छह हजार छपवाई। बिना किसी मदद से खुद चिट्ठियां लिख कर बेचीं। शांति प्रतिष्ठान को कमा कर दिए नौ लाख रुपए। अब ये दोनों किताबें दुर्लभ हो गई हैं। पर्यावरण मंत्री कमल नाथ को किसी को भेंट करने के लिए चाहिए थी। उनके दफ्तर ने बहुत फोन किए, मुश्किल से दो प्रतियां जुटीं। और मजा यह है कि पर्यावरण मंत्रालय ने इन पुस्तकों को नहीं खरीदा। हिंदी के किसी भी राज्य ने किताबों की सरकारी खरीद में इसे नहीं लिया। किसी प्रकाशक ने वितरण और बिक्री में कोई मदद नहीं की। पिछले दस साल के देश के पर्यावरण पर हिंदी में ऐसी किताबें नहीं निकली। अनुपम ने न सिर्फ लिखी और छापी, बेची भी और कोई दस लाख कमा कर संस्था को दिया। हिंदी के किसी प्रकाशक को चुल्लू भर पानी चाहिए तो पर्यावरण की ये दो पुस्तकें दे सकती हैं।

और अब अनुपम मिश्र ने 'आज भी खरे हैं—तालाब'—निकाली है। यह संपादित नहीं है। अनुपम ने खुद लिखी है—नाम कहीं अंदर है छोटा सा। लेकिन हिंदी के चोटी के विद्वान ऐसी सीधी, सरल, आत्मीय और हर वाक्य में एक बात कहने वाली हिंदी तो जरा लिख कर बताएं। जानकारी की तो बात ही नहीं कर रहा हूं। अनुपम ने तालाब को भारतीय समाज में रख कर देखा है। सम्मान से समझा है। अद्भुत जानकारी इकट्ठी की है और उसे मोतियों की तरह पिरोया है। कोई भारतीय ही तालाब के बारे में ऐसी किताब लिख सकता था। लेकिन भारतीय

इंजीनियर नहीं, पर्यावरणविद् नहीं, शोधक विद्वान नहीं–भारत के समाज और तालाब से उस के संबंध को सम्मान से समझने वाला विनम्र भारतीय। ऐसी सामग्री हिंदी में ही नहीं अंग्रेजी और किसी भी भारतीय भाषा में आप को तालाब पर नहीं मिलेगी। तालाब पानी का इंतजाम करने का पुण्यकर्म है जो इस देश के सभी लोगों ने किया है। उनको, उनके ज्ञान को और उनके समर्पण को बता सकने वाली एक यही किताब है। आप चाहें तो कलकत्ते के राष्ट्रीय ग्रंथागार देख लें। यह किताब भी इसी तरह निकाली है। तीन हजार छपवाई थीं। तीन महीने में दो हजार एक सौ बेच दी हैं। कोई डेढ़ लाख कमा कर जमा करवा दिया है। वृक्ष मित्र पुरस्कार जिस साल चला अनुपम को दिया गया था। पर्यावरण का अनुपम, अनुपम मिश्र है। उस के जैसे व्यक्ति की पुण्याई पर हमारे जैसे लोग जी रहे हैं। यह उसका और हमारा–दोनों का सौभाग्य है।

(17.10.93)

विष्णु चिंचालकर

पगडंडी वाले लोग

अब विष्णु चिंचालकर यानी गुरुजी से अपना घरोपा कोई आज कल का नहीं है। तीस बत्तीस साल तो ही गए होंगे। फिर भी अरुण डिके ने कहा कि हम लोग एक कमेटी बना कर गुरुजी की पचहत्तरवीं वर्षगांठ मनाएं तो अपन उत्साह में आने के बावजूद पहले गुरुजी के पास पहुंचे। जैसे संकोची और गायब होने वाले जीव गुरुजी हैं। हरेक बात पर उन से सहमति लेना जरूरी है नहीं तो सम्मान करते करते आप ऐसा कुछ कर गुजरे जो उन्हें अपमानजनक भी लग सकता है।

दिल्ली में एक बार सोने के पहले मैंने उन्हें कुमार जी का एक भजन सुनवाया। कुमार जी का ज्यादातर गुरुजी का सुना हुआ है। लेकिन वह भजन उन्हें बहुत ही चुभ गया। दूसरे दिन उन्होंने कहा कि मैं उसकी उन्हें एक कॉपी दे दूं। वह तो हो ही सकता था। पर मुझे थोड़ा अजीब लगा कि एक तो वह भजन टेप पर उनके पास नहीं था और दूसरे चाहिए भी था तो उसकी कॉपी वे मुझसे मांग रहे थे। मैंने पूछा—लेकिन यह भजन तो कुमार जी से आप कभी भी ले सकते हैं। गुरुजी ने बहुत धीमे और लगभग शरमाते हुए कहा—'कुमार जी का ऐसा है कि पता नहीं कब क्या कर दें। मान लो कि अपन ने मांगा और वे ना कर दें तो अपनी तो चालीस पैंतालीस साल की दोस्ती धरी रह जाएगी।' कुमार जी पर वे इतना भी अधिकार नहीं मानते थे कि जो अच्छा लगे ले लें हालांकि दोनों की दोस्ती और एक दूसरे के प्रति सम्मान अवर्णनीय था। लेकिन कुमार जी ही नहीं किसी भी मित्र, पहचान वाले या सूत्र संबंध पर गुरुजी अपना कोई अधिकार नहीं जताते। घर में कोई आ जाए और उसे चाय पिलानी हो तो माई से ऐसे कहते मानो चाय बनवाने का उनका अधिकार न हो। माई (यानी उनकी पत्नी) बेचारी और भी मितभाषी और सेवा के लिए, कष्ट सहने के लिए हमेशा तैयार। माई के चले जाने के बाद तो गुरुजी अब शायद ही किसी पर अपना कोई अधिकार मानते हों। बेटे दिलीप और बेटी तारा पर भी नहीं। अपने इस छोटे से परिवार के लिए गुरुजी ने वह कभी नहीं किया जो उनके जैसी कीर्ति वाला आदमी कर सकता था। और इस परिवार ने भी गुरुजी से ऐसी कोई उम्मीद नहीं रखी जो पत्नी और बेटे-बेटी आम तौर पर रखते हैं।

ऐसे आदमी का सम्मान समारोह उन पर अनधिकार चेष्टा भी हो सकता है। तो गुरुजी से कहा कि हमारी इच्छा है कि हम आपकी पचहत्तरवीं वर्षगांठ मनाएं। ये करें वो करें यानी हम जो भी कर सकते हैं करें। और हम, जैसा कि आप जानते ही हैं थोड़ा बहुत तो कर ही सकते हैं और करना भी चाहते हैं। गुरुजी ने बताया कि एक तो पांच सितंबर उनका सही जन्म दिन नहीं है। रिकार्ड में चला गया सो चला गया और चल भी रहा है। मैं ऋषि पंचमी के दिन जन्मा हूं और उसी को अपना जन्म दिन मानता हूं।' लेकिन पचहत्तरवीं वर्षगांठ के

बारे में हमारे जो भी भव्य विचार और लंबी-चौड़ी योजनाएं थीं उन पर पानी फिर गया। राष्ट्रपति या मुख्यमंत्री के हाथों सम्मानित होना उन्हें नहीं जंचा। सम्मान राशि इकट्ठी किए जाने के वे खिलाफ थे। औपचारिक समारोह, चमक-दमक, तामझाम कुछ भी उन्हें बर्दाश्त नहीं था। 'पचहत्तर के हो जाना अपना कोई पराक्रम नहीं है। समय ने अपना काम किया है।' बहुत प्रेम से लेकिन बिना किसी जोरदार विरोध के गुरुजी ने हमारे उत्साह पर ठंडा पानी फेर दिया। न कमेटी बनी, न धन इकट्ठा हुआ, न राजनेताओं से बात हुई। मालवा उत्सव का उद्घाटन उनके सम्मान से हो। और इंदौर के राजवाड़े पर मुख्यमंत्री करें जो यों भी मालवा उत्सव का उद्घाटन करने ही वाले थे—इसमें भी गुरुजी को संकोच था।

मालवा उत्सव पर तीन पीढ़ी के चालीस कलाकारों की हलातोल प्रदर्शनी भी देवलालीकर कला वीथिका में लगी थी। गुरुजी का भी एक चित्र उसमें था। हुसैन, बेंद्रे, डीजे जोशी, चंद्रेश सक्सेना से ले कर ईश्वरी रावल और प्रभु जोशी के भी चित्र थे। प्रदर्शनी का उद्घाटन करने के बाद मुख्यमंत्री पटवा—माधव शांताराम रेगे का सम्मान करने वाले थे। रेगे मास्तर मंजे-हुसैन, बेंद्रे, डीजे जोशी और विष्णु चिंचालकर को आर्ट स्कूल में चित्रकारी सिखाने वाले ! मैं तो उन्हें जानता था क्योंकि रावजी बाजार में वे रहते थे जहां मेरा बचपन बीता। लेकिन दुनिया कहां जानती है कि कहीं से भी कलाकार न लगने वाले रेगे मास्तर ने हुसैन, बेंद्रे और चिंचालकर को रेखा खींचना सिखाया है। और रेगे मास्तर भी भारत छोड़ो आंदोलन में जाने के लिए स्कूल छोड़ गए। गुरुजी कहते हैं कि रेगे मास्तर सफेद टोपी, सफेद कमीज, सफेद धोती और अंगोछा भी सफेद रखते थे। सब खादी का। भारत छोड़ो आंदोलन में कूदे तो सब छोड़ दिया। लेकिन आजादी के बाद स्वतंत्रता संग्राम सेनानी होने का ताम्र पत्र और पेंशन लेने से भी इंकार कर दिया। अब पिच्चासी के हैं और देवास जिले के अपने गांव में रहते हैं। उन्हें सम्मान स्वीकार करने के लिए गांव से लाया गया था। गुरुजी ने कहा कि हां रेगे मास्तर के हाथों सम्मानित होना मुझे अच्छा लगेगा।

तो पचहत्तरवें साल में जाने के कुछ घंटे पहले अपने कला गुरु देवलालीकर के नाम पर बनी गैलरी में अपने मास्तर रेगे के हाथों गुरुजी सम्मानित हुए। तख्त पर सफेद चादर के मंच पर रेगे मास्तर के पास बैठे गुरुजी ने पहले अपने गुरु को माला पहनाई। फिर रेगे मास्तर को उठना न पड़े इसलिए वे उनके चरणों में बैठ गए। रेगे साब ने गुरुजी को माला पहनाई, नारियल दिया, शाल उढ़ाई और गले लगाने के बजाय दोनों हाथों से गाल थपथपाए जैसे बच्चों के थपथपाए जाते हैं। फिर रेगे मास्तर और गुरुजी दोनों की आंखों से धाराधार होने लगा। उस छोटे से हॉल में जो कलाकार और मित्र मंडली, मुख्यमंत्री पटवा और सांसद सुमित्रा महाजन और जो भी थे इस गुरु शिष्य प्रेमालाप से जैसे अभिभृत हो गए। गुरुजी तो थोड़ा बोले भी लेकिन रेगे मास्तर तो आशीर्वाद भी नहीं दे सके। कोई बीस मिनट में कार्यक्रम पूरा हो गया। बाहर से देखने वाले को वह थोड़ा मेलोड्रामेटिक लग सकता है लेकिन उसकी आत्मीयता और आंसुओं से गीली हुई हवा को सबने महसूस किया। गुरुजी तो जैसे धन्य हुए।

अब हम आप जो दिल्ली में और बंबई कलकत्ता जैसे महानगरों में रहते हैं, कला के बाजार में चलने वाले रैकेट और धंधेबाजी को जानते हुए भी भव्य आयोजनों और प्रचार झंझावातों में आ जाते हैं। सन् अड़सठ में गांधी शताब्दी समिति में ही मैं दिल्ली आया। वह देश में मनने वाला सबसे बड़ा शताब्दी समारोह था लेकिन उसकी समाप्ति पर किताब लिखने

की जिम्मेदारी लेने के बाद भी मुझसे लिखी नहीं गई। शताब्दी में हमारा समारोह था—गांधी का काम और सपना तो कहीं नहीं था। बल्कि मुझे लगता है कि उस के बाद गांधी हमारे विचार से भी बाहर हो गए आचार से तो बहुत पहले ही निकल गए थे। अभिनंदन ग्रंथों और सम्मान समारोहों, रजत स्वर्ण और हीरक जयंतियों की असलियत भी हम जानते हैं। हम यह भी जानते हैं कि कैसे हमारी प्रतिष्ठित विभूतियां ही अपने पर अभिनंदन ग्रंथ तैयार करवाती हैं, कैसे वे अपनी स्वर्ण और हीरक जयंतियां मनवाती हैं और कैसे इन तमाम आयोजनों के पीछे लोगों और समाज का आत्मस्फूर्त उत्साह नहीं खुद उन्हीं की इच्छा, योजना और धन भी होता है। लोग आपकी प्रतिभा, आपकी उपलब्धि, आपके योगदान को समझ कर आपकी कदर करें, आपका सम्मान करें—ऐसी इच्छा होना तो स्वाभाविक है। लेकिन लोग समझें या न समझें और चाहें या न चाहें आप ऐसा आयोजन करवाएं कि दुनिया को लगे कि आप क्या चीज हैं—यह सत्ताकांक्षी राजनेताओं की तो इच्छा हो सकती है। लेकिन कलाकारों, साहित्यकारों, समाजसेवियों और जनसेवकों की कैसे हो सकती है ? मजदूरों के बनाए और कर्मचारियों के सजाए राजमार्ग पर वे क्यों शोभायात्राएं निकलवाएं जो सृजेता और मूल्यों के संस्थापक-रक्षक हों ? राजमार्ग पर जैसी शोभायात्राएं निकलती हैं उनमें तो अक्सर नंगे राजा को भी नए बस्त्र पहने हुए बताना होता है। लेकिन क्या यह झूठ कलाओं के पथ या पगडंडी पर चल सकता है ?

गुरुजी ने एक छोटी सी कला प्रदर्शनी में कोई सौ-सवा सौ लोगों के बीच गुरु के चरणों में बैठ कर अपने को सम्मानित ही नहीं, धन्य महसूस किया। इसलिए कि वे राजमार्ग को छोड़ कर अपनी पगडंडी पर चलने वाले आदमी हैं। पगडंडी पर चलने वाले तो कुमार गंधर्व भी थे लेकिन उनके पगडंडी पर चलते हुए अगर राजमार्ग उनमें आ मिले तो वे उसे दुत्कार कर नहीं भगाते थे क्योंकि पगडंडी को राजमार्ग में मिलाने की उनकी कोई इच्छा नहीं थी, न वे राजमार्ग से आतंकित थे। पगडंडी पर सहज ही राजमार्ग अगर गुरुजी की उंगली पकड़ ले तो उन्हें कोई एतराज भी नहीं होगा लेकिन वे राजमार्ग के तामझाम और जाल-जंजाल में नहीं पड़ेंगे। राजमार्ग को बड़ी कटुता से छोड़ता फटकारता भी वही है जिसकी इच्छा होती है कि वह बड़े ठाठ-बाट से उसकी शोभायात्रा निकाले। यह कटु विरोध लपलपाती लालसा का ही दुर्वासा स्वरूप है। सोच-समझकर और जानबूझकर अपनी पगडंडी पकड़ने वाले को न राजमार्ग का विरोध सताता है, न उसकी उपेक्षा, न उसका सहवास। वह जानता है कि उसकी पगडंडी उसे वहीं ले के जाएगी जहां उसे पहुंचना है।

ऐसे पगडंडी वाले बहुत से लोग हैं। जैसे राहुल बारपुते—मेरे और राजेंद्र माथुर और शरद जोशी के पहले संपादक। सन् साठ से अब तक के बहुत से दिग्गज संपादक मैंने देखे हैं और राहुल बारपुते उनमें किसी से भी कम प्रतिभावान, बहुमुखी और योग्य नहीं हैं। हमारे कई प्रतिभावान पत्रकार चार स्टोरी लिखते हैं, कुछ लेख छपवाते हैं और एक अखबार से फुदक कर दूसरे में और तीसरे से चौथे में पहुंच जाते हैं। वे समझते हैं कि उनका बाजार भाव है और वे जानते हैं कि बाजार में कैसे भाव चढ़ते हैं। ऐसे पत्रकार-संपादकों की भीड़ है। वे राजनेताओं, नौकरशाहों और उद्योगपतियों से संपर्क रखते हैं। और उनके चलाए खेल में ऊपर चढ़ते हैं और धड़ाम से गिरते हैं। लेकिन राहुल बारपुते को देखिए। वे संपादक थे तब इंदौर

से निकलने वाला 'नई दुनिया' हिंदी का सबसे अच्छा माना जाता था। लेकिन उसकी शुरुआत तो तब के चार पेजी लोकल जैसी ही थी। राहुल जी चाहते तो हिंदी के किसी भी अखबार में जा, जम और बन सकते थे। वे नहीं गए। राजनेताओं से दोस्ती नहीं गांठी। राजनैतिक परिस्थितियों का लाभ नहीं लिया। दिल्ली में झंडा गाड़ने की इच्छा नहीं रखी। भोपाल में भी कला परिषद और भारत भवन में गए, राज्य की समितियों में नहीं। कार दफ्तर ने नहीं दी, न उनने मांगी और न ली। साइकिल से लूना तक और अब काइनेटिक होंडा पर। कोई रुतबा, कोई ठाठ, कोई पय्या नहीं बनाया। अखबार का कोई दुरुपयोग तो क्या, सदुपयोग भी नहीं किया। कुमार जी के साथ संगत की, बाबा डिके के साथ नाटक, गुरुजी के साथ चित्रकारी, पुल देशपांडे के साथ कला कर्म, बाबा आमटे के साथ समाज कार्य और बेडमिंटन खेलते और स्वीमिंग करते रहे। कोई आदर्श संपादक और पत्रकार न भी माने लेकिन अपनी पगडंडी पर चलते रहे। राजमार्ग के किसी प्रपंच में नहीं आए।

सफलता-विफलता दुनिया तय करती है, सार्थकता आदमी खुद ढूंढ़ता और अपने अंदर से पाता है। यह नहीं कि राजमार्ग वाले सार्थक हो ही नहीं सकते। लेकिन उनकी भी पगडंडी ही होगी जो दुनिया को राजमार्ग जैसी दिखती है। सार्थक जीवन अपनी शर्तों पर अपने आप जिया जाता है और जीने वाला जानता है कि वह सार्थक है या निरर्थक। जो भी सचमुच कुछ अपना करने निकलता है उसे पगडंडी ही पकड़नी होगी। बाद में भले ही वह भी राजमार्ग हो जाए। पगडंडी पर अपना कुछ विश्वास करने वाले मनीषी ही चल सकते हैं। किसी के बनाए रास्ते पर चलने वालों में पगडंडी पर चलने का अपना निश्चय नहीं होता। पगडंडी बनाकर चलने वाला कितना ही असुरक्षित और अनिश्चित दिखता है लेकिन वह खूब जानता है कि कितना सुरक्षित और निश्चिंत है। राजमार्ग पर चलने वाले बाहर से सुरक्षित और निश्चिंत दिखते हैं। लेकिन ये तमाम शंकाओं, अनिश्चितताओं और रीतेपन से घिरे होते हैं। उन्हें हिकारत से मत देखिए। वे दया के पात्र नहीं हैं। लेकिन जो पगडंडी पर चल रहा है उसके चलने का सम्मान और उसका जयकारा लगाने की भी आदत डालिए। जब भी निकलता है, सार्थक रास्ता पगडंडी से निकलता है। और कहीं निराला, कहीं त्रिलोचन, कहीं विष्णु चिंचालकर, कहीं बैजू बावरा के भी पदचिह्न हैं। राजमार्ग पर लेकिन कोई पदचिह्न नहीं रहता–अशोक हो या अकबर हो या नेहरू।

विष्णु चिंचालकर को अगर उन्हीं के शब्दों में कहें तो गेल्यो बताने वाले लोगों की कमी नहीं है। उनके जैसे कला मास्टर से सम्मानित होकर धन्य महसूस करने वाले समझदारों, चतुरों और व्यावहारिक लोगों से वे कहीं अधिक सफल और सार्थक हैं, दुख और निरर्थकता अपने होने का औचित्य बाहर से पाने में है। पगडंडी वाला तो अपना औचित्य अपने उस पांव में पाता है, जो उसे लगातार चलाता रहता है।

(6.9.92)

हम परदेसी पंछी बाबा

गुरुजी से पूछा तो उन्हें पता नहीं था। गुरुजी यानी कलागुरु विष्णु चिंचालकर। कुमार गंधर्व का कोई कार्यक्रम देवास में हो और उसमें गुरुजी न आएं ऐसा हो नहीं सकता। इंदौर में मेरी बाट देखने के बाद उनने घर फोन किया और पता चला कि मैं भोपाल से देवास ही रुक जाऊंगा, इंदौर आने के बाद वापस वहां नहीं जाऊंगा तो गुरुजी ने बस का टिकट कटाया और उस जगह आ पहुंचे जहां से कोई पचास-साठ साल पहले उनने अपनी कला यात्रा शुरू की थी। सतत्तर बरस के गुरुजी को खटारा बस में अकेले यात्रा करने में कोई कष्ट नहीं होता। आप जानते हैं वे पगडंडी वाले आदमी हैं और कितना ही खराब हो गया हो हाई वे उन्हें कोई तकलीफ नहीं देता।

लेकिन उन्हें मालूम नहीं था कि चार-पांच-छह अगस्त ही क्यों ? इसलिए वसु ताई से पूछा। वसु ताई यानी वसुंधरा कोमकाली। कुमार जी की पत्नी। कुमार जी के जाने के बाद वही कुमार गंधर्व संगीत अकादमी चला रही हैं। अकादमी कुमार जी ने ही स्थापित कर दी थी लेकिन उनके होते हुए उसका नाम नहीं हुआ। कुमार जी ने उसे सरकारों से पैसा लेने का माध्यम नहीं बनाया। कुमार जी भला धंधेबाज और संस्थाबाज गायक हो भी कैसे सकते थे ! लेकिन उनके मन में था कि देवास में संगीत की ऐसी अकादमी हो जहां संगीत साधकों को प्रोत्साहन मिल सके। बस इतना ही। हालांकि खुद कुमार जी ने किसी संस्था से क्या प्रोत्साहन लिया ? वे सृजनकार गायक भी थे और संगीत की चलती-फिरती अकादमी भी। कोई साढ़े तीन साल पहले उनके जाने के बाद वसु ताई कुमार जी के संगीत और देवास से जुड़ी संगीत परंपरा को अकादमी के जरिए चलाए रखने में लगी हैं।

वसु ताई ने कहा कि ऐसा कुछ नहीं है कि अकादमी का वार्षिक कार्यक्रम इन्हीं तारीखों पर हो। नहीं, इससे अकादमी की स्थापना या और कोई तारीख जुड़ी नहीं है। अगस्त ऐसा महीना है कि इसमें ज्यादा कार्यक्रम नहीं होते। दूसरे गाने वालों को भी टाइम होता है और हमें भी। इसलिए अगस्त में रख लेते हैं। कुमार जी के जन्म दिवस आठ अप्रैल पर जो प्रोग्राम होता है वह मध्यप्रदेश सरकार की ओर से होता है जिसमें गायन के अलावा एक युवा गायक-वादक को इक्कावन हजार का पुरस्कार दिया जाता है। उनकी पुण्यतिथि तेरह जनवरी को ताई घर पर ही प्रोग्राम रखती हैं, जिसमें इष्ट मित्र, परिवारी सब अपनी मरजी से और अपने खर्चे पर आते हैं। कुमार जी ऐसा कार्यक्रम शरद पूर्णिमा की शाम किया करते थे जिसमें दूर-दूर से मित्र लोग आया करते थे और रात भर महफिल चलती थी। अपनी याद में शरद पूर्णिमा की उस रात की चांदनी और उस के केसरिया दूध का स्वाद ही स्वर्गिक है।

कार्यक्रम मल्हार स्मृति मंदिर में था। मल्हार राव देवास के पुराने मराठा शासक थे। मल्हारराव होलकर की तरह राज्य के स्थापक तो नहीं लेकिन फिर भी देवास स्टेट के नामी शासक थे। गुरुजी तो उनके कई किस्से सुना सकते हैं लेकिन अपनी स्मृति में मल्हार राव शासक के नाते नहीं एक भक्त के रूप में बैठे हुए हैं। देवास में एक बड़े नाथपंथी शीलनाथ महाराज हो गए हैं। वहां उनकी धुनी थी। शायद अब भी होगी क्योंकि शीलनाथ कैंप के नाम से एक जगह तो वहां है। शीलनाथ बाबा की मल्हार राव पर बड़ी कृपा थी और मल्हार राव उनके बड़े भक्त थे। शीलनाथ बाबा कबीर के नाम से एक भजन गाया करते थे—हम परदेसी पंछी बाबा अणी देस रा नाहीं। निर्गुण भजनों में कथ्य के नाते इस भजन का कोई सानी नहीं। कागद कारे में एक दो पद आप को पहले सुना चुका हूं।

भजन को मैंने कबीर के नाम से कहा तो इसलिए कि काशीवासी कबीर ने—अणी देस रा नाहीं—तो नहीं कहा होगा। अणी देस रा—यानी इस देश के—मालवी मारवाड़ी प्रयोग है और ऐसी तो किंवदंती भी नहीं है कि कबीर मारवाड़ से होते हुए मालवा आए थे और वहां रहे थे। उनके एक दोहे—मालव धरती गहन गंभीर, पग-पग रोटी, डग-डग नीर—में मालव धरती का कहावती वर्णन है। लेकिन लगता है कि उनके जमाने में मालव धरती की यह ख्याति देश में सभी दूर रही होगी। कुछ ऐसी कि कहावत ही बन गई थी। कबीर ने इस धरती को सहज योग या सहज समाधि के सिलसिले में याद किया है। लेकिन उनने अपना कोई भजन मालवी में तो नहीं कहा होगा। जबकि शीलनाथ बाबा यह भजन मालवी में ही गाते थे।

नाथपंथियों में तो शामिल होने वाले मालवा के एक शासक भर्तृहरि-लोक में भरथरी भी थे। तब से जाने कितनी पीढ़ियों के कनफड़े साधु मालवा में आते और होते रहे होंगे और चिमटा बजा-बजा कर भजन-निर्गुण भजन—गाते रहे होंगे और वे भजन पूर्वी उत्तर प्रदेश के गोरखपुर—बाबा गोरखनाथ के स्थान—और काशी की भोजपुरी या अवधी या सधुक्कड़ी भाषा में रहे होंगे जो गाते-गाते मालबी हो गए। अब तो मालवा में गाए जाने वाले कबीर को जैसे मालवी से अलग ही नहीं किया जा सकता। आप सुनें तो लगेगा कि कबीर मालवा में हुए होंगे और अपने भजन उनने मालवी में कहे होंगे। पांडुलिपियों या किताबों में भी कहत कबीर सुनो भाई साधौ—है उसे मालवी के लोक गायक—सुणो से म्हारा साध भाया—कर देते हैं। किसी पंडित को बुरा लगे तो लगे। लेकिन कबीर लिखने वाले नहीं कहने वाले कवि थे इसलिए यह ठीक ही है कि कहने वाले उनके भजनों को अपनी बोली में गाएं। संदेश तो वही है ना !

तो शीलनाथ बाबा जो भजन गाते थे—वे मालवी में थे और मालवी धुनों में बांधे गए थे। हम परदेसी पंछी बाबा अणी देस रा नाहीं—उनका बहुत प्रिय भजन था। उनकी इच्छा थी कि जब वे इस देस से अपने देस की ओर उड़ें तो उनके शिष्य यह भजन गा रहे हों और इसे सुनते-सुनते उनके प्राण पखेरू उड़ जाएं—मुख बिन गाना। पग बिन चलना। बिना पंख उड़ जाई। बिना मोह की सूरत हमारी, अनहद में रम जाई। भाई संतो अणी देस रा नाहीं। हम परदेसी पंछी बाबा।'

शीलनाथ बाबा को जैसा यह भजन प्यारा था वैसा ही ऋषिकेश और उसकी गंगा प्यारी थी। कहते हैं कि वे देवास में समाधि लगाते औरा सूक्ष्म रूप में उड़ कर ऋषिकेश जाते, वहां स्नान करते और फिर उड़ते हुए वापस देवास आ जाते। उनका यह नित्यकर्म बरसों चलता

रहा। शीलनाथ बाबा के शिष्य और आसपास के गांव वाले मानते कि यह कथा सही है। न भी हो तो भी इतना तो इससे पता चलता ही है कि शीलनाथ बाबा को ऋषिकेश और वहां की गंगा सबसे प्यारी थी। कथाएं आखिर ऐसे ही सत्य को स्थापित करने के लिए होती हैं।

तो जब शीलनाथ बाबा को लगा कि मुझ परदेसी के बिना पंख उड़ जाने और अनहद में रम जाने का समय आ गया है तो वे शिष्यों समेत ऋषिकेश की तरफ कूच कर गए। वे तो अपने गाड़ी घोड़े पर ही गए होंगे लेकिन मल्हार राव म्हाराज अपने पूरी शाही लवाजमे के साथ गए। शीलनाथ बाबा का डेरा ऋषिकेश में गंगा के किनारे लगा और मल्हार राव म्हाराज का अलग। लेकिन जब शीलनाथ बाबा का वक्त बिलकुल सामने आ गया तो उनने धुनी के सामने समाधि लगा ली। बाहर उनके शिष्य गाने लगे—हम परदेसी पंछी बाबा अणी देस रा नाहीं। गाने वालों में मल्हार राव म्हाराज भी थे। शिष्य लोग गाते रहे और शीलनाथ बाबा तो 'आठों पहर अडग रहे आसन। कदे न उतरे स्याही। मन पवना दोनों नहीं पहुंचे, उणी देस रा माही'—पहुंच गए। वे उसी देस के थे जहां मन और पवन दोनों नहीं पहुंच सकते।

शीलनाथ बाबा और मल्हार राव म्हाराज की यह कथा गुरुजी ही सुनाते हैं। और खुद गुरुजी का इस भजन से ऐसा लगाव है कि क्या कहा जाए। गाते-गाते गला भर आता है और आंखें डबडबाने लगती हैं। एनसीईआरटी के लिए मनोज शुक्ल ने विष्णु चिंचालकर पर जो फिल्म बनाई है उसका अंत भी इसी भजन के साथ होता है। आखिरी शॉट में नीला अनंत आकाश है जिसमें गुरुजी जैसे अनहद में मिल रहे हैं। गुरुजी के कहने पर कुमार जी ने बिना किसी वाद्य के अपनी बेटी पिन्नी—कलापिनी— के साथ यह भजन इस फिल्म के लिए गाया। ऐसी और कोई फिल्म नहीं है जिसके लिए कुमार गंधर्व ने गाया हो। विधि का कुछ ऐसा विधान रहा कि यह भजन कुमार जी का अंतिम रेकार्डेड भजन हो गया। कुमार जी भी अनहद में रम गए।

कुमार जी ने शास्त्रीय संगीत को नवजीवन के लिए जो लोक संस्कार दिया वह उनने मालवा से ही लिया। आप जानते हैं कि जब वे चौबीस बरस के थे तब सब कुछ छोड़-छाड़ कर देवास आ गए थे। धारवाड़, कर्नाटक में जन्में और पुणे में प्रो. देवधर से गाना सीखे कुमार जी मालवा की उस जगह आए जहां देवों का वास है और इसीलिए वह देवास कहलाता है। वहां अंग्रेजी के मशहूर उपन्यासकार ईएम फार्स्टर भी कुछ वर्ष रहे हैं और एक किताब भी लिखी है—द हिल ऑफ द देवी—देवी की टेकरी। उनके प्रसिद्ध उपन्यास 'ए पेसेज टू इंडिया' के कुछ चरित्र और वर्णन देवास के हैं, वहां रज्जब अली खां साहब भी गाते थे और बीन बजाते थे। कुमार जी ने मालवी की जो लोकधुनें पकड़ीं वे क्षय से पीड़ित बिस्तर पर पड़े-पड़े हाट में आईं औरतों के गीत सुन-सुन कर। फिर घूम-घूम कर उनने अपना संग्रह भी बनाया।

लेकिन कबीर के भजन गाने में जो चमत्कार कुमार जी ने पाया वह न ता उनके पहले गायकों में सुना गया और न आज के गायकों में। एक तान में ही वे सुनने वाले को अनहद के बीहड़ एकांत में पहुंचा देते थे। उनका गाया गया कबीर, कबीर के जितने पास जाता है उतना कोई गायक नहीं ले जाता। वह सीखा और रियाज से साधा गया गायन नहीं है। वह पूरे शास्त्रीय संस्कारों के बावजूद कनफड़े साधुओं का ऐसा बीहड़ गायन है जो सुनने वाले को अपने भौतिक अस्तित्व से मुक्त कर के शून्य शिखर पर ले जाता है। जहां अनहद बज रहा

है। कुमार जी को कबीर गायन की यह सधुक्कड़ी शैली मालवा में घूमते साधुओं से मिली। शीलनाथ बाबा की धुनी से मिली। यह संयोग नहीं है कि देवास से निकले विष्णु चिंचालकर और देवास में आ कर जम गए कुमार गंधर्व को–हम परदेसी पंछी बाबा–उसी तरह टेरता रहा जैसा शीलनाथ बाबा को टेरता था।

कुमार जी की गाते हुए भाव-प्रवण तस्वीर पर गुलाब के फूलों की माला चढ़ाने और इस तरह कुमार अकादमी के इस साल के कार्यक्रम की शुरुआत करने के बाद मैं सोचता रहा कि क्या अकादमी मालवी लोक संगीत और कबीर के सधुक्कड़ी गायन की कुमार गंधर्व परंपरा को आगे बढ़ा सकती है ? मुझे बरसों से लगता रहा कि कुमार जी का कोई स्कूल, कोई घराना नहीं हो सकता। वे चमत्कारी बालक की तरह भारतीय संगीत में धूमकेतु बन कर आए और कोई साठ साल के गायन में उन्होंने इतने प्रयोग किए कि यह सब उनके जैसा कोई चमत्कारी पुरुष ही कर सकता था। वे निजी प्रतिभा के अद्‌भुत उदाहरण थे और हालांकि परंपरा में गुरु देवधर ने आखिर उनका गाना सुनने के बाद कहा ही था कि यह मेरा गाना नहीं है। कुमार जी का गाना इतना अपना था कि उसकी कोई नकल हो ही नहीं सकती और जिसकी नकल नहीं हो सकती उसे सिखाएगा कौन और उसका स्कूल या घराना कैसे चलेगा ?

इसलिए यह तो नहीं लगता कि देवास कुमार गायन का विद्यापीठ हो सकता है। लेकिन देवास वह जगह है जहां कुमार जी ने कोई पैंतीस साल साधना की। ऐसी साधना से कोई भी स्थान सिद्ध पीठ हो जाता है फिर देवास में तो यों भी देवता रहते हैं। इसी नाते देवास गायन का सिद्धपीठ है और वहां से भले ही कुमार जी जैसा गायन करने वाले न निकलें लेकिन मौलिक प्रयोग करने वाले और निपट अपने ढंग से गाने वाले निकलने लगें तो कुमार गंधर्व की परंपरा निश्चित ही आगे चल पड़ेगी। इसमें अकादमी तो सिर्फ उत्प्रेरक और मंच का ही काम कर सकती है। वे प्रयोग सुना सकती हैं जो कुमार जी ने किए।

कुमार जी का जब देहावसान हुआ तो मध्यप्रदेश में सुंदरलाल पटवा मुख्यमंत्री थे। उन्हें सूचना करवाई गई कि अगर वे कुमार जी के मंगल श्राद्ध में देवास आ सकें तो ठीक रहेगा क्योंकि मुख्यमंत्री उनकी अंत्येष्टि में नहीं आ पाए थे। पटवाजी की संवेदनशीलता और कला पारखी होने की वैसी छवि नहीं रही जैसी कि अर्जुन सिंह की बनाई गई थी। पटवाजी मालवा के हैं और उनके लिए एक मालवी शब्द ही सबसे मौजूं था–सूमड़ा। इस शब्द के कई अर्थ हैं जिसमें एक है मन की कंजूसी। लेकिन पटवाजी श्राद्ध में देवास आए और कुमार जी के नाम पर किसी होनहार गायक को इक्कावन हजार का पुरस्कार राज्य की तरफ से देने को तैयार भी हो गए। कहा गया कि उनकी बनाई गई अकादमी को भी मदद दी जा सकती है। उस पर भी वे राजी थे। पुरस्कार हर साल कुमार जी के जन्म दिवस पर देवास में ही दिया जाए यह भी मंजूर किया गया। इतना होता भी है। लेकिन इस के आगे नहीं होता।

वसु ताई ने इस के लिए अपने को कई बार कहा। लेकिन अपना मन इस तथ्य को स्वीकार ही नहीं करे कि कुमार जी नहीं हैं। अगर मैं ऐसा मान लेता तो मुझे यह भी मानना पड़ेगा कि मेरे अंदर जो राग तत्व हैं, जो संवेदनशीलता है उसका स्रोत सूख गया। अपन अंदर से चाहे जितने रीत गए हों लेकिन इसे स्वीकार करना बहुत त्रासदायी है। यह मानना कि अपने

अंदर का वह अंश मृत्यु को प्राप्त हो गया जो दिल को धड़काता रहता है। आखिर यह मानना है कि अपन मर रहे हैं। हम हर पल मरते जाते हैं लेकिन हम मान लें कि मर गए तो पूरी तरह मरने के पहले ही मर जाएंगे। यह हमारी नियति है कि हम पल-पल और बूंद-बूंद मरते जाएं। लेकिन मैं अपने को हमेशा एलियट की लाइन याद दिलाता रहता हूं–'इन माई एंड इज़ माई बिगनिंग।'

वहीं मंच पर बैठे हुए मुझे यह भी याद आया कि कुमार जी को गए तीन साल सात महीने हो गए हैं और इस दौरान मैं गीत की एक भी महफिल में नहीं गया हूं। संगीत की जिस महफिल में कुमार जी नहीं हैं उसमें अपन कैसे जाएं। जैसे अपने लिए दरवाजा ही बंद हो गया हो। उस दिन देवास में देव बहनजी का गाना पहली बार सुना। यह भी समझ आया कि एक पेड़ पर बना एक घोसला उजड़ गया। चलो पंछी फिर घोसला बनाओ। देवास से लौट कर आया तो दुबेजी (श्यामाचरण दुबे) ने कहा कितना घूमते हो। ऐसा ही निखिल चक्रवर्ती यानी निखिल दा कहते हैं। हालांकि ये दोनों मुझसे बीस-तीस साल बड़े हैं और ज्यादा यात्राएं करते हैं। क्या कहूं कि हम सब पंछी परदेसी बाबा अणी देस रा नाहीं।

(13.8.95)

जे.आर.डी. टाटा

जेआरडी की आंखों में

जेआरडी के भूरे सफारी शर्ट की दाहीनी बांह के कफ की बटन टूट गई थी। वे बायीं हथेली में एक नेल कटर लिए हुए थे लेकिन उससे नाखून नहीं, बटन टूटने से जो धागे निकले आते हैं उन्हें काटने की अवचेतन कोशिश कर रहे थे। उनका ध्यान तो हम से बातचीत में ही लगा था लेकिन बीच-बीच में बटन के बिना बार-बार खुलते कफ को संभालते रहते और कभी-कभी नेल कटर भी फेरते रहते। व्यवस्थित रहने की आदत वाले आदमी को कमीज का टूटा बटन भी तंग करता है। हम से कोई सवा घंटे उन्होंने बात की लेकिन बार-बार खुलते कफ को लपेटने की अवचेतन कोशिश में भी लगे रहे।

मैं नहीं जानता कि जिस बॉम्बे हाउस में वे हमसे मिले वही उनका घर है। मैंने जानने की कोशिश भी नहीं की। जिस कमरे से निकल कर वे हमसे मिलने आए थे वह उनका दफ्तर है या रहने का कमरा यह भी मैंने नहीं पूछा। जिस बैठक में हमें बैठाया गया था उसमें सोफों के बाद एक ऊंचा ओटला था जिस पर एक गोल मेज पर पेंसिल और लिखने के कागज और आठ-दस कुर्सियां सजी हुई थीं। अपने हाथ के कागज पर मिलने वालों के नाम पढ़ने के बाद उन्होंने कहा—अच्छा वे लोग नहीं आ पाए तो अपन यहीं आराम से बात करें और कॉफी पिएं। यानी गोल मेज पर बैठ कर बात करने के बजाय यहीं सोफों पर बैठें। जॉर्ज वर्गीस के प्रति उनकी आंखों में बड़ा स्नेह था। लेकिन निखिल चक्रवर्ती से हाथ मिलाते हुए उन्होंने पूछा कि मेनस्ट्रीम वही कम्युनिस्ट अखबार है ना। और निखिल दा ने हंसकर कहा कि नहीं अब उसकी आत्मा मुक्त हो गई है। मैं तो पहली बार ही निजी तौर पर उन से मिल रहा था इसलिए सामान्य शिष्टाचार से ज्यादा की कोई उम्मीद नहीं थी। फिर भी मुझे लगा कि उनमें एक तरह की निजी ऊष्मा है और अपरिचित से भी बात करते हैं तो सहज सम्मान के साथ। आप को लगता है कि इस आदमी ने भीड़ से बातें नहीं की है। सत्ता के सिंहासन से नीचे लोगों पर नजर नहीं फिराई है। सामने बैठ कर व्यक्तियों से संवाद किया है।

बंबई की दुर्दशा पर जेआरडी टाटा से ज्यादा मार्मिक बातें कौन कर सकता है ! वे भले ही फ्रेंच मां से फ्रांस में जन्मे हों और वहीं उनका बचपन बीता हो लेकिन कर्मक्षेत्र तो बंबई ही है। हमारे जमाने के बंबई का कोई सबसे पराक्रमी नागरिक है तो जेआरडी। आजादी के पहले और बाद में काल विस्तार को घेरने वाले दूसरे नागरिक मोरार जी देसाई भी हैं और वे बंबई के मुख्यमंत्री के अलावा देश के वित्त मंत्री, उप प्रधानमंत्री और प्रधानमंत्री भी रह चुके हैं। मोरार जी के प्रति पूरे सम्मान के बावजूद जेआरडी का योगदान मुझे ज्यादा महत्त्वपूर्ण और स्थायी लगता है। यह किसी निजी, पूर्वग्रह के कारण नहीं है लेकिन मोरार जी प्रेरित करने वाले पारदृष्टि नेता मुझे कभी नहीं लगे। ज्यादातर लोगों को भी वे ऐसे ही लगते रहे हैं। कायदे

कानून पर चलने वाले नौकरशाह से वे सिद्धांतों पर अड़े रहने वाले राजनेता हुए लेकिन सैद्धांतिक जीवन जीने वाले व्यक्ति के आसपास जो प्रभामंडल होता है वह मुझे मोरार जी के पास नहीं दिखा न उन प्रेरणादायी किरणों का अहसास हुआ जो ऐसे प्रभामंडल से निकलती हैं।

मैंने पाया कि जेआरडी का शारीरिक कद कोई ऊंचा नहीं है और बदन भी छोटा ही है। अट्ठासी साल के जेआरडी शरीर से विशाल हो भी नहीं सकते। लेकिन उन्हें देख कर ही लगता है कि यह कोई विलक्षण व्यक्ति होना चाहिए। ज्यादातर पारसियों की तरह उनकी भी नाक उनके चेहरे की सबसे प्रमुख पहचान लगती है। कपाल चौड़ा है। और ऐसे कपाल और ऐसी नाक के बीच आंखें छोटी और मिचमिची लगती हैं लेकिन उन में जीवन की चमक है। सिर पर अभी भी काफी बाल हैं और सफेद झक नहीं हैं। वे बारीक मूंछ रखते हैं जो करीने से काटी गई लगती है। दाढ़ी साफ और समान बनी हुई है। जूते और मौजे चमकीले और साफ हैं। कुल मिला कर वे काफी परवाह से टिपटॉप रखे जा रहे आदमी लगते हैं। इस उमर के आदमी के रखरखाव में जो लापरवाही और दुनिया का ध्यान न रखने की प्रवृत्ति आ जाती है उसका असर जेआरडी पर दिखाई नहीं देता।

कौन करता है उनकी देखभाल ? मैं बार-बार समझने की कोशिश करता रहा। पत्नी ? बच्चे ? परिवारी ? संगी, सेक्रेटी ? नर्सें ? पूछता तो ऐसी जानकारी आसानी से मिल जाती। लेकिन मैं कल्पना में ही जेआरडी का निजी जीवन बुनता रहा। एक बार रामनाथ जी ब्रीच केंडी में भर्ती थे। तब जेआरडी भी चेकअप के लिए भर्ती हुए थे। उन्होंने अपने कमरे में अलग और सीधा टेलीफोन लगवाने से इंकार कर दिया था। खुद तो अस्पताल के नीति नियमों का पालन करते ही थे, मिलने आने वालों से भी अस्पताल की शांति और नियम भंग होने नहीं देते थे। ब्रीच केंडी पारसियों का अस्पताल है और जेआरडी से बड़ा पारसी कौन है ? लेकिन जेआरडी दूसरे किसी भी मरीज की तरह रहे और फिर खुद चल कर अपनी मर्सीडिज में बैठे और चुपचाप चले गए। अपने नेता और उद्योगपति ही नहीं नौकरशाह तक ज्यादा ध्यान और महत्त्व की मांग करते हैं। उन्हें ब्रीच केंडी से जाते देख कर मुझे लगा कि वे अपने काम खुद करने पर जोर देते होंगे और किसी संगी सहायक से ज्यादा अपनी देखभाल आप ही करते होंगे। क्या इसीलिए उन्होंने टूटी बटन का सफारी शर्ट पहन लिया ? या बटन बाद में टूट गई ? पहनने के पहले उनके कपड़ों को कोई चैक करता या करती है या नहीं ? कोई उनके कपड़ों की देखभाल करता है ? बटन सब लगी हैं या नहीं ? इस्तरी ठीक से हुई है या नहीं ? कहीं कोई दाग, धब्बा तो नहीं है ? कहीं सिलाई या रफू की जरूरत है या नहीं ? नाखून ठीक से कटे हैं या नहीं। कटिंग करवाने लायक बाल बढ़े हैं या नहीं ? छोटी-छोटी और निजी बात हैं लेकिन इन से चल कर आप आदमी के कुल व्यक्तित्व को पकड़ और समझ सकते हैं। जेआरडी को देख कर यह तो जरूर लगा कि न वे अपनी उपेक्षा कर रहे हैं न उपेक्षा होने दे रहे हैं। अट्ठासी की उमर में भी उनकी सजगता गजब की है। लेकिन उनकी देखभाल और सेवा सुश्रूषा के पीछे के हाथों को पहचानने में मुझे कोई कामयाबी नहीं मिली।

लेकिन इतना जरूर लगा कि वे जानते हैं कि उनके नजदीकी और उनकी देखभाल करने वाले लोग बोलने की उनकी इच्छा पर थोड़ा प्रेमिल संयम लगाना चाहते हैं। इस संयम से वे

चिढ़े हुए या नाराज नहीं लगे लेकिन उससे खेलने की शरारती बच्चे जैसी इच्छा उनमें निश्चित ही है। मजा करने की यह मासूम इच्छा उसी तरह मोह लेती है जैसी कि शरारती बच्चे की हरकत। सबावाला उनके साथ आए थे और पास ही एक कुर्सी पर बैठे बोलने और याद दिलाने में उन की मदद कर रहे थे। लेकिन बंबई के दंगों से हुए नुकसान पर टाटाओं के आर्थिक विभाग की रपट लाने सबावाला बाहर गए तो जेआरडी ने लगभग आंख मारते हुए कहा कि अब ये बाहर गए हैं और मुझे कोई रोकने वाला नहीं है तो मैं लगे हाथ यह भी बता दूं कि इस सारे झगड़े की जड़ मैं कश्मीर को मानता हूं। फिर वे विस्तार से बताने लगे कि कश्मीर के कारण किस तरह अपना आर्थिक राजनैतिक ध्यान गलत मोर्चे पर लगा रहता है और कैसे हमारी समझ में गड़बड़ आ गई है। सबावाला के आ जाने के बाद भी वे अपनी 'थीसिस' पर बोलते रहे। झेंपते हुए नहीं, क्षमाभाव से भी नहीं। खुल कर और मन से। वे मानते हैं कि जिस तरह नेपाल स्वतंत्र है वैसे ही कश्मीर भी हो सकता है और उस की स्वतंत्रता की गारंटी भारत और पाकिस्तान को लेना चाहिए। जेआरडी के इस प्रस्ताव को लोकमान्यता नहीं मिलेगी। भारत और पाकिस्तान के नेता नहीं मानेंगे। इससे गलतफहमियां भी पनपेंगी। शायद इसीलिए टाटाओं के घर से निकला औपचारिक सुझाव इसे न मान लिया जाए ऐसी कोशिश सबावाला और दूसरे लोग करते हैं। खुद जेआरडी भी इसे समझते हैं इसलिए अपने इस निहायत निजी सुझाव को आगे नहीं बढ़ाते। लेकिन इस पर बात करना तो उन्हें अच्छा लगता ही है।

उनकी रुचि का दूसरा विषय परिवार नियोजन है। फिर ऐसा विषय जिस पर बात करते हुए शाम हो सकती है—सबावाला ने कहा। लेकिन जेआरउी ने कहा कि वे तो सन् इक्कावन में ही कागज पत्तर ले कर जवाहरलाल के पास गए थे। लेकिन जवाहरलाल ने कहा कि आबादी तो देश की ताकत होती है। जवाहरलाल को मेरी योजना बिलकुल पसंद नहीं आई बल्कि वे थोड़े नाराज भी हुए। अब इसका क्या किया जाए। लेकिन मेरी समझ में नहीं आता कि जब यूरोप में परिवार छोटे हो गए तो हमारे यहां क्यों नहीं हो सकते। पहले वहां भी बड़े परिवार हुआ करते थे। ऐसा तो नहीं कि हमारे ही देश में बड़े-बड़े कुटुंब होन का चलन हो। यूरोप के सभी देशों में पहले बड़े परिवार होते थे। आठ-आठ दस-दस बच्चे होते थे। वहां कोई परिवार नियोजन अभियान नहीं चलाया गया। बदलते वक्त और उसकी जरूरत के अनुसार लोगों ने खुद ही परिवार छोटे कर लिए। अपने यहां लोग खुद नहीं करते तो उन्हें सही काम करने में मदद करनी चाहिए। अगर आप आबादी को अनाप-शनाप बढ़ने देंगे तो गरीबी तो बनी ही रहेगी, शहरों और कस्बों में भीड़ बढ़ती जाएगी और बंबई में जैसे दंगे हुए वैसे सभी जगह होते रहेंगे। बंबई में हिंसा का कारण यहां जमा हुए लोग भी हैं जो हमेशा भीड़ में रहते हुए लगते हैं। ऐसे जीवन से जो तनाव पैदा होते हैं उन्हीं से बारूद इकट्ठी होती है जो चिनगारी पड़ते ही विस्फोट के साथ आग लगा और फैला देती है।

जेआरडी की जानकारी और रुचि परिवार नियोजन में सचमुच ऐसी है कि बात करते हुए शाम ही नहीं रात हो जाए। उन्हें दुख है कि बंबई की भीड़ कम करने और वहां की आबादी को आसपास बिखेरने की उनकी कोशिशों में दिल्ली की सरकार ने फच्चर फंसाए। किस तरह पर्यावरण के नाम पर इंदिरा गांधी की सरकार ने खाड़ी पर पुल बनाने पर रोक लगाई। कैसे

इंदिरा गांधी के पर्यावरण सचिव या सलाहकार ने उन से बहस की। वही पिटी पिटाई दलीलें। अरे भाई जब तक पुल नहीं बनेगा तब तक लोग जाएंगे कैसे। हमें मालूम है कि उसी पुल से लोग आएंगे भी। ठीक है। लेकिन पुल तो बनाओ। ठाणे का पुल नहीं बना था तब भी लोग उस के आगे जाने को तैयार नहीं थे। अब वहां कितनी बड़ी बस्ती है। कलकत्ता में भी बेहद भीड़ है। लेकिन वहां पसरने के लिए जमीन है। बंबई में तो आगे समुद्र है। मुख्य भूमि में फैलना हो तो पुल बनाने ही पड़ेंगे जो द्वीपों को महाराष्ट्र की जमीन से जोड़ सकें। यह नहीं किया गया और अब इतने लोग बंबई में आ गए हैं कि उन से बंबई का दम घुटने लगा है। इतने लोग नहीं होने चाहिए कि शहर भीड़ हो जाए। शहरों को फैलाए बिना आप इनमें पैदा होती हिंसा को रोक नहीं सकते। मैं जानना चाहता था कि जेआरडी को तब के और अब के बंबई में कैसा लगता है। हम लोग आठ थे और ऐसे सवालों के लिए गुंजाइश नहीं थी।

बातों बातों में जेआरडी ने कहा था कि आजकल के लिए मैं भले ही निराशावादी हूं लेकिन भविष्य में प्रति हमेशा आशावान। उठते-उठते जॉर्ज वर्गीस ने पूछा कि जैसी सन् चवालीस में आपने देश के लिए भविष्य की योजना बनाई थी वैसे ही भविष्य का कोई नया सपना देश के सामने क्यों नहीं रखते। भविष्य का सपना सामने हुए बिना हम आज की परिस्थिति और इस के दुश्चक्र से बाहर नहीं निकल सकेंगे। 'जॉर्ज'—जेआरडी ने कहा—उनके स्वर में मर्म को छू लेने वाला स्नेह और अजीब सी आकुलता थी। जैसे कह रहे हों कि इतने सपने बिखरने और भदरंग होने के बाद भी तुम्हें नया सपना चाहिए। "मैंने तो तब कुछ किया नहीं था। विशेषज्ञों को इकट्ठा किया था और उन्हें कुछ जरूरी और बड़ी बातें बता दी थीं। दो दिन तक हम बातचीत करते रहे लेकिन बात कुछ बनी नहीं। आखिर तीसरे दिन बिड़लाजी ने हमें लाइन पर लगाया। कितना कपड़ा चाहिए, कितना अनाज, कितना इस्पात आदि। और फिर वह योजना बनी।" प्रोफेसर खुसरो ने कहा—"इसीलिए वह टाटा बिड़ला योजना कहलाई।" "नहीं मुझे यह नाम कोई पसंद नहीं है"—जेआरडी ने कहा। खुसरो साहब ने जोर दिया—"नहीं, इसी नाम से तो मैंने उसे कॉलेजों में पढ़ाया है।" जेआरडी के चेहरे पर फिर वह शरारती मुस्कान खिंच आई—"यह नाम मुझे ठीक नहीं लगता क्योंकि बिड़लाजी से हमारा जीवन दर्शन अलग है। तब क्या मैं चालीस का भी नहीं था। कितने, पचास साल तो हो गए ना उस योजना को। तब मैं यही अड़तीस-उनचालीस साल का था और मानता था कि हमारा रास्ता उन से अलग है।" एक तरफ तो जेआरडी घनश्यामदास बिड़ला को इतना महत्त्वपूर्ण बता रहे थे कि रास्ता उन्हीं ने दिखाया और दूसरी तरफ कह रहे थे कि बिड़लाओं से टाटाओं का जीवन दर्शन अलग है इसलिए उस योजना को वे दोनों की संयुक्त योजना कहना पसंद नहीं करते। क्या यह औद्योगिक घरानों में होड़ की खटपट है ?

फिर लंबी सांस खींच कर जेआरडी ने कहा—'भविष्य के सपने के लिए दूरदृष्टि वाली आंखों की जरूरत होती है जॉर्ज ! जमशेद जी टाटा में ऐसी दृष्टि थी। पिछली सदी में कोई सौ साल पहले जब अंग्रेजों से आजादी का संग्राम चल ही रहा था और कोई नहीं जानता था कि हम कब आजाद होंगे तब जमशेदजी को लगा कि भारत आजाद होगा तो उसे वैज्ञानिक शिक्षा, बिजली और इस्पात की जरूरत होगी। जमशेद जी सिर्फ कह कर ही नहीं रह गए। उन्होंने खुद बंगलूर में विज्ञान की ऊंची शिक्षा का संस्थान बनाया। तीन बिजली घर खोले

और इस्पात का कारखाना चलाया। सोवियत क्रांति के बाद 1917 में लेनिन ने भी कहा कि बिजली और इस्पात यानी साम्यवाद। जमशेद जी ने लेनिन से बहुत पहले भारत के लिए इनकी अनिवार्यता समझी और इनका प्रबंध भी किया। उद्योग की बात नहीं है। उद्योग वाले तो अभी भी आगे तीस-चालीस साल की योजना बना कर चल रहे हैं। लेकिन सिर्फ उस से तो काम चलता नहीं। पूरे देश के सामने जो सपना हो उस में सबके सपने और सबकी तैयारी मिलनी चाहिए। अभी भी हम सब को न्यौता दे सकते हैं कि वे भविष्य के अपने सपने लिख भेजें हम उन्हें मिला कर विशेषज्ञों के जरिए साकार हो सकने वाला देश का एक सपना बना सकते हैं। जेआरडी नहीं रुकते लेकिन हम सब लोग खड़े हो गए थे। बंबई आग से गुजर कर कुछ ठंडा हुआ है लेकिन झुलसा हुआ है और अंदर ही अंदर सुलगा भी हुआ है। वहां कोई विधि से नियुक्त निर्वाचित सरकार नहीं है। लुच्चों, लफंगों, दादाओं और माफिया डॉनों के आइसबर्ग पर बैठे बाल ठाकरे जंगल का समानांतर राज चला रहे हैं। लेकिन जेआरडी को अब भी कुरेदो तो आंखों में भविष्य का सपना तैरने लगता है। बंबई को ठाकरे ने नहीं बनाया जेआरडी ने बनाया है।

(7.2.93)

श्री बाबू

जिसकी जड़ें आकाश में हैं

ट्रेन छूटने में अभी घंटा भर था। स्टेशन के लिए रवाना होने के पहले मैं इस यात्रा की तैयारी कर लेना चाहता था। यानी बिलकुल अकेला छुट कर मन को खूब टटोल लेना चाहता था कि सबेरे से जो रुलाई उमड़ रही है तो क्यों ? अनायास सब इतना अनिश्चित और बिखरता टूटता लग रहा है तो किसलिए ? कभी मन को ऐसा कुछ हो जाता है कि गहरी सांस खींच कर चुप बैठे रहने की इच्छा हो और दुनियादारी आप को पल भर के लिए भी न छोड़े। तब आप सब कुछ करते हुए अपने पर खीझते रहते हैं। जी करता है कि आसपास जो भी हो उसे तोड़ें-फोड़ें और ऐसा कुछ भी साबुत न रहने दें जो आप को अपने से दूर ले जाता हो। लेकिन मैं कहीं भी खीझ निकाल नहीं पाया था इसलिए ऐसा लग रहा था कि ट्रेन में अकेला छुट जाऊंगा तो जाने क्या हो जाएगा। जैसे अंधेरी सुरंग में ट्रेन कहीं बिला जाएगी और मैं अलोप हो जाऊंगा। ऐसा लगे तो अकेले यात्रा नहीं करनी चाहिए। पता नहीं क्या हो जाए !

इसलिए अटैची भी गाड़ी में रख कर बिलकुल मुक्त हो गया ताकि ऐन टाइम पर निकलूं और सीधे रेल में बैठूं और वह रवाना हो जाए। कमरे में अब मैं अपने सामने था और कोई रुकावट या झंझट नहीं थी। मैंने अपने से कहा कि मैं एक शव यात्रा पर जा रहा हूं। श्री बाबू की शव यात्रा। श्री बाबू मुझसे छोटे थे और हमारी ऐसी कोई सघन आत्मीयता नहीं थी कि दूर तुर्की के कब्जे वाले उत्तरी सायप्रस में अचानक उन्हें दिल का दौरा पड़े और वे चल दें तो मैं अवाक् रह जाऊं। बरसों से तो उन्हें देखा भी नहीं था। फिर क्यों परदेस में उनकी मृत्यु से मैं ऐसा विचलित हो गया ? तीन दिन पुरानी नई दुनिया में उनकी फोटू देख कर ऐसा क्यों लगा कि ब्लॉक की वह जगह खाली हो गई है ? एवरी मेन्स डेथ डिमिनिशेस मी। देयर फोर डू नॉट टर्न टू आस्क फॉर हूम द बेल टॉल्स। इट टॉल्स फॉर दी ! घंटी तुम्हारे लिए बज रही है। सचमुच। श्री बाबू की मृत्यु भी मेरे अंदर से कुछ ले गई थी। जरूरी नहीं कि जो गया हो वह आपका अभिन्न हो। मुझे घंटी की आवाज सुनाई दे रही थी। और मैं जानता था कि वह मेरे लिए बज रही है।

लगा कि रवाना होने से पहले मलकीत सिंह का वह गीत सुन लूं जो मुझ पर मां के गीले आंचल जैसा छा जाता है—माए नी मेरा चित कर दा, कि मुड़ वतनां नूं आवां—माए नी मेरा चित कर दा ! ढूंढ कर वह टेप निकाला। फूंक से धूल उड़ाई। रिवाइंड किया। उसी गीत पर आ कर बजाना शुरू किया। ऊंची आवाज में। बिच परदेसी कोई नी दरदी, किस नूं हाल सुनावां। फिर जब आखिर में आया—मां तों पुत कोई दूर न होवे, मां तक दी रहे सदा रावां—तो मेरी आंखें डबडबा आईं। श्री बाबू की मां भी सदा रास्ता देखती रहती लेकिन उनका पूत उन से दूर हो गया। सफेद झक कपड़ों में मुझे श्री बाबू की मां दिखाई दीं और फिर मेरी

अपनी मां। सफेद झक बाल और भगवे वस्त्र। क्या मैं भी इंदौर पहुंचते हुए अपनी मां से दूर हो जाऊंगा और वह सूनी आंखों से राह तकती रहेगी ? मैंने उठ कर टेप बंद किया और हालांकि मेरे हिसाब से स्टेशन पहुंचने को अभी भी काफी वक्त था। लेकिन मैं निकल पड़ा। अपनी बर्थ पर बैठा तब भी बीस मिनट थे गाड़ी चलने को। पत्नी को तब तक न रुकने का कह कर विदा कर दिया। मुड़ कर वतन को जाने की यात्रा शुरू हुई।

रात को लुफ्तहंसा से श्री बाबू की पार्थिव देह आने वाली थी और फिर रेल से भोपाल तक जा कर कार से घर पहुंचने वाली थी। क्या श्री बाबू भी बिच परदेसी कोई नी दरदी किस नूं हाल सुनावां की घुटन के कारण दिल के एक ही झटके में चल बसे ? वे दुबले-पतले थे। उन्हें कोई रोग नहीं था। वे पढ़ने-लिखने और पढ़ाने वाले आदमी थे। उन झंझटों में नहीं पड़ते थे जिन में पड़ कर मेरे और आप जैसे लोगों का ब्लड प्रेशर बढ़ता-घटता रहता है। वे ऊंचे राग-द्वेष के सघन और तनाव में रहने वाले आदमी नहीं थे। धीरे बोलते थे, कम बोलते थे और बोलने में भावनाओं के बजाय ठंडे तर्क रखते थे। लेकिन उनमें एक मंदी-मंदी ऊष्मा थी जो एक अच्छी बातचीत के बाद आप को हलका और भरा हुआ महसूस कराती थी। इस के बावजूद उन्हें देख कर लगता था कि जहां वे हैं वहां के हैं नहीं। आपके साथ हैं लेकिन आपके साथी नहीं हैं। क्या उनके जैसे आदमी जन्मजात परदेसी होते हैं ? कामू के आउट साइडर जैसे।

पता नहीं। लेकिन नई दुनिया के भरे पूरे परिवार में होते हुए जैसे वे उसमें कहीं फिट नहीं होते थे। एक पुराने परिवारी ने कहा—उठते-बैठते तो वे आप लोगों के साथ ही तो थे। आप लोग यानी बाबा, रज्जू बाबू, मैं, गुरुजी आदि। लिखने-पढ़ने वाले इंटलैक्चुअल। तब सच, नई दुनिया अखबार से कहीं ज्यादा परिवार हुआ करता था। सन् आठ में मैं उसमें आया तो बाबूजी (यानी लाभचंद छजलानी) और तिबारी जी (यानी नरेंद्र तिवारी) को मालिक नहीं माना जाता था न मैं अपने को नौकर समझता था। बाबा यानी संपादक राहुल बारपुते और रज्जू बाबू (यानी राजेंद्र माथुर) भी नौकरी नहीं करते थे। अब्बूजी (यानी अभय छजलानी, बाबूजी के बड़े बेटे) हम लोगों के साथ उसी टेबल-कुर्सी पर काम करते। हम में से कोई भी उन्हें मालिक का बेटा मान कर दूरी नहीं बरतता और उनके बरताव से हमें भी नहीं लगता कि वे बड़े मालिक के बड़े बेटे हैं। तबियत से बड़े बेटे तो राहुल जी थे जो राजा की तरह आते और काम करते हुए गप लड़ाते, अच्छी तेज-तर्रार बहस करते, चाय पीते, तमाखू खाते, सिगरेट पीते और चले जाते। इस वक्त सबसे ज्यादा रगड़ाई तो अब्बूजी की होती। बाबूजी उन्हें शायद ट्रेनिंग दे रहे थे। लेकिन लगता नहीं था कि बड़े भागीदार अपने उत्तराधिकारी को तैयार कर रहे हैं। बाबूजी कम बोलते। हमने उन्हें कभी गुस्से होते हुए नहीं देखा। गरम मिजाज तिवारी जी थे। और उनके स्वभाव का सम्मान बाबूजी भी करते। नई दुनिया के एक और भागीदार सेठिया जी होते। वे हिसाब-किताब देखते और इतना लो प्रोफाइल रखते कि मालिक नहीं चीफ एकाउंटेंट लगते। तीनों के घर खूब खाना-पीना और यारबाजी चलती। लेकिन अड्डेबाजी तो तिवारीजी या बाबूजी की ही होती।

उस नई दुनिया में काम करने के सारे मौके दरवाजों की तरह खुले रहते। रज्जू बाबू संपादकीय लिखने के बाद जो जी में आया करते, न कोई टोकता न कहता। बाबा चौमुखी

प्रतिभा के धनी कहे जाते। वे कुमार गंधर्व के साथ तानपुरा बजाते, ताई दांडेकर के साथ गाते, नाट्य भारती में नाटक करते, हिंदी-अंग्रेजी में धारा प्रवाह भाषण देते, खूब खाते और खिलाने वाली को बाग-बाग कर देते। दफ्तर में उन्होंने उतना समय कभी नहीं लगाया जितना संपादक लोग बिताया करते हैं। उनके कारण पेज लेट होता तो बाबूजी दुखी होते लेकिन ऐसा कभी नहीं हुआ कि उन्हें किसी ने कहा कि ये क्या हो रहा है। वह नई दुनिया अपनी बौद्धिकता पर गर्व करती और उससे भी ज्यादा अपनी पारिवारिकता में इठलाती। अच्छे लिखने-पढ़ने वालों की उस घर में इज्जत होती उन्हें प्यार मिलता और वे गर्व करते कि नई दुनिया परिवार में हैं। उस नई दुनिया के पितृ पुरुष सचमुच बाबूजी थे। बाबूजी के परिवार के सभी बेटे अखबार में आते-जाते और पढ़ने-लिखने वालों का सम्मान करते। उन से किसी को भी मालिक या तीस मार खां होने का गुमान नहीं होता। श्री बाबू—बाबूजी के सबसे छोटे बेटे थे। पढ़ने-लिखने में तेज और व्यवसाय से कोसों दूर। वे बनियों में वृत्ति से बामन थे। सुंदर, कोमल और गोरे-चिट्टे !

तब फ्रैंक वॉरल की महान वेस्टइंडीज टीम और रिची बेनो की आस्ट्रेलियाई टीम में ब्रिसबेन में टैस्ट इतिहास का पहला टाई टैस्ट हुआ था। दोनों टीमों का स्कोर बड़े उत्तेजक और नाटकीय ढंग से बराबरी पर पहुंचा था और आस्ट्रेलिया का आखिरी बल्लेबाज आउट हो गया था। बत्तीस साल पहले की यह घटना है। तब सेटेलाइट टीवी क्या अपने यहां ट्रांजिस्टर क्रांति भी नहीं हुई थी। और हमारे घर तो रेडियो भी नहीं था। पड़ोस में ऋषि साब के यहां मैंने कमेंट्री सुनी थी और दफ्तर जा कर लेख लिखा था। और हालांकि राहुल जी क्रिकेट समझते थे पर वे दीवाने नहीं थे। मुझ से उस मैच पर बात करने आए सिर्फ श्रीबाबू जो तब हायर सेकेंडरी मेरिट में पास हुए थे। अभी मैं उन्हें अपने से बात करते देखता हूं तो नई दुनिया के वर्तमान दफ्तर में पाता हूं। लेकिन यह स्मृति का खेल है। तब नई दुनिया कड़ावघाट की मॉडर्न प्रिंटरी में थी और एक छोटे हॉल में हम सब बैठते थे। छजलानी परिवार का कोई बालक क्रिकेट में रुचि ले तो उस वक्त अजीब लगता था।

लेकिन श्रीबाबू वैसे भी सब से अलग थे। उन्होंने कॉलेज में फिजिक्स पढ़ा और हमेशा मेरिट में रहे। फिर बंबई के टाटा इंस्टीट्यूट ऑफ फंडामेंटल रिसर्च में शोध करने गए और पार्टिकल फिजिक्स में पीएचडी की। उस के बाद विदेश गए तो आना-जाना और बाहर पढ़ाना ऐसा चला कि पूरे आउट साइडर हो गए।

छजलानी परिवार के सभी लड़के बहुत घरेलू और पारिवारिक पिंड के थे। घर के बाहर रहना, खाना-पीना उन्हें रास नहीं आता। यात्रा पर जाते तो जैसे घर की गोदी में लौट आने की उतावली होती। घर में बहुत अनुशासित और व्यवस्थित जीवन। कोई उछल-कूद और ताता थैया नहीं। सारे काम नियम से। घर में जैन परिवार की सादगी और सफाई। ऐसे में श्रीबाबू अंतरमुखी, पठन-पाठन और वायवी भौतिकी में रुचि लेने वाले। विदेश रहने लगे तो मां और बाबूजी दोनों ही परेशान होते। कैसे तो खाएगा, कैसे बोलेगा। कैसे अपना सामान संभालेगा। फिर एक दिन पता चला कि श्रीबाबू एक पोलिश लड़की से विदेश में शादी करना चाहते हैं। आप सोच सकते हैं कि पारंपरिक वणिक परिवार में इस बात का क्या असर हुआ होगा। लेकिन श्रीबाबू कोई प्रेम में पागल नहीं थे। धीरे-धीरे सबने मान लिया और कोई तेरह

साल पहले उन्होंने उसी पोलिश लड़की से शादी कर ली। उनका बारह साल का लड़का बिलकुल उनके जैसा दिखता है। श्रीबाबू के शव के पास मां के साथ बैठा वह बहुत विह्वल लग रहा था।

कोई बीस साल तक दूर रहने वाला पूत परदेश से मुड़ कर वतन लौटा तो मां बिस्तर पर पड़ी सूनी और सूखी आंखों से बाट जोह रही थी। उनके पास मैं तब भी बैठा था जब लंबी बीमारी के बाद बाबूजी का देहावसान हुआ था। तब मैं चंडीगढ़ में इंडियन एक्सप्रेस का संपादक था और इंदौर के लिए निकला था तो अपने कंधे पर मैंने वह हाथ महसूस किया था जो कोई चौदह साल पहले रखा गया था। मैं नई दुनिया छोड़ कर भोपाल जा रहा था और बाबूजी से विदा लेने गया था। जिस तरह उन्होंने मुझे देखा और बात की, मेरा मन हुआ कि उन के पैर छू लूं। मैंने छुए। तब खड़ा हुआ तो बाबूजी ने कंधे पर हाथ रखा और कहा—देखो आना-जाना और ऊंच-नीच तो चलता है। खास बात तो संबंध है। उस पर आंच नहीं आना चाहिए। फिर जब बाबूजी की अंत्येष्टि हो गई और लौटने लगा तो तिवारीजी से विदा लेने गया। उन्होंने तीखे और मर्मांतक स्वर में कहा—जैसे बाबूजी की अंत्येष्टि में आए वैसे ही मेरे मरने पर आना। जब तिवारीजी गए तो मैं दिल्ली में जनसत्ता निकाल रहा था और रज्जू बाबू नवभारत टाइम्स। हम दोनों सबेरे विमान पकड़ने अपने-अपने रास्ते और वाहन से हवाई अड्डे आए थे। चेक इन कराने की लाइन में मेरे आगे रज्जू बाबू थे। बिना कोई बात किए मैंने उनके कंधे पर हाथ रखा और बिना मुड़े उन्होंने अंग्रेजी में कहा—तुम्हारे बिना यह और कौन हो सकता है। फिर दो साल हुए वे रज्जू बाबू भी चले गए। श्रीबाबू हमारी उस नई दुनिया के सबसे छोटे बेटे थे।

सबसे बड़े बाबा—यानी राहुल बारपुते अभी हैं और काम करते हैं। बाबा की भी श्रीबाबू से पटती थी। बाबा कह रहे थे कि इस बार श्रीबाबू आए तो कहा कि मैं यहां घर बनवाने की बेवकूफी कर रहा हूं। उनका घर नई दुनिया परिसर में लगभग पूरा बना खड़ा है। वहां वे रहने को नहीं लौटेंगे। बाबा ने कहा कि आदमी में बड़े द्वंद्व चलते रहते हैं। श्रीबाबू में भी चलते रहे होंगे। एक वक्त आता है कि अपने किए के सारे अंतरविरोध हमारे सामने होते हैं और उन में हम कोई मेल नहीं बैठा पाते तब जो तनाव बढ़ता है वह कुछ तो कीमत वसूलता ही है। क्या श्रीबाबू सदा के लिए लौट आना चाहते थे ? माए नी मेरा चित कर दा, कि मुड़ बतनां नूं आवा। पता नहीं परदेस में श्रीबाबू को क्या वैसी ही हूक उठती थी जैसी मलकीत सिंह के इस पंजाबी गीत में है। शायद मैं अपनी जड़ों की हूक को मलकीत सिंह के जरिए श्रीबाबू में आरोपित कर रहा हूं। वे तो सदा के बाहरी प्राणी थे। लेकिन कोई बीस साल बाहर रहें तो क्या उस में अपनी धरती, घर और मां के लिए हूक नहीं बचती ?

मैं तो कोई सत्ताईस साल से निष्कासित हूं। बाहर से देखने वाला कोई नहीं कहता कि मैं छटपटा रहा हूं। कोई नहीं देखता कि दिल्ली की सड़कों पर मेरी जड़ों से टपकने वाला खून—जम-जम कर काला पड़ गया है। वे डामर की सड़कों पर कार के पहियों की लकीरें नहीं हैं। जिन्हें आप देखते हैं वह मेरी जड़ों से टपकता रहने वाला खून है। और मैं जानता हूं कि वह मेरा ही नहीं अनगिनत लोगों की जड़ों से टपकता खून है। एक गहरे लेकिन सच्चे मायने में

हम सब निष्कासित हैं। हम अपनी जड़ों को उखाड़ कर लाए कि कहीं किसी बड़े आंगन की मिट्टी में उन्हें उतार देंगे। लेकिन जहां हम आए वहां की मिट्टी दूसरी थी और वह उन जड़ों को नहीं लेती है जो हमारे घर की मिट्टी में पली पनपी थीं। अब हम उस मिट्टी में फिर जा कर अपनी इन लहूलुहान जड़ों को रोपने की कोशिश करें तो वहां भी ये जमेंगी नहीं। जिस मिट्टी से अपनी जड़ें हमने उखाड़ी थीं वह बदल गई है। जिस घर में हम लौट कर जाना चाहते हैं, जहां जाने को हमारा चित करता है—वह घर अब वह नहीं रह गया है जहां से हम निकले थे।

इसलिए वह घर सूना पड़ा है जो श्रीबाबू ने बनवाया था। उनकी देह बिजली के शवदाहगृह में बाहर से हमारे देखते-देखते राख हो गई। हमने सिर्फ उसकी चिमनी से धुआं निकलते देखा। जड़ों को वहीं जमीन नहीं मिली लेकिन इस धुएं को शाम के आसमान ने अपने शून्य में मिला लिया। हमारे ऋषियों ने इसीलिए जीवन को वह वृक्ष बताया जिसकी जड़ें ऊपर आसमान में हैं। वहां पहुंचने तक उन में से खून नहीं टपकता।

(25.4.93)

धन्नालाल शाह

सारा पुण्य चुक नहीं गया है

पुरस्कारों के प्रदेश मध्यप्रदेश में ग्यारह हजार के छोटे से पुरस्कार की क्या बात करना। लेकिन कर रहा हूं तो इसलिए कि यह न तो सरकार का चलाया गया है न किसी उद्योग घराने ने इसे स्थापित किया है न किसी पैसे वाले ने अपने किसी रिश्तेदार या प्रियजन की याद को अमर करने के लिए इसे शुरू किया है। जिन कारणों से और जैसे लोग और संस्थाएं अपने यहां आम तौर पर पुरस्कार चलाते हैं वैसा कोई कारण, संस्था या व्यक्ति इस के पीछे नहीं हैं।

पुरस्कार का नाम गणेश शंकर विद्यार्थी पुरस्कार है। इसे विद्यार्थी के परिवार या उत्तर प्रदेश सरकार या कौमी एकता/सांप्रदायिक सद्भाव बढ़ाने वाली संस्था या किसी नए-पुराने कांग्रेसी या पत्रकारों के संगठन ने नहीं चलाया है। शुरू किया है धन्नालाल शाह ने जो भोपाल में रहते हैं। नाम से लगेगा कि गुजराती हैं लेकिन जब से अपन उन्हें देख रहे हैं वे मध्यप्रदेश के मालवा/निमाड़ इलाके में ही पाए जाते हैं। गुजरात से कभी उनके पुरखे निमाड़ या मालवा आ गए हों तो अपने को मालूम नहीं। लेकिन वे अपने को गुजराती कभी नहीं लगे।

नई दुनिया में जब काम करना शुरू किया तो उस के संस्थापक/मालिक/भागेदारों से उनका घरोपा देखा। पहले इंदौर में और बाद में जब दो-तीन साल भोपाल रहे तो वहां भी। वह घरोपा एक पत्रकार/संपादक या पुराने दोस्त जैसा नहीं था। एक कारभारी का था। धन्नाभाई, बाबू लाभचंद छजलानी, नरेंद्र तिवारी, कन्हैयालाल सेठिया आदि के कई काम आते थे। काम सभी किस्म के थे। पत्रकारिता और राजनीति के ही नहीं हालांकि धन्नाभाई दोनों में सक्रिय रहते थे। सन् छप्पन में वर्तमान मध्यप्रदेश बनने और उसकी राजधानी भोपाल हो जाने के बाद, नई दुनिया के इन मालिकों का भोपाल आना-जाना बहुत होता था और इसलिए तब दफ्तर में उनकी चर्चा भी काफी होती थी।

वे जब इंदौर आते तो मिलना भी होता लेकिन रहे तो दूर ही। न अपने में ललक थी मालिकों के किसी 'आदमी' से बनाएं और बनाए रखें न कोई विरोध, खुंदक या नफरत होती। अपन न कर्मचारी थे न वैसे राग-द्वेष से चलते थे। उनका लिखना-पढ़ना या पत्रकारिता का कोई ऐसा काम भी दिखाई नहीं पड़ता था कि जिज्ञासा या सम्मान से उनकी ओर देखते। खादी के कपड़ों में वे दुबले-पतले कांग्रेसी नेता तो नहीं लगते थे लेकिन तब मन पर असर यही थे कि वे कांग्रेसी होंगे।

वह तो बाद में और उनके बताने पर पता चला कि वे नई दुनिया से औपचारिक रूप से नहीं जुड़े। कहते हैं राहुल बारपुते (नई दुनिया के बरसों प्रधान संपादक) और नरेंद्र तिवारी

(संस्थापक और प्रबंध संपादक) ने कई बार बाबूजी (लाभचंद छजलानी) से कहा कि अब अपने को धन्नाभाई को एडजस्ट कर लेना चाहिए। लेकिन बाबूजी कहते कि नहीं–धन्नाभाई का स्वभाव ऐसा नहीं है कि अपने यहां एडजस्ट हो सकें। यानी किसी बढ़ती संस्था में बंध सकें, चार लोगों के साथ निभा कर चल सकें और उनका कोई निश्चित कामकाज हो सके ऐसे धन्नालाल शाह नहीं हैं। इसलिए घरोपा होते हुए और काम के होते हुए भी धन्नाभाई नई दुनिया के ब्यूरो चीफ या भोपाल मैनेजर या ऐसे किसी फौरमल पद पर काम कर सकें, यह संभव नहीं था।

धन्नालाल शाह सन् बयालीस में भारत छोड़ो आंदोलन के दौरान जेल जा चुके थे। कोई पचपन-साठ साल पहले पत्रकारिता भी शुरू कर चुके थे। तब खंडवा में रहते थे और शायद अमृत बाजार पत्रिका के स्ट्रिंगर हो गए होंगे। उस वक्त के और बाद के कुछ और भी अखबार पकड़ लिए होंगे। पता नहीं। लेकिन जब भी बताते हैं अंग्रेजी-हिंदी के आठ-दस अखबारों के नाम एक साथ ले लेते हैं। तब उन अखबारों में उनके इलाके की और उनकी भेजी कितनी खबरें छपती होंगी, मालूम नहीं। पैसा कितना मिलता होगा इसका भी अपने को कोई अंदाज नहीं। लेकिन ऐसा लगता है कि किसी अखबार में बाकायदा नियुक्ति पत्र ले कर उस के फुल टाइम संवाददाता और मासिक वेतन पाने वाले पत्रकार हो गए हों ऐसा कभी नहीं हुआ होगा।

आखिर छोटी जगहों से कई अखबारों को खबरें भेजने और उनमें लिखने वाले किसी एक के हो कर तो रह नहीं सकते। फिर सिर्फ पत्रकारिता ही धन्नाभाई का पेशा रहा हो ऐसा भी नहीं हुआ होगा। राजनीति में वे काफी सक्रिय रहे हैं। देश के आजाद होने के बाद कोई चुनाव भी लड़ लिए थे। कहते हैं बाबू लाभचंद छजलानी और अपनी पॉलिटिक्स ही अलग थी। उनके उम्मीदवार के खिलाफ अपन खड़े हो गए थे। पता नहीं और पूछा भी नहीं कि वह कौन सा चुनाव था या वे कितने और कब तक चुनाव लड़ते रहे।

आजादी के बाद उनकी राजनीति सोशलिस्ट किस्म की रही होगी। अभी पुरस्कार देने भोपाल गए नारायण दत्त तिवारी को वे सोपा/प्रसोपा आदि के दिनों की याद दिलाते रहे। लोहिया-जयप्रकाश, मधु लिमये आदि के किस्से सुनाते रहे। ऊंचा सुनते हैं, उमर अस्सी से ज्यादा हो गई है इसलिए सुनते नहीं हैं–सुनाते हैं। कई बार ऐसा भी हुआ कि तिवारीजी ने पूछा कुछ और वे बताते कुछ और रहे। लेकिन पुराने समाजवादियों में जो एक तरह का अक्खड़पन और प्रतिष्ठान-विरोध होता है वह उनमें निश्चित ही है और इसीलिए शायद बाबूजी को लगा होगा कि ये अपने यहां एडजस्ट नहीं हो सकते और इसीलिए हमेशा स्ट्रिंगर रहे। किसी अखबार/पत्रिका के संपादक नहीं हुए। पत्रकारिता या राजनीति या दोनों में जगह बनाते हुए ऊपर तक पहुंचने और फिर पद पर विराजमान होने और बने रहने वाले आदमी वे शायद कभी नहीं रहे।

ऐसा आदमी काफी कुछ कमा ले, घर-गिरस्ती बना ले और अपने सूत्र-संबंधों का ठीक से दोहन करता रहे यह हो नहीं सकता। जो ऐसा कर लेते हैं और शान से करते रह सकते हैं उनकी मिट्टी ही अलग होती है। धन्नालाल शाह शाश्वत स्ट्रिंगर, शाश्वत कार्यकर्ता और प्रतिष्ठान के इर्द-गिर्द घूम कर भी उस के कभी न हो सकने वाले आदमी हैं। जरूरी नहीं कि

यह घर उजाड़ होना ही हो। जरूरी नहीं कि 'जो घर फूंके आप ना चले हमारे साथ' की टेक लगाने वाला ही हो। 'जा में कुटुम समाय, मैं भी भूखा न रहूं न साधु भूखा जाय' भी ऐसे आदमी से सध सकता है। भोपाल में धन्नाभाई का फ्लैट है, लड़के दोनों इंजीनियर हैं तो इतना होगा ही कि गिरस्ती चला सकें, बच्चों को पढ़ा-लिखा सकें और घर बनवा सकें इतना पैसा तो कमाया ही होगा और उसे ठीक से खर्च भी किया होगा। अगर खालिस घर उजाड़ू होते तो यह सब नहीं कर सकते थे।

लेकिन ऐसे आदमी के पास अपने अस्सीवें बरस में इतना पैसा भी नहीं हो सकता कि एक ट्रस्ट बनाए, पैसे इकट्ठे करे और एक पुरस्कार चला दे। फिर ट्रस्ट भी गणेश शंकर विद्यार्थी के नाम जिन्हें धन्नाभाई ने कभी देखा हो ऐसा लगता नहीं क्योंकि वे इसका जिक्र नहीं करते और बातों को छुपाने वाले आदमी वे हैं नहीं। इसकी भी कोई गुंजाइश नहीं दिखती कि वे विद्यार्थीजी के 'प्रताप' के संवाददाता रहे हों। जब गणेशजी शहीद हुए तब धन्नाभाई पत्रकारिता करने की उमर में नहीं पहुंचे होंगे। फिर ऐसा भी नहीं लगता कि हिंदू-मुसलिम एकता उनके लिए ऐसा पागलपन हो कि एक दंगे में साठ-पैंसठ साल पहले कानपुर में शहीद हुए विद्यार्थीजी के नाम पर ट्रस्ट बनाए बिना उनका कोई काम ही न चले।

भोपाल के माधवराव सप्रे संग्रहालय ने पत्रकारिता में पचास साल पूरे करने पर कुछ साल पहले धन्नालाल शाह का सम्मान किया और उन्हें पांच हजार एक की सम्मान राशि दी। उसी से ट्रस्ट बनाने की घोषणा कर दी। उनके दो पुत्रों ने छह हजार और दिए। ग्यारह हजार से ट्रस्ट रजिस्टर करवा दिया। और मित्रों को कह कर, लिख कर और उनके जरिए थोड़ा-बहुत धन इकट्ठा किया। सब छोटी रकमें और ज्यादातर पत्रकारों से। करते-करते कोई लाख रुपया जमा हो गया। इतने पैसे का ब्याज इतना जरूर आ सकता है कि साल भर में ग्यारह हजार का पुरस्कार दिया जा सके। कार्यक्रम करने में भी खर्च होता है। वह ट्रस्टियों और मित्रों से लिया जाए। तय किया है कि सरकार से या बड़े उद्योग घराने या पैसे वाले से पैसा या कोई सहायता नहीं ली जाएगी।

इसका खामियाजा भुगतते हैं हमारे कैलाश पंत। ट्रस्टी ज्यादातर पत्रकार हैं और वही चुनते हैं कि किसे पुरस्कार दिया जाए। तलाश ऐसे ही पत्रकार की होती है जो उमर भर स्ट्रिंगर रहा हो, पत्रकारिता को जिसने धन-दौलत बनाने में भुनाया न हो मध्यप्रदेश का हो और पत्रकारिता से जिसने पेट भले पाला हो लेकिन इससे ज्यादा समाज के काम आया हो। बड़े संपादक या बड़े पत्रकार के लिए यह पुरस्कार नहीं है। रकम से बड़ी प्रतिष्ठा और उस समाज से सम्मान है जिसके लिए उस ने काम किया। सांप्रदायिक सद्‌भाव बढ़ाना भी जिसे अपनी पत्रकारिता का पहला नहीं तो दूसरा मकसद जरूर लगता हो।

ऐसा योग्य स्ट्रिंगर मिलना आसान नहीं है। भले ही अखबार अब वैसे न रह गए हों जैसे विद्यार्थीजी या धन्नाभाई के जमाने में थे। अब पत्रकारिता में और उससे पैसे बनाने के मौके बहुत हो गए हैं। कोई कहे कि हम पत्रकारिता मिशन के लिए कर रहे हैं तो लोग समझेंगे कि पागल है या शातिर है। स्ट्रिंगरों से अखबारों के मालिक-संपादक उम्मीद करते हैं कि वह कमाय-खाय और अखबार को भी कमा कर दे। अखबार के पत्रकारीय ही नहीं दूसरे हितों का भी ध्यान रखे।

ऐसे में जो भी छोटी जगह से पत्रकारिता करेगा वह छपी हुई खबरों पर मिलने वाले पैसे से घर तो नहीं चला सकता। चार-पांच अखबार पकड़ ले तो इतने पैसे औसतन जरूर पा सकता है कि पत्रकारिता पार्ट टाइम हो जाए। इसलिए या तो जो नौकरी कहीं और करता हो या छोटा-मोटा धंधा करता हो वही छोटी जगह से पत्रकारिता करने आता है और उससे जो भी कर ले उसकी योग्यता पर निर्भर है। भाषाई अखबार ही नहीं, बड़े और कमाते-खाते अंग्रेजी अखबार भी अपने स्ट्रिंगर को इतना पैसा नहीं देते कि उसे जीवन-यापन के लिए कुछ और न करना पड़े। फिर कई स्ट्रिंगर भी पत्रकारिता को छोटे लेवल पर पैसा बनाने और पव्वा जमाने का माध्यम बना लेते हैं।

लेकिन गणेश शंकर विद्यार्थी ट्रस्ट को इस बार एक सुपात्र मिल गया। बिलासपुर के गांव कोटमी से निकल कर आए और इकहत्तर बरस के होने पर भी गंवई के गंवई रहे श्यामलाल चतुर्वेदी। इस उमर के पुराने और देहाती पत्रकार साहित्यकार भी रहते आए हैं। श्यामलालजी भी हैं। छत्तीसगढ़ी के और हिंदी के भी। लेकिन बोलने में अभी भी अखबार को गजट और पत्रकार को गजटिया कहते हैं। छत्तीसगढ़ के गांव वाले ऐसा ही कहते हैं। सच, अखबार में छपा हो तो कहेंगे कि भैया गजट गिरा है—जैसे अखबार में कुछ छपना बिजली गिरने की तरह हो। लेकिन श्यामलाल चतुर्वेदी खांटी छत्तीसगढ़ी मनख हैं और गांव वालों की तरह बोलते ही नहीं, वैसा ही रवैया है और वैसा ही जीवन। 'बोली में छत्तीसगढ़ी सुर है। मैंने कहा कि ऐसा सुर—चरणदास चोर—नाटक में सतनामियों का सुना है तो कहा कि हां उनका है लेकिन जिन हबीब तनवीर का नाम आप लेते हैं—उनको छत्तीसगढ़ी बोली और जीवन का कोई अंदाज नहीं। वे वनस्पतियां हैं—यानी डालडा।

श्यामलालजी को यह बताने में बड़ा मजा आता है कि चौथी पास की पर अड़ गए। फिर पांचवीं पास की। पत्रकारिता शुरू कर दी। लोग-बाग कहें कि डिग्री तो जरूर होनी चाहिए तो बीस बरस की उमर में बनारस से प्राइवेट मैट्रिक की। फिर बीए और फिर पचास की उमर में एमए किया तो स्वैच्छिक विषय—छत्तीसगढ़ के पाठ्यक्रम में उनकी अपनी कविताएं भी पढ़ीं। परीक्षा में अपनी कविता पर प्रश्न आया तो उत्तर भी लिखा। ऐसा कोई एमए पास आप को मिला है जिसने एमए की पढ़ाई में अपनी कविताएं पढ़ी हों और परीक्षा में उनका उत्तर भी लिखा हो। मिले तो मुझे बताना श्यामलाल चतुर्वेदी को कहूंगा कि उससे पत्र व्यवहार करे। जाने कब से श्यामलालजी कविताएं लिख रहे हैं और रेडियो और टीवी पर पढ़ते भी हैं। कुछ और भी बहुत सा लिखा होगा।' भोलवा भोलाराम बनिस'—एक कहानी संग्रह भी उनने अपने को दिया है। अभी पढ़ा नहीं है। बिलासपुर की भारतेन्दु साहित्य समिति ने उनका अभिनंदन किया है और अभिनंदन ग्रंथ भी निकाला है। श्यामलालजी ने वह अपने को नहीं दिखाया।

पत्रकारिता उनने माखनलाल चतुर्वेदी के 'कर्मवीर' के संवाददाता के रूप में शुरू की। कर्मवीर से क्या मिलता होगा आप अंदाज ही लगा सकते हैं। एक बार पूछा तो बताया कि महीने सौ-सवा सौ ज्यादा क्या मिला होगा कभी। अब भी नई दुनिया भोपाल के अंशकालिक संवाददाता हैं। हमारे महेश पांडेय कह रहे थे कि पुरस्कार जेब में रखे जब भोपाल में घूम रहे

थे तो कहा कि जेब में कभी इतना धन नहीं रहा। लेकिन धन्नाभाई की तरह श्यामलालजी के भी दो बेटे हैं। दोनों नौकरी करते हैं। पत्नी भी है। श्यामलालजी पुराने किराए के मकान में रहते हैं पत्नी के साथ।

तो ऐसा नहीं है कि पत्रकारिता में अब खटने वाले पत्रकार नहीं बचे। ट्रस्ट बनाने वाले धन्नालाल शाह भी हैं और ग्यारह हजार का पुरस्कार पा कर जेब को भारी पाने वाले श्यामलाल चतुर्वेदी भी। अभी पुण्य समाप्त नहीं हो गया है।

(30.3.97)

रामरतन ज्वेल

काल हमारा है, हम काल के

रामरतन ज्वेल ने कहा कि इस पर कागद जरूर कारे होने चाहिए।

ज्वेल को आप नहीं जानते। अपन थोड़ा-बहुत जानते हैं पर मालूम नहीं कि ज्वेल अंग्रेजी का शब्द है, जिसका मतलब जवाहर होता है या यह किसी जाति का नाम है जो हीरे-जवाहरात का व्यापार करती हो। यह भी संभव है कि इसका—अंग्रेजी के ज्वेल से कोई लेना-देना ही न हो और यह खांटी भारतीय जाति नाम हो। पंजाब में कुछ परिवारों के नाम अंग्रेजी शब्दों से बने और चल निकले जैसे स्पैरो या हमारे चंडीगढ़ वाले मित्र—चम। स्पैरो आप जानते हैं अंग्रेजी में गौरैया चिड़िया को और चम यार, दोस्त को कहा जाता है। उज्जैन, मालवा में अंग्रेजी का ऐसा स्वीकार नहीं है इसलिए अंदाज लगाना कि रामरतन को ज्वेल ऑफ ए मेन कहा गया हो और इसलिए वे ज्वेल हो गए हों, ठीक नहीं होगा। वैसे उनका नाम रखने में घर वालों ने यही किया है। उन्हें राम का रत्न बना दिया है। राम का यानी सभी का रत्न—रामरतन।

उनने मई के महीने में भी उज्जैन से फोन कर के पत्रकारों के संघ के कार्यक्रम में बुलाया था लेकिन जिस तारीख को वहां जाना था उसी दिन मैंने पाया कि क्रिकेट के विश्व कप के लिए मुझे लंदन जाना है। मैं चला गया लेकिन रामरतन ज्वेल को याद रहा कि मैंने आना मंजूर कर रखा है इसलिए फिर मौका मिलते ही उनने दिसंबर में बुलाया। 'अग्निपथ' दैनिक के संस्थापक संपादक ठाकुर शिवप्रताप सिंह की पांचवीं पुण्यतिथि पर। ठाकुर शिवप्रताप सिंह उस पीढ़ी के पत्रकारों की तरह पले-बढ़े जिसमें न नाम होता था न झोला भर पैसे मिलते थे। जो ग्लैमर पत्रकारिता से निकल कर टीवी में गया उसने बहुत कम प्रतिभा और उससे भी कम मेहनत करने वाले पत्रकारों को पैसा और प्रतिष्ठा दी और उनने वह संघर्ष कभी नहीं किया जो ठाकुर शिवप्रताप सिंह जैसे लोगों को जीवन भर करना पड़ा। यह संघर्ष पद, पैसे और प्रतिष्ठा का नहीं जीवन के अपने बुलावे की विश्वसनीयता और प्रयोजनशीलता का था। अब न पत्रकार न उनके अखबार विश्वसनीयता और प्रयोजनशीलता के लिए खटते हैं। धंधे की क्या तो विश्वसनीयता और क्या प्रयोजन।

मालिक के संपादक होने के इस जमाने में ठाकुर शिवप्रताप सिंह ऐसे संपादक थे जो 'अग्निपथ' के मालिक हुए। लेकिन यह अखबार तो उनने कोई दस साल पहले निकाला। इस के पहले कोई चालीस साल तो वे कलम ही घसीटते रहे। इंदौर में नवभारत के संपादक हुए और उज्जैन में भास्कर के। लेकिन स्थानीय संपादक हो जाने के बाद भी उनने संपादकी को राजनीति में नहीं भुनाया न अखबार निकालने के धंधे में। जो लोग ऐसा कर सकते हैं वे अब भी राजनीति में पव्वा चलाने और धंधे में पैसा बनाने में लगे हैं। यह ठीक ही है कि मध्यप्रदेश

में ऐसे नामी लोगों में ठाकुर साब की गिनती नहीं होती। शायद इसीलिए उज्जैन के लोग उनकी पुण्यतिथि पर समारोह कर के उन्हें श्रद्धांजलि देते थे।

अग्निपथ ठाकुर शिवप्रताप सिंह ने दस साल पहले एक दिसंबर को निकाला और पांच साल पहले ग्यारह दिसंबर को उनका देहावसान हुआ। रामरतन ज्वेल से कहा था कि यह तारीख इधर-उधर नहीं कर सकते ? ग्यारह दिसंबर को मुझे दूसरी झंझटें हैं। लेकिन उनने कहा कि जिस तारीख को विधाता ने पांच साल साल पहले निश्चित कर दिया उसे अब अपन इधर-उधर कैसे घुमा सकते हैं ? समारोह तो उसी दिन होगा। तो मैंने कहा कि जरा देख कर दो-तीन दिन में बताता हूं। ज्वेल ने याद दिलाया कि मई जैसा मत करना कि हम बुलाएं यहां और चले जाओ लंदन। दो-तीन बार उनने फिर फोन किया तो दूसरा कोई बहाना बनाना संभव नहीं था। मैंने कहा कि भाई ये ऐसा दिन है जो मैं घर पत्नी के साथ बिताना चाहता हूं। वो हमारी शादी की सालगिरह है। छत्तीस साल पहले उसी उज्जैन में हम ब्याहे गए हैं। रामरतन ज्वेल एकदम उत्साहित हो गए और उनने बड़ी गर्मजोशी से कहा—फिर तो जरूर आओ और दोनों आओ और ये दिन यहीं बिताओ।

फिर वे थोड़े भावुक हो गए। उनने पैंतीस साल पहले उज्जैन में हुए एक साहित्य सम्मेलन की याद दिलाई और कहा कि शाम को (शिवमंगल सिंह) सुमनजी के घर कवि सम्मेलन हुआ था। अपन ने कविता पढ़ी थी। मैंने नई दुनिया में उसकी रिपोर्टिंग की थी। 'ज्वेल तब उज्जैन से हमारे सांस्कृतिक संवाददाता हुआ करते थे। वे जब बोल रहे थे तो मुझे भी याद आया कि राहुल जी के उकसाने पर रज्जू बाबू और मैं—दोनों सूट पहन कर उस साहित्य सम्मेलन में गए थे। राहुल जी यानी नई दुनिया के प्रधान संपादक राहुल बारपुते साहित्यकारों के नगर इलाहाबाद में रह कर कृषि विज्ञान पढ़े थे और छायावादी कवियों का मखौल उड़ाया करते थे। बर्नार्ड शॉ की विट और हाजिर जवाबी के कायल राहुल जी सुमित्रानंदन पंत और हरिवंशराय बच्चन की रूमानियत को व्यंग्य की नजर से देखते थे और चाहते थे कि उनके रवैए को हम साहित्य सम्मेलन में फैलाएं। वह काली पैंट और काली टाई बरसों मेरे पास रही जो उस सम्मेलन में पहन कर गया था। दिल्ली जब गांधी शताब्दी के काम से आया तो गांधी निधि में एक बैठक के बाद प्रभाकर माचवे ने पूछा कि काली पैंट-टाई वाला वह लड़का क्या मैं नहीं हूं तो मैंने मराठी के एक मशहूर व्यंग्य नाटक का शीर्षक ले कर कहा—तो मी नव्हेचू—वह मैं नहीं हूं।

एक दूसरा आदमी हो कर मैं दिल्ली रहने लगा और उन रामरतन ज्वेल से कोई संपर्क नहीं रहा जो स्थानीय अखबारों में आते-जाते अब अग्निपथ में काम करते हैं। उज्जैन में जो युवा पत्रकार दिन भर हमारे साथ रहा उसने कहा कि वरिष्ठ और अच्छा लिखने वाले कोई पत्रकार अब उज्जैन में हैं तो रामरतन ज्वेल हैं। उज्जैन में कोई चालीस साल से पत्रकारिता करते हुए ज्वेल वहीं उज्जैन में हैं। उज्जैन जैसे छोटे कस्बाई नगर में दिल्ली चले जाना अखिल भारतीय हो जाना माना जाता है हालांकि अपन दिल्ली की हकीकत जानते हैं और मानते हैं कि अखिल भारतीय होना—दिल को बहलाने का अच्छा खयाल है। कितने विजयाकांक्षी घुड़सवारों को भाले की नोक साधे दिल्ली पर चढ़ाई करते देखा है और कितनों के घोड़े हिनहिनाते हुए लोट गए हैं और भाले रेत की दीवारों में धंसे पड़े हैं।

अलेकजांडर तो दिल्ली तक पहुंच नहीं पाया लेकिन जिसने भी इसे तलवार से जीत कर अपनी बनाना चाहा दिल्ली उसे लील गई। जमती उखड़ती सत्ता की यह शाश्वत नगर किस की हुई ? पुराने किले की दीवार के नीचे भैंरो बाबा का मंदिर देख लीजिए। वहां कभी इंद्रप्रस्थ था और पांडवों ने कथा है कि काल भैरव की पूजा की थी। भैंरो हैं पर पांडवों का वैभव और गौरव कहां है ? कहां है पृथ्वीराज चौहान ? पुराने किले में उस हुमायूं की मृत्यु हुई थी जो किताब पढ़ते-पढ़ते लाइब्रेरी की सीढ़ी से गिर गया था और जो मुगल साम्राज्य का स्थापक बादशाह माना जाता है। यहां कौन अखिल भारतीय हो कर रहा है ? अंग्रेज सत्रह सौ सत्तावन से कलकत्ते में राज करते रहे। उन्नीस सौ ग्यारह में दिल्ली को राजधानी बनाने के छत्तीस साल बाद उनके विश्वव्यापी साम्राज्य पर सूरज डूब गया। दिल्ली आ कर जो सत्ता में इतराए नहीं वही टिका रह सकता है। दिल्ली आ कर जो समझता है कि मंजिल मिल गई दिल्ली उस के लिए भी दूर है। दिल्ली दूर अस्त।

रामरतन ज्वेल इस मृग मरीचिका में नहीं पड़े। उज्जैन में सुखी है। और कोई चालीस साल पुराने और भूले-बिसरे दोस्त के एक दिन को गुलजार करने में आनंद पा सकते हैं। इस बार ग्यारह दिसंबर के दिन उज्जैन में उनने अपनी ऐसी खातिर तवज्जो करवाई कि छत्तीस साल पहले की दुल्हाई याद आ गई। इतनी मालाएं इतने फूलों की बारिश और ऐसे महत्त्वपूर्ण माने जाने का अहसास। कई लोग माने बैठे थे कि भेनजी उज्जैन की रही होंगी। हिचकते बताना पड़ा कि उनका पूरा कुनबा कानपुर से शादी के लिए उज्जैन आया था और क्षिप्रा के किनारे जो रामघाट है उससे थोड़े ऊपर जो बंबई वालों की धरमशाला है उसमें आ कर रहा था। धरमशाला का एक बड़ा दरवाजा नीचे सीधे घाट पर खुलता था। भेनजी ने कहा कि वे लोग क्षिप्रा नहाने जाते और फिर कार्तिक मेले में घूमने जाते थे। कार्तिक मेला अब भी चल रहा था। लेकिन क्षिप्रा का रोका गया पानी ऐसा भरने लगा है कि दत्त के अखाड़े के नीचे बहुत से फव्वारे लगा कर उसे हवा में उड़ाया जाता है ताकि वह कुछ ऑक्सीजन प्राणवायु पकड़ कर लौट सके। क्षिप्रा के उस जल में न स्नान हुआ न आचमन।

हम सर्किट हाउस के उस कमरे में नहाए जहां जवाहरलाल नेहरू चालीस साल पहले नहाए होंगे। वे कालिदास समारोह में भाग लेने आए थे। नीचे की मंजिल में तब के राष्ट्रपति राजेंद्र बाबू रुके थे। तब कालिदास समारोह भारत के काव्य अतीत के पुर्न आविष्कार का अवसर हुआ करता था और उज्जैन के ऊपर उड़ने वाले बादल मेघदूत हुआ करते थे। उस नगरी में जैसे—फूल ही फूल उगा करते थे और वे मालिनें गदराए हार गूंथा करती थीं तो कभी कालिदास के बंदरवार बनाया करती थीं। शुभ शकुनों के मंगल कलश दुआर पर/अनब्याहे दृग उठते बंदनवार पर/किसकी ममता डोली मन किसमें मगन ? प्यासे मनुवा प्यासे ही हो गए दफन/लेकिन इसका अर्थ नहीं होता मरण ? मुझको जाना है न किसी की भी शरण ? हंसी उड़ाने वाले जाते भूल हैं/मेरे मरघट में भी खिलते फूल हैं/लो अब गाता हूं—मेरा देश है यह, इससे प्यार मुझको—वीरेंद्र मिश्र का यह गीत उस भारत के काव्य और संस्कृति का गीत है जिस पर/अब टुच्ची और भगवी राजनीति की जाती है। कनक चंपा का वह पेड़ गुनगुनी धूप में सर्किट हाउस में नश रहा था। उस के बड़े-बड़े पत्तों पर इतनी धूल क्यों जमी रहती है ? और वह बेलपत्र का पेड़ इतना निर्वसन क्यों है जिसकी पत्तियां महाकाल के मस्तक पर चढ़ती

हैं ? हम महाकालेश्वर के दर्शन करने गए तो लोगों ने बताया कि कहां पिछले साल वह दुर्घटना हुई थी और कितने लोग मरे थे। कोई बताता क्यों नहीं कि यही वह स्थान है जहां बैठ कर कालिदास रूद्राभिषेक करते थे। इस सुरंग से भ्रतृहरि अब भी बाह्य मुहूर्त में भस्म आरती देखने आते हैं। यही वह पीठ है जहां बैठ कर समय की गणना की गई और इसलिए शिव का ज्योतिर्लिंग महाकालेश्वर कहलाया। इस महाकाल के सामने समय ठहरा हुआ है। हाथ जोड़ कर खड़ा है। फिर भी गतिमान है।

छत्तीस साल बाद हम दोनों फिर उस धरमशाला के उसी आंगन में गए जहां बने मंडप के नीचे हम हाथ पकड़वा कर साथ कर दिए गए थे। महाकाल के अनंत स्थिर मस्तक पर काल घन्नाटे खाते हुए घूम रहा है। हमारे साथ के छत्तीस साल उसकी पलकें झपकाने के लायक भी नहीं हैं। कुछ दिनों बाद ईसा की दो सहस्राब्दियां बीत जाएंगी। नई सदी शुरू हो जाएगी। लेकिन उस महाकाल की पलकों का एक बाल भी बांका नहीं होगा। हम मानते हैं कि काल की शुरुआत में भी हम थे, आज भी हम हैं और काल के अंत में भी हमारा अंत होगा। और हमारे अंत में ही हमारा प्रारंभ है। इन माई एंड इज़ माई बिगिनिंग। शांतिः शांतिः शांतिः। महाकालेश्वर को छूते समय उपनिषद और टीएस एलियट मुझे एक साथ पढ़ते गए। जिसने इतने साल साथ दिया उस हाथ ने हाथ पकड़ कर महाकाल पर दूध की धार कुछ देर गिराई। फिर हमें धतूरे की वे पतली-पतली मालाएं पहनाई गईं जो शिव के मस्तक से उतारी गई थीं। उन्हें पहने हुए ही हम बाहर निकले और उस धरमशाला में हो आएं जहां साथ हुए थे। उसकी छत पर से क्षिप्रा और दत्त का अखाड़ा देखा। वहां एक और ब्याह हो कर निपटा था और विदाई के बाद का गीलापन हवा में था। मन्दिर के पास बेल और आम अब भी वैसे ही खड़े थे। धरमशाला का आगे वाला मैदान रिसेप्शन के लायक बना दिया गया है। वहां कल रात के स्वागत समारोह और स्वरुचि भोज के बाद ही अस्त-व्यस्त और जूठन भरी दुपहरी ऊंघ रही थी। वहां से निकलते ही देखा कि हमारे सभी तीर्थों में गन्दगी होती है। उज्जैन तो वाराणसी की तरह शाश्वत नगरी है। वहां कालान्तरों का पुण्य है तो गन्दगी भी होगी ही। लेकिन उज्जैन से रवाना होने के पहले भेनजी सिंहपुरी की गलियां लांघती अपनी उस बुआ के घर ले गईं जिसका भी ब्याह हमारे साथ हुआ था। वहीं दूसरे मण्डप में। बुआ और फूफाजी ही थे। लेकिन उन्हें देखते ही भेनजी ने ताबड़तोड़ गुलदाउदी के फूलों की मालाएं तोड़ कर उन पर फूल बरसाए। फिर बुआ से ऐसे बातें करनी और दिखने लगीं जैसे ब्याह के पहले वहां हुआ करती होंगी। वे तब ठीक सोलह बरस की थीं और बुआ उन्नीस की। बुआ ने सैंतीस साल पहले खींचा गया भेनजी का वह फोटू निकाल कर दिया जो ब्याह के पहले देखने के लिए मेरे पास भेजा गया था। तब इतनी सादी तस्वीर भी ब्याह के वास्ते भेजी जा सकती थी। भेनजी के कपड़ों में न हो बोली, चपलता और चेहरे की चमक से फिर जैसे दुल्हन हो गईं थीं।

काल महाकाल है। सत्काल भी है। अतीत, वर्तमान और भविष्य सभी में काल है। हम भी के काल हैं। काल भी हमारा है। आदि, अनंत !

(19.12.99)

आशा लिखी

ऐसा मरना और ऐसा जीना

आशा लिखी के रंगीन चित्र पर गेंदे और गुलाब की माला चढ़ी थी। पास ही थाली रखी थी जिसमें हर आने वाला चित्र को प्रणाम कर के अपनी श्रद्धा और हैसियत के हिसाब से कुछ डाल देता था। कमर से पैरों तक शॉल लपेटे पंडितजी भाषण दिए जा रहे थे। उन के सामने एक कॉपी रखी थी जिससे वे पद, श्लोक या कोई और उद्धरण उठाते थे। वे क्रिया में आए लोगों का दुख दूर कर रहे थे और सुशील लिखी को सांत्वना दे रहे थे। श्लोक तो दूर तुलसीदास के पद तक वे ठीक से सुना नहीं पाते थे।

लोगों का दुख दूर कर पा रहे थे या नहीं, अपन नहीं जानते, लेकिन सुशील लिखी को उनकी सांत्वना की कतई जरूरत नहीं थी। फिर भी वे सिर पर रूमाल बांधे बिलकुल आगे बैठे निर्विकार भाव से सब सुन रहे थे। जिन लोगों का पंडितजी दुख दूर कर रहे थे वे उबासी लेते, बैठक बदलते, कभी बड़े ध्यान से सुनने की कोशिश करते पर कुल मिला कर उकताए हुए बैठे थे। क्रिया का समय दोपहर एक से दो का था। जैसे सब जानते थे कि घंटे भर तो पंडितजी का प्रवचन चलेगा और उन्हें सुनना ही होगा। उस क्रिया सभा में पंजाब, हरियाणा, दिल्ली आदि से आए रिश्तेदार थे, लेकिन ज्यादातर तो चंडीगढ़ के ही मिलने-जुलने वाले थे।

दोपहर एक से दो का टाइम सोच समझ कर रखा गया था। यह दफ्तरों का लंच टाइम होता है। इसलिए सरकार में काम करने वाले लोगों के इस शहर चंडीगढ़ में क्रिया का यही समय सब को मान्य हो गया है। किसी को छुट्टी लेने की जरूरत नहीं पड़ती और जो बाहर से आते हैं वे एक बजे तक मजे में आ सकते हैं और दो बजे तक शोक प्रकट करने के बाद शाम होने तक वापस घर पहुंच सकते हैं। रसम किरया आखिर एक रस्म है और एक रस्म अदायगी के लिए एक लंच टाइम और एक दिन से ज्यादा का वक्त क्यों लगाया जाए। जो चला गया है वह तो आएगा नहीं और जो घर में बचे हैं उन्हें इससे ज्यादा सांत्वना की शायद जरूरत नहीं होती होगी।

चंडीगढ़ आप जानते हैं कि अपने आप खड़ा हुआ शहर नहीं है। बसाया गया है। बाकायदा एक योजना के अनुसार। इसे बनाते वक्त ध्यान रखा गया है कि यहां ज्यादातर सरकारी कर्मचारी रहेंगे और उनकी सरकारें औद्योगिक जमाने की होंगी। सरकारें रुटीन से चलती हैं। इस रुटीन में चलने वाले लोगों का भी रुटीन होता है। इसलिए चंडीगढ़ में अपनी पुरानी सामाजिक परंपरा से ज्यादा सुविधा के रुटीन से काम होता है। जैसे रसम किरया के लिए लंच टाइम का चलन चल गया है। किसी को कोई झंझट नहीं होती। जिसे सचमुच दुख होगा तो वह मन का होगा। इस मन को मनाए रखने या दुरुस्त करने के लिए

पंडितजी का प्रवचन रख लिया जाता है। पहले पगड़ी बांधने के बाद रिश्तेदार और मिलने-जुलने वाले 'कुछ दे' के जाते थे। अब यह देना पंडितजी की आमदनी में शामिल हो जाता है।

पहले अस्थियां चुनते ही घर वाले हरिद्वार या आसपास की पवित्र मानी गई किसी नदी या कुंड में उन्हें विसर्जित करने निकल जाते थे। विसर्जन के बाद ही घर लौटते थे। चंडीगढ़ में यह संभव है कि तीसरे दिन किसी को छुट्टी नहीं मिले या जिन्हें बाहर से आना हो वे पहुंच न पाएं। इसलिए श्मशान घाट में ही लॉकर बना दिए गए हैं। आप अस्थियां चुनिए और उन्हें लॉकर में रख दीजिए। फिर अपनी सुविधा के अनुसार अस्थियां ले जा कर जहां चाहे विसर्जित कर आइए। जरूरी नहीं कि यह तीसरे दिन ही हो। भले ही न हरिद्वार यहां से बहुत दूर हो या पेहोवा जो पंजाब-हरियाणा में अस्थि विसर्जन के लिए सबसे उपयुक्त कुंड माना जाता है। धारणा है कि कुरुक्षेत्र में महाभारत के बाद पांडवों ने अपने लोगों की अस्थियां यहीं विसर्जित की थीं।

इसी तरह पंडितजी के प्रवचन का चलन है। श्मशाम घाट पर भी जहां अग्नि देने के बाद बैठने की व्यवस्था है–वहां बाकायदा बिछात बिछी होती है। दाह संस्कार में आए लोगों को श्मशान वैराग्य की भावना से मुक्त करने और दुखी लोगों का दुख दूर करने और 'मृतात्मा' को श्रद्धांजलि के लिए पंडितजी का भाषण होता है। वे कहते हैं कि आत्मा तो न जन्म लेती है न मरती है फिर भी जाने वाले को ईसाई आस्था के अनुसार 'मृतात्मा' कहा जाता है ऐसी ही बुद्धिमत्ता क्रिया पर पंडितजी के भाषण में दिखाई देती है। इन पंडितजी और उनके इन प्रवचनों में एक तरह का प्रोफेशनलिज्म तो होता है लेकिन जाने वाले और उस के प्रियजनों की आत्मा और बुद्धि के लिए कोई सम्मान और संवेदना नहीं होती। लेकिन जैसा दाह संस्कार, अस्थि चुनना, अस्थि विसर्जन और क्रिया होती है वैसा ही पंडितजी का प्रवचन होता है। अगर इनमें परंपरा और उसमें निहित अर्थ और प्रयोजन का ध्यान नहीं रखा जाता तो पंडितजी के प्रवचन से समझ, अर्थ और गहराई की अपेक्षा क्यों रखी जाए ? रुटीन से काम करने वाले लोग हर बात में दिमाग नहीं लगाते न उसका अर्थ समझने की कोशिश करते हैं। रुटीन आखिर एक मशीनी गतिविधि है। और हम में से ज्यादातर लोग ज्यादातर समय ऐसे ही मशीनी ढंग से काम करते रहते हैं।

फिर भी आशा लिखी के उत्तर कार्य में इस मशीनियत से मुझे बहुत दुख और गुस्सा होना था। मुझे लगता है कि उत्तर कार्य को यों ही निपटाना जाने वाले के लिए आपकी भावनाएं बताता है। आपके पास साधन न हों और सभी क्रियाएं ठीक से न कर पाएं यह तो समझ में आता है। लेकिन भावना के साथ बहुत सादगी से भी कोई काम किया जाए तो उसमें गरिमा और आत्मा होती है। जाने वाले के लिए तो आप कुछ नहीं कर सकते। उत्तर कार्य में जो भी करते हैं सब अपने लिए या रह गए लोगों के लिए करते हैं। उत्तर कार्य जाने वाले के लिए आपकी भावनाएं या उस के न होने पर आपकी क्षति तो बताता ही है वह जीवित लोगों में जीवन का एक मूल्य भी स्थापित करता है। जाना हम सब को है। अगर हमारे जाने का किसी के लिए कोई अर्थ नहीं है तो हमारे जीने का भी नहीं था। और जीने को इतना व्यर्थ कर देना जीवन का ही अपमान है।

लेकिन सच बताऊं ? इस मशीनियत से मुझे चिढ़ तक नहीं आई। बल्कि जब पंडितजी भाषण दे रहे थे तो मुझे सुशील लिखी पर तरस आई। बेचारे को यह सब भी सुनना पड़ रहा था। आशा के जाने से कोई निपट अकेला पड़ गया तो सुशील लिखी। जीवन ही बिलकुल सूना हो गया। लेकिन बारह दिन से वही सब को ढाढ़स बंधा रहे हैं। रिश्तेदार उन से मिल कर रोते हैं तो उनके आंसू पौंछते हैं। मित्र-परिचित शोक मनाने आते हैं तो उनको भी सुशील लिखी समझाते हैं। आने वाले की आवभगत करते हैं तो वह भी सुशील लिखी। पत्नी के इतनी कम उमर में जाने पर लोग पति से जो भी कहते और उस के साथ जैसा भी बरताव करते हैं वह सभी लिखी साब के साथ किया गया। लेकिन सुशील लिखी ने न कहीं आपा खोया, न भावुक हुए, न इसका रोना रोया कि अब अपना जीवन कैसे जिएंगे। और तो और आशा लिखी के बारे में भी लोगों से कोई बातचीत नहीं की। वे बिना कोशिश के ऐसा व्यवहार करते रहे जैसे उनके साथ कुछ हुआ ही न हो।

किसी के जाने के बाद अपने यहां जो भी होता है वह सब उनने होने दिया। उन से जो भी कहा गया वह सब उनने किया। उनका यह सब करने-धरने में कोई विश्वास नहीं है। आशा लिखी का भी नहीं था। लेकिन सुशील लिखी ने न किसी को रोका, न कहे गए काम को करने से इनकार किया। माता-पिता, रिश्तेदार, बंधु-बांधव और मित्रों ने जो कहा सो किया। शरीर की नश्वरता और आत्मा के अमरत्व, ईश्वर के ही प्रथम और अंतिम सत्य होने और हम सब उसकी इच्छा के प्रकट रूप होने की बात को जितना वे पंडितजी जानते थे उन से ज्यादा निकट से सुशील लिखी जानते थे। लेकिन घंटे भर के भाषण के दौरान और सब लोगों ने उकताहट जताई हो, सुशील लिखी मन लगाए सुनते रहे। आशा लिखी तो कहीं विरोध या नाराजगी भी बतातीं, सुशील लिखी स्थितप्रज्ञ की तरह सारे कर्मकांड से गुजरते रहे।

आशा लिखी को पति के इस व्यवहार से संतोष हुआ होगा। वे भी सारी दुनियादारी करने वाली आधुनिक महिला थीं लेकिन विनोबा की शब्दावली में कहूं तो ब्रह्म विद्या की साधना में लगी अद्भुत महिला थीं। दिखने में सुंदर गोरी-चिट्टी और अपनी सुंदरता को दिखाने में उन्हें कोई एतराज नहीं। ठीक कपड़े-लत्ते पहनने, लिपस्टिक लगाने और अच्छी दिखने में कभी कोताही नहीं बरती। शिमला में जन्मी, पली-पनपी और पढ़ीं और उतनी ही ठंडक में रहने के लिए वहीं लौट जाने की बात करने वाली इस महिला को—हिमालय कन्या—कहना मुझे अच्छा लगता था।

कई तरह के खाने बनाने और खाने में रस तो वे लेती ही, दुनिया भर के अचार डालने, मुरब्बे, स्क्वैश, शरबत आदि बनाने में भी बड़ा मन लगातीं। सिलाई, कढ़ाई-बुनाई भी वैसे ही मनोयोग से करतीं जैसी आम तौर पर गृहिणियां करती हैं। अपन जो जॉकेट पहनते हैं वे दोनों उन्हीं की बनाई हुई हैं। घर को साफ-सुथरा रखना और करीने से सजा कर रखना और सजावट को लगातार बदलते रहना घर-गिरस्ती में उनकी स्थायी रुचि बताती थीं। उनकी जीवन कहानी सुनने और दूसरों के घाव भरने में क्रिश्चियन साइंस में अपनी अटूट आस्था बताने के बाद उनने कहा कि इससे कहीं आप यह मत समझ लेना कि मैं साध्वी हूं और पश्चाताप का जीवन जीती हूं। नहीं मैं बिलकुल नारमल जीवन जीती हूं और सब चीजों का आनंद लेती हूं।

आशा लिखी–चार भाइयों में जन्मी अकेली कन्या थीं। उनके पिता सरकारी नौकरी करते हुए भी विचारधाराओं और चिकित्सा पद्धतियों के लगातार प्रयोग करते रहते। उन्हें शायद अपने पुत्रों से निराशा हुई होगी या लगता होगा कि वे उनके सनकीपन में उनका साथ नहीं देंगे। इसलिए अपनी इकलौती कन्या पर अपनी सारी हौंस निकालते। कहा जाए कि वे अपने पिता की अतृप्त प्रयोगधर्मिता का शिकार हुईं तो शायद गलत नहीं होगा। लड़कियां जब गुड़ियाओं के ब्याह रचाती हैं तब आशा लिखी योग, प्राकृतिक चिकित्सा और ब्रह्म साधना में लगाई गईं। अक्सर अस्वस्थ रहतीं और चूंकि पिता और सभी चिकित्सा पद्धतियों के प्रयोग कर चुके थे इसलिए उनने–मेरी बेकर एडी–की 'साइंस एंड हेल्थ' नाम की पुस्तक पकड़ा दी। कहा कि कर के देखो और अगर भगवान में आस्था और प्रार्थना से निरोग हो सको तो क्या बात है। आशा (उस समय भूटानी) लिखी का क्रिश्चियन साइंस में ऐसा भरोसा जमा कि आखिरी दिन भी डिग नहीं पाया।

हिंदी और संस्कृत में अच्छी तरह एमए कर लेने वाली आशा ने चंडीगढ़ में इंजीनियरिंग किए सुशील लिखी से शादी करना तय किया। काफी मिलने-जुलने के बाद। यानी जिसे आप लव अफेयर या कोर्टशिप कहते हैं वह सब करने के बाद। माता-पिता ने कह दिया था कि यह अक्सर बीमार रहती है और कहीं ऐसा न हो कि आप इसे जला-जुलू दें इसलिए सोच समझ कर ही शादी करें। पर शादी हुई। कोई पच्चीस साल पहले। तब क्रिश्चियन साइंस यानी भगवान की भलमनसाहत और उसकी प्रार्थना से व्याधियों को दूर करने के विज्ञान में आशा लिखी का भरोसा जम रहा था। एक-दो साल उनने अपने अनास्थावादी पति को विश्वास करने में लगाया। धीरे-धीरे दोनों मानने लगे कि भगवान किसी का भी बुरा नहीं करता। वह सब का भला चाहता है। उसकी प्रार्थना ऐसी रामबाण औषधि है जिससे असाध्य से असाध्य रोग भी दूर हो सकते हैं। कुछ वर्षों के बाद आशा लिखी को बाकायदा क्रिश्चियन साइंस का चिकित्सक या प्रेक्टिशनर मान लिया गया।

शादी के एक-दो साल बाद ही दोनों ने तय कर लिया था कि अब वे किसी और चिकित्सा पद्धति में विश्वास नहीं करेंगे और कभी किसी डॉक्टर,वैद्य या हकीम को नहीं दिखाएंगे। कोई बाईस साल से आशा और सुशील लिखी ने कभी किसी डॉक्टर को नहीं दिखाया और न कोई दवाई ली। कोई रोग हुआ या तबीयत गड़बड़ाई तो प्रार्थना से उपचार किया। सिर्फ अपना नहीं। ऐसे उपचार में जो भी आस्था रखता हो हर उस भाई-बहन का। ऐसा चिकित्सक होने के लिए साधना और संयम का जीवन जीना होता है। जिया। कई लोगों को निरोग और आस्थावान बनाया।

जाने के कोई आठ-दस दिन पहले से ही आशा लिखी की तबीयत बिगड़ गई थी। प्रार्थना से जो उनक उपचार करता था उसी से उपचार करवाती रहीं। लेकिन हालत सुधरी नहीं। बिगड़ते-बिगड़ते ऐसी स्थिति हो गई कि बेहोशी में जाने के पहले उनने सुशील लिखी से कहा कि अपने माता-पिता को समझा लोगे कि कोई इलाज क्यों नहीं करवाया ? वे जानती थीं कि अगर रिश्तेदारों को बुलाया गया और मित्रों को बताया गया तो वे सब पीछे पड़ जाएंगे कि इसे तत्काल पीजीआई में भर्ती करो। यह पति-पत्नी दोनों के ही लिए अपनी आस्था को तोड़ना और मृत्यु के सामने कमजोर हो कर हार मानना होता। इसलिए न किसी को बताया गया न बुलाया गया।

सब को तभी सूचना दी गई जब आशा लिखी ने शांति से शरीर छोड़ दिया। सुशील लिखी उनके लिए प्रार्थना करते रहे। इसे आप चाहें तो आत्महत्या कहिए, या कहिए कि विज्ञान के इस जमाने में भी लोग कैसे-कैसे भरोसे में जीते हैं। लेकिन आशा लिखी ने मृत्यु के सामने भी अपनी आस्था नहीं खोई न अपने पति को ऐसी हालत में पड़ने दिया कि वे मजबूर हों। ऐसी महिला अपने में स्थित और ऐसा आदमी स्थितप्रज्ञ ही होता है। ऐसे लोगों के लिए कोई पंडित प्रवचन क्यों दे ? उन्हें किसी की सांत्वना की जरूरत नहीं क्योंकि किसी का भय और मोह नहीं। ऐसी मृत्यु पर दुख क्यों, ऐसे जीने को किसका आसरा चाहिए ?

(30.11.97)

सी.के. नायडू

किसकी मने शताब्दी

नागपुर हो या इंदौर। मुश्किल से आठ-दस लोग उनकी प्रतिमा पर फूल चढ़ाने आए। सीके की जन्म शताब्दी के दिन नागपुर में–जहां वे जन्मे और इंदौर में, जहां तिरतालीस साल रहने के बाद उनका निधन हुआ–ऐसा कुछ नहीं हुआ जो कोट्टारी कनकैया नायडू के योगदान और उनकी स्मृति के योग्य होता।

क्रिकेट इस देश में सबसे लोकप्रिय खेल है। क्रिकेट के नायक ही हमारे खेल महानायक हैं। उन्हीं के चर्चे होते हैं, उन्हीं को शोहरत और दौलत मिलती है। दूसरे खेलों के प्रेमियों को अगर किसी से शिकायत रहती है तो क्रिकेट और क्रिकेटरों से क्योंकि उनकी राय में वही दूसरे सभी खेलों की कीमत पर सारी तवज्जो, शोहरत और दौलत लूट ले जाते हैं। लेकिन भारतीय क्रिकेट के प्रथम कथा पुरुष और पहले कप्तान नायडू को उनकी जन्म शताब्दी के दिन कितने लोगों ने याद किया ? कितने लोगों को याद रहा कि आज इकतीस अक्टूबर के दिन ही सीके नायडू जन्मे थे। उंगलियों पर गिन सकते हैं।

ऐसा नहीं कि सीके कोई गुमनाम खिलाड़ी थे और थोड़ी-बहुत कीर्ति पा कर गुमनामी में ही मर कर भुला दिए गए हों। अपने जमाने के वे सबसे मशहूर और रोमांचकारी खिलाड़ी थे। और उनका जमाना कोई महीने दो महीने या साल दो साल नहीं चला। कम से कम चालीस साल तक वे लोगों की नजरों के सामने और स्मृति में सक्रिय रहे। 1926 में इंग्लैंड से आई एमसीसी के खिलाफ बंबई में ग्यारह छक्के और चौदह चौके मार कर सिर्फ 115 मिनट में सीके ने 153 रन बनाए।

उनकी उस पारी ने उन्हें गुलाम भारत का राष्ट्रीय महानायक बना दिया। अंग्रेजों ने अपने खेल में अंग्रेजों से बेहतर खेल के और उनके दिग्गज गोलंदाजों के धुर्रे बिखेर कर सीके ने हिंदुस्तानियों को बताया कि वे अंग्रेजों से उन्हीं के खेल में सवाये पड़ सकते हैं। आजादी की लड़ाई में सीके का यह क्रिकेटीय योगदान था। तभी से उनका नाम उन लोगों की जबान पर भी चढ़ा जिन्हें क्रिकेट क्या किसी भी खेल से कोई लेना-देना नहीं था। पद्म भूषण से सम्मानित किए जाने वाले भारत के वे पहले खिलाड़ी थे।

सीके प्रधानमंत्री नरसिंह राव के बचपन के हीरो हैं। उन्हें जब कहा गया कि अगले साल सीके की शताब्दी शुरू होगी तो उसे मनाने के लिए राष्ट्रीय समिति बनाने पर वे एकदम तैयार हो गए। समिति भारत सरकार बनाती और इसका सुझाव आता–मध्यप्रदेश, महाराष्ट्र और आंध्र प्रदेश की सरकारों की तरफ से। तब दिग्विजय सिंह मध्यप्रदेश में मुख्यमंत्री हुए ही थे। शरद

पवार महाराष्ट्र के और कोटला भास्कर रेड्डी आंध्र प्रदेश के मुख्यमंत्री थे। ''इन्हें मैं भी कहूंगा और आप भी कहिए कि मुझे लिखें।''

जिन दो मुख्यमंत्रियों को मैं कह सकता था उन्हें मैंने कहा कि मैंने प्रधानमंत्री को लिख दिया है। कॉपी आप को भेजूंगा। दूसरे ने बताया नहीं कि उनने कुछ किया भी है या नहीं। और तीसरे को तो खुद प्रधानमंत्री ही कहने वाले थे क्योंकि तभी वे उनके राज्य में जाने वाले थे। अपने को मालूम नहीं कि प्रधानमंत्री ने इन मुख्यमंत्रियों को सीके शताब्दी के बारे में कहा या नहीं। लेकिन प्रधानमंत्री को कहने के छह महीने बाद तक भी कोई समिति बनी नहीं थी न बनने की बात चल रही थी।

सिर्फ मध्यप्रदेश के मुख्यमंत्री दिग्विजय सिंह ने पहल की। अपने राज्य में उनने सीके शताब्दी समिति बनाई। माधवराव सिंधिया को उसका अध्यक्ष बनाया गया। दिग्विजय सिंह संयोजक हुए। समिति की एक बैठक भोपाल और दूसरी इंदौर में हुई। अखबारों में विज्ञापन दे कर लोगों से सुझाव मांगे गए। अप्रैल चौरानवे के पहले यह सब हो चुका था।

इस बीच क्रिकेट कंट्रोल बोर्ड ने भी सीके नायडू की शताब्दी मनाने के लिए कमेटी बनाई। नागपुर के और कभी बोर्ड के अध्यक्ष रहे केंद्रीय मंत्री एनकेपी साल्वे इस समिति के अध्यक्ष बनाए गए। बंबई के क्रिकेट क्लब ऑफ इंडिया के अध्यक्ष राजसिंह डूंगरपुर संयोजक हुए। राजसिंह इंदौर के उसी डेली कॉलेज में पढ़े और क्रिकेट खेले हैं जहां दिग्विजय सिंह भी पढ़े और खेले हैं। राजसिंह ने सीके को उनके आखिरी वर्षों में खेलते देखा है और उनके साथ खेले भी हैं। दिग्विजय सिंह को सीके ने खेलना सिखाया है।

इन दोनों समितियों की एक बैठक अगस्त चौरानवे में केंद्रीय मंत्री एनकेपी साल्वे के घर नई दिल्ली में रखी गई। इसमें दोनों समितियों के अध्यक्ष, संयोजक और दो-तीन सदस्य, बोर्ड के अध्यक्ष आईएस बिंद्रा और मंत्री जगमोहन डालमिया भी आए। तय किया गया कि सीके के जीवन और खेल पर एक टेलीविजन फिल्म बनवाई जाए। उनके जीवन पर एक पुस्तक प्रकाशित की जाए। एक पुस्तक उनके साथ खेले खिलाड़ियों के लेखों की छपे जिसमें इंग्लैंड के डेनिस कामटन और वेस्टइंडीज के वीक्स, वॉलकॉट और आस्ट्रेलिया के कीथ मिलर जैसे खिलाड़ियों के लेख हों।

सीके नायडू पर एक डाक टिकट निकाला जाए। उनकी याद में फटाफट क्रिकेट की एक प्रतियोगिता रखी जाए जिसमें कुछ विदेशी टीमों को बुलाया जाए। इस टूर्नामेंट का एक मैच बंबई, एक नागपुर, एक इंदौर और एक हैदराबाद में जरूर हो। शताब्दी वाले दिन उन सभी बड़े और पुराने खिलाड़ियों को देश-विदेश से बुलाया जाए। दो लाख रुपए का सीके नायडू शताब्दी अवार्ड रखा जाए जो हर साल एक क्रिकेट खिलाड़ी को उस के जीवन भर की सेवाओं के लिए दिया जाए।

पहला अवार्ड उन लाला अमरनाथ को दिया जाए जिनने एमसीसी के सन् 33-34 के दौरे पर बंबई में सीके के साथ खेलते हुए भारत की तरफ से पहली टेस्ट सेंचुरी मारी थी। यह अवार्ड नागपुर में भारत-वेस्टइंडीज के बीच वन डे मैच के दौरान दिया जाए और प्रधानमंत्री के हाथों लाला को दिलाया जाए। दूसरा अवार्ड सीके शताब्दी समापन समारोह में इंदौर में कैप्टन मुश्ताक अली को दिया जाए जो सीके के सबसे मशहूर शिष्यों में एक हैं और

जिनने सन् 36 के इंग्लैंड दौरे पर भारत की ओर से विदेश में पहली बार सेंचुरी ठोकी थी। यह अवार्ड राष्ट्रपति के हाथों दिया जाना था और इसी के साथ शताब्दी समारोह संपन्न होने थे।

सीके शताब्दी टूर्नामेंट से होने वाली आमदनी से एक सीके क्रिकेट अकादमी की स्थापना की जाने वाली थी। इस अकादमी में खांटी भारतीय शैली से किशोर लड़कों को प्रशिक्षण दिया जाने वाला था। अकादमी नागपुर या इंदौर कहीं भी स्थापित हो सकती थी। दोनों में से किसी एक जगह पर सीके के नाम पर स्टेडियम भी बनना था। तय किया गया था कि ये सारे निर्णय नई दिल्ली में एक साझा प्रेस कांफरंस में घोषित किए जाएंगे। चंडीगढ़ में बोर्ड की बैठक के बाद दिल्ली में बैठक के बाद ये घोषणाएं होनी थीं। शताब्दी समारोह की शुरुआत और पहला अवार्ड प्रधानमंत्री के हाथों नागपुर में और अंतिम समारोह और दूसरा अवार्ड राष्ट्रपति के हाथों इंदौर में दिए जाने की बातचीत केंद्रीय मंत्री साल्वे करेंगे।

लेकिन सितंबर की जिस तारीख पर साल्वे साब के घर साझा बैठक और प्रेस कांफरंस होनी थी उस के एक दिन पहले किसी को याद नहीं था कि ऐसा कुछ होना है। फोन कर के पूछा गया तो बतलाया गया कि कल तो कोई मीटिंग नहीं है। खुद साल्वे साब से पूछा तो कहा गया कि उन्हें याद नहीं कि ऐसी किसी बैठक और प्रेस कांफरंस का तय हुआ था। और खैर हुआ भी होगा तो अब तो उस के लिए कोई वक्त नहीं रह गया है।

फिर वेस्टइंडीज का भारत दौरा कुछ देर से शुरू हुआ और नागपुर वाला मैच आगे खिसका। यानी सीके शताब्दी की शुरुआत के दिन कोई मैच कोई समारोह नागपुर में नहीं हो सकेगा। शताब्दी का शुरुआती समारोह इंदौर में इकतीस अक्टूबर को हो तो उस दिन कोई कांग्रेसी नेता आने को तैयार नहीं। इंदिरा जी का बलिदान दिवस है उस दिन कैसे प्रोग्राम हो सकता है। उसी दिन सरदार पटेल का भी जन्म दिवस होता है तो उनकी प्रतिमा को माला चढ़ाने जाते हैं या नहीं।

आखिर इकतीस अक्टूबर को नायडू शताब्दी की शुरुआत नहीं हुई। एक नवंबर को हुई। नागपुर और इंदौर में सादे समारोह हुए। नागपुर में साल्वे साब ने प्रेस कांफरंस कर के पहले बताया था कि नायडू शताब्दी की कितनी योजनाएं हैं और कितनी शान से मनेगी शताब्दी। लेकिन नायडू के जन्म दिवस पर ढोल भी नहीं बजा। इंदौर में नायडू साब के साथ खेले खिलाड़ियों का सम्मान हुआ और सबने उनकी प्रतिमा पर फूलमालाएं चढ़ाईं।

और इस शुरुआत के बाद से कुछ नहीं हुआ। वेस्टइंडीज भारत में पूरी सीरिज खेल कर चली गई। न्यूजीलैंड भी विल्स ट्राफी त्रिकोणीय टूर्नामेंट खेल और हार कर लौट गई। किसी वन डे या टेस्ट के दौरान नायडू शताब्दी का कोई समारोह नहीं हुआ जिसमें प्रधानमंत्री के हाथों लाला अमरनाथ को पहला सीके अवार्ड दिया जाता। फिल्म बनने, किताबें लिखी जाने, टूर्नामेंट होने, अकादमी और स्टेडियम बनने आदि का कोई काम कहीं शुरू नहीं हुआ।

फिर एक भारतीय कंपनी के प्रायोजन से मास्टर्स टूर्नामेंट बंबई में होने की बात चली। इसमें वेस्टइंडीज, इंग्लैंड, आस्ट्रेलिया, दक्षिण अफ्रीका, श्रीलंका और भारत के पुराने पर दिग्गज खिलाड़ियों की टीमें उतरनी थीं। टूर्नामेंट वाानखेड़े स्टेडियम में नहीं ब्रेबोर्न स्टेडियम में होना

था जहां सीके नायडू खेलते रहे हैं और जिसे चलाने वाले क्रिकेट क्लब ऑफ इंडिया–सीसीआई के मेंबर सीके भी थे। फिर यह भी बात चली कि यह सीके ट्रॉफी के लिए होगा।

लेकिन जब मास्टर टूर्नामेंट सचमुच हुआ तो उसका सीधा प्रसारण करने वाली टीवी कंपनी ने एक बार भी नहीं कहा कि यह टूर्नामेंट नायडू शताब्दी के मौके पर नायडू ट्रॉफी के लिए हो रहा है। टूर्नामेंट अच्छा हुआ और उसका प्रचार-प्रसार भी ऐसा हुआ कि वह बहुत कुछ सन् तिरासी के विश्व कप का रिप्ले माना जाने लगा क्योंकि वेस्टइंडीज और भारत फाइनल में पहुंचे थे। लेकिन नतीजा इस बार उलटा हुआ। वेस्टइंडीज जीती और भारत हारा।

ट्रॉफी दी गई तो वह आयोजक कंपनी की ओर से उसी के नाम पर थी। सीके नायडू ट्रॉफी भी राजसिंह डूंगरपुर ने दिलवाई लेकिन वह कुछ ऐसे दी गई जैसे किसी और के समारोह में पहुंच कर विजेता को टीका कर के हाथ में चांदी का रुपया थमा दिया गया हो। ट्रॉफी वितरण समारोह में पहली बार राजसिंह डूंगरपुर ने सीके नायडू और ट्रॉफी के बारे में बताया।

इसी मास्टर्स टूर्नामेंट के दौरान सीके नायडू अवार्ड भी लाला अमरनाथ को एनकेपी साल्वे के हाथों सीसीआई के हॉल में दिया गया। इस कार्यक्रम में गिनती के लोगों को बुलाया गया। मास्टर्स टूर्नामेंट कवर करने आए सभी पत्रकार और उसमें खेल रहे खिलाड़ी भी उस समारोह में नहीं थे। सीसीआई के भवन पर टंगा एक बैनर भी दावा कर रहा था कि यह टूर्नामेंट नायडू शताब्दी पर नायडू ट्रॉफी के लिए हो रहा है। नायडू के नाम पर वहां जो भी हुआ उससे स्पष्ट था कि राजसिंह डूंगरपुर ने किसी तरह खींचतान कर के अपनी तरफ से कुछ कर दिया है।

इसके बाद से शताब्दी वर्ष समाप्त होने तक कुछ नहीं हुआ। एक बार फिर प्रधानमंत्री के हाथों इंदौर में मुश्ताक अली को अवार्ड दिए जाने का कार्यक्रम बना पर वह भी धरा रह गया। इकतीस अक्टूबर के दिन इंदौर और नागपुर में गिनती के कुछ लोगों ने नायडू की प्रतिमा पर फूलमाला चढ़ाईं। अखबारों को भी पता नहीं चला ऐसी प्राइवेट श्रद्धांजलि हुई। कुलिया में गुड़ फोड़ दिया गया।

एक नवंबर को जरूर भारतीय क्रिकेट के दूसरे कथापुरुष सुनील गावसकर ने इंदौर आ कर यशवंत क्लब में सीके के एक चित्र का अनावरण किया और भारत सरकार के प्रकाशन विभाग द्वारा भारत के महान खिलाड़ी पुस्तक माला की पहली पुस्तक सीके नायडू का विमोचन किया। पुस्तक सूर्यप्रकाश चतुर्वेदी ने लिखी है। इस कार्यक्रम में मध्यप्रदेश के मुख्यमंत्री दिग्विजय सिंह और उपमुख्यमंत्री सुभाष यादव दोनों ही आ गए थे। लेकिन यह कार्यक्रम मध्यप्रदेश और बोर्ड की शताब्दी समितियों का नहीं था। मध्यप्रदेश क्रिकेट एसोसिएशन का भी नहीं था।

बोर्ड के मंत्री ने कलकत्ता में घोषणा की है कि दूसरा सीके नायडू शताब्दी अवार्ड मुश्ताक अली को अब केंद्रीय मानव संसाधन विकास मंत्री माधवराव सिंधिया के हाथों ग्यारह नवंबर को इंदौर में दिया जाएगा। यह समारोह भी मध्यप्रदेश क्रिकेट एसोसिएशन का होगा। किसी शताब्दी समिति का नहीं। दोनों शताब्दी समितियों का क्या हुआ और उनने क्या किया कोई नहीं जानता।

सीके नायडू कोई राजनेता नहीं थे। उनके कारण किसी चुनाव क्षेत्र में वोट बैंक बनता-बिगड़ता नहीं। आंध्र प्रदेश के मुख्यमंत्री चंद्रबाबू नायडू को शायद मालूम भी नहीं होगा कि सीके नायडू कोई हुए हैं जिन्हें आंध्र के वीर क्षत्रिय होने का गर्व था। नरसिंह राव भूल गए होंगे कि उनके बचपन के हीरो का शताब्दी वर्ष आ कर चला भी गया है। एक कथापुरुष की शताब्दी से इतने सत्तावान लोग किसी न किसी तरह और कहीं न कहीं जुड़े लेकिन कुछ नहीं हुआ।

जिस तरीके से कुछ होता है वह अपन जानते हैं और आप भी। लेकिन पीछे पड़े रहने से जो होता है वह सच्चे सम्मान और प्रेम के कारण नहीं होता। अगर आपका किसी के प्रति सचमुच प्रेम और सम्मान है तो क्या उसे आप दूसरों से किसी भी कीमत पर और जबरदस्ती मनवाएंगे ? सीके नायडू जैसे कथापुरुष को जो याद नहीं रखना चाहते उनके पीछे पड़ने से क्या मिलेगा ?

(5.11.95)

सुनील गावसकर और बिशन सिंह बेदी

जवानों के बुढ़ियाने का जमाना

अपने यहां पहले बिशन सिंह बेदी कहा करते थे और अब इंग्लैंड के कप्तान माइकल एथरटन ने भी लगभग वही बात कही है। अस्सी की दशक के शुरुआत में बेदी कहते थे कि तीस की उमर के बाद क्रिकेट खिलाड़ी को रिटायर हो जाना चाहिए। क्योंकि वह खेल के अपने शिखर पर नहीं खेल सकता। बेदी तब रिटायर हो गए थे या कहा जाए कि एक के बाद एक परिस्थिति तब ऐसी बनी कि उन्हें रिटायर होना पड़ा तो वे तैंतीस-चौंतीस के हो चुके थे। लेकिन उनका कहना सुनील गावसकर पर लागू होता था।

सन् उनचास में जन्मे सुनील गावसकर अड़तीस की उमर तक खेलते रहे। भारत में अपना आखिरी टैस्ट पाकिस्तान के खिलाफ बंगलूर में खेले और उस के कुछ महीने बाद क्रिकेट की काशी लाड्र्स के मैदान पर एमसीसी के द्विशताब्दी समारोह के मैच में जब वे विश्व इलेवन की तरफ से खेलते हुए अस्सी रन बना कर नाबाद पेवेलियन लौटे तो उनने रिटायर होने की घोषणा की। दूसरे दिन वे मैदान में उतरे और एक सौ बयासी पर आउट हुए। लाड्र्स के मैदान पर वह उनका पहला और आखिरी शतक था। गावसकर ने न सिर्फ अपने रिटायर होने का सही मौका और स्थान चुना था बल्कि एक सौ बयासी रन भी बनाए थे और आउट हो कर वापस लौटे थे तो सारे दर्शक ही नहीं दुनिया के सर्वश्रेष्ठ खिलाड़ी भी खड़े हो कर तालियां बजाते हुए देर तक उन्हें विदा देते रहे।

उसके बाद गावसकर सिर्फ फटाफट क्रिकेट के विश्व कप में खेले जो सन् सत्तासी में भारत में खेला गया था। चौंतीस शतकें बना कर डॉन ब्रेडमन से पांच सेंचुरी आगे निकले सुनील गावसकर का फटाफट क्रिकेट में कोई शतक नहीं था। वह शतक सुनील ने न्यूजीलेंड के खिलाफ नागपुर में मारा और बुखार में होते हुए भी धुंआधार कर के मारा। आखिरी पारी बंबई में इंग्लैंड के खिलाफ सेमीफाइनल में खेली। पहले ही ओवर में चव्वा मारने के बाद डिफ्रेटस की गेंद पर क्लीन बोल्ड हुए। कहने का मतलब यह कि इस के पहले कि उन से कोई पूछता कि रिटायर क्यों नहीं हो रहे सुनील गावसकर ने शिखर पर रहते हुए संन्यास लिया। तब वे अड़तीस बरस के थे और फटाफट क्रिकेट में भी कुल बयासी गेंदों पर शतक ठोक सकते थे।

लेकिन तीस की उमर के बाद की बात पर बेदी से उनकी खूब खटकती थी। हर बार वे अर्ध शतक या शतक बनाते तो ड्रेसिंग रूप में अपने साथियों को दिखाने के लिए हवा में उंगली से लिखते–ओवर थर्टी ! ब्रेडमन का उन्तीस शतकों का रेकार्ड जब वेस्टइंडीज के खिलाफ मद्रास के आखिरी टैस्ट में गावसकर ने नाबाद डबल सेंचुरी बनाते हुए तोड़ा तो चौंतीस पार कर चुके थे। अहमदाबाद में पाकिस्तान के खिलाफ जब दस हजार रन बनाने वाले क्रिकेट

इतिहास के पहले बल्लेबाज बने तो सैंतीस के हो चुके थे। अगर कहें कि क्रिकेट इतिहास के सबसे बड़े कीर्तिमान गावसकर ने तीस की उमर पार करने के बाद ही बनाए तो गलत नहीं होगा। वे एक तरह से बेदी की मान्यता की उलट स्थापना थे।

बेदी न गावसकर की तरह मुकद्दर के सिकंदर थे न उनके जैसे योजनाकार। गावसकर जैसा रिटायरमेंट भगवान सब को दे तो कहना पड़ेगा कि बेदी जैसी बदकिस्मती खुदा दुश्मन को भी न दे। बेदी इंग्लैंड में नार्थएमटन काउंटी और घरेलू क्रिकेट पंजाब में शुरुआती वर्षों के बाद दिल्ली की तरफ से खेलते थे। सन् छियालीस में जन्मे हैं और बीस के होते-होते भारत की तरफ से खेलने लगे थे। वे बाएं हाथ के शास्त्रीय ढंग के सबसे अच्छे स्पिनर थे और इंग्लैंड वाले तो उन्हें जादूगर ही मानते थे। प्रसन्ना, चंद्रा और वेंकट के साथ वे विश्व क्रिकेट की सबसे सफल और कारगर स्पिन चौकड़ी के अग्रणी सदस्य थे। विकेट भी बेदी ने इन तीनों से ज्यादा लिए।

जब देश में इमरजंसी लगी थी और टोनी ग्रेग इंग्लैंड की टीम ले कर भारत से पिछली पराजयों का बदला लेने आए थे तब बेदी अपने देश की टीम के कप्तान थे। इंग्लैंड के एक तेज़ गोलंदाज थे जॉन लीवर। कपाल पर आया पसीना आंखों में न जाए इसलिए माथे पर वेसलिन लगा कर खेलते थे। यह वेसलिन वे गेंद की एक तरफ लगा कर पेंट पर घिसते और उसकी चमक बनाए रखते। इससे गेंद ऐसी स्विंग होती कि हमारे बल्लेबाज ठगे से देखते रह जाते। दिल्ली, कलकत्ता और मद्रास में धोखेधड़ी का यह खेल चलता रहा। फिर बेदी से रहा न गया और जैसा उनका स्वभाव है उनने खुले आम लीवर पर धोखेबाजी का आरोप लगाया। पाया भी गया कि लीवर माथे पर वेसलिन लगाते थे जो गेंद को एक तरफ से चमकाता रहता था। इस तरह छलकपट कर के इंग्लैंड सीरिज जीत गया था पर लीवर के कपाल के वेसलिन ने उस के माथे पर खेल में धोखाधड़ी करने का कलंक लगा दिया था।

अंग्रेजों को यह कभी सहन नहीं होता कि कोई उन पर खेलों में धोखाधड़ी करने का आरोप लगाए। बेदी ने तो उनके एक गोलंदाज को रंगे हाथों पकड़ कर सरेआम लटका दिया था। सब जानते थे कि कप्तान ग्रेग और गोलंदाज लीवर ने उस खेल क्रिकेट में बेईमानी की थी जिसे अंग्रेजों ने भारत में अपने राज का सर्वश्रेष्ठ खेल बता कर स्थापित किया था और जिसे खेल भावना और भलमनसाहत का मानदंड माना जाता है। भारत के भूतपूर्व शासकों को इस बात का बहुत बुरा लगा कि कभी उनके गुलाम रहे और उन्हीं से खेल सीखने वाले लोगों ने उन्हें बेईमान और धोखेबाज बता दिया है।

लीवर और कप्तान ग्रेग के खिलाफ हमारे बोर्ड ने तो एमसीसी से कोई कार्रवाई करने की मांग नहीं की लेकिन इंग्लैंड के खिलाड़ियों और प्रशासकों ने बेदी का काउंटी क्रिकेट में खेलना हराम कर दिया। जिस नार्थएमटन की तरफ से खेलते हुए बेदी ने आठ-दस साल में कोई हजारेक विकेट लिए थे उसी ने उनका कांट्रेक्ट खत्म कर दिया। बेदी कोर्ट में गए और वहां भी उन्हें पराजय ही मिली। तब उनकी काउंटी के कप्तान मुश्ताक मोहम्मद हुआ करते थे जो पाकिस्तान के भी कप्तान थे। मुश्ताक दाहीने हाथ के लेग स्पिनर और अच्छे बल्लेबाज थे। टैस्ट खेलने वाले सबसे कम उमर के खिलाड़ी थे और अपना पहला टैस्ट भारत के खिलाफ उनने दिल्ली में सन् साठ-इकसठ के सीज़न में खेला था।

वे और इंग्लैंड में खेलने वाले दूसरे पेशेवर खिलाड़ी भी बेदी से खुन्नस खाए हुए थे। उस साल इंग्लैंड के कप्तान टोनी ग्रेग केरी पैकर के भाड़ोत्री क्रिकेट सर्कस के लिए इंग्लैंड, वेस्टइंडीज, पाकिस्तान और आस्ट्रेलिया की समानांतर टीमें बनवाने में लगे थे जो आस्ट्रेलिया के क्रिकेट बोर्ड के खिलाफ वर्ल्ड सीरिज खेल कर उसकी भद उड़ाने वाले थे क्योंकि आस्ट्रेलियाई बोर्ड ने पैकर की टीवी चैनल नाइन को क्रिकेट दिखाने का एकाधिकार देने से इंकार कर दिया था। बेदी के इंकार कर देने के कारण न सिर्फ भारत की विद्रोही टीम पैकर सर्कस में नहीं उतरी थी बल्कि उनकी कप्तानी में भारत की टीम आस्ट्रेलिया से अधिकृत शृंखला खेलने भी पहुंची थी। एक तरफ भारत के कारण अधिकृत क्रिकेट चल रहा था और दूसरी तरफ उसी आस्ट्रेलिया में पैकर का सर्कस !

आस्ट्रेलिया के बाद भारत बरसों बाद पाकिस्तान के दौरे पर गया। पाकिस्तान ने अपने सभी विद्रोही खिलाड़ियों को राष्ट्रीय टीम में ले लिया जब कि आस्ट्रेलिया और इंग्लैंड ने उन्हें बाहर कर दिया था। इस शृंखला में पाकिस्तान ने बिलकुल बेजान और सपाट पिच बनाए जिन पर पाकिस्तान के धाकड़ बल्लेबाजों ने मशहूर भारतीय स्पिन चौकड़ी का कत्लेआम कर दिया। बेदी भारत के कप्तान थे और पाकिस्तान से ऐसी बुरी तरह से हारने के कारण उनकी कप्तानी छिन गई। इंग्लैंड के दौरे पर वेंकट को कप्तानी सौंपी गई और फिर सुनील गावसकर को। बेदी की टीम में जगह भी नहीं रही। उनके कारण भरी जवानी में दबे रहे दिलीप दोशी टीम में आए और कपिल के रूप में भारत को पहली बार एक तेज गोलंदाज मिला।

बदकिस्मती का चक्कर ऐसा चला कि नार्थएमटन के बाद बेदी की कप्तानी गई, टीम में जगह भी नहीं बची और रही सही कमी दिल्ली ने निकाल दी। उन्हें कप्तानी से हटाया और फिर टीम से भी हटा दिया। दुनिया के सबसे अच्छे बाएं हाथ के जादूगर गेंदबाज को बुरे दिनों ने क्रिकेट से ही खत्म नहीं किया। बेदी ने आस्ट्रेलिया की एक लड़की से विवाह किया था जो उनके रंगीन पटके और जादूगरी की गोलंदाजी पर फिदा हो गई थी। आस्ट्रेलियन पत्नी से एक लड़का भी हुआ था जिसका नाम बेदी ने गावसकर की महान बल्लेबाजी को देखते हुए गवास इंदर सिंह रखा था। लेकिन तभी यह आस्ट्रेलियन पत्नी वापस अपने मायके चली गई और फिर उनका तलाक हो गया। तीस साल की उमर में बेदी भारत के कप्तान हुए थे। तीन साल में न उनका क्रिकेट कैरियर चौपट हुआ बल्कि निजी और पारिवारिक जीवन भी छिन्न-भिन्न हो गया। ऐसे में बिशन सिंह बेदी की मान्यता बनी हो कि तीस के बाद क्रिकेट खिलाड़ी को संन्यास ले लेना चाहिए तो वे चिढ़ाए जाने के नहीं सहानुभूति के पात्र थे। लेकिन सुनील गावसकर से उनकी नोक-झोंक जो शुरू हुई तो अब भी चल रही है। अपने कॉलमों में दोनों एक दूसरे की खूब खबर लेते रहते हैं।

बेदी और गावसकर तीस की उमर के बाद विफलता और सफलता के कीर्तिमानों के दो उदाहरण हैं। बेदी की तरह माइकल एथरटन भी इसी निष्कर्ष पर पहुंचे हैं कि पैंतीस के बाद कम से कम टैस्ट क्रिकेट में नहीं रहना चाहिए। इसी हफ्ते समाप्त हुई एशेज सीरिज में इंग्लैंड का प्रदर्शन दयनीय रहा है। इस के छह सात खिलाड़ी तो चोट खा कर वापस इंग्लैंड लौट गए और आस्ट्रेलिया में स्थानीय क्रिकेट खेलने आए दो खिलाड़ियों—एंगस फ्रेजर और ख्रिस लुइस को खेलना पड़ा। इंग्लैंड ए टीम में भारत आए मार्क रामप्रकाश को भी आस्ट्रेलिया बुलाया

गया और पर्थ में हुए आखिरी टैस्ट में वे खेले भी। लेकिन सबसे दयनीय रहे ग्राहम गूच और माइक गैटिंग। गूच इकतालीस बरस के हैं और गैटिंग सैंतीस बरस के। दोनों ने पर्थ टैस्ट के पहले घोषणा की कि इस के बाद वे टैस्ट क्रिकेट से संन्यास ले लेंगे। अपने आखिरी टैस्ट में दोनों का ही प्रदर्शन दयनीय रहा। पहले टैस्ट की दूसरी पारी में गूच और चौथे टैस्ट की पहली पारी में गैटिंग ने ठीक बल्लेबाजी की लेकिन ये दोनों कुल जमा एक-एक पारी में ही टीम के काम आए। आस्ट्रेलिया के बड़े-बड़े मैदानों पर इनसे फील्डिंग भी नहीं बनी।

एथरटन ने पैंतीस के बाद टैस्ट क्रिकेट न खेलने की जो बात कही वह गूच और गैटिंग को ध्यान में रख कर ही कही गई है। दोनों को टीम में इसलिए रखा गया था कि उनका अनुभव संकट में टीम के काम आएगा। लेकिन हुआ यह है कि उनके कारण टीम का संकट बढ़ा। गूच बॉर्डर और गावसकर के बाद सबसे ज्यादा रन बनाने वाले अंग्रेज़ बल्लेबाज हैं। गैटिंग भी चार हजार से ऊपर रन बना चुके हैं। लेकिन अब उन से धारदार गोलंदाजी के सामने टिकते नहीं बनाता। एथरटन का कहना है कि वे इतने बुढ़िया गए हैं कि आज की होड़ में टिक नहीं सकते। उनकी जगह अगर जवान और नए बल्लेबाजों को भेजा गया होता तो इंग्लैंड के ऐसे बुरे हाल नहीं होते।

क्रिकेट से कहीं ज्यादा उमर की बात टेनिस में होती है। इस बार आस्ट्रेलियन ओपन में अपनी उन्तीसवीं वर्षगांठ मनाने वाले स्टीफन एडबर्ग ने जवान खिलाड़ियों से अपनी तुलना करते हुए कहा कि वे जवान हैं और जीत के भूखे हैं, मैं बूढ़ा हूं और जीत के लिए भूखा हूं। एडबर्ग ने खुद अपने को बूढ़ा कहा जबकि उनकी उमर उन्तीस बरस है। यानी बेदी की तय की गई हद से वे सभी छोटे हैं फिर भी पिछले तीन-चार साल से कोई ग्रैंड स्लेम नहीं जीत पाए हैं। सत्रह बरस की उमर में विंबलडन जीत कर धूम-धड़ाका मचा देने वाले बेकर भी उनकी बराबरी के हैं। बेकर भी पिछले कुछ वर्षों में ग्रैंड स्लेम नहीं जीते हैं। एडबर्ग दो बार विंबलडन, दो बार अमेरिकी ओपन और दो बार आस्ट्रेलियन ओपन जीते हैं। बेकर के भी पांच ग्रैंड स्लेम हैं। लेकिन अब वे जवान खिलाड़ियों के सामने टिक नहीं पाते।

अभी जो टॉप पर हैं उनमें से सभी पच्चीस या उससे कम उमर के हैं। संप्राम, अगासी, चांग, कूरियर, ब्रेगुएरा, इवानिसेविक आदि पच्चीस से ज्यादा नहीं हैं। लेकिन ये सब भी अपने से जवान खिलाड़ियों की तरफ से हमेशा दबाव में रहते हैं। चोट लगने से या किसी और कारण से कहीं भी चूके तो टूर्नामेंट से बाहर हो जाते हैं। बेकर और एडबर्ग की तरह ये भी अपना पहला ग्रैंड स्लेम बीस बरस पूरे करने के पहले ही जीत गए थे। बेकर तो इक्कीस बरस की उमर में ही वयोवृद्ध हो गए थे और पूरे समर्पण के साथ दत्तचित्त से खेलना उन्हें भारी पड़ने लगा था। पहले जब खिलाड़ी शिखर पर पहुंचते थे उस उमर में तो अब संन्यास की बात करने लगते हैं जैसे एडबर्ग ने कहा कि मैं उन्तीस बरस का बूढ़ा हूं।

पुरुषों के टेनिस में तो फिर भी गनीमत है, महिलाओं में तो बच्चियां ही छा रही हैं। कुछ साल पहले जेनिफर केप्रियाती ने धूम मचा दी थी। तब वे तेरह बरस की भी नहीं हुई थीं। आजकल एक बच्ची मार्तिना हिंगिस की धूम मची हुई है जो तब की केप्रियाती से भी छोटी है। रूस में कुछ बहुत तेज और ताकत से खेलने वाली लड़कियां हैं जिनकी उमर बारह से भी कम है।

वे और उनके मां-बाप और कोच सब उन्हें पेशेवर खिलाड़ी बनाना चाहते हैं। लेकिन मार्तिना नवरातिलोवा और क्रिस एवर्ट जैसी महान टेनिस खिलाड़ियों का मानना है कि उन्हें इस उमर में पेशेवर नहीं बनने देना चाहिए। सही है कि इनमें से कई जवान होने के पहले ही चुक जाती हैं यानी आग बुझ जाती है। टेनिस की उमर अब सत्रह से पच्चीस की रह गई है। पच्चीस के ऊपर गया कोई भी खिलाड़ी आजकल ग्रैंड स्लेम नहीं जीत पाता।

लेकिन बाहर क्यों जाएं ? अपने यहां एक सचिन तेंदुलकर हैं जो इस अप्रैल महीने में इक्कीस बरस के होंगे। वे अब तक छत्तीस टैस्ट खेल चुके हैं। उनके ढाई हजार से ज्यादा रन हैं और वे आठ सेंचुरियां मार चुके हैं। अभी ठीक से वयस्क भी नहीं हुए हैं, लेकिन उन्हें क्रिकेट का अनुभवी बल्लेबाज कहा जाएगा। वे सौलह के थे तब न्यूजीलैंड में खेल रहे थे। सर रिचर्ड हैडली ने कहा कि यह उमर स्कूल में क्रिकेट सीखने की है टैस्ट क्रिकेट खेलने की नहीं। सचिन ने उसी टैस्ट में उन्हीं के खिलाफ अट्ठासी रन ठोक दिए। अगले साल इंग्लैंड गए और सेंचुरी मार कर एक टैस्ट बचाया तो इंग्लैंड भर के अखबारों ने लिखा, आखिर सत्रह बरस के लड़के से हम क्या उम्मीद करते हैं ? लेकिन सचिन तो जीनियस हैं। सचिन बहुत जल्दी और सुनील गावसकर काफी देर तक जमे रहे। बीच में सारे जवान लोग हैं। हमारा जमाना सचमुच किशोरों का जमाना है जिसमें जवान बुढ़िया जाते हैं। नहीं ?

(12.2.95)

इमरान खान

पाकिस्तान के समझदार लोग

पाकिस्तान में हुए चुनाव की अपने लिए सबसे बड़ी खबर है इमरान खान का हारना। वे एक नहीं, दो नहीं, नौ सीटों पर खड़े हुए थे। सभी नौ सीटों पर हारे। सात पर तो उनकी जमानत भी नहीं बची।

इमरान ने जो तहरीक-ए-इंसाफ नाम की पार्टी बनाई थी उसने अपने यहां जिसे लोकसभा कहते हैं उसकी दो सौ सत्रह में से एक सौ इकतीस सीटों पर उम्मीदवार खड़े किए थे। सब पढ़े-लिखे पेशेवर इंजीनियर, डॉक्टर, प्रबंधक किस्म के लोग। इनमें से भी कोई नहीं जीता। एक सीट नहीं। वहां की विधानसभाओं के लिए भी चुनाव हुए थे और इनमें भी इमरान की पार्टी के लोग लड़े थे। लेकिन जो हीरो पाकिस्तान के प्रधानमंत्री होने का हौसला भर रहे थे वे खुद तो नौ की नौ सीटों पर बुरी तरह हारे ही उनकी पार्टी का एक भी उम्मीदवार न लोकसभा के लिए चुना गया न किसी विधानसभा के। यानी ऊपर से नीचे तक पूरी तरह सूपड़ा साफ।

इमरान खान को इस पराजय से अपने को बेहद खुशी हुई है और पाकिस्तान के लोगों की राजनैतिक समझदारी में अपना विश्वास बढ़ा है। हिंदुस्तान में हम लोग पाकिस्तान में लोकतंत्र के भविष्य पर सवालिया निशान लगा के चिंता प्रकट करते रहते हैं। इसमें कहीं इस बड़प्पन का भी रंग है कि देखो हमारे यहां लोकतंत्र कितने ठाठ से चल रहा है और उसकी जड़ें कितनी मजबूत हैं और उधर पाकिस्तान है जिस पर या तो सैनिक तानाशाह राज करते रहे हैं या अब निर्वाचित प्रधानमंत्री जो दरअसल सेना, नौकरशाही यानी पारंपरिक सामंतशाही प्रतिष्ठान के कठपुतले होते हैं।

राष्ट्रपति भ्रष्टाचार और निकम्मेपन के आरोप पर किसी की निर्वाचित सरकार को डिसमिस कर सकता है। पिछले दशक में लोकतंत्र की तथाकथित बहाली के बाद पहले बेनजीर भुट्टो की सरकार बरखास्त की गई। फिर नवाज शरीफ की। और अब फिर बेनजीर भुट्टो को राष्ट्रपति ने पटिये पर बैठाया और तीन महीने बाद चुनाव में जनता ने भी कह दिया कि बहनजी आप सरकार मत चलाइए। जिस राष्ट्रपति लेघारी ने गए साल नवंबर में बेनजीर को डिसमिस किया था उन्हें बेनजीर ने ही राष्ट्रपति बनवाया था। वे कोई जनता से सीधे निर्वाचित राष्ट्रपति नहीं हैं। संविधान में सैनिक तानाशाह जिया उल हक ने जो आठवां संशोधन किया है उस के बूते कोई भी राष्ट्रपति निर्वाचित सरकार को डिसमिस कर सकता है। पिछले सात साल में वहां तीन निर्वाचित सरकारें राष्ट्रपति से बरखास्त हो चुकी हैं।

यह कोई लोकतंत्र नहीं है। खुद नवाज शरीफ जो इस हफ्ते दूसरी बार प्रधानमंत्री हो जाएंगे, कह चुके हैं यह क्या लोकतंत्र है–आधा तीतर और आधा बटेर। लेकिन उम्मीद मत कीजिए कि वे अपने दो तिहाई बहुमत का इस्तेमाल करते हुए उस आठवें संशोधन को संविधान से निकाल बाहर करेंगे जो राष्ट्रपति को अलोकतांत्रिक अधिकार देता है। लेघारी के अभी तीन साल बाकी हैं और नवाज शरीफ पच्चीस से तीस प्रतिशत वाले मतदान के चुनाव से प्रधनामंत्री बने हैं।

फिर लेघारी ने सेना को सुरक्षा परिषद में अच्छी-खासी जगह दे कर न सिर्फ अपने बने रहने का इंतजाम कर लिया है बल्कि यह भी पक्का कर दिया है कि कोई प्रधानमंत्री जिया की धरोहर–आठवें संशोधन के साथ छेड़छाड़ न कर सके। करने की कोशिश करेगा तो राष्ट्रपति उसे डिसमिस कर देगा। उसकी पार्टी और दूसरे राजनेता चूं-चपड़ करेंगे तो सेना सीधे शासन संभाल लेगी। पाकिस्तान में राजनैतिक पार्टियां और राजनेता जो कुछ करते रहे हैं और करते हैं उनमें ताकत नहीं होती कि जनता के बूते सेना से लड़ सकें।

सेना पाकिस्तान के सामंत और कबायली सत्ता प्रतिष्ठान की सच्ची प्रतिनिधि है। निर्वाचित सरकारें अगर जनता की सच्ची प्रतिनिधि होती तो वे इस प्रतिष्ठान से निपट सकती थीं। जिया के बनवाए संविधान के अनुसार राष्ट्रपति सत्ता प्रतिष्ठान का प्रतिनिधि है जो जनता की प्रतिनिधि सरकार को डिसमिस कर सकता है। पाकिस्तान का लोकतंत्र इसीलिए खोखला है कि उसमें जनता का निर्वाचित प्रतिनिधि–सत्ता प्रतिष्ठान के नियुक्त प्रतिनिधि के मातहत होता है। सैनिक तानाशाही ने पाकिस्तान को यह जो सीमित लोकतंत्र दिया है, इसे अमेरिका जैसे महाबली देश भी पसंद करते हैं। उस के लिए ऐसे सत्ता प्रतिष्ठान को नियंत्रित करना और उससे अपनी मनमर्जी करवाना आसान है। सच्ची लोकतांत्रिक सरकार हो तो वह कोई अमेरिका के सामने पूंछ नहीं हिलाएगी। संबंध रखेगी तो बराबरी की मांग करेगी और ऐसा अमेरिका को गवारा नहीं होगा।

अब आप कहेंगे कि इसमें इमरान खान के डंडे उड़ने से खुशी में उछलने के लिए क्या गुंजाइश और कारण हो सकते हैं ? तो आप को सच कहूं ? इमरान की इस शर्मनाक पराजय पर अपनी खुशी का कोई पारावार नहीं है तो इसका पहला कारण तो क्रिकेट ही है। क्रिकेट अपने दिल की बात है और लोकतंत्र विचार की तरह उस के बाद।

इमरान आखिर पाकिस्तानी क्रिकेट के भूतपूर्व तानाशाह के रूप में अपनी लोकप्रियता और अपने करिश्मे को राजनीति में भुनाने आए थे। कोई पांच साल पहले उनकी कप्तानी में पाकिस्तान ने मेलबर्न में विश्व कप जीता था। वह उनके क्रिकेट कैरियर और कप्तानी की सबसे बड़ी और शानदार उपलब्धि थी। ऐसा नहीं कि इस के पहले भी वे पाकिस्तान में हीरो नहीं थे। उनकी तानाशाही पाकिस्तान क्रिकेट में बहुत पहले से चल रही थी।

पहला टैस्ट वे सन् इकहत्तर में खेले थे और ऑक्सफोर्ड में पढ़ते और दूसरे किस्म की हीरोगिरी करते हुए क्रिकेट से भीतर-बाहर होते रहते थे। उनका खेल भी कोई ऐसा नहीं था कि टीम में जगह पक्की होती और यह भी कि खेल को कोई वे ऐसे समर्पित भी नहीं थे कि अपनी जगह के लिए जान लगा देते। वे पाकिस्तान के अभिजात्य पठान नियाजी परिवार के

(क्या कहते हैं कि) छोटे ठाकुर थे। उनके परिवार के ही माजिद और जावेद बर्की पाकिस्तान से खेल और कप्तानी कर चुके थे।

क्रिकेट में शुरू से उनका कोई बहुत मन नहीं लगता था। लेकिन उस के जरिए वे इंग्लैंड के अभिजात्य वर्ग से जुड़े जो अब भी भारतीय उपमहाद्वीप के किसी राजकुमार को अपना खेल खेलते देख कर संतोष करता है और उसे अपना ही भाई-बंधु मान कर अपने पतनशील समाज में मिला लेता है। इमरान न सिर्फ अभिजात्य पठान परिवार के हैं और ऑक्सफोर्ड में पढ़े हैं, वे गोरे चिट्टे, लंबे-तगड़े और सुंदर दिखने वाले आदमी हैं। इंग्लैंड के पेशेवर और मामूली घरों के क्रिकेट खिलाड़ियों को वे वैसे ही हिकारत से देखते थे जैसी कि इंग्लैंड के नकचढ़े अभिजात्य वर्ग में वहां के मजदूरों-कारकूनों को देखा जाता है। इंग्लैंड के अभिजात्य के लिए इमरान ब्रिटिश राज के उस जमाने के सुंदर नौजवान थे जब क्रिकेट लार्ड्स और जेन्टलमेन का खेल हुआ करता था।

इंग्लैंड के अभिजात्य में मिले प्रतिष्ठा के स्थान ने इमरान खान को पाकिस्तान में खास जगह दिलवाई और जब काफी उथल-पुथल के बाद सन् इक्यासी-बयासी में वे कप्तान बनाए गए तो खिलाड़ी और व्यक्ति के रूप में सचमुच अपनी बहार पर आए। कोई दस साल तक इमरान खान पाकिस्तानी क्रिकेट के तानाशाह रहे। एक-दो बार रिटायर भी हुए और खुद राष्ट्रपति जिया के कहने पर वापस खेलने आए और सन् बानवे में पाकिस्तान को विश्व कप जितवा कर आखिर रिटायर हुए।

इन दो वर्षों में इमरान ने पाकिस्तान को विश्व क्रिकेट में एक ताकत बना दिया। तब के चार महान ऑल राउंडरों—बोथम, कपिल, हेडली और इमरान में उनकी गिनती होती थी। पाकिस्तान से ज्यादा इंग्लैंड में खेलने के कारण लोग उन्हें बोथम के बराबर मानते थे। लेकिन बोथम इंग्लैंड के निम्न मध्यवर्ग के थे और इमरान पाकिस्तानी होते हुए इंग्लैंड के अभिजात्य के प्ले बॉय यानी मौज-मस्ती करने वाले शरारती लेकिन प्यारे नौजवान थे। इमरान की प्रसिद्धि क्रिकेट ऑल राउंडर से ज्यादा लड़कियों के दिल चुराने वाले जांबाज मध्ययुगीन नाइट जैसी थी। उनके इश्क के किस्से इंग्लैंड के टेब्लाइड अखबारों की जुबान पर थे।

सही है कि ऐसे आदमी के लिए सिर्फ भूतपूर्व क्रिकेटर हो कर रह जाना कभी काफी नहीं हो सकता था। विश्व कप जीतना इमरान के ही क्रिकेट जीवन की सबसे बड़ी उपलब्धि नहीं थी वह पाकिस्तान के लिए भी क्या कहते हैं कि स्वर्णाक्षरों में लिखे जाने वाला ऐतिहासिक क्षण था। उस दिन इमरान सचमुच राष्ट्रीय महानायक हुए। और हालांकि इससे नौ साल पहले कपिल की कप्तानी में भारत लार्ड्स के मैदान पर ही विश्व कप जीत चुका था और इमरान ने मेलबर्न में इंग्लैंड को ही हराया था—पर ब्रिटेन की प्रेस के लिए पाकिस्तान नहीं इमरान बड़े हीरो थे।

खुद इमरान भी जब विश्व कप ले कर खड़े हुए तो उनने कहा कि आज उनका सपना पूरा हुआ और अब वे अपनी मां की याद में कैंसर अस्पताल बनाने में लगेंगे। इमरान ने न तो अपनी टीम की तारीफ की न दूसरे खिलाड़ियों को श्रेय दे कर उनका आभार माना। विश्व कप में जीत जैसे इमरान की अपनी निजी जीत थी और पाकिस्तान की टीम में जैसे ग्यारह खिलाड़ी नहीं अकेले इमरान खान ही थे। इमरान के चरित्र की अनिवार्य सामंतशाही उस रात

मेलबर्न में खुल कर सामने आई और पाकिस्तान ने उसे स्वीकार किया। इमरान उस के बाद रिटायर हुए, अंग्रेज अरबपति गोल्डस्मिथ की अपने से कोई बीस साल छोटी कन्या जेमिमा से शादी की और राजनीति में आ गए। प्रधानमंत्री बनना जैसे उनके लिए पाकिस्तान के कप्तान हो कर विश्व कप जीतना ही था।

अब दुनिया को क्रिकेट के खेल की तरह देखने-समझने वाले मुझ जैसे कलम घसीट के लिए तो अपने जमाने के एक महान ऑल राउंडर और सचमुच के कप्तान की राजनीति में इस तरह पराजय दुख और उदासी का कारण होना चाहिए। लेकिन आप देख रहे हैं कि मैं इस तरह खुशी से उछल रहा हूं जैसे कपिलदेव की पहली ही गेंद पर पाकिस्तानी कप्तान इमरान खान का डंडा उड़ गया हो। इसका कराण है। अपने देश में पुराने लोग भले ही क्रिकेट को राजा-महाराजाओं का औपनिवेशिक खेल मानते रहे हों क्रिकेट एक टीम खेल है और इस के जैसा लोकतांत्रिक खेल दूसरा नहीं होगा। यह सब को मारपीट कर बराबर कर देने वाला खेल है। हीरो से जीरो कर देने वाले इस खेल में तानाशाही किसी की भी चल नहीं सकती। जिन डॉन ब्रेडमेन की प्रति पारी औसत सौ रन के आसपास थी वे अपनी आखिरी पारी में जीरो पर बोल्ड हुए और इस कारण उनकी औसत 99.94 रह गई। चार रन भी बना लेते तो सौ हो जाती।

इन्हीं डॉन ब्रेडमेन ने कहा है कि मेरे रेकार्ड्स की बड़ी चर्चा होती है। 'लेकिन क्रिकेट टीम गेम है। कोई कितना ही महान बल्लेबाज हो लेकिन जब तक दूसरे सिरे पर उसका साथ देने वाला जोड़ीदार न हो वह क्या कर लेगा ?' फिर ऐसा कोई खिलाड़ी नहीं जिससे कैच न छूटा हो, जो जीरो पर आउट न हुआ हो और जिसकी गेंदों की दनादन धुलाई न हुई हो। जो खेल देखते-देखते तुर्रम खां को आसमान से गिरा कर धूल चटा सकता हो वह लोकतांत्रिक ही हो सकता है। तानाशाही नहीं हो सकता। हर देश के सार्वकालिक महान खिलाड़ी मामूली परिवार के टीम-खिलाड़ी रहे हैं—इंग्लैंड के ग्रेस, आस्ट्रेलिया के ब्रेडमेन, वेस्टइंडीज के सोबर्स और भारत के गावसकर।

यह अचरज की बात नहीं है कि इमरान खान अपना सर्वश्रेष्ठ प्रदर्शन तभी कर सके जब वे पाकिस्तानी टीम में तानाशाह की स्थिति में थे। जब टीम में उनकी स्थिति उनके स्वभाव के बिलकुल अनुकूल हुई तभी वे शिखर पर पहुंच सके और इसे उनने अपना पराक्रम माना अपनी टीम का नहीं। इन इमरान खान की पार्टी तहरीक-ए-इंसाफ भी एक नेता की ही पार्टी थी। पाकिस्तान के लोगों ने उसे पूरी तरह किनारे कर दिया।

पाकिस्तान के लोग इस वक्त अगर किसी से सबसे ज्यादा परेशान हैं तो भ्रष्टाचार से। अगर वे किसी को सबसे ज्यादा भ्रष्टाचारी मानते हैं तो अपने राजनेताओं को। भ्रष्टाचारी राजनीति को वे अपने देश की सबसे मारक बीमारी मानते हैं। और उनके सामने कौन थे ? इमरान खान नियाजी। पाकिस्तान को विश्व कप जिताने वाले, गोरे अरबपति की बेटी को इसलाम पर चलती बीवी बनाने वाले, मां की याद में दुनिया भर से पैसा इकट्ठा कर के कैंसर अस्पताल बनाने वाले। वही इमरान जिनके साफे का तुर्रा राजनीति की भ्रष्टाचारी गंद से अछूता था और वही इमरान खान जिनके नेतृत्व के गुण को दुनिया देख और परख चुकी है।

लेकिन पाकिस्तान के लोगों ने इन्हीं इमरान खान को सभी सीटों पर हराया और उनकी पार्टी को एक सीट नहीं दी। जबकि पहले प्रधानमंत्री रह चुके और भ्रष्ट माने जाने वाले राजनीतिबाज नवाज शरीफ को दो तिहाई बहुमत दे दिया। और तो और टेन परसेंट से सेंट परसेंट कमीशन खाने वाले आसिफ अली जरदारी की पत्नी और जुल्फिकार अली भुट्टो की बेटी बेनजीर को भी बीस सीटें दे दीं। आजमाए हुए भ्रष्ट राजनेताओं में पाकिस्तान के लोगों ने फिर भरोसा किया और उन्हें सत्ता सौंप दी लेकिन भ्रष्टाचारियों को सरेआम फांसी पर चढ़ा देने का वादा करने वाले इमरान खान को एक सीट नहीं दी।

खुद इमरान खान और दूसरे कई पाकिस्तान पंडित इस के बहुत से कारण आप को बताएंगे। सुन लीजिए। लेकिन एक और सबसे बड़ा कारण यह है कि पाकिस्तान के लोग अब तानाशाही नहीं चाहते और वे राजनीति में राजनेताओं पर ज्यादा भरोसा करते हैं—स्वनियुक्त मसीहाओं पर नहीं। इमरान खान की हार में हमारे टीएन शेषन, खैरनार, किरण बेदी, अलफांस आदि के लिए भी संदेश है। वे सुनें, न सुनें उनकी मर्जी।

(9.2.97)

थैंक्यू कपिल ! थैंक्यू

कोई बड़ा आदमी हो जाए तो कई लोगों को उस के संस्मरण याद हो जाते हैं। और कई लोग ऐसी छोटी-छोटी घटनाओं और बातों में बड़ा मतलब ढूंढ़ने लगते हैं जो पहले उन्हें नाकुछ और बेमतलब लगी थीं और जिन पर उन्होंने कोई ध्यान नहीं दिया था। कई लोग उसकी आज की उपलब्धि और गौरव के संकेत और सूत्र रोजमर्रा के उस जीवन में पाने लगते हैं जो उस वक्त उन्हें बहुत मामूली लगा था लेकिन अब उनमें उसकी महानता के बीज और अंकुर साफ दिखाई देते हैं। पहचान और रिश्ता ही नहीं घनिष्ठता भी निकल आती है। प्रसिद्धि से, उपलब्धि से और महानता से हम इसी तरह अपना नाता ढूंढ़ते हैं और तादात्म्य करते हैं।

यह सब बहुत स्वाभाविक है। अगर हम नाता कोई बेजा फायदा उठाने के लिए नहीं जोड़ रहे हैं तो इसमें कोई खराबी भी नहीं है। कोई भी खुद हो कर और कोशिश कर के मामूली आदमी नहीं होना चाहता। रह जाए तो कहीं न कहीं उसे इसका अफसोस भी रहता है। और कल्पना में, फंतासी में हम में से प्रत्येक व्यक्ति किसी न किसी शिखर पर अपने को देखता है और संतोष पाता है। खुद सूरज बन के नहीं चमक सके तो चांद बन के सूरज की रोशनी में चमकना चाहता है। वह भी नहीं बने तो कोई तारा, कोई दीया बन कर ही टिमटिमाना चाहता है। एक से अनेक होने और अपने में महानता देखने और न दिखे तो दूसरे की महानता में गौरव करने से ही हमारा जीवन चलता है। और इसी प्रेरणा से ऊंचा उठता है। हम जो बचपन से अपने-अपने नायक और महानायक बना लेते हैं तो इसलिए कि उनके जैसे होने की इच्छा मन में होती है।

क्रिकेट खेलता था और स्कूल में पढ़ता था। स्कूल से तड़ी मार के कर्नल सीके नायुडू के बंगले के आसपास मंडराता रहता था या मुश्ताक अली की एक झलक पाने के लिए उनके घर के सामने के मैदान में घंटों बैठा रहता था। घर में तो रेडियो था नहीं इसलिए जहां कहीं कमेंट्री की आवाज सुनाई देती कान लगा के खड़ा हो जाता। सन् बावन में भारत की टीम इंग्लैंड के दौरे पर गई थी और उसमें बेबी ऑफ द टीम–संजय के पिता विजय मांजरेकर थे। उन्नीस-बीस बरस के रहे होंगे। लीड्स टैस्ट में उन्होंने सेंचुरी मारी थी। स्वीप कर के चव्वा मारते हुए उनका फोटू मैंने टाइम्स में देखा था।

तब स्कूल जाते हुए अपने आप को सुनाते हुए मैं टैस्ट मैच की कमेंट्री करता। मांजरेकर की जगह अपने को रखता और बड़े विस्तार से बताता कि कैसे टीम के इस बच्चे ने अपने पहले ही टैस्ट में सेंचुरी ठोक दी है। मैं ओपनिंग बेट्समैन होता और अक्सर टैस्ट की पहली गेंद पर ही स्क्वेयरकट से चव्वा मार कर पारी की शुरुआत करता। विजय

मांजरेकर अपने हीरो नहीं थे। हीरो तो कर्नल नायडू या मुश्ताक अली ही थे। मांजरेकर की जगह मैं अपने को रखता जो उस वक्त मुझ से पांच बरस बड़े थे और मुझे विश्वास था कि पांच साल बाद मैं भी भारत की टीम में होऊंगा। विश्व कप के दौरान दनेदिन न्यूजीलैंड में होटल से मैदान जाते हुए हर्ष भोगले के पूछने पर मैंने कहा था कि नहीं कपिल मेरे हीरो नहीं हैं, इसलिए उन्हें इतने पास से देखने के बाद निराश होने का सवाल नहीं है। अपने हीरो तो कर्नल नायडू थे।

अब जब कि कपिल दुनिया के सबसे ज्यादा विकेट लेने वाले गोलंदाज हो गए हैं और खेल के इतिहास के सबसे बड़े नहीं तो दो में से एक या तीन में से एक सर्वकालिक महान ऑल राउंडर तो माने ही जाएंगे, तो भी वे मेरे हीरो नहीं हो गए हैं। बचपन के हीरो की जगह कोई नहीं ले सकता। और तो और भारतीय क्रिकेट के दो महानायकों में भी मेरी पहली पसंद सुनील गावसकर हैं हालांकि कपिल को मैं कोई सोलह साल से जानता हूं और जिस तरह के क्रिकेट को ही सही क्रिकेट मानता हूं उस के बेहतर खिलाड़ी सुनील के बजाय कपिल ही हैं।

ऐसी पसंदगी के लिए अपने को बंबई वाला होना चाहिए था, नहीं हूं। बल्कि होलकर टीम और बंबई की धारदार होड़ में बढ़ा हुआ हूं। और इंदौर का होने के नाते अपनी टीम होलकर ही हो सकती थी। लेकिन ऐसी वफादारियों के कारण ही नहीं खेल की समझ के नाते भी क्रिकेट के बंबई स्कूल को अपन हमेशा कुछ नीचा मानते रहे। वह सही तकनीक और अभ्यास से सीखा गया खेल है और अंग्रेजी मिजाज का है जब कि खांटी भारतीय क्रिकेट होलकरों का ही हो सकता है जो कुदरत के दिए खिलाड़ीपन और जन्मजात प्रतिभा से आनंद के लिए खुल कर खेला जाता है। सुनील गावसकर बंबई क्रिकेट के सर्वश्रेष्ठ प्रतिनिधि और सर्वोच्च उपलब्धि कहे जा सकते हैं। कपिल देव होलकर यानी अपने अर्थों में खांटी भारतीय क्रिकेट के सब से महान खिलाड़ी हैं और इसलिए अपनी पहली पसंद के खिलाड़ी होने चाहिए। दोनों को टैस्ट में लिए जाने के पहले खेलते मैंने देखा है। गावसकर को सन् उनहत्तर में कोटला में विश्वविद्यालय के मैच में और कपिल को चंडीगढ़ के सेक्टर सोलह के स्टेडियम में सन् अठहत्तर में। सुनील से निजी तौर पर पहचान और मिलना सन् तिरयासी में जा कर विश्व कप के बाद के एक समारोह में हुआ। कपिल से तो उसी साल बल्कि कुछ महीनों में ही मुलाकात हो गई।

इन्हें पाकिस्तान जाने वाली टीम में ले लिया गया था और चंडीगढ़ के एक लड़के का गौरव करने के लिए हाल ही शुरू हुए इंडियन एक्सप्रेस में हमने कपिल का बड़ा सा फोटू छापा था गोलंदाजी करते हुए। एक दो दिन बाद ही कपिल वह फोटू लेने हमारे दफ्तर आए। उस कमरे में फोटू देखते और लेते हुए लड़के कपिल का चेहरा मुझे अब भी याद है। खिलाड़ी बदन के अलावा सबसे मार्के की उनकी आंखें लगी थीं मुझे। वे आम भारतीयों जैसी काली आंखें नहीं थीं। बादामी थीं और उनमें एक चमक थी। ऐसा भी नहीं कि वे आंखें और उनकी चमक कोई बहुत अनोखी थी। ऐसा भी नहीं कि उन आंखों में मैंने महानता की झलक देख ली हो। ईमानदारी से बताऊं कि कुछ महान खिलाड़ियों को खेलते और पास से मैंने देखा है। और कपिल को देख कर तब मुझे नहीं लगा कि मैं महानता के लड़कपन में दर्शन कर रहा हूं।

चंडीगढ़ में हमारे प्रेस मैनेजर दफ्तर के अहाते में ही रहते थे और उनके पास बड़े परदे का विदेशी टीवी था। उनके लड़के इलेक्ट्रानिक्स का काम जानते थे और खूब ऊंचा एंटीना लगा कर वे टीवी पकड़ लिया करते थे। उन्हीं कांचा साब के घर में शेखर गुप्ता के साथ वह भारत-पाक सीरिज हमने टीवी पर देखी जिसमें महान स्पिन चौकड़ी बेदी, प्रसन्ना, वेंकट और चंद्रा को पाकिस्तानियों ने बेजान पिचों पर पीट-पीट कर खत्म किया। बेदी ने कहीं कहा है कि कैरी पैकर के सर्कस का विरोध करने और उसमें न जाने का बदला पाकिस्तानियों ने लिया। पाक टीम के पेशेवर खिलाड़ियों को वहां के बोर्ड ने खुशी-खुशी टीम में लिया जबकि दूसरे देशों के बोर्डों ने पैकर के भाड़ोत्री खिलाड़ियों को बाहर कर दिया था। सत्रह साल बाद भारत और पाकिस्तान के बीच टैस्ट क्रिकेट की शुरुआत हुई थी और पाकिस्तान हारना नहीं चाहता था। उस ने पैकरवालों को लिया क्योंकि भारत का तो कोई खिलाड़ी गया नहीं था इसलिए उसकी टीम पूरी ताकत पर थी।

कपिल ठीक-ठाक खेले लेकिन ऐसे नहीं कि झंडे गाड़ दिए हों। उनकी गोलंदाजी से तो एक बार उनकी धुआंधार बल्लेबाजी ही मुझे ज्यादा लुभा पाई। उसी पारी में एक खेतिहर स्ट्रोक खेलते देख कर कपिल पर शेखर के साथ मैं भी हंसा था। आखिर हरियाणवी है। शेखर चंडीगढ़ में हमारे रिपोर्टर होने के पहले टाइम्स के लिए खेलकूद कवर करते थे। आजकल वे इंडिया टुडे के वरिष्ठ संपादकों में से एक हैं और क्रिकेट में उतनी ही रुचि है। हरियाणा में क्या क्रिकेट होगा, ऐसा तब सभी को लगता था। और इसलिए जब कपिल पाकिस्तान से लौट कर आए तो उनके कोच और हमारे दोस्त देशप्रेम आजाद ने कहा कि इसने हरियाणा के लिए नाम कमाया है तो सरकार को कुछ करना चाहिए।

देशप्रेम आजाद को ले कर अपन देवीलाल के पास पहुंचे जो उस वक्त हरियाणा की जनता पार्टी सरकार के मुख्यमंत्री थे। देवीलाल जी ने कपिल के बारे में सुना नहीं था न वे जानते थे कि उनके राज्य का एक लड़का भारत की तरफ से पाकिस्तान में खेल कर लौटा है। हमने सब बताया कि कपिल कौन है, उस ने क्या किया और मुख्यमंत्री के नाते उन्हें क्या करना चाहिए। देवीलालजी ने बिना लाग-लपेट के बागड़ी में कहा—देखो हूं तो किरकिट-विरकिट जानूं नी। मुझे तो कुश्ती अच्छी लगती है। मैं पहले कुश्ती लड़ता था और हमारे हरियाणे के लंबे-चौड़े, हट्टे-कट्टे जाट अच्छे पहलवान होते भी हैं। मुझे किसी को बढ़ावा देना होगा तो कुश्ती को दूंगा और किसी पहलवान को ईनाम दूंगा। पण जोसी जी आप आया हो तो बताओ क्या करना है ! हमने कहा कि राज्य कपिल का अभिनंदन करे, उसे सिखाने वाले कोच का भी सम्मान करे। क्रिकेट से कोई निजी लगाव न होते हुए भी कहना पड़ेगा कि देवीलालजी ने कपिल और कोच आजाद का अच्छी धनराशि के साथ सम्मान किया। वह कपिल का पहला सम्मान रहा होगा।

वह साल क्रिकेट में कपिल का सर्वश्रेष्ठ वर्ष था। वेस्ट इंडीज की टीम आई थी जिस में दिग्गज खिलाड़ी तो नहीं थे लेकिन वह तगड़ी टीम थी। फिर पाकिस्तान की टीम आई थी जो बिना इमरान खान के भी बहुत ताकतवर थी। कपिल ने दिल्ली में वेस्ट इंडीज के तेज गोलंदाज को छक्का मार कर सेंचुरी पूरी की थी। उस छक्के का रोमांच मैं अब भी महसूस करता हूं। पाकिस्तान के खिलाफ कपिल ने बंबई में धुआंधार उनहत्तर रन ठोके थे जिनके कारण स्पिनरों के उस विकेट पर भारत जीता था। फिर कलकत्ता टैस्ट में सौंवा विकेट ले कर कपिल ने हजार

रन और सौ विकेट का डबल पूरा किया था। और ऐसा करने वाले दुनिया के सबसे जवान खिलाड़ी हो गए थे।

तब एक्सप्रेस के हमारे क्रिकेट क्लब ने कपिल का जन्मदिन मनाया था। उस दिन जब कपिल रेकार्ड तोड़ने वाले थे तो देशप्रेम आजाद ने फोन पर बताया कि उन्हें लड्डू खिलाते हुए तब का एक फोटू उनके अलबम में है। चंडीगढ़ के हमारे फोटोग्राफर स्वदेश तलवार ने तब के और भी फोटू निकाले और फिर से छाप के भिजवाए। एक पर लाल रोशनाई से लिखा–बधाई। अपने वतन के लोगों। तब कपिल का हर करिश्मा एक्सप्रेस के हम लोगों का अपना करिश्मा होता। ऐसा लगाव कपिल से पूरे अखबार का था। हर टैस्ट के फोटू हमारे पास हमारे फोटोग्राफर भिजवाते और कपिल उनमें जो अच्छे लगते, ले जाते। बल्कि उनके लिए फोटू सहेज कर रखे जाते। ऐसे अपने और फिर भी बहुत विशिष्ट थे कपिल चंडीगढ एक्सप्रेस के हम लोगों के लिए। इंग्लैंड से जब वे फटाफट क्रिकेट का विश्व कप जीत कर लौटे और राष्ट्रपति भवन में टीम का सम्मान हुआ तो हमारी भेनजी ने जोर दे कर कपिल के साथ हमारा फोटू खिंचवाया। मुझे याद नहीं कि भेनजी ने कभी किसी के साथ जोड़े से फोटू खिंचवाया हो और फिर इतनी उत्सुकता और उतावली से फोटू मंगवाया हो और सहेज कर रखा हो।

चंडीगढ़ में कपिल की सगाई थी। कोई बहुत ज्यादा लोगों को नहीं बुलाया गया था। या तो मैं अपने स्वभाव और आदत से विपरीत जल्दी पहुंच गया था या सगाई की रस्म होने में देर लगी थी। कपिल से किसी तरह बात करने की कोशिश में लगा हुआ था। बात करते-करते कपिल मुझे अंकल कहने लगे। आज तक यह संबोधन उन्होंने किया नहीं था न कपिल अंकल-वंकल कहने के आदी थे। एक बार तो मैं अचकचाया। फिर मुझे समझ आया कि वे बहुत नरवस हैं और इसलिए कोशिश कर के भी औपचारिक नहीं हो पा रहे हैं। उमर भी क्या होगी यही कोई इक्कीस-बाईस। मुझे लग रहा था कि सगाई जरा जल्दी की जा रही है। चार पांच साल और खेल लेते फिर शादी की बात होती। फिर लगा कि शायद लव मैरिज होगी। हीरो तो कपिल तब भी थे ही। लेकिन उनके भाई भूषण ने बताया कि नहीं अरेंज्ड मैरिज है। कपिल वही करता है जो मां कहती हैं।

उस दिन बंगलूर में 431वां क्रिकेट लेने और हेडली के बराबर होने के बाद टीवी पर जिस कपिल को मैंने देखा ये वैसे ही नरवस लग रहे थे। जब पूछा गया कि अब क्या करना चाहते हो तो कपिल ने कहा–अभी तो बस मां के पास जाना चाहता हूं। डाक्टर नरोत्तम पुरी ने परिवार के लोगों के साथ जब कपिल की पत्नी रोमी का नाम जोड़ा तो कपिल ने कहा–वह तो खैर है ही। कपिल को देखते और सुनते हुए मुझे लगा कि संप्रास ने जब आस्ट्रेलियाई ओपन जीत कर एक साथ तीन ग्रैंड स्लैम जीते और टीवी पर बात की तो उन्होंने अपनी गर्ल फ्रेंड को धन्यवाद दिया जो तीन साल से उनकी मदद कर रही है। और उनकी सफलता की सहभागी है। बाहर के और भी खिलाड़ी इसी तरह गर्ल फ्रेंड को सफलता में याद करते हैं। कपिल जैसे सब कुछ भूल-भुला कर मां की गोदी में समा जाना चाहते थे। क्या कहेंगे इसे आप ? संस्कृति ? सरकार ? या पुरुषत्व के शिखर पर पहुंचे एक भारतीय पुरुष के फिर बालक हो जाने की इच्छा ? या फ्रायड की कहें तो ओडिपस कांप्लेक्स ?

ऐसे कपिल से अपना घरोपा खूब चल सकता था। सन् इक्यासी में अपन दिल्ली आ गए। कुछ साल बाद कपिल भी यहीं आ कर रहने लगे। पर चंडीगढ़ जैसा मिलना-जुलना कभी हुआ नहीं। एक तो कपिल की सुनील गावसकर से होड़ और खटपट की बहुत बातें होती थीं, दूसरे कपिल अपनी कीर्ति को व्यापार में लगा रहे थे। दोनों ही बातों का खेल से कोई संबंध नहीं था। खेल के मैदान में कड़ी से कड़ी टक्कर अपने को समझ आती है लेकिन उस के बाहर होड़ करने वाले पर अपना मन नहीं आता। पैसे बनाने में भी कोई खराबी नहीं है लेकिन उससे आदमी का रवैया बदलता है। कपिल के क्रिकेट का आनंद लेने और उनकी उपलब्धि में भागीदारी महसूस करने के लिए कतई जरूरी नहीं है कि उन से आपका घरोपा हो बल्कि कई बार तो इससे आनंद नहीं आता। संबंधों का पूर्वग्रह आप की नजर को रंग देता है।

इसलिए लिखने को तो कपिल के किस्सों से पेज के पेज लिख सकता हूं। जितना उन पर लिख सकता हूं उतना ही उनके खेल पर भी। लेकिन इतना ही काफी है कि अपन ने उन्हें फलते-फूलते और क्रिकेट इतिहास के सबसे ज्यादा विकेट लेते देखा। आंखें धन्य हुईं, आंसुओं से डबडबाईं और मन भर आया। थैंक्यू कपिल !

(13.2.94)

एलन बॉर्डर

गौरव के शिखर से क्यों नहीं ?

एलन बॉर्डर ने अंतर्राष्ट्रीय क्रिकेट से संन्यास लेते हुए कहा कि जैसे उनके अंदर कुछ मर गया। वे नहीं भी कहते तो सच होता और हम मान लेते कि उनके अंदर ऐसा कुछ मर गया है जो उनके प्राण को गति देता था, आंखों में चमक लाता था, बोली में ठसक डालता था और धमनियों में दौड़ने वाले खून में धमक पैदा करता था। सोलह साल तक पूरे तन मन से लगातार खेलते रहने वाले खिलाड़ी का अड़तीस साल की उमर में संन्यास लेना गहरी उदासी और पूरे जोश पर चढ़े जीवन का थक कर विराम लेना है। किसी खिलाड़ी का संन्यास लेना मुझे उतना ही उदास करता है जितना रीतापन उस के खुद के जीवन में छोड़ जाता है।

फिर भी सच कहूं ? मेरा मन बॉर्डर के लिए वैसा उमड़ नहीं पड़ा जैसा बिशनसिंह बेदी तक के लिए भर आया था जिन्हें अपन बाएं हाथ के स्पिनर तो महान मानते हैं लेकिन आदमी के नाते घटिया। बॉर्डर संन्यास की घोषणा करते हुए गुस्से और कटुता से भरे हुए थे। ऑस्ट्रेलियन क्रिकेट बोर्ड के अधिकारियों को उन्होंने कुछ इस तरह कोसा जैसे उन्होंने उन्हें संन्यास लेने पर अनुचित तरीके से मजबूर किया हो। बॉर्डर ने पिछले गुरुवार को प्रेस कांफरंस बुला रखी था जिसमें उम्मीद थी कि वे अपने भविष्य के बारे में घोषणा करेंगे। वे संन्यास ही लेंगे यह पक्का नहीं था। ऐसा लगता है कि बॉर्डर इस सितंबर में टीम ले कर पाकिस्तान नहीं जाना चाहते थे। लेकिन उस के बाद साल के आखिर में जब इंग्लैंड की टीम आस्ट्रेलिया आती तो वे फिर उस सीरिज में कप्तानी करते और तब अंतर्राष्ट्रीय क्रिकेट से संन्यास लेते। इंग्लैंड और आस्ट्रेलिया के बीच क्रिकेट पर ऐसी तीखी खटक है कि हर आस्ट्रेलियाई कप्तान इंग्लैंड पर अपनी जीत को सच्ची जीत और उस पर झंडा फहराते हुए खेलना छोड़ने को शान से जाना मानता है।

संकेत में बॉर्डर का आरोप है कि बोर्ड के अधिकारियों को यह मालूम था। फिर भी मंगलवार की बैठक में उन्होंने उन पंद्रह खिलाड़ियों के नामों का एलान नहीं किया जो पाकिस्तान जाने के लिए चुने जाते हैं। मतलब यह कि बोर्ड के लोग चाहते थे कि पहले बॉर्डर बताएं कि वे टीम ले कर पाकिस्तान जाने को तैयार हैं या नहीं। लगता है कि बोर्ड वाले बॉर्डर को यह छूट देने को तैयार नहीं थे कि वे जब चाहें कप्तान हो कर जाएं, जब न चाहें तब घर बैठे आराम करें। जिस तरह के संकेत बॉर्डर ने बोर्ड को दिए थे उन से कहीं अधिक और तगड़े संकेत बोर्ड वाले ही नहीं आस्ट्रेलिया के अखबार, समीक्षक और पुराने खिलाड़ी बॉर्डर को कह चुके थे कि अब काफी हो गया। आप गरिमा और गौरव से रिटायर हो जाइए। लेकिन बॉर्डर भी संकेत समझने को राजी नहीं थे। गए महीने दक्षिण अफ्रीका से लौटते हुए उन्होंने कहा था कि वे

तय करेंगे कि उन्हें क्या करना है। गुरुवार को जब वे बताने ही वाले थे कि उनने क्या तय किया है तो बोर्ड ने पाकिस्तान जाने वालों के नाम रोक कर क्यों रखें ?

बॉर्डर चाहते थे कि बोर्ड उनकी इच्छा को अपना फैसला बता कर घोषित करे। बोर्ड को शायद यह मंजूर नहीं था। बॉर्डर दक्षिण अफ्रीका से लौटने के बाद शारजाह में आस्ट्रेलिया कप खेलने नहीं गए थे। बोर्ड चाहता था कि अब वे या तो पाकिस्तान जाएं या अपने संन्यास की घोषणा करें ताकि अगले कप्तान को ठीक से मौका दिया जा सके। बोर्ड के अधिकारियों के लिए कहीं भी कोई सहानुभूति नहीं होती। टीम हारती चली जाए तो चयन समिति को पानी पी पी कर कोसा जाता है। लेकिन जब वह जीतती है तो समिति को बधाई और श्रेय कौन देता है ? इसलिए पहले बॉर्डर की तरफ से ही पूछें कि जिस आदमी ने रेकार्ड 93 टैस्टों में कप्तानी की हो, जिसने देश की टीम को पाताल से निकाल कर सफलता के शिखर पर पहुंचाया हो, जो लगभग दस साल से संपूर्ण समर्पण और जिम्मेदारी से देश के क्रिकेट की सेवा कर रहा हो और जिसने रिकार्ड 156 टैस्टों में खेल कर इतिहास में सबसे ज्यादा 11174 रन बनाए हों उसे क्या अपनी मर्जी से संन्यास लेने का मौका भी नहीं दिया जाना चाहिए ? ऐसी सेवा और उपलब्धि वाले कप्तान के प्रति एक देश इतना भी कृतज्ञ नहीं हो सकता ?

आम तौर पर माना जाएगा कि बॉर्डर को यह मौका दिया जाना चाहिए था। लेकिन क्या बोर्ड ने बॉर्डर को ये मौके पहले नहीं दिए ? कोई दस साल पहले जब रोते हुए किम ह्यूज़ ने कप्तानी छोड़ दी थी और बॉर्डर बेमन से कप्तान बने थे और उन से कुछ बन नहीं रहा था तब वे खुद ही कप्तानी छोड़ने को तैयार थे। लेकिन बोर्ड ने उनमें विश्वास किया और उन्हें बनाए रखा। सन् सत्तासी में कलकत्ता के ईडन गार्डंस में बॉर्डर ने आस्ट्रेलिया के लिए फटाफट क्रिकेट का विश्व कप जीता। फिर सन् उननब्बे और तिरानवे में उनकी कप्तानी में आस्ट्रेलिया ने इंग्लैंड से एशेज सीरिज जीती। और फिर बॉर्डर ने सुनील गावसकर का 10122 रनों का रेकार्ड तोड़ा। लेकिन उस के बाद से और उस के पहले आस्ट्रेलिया में खेले गए विश्व कप के सेमी फाइनल में भी पहुंच न पाने के समय से कहा जा रहा था कि अब बॉर्डर को छोड़ देना चाहिए। बॉर्डर को अब इस तरह की बातों, लांछनों और शिकायतों से बड़ा उज्र है। उन्होंने कहा—ये बातें सुन-सुन के मैं तंग आ गया हूं। इसलिए अब छोड़ रहा हूं।

लेकिन इस सब की नौबत आई तो इसलिए कि सही वक्त पर बॉर्डर ने अपने संन्यास की घोषणा नहीं की। अपने एक महान बल्लेबाज विजय मर्चंट ने कहा है कि खिलाड़ी को ऐसे समय रिटायर हो जाना चाहिए जब लोग पूछें कि क्यों ? ऐसे वक्त नहीं कि लोग कहें कि क्यों नहीं ? लेकिन मर्चंट की समझदारी की बात भी शायद बॉर्डर के लिए मतलब न रखती हो। इसलिए चलिए डॉन ब्रेडमन की सुनें जो न सिर्फ आस्ट्रेलिया के बल्कि क्रिकेट इतिहास के ही सबसे महान बल्लेबाज माने जाते हैं। और सही अवसर की पहचान और पकड़ जैसी ब्रेडमन को थी वैसी तो किसी बल्लेबाज को कभी रही नहीं।

ब्रेडमन के खिलाड़ी जीवन के बीस साल में से कोई छह साल दूसरे महायुद्ध में चले गए जिन में उन्होंने वायु सेना में सेवा की। सन् अट्ठाईस से अड़तालीस के बीच उन्होंने कुल 52 टैस्ट खेले यानी अपने मित्र रेकार्ड तोड़क बॉर्डर से सिर्फ 104 टैस्ट कम। कुल अस्सी पारियां खेलीं यानी बॉर्डर से सिर्फ 185 कम। दस बार वे नाबाद रहे और उन्होंने 6996 रन बनाए।

अगर वे चार रन अपनी टैस्ट की आखिरी यानी सन् अड़तालीस की सर्वविजयी सीरिज के आखिरी टैस्ट की दूसरी पारी में बना लेते तो उनकी औसत 100 रन प्रति टैस्ट की हो जाती। लेकिन ब्रेडमन घोषित कर चुके थे कि यह उनका आखिरी टैस्ट है। इस के बाद वे खेलेंगे नहीं। इस घोषणा के कारण ओवल के मैदान पर हजारों दर्शक जमा थे और जब ब्रेडमन बल्ला ले कर उतरे तो सारे स्टेडियम ने खड़े हो कर उनका अभिवादन किया। इंग्लैंड के कप्तान यार्डली ने अपनी पूरी टीम को ब्रेडमन के पास बुलाया। हर खिलाड़ी ने अपनी टोपी उतरी और उनके लिए तीन बार हिप हिप हुर्रे यानी उनकी जय-जयकार की। ब्रेडमन ने पहली गेंद खेली और दूसरी पर उनका डंडा उड़ गया।

हर पारी में तब तक सौ की औसत और हर टैस्ट में कोई सवा सौ से ज्यादा रन बनाने वाले ब्रेडमन आखिरी पारी में चार रन नहीं बना पाए। लेकिन इस कारण उनने अपना फैसला नहीं बदला। वे एक सेंचुरी और ठोक सकते थे। ब्रेडमन ने खुद कहा है कि वे गणित के शौकीन रहे हैं और आंकड़ों से खेलना उनका शौक था। इसीलिए जब उनने अपना काम शुरू किया तो शेयर के काम में लगे। लेकिन क्रिकेट के अपने अद्‌भुत आंकड़े सुधारने वे वापस कभी न आए। बल्कि जब इंग्लैंड से आस्ट्रेलिया लौट रहे थे तो उनके लिए बड़ी बिदाई पार्टी दी गई। उस के भाषण में ब्रेडमन ने कहा—"हर आदमी के जीवन में एक मुकाम आता है, तब वह भले ही बहुत कुछ कर गुजरने के बड़ा काबिल भी हो तो उसे नए और जवान आदमी के लिए जगह खाली करनी पड़ती है। मेरे अपने मामले में और मैं सोचता हूं कि इसका फैसला करने वाला मुझसे श्रेष्ठ आदमी तो कोई और हो नहीं सकता कि जब मैं दिन भर मैदान में होता हूं तो मेरे कितने जोड़ कटकते हैं और कितनी मांसपेशियां चसकती हैं। मेरे लिए छोड़ने का वक्त आ गया है। और मैं अच्छी तरह जानता हूं कि मुझे कतई कोई रंज, कोई खेद नहीं होगा।"

बॉर्डर को महानतम बल्लेबाज की यह बात क्यों नहीं याद रही ? या इसने उन्हें सही वक्त पर सही मुकाम को पहचानने की प्रेरणा क्यों नहीं दी ? एडीलेड के अपने पेवेलियन में सर डॉन ब्रेडमन अब भी शान से बैठे हैं। उन्हें कोई रंज, खेद या दुख नहीं कि अपनी आखिरी पारी में चार रन नहीं बना सके। वे एडीलेड के मैदान में अब भी बॉर्डर को देख आते थे। सचिन तेंदुलकर और ब्रायन लारा को खेलते हुए देख आए हैं। उन्हें अब भी उतनी चिट्‌ठी मिलती हैं कि कम से कम चार घंटे रोज जवाब देने में लगाते हैं। उमर है छियासी साल। दो साल पहले जब उनके दर्शन करने गया था तो बोले थे मैं क्रिकेट खिलाड़ी रहा था पर यह तो नहीं कि रोग-वोग नहीं होते। अभी थोड़ी देर पहले डॉक्टर के पास से लौटा हूं। लेकिन छियासी साल के उस महान और फिट दिखते महानायक इतिहास पुरुष को अपने जीवन से कोई शिकायत नहीं थी न कोई रंज या खेद था। बॉर्डर के लिए ब्रेडमन आदर्श क्यों नहीं हैं और बल्लेबाजी और खिलाड़ी की गरिमा के इस जीवंत प्रतीक से उन्होंने कुछ क्यों नहीं सीखा ?

कोई किसी से नहीं सीखता बॉर्डर हो या कपिल देव। फिर भी ब्रेडमन की बात पर थोड़ा गौर से देख लें। सन् बत्तीस के आसपास आस्ट्रेलिया में बड़ी मंदी थी। बल्ला, गेंद आदि खेलकूद का सामान बेचने वाली मिक सिमंस की कंपनी के लिए ब्रेडमन काम करते थे वह भी

मुश्किल में थी और ब्रेडमन भी शादी करना चाहते थे। उन्हें जो पैसा मिलता था उससे दो जून की रोटी भी दिक्कत से बनती थी। तब एक टैस्ट खेलने के कुल पच्चीस पाउंड मिलते थे और वे जितने दिन भी चलें, चलते थे। रविवार को खेल नहीं होता था। अगर घर से बाहर टैस्ट हो तो दस-ग्यारह दिन लग जाते थे। कैसे कोई काम चलाए। आस्ट्रेलिया की राष्ट्रीय प्रतियोगिता में खेलने के दस शिलिंग यानी एक आस्ट्रेलियन डॉलर मिलता था जो कि रेल के किराए से ज्यादा नहीं होता था। इसलिए ब्रेडमन को दूसरे काम की तलाश थी। तभी खबर उड़ी कि ब्रेडमन को इंग्लैंड में काउंटी खेलने को बुला रहे हैं। तीन चार ऑफर थे भी लेकिन ब्रेडमन जाना नहीं चाहते थे। क्यों ? उन्हीं से सुनिए–

"मैं कोई ऐसा कैरियर नहीं चाहता था जो खेलने पर चलता हो। मेरे मन में हमेशा यह रहा कि खेल मजे के लिए है। मैं क्रिकेट आनंद के लिए खेलता और खेलते रहना चाहता था। एक व्यवसायी की तरह नहीं। पैसे के लिए नहीं"–और ऊपर से दिक्कत यह कि ब्रेडमन कोई पढ़े-लिखे या हुनर सीखे आदमी नहीं थे। चौदह साल की उमर में स्कूल छोड़ दिया था और एक प्रापर्टी डीलर के यहां काम करते थे। चौबीस साल की उमर तक मिक सिमंस की दुकान के लिए काम करते और क्रिकेट खेलते हुए आस्ट्रेलिया के हीरो और पूरे इंग्लैंड भर की गोलंदाजी के धुर्रे अकेले बिखेर देने वाले दिग्गज बल्लेबाज हो गए थे। लेकिन क्रिकेट की कमाई पर घर बसाना और चलाना उन्हें मंजूर नहीं था। इसलिए काम ढूंढ़ा और आस्ट्रेलिया की तीन कंपनियों ने उन्हें ठेके पर काम दिया। एडीलेड में जिस शेयर दलाल के यहां काम करते थे उसका दिवाला पिट गया तो उनने खुद का शेयर का काम शुरू किया। उनकी जैसी कीर्ति थी, हर्षद मेहता से बहुत लंबा चौड़ा काम कर सकते थे। लेकिन वे क्रिकेट खेलने के लिए शेयर का काम करते थे काले पैसे की दलाली नहीं।

मैं जानता हूं कि इस बात पर सब मुझ पर टूट पड़ेंगे। वह जमाना क्या था और यह जमाना क्या है। तब खेलकूद आनंद था अब व्यवसाय ही नहीं उद्योग को फैलाने वाला धंधा है। जब सब गलत-सही ढंग से पैसे बनाने में लगे हैं तो देश के लिए खेलने और उसका गौरव बढ़ाने वाले खिलाड़ियों को गरीबी में रहना पड़े ? खेलने के आठ-दस साल निकल जाने के बाद कौन किसी खिलाड़ी को पूछता है ? फिर खेल में इतनी होड़ है कि उसमें एक सौ एक प्रतिशत जुटे बिना कोई शिखर पर पहुंच कर और इसी तरह जी जान से लगे बिना टिका नहीं रह सकता। ऐसी होड़ में कोई शौकिया खिलाड़ी चल नहीं सकता। इसलिए अपनी जवानी और खेल के चढ़ाव के दिनों में जितना भी कमा सकते हो कमा लो। अपनी कीर्ति को जितना भी भुना सकते हो भुना लो। सभी खिलाड़ी ऐसा करते हैं। गोल्फ और टेनिस खेलने वालों को एक खिताब के करोड़ों मिलते हैं क्रिकेट के पांच तारा खिलाड़ी को उनकी तुलना में तो रूपट्टी भी नहीं मिलती। इसलिए अगर वह अपने खेलने के वर्षों में कुछ कमाता है तो किसी को एतराज या जलन क्यों होनी चाहिए। रिटायर होने के बाद तो कोई पूछेगा नहीं इसलिए जब तक खेलते रह सकते हो खेलो और जितना बना सकते हो पैसा बनाओ। इसीलिए समय आने पर भी बॉर्डर रिटायर नहीं हुए और चार सौ बत्तीसवां विकेट लेने के बाद भी कपिल बताने को तैयार नहीं हैं कि खेलेंगे या छोड़ेंगे। जहां भी पैसा मिलता हो वे गाने और ठुमकने तक के लिए चले जाते हैं। दोनों हाथ लीजिए यही सयानो काम।

बॉर्डर आस्ट्रेलियाई बोर्ड की नौकरी में हैं और अब उससे खफा हैं कि उसने उन्हें संन्यास लेने की घोषणा पर मजबूर किया। बॉर्डर और खेलते हुए क्या हासिल कर सकते थे ? सब से ज्यादा टैस्ट वे खेल चुके। क्रिकेट इतिहास में सबसे ज्यादा टैस्ट रन बनाने के गावसकर के रेकार्ड को तोड़ कर उन से 1052 रन ज्यादा बना चुके। आर्मस्ट्रांग, ब्रेडमन और इयन चैपल जैसे महान आस्ट्रेलियाई कप्तानों से ज्यादा टैस्टों में कप्तानी कर चुके। एक डेविड बून के अलावा आस्ट्रेलिया की टीम में ऐसा कोई खिलाड़ी नहीं है जो उनके अलावा किसी और की कप्तानी में खेला हो। आस्ट्रेलियाई खिलाड़ियों की कम से कम दो पीढ़ियां उन्होंने उछेरी हैं। इसीलिए ब्रेडमन ने उनकी घोषणा के बाद कहा–"शायद ही किसी ने (आस्ट्रेलियाई क्रिकेट) मंच की इतने सालों तक शोभा बढ़ाई हो जितनी बॉर्डर ने। और अब एलन अपनी उपलब्धियों पर मुड़ कर गर्व से देख सकते हैं।"

लेकिन क्या बात है कि इतिहास पुरुष बने बॉर्डर अपनी उपलब्धियों पर गर्व करते और शान से रिटायर नहीं हुए ? क्या उन्हें दुख और गुस्सा है कि बोर्ड ने उन्हें अपने चुने हुए अवसर पर रिटायर होने का मौका नहीं दिया ? या उन्हें लगता था कि अभी वे कुछ खेल कर अपने और आस्ट्रेलिया के लिए कुछ और कमा सकते थे ? जो हो, आस्ट्रेलिया और क्रिकेट के लिए इतना सारा करने वाले एक महान खिलाड़ी का संन्यास गौरव के शिखर के बजाय विवाद के कीचड़ में हुआ। इसका दोषी आस्ट्रेलिया का बोर्ड है या खुद बॉर्डर ? मेरी सहानुभूति बॉर्डर के साथ होनी चाहिए थी। नहीं है। एक महान खिलाड़ी को अपने संन्यास की गरिमा रखना आना चाहिए। उसमें अपनी उपलब्धि पर गौरव करने की क्षमता होनी चाहिए। "एक मामूली आदमी" और अपने को हर क्षण संघर्ष के लिए प्रस्तुत रखने वाले बॉर्डर को समझ नहीं पड़ा कि महानता और गौरव में कैसे बरतना चाहिए।

गौरव और गरिमा का जमाना गया। खेल से ही नहीं हमारे जमाने के सभी कार्य व्यापार से। और इसीलिए इतनी समृद्धि में भी हम इतने दरिद्र हैं। तुम सुन रहे हो कपिल ?

(15.5.94)

अपना तो खेल इनका धंधा है

उनने कहा कि वे एक गिरस्तिन हैं। क्रिकेट उनका शौक नहीं है लेकिन कल बच्चों के साथ उनने टीवी पर ढाका में भारत-पाकिस्तान फाइनल देखा। फिर आज जनसत्ता देखा इस विश्वास के साथ कि मैंने कुछ लिखा होगा। उसमें कुछ न पा कर वे बहुत निराश हुईं।

आप नहीं जानते कि कहां-कहां फोन कर के कैसे मैंने आपका नंबर पाया। आपने आज लिखा क्यों नहीं ? आपकी तबीयत तो ठीक है ना। फिर क्यों नहीं लिखा। मुझ जैसी गिरस्तिन को तो न क्रिकेट का शौक था न मैं कुछ समझती थी। आपका ही लिखा पढ़-पढ़ कर मुझे शौक लगा। थोड़ा बहुत समझने भी लगी हूं। लेकिन आज आपने कुछ नहीं लिखा इसलिए बहुत अपसेट हूं। मैं समझना चाहती थी कि आखिर यह सब हो क्या रहा है। लेकिन आपने कुछ नहीं लिखा।—वे कहती गईं और मैं फोन पर सुनता गया।

कल का मैच देखा आपने ? तो आपने देखा होगा कि आखिर में जब मैच फंस गया तो सचिन तो बिचारा कितना परेशान दिख रहा था और तनाव में दांत से नाखून काटे जा रहा था। लेकिन अजहर मियां तो ऐसे बैठे थे जैसे कुछ हो ही न रहा हो। मजे ले रहा था। ऐसे ही लोगों के कारण तो मामला बिगड़ता है। अच्छी भली पत्नी और दो बच्चों को छोड़ कर यह आदमी उस संगीता बिजलानी के साथ रहने लगा जो पहले फलां और उस के पहले फलां के साथ रहती थी। उस के लिए इस अजहर ने अपनी बीवी और बच्चों को छोड़ दिया। शादी कर ली। ये मजे करने वाले लोग हैं। किसी के भी साथ हो सकते हैं और किसी को भी छोड़ सकते हैं। दो साल से अजहर बेहद गैरजिम्मेदारी से खेल रहा है। उसे न टीम की फिकर है न अपने खेल की और न अपने देश की। और इन सिलेक्टरों ने उसे फिर कप्तान बना दिया है। जिनके लिए ऐसी धोखाधड़ी का अपना निजी जीवन सबसे ऊपर हो उनको जिम्मेदारी क्यों दी जानी चाहिए ? क्यों टीम में रखना चाहिए ?

अजहर के बारे में वे अपना गुस्सा उगलती रहीं। क्रिकेट की बहुत जानकारी या समझ रही हो या नहीं उन्हें अजहर के बारे में काफी जानकारी थी और आदमी के चरित्र को समझने के लिए औरत में जो एक सहज प्रवृत्ति होती है उससे जैसे उनने अजहर के आर-पार देख लिया था। यह भी साफ था कि अजहर के खेल से ज्यादा वे उस के गिरस्ती उजाड़ने और संगीता बिजलानी जैसी लड़की के पीछे भटकने से खार खाए हुए थीं। उनने ये भी कहा कि उस के और संगीता के आचरण के कारण उनके पति और दोस्त कैसी-कैसी भद्दी बातें करते रहते हैं। हो सकता है कि आप अजहर को उस के निजी जीवन से न जांचें, उस पर अपने मध्य वर्ग की पारंपरिक नैतिकता की कसौटियां लागू न करें। मान लें कि उसका जीवन उसका

अपना निजी जीवन है और बाहर के लोगों को उसमें दखल नहीं देना चाहिए। लेकिन क्रिकेट खिलाड़ी और कप्तान के नाते वह किसी भारतीय के कसे जाने के अधिकार से इंकार नहीं कर सकता।

खुद अजहर और उनके संरक्षक बल्लेबाजों के आंकड़े बता कर कहेंगे कि नहीं बैटिंग तो उसने पहले जैसी ही की है। बल्कि पहले से तेज खेले हैं और गोलंदाजों के पीछे बल्ला ले कर पड़े हैं। उनके निजी जीवन में जो भी भूचाल आया-गया हो खेल में कोई कोताही नहीं है और खेलते समय अपना सब कुछ खेल को दिया है। लेकिन दो साल पहले इंग्लैंड के दौरे से अभी दिसंबर तक दर्शकों ने मैदान और टीवी के परदे पर देखा कि उनका रवैया कितना गैरजिम्मेदारी का था और इस दौरान एक बार भी उनने टीम के सबसे अनुभवी और जिम्मेदार बल्लेबाज की तरह बल्लेबाजी नहीं की। संकट के मौकों पर वे टीम को अपने हाल पर छोड़ के चले आए। बल्कि कई बार तो जैसे जानबूझ कर आउट हुए हों। टीवी पर उनकी चाल-ढाल और बॉडी लैंग्वेज दर्शकों में यही प्रभाव छोड़ती थी कि टीम डूब रही हो और देश हार रहा है और उनकी चिंता टीम को बचाने की नहीं है।

गावसकर ने कहा कि अजहर को खेलते देख कर लगता है कि उनका ध्यान कहीं और है और इसलिए वे कुछ दिन खेल से हट जाएंगे तो कोई खराबी नहीं होगी। तब वे रन लेने के बाद क्रीज में बल्ला रखना भूल गए थे। अजहर और उनके रक्षकों ने गावसकर की इस बात का बुरा माना, और जिस बल्लेबाज की एकाग्रता और दत्तचित्तता क्रिकेट की दंतकथाओं का विषय हो गई है उन्हीं के आकलन पर उंगली उठाई। सब जगह छप रहा था कि अजहर कैसे निजी और पारिवारिक संकट में पड़े हैं और टीम के साथ संगीता बिजलानी के घूमते रहने के कारण कैसे तनाव टीम में आए हैं। संगीता के कारण अजहर कैसे टीम से कट गए हैं और अपनी प्रेमिका के साथ रहने के कारण टीम से अलग अभ्यास, कवायद आदि करते हैं। अजहर जिस हालत में थे उसमें उनका व्यवहार समझा जा सकता है। लेकिन अजहर कहते रहे कि नहीं उन्हें कुछ नहीं हुआ है। वे अपने खेल पर पूरा ध्यान दे रहे हैं। तभी सिद्धू इंग्लैंड में अपनी टीम को छोड़ कर बिना बताए भारत लौट आए थे और उनकी मनस्थिति के लिए अजहर को दोषी ठहराया जा रहा था।

आखिर सिलेक्टरों ने अजहर से कप्तानी छीनी और सचिन को कप्तान बनाया जो कुछ साल से बाकायदा उप कप्तान थे। अजहर ने कहा कुछ नहीं लेकिन उनकी चाल-ढाल और आचरण से साफ था कि वे कितने नाराज और खुन्नस में हैं। उनकी बल्लेबाजी बताती थी कि कप्तानी छिने जाने का उन्हें कितना बुरा लगा है। दक्षिण अफ्रीका के खिलाफ भारत में फिर दक्षिण अफ्रीका में, वेस्ट इंडीज में, श्रीलंका में और श्रीलंका के खिलाफ भारत में और तमाम वन डे मैचों में बेहद लापरवाही और अनसोची आक्रामकता से बल्लेबाजी करते रहे। सेंचुरियां बनाईं तो कहा कि आजकल गोलंदाज आप को अपना खेल नहीं खेलने देते। जरूरी है कि आप उनके पीछे लग के उनकी लेंग्थ और लाइन बिगाड़ दें। अपनी इस बात को उनने आधुनिक बल्लेबाजी की थीसिस बना दी। उन्हें एक बार टीम से बाहर किया गया और एक बार सिलेक्टरों ने बुला कर डांट भी पिलाई। लेकिन इन्हीं पांच बुद्धिमानों ने सचिन से कप्तानी छीन कर फिर अजहर को पकड़ा दी। कहा कि कप्तानी के कारण सचिन बल्लेबाजी नहीं कर

पा रहे थे जबकि 97 के साल में वन डे और टैस्ट दोनों में सचिन ने हजार-हजार रन बनाए थे। जरूर वे श्रीलंका से जीते नहीं, दक्षिण अफ्रीका से और वेस्टइंडीज से हारे और वन डे में गिनती के मैच जीते, ज्यादातर हारे।

सिलेक्टरों में से कुछ अजहर को कप्तान बनाने में पहले से लगे हुए थे। यही लोग सौदेबाजी करते हैं। इन्हीं को सुनने वाला कप्तान चाहिए और यही सचिन जैसे जीनियस का सामना नहीं कर सकते। टीम में लेने और खेलने के ये खिलाड़ियों से क्या-क्या लेते हैं इस के भी किस्से चलते रहते हैं। अजहर के पास देने-लेने को पैसा ही नहीं काफी कुछ है। फिर वे कप्तानी में बोर्ड से ले कर छोटे-मोटे अधिकारी तक की दखलंदाजी मान लेते हैं। दरअसल आठ साल पहले वे कप्तान ही इसलिए बनाए गए कि उनके जरिए बोर्ड वाले, सिलेक्टर और धंधेबाज टीम की कप्तानी कर सकते थे। भारत में अखाड़ा विकेट बनवा कर इन्हीं लोगों ने अजहर को सबसे सफल कप्तान बनवाया। बाहर वे एक टैस्ट में लंका के अलावा किसी से जीत नहीं पाए। 92 और 96 के विश्व कपों में भारत की हालत क्या हुई आप जानते ही हैं। फिर भी अजहर को कप्तानी का सबसे लंबा दौर दिया गया। बोर्ड और सिलेक्टर सब उन पर मेहरबान, क्योंकि जो नाम के लिए कप्तान बना रहने को तैयार हो वह अपने क्रिकेट प्रतिष्ठान में सब को पसंद आता है। अजहर के साथ टीम के मामले में सिलेक्टरों और बोर्ड अधिकारियों की सीधी दखलंदाजी का दौर शुरू हुआ जो सचिन जैसे कप्तानी करने वाले कप्तान को रास नहीं आ सकता था।

अजहर को फिर कप्तान बनाना एक अधोमुखी यानी पीछे पांव खिसकाने वाला कदम है। ऐसा हर समझदार खिलाड़ी और पर्यवेक्षक ने कहा है। खासकर पिछले दो साल के उनके रवैए और चाल-ढाल के बाद तो उन्हें कप्तान बनाया ही नहीं जा सकता। लेकिन आखिर अपनी टीम को बीच भंवर में छोड़ कर इंग्लैंड से बिना बताए लौट आने वाले नवजोत सिंह सिद्धू का ही बोर्ड ने क्या बिगाड़ लिया। दक्षिण अफ्रीका के तेज गोलंदाजों के सामने कोई ओपनिंग बल्लेबाज नहीं टिका तो झक मार के वेस्टइंडीज में सिद्धू को बुलाया। सिद्धू ने एक डबल सेंचुरी बनाई लेकिन वे हमेशा अपने लिए खेले। अपने गर्व, अपने स्थान और अपने गौरव के लिए। आड़े वक्त कभी काम नहीं आए। फील्डिंग उनकी डब्बा और टीम के प्रति समर्पण संदेहास्पद। लेकिन झूठी लाज बचाने के लिए सिद्धू की वापस प्रतिष्ठा हुई और भुला दिया या माफ कर दिया गया कि इस आदमी ने टीम के साथ सरासर धोखाधड़ी की थी। क्यों कप्तान अजहर का बदलाव उसे अपमानजनक लगता था ? सिद्धू को और तो और वन डे में द्रविड़ और कांबली की कीमत पर खेलाया गया जबकि ये दोनों न सिर्फ तेज रन बनाते हैं इनकी फील्डिंग भी सिद्धू से कहीं बेहतर हैं और दोनों सिद्धू से दस साल छोटे यानी युवा हैं।

फिर कप्तान बनने के बाद अजहर से पूछा गया कि आप की तो सिद्धू से बनती नहीं थी और वे दौरा छोड़ कर आप को ही दोष देते चले आए थे। अजहर ने कहा कि ये सब अतीत की बातें हैं। बीत गई सो बात गई। अब भविष्य की ओर देखिए। पूछा गया कि दो साल तक आपका आचरण और रवैया इतना लावरवाही का था। अब आप क्या करेंगे ? तो अजहर ने साफ कहा कि वे तो हमेशा टीम के लिए खेले, जिम्मेदारी से खेले और अपनी तरफ से कोई कसर नहीं छोड़ी। फिर बीती बातों और गड़े मुर्दों को क्यों उखाड़ना ? भविष्य की तरफ

देखिए। हमें फिर से टीम बनाना और जीतना है। यह सब कहते हुए अजहर ने पलक तक नहीं छपकाई। झूठ बोलने और बेशर्मी करने की हद है। अजहर को इस तरह बात करते देख मुझे लगा कि यह सिर्फ झूठा ही नहीं, बेहद भद्दा, बदसूरत और गंदा आदमी है। अजहर ने कप्तान बनते ही जिम्मेदारी से नंबर तीन पर बल्लेबाजी शुरू की। पूछा गया कि सचिन की कप्तानी में तो आप नंबर पांच या छह पर बल्लेबाजी करने को अड़ते थे। अजहर ने कहा कि सिर्फ दक्षिण अफ्रीका के खिलाफ नंबर छह पर जाने पर जोर दिया था। बाकी के मैचों में भी मुझे वहीं भेजा गया तो इसमें मेरा क्या दोष ? यानी दोष कप्तान का था।

वेस्टइंडीज के खिलाफ बारबेडोज में भारत को जीतने के लिए दूसरे दाव में सिर्फ 120 रन बनाने थे। मोंगिया के साथ खेलते हुए अजहर ने पुछवाया कि मैं मारूं या टुचुक-टुचुक करूं। अजहर जल्दी आउट हुए और भारत हार गया। ऐसे निर्णायक मौके पर टीम के सबसे अनुभवी बल्लेबाज ने पूछा कि क्या करूं ? क्योंकि वे कोई जिम्मेदारी लेना नहीं चाहते थे। यही नहीं, जब कप्तान थे तब अजहर हार के लिए जवान खिलाड़ियों को दोष देते थे और कहते थे ये लोग नहीं खेलते तो मैं क्या करूं। तब उन से पूछा गया कि कप्तान के नाते आप कहते क्यों नहीं। तो अजहर ने कहा जो खिलाड़ी देश के लिए खेलता है उसे इतना तो समझ पड़ना चाहिए कि कब क्या करना है। जो देश की टीम में लिया जाता है उसकी अपनी कोई जिम्मेदारी है या नहीं। टीम के जवान और नए लड़कों से इतनी जिम्मेदारी की मांग करने वाला यह पूर्व कप्तान बारबेडोज में अपने से दस साल छोटे कप्तान से पूछ रहा था कि वह क्या करे। हद है। बेईमानी की और गैरजिम्मेदारी की।

ऐसे अजहर को फिर कप्तान बना दिया गया। उनकी कप्तानी में भारत बांग्लादेश और पाकिस्तान की ऐसी टीम जिसमें न वसीम अकरम थे, न वकार युनूस, न मोइन खान से जीत कर आई तो वे पांच बुद्धिमान खुशी में किलकारी भर के उन लोगों को ललकार रहे हैं जिनने अजहर को कप्तान बनाने और द्रविड़, वेंकटेश प्रसाद, कुरुविला, कुंबले और कांबली को बाहर करने की सख्त आलोचना की थी। आलोचकों में गावसकर, ग्रेग चैपल और रवि शास्त्री भी थे जो इन पांच नकचढ़े बुद्धिमानों को कभी भी आईना दिखा सकते हैं। लेकिन ये पांच बंदर देश के क्रिकेट और होनहार खिलाड़ियों से खेल करने को आजाद हैं। एक धंधेबाज डालमिया और एक बेअसर-बेआवाज राजसिंह डूंगरपुर इन्हें मनमानी करने दे रहे हैं। इन लोगों के चलाए क्रिकेट में अपनी भावनाएं लगा कर दुखी होना और नाहक बाल नोचना क्यों कर ? इसलिए पचास साल भारतीय क्रिकेट के पीछे दिवानगी से लगने के बाद अपन अब तटस्थ होने की कोशिश कर रहे हैं। इसीलिए नहीं लिखा।

लेकिन उन गिरस्तिन को कहा था इसलिए यहां ब्रसल्स के यूरोविलेज से वादा पूरा कर रहा हूं। अपने पढ़ने वालों के प्रति जिम्मेदारी तो लिख कर ही पूरी की जा सकती है। गुस्से और हताशा में चुप रह कर नहीं। है ना, बहन जी !

(25.1.98)

नवजोत सिंह सिद्धू

सिद्धू बड़े कि टीम?

अपनी टीम, उसका इंग्लैंड दौरा और अपने क्रिकेट जीवन को बीच ही में छोड़ कर सिद्धू घर लौट आए। सिर्फ भारतीय नहीं, पूरे क्रिकेट के लिए ही यह खराब है कि कोई अनुभवी खिलाड़ी इस तरह बीच में से चला आए। इससे खेल, टीम और देश नहीं, अचानक खिलाड़ी इन तीनों से ऊपर उठ आता है। ऐसा नहीं होना चाहिए क्योंकि कोई खिलाड़ी चाहे जितना बड़ा या दुखी और अपमानित हो वह खेल और अपने देश की टीम से बड़ा नहीं हो सकता।

आपको सिद्धू से चाहे जितनी सहानुभूति हो (मुझे भी कम नहीं है) लेकिन उनके टीम को छोड़ जाने को उचित नहीं ठहरा सकते। अजहर कप्तान जरूर हैं लेकिन वे टीम और खेल नहीं हैं। कप्तान की बदतमीजी का जवाब आप चाहें तो बदतमीजी से दे दीजिए लेकिन उनके कारण टीम और खेल को कैसे छोड़ सकते हैं।

सिद्धू अजहर के लिए नहीं देश की टीम के लिए खेल रहे थे। इस तरह छोड़ कर आने के बाद अब उन्हें वापस खेलाना टीम को और खत्म कर देगा। उनने कहा है—'खेल छोड़ कर मैंने अपने आप को ऐसी सजा दी है जिसके घाव का निशान मेरी आत्मा पर हमेशा बना रहेगा।' लेकिन उनके टीम को इंग्लैंड में छोड़ कर घर लौट आने का टीम और देश के क्रिकेट पर कैसा घाव हुआ है इसका जिक्र तक सिद्धू नहीं करते।

अपना मामला तो वे बोर्ड के अध्यक्ष और मंत्री पर छोड़ कर निश्चिंत हो गए हैं और वे दोनों जो भी फैसला करेंगे वह उन्हें बिना बहस के मंजूर होगा। लेकिन बोर्ड के अध्यक्ष-मंत्री ही नहीं पूरा बोर्ड और टीम भी लग जाए तो सिद्धू के बीच दौरे से इस तरह लौट आने के कारण टीम और भारतीय टीम पर जो घाव हुआ है उसका निशान भी कभी मिटेगा नहीं।

सिद्धू के घाव को सहलाने और उस पर मरहम का फोआ लगाने वाले तो फिर भी बहुत से लोग हैं। टीम और खेल की फिकर कोई नहीं कर रहा। यह अपने जमाने का चलन है कि खिलाड़ी के साथ जो हुआ उससे दुखी और कुपित तो बहुत-से लोग हैं, टीम और खेल की चिंता करने वाले गिनती के भी नहीं हैं।

इतना पढ़ चुकने के बाद आप कहीं यह न समझ लें कि अजहर ने जो किया या मैनेजर संदीप पाटील और नागराज ने जिस पर ध्यान नहीं दिया उससे मैं सहमत हूं। कतई नहीं। अगर आप भारतीय क्रिकेट और अजहर की कप्तानी पर मेरे उच्च विचार पढ़ते रहे हैं तो निश्चित ही जानते होंगे कि सिद्धू और भारतीय क्रिकेट और अपनी मौजूदा टीम के साथ जो हुआ उस के लिए अपन अजहर और बोर्ड को कितना जिम्मेदार मानते होंगे।

सिद्धू ने सीधे-सीधे नाम नहीं लिया है लेकिन इंग्लैंड और भारत में अखबारवालों से उनने जो कुछ कहा और अखबारों ने भी अपनी तरफ से जो छापा उससे शक की गुंजाइश नहीं छूटी

है कि अजहर के बरताव से उनने अपमानित महसूस किया। सिद्धू को बात ऐसी बुरी लग गई कि वे होटल के कमरे में लौट कर रात को फूट-फूट कर रोए।

दूसरे दिन वे शांति से सोचते रहे और सत्ताईस मई को अब मैच खत्म हो गया तो भारत से गए पत्रकारों को उनने अलग से बुला कर क्रिकेट से अपने संन्यास की घोषणा की। इसका असर–जैसा कि मैनेजर संदीप पाटील ने कहा ज्वालामुखी के फटने जैसा हुआ।

कोई साठ साल पहले लाला अमरनाथ को इंग्लैंड के दौरे से अनुशासनहीनता के कारण वापस भेजा गया था। लेकिन भारतीय क्रिकेट के इतिहास में ऐसा कभी नहीं हुआ कि कोई खिलाड़ी खुद ही मैच, टीम या दौरा छोड़ कर चला आया हो। ऐसा भी नहीं हुआ कि किसी ने बीच दौरे या सीरिज में नाराज हो कर खेल से अपने संन्यास की घोषणा की हो। बेहद ठंड, बरसात या खराब प्रदर्शन के कारण भारतीय टीम यों भी उखड़ी हुई थी। सिद्धू कांड का उस पर क्या असर हुआ होगा इसका अंदाज लगाना मुश्किल नहीं है।

सिद्धू ने या टीम के मैनेजरों या कप्तान या किसी खिलाड़ी ने कोई ब्योरा तो नहीं दिया है लेकिन जो जानकारी छन कर आई है उससे तस्वीर कुछ ऐसी बनती है। पच्चीस मई को लीड्स के हेडिंग्ली मैदान पर भारत और इंग्लैंड के बीच दूसरा वन डे खेला गया। ओवल में खेले गए पहले वन डे में बारिश ने भारत को निश्चित पराजय से बचा लिया था। लेकिन दूसरा वन डे भारत छह विकेट से हार गया।

दूसरे वन डे में भारत के तीन प्रमुख बल्लेबाज–सचिन तेंदुलकर, नवजोतसिंह सिद्धू और संजय मांजरेकर रन आउट हुए। सचिन को उनके जोड़ीदार राठौर ने रन के लिए बुला कर वापस भेजा लेकिन जब तक वे क्रीज में लौटे डंडे उड़ चुके थे। सिद्धू और मांजरेकर दोनों अपनी गलती से रन आउट हुए। दोनों ही रन के लिए दौड़ने में अनिश्चय और घबराहट के शिकार होते हैं और हास्यास्पद स्थितियां पैदा करने के लिए बदनाम हैं। खुद तो आउट होते ही हैं सामने वाले को भी मरवा देते हैं।

चार साल पहले संजय मांजरेकर आस्ट्रेलिया के दौरे और फिर विश्व कप में अपने बार-बार रन आउट होने पर मखौल के कारण बने थे। लेकिन सिद्धू तो इस मामले में और भी पहले से बदनाम चले आ रहे हैं। दरअसल आप रेकार्ड देखें तो वे अपने पहले टैस्ट की पहली पारी में रन आउट ही हुए थे। और अब मान लें कि उनका अंतरराष्ट्रीय कैरियर समाप्त हो गया है तो अपनी आखिरी पारी में भी वे बीस पर रन आउट ही हुए हैं।

इन दो रन आउटों के बीच कोई तेरह साल का फासला है। नवजोतसिंह सिद्धू अपना पहला टैस्ट बीस बरस की उमर में वेस्टइंडीज के खिलाफ बारह से चौदह नवंबर तिरयासी को अहमदाबाद में खेले थे। उस टैस्ट में भी लीड्स के दूसरे वन डे की तरह तीसरे नंबर पर खेलने आए थे और पंद्रह पर रन आउट हुए थे। इन तेरह सालों में सिद्धू टीम से भीतर-बाहर होते रहे लेकिन उनने छत्तीस टैस्टों में चौपन पारियां और एक सौ छह वन डे में एक सौ तीन पारियां खेलीं। कुल बारह शतक मारे इकतालीस अर्ध शतक। टैस्ट और वन डे दोनों में उनका औसत चालीस से ऊपर है।

वे ठोस और जम कर खेलने वाले ओपनिंग बल्लेबाज रहे और बाद के वर्षों में ऑफ स्पिनरों को लंबे-लंबे छक्के मारने पर बहुत मशहूर हुए। इसमें कोई शक नहीं कि भारतीय

बल्लेबाजी के वे विश्वसनीय आधार स्तंभ रहे हैं। लेकिन उनकी फीत्डिंग और विकेटों के बीच दौड़ हमेशा ही कमजोर बल्कि कई बार दयनीय रही है। उनकी तरफ गेंद ठेल कर बल्लेबाज आराम से रन बनाते रहे क्योंकि दौड़ने में ही वे फुर्तीले नहीं थे उनका थ्रो भी हमेशा कमजोर रहा।

उन्हें देख कर ही लगता था कि जिसे नेचरल एथलीट—जन्मजात खिलाड़ी—कहा जाता है, सिद्धू वे नहीं हैं। उनकी बल्लेबाजी भी अभ्यास और प्रयास से साधी गई थी। छक्का मारने में जितना जोर सिद्धू को लगाना पड़ता था उसे देख कर साफ लगता था कि वे गेंद को 'टाइम' करने वाले नहीं मारने वाले बल्लेबाज हैं। टाइम करने वाले बल्लेबाज एक खास लय में खेलते हैं जैसे लारा, सचिन, मार्क वॉ, अजहर आदि।

ऐसी जन्मजात प्रतिभा वाले खिलाड़ी सिद्धू नहीं रहे। उनके पिता भगवंतसिंह चाहते थे कि वे क्रिकेट खिलाड़ी बनें। नवजोतसिंह ने समर्पण, मेहनत और अभ्यास से टैस्ट खिलाड़ी बन कर बता दिया। उनके पिता ने सन् तिरयासी में वेस्टइंडीज के खिलाफ अमृतसर में उन्हें शतक बनाते देखा हालांकि टैस्ट खेलते देखने के लिए वे जीवित नहीं रह सके। इसलिए ऐसा शायद ही कभी हुआ हो कि टैस्ट या वन डे में सेंचुरी मारने के बाद सिद्धू ने पिता को स्मरण न किया हो। अक्सर तो वे अपना शतक पिता की स्मृति को ही समर्पित कर देते थे।

चूंकि क्रिकेट में उनका जो भी कुछ था सब सीखा और अभ्यास से साधा गया था इसलिए उनमें गजब की संघर्षशीलता, बहादुरी लेकिन विनम्रता थी। वे बहुत कम बोलने वाले और ज्यादातर अपने में रहने वाले आदमी हैं। बड़बोलापन तो छोड़िए संघर्ष कर के ऊपर आने वाले व्यक्ति का आक्रामक आत्मविश्वास भी उनमें नहीं था। वह इतराना तो कतई नहीं था जो किस्मत के धनी जन्मजात प्रतिभाशाली खिलाड़ियों में होता है। यह इतराना कुछ-कुछ उर्दू के इस मुहावरे से निकलता है—खुदा जब हुस्न देता है तो नजाकत आ ही जाती है। सिद्धू में यह नजाकत कभी देखी नहीं गई।

सिद्धू से ज्यादा भलमनसाहत, सदाशयता और विनम्रता शायद ही किसी खिलाड़ी में रही हो। वे उस जमाने के खिलाड़ी लगते थे जब खिलाड़ियों के आगे मिस्टर लगाया जाता था और खिलाड़ी सामने वाले को सर कहते थे। आज के खिलाड़ियों की हीरोगिरी सिद्धू में बिलकुल नहीं थी। वे विज्ञापन के मॉडल नहीं माने गए और उनने ऐसा कुछ भी नहीं किया जो खिलाड़ियों को नहीं करना चाहिए।

उन्हें अपना परिवार ज्यादा पसंद रहा था और उन्हें ले कर कहानी-किस्से नहीं चले। पता नहीं हत्या के एक मामले में वे कैसे फंस गए। अपने किसी दोस्त के साथ कार में जा रहे थे। एक रेलवे क्रासिंग पर दिल के एक मरीज बुजुर्ग से कहा सुनी और हाथापाई हो गई और वे मर गए। कोर्ट में अभी तक सिद्धू के खिलाफ मामला चल रहा है हालांकि कोई नहीं मानता कि वे किसी को मार डालने वाले आदमी हो सकते हैं। सिद्धू की पत्नी पटियाला में डॉक्टर हैं और उनके एक बेटा है, खेती है, जिसमें सिद्धू मगन रहते हैं।

ऐसा आदमी और खिलाड़ी कभी ज्वालामुखी की तरह फट सकता है—इसका अंदेशा भी किसी को नहीं रहा होगा। लगता है उनके अंदर जो बरसों से खदबदा रहा था उसने उनके दिल की नरम परत को छब्बीस मई को तोड़ दिया। पच्चीस मई को सिद्धू दूसरे वन डे में बीस

पर रन आउट हुए थे। कहते हैं बाद में टीम मीटिंग में अजहर ने कहा कि बरसों से खेल रहे बल्लेबाजों तक को विकेटों के बीच दौड़ना नहीं आता और वे मूर्खों जैसे रन आउट होते हैं। शायद सीधे भी कहा कि यह क्या दौड़ना है।

दूसरे दिन छब्बीस मई को मेनचेस्टर के ओल्ड-ट्रेफर्ड मैदान पर तीसरा और अंतिम वन डे खेला गया। पहले भारत ने बल्लेबाजी की। सिद्धू पैड बांधे बैठे रहे पर उनका नंबर ही नहीं आया। दरअसल उन्हें खेलाया ही नहीं गया था। उन्हें और मांजरेकर दोनों को टीम से बाहर बैठा दिया गया था। कह सकते हैं कि दूसरे वन डे में रन आउट होने के कारण इन दोनों को टीम में नहीं लिया गया।

नहीं लिए जाने का अनुभव सिद्धू के लिए नया नहीं था। तेरह साल के कैरियर में उन्हें कई बार टीम के ड्रेसिंग रूम में बैठे रहना पड़ा है। लेकिन यहां तो उन से कहा तक नहीं गया था कि वे खेलने वाली टीम में नहीं हैं। कहते हैं—भारतीय टीम के ड्रेसिंग रूम में बेटिंग आर्डर कागज पर लिख कर टांगा नहीं जाता। लेकिन उस दिन ऐसा किया गया था। शायद अजहर या पाटील सिद्धू को सीधे कहना नहीं चाहते थे कि उन्हें खेलाया नहीं जा रहा है।

इसलिए सिद्धू पैड बांधे बैठे रहे। शायद यह बरताव भी टीम के सबसे अनुभवी और बुजुर्ग खिलाड़ी सिद्धू सह जाते। लेकिन उनके पैड बांधे बैठे रहने की खिल्ली उड़ाई गई और बताया जाता है कि अजहर ने इसमें अगुआई की। सिद्धू अजहर से एक साल पहले टैस्ट क्रिकेट में आए और न सिर्फ उमर में खेल के अनुभव में भी सबसे वरिष्ठ खिलाड़ी हैं। अगर बिना बताए बाहर बैठाए जाने और खिल्ली उड़ाए जाने का सिद्धू को बहुत बुरा लगा हो और उनने अपने को बेहद अपमानित और दीन-हीन महसूस किया हो तो इसमें अस्वाभाविक कुछ भी नहीं है।

अजहर जैसा कि अपन पहले भी कह चुके हैं नाम के कप्तान हैं। वे न नेतृत्व देना जानते हैं न मानते हैं कि टीम को नेतृत्व की जरूरत होती है। वे कह चुके हैं कि जब कोई खिलाड़ी अपने देश के लिए खेलने को चुना जाता है तो उसे खुद मालूम होना चाहिए कि उसे क्या करना है और उसकी क्या जिम्मेदारी है और उससे क्या अपेक्षा है। वे जवान और नए खिलाड़ी को भी बताने की जरूरत नहीं मानते कि वह क्या करे। पता नहीं ऐसे आदमी को कप्तान क्यों होना चाहिए और चयन समिति को उसे छह साल से भी ज्यादा कप्तान क्यों बनाए रखना चाहिए। लेकिन दौरों पर इतनी बार हारने, बल्लेबाज और कप्तान दोनों ही हैसियतों में फेल होने के बावजूद अजहर कप्तान बने हुए हैं।

कप्तानी या तो किसी से होती है या नहीं होती। यह ऐसा कौशल और कला नहीं जो सीखी जा सके। अजहर कप्तान नहीं है। उनका स्वभाव ही अगुआई करने, नेतृत्व देने का नहीं है। वे भी सिद्धू की तरह खामोश और अपने में मगन रहने वाले भले आदमी हैं उन से भी ऊंचा और कड़वा बोला नहीं जाता। वे सामने वाले को अच्छे और प्रभावशाली ढंग से अपनी बात बता सकने में माहिर नहीं है। जिसमें यह गुण न हो वह न तो किसी को प्रेरित कर सकता है न किसी की अगुआई। ऐसा आदमी कभी कप्तान नहीं हो सकता।

लेकिन अजहर को कप्तान बनाए रखा गया है क्योंकि वे न तो खिलाड़ियों के कप्तान हैं न सही से कप्तानी कर सकने वाले आदमी हैं। ऐसे आदमी की कप्तानी बोर्ड को मुफीद पड़ती है क्योंकि वह सब सुनने और कहने को तैयार रहता है। अजहर की यही खासियत या

कप्तान होते हुए भी अपनी वाली न चलाने की आदत उन्हें बनाए हुए है लेकिन इससे न तो टीम एक हो पाती है न जान लगा कर खेल पाती है। उसमें जोश, जज्बा, और कर गुजरने की तमन्ना ही नहीं आती। टीम का जो भी खिलाड़ी जो कुछ भी करता है अपनी प्रतिभा और समझ से करता है। उसमें अजहर की कप्तानी का कोई योगदान नहीं होता।

जब से अजहर का परिवार टूटा है और संगीता बिजलानी से उनका अफेयर चल रहा है– वे जैसे अपनी बनावट के चौखटे से बाहर आ गए हैं और उन्हें समझ नहीं पड़ रहा है कि क्या करें। अजहर जैसा आदमी जब अपनी बनावट, अपने स्वभाव और अपनी जात से बाहर निकलता है तो ऐसे ही ऊटपटांग काम करता है जैसा भारत का कप्तान कर रहा है। सिद्धू पर फब्तियां तो अजहर काफी बरसों से कसते रहे हैं खासकर उनकी फिटनेस और दौड़ पर। सिद्धू अजहर की तरह सहज, स्वाभाविक और शानदार एथलीट नहीं है। लेकिन यह व्यक्तिगत खुन्नस का कारण नहीं होना चाहिए।

सिद्धू को ज्वालामुखी बना कर विस्फोट तक पहुंचाने में अजहर की कारस्तानी बेशक है। पाटील की विफलता भी है क्योंकि वे न सिर्फ सिद्धू के साथ टैस्ट खेले हैं बल्कि सिद्धू उनको मानते भी बहुत हैं। पाटील का भी सिद्धू के आत्मसम्मान की रक्षा न कर पाना यही बताता है कि वे क्या मैनेजर होंगे जो समझते नहीं कि किसके मन में क्या चल रहा है और किसके दिल पर क्या गुजर रही है। सिद्धू कांड बेशक अजहर की कप्तानी और पाटील की मैनेजरी की धज्जियां उड़ा चुका है।

लेकिन अजहर और पाटील की विफलता की कितनी बड़ी कीमत भारतीय क्रिकेट और टीम को चुकानी पड़ रही है। बोर्ड को चिंता नहीं है उसे फिकर पैसों की है। कल हमारे हाल पाकिस्तान जैसे हो सकते हैं। तब हर खिलाड़ी टीम और खेल से बड़ा होगा।

(2.6.96)

रमेश तेंदुलकर

पिता का पुत्र और भारत माता का भी

जिसे दिल में दर्द कहते हैं उसी में नींद खुली। कोई घंटे भर उसी को सहते हुए बिस्तर पर पड़ा रहा। लगता रहा कि सिर में भी जैसे घना, ठंडा और वजनी कोहरा घुस गया है। दिमाग उस कोहरे से दबा लगभग सुन्न है। उठने की कोई इच्छा नहीं। बल्कि लगे कि ऐसा ही पड़ा रहूं और दिल धीरे-धीरे धड़कन घटाता हुआ चुप हो जाए और दिमाग उस कोहरे के नीचे दबा हुआ दम छोड़ दे।

ऐसी सुबह होती है जब इच्छा होती है कि फिर रात हो जाए और अपन सोए के सोए रह जाएं। यह इच्छा मृत्यु नहीं है मृत्यु की इच्छा है। रात भारत को बड़े दयनीय ढंग से जिम्बाब्वे से हारते हुए देखा। तब भी इच्छा हुई थी कि यहीं बैठा का बैठा पथरा जाऊं। उठ कर अपने अखबार के लिए लिखना न पड़े क्योंकि लिखना फिर भी उसी दुख के तालाब में उतरना है जिसके तले में पहुंचने के बाद ऊपर आने की मंशा नहीं रह गई थी।

जिम्बाब्वे से भारत के हारने से ही मैं इस हालत में नहीं पहुंचा था। सचिन के पिता रमेश तेंदुलकर की मृत्यु का भी सदमा लगभग दिन भर लगा रहा था। रमेश तेंदुलकर के भाग में यही लिखा था कि वे शरीर छोड़ें तब तीन में से एक भी बेटा उनके साथ न हो। यह भी लिखा था कि उनके निधन के कारण छोटे बेटे को विश्व कप का वह मैच छोड़ कर आना पड़े जिसमें भारत का जीतना जरूरी था। लेकिन यह भी उनके ही भाग में था कि उनके छोटे बेटे के कारण उनका निधन क्रिकेट संसार की दुर्घटना बन कर सब को उदास और दुखी कर जाए। सचिन के दुनिया के नंबर एक खिलाड़ी होने और विश्व कप के चलते हुए उनके अचानक जाने ने उन्हें इतनी पब्लिसिटी दिला दी जितनी मराठी पढ़ाने और उसमें लिखने से उन्हें कभी नहीं मिलती।

लेकिन आप के जाने के बाद दुनिया ने आपके लिए क्या किया इसे देखने को कौन रहता है ? पर मान लें कि ऐसा कोई तरीका हो जिससे आपकी अशरीर आत्मा सब देख सके कि चोला छोड़ने के बाद किसने क्या कहा और किया तो भी रमेश तेंदुलकर ऐसे आदमी नहीं थे कि खुश होते और गर्व करते कि देखो इतना महत्त्व मिला। मैं उन्हें इतना और ऐसा कतई नहीं जानता था कि उनके बारे में ऐसा लिख सकूं। बहुत संभव है कि वे मुझे देखते तो पहचान भी नहीं पाते कि यह कौन है। मैं भी दावे से नहीं कहता उन्हें एक ही नजर में पहचान जाता। अपने को अपने छोटे से निजीपन में गुमनाम रखने में तेंदुलकर परिवार बड़ा सुकून पाता था।

फिर भी मैंने कहा कि रमेश तेंदुलकर ऐसे आदमी नहीं थे जो इतने प्रचार और महत्त्व से गदगद हो जाते। ऐसा मैं अपने मन पर पड़े प्रभाव को समझ कर कह रहा हूं। कुछ साल पहले मुंबई के सहयोग फाउंडेशन ने देश के कुछ लोगों को सम्मान से पुरस्कृत किया था। सभी क्षेत्रों के एक-एक व्यक्ति को वह पुरस्कार दिया गया। खेल में सचिन तेंदुलकर और पत्रकारिता में आपका यह कलमघसीट, फिल्म में अभिनय के लिए देव आनंद, संगीत के लिए कल्याणजी, आनंदजी और भी कई नामी लोग उसमें थे। मुंबई में जैसा होता है वैसा ही यह भी एक रंगारंग कार्यक्रम था और माहिम के आगे समुद्र किनारे की एक बड़ी होटल में हो रहा था।

सचिन तेंदुलकर नहीं आ सकेगा, यह मुझे मालूम था। उन दिनों वह बाहर टैस्ट मैच खेल रहा था। किसी ने कहा कि उसकी जगह उस के पिता पुरस्कार लेने आ रहे हैं। लेकिन जब सब लोग मंच पर बैठा दिए गए और उस के बाद बड़े तामझाम से परदा उठा और कम्पियर के कहने पर लोगों ने तालियां बजाई तो मैंने समझने की कोशिश की कि साथ बैठे लोगों में कौन रमेश तेंदुलकर होंगे। पुरस्कार लेने आए सब लोगों को मैं जानता नहीं था इसलिए बिना तय किए कि कौन सचिन के पिता होंगे मैं कार्यक्रम में ध्यान लगाए बैठा रहा। यह भी लगता रहा कि क्या मैं सचमुच ठीक कंपनी में हूं।

पुरस्कार लेने के लिए सचिन का नाम पुकारा गया तो सामने दर्शकों में शायद दूसरी लाईन में बैठे रमेश तेंदुलकर उठे। वे मामूली-सा पैंट और हलका नीला बुश्शर्ट पहने हुए थे। याद नहीं पड़ता कि सिर पर बाल थे या नहीं। रंग जरूर साफ था। जिस तरह वे चल के आए और जैसे अपने बेटे के नाम का उनने पुरस्कार लिया और जा कर अपनी जगह पर बैठे उससे मुझे लगा कि वे मृदु और अहंकारविहीन सज्जन पुरुष हैं। उनके जैसे मराठी के अध्यापक-लेखकों को मैं बचपन से इंदौर में देखता रहा हूं बल्कि एक राजकवि ने मुझे पढ़ाया भी है। अपने में स्थित लेकिन बाहर की उपस्थिति में अपने को लगभग नगण्य मानने वाले लगते थे। फिल्मवालों के बड़ी संख्या में होने के उस कार्यक्रम में मुझे अपना होना भी बड़ा अटपटा लग रहा था। लेकिन ऐसा नहीं लगा कि रमेश तेंदुलकर को अपने बेटे का पुरस्कार लेते हुए कोई असुविधा हुई हो।

पुरस्कार लेने-देने का कार्यक्रम पूरा हुआ तो फिर शुरू हुआ जिसे हम रंगारंग सांस्कृतिक कार्यक्रम कहते हैं। जो पहले मंच पर थे वे सब दर्शकों के आगे वाली लाइन में आ कर बैठ गए। मैं कोशिश कर के रमेश तेंदुलकर के पास बैठा। मैंने मराठी में बोलना शुरू किया और हिंदी-अंग्रेजी में आ गया क्योंकि उनने कहा कि मेरा मराठी का उच्चारण अच्छा है और मैं जानता था कि जल्द ही मेरी पोल खुल जाएगी। मराठी कवियों से अपनी जान-पहचान का ब्यौरा भी दिया और उन से पूछा कि वे क्या लिखते हैं, कैसे लिखते हैं आदि। फिर बताया कि आपके एक पड़ोसी धर्मवीर भारती हमारे बड़े लेखकों में हैं और उनका—अंधायुग—नाटक हिंदी के सर्वश्रेष्ठ नाटकों में गिना जाता है। पुष्पा भारती ने कितने प्यार से एक लेख लिखा था—'अपना सचिन अब बड़ा हो गया है' बिलकुल वैसे ही जैसे कॉलोनी की कोई मां अपने पड़ोसी के प्यारे विलक्षण और चमत्कारी बेटे के बारे में लिखे।

यह सब बातचीत तभी हुई जब रंगारंग कार्यक्रम बड़े जोर-शोर से चल रहा था। मैं नहीं जानता कि कितना मेरा कहना रमेश तेंदुलकर ने सुना और कितना उनका कहा मैंने। लेकिन उन्हें देख कर और बेटे का पुरस्कार लेते हुए मेरे मन पर जो छाप पड़ी थी वह इस बातचीत से पुष्ट ही हुई। कार्यक्रम समाप्त होने के पहले ही वे चले गए और मैं भी अपने राहुल देव के परिवार के साथ खाना खाने निकल गया। लौट कर होटल में आया तो काफी देर तक सोचता रहा कि क्या कोई लेखक-अध्यापक पिता अपने खिलाड़ी बेटे का पुरस्कार लेने इतने निस्संग भाव से आ सकता है ? हमारा मुनमुन भी उसी साल में जन्मा है जिसमें सचिन और मैं कई बार सचिन को देख कर मुनमुन की और मुनमुन को देख कर सचिन की बातें सोचने लगता हूं। सचिन को देख कर मन में पितृ भाव तो उठता ही है। लेकिन क्या मुनमुन को कोई पुरस्कार मिले और वह भारत में न हो तो क्या उसका पुरस्कार लेने मैं चला जाऊंगा। मुझे लगा कि मैं नहीं जाऊंगा। उस के बड़े भाई को भेज दूंगा। वह भी न हो तो उसकी बहन, या भाभी को भेज दूंगा और वे भी न हों तो उसकी माता यानी अपनी भेनजी को भेज दूंगा। बेटे का पुरस्कार लेने जाना मुझे बहुत ही असंगत लगता।

लेकिन रमेश तेंदुलकर में मैंने कोई हिचक नहीं देखी। मुझे लगा कि वे बहुत ही सामान्य महसूस कर रहे थे। लेकिन इसकी कोई भनक तक उनके व्यवहार, स्वर और बोलने में नहीं मिली कि वे अपने छोटे बेटे के ऐसे विलक्षण और भीषण प्रतिभावान होने से गदगद हैं। या सचिन के पिता होने का उन्हें कोई गर्व है जिसे वे कोशिश कर के भी साफ प्रकट होने से रोक नहीं पाए हों। इस के ठीक विपरीत अपनी तरफ से उनने सचिन के बारे में कोई बात नहीं की। सचिन पर जो भी बातचीत हुई वह मैंने ही की और उस के बारे में उत्साह मुझी में था। रमेश तेंदुलकर तो ऐसे लग रहे थे जैसे विशेष कुछ करने के लिए वे आए ही न हों। जो भी कर रहे थे सब सामान्य और रोजमर्रा का कर रहे थे। उनके सहज ही मृदु और विनम्र होने का जो असर मुझ पर हुआ वह उनके अपने बेटे का पुरस्कार लेने आने के तथ्य से मेल नहीं खाता था। पुरस्कार कोई लखटकिया नहीं था न उसकी अखिल भारतीय और पारंपरिक प्रतिष्ठा थी। फिर भी रमेश तेंदुलकर उसे लेने आए और बेटे की महानता की कोई भनक तक नहीं होने दी। सही है कि तब सचिन दुनिया का सर्वश्रेष्ठ बल्लेबाज नहीं बना था। लेकिन एक दिन वह बनेगा और सबके रेकार्ड तोड़ देगा यह खुद रेकार्ड बनाने वाले ही कह रहे थे। ऐसे बेटे के पिता होने का गर्व सर्वथा उचित होता। लेकिन रमेश तेंदुलकर के हावभाव, शब्दों आदि किसी से नहीं लगा कि वे एक गर्वीले पिता हैं।

रमेश तेंदुलकर का यह गुण उनके बेटे सचिन में भी है। सचिन उस दिन उसी विमान से दिल्ली आ रहे थे जिससे मैं भी। मुंबई में कुछ ही दिन पहले तब डबल विकेट प्रतियोगिता हुई थी जिसमें कई अंतरराष्ट्रीय खिलाड़ी खेले थे। कपिल और सचिन की जोड़ी उसमें खेली थी। पाकिस्तान के तब के कप्तान और तूफानी गोलंदाज इमरान खान की दो लगातार गेंदों पर सचिन ने छक्के मारे थे। इस के अलावा भी इमरान की जम कर धुलाई की थी। लेकिन वे छक्के मुझे अद्भुत लगे थे। मैंने सीके नायडू, कपिल देव, सलीम दुर्रानी, गैरी सोबर्स, लायड, कन्हाई और विवियन रिचर्डस को छक्के मारते देखा है। जितनी आसानी से और बिना दम लगाए नायडू साब छक्के मारते थे वैसे किसी को मारते मैंने नहीं देखा। लेकिन उस दिन

सचिन ने इमरान को जो छक्के मारे वे भी वैसे ही अनायास और बिना दम लगाए कलाई के झटके भर से मारे गए थे। तब सचिन सत्रह बरस का था और चमत्कारी बालक माना जाता था।

उसके पास की सीट खाली थी। मैं बड़े उत्साह से उस के पास गया और अपना परिचय दे कर बैठ गया। फिर मैंने उससे कहा कि यार अपनी कलाई तो दिखाओ जरा, तुम्हारे छक्कों में इतना दम आता कहां से है। शरमाते हुए सचिन ने अपने हाथ मेरे आगे कर दिए। उस के हाथ सचमुच मजबूत और कलाइयां चौड़ी थीं। लेकिन उन हाथों और कलाइयों में ऐसा कुछ नहीं था जिसे आप बेहद गैरमामूली कहें। इसलिए मैंने फिर पूछा कि इतनी ताकत आती कहां से है ? सचिन शरमाता ही रहा और बहुत पूछने पर बताया कि यह तो टाइम करने की बात है दम लगाने की नहीं शायद। कपिल समेत कई बड़े खिलाड़ियों से मैंने उनके बचपन में बात की है लेकिन बड़ी उमर के आदमी का जो सम्मान, अपनी तारीफ करने में जो झिझक और बड़ी बातें भी बच्चे की तरह बता सकने की जो मासूमियत मैंने उस दिन सचिन में देखी वह किसी और बालक खिलाड़ी में नहीं दिखी।

सचिन आज दुनिया का सर्वश्रेष्ठ बल्लेबाज है। सबसे ज्यादा कमाई करने वाला क्रिकेटर है। भारत ही नहीं सारी दुनिया उस पर लट्टू है और बड़े से बड़ा पुराना और नया खिलाड़ी उस के खेल पर गदगद है। लेकिन इस प्रतिष्ठा और अभूतपूर्व प्रशंसा के बावजूद सचिन बान्द्रा की उसी साहित्य सहवास का बालक खिलाड़ी हैं। वहीं रहता है और वही सब करता है जो पहले किया करता था। जब पहली बार किसी भी क्रिकेट खिलाड़ी को मिला सबसे बड़ा कांट्रेक्ट उसे मिला तो पटौदी ने लिखा कि यह सचमुच बहुत बड़ी बात है कि निम्न मध्यवर्ग के एक लड़के का दिमाग करोड़ों के इस काम के बाद भी थोड़ा भी नहीं बिगड़ा। इंग्लैंड के बायकाट सचिन पर फिदा कि इतनी ख्याति, इतना पैसा और ऐसी प्रतिष्ठा के बावजूद सचिन का दिमाग उसी समतोल, समर्पण और श्रद्धा से भरा हुआ है। आस्ट्रेलिया के इयन चैपल उसे दुनिया का आदर्श खिलाड़ी मानते हैं। यह कहने से हिचकते भी नहीं कि लारा को कम पैसा मिलता है लेकिन उसने नौ बेडरूम का महल बनवाया है, फिजूलखर्ची करता है और गैर जिम्मेदारी दंभ और घमंड तक पहुंची हुई है।

टीम के ऐसे प्यारे और समर्पित खिलाड़ी को जब पिता के निधन पर मैच छोड़ कर भारत आना पड़ा तो उस के साथी खिलाड़ियों की टीम ने जिम्बाब्वे जैसी टीम से ऐसी दयनीय और धिक्कारने वाली हार खाई कि मुझे लगा कि इस टीम को ले कर हम भारतीय ऐसे उत्तेजित और उम्मीदवान क्यों होते हैं। यह वह टीम नहीं है जिस पर हम गर्व कर सकें। अपनी सारी भावनाएं इस पर न्यौछावर कर के हम अपने को नाहक बुद्धू बना रहे हैं। दो ओवर में आराम से नौ रन बना कर जीतने के बजाय इस टीम ने तीनों विकेट एक ओवर में गंवा दिए। इस बेमुराद टीम पर क्या रोना ? और इसे क्यों खेलते देखना।

सचिन सिर्फ दो दिन मुंबई रह कर अपने देश के लिए खेलने चला गया है। अंतिम संस्कार के बाद सूतक में रहने लायक भी उसे अजहर की टीम ने नहीं रहने दिया।

(23.5.99)

सचिन तेंदुलकर

एक लड़के का पुरुष होना

आज या तो सचिन तेंदुलकर सारे भारत के लाड़ले हीरो होंगे या सबसे बड़ी निराशा। महानायक होने की यही नियति है। लेकिन एक विफलता से वे खलनायक नहीं हो जाएंगे। सचिन कल के बावजूद भी भारत के सबसे रोमांचकारी और विस्फोटक बल्लेबाज बने रहेंगे।

उनकी एक विफलता भारत से शायद विश्व कप छीन सकती है लेकिन क्रिकेट से सचिन तेंदुलकर नाम के कथाकारी बल्लेबाजी को नहीं मिटा सकती। सिर्फ बाईस बरस की उमर में सचिन ने इतनी महानता तो कमा ही ली है। अब तक किसी विश्व कप में पांच पारियों में दो सेंचुरियों और दो हाफ सेंचुरियों के साथ 427 रन किसी बल्लेबाज ने नहीं बनाए जो कि सचिन शनिवार के क्वार्टर फाइनल के पहले ही बना चुके हैं।

लेकिन वन डे के ऐसे रेकार्ड से कोई बल्लेबाज महान नहीं हो जाता। दरअसल वन डे से कोई बल्लेबाज महान नहीं होता। बल्लेबाज टैस्ट में महान होने के बाद या साथ-साथ वन डे में अपना झंडा गाड़ता है। और सचिन तेंदुलकर जब अठारह के भी नहीं हुए थे तभी अपने बल्ले को मानदंड की तरह गाड़ चुके थे।

इसके पहले न्यूजीलैंड में जब वे दौरे पर थे तो पूरे सत्रह के भी नहीं थे। तब न्यूजीलैंड के कथापुरुष गोलंदाज रिचर्ड हेडली ने कहा था कि यह उमर स्कूल में क्रिकेट सीखने की होती है टैस्ट खेलने की नहीं। नेपियर टैस्ट में इस सर्वकालिक महान गोलंदाज को दुधमुंहे सचिन ने बताया कि स्कूल में सीखने और टैस्ट में खेलने की उमर क्या होती है। हेडली के खिलाफ ही सचिन ने 88 रन बनाए। 12 रन और बना लेते तो टैस्ट इतिहास में शतक ठोकने वाले सबसे जवान बल्लेबाज हो जाते।

और इससे भी पहले वे पाकिस्तान के दौरे पर थे और अब्दुल कादिर जैसे सर्वकालिक महान स्पिन गोलंदाज के सामने थे। एक वन डे में जो बाद में गिनती से बाहर हो गया कादिर ने दुधमुंहे सचिन को ताना मार दिया। कहते हैं मां का दूध पिया है जैसी कोई बात कह दी।

सोलह बरस और दो सौ कुछ दिनों के सचिन ने कादिर के एक ओवर में तीन छक्के, दो चौके और आखिरी गेंद पर एक रन ले कर 27 रन ठोक दिए। पता नहीं तब कादिर ने क्या कहा और उनका मुंह कैसा हो गया। लेकिन बाद में अब्दुल कादिर ने कहा कि सचिन तेंदुलकर वेस्टइंडीज के महान बल्लेबाज रोहन कन्हाई जैसे हैं।

लेकिन पाकिस्तान जा कर कराची में अपना पहला टैस्ट खेलने के पहले ही वे रंजी ट्राफी के अपने पहले मैच में सेंचुरी मार चुके थे। तब सचिन सिर्फ पंद्रह साल और 130 दिन के थे।

और इस के भी पहले विनोद कांबली के साथ शारदाश्रम स्कूल की तरफ से सेंट जेवियर्स के खिलाफ 326 बना कर 664 रनों की भागीदारी कर चुके थे। यह किसी भी श्रेणी के क्रिकेट में सबसे बड़ी भागीदारी का विश्व रेकार्ड है।

ऐसे चमत्कारी बाल बल्लेबाज होने की अद्‌भुत कीर्ति के कारण ही सचिन तेंदुलकर में चमत्कार दिखा कर सब को चकित कर के आउट हो जाने की भी प्रवृति थी। लोग कहते हैं कि वे ऐसी अद्‌भुत प्रतिभा के बल्लेबाज हैं कि मारते-मारते बोर हो जाते हैं।

या जैसा कि गावसकर कहते थे उनमें इतना धीरज नहीं रहता कि किसी अच्छे गेंद को उस के गुण-दोष पर सम्मान से खेल कर अपना विकेट बचाएं और खेलते रहें। नहीं तो नेपियर न्यूजीलैंड में उन्हें सिर्फ 12 रन की जरूरत थी। वे न सिर्फ इतिहास में अमर हो जाते हैडली को भी सिखा देते कि खेलना किसे कहते हैं।

चमत्कार दिखाने के इस बालपन के कारण ही सचिन तेंदुलकर टैस्ट, वन डे और प्रथम श्रेणी में कई पारियां यों ही अधूरी फेंक कर चले आए। सचिन के इस बालपन से सबसे दुखी और परेशान उन्हीं के मूर्तिपुरुष सुनील गावसकर थे। वे बार-बार सचिन को समझाते कि क्रिकेट हर गेंद को पीट कर उस के धुर्रे बिखेर देने का खेल नहीं है। यह जैसी गेंद वैसा खेल–खेलने का खेल है।

वन डे में तो सचिन तेंदुलकर का खेल देख कर, खास कर उनके उद्‌घाटक बल्लेबाज होने के बाद से गावसकर इन्हें कहते ही थे कि तुम एक गेंद पर एक से ज्यादा रन बनाने वाले बल्लेबाज हो। तुम्हें और कुछ नहीं करना बस सौ गेंदें खेलने का निश्चय कर के खेलने उतरो। रन तो बन ही जाएंगे। सचिन सचमुच अगर किसी की सुनते हैं तो सुनील गावसकर की। उन्हें सलाह लेनी होती है तो गावसकर के पास जाते हैं।

इसके बावजूद खेलते-खेलते यानी मारते-मारते ऐसी रौ में पड़ जाया करते थे कि गावसकर को सीख याद नहीं रहती। एक बार उन से पूछा गया कि जब आप अच्छे खेल रहे हों और गेंद बीच बल्ले पर ठीक से टाइम हो कर तड़ाक से जा रही तो क्या वह आपके जीवन का सर्वश्रेष्ठ क्षण होता है ? ''नहीं, वही तो सबसे मुश्किल क्षण होता है। मैं बड़ी आसानी से जरा ज्यादा ही विश्वास में आ जाता हूं। और यही मेरी सबसे बड़ी समस्या है। जैसे कि वेस्टइंडीज के खिलाफ मोहाली टैस्ट की पहली पारी में मैं इतना अच्छा खेल रहा था कि देखते-देखते 40 रन बन गए जिसमें नौ चौके थे। इतना अच्छा खेल रहा था इसीलिए कुछ ज्यादा ताव में आ गया और मूर्खताभरी शॉट खेल दी। आउट हो गया।''–सचिन ने कहा था।

कहने और समझने को तो सचिन सब समझते थे बल्कि तमाम बड़े खिलाड़ियों का कहना रहा कि इतने जवान लड़के में इतनी परिपक्वता है कि उसे खेलते देख कर अचरज होता है। टैस्ट इतिहास में सबसे ज्यादा रन बनाने वाले बॉर्डर और सबसे ज्यादा शतक बनाने वाले गावसकर और तकनीकी नजर से लगभग आदर्श बॉयकॉट–तीनों ने कहा है कि जब वे सचिन की उमर के थे तो उन से कई ज्यादा गलतियां करते थे और कहीं अधिक नौसिखियापन उनमें था। संजय मांजरेकर मुंबई की टीम में सचिन के साथ ही खेलते रहे हैं और उन से कोई आठ साल सीनियर हैं। संजय का कहना है कि क्रिकेट को छोड़ कर बाकी सभी चीजों में सचिन में अपनी उमर का वही लड़कपन था जो दूसरे लड़कों में होता है।

जब सत्रह बरस की उमर में सचिन ने इंग्लैंड के ओल्ड ट्रेफर्ड टैस्ट में शतक बना कर भारत को पराजय से बचाया तो इंग्लैंड के कई अखबारों ने लिखा कि इतनी उमर के किस लड़के को अपने यहां घर का पूरा भार सौंपा जाता है ? यहां देखिए सत्रह बरस के एक लड़के ने अपने देश की पूरी टीम की जिम्मेदारी कंधे पर ली और उसे पराजय से बचा लिया।

कुछ समझदार अंग्रेज क्रिकेट लेखकों ने कहा कि अपने यहां अगर सचिन जैसा कोई प्रतिभाशाली बल्लेबाज होता तो वह अब भी स्कूल की टीम में खेल रहा होता। अनुभवी लोग कहते कि अभी वह टैस्ट तो क्या अपनी काउंटी की सेकंड इलेवन में भी खेलने के लायक नहीं हुआ है। इसकी जरा घिसाई होने दो, अनुभव मिलने दो और इसे सीढ़ियां चढ़ने दो फिर यह देश के लिए खेलने लायक होगा।

चूंकि इस तरह इंग्लैंड में प्रतिभा को मौका देने के बजाय घिसाई करने में लगा देते हैं इसलिए हमारे क्रिकेट में नई प्रतिभा, नया उत्साह और जोश नहीं आ पाता। उधर भारत में देखिए सत्रह बरस का लड़का पूरी टीम का भार ले लेता है और टैस्ट बचा कर दिखाता है, इधर अपने यहां बुड्ढे-ठुड्ढे जंभाइयां लेते, ऊंघते हुए खेलते हैं।

इंग्लैंड, आस्ट्रेलिया, न्यूजीलैंड और तो और पाकिस्तान तक में सचिन के चर्चे हर जबान पर आ गए। लेकिन उनका दिमाग नहीं बिगड़ा। शोहरत ने उन्हें इतराने में नहीं लगाया। खेलने के बाद सचिन संगीत सुनने और अपने खेल की गलतियां ढूंढ़ने में लगे रहते। अपने जिगरी दोस्त कांबली की तरह मौज-मस्ती में नहीं लगे। दूसरे खिलाड़ियों की तरह दूसरे कामों में भी नहीं लगे। क्रिकेट के अलावा सचिन का जैसे दुनिया में कुछ था ही नहीं। खेल के लिए उनके इसी समर्पण ने बॉर्डर से कहलवा लिया कि मुझ से अगर कोई ज्यादा रन बना सकता है तो भारत का तेंदुलकर।

इतनी कम उमर में ऐसी उपलब्धियों और इतनी कीर्ति के बावजूद सचिन का दिमाग नहीं बिगड़ा। खेल के प्रति वे पूरी तरह समर्पित रहे। इतने गुण बड़े-बड़े खिलाड़ियों ने उनमें देखे, इस के बावजूद कोई उनमें धीरज से जम कर खेलने की समझ पैदा नहीं कर पाया। खूब अच्छी तरह खेलते हुए वे ऐसी कोई बचकाना हरकत कर बैठते कि न सिर्फ विकेट फेंक आते बल्कि गुड़-गोबर कर देते।

लेकिन विश्व कप शुरू हुआ और कटक में भारत का पहला मैच केन्या से हुआ। उस मैच में एक दर्शक ने गत्ते की एक तख्ती पर लिख कर पूछा—सचिन, शादी के बाद तुम्हारे क्या हाल हैं ? पता नहीं सचिन ने गत्ते पर लिखा वह सवाल पढ़ा या नहीं लेकिन उनका खेल जवाब था कि शादी ने उनके साथ क्या किया है ? केन्या की साधारण गोलंदाजी के बावजूद सचिन ने धुआंधार नहीं किया। पहले पचास भले ही 48 गेंदों पर बनाए पर शतक बनाने में 119 गेंदें लगाईं। बल्कि 99 पर थे तब करीम के पूरे ओवर मेडिन खेले। और 127 पर नाबाद रहे।

यह सचिन तेंदुलकर का नया अवतार था। बचपन में सचिन घुंघराले बाल लिए बिगड़ैल टेनिस सितारे मेकिनरो की नकल किया करते थे। तब उनके मूर्ति पुरुष होते थे गावसकर और रिचर्ड्स। कटक में जो सचिन तेंदुलकर दिखे वे गावसकर और रिचर्ड्स के संयुक्तावतार थे। उनमें गावसकर का धैर्य और विवेक था और रिचर्ड्स की आक्रामकता और शक्ति प्रहार। ग्वालियर में भी यही सचिन दिखे। वहां भी उनमें 91 गेंदों पर 70 रन बनाए और टीम को

जिताया। दो बार कैच छूटे पर धैर्य नहीं छोड़ा। धुआंधार करने के बजाय एक बार अपना दबदबा कायम करने के बाद आराम से खेले। मुंबई में भी आस्ट्रेलिया के विरुद्ध वे 84 गेंद खेले और 90 पर आउट हुए लेकिन इसलिए कि टीम को तेजी से रन बनाने की जरूरत थी। और दिल्ली में तो सचिन पहले से आखिरी ओवर तक खेले। 122 गेंदों पर 100 और 137 गेंदों पर 137 रन।

सचिन का यह नया अवतार उनके लड़के से आदमी बनने पर हुआ है। और उन्हें लड़के से पुरुष बनाया है विवाह ने। जो धैर्य और विवेक उन्हें गावसकर की सीख से नहीं मिला वह उन्हें डॉक्टर अंजली से विवाह के बाद जैसे अपने आप मिल गया। अब तक सचिन लारा की तरह 375 की टैस्ट पारी और 501 रन की रेकार्ड बनाऊ प्रथम श्रेणी पारी खेल नहीं पाए क्योंकि इतनी देर टिकना ही उन्हें मंजूर नहीं होता था।

अब वे पूरे पचास ओवर खेल कर भी धैर्य नहीं खोते। 25 करोड़ का उनने वर्ल्ड टेल से करार किया जो कि दुनिया में किसी भी क्रिकेट खिलाड़ी का सबसे बड़ा करार है। मद्रास रबर फैक्टरी से फिर उनका डेढ़ करोड़ का करार हुआ है। इतना पैसा और इतनी शोहरत के बाद भी सचिन का खेल नई ऊंचाई पर पहुंचा इसीलिए वह एवरेस्ट पर टिका रहेगा।

(10.3.96)

हमारा एक और दस हजारी

वन डे में सचिन तेंदुलकर के दस हजार रन तो बनने ही थे। गए साल जिंबाब्वे के खिलाफ आखिरी वन डे में वे जब बल्लेबाजी करने आए तो उन्हें एक सौ बीस रन चाहिए थे। वे उन्नीस पर आउट हो गए और 263 मैचों की 255 पारियों में उनके 9899 रन टंगे रह गए। उस दिन उन्हें खेलते और आउट होते देख कर मुझे लगा था कि जिंबाब्वे जैसी कमजोर टीम के सामने वन डे में दस हजारी होना नहीं चाहते। यह रिकार्ड वे आस्ट्रेलिया जैसी विश्व चैंपियन टीम के लिए रखना चाहते हैं।

लेकिन जब आस्ट्रेलिया से वन डे सीरिज शुरू हुई तो दृश्य बिलुकल बदल गया था। भारत ने न सिर्फ आस्ट्रेलिया की टैस्ट विजयों का रोड रोलर रोक दिया था बल्कि उसे दो-एक से पराजित कर के मीर भी बन गया था। इस दौरान शेन वार्न के तो हौसले पस्त हो गए थे लेकिन ग्लेन मेकग्रा अब भी बार-बार गुर्रा रहे थे और उन्हें खेद था कि उनके होते हुए भारत ने आस्ट्रेलिया को धो दिया। वे अब भी सचिन पर अपना निशाना साधे हुए थे और बार-बार घोषणा कर रहे थे कि दुनिया के सर्वश्रेष्ठ बल्लेबाज को चटकाना उनकी अपनी निजी जिम्मेदारी है और वे सचिन पर भारी पड़ते हैं और उन्हें आउट कर सकते हैं। टैस्ट की जिन छह पारियों में सचिन आउट हुए उनमें दो बार उन्हें मेकग्रा ने उड़ाया था और अब वन डे में वे सचिन की चलने नहीं देंगे। चेन्नई में उनने शतक मारते सचिन के बिलकुल पास जा कर बताया था कि ऊंची उठती तेज गेंद को हुक/पुल कैसे किया जाता है। यह सचिन पर व्यंग्य की टिप्पणी थी क्योंकि वे टीम की जरूरत के हिसाब से सीधे खेल रहे थे और आड़े बल्ले के शाट मारने से परहेज कर रहे थे। सारी दुनिया ने मेकग्रा को सचिन को पाठ पढ़ाते देखा था। लेकिन जब मीडिया वालों ने सचिन से पूछा तो उनने शरारती लेकिन सपाट चेहरे से कहा— अच्छा वो ऐसा कर रहे थे ? मैंने तो देखा नहीं। मैं तो साइट स्क्रीन की तरफ देख रहा था।

सचिन वन डे में तय कर के आए थे कि वे मेकग्रा को बताएंगे कि पुल और हुक क्या होते हैं। बंगलूर के पहले वन डे में मेकग्रा के चौथे ओवर की पहली गेंद पर सचिन ने दनदनाता पुल मारा और गेंद दर्शकों में पहुंच गई। फिर दो कवर ड्राइव से चौके मारे और लेग में एक और चौका जड़ दिया। चारों पूरी अधिकारिकता के साथ मारे गए शॉट थे और उन पर सचिन की शुद्ध शास्त्रीय शैली की सुनहरी चमक थी। स्टीव वॉ ने अपने इस दिग्गज गोलंदाज को आक्रमण से हटा लिया हालांकि वे चुनौती फेंकने और सर्वश्रेष्ठ बल्लेबाजी को निशाना बनाने के मेकग्रा के अनोखे अंदाज की बड़ी तारीफ कर चुके हैं। नैरोबी में भी सचिन ने इसी तरह तीन छक्के मार के मेकग्रा को आक्रमण की लाइन से बाहर फेंक कर उनकी तोपों को ठंडी कर दिया था। वह तो लक्ष्मण की भारतीय घरेलू आदत के कारण बंगलूर में सचिन

रन आउट हो गए नहीं तो दस हजारी तो वे उसी दिन हो जाते।

पुणे में भी सचिन ने मेकग्रा को अपने आक्रमण का निशाना बनाया। इस दूसरे वन डे में वे ऑफ स्टम्प के बाहर आ कर मेकग्रा को पुल और हुक मारने लगे। इसमें जो छक्का मारा वह तो पहले से ही तय कर के ऑफ स्टम्प के बाहर से डीप फाइन लेग में मारा। इस खुले आक्रमण की रौ में वे ऐसे बह गए कि फ्लेमिंग को भी ऊंचा उठा कर मारा और बाउंड्री पर झिल गए। बंगलूर में उनने सिर्फ छब्बीस गेंदों पर पैंतीस रन ठोक दिए थे और पुणे में उन्तीस गेंदों पर बत्तीस। यानी दो वन डे में पचपन गेंदों पर उनने सड़सठ रन ठोक दिए थे और मेकग्रा और फ्लेमिंग की धुलाई की उनकी दर सौ पर एक सौ इक्कीस थी। लेकिन इस कत्लेआम को आगे बढ़ा कर बंगलूर में तो भारत ने 316 का लक्ष्य टांग दिया लेकिन पुणे में उससे मुश्किल से 247 रन बने जिसे मार्क वॉ ने शतक ठोक कर आसानी से पार करवा दिया और भारत आठ विकेट से हार गया। एक-एक मैच की इस बराबरी से इन्दौर का तीसरा वन डे लगभग निर्णायक हो गया। लोग कहने लगे कि मेकग्रा की यह पिटाई तो ठीक है लेकिन भारत को सचिन से सिर्फ दस ओवर का कत्लेआम नहीं चाहिए। गांगुली बुरे फॉर्म में चल रहे हैं इसलिए सचिन को जम कर खेलना चाहिए ताकि भारत इतना बड़ा टोटल टांग सके जिसे पार करने में आस्ट्रेलिया ढेर हो जाए। तभी भारत जीत सकेगा। सचिन को चालीसवें ओवर तक खेलते रहना है।

शायद रणनीति भी यही बनाई गई थी, इसलिए टॉस जीतने पर पहले बल्लेबाजी करते या स्टीव वॉ पहले खेलाते तो सचिन के साथ ओपन गांगुली के बजाय द्रविड़ ही करते। किया भी। द्रविड़ को मेकग्रा और वॉ बंधुओं की पिटाई करनी थी और सचिन को जम कर खेलना था। टीम के साथ ही सचिन को अपने दस हजार रन भी पूरे करने थे। गए साल ही वे अजहर के 9378 रनों से आगे निकल गए थे और मार्क वॉ उन से कोई 1700 रन पीछे थे। इसलिए वन डे में दस हजार रन बनाने वाले पहले बल्लेबाज होने का कीर्तिमान तो सचिन का ही होना था जिस तरह कोई पंद्रह साल पहले टैस्ट में दस हजार रन बनाने वाले गावसकर पहले बल्लेबाज बने थे। इससे ज्यादा उपयुक्त कुछ हो नहीं सकता था कि गावसकर के पदचिन्हों पर वही सचिन चले जो उन्हें अपना आदर्श मान कर बचपन से ही रन बनाए जा रहा है। इसलिए बाकी के चौंतीस रन बनाने में इंदौर में सचिन ने धुआंधार नहीं किया। उन्हें चौंतीस नहीं एक सौ चौंतीस रन बनाने थे। सचिन ने इन चौंतीस रनों को बनाने में तेंतालीस गेंदें खेलीं। शेन वार्न की एक गेंद को सीधे ड्राइव मार कर उनने एक रन लिया और दस हजार को पार कर गए। वे इतनी सावधानी से खेले कि पांच सिंगल बनाने में उनने सत्रह गेंदें ले लीं। फिर वे धीरे-धीरे खुले और ऐसी मारकाट मचाई कि 121 गेंदों में 139 ठोक दिए। आस्ट्रेलिया को तीन सौ का लक्ष्य भी दिया गया और उसे 118 रन से हरा भी दिया गया। अब देखते हैं कि यह विश्वविजयी टीम क्या बाकी के दोनों वन डे जीत कर भारत को सीरिज में हराती है ?

टीम की इस सेवा के बाद जरा सचिन तेंदुलकर का करिश्मा देखिए। अब तक के तीन मैचों में उनने 206 रन बना लिए हैं। पहले में छब्बीस गेदों पर पैंतीस, दूसरे में उन्तीस पर बत्तीस और तीसरे में 121 पर 139 रन। यानी आस्ट्रेलियाई बल्लेबाजी की उनकी धुलाई की दर है

88 गेंदो पर सौ रन की। इस के पहले भी वन डे में उनकी धुलाई दर सौ पर छियासी रन के आसपास है। दस हजार पार करने पर उनकी औसत कुछ ऐसी होगी–266 मैच 259 पारियां जिनमें बीस बार नाबाद रह कर 10105 रन और औसत 42.50। 28 शतक, 50 अर्धशतक और 98 विकेट। वन डे में किसी माई के लाल के ऐसे आंकड़े नहीं हैं। और यह मत समझिए कि ये रन सचिन ने जुटाए हैं। सचिन रन जुटाते नहीं ठोकते हैं। इसलिए न सिर्फ शेन वार्न और ग्लेन मेकग्रा की हवा निकाली है। दुनिया में ऐसा कोई गोलंदाज नहीं है जो सचिन को आउट कर के इतराया हो और सचिन ने उसकी हवा न निकाली हो। वे सोलह बरस के बच्चे थे तब पाकिस्तान के दिग्गज लोग स्पिनर अब्दुल कादिर ने उन्हें कुछ कह दिया था। सचिन ने उस के एक ओवर में 27 रन ठोक दिए थे। अभी सबसे इतरेल मेकग्रा, वॉर्न, वसीम अकरम, सकलेन, डोनाल्ड और वकार हैं और उन से पूछिए कि उनकी सचिन ने क्या कदर की है।

वेस्टइंडीज के महान तेज गेंदबाज कॉलिन क्रॉफ्ट ने लारा और रिचर्ड्स की तुलना करते हुए कहा था कि वे रिचर्ड्स को लारा से बहुत महान बल्लेबाज मानते हैं क्योंकि रिचर्ड्स के खेलते हुए कोई गोलंदाज दम नहीं भर सकता था कि वह उन्हें चुटकी में चटका सकता है। जिसने ऐसा कहा उसमें रिचर्ड्स ने भूस भर दिया। लारा को मेकग्रा आदि घोषणा कर के आउट करते हैं और वे पलट कर उन गोलंदाजों की खाल नहीं उधेड़ सकते। 375 का टैस्ट और 501 रनों का प्रथम श्रेणी रेकार्ड भले ही लारा के नाम हो। यानी महान बल्लेबाज की पहचान इससे है कि वह खेलता है तो गोलंदाजों को कितना दबा और मार के खेलता है। जितना जिसका दबदबा हो और जितनी जिसकी तूती बोले उतना ही बड़ा बल्लेबाज वह होता है। इस कसौटी पर घिसें तो सचिन लारा से तो बड़े बल्लेबाज सिद्ध होते ही हैं स्टीव वॉ से तो अपने आप बड़े हो जाते हैं। आस्ट्रेलियाई सिमसन और हमारे डूंगरपुर वॉ को महान बल्लेबाज इसलिए मानते हैं कि वे हमेशा संकट और जरूरत में रन बनाते हैं। सचिन या रिचर्ड्स टीम को संकट से घिसट कर नहीं निकालते क्योंकि वे खेलते हैं तो संकट आ नहीं सकता। आउट तो सब होते हैं। आखिर ब्रेडमन भी अपनी आखिरी पारी में जीरो पर बोल्ड हुए। लेकिन जब उनका बल्ला चला तब किसी की गोलंदाजी चल नहीं सकती थी। महानता की असली कसौटी यही है। वन डे में कोई सचिन के आसपास भी नहीं पहुंचता। और टैस्ट में भी सचिन पच्चीस शतक ठोक कर पौने सात हजार रन बना चुके हें और उनकी औसत अभी खेलते किसी भी बल्लेबाज से ऊंची है। ब्रेडमन के बाद ग्रेम पोलक और फिर सचिन।

और मजा देखिए कि वन डे में सचिन अपनी पहली दो पारियों में जीरो पर आउट हुए थे। 73 वन डे खेल चुकने के बाद उन्हें 27 मार्च 1994 के दिन न्यूजीलैंड के ऑकलैंड में वन डे में जडेजा के साथ ओपन करने को कहा गया क्योंकि सिद्धू खेल नहीं सकते थे। न्यूजीलैंड ने 142 रन पचास ओवर में बनाए थे। तेंदुलकर उतरे तो न्यूजीलैंड की गोलंदाजी का कत्लेआम कर दिया। सिर्फ चौवालीस गेंदों में उनने 82 रन ठोक दिए और भारत कोई चौबीस ओवर में सात विकेट से जीत गया। तब तक सचिन का कोई शतक नहीं था। इस 74वें वन डे के बाद उन्हें पांच वन डे और लगे। जब वे अपने 79वें वन डे में श्रीलंका में आस्ट्रेलिया के खिलाफ खेल रहे थे तो उनने पहली सेंचुरी कोलम्बो में मारी–110 रन। वह भी '94 का

ही साल था। तब से ले कर कल तक यानी कोई सात साल में सचिन ने 28 शतक ठोक दिए हैं जो मार्क वॉ से दस और स्टीव वॉ से पच्चीस ज्यादा हैं। पाकिस्तान के सईद अनवर और अपने सौरभ गांगुली से भी ग्यारह ज्यादा हैं। रनों में अब सचिन के बाद अजहर का नंबर है जिनने 334 मैचों में 9378 रन बनाए थे और शतक भी सिर्फ सात। लारा और स्टीव वॉ तो गिनती में नहीं आएंगे। ऐसे सचिन तेंदुलकर को दक्षिण अफ्रीकी बैरी रिचर्ड्स सिर्फ अपने घरेलू मैदानों का बल्लेबाज कहें तो चिंता मत कीजिए और गुस्सा भी मत होइए। बैरी रिचर्ड्स को अपना कथन खुद उगल के निगलना पड़ेगा।

और यह भी देख लीजिए कि सचिन अभी इस महीने की चौबीस तारीख को अट्ठाईस बरस के होंगे। वे ठिगने कद के हृष्ट-पुष्ट व्यक्ति हैं और बावजूद दो साल पहले हुए कमर के दर्द के बिलकुल फिट आदमी हैं। संयमी हैं, समर्पित हैं और विनम्र हैं। उन्हें जो करना होता है बल्ले से करते हैं और दुनियाभर के खिलाड़ी कहते हैं कि उनके जैसा समर्पण और उनके जैसी दत्तचित्तता किसी दूसरे खिलाड़ी में नहीं है। उनके जैसी प्रतिभा किसी और खिलाड़ी में नहीं है यह तो तेरह साल पहले ही साबित हो गया था। अभी कम से कम दस साल वे और खेल सकते हैं। अगर उनका मन नहीं उचटा और वे क्रिकेट से बाहर नहीं हो गए तो सच मानिए कोई कीर्तिमान नहीं बचेगा। टैस्ट में वे रेकार्डधारी गावसकर से नौ शतक पीछे हैं। रनों के मामले में एलन बॉर्डर से साढ़े चार हजार रन पीछे अभी हैं। लेकिन गावसकर 125 टैस्ट और बॉर्डर 156 टैस्ट खेले थे। सचिन के अभी बयासी टैस्ट हुए हैं। वन डे में तो सचिन वैसे भी सबसे आगे हैं—रनों में और शतकों में भी। अगले दस साल अगर वे खेले तो कहां पहुंचेंगे यह कोई बता नहीं सकता। विजय अमृतराज ने एक बार सुनील गावसकर से पूछा था कि बताओ सचिन—गावसकर हो सकता है। गावसकर ने कहा था—वह चाहे तो ब्रेडमन के पास पहुंच सकता है। यानी सर्वोच्च शिखर पर बल्ला गाड़ सकता है।

यह अपना सौभाग्य है कि सचिन रमेश तेंदुलकर को हम खेलते हुए देख रहे हैं।

(1.4.01)

लारा का राज्याभिषेक

उन्नीस अप्रैल के लंदन टाइम्स ने वह फोटू छापा है। खिलाड़ियों ने बल्लों का तिकोना मंडप बनाया है जिसके नीचे से क्रिकेट के नए राजकुमार ब्रायन लारा बगल में बल्ला, दाएं हाथ में कत्थई हैलमेट और चेहरे पर शरमीली पर संतोषदायी मुस्कान लिए चल रहे हैं। उनका दाहिना हाथ कप्तान रिची रिचर्डसन के बाएं हाथ में है जिनका दायां हाथ बल्ले को चंवर की तरह उठाए हुए है। लारा क्रिकेट इतिहास के सबसे ज्यादा 375 रन बना कर लौट रहे हैं। यह चित्र जैसे क्रिकेट के नए राजकुमार के राज्याभिषेक का है।

लंदन टाइम्स अब भले ही रूपर्ट मरडॉक का हो और उन से अपने को चाहे जितनी छड़क पड़ती हो और उनके कारण ब्रिटेन का यह गौरव पत्र कैसे ही पतन को प्राप्त हुआ हो, अपन लारा के राज्याभिषेक का यह फोटू हासिल करेंगे और पोते और परपोते के लिए पारिवारिक धरोहर में धर देंगे। हो सकता है तब तक कोई टैस्ट मैच में चार सौ रन ठोक कर लारा को भी रिकार्ड में खिसका कर बैठा दे। (ये चार सौ भी दस साल बाद इन्हीं लारा ने बनाए।)

आखिर जिस जमाने में हम रहे हैं उसमें दस साल के भीतर गावसकर ने ब्रेडमन की उन्तीस सेंचुरियों का रेकार्ड तोड़ा और टैस्ट क्रिकेट में दस हजार रन बनाने वाले तेनजिंग नोरगे हुए। फिर बॉर्डर ने ग्यारह हजार बना दिए। रिचर्ड हैडली ने चार सौ इकतीस विकेट लिए और चार साल में कपिल ने उनका भी रेकार्ड तोड़ दिया। गावसकर और बॉर्डर से सर गैरी सोबर्स का तीन सौ पैंसठ रन का रेकार्ड टूटने से रह गया था जिसे इस अठारह अप्रैल को ब्रायन लारा ने तोड़ दिया। लेकिन अभी सचिन तेंदुलकर सिर्फ इक्कीस बरस के हैं, कांबली बाईस के और इंजमाम उल हक चौबीस के। बासित अली भी दस्तक दे रहे हैं। अगले दशक में ये पांचों क्या नहीं कर गुजरेंगे कौन जानता है।

क्रिकेट इतिहास में पहली बार तीन सौ विकेट लेने वाले ट्रुमन ने कहा था जो यह रेकार्ड तोड़ेगा उस के घुटने टूट चुके होंगे। कम से कम सात गोलंदाज उस के बाद घुटने तुड़वाए बिना तीन सौ से ऊपर गए और दो चार सौ से। (अब वॉर्न और मुरलीधरन सात सौ से ऊपर हैं।) अगर कंधे का ऑपरेशन ठीक हो गया तो कपिल चार सौ पचास पार कर देंगे। लेकिन वकार यूनुस, वसीम अकरम, शेन वॉर्न और अनिल कुंबले अगले दस साल में हो सकता है कपिल को भी वहीं बैठा दें जहां ट्रुमन बिराज रहे हैं।

यौवन के चार दिनों में चार दशक की उपलब्धियां बटोर लेने वाले इन 'लड़के' खिलाड़ियों के लिए अपन बल्लों के चंवर और गेंदों की लड़ियां ही बना सकते हैं। गर्व कर सकते हैं कि हमारे कंधों पर चढ़े हमारे बेटे हम से इतने ऊंचे निकल गए। गारफील्ड सोबर्स, रोहन कन्हाई और

विवियन रिचर्ड्स के बिना लारा नहीं आते और गावसकर, विश्वनाथ और वेंगसकर नहीं होते तो तेंदुलकर और कांबली और अजहर कहां से आते ? और जहीर, माजिद, हनीफ और मियांदाद के बिना इंजमाम और बासित अली का रास्ता नहीं बनता।

इसलिए क्या फर्क पड़ता है कि सोबर्स के एक पारी में तीन सौ पैंसठ रन बनाने के रेकार्ड को सचिन तेंदुलकर या कांबली ने नहीं तोड़ा ट्रिनिडाड, वेस्टइंडीज के लारा ने ही तोड़ा। आखिर सबसे पहले तीन सौ रन इंग्लैंड के एंड्रयू सैंढम ने सन् तीस में बनाए जब वे चालीस साल के हो रहे थे। कुछ ही महीनों बाद आस्ट्रेलिया के डॉन ब्रेडमन ने 334 रन ठोक दिए। पहली सेंचुरी लंच तक, डबल सेंचुरी टी तक और ट्रिपल सेंचुरी दिन का खेल खत्म होने तक। उनके 334 सिर्फ 383 मिनट में बन गए थे। लेकिन तीन साल बाद न्यूजीलैंड के ऑकलैंड में इंग्लैंड के वाल्टर हेमंड को ब्रेडमन का रेकार्ड तोड़ने में सिर्फ 318 मिनट लगे जिसमें उन्होंने 336 रन ठोक दिए। पांच साल बाद इंग्लैंड के ही लेन हटन ने आस्ट्रेलिया के खिलाफ 364 रन बना डाले। खुद ब्रेडमन उन्हें बधाई देने मैदान पर मौजूद थे।

बीस साल बने रहने वाले इस रेकार्ड को इक्कीस साल के गैरी सोबर्स ने पाकिस्तान के खिलाफ किंगस्टन में तोड़ा। और अब लारा ने छत्तीस साल बाद वह रेकार्ड तोड़ कर एंटीगुआ के उस पिच को झुक कर चूमा। उन्हें बधाई देने खुद सोबर्स और एंटीगुआ के सबसे धुआंधार बल्लेबाज रिचर्ड्स मौजूद थे। पाकिस्तान के हनीफ मोहम्मद 337, ग्राहम गूच 333, बॉबी सिमसन 311, जॉन एडरिच 310, बॉब काउपर 307 और लारेंस रो 302 रन बना चुके थे। तीन सौ की इस अति विशिष्ट टोली के सबसे विशिष्ट बल्लेबाज अब भी डॉन ब्रेडमन हैं जिन्होंने दो बार तीन सौ से ज्यादा रन बनाए। डॉन ने सन् तीस में लीड्स में 334 बनाने के बाद सन् चौंतीस में 304 रन उसी मैदान पर ठोक दिए थे।

यह लारा के चमचमाते और धुंआधार कीर्तिमान की शान को कम नहीं करना है उसे सिर्फ कीर्तिमानों और महान बल्लेबाजों के साथ रख कर देखना है। इन कीर्तिमानों के ऊपर जा कर महान बल्लेबाजों की लाइन में तो लारा बैठ ही गए हैं भले ही यह उनका सिर्फ सोलहवां टैस्ट और छब्बीसवीं पारी हो। यह भी ठीक है कि सोबर्स ने जब 365 रन बनाए तो वे सिर्फ इक्कीस बरस के थे और तीन आंकड़ों की वह उनकी पहली पारी थी। और 364 बनाने वाले लेन हटन तब बाईस बरस के थे। लारा अगले महीने पच्चीस के हो जाएंगे। लेकिन पिछले साल ही सिडनी में उन्होंने अपनी पहली दुहरी शतक बनाई थी जो 277 पर रन आउट होने से खत्म हुई और इस साल फिर इसी सीरिज में इंग्लैंड के खिलाफ उन्होंने 167 रन बनाए थे। यानी बड़े स्कोर खड़े करना और तेजी से चमकदार और शानदार लयदार बल्लेबाजी करना उनकी आदत है। उनमें ऐसी कुदरती सहजता है जो आप को सिर्फ वेस्टइंडीजी खिलाड़ियों में ही मिलेगी। जैसा कि सोबर्स ने कहा है वेस्टइंडीजी खिलाड़ी अपने जीवन का चोंगा ढीला पहनते हैं और फालतू के तनाव और ओछी होड़ में नहीं पड़ते।

लारा की बल्लेबाजी जैसा ही आकर्षक उनका चेहरा है जो बच्चों जैसा लगता है और जिस पर दुधमुंही सी मासूम मजाक खेलती रहती है। मैंने पढ़ा था उनके बारे में लेकिन उन्हें देखा नहीं था। आस्ट्रेलिया-न्यूजीलैंड में दो साल पहले हुए विश्व कप के दूसरे दिन के मेलबर्न वाले उस मैच के लिए मैं पहुंचा नहीं था जिसमें लारा ने पाकिस्तान की लारालप्पा करते हुए

सेंचुरी ठोक दी थी। वेस्टइंडीज के तीसरे मैच के दिन उन्तीस फरवरी को जब मैं ब्रिसबेन पहुंचा तो जिंबाब्वे से गाबा मैदान पर उनका मैच हो चुका था। दूसरे दिन यानी एक मार्च को उसी मैदान पर भारत का आस्ट्रेलिया से मैच होने वाला था। जिस पॉर्क रॉयल अपार्टमेंट होटल में अपन ठहरे थे उसी में वेस्टइंडीज और आस्ट्रेलिया की टीमें ठहरी थीं। वह होटल क्या है, अपार्टमेंटस यानी पूरे फ्लैट आप को मिलते हैं। एक रसोई, एक डाइनिंग, एक बैठक, एक बेडरूम और एक कमेटी रूम भी। व्यापारी मेलजोल और बैठकों के लिए यात्रा करने वाले व्यापारियों के लिए वह बनी है। कुल दो-तीन लोग उसे चला लेते हैं। आप गैलरी में बैठ कर ब्रिसबेन नदी के किनारे बनी इस बहुमंजिला बिल्डिंग जैसी होटल का आनंद ले सकते हैं। आस्ट्रेलियाई लोगों की तरह अपने काम खुद करें तो बेहतर नहीं तो ऑर्डर दे कर चीजें बुलाने में समय लग सकता है।

इस होटल का वर्णन मैंने इसलिए नहीं किया कि क्रिकेट में या आस्ट्रेलिया में अपने को होटलें ही दिखती हैं। ब्रायन लारा ने एक इंटरव्यू में कहा है कि दुनिया में कोई होटल उन्हें सबसे अच्छी लगती है तो यही पार्क रॉयल, ब्रिसबेन। इसी होटल के डाइनिंग हॉल में मैंने पहली बार लारा को देखा। वेस्टइंडीज की टीम नाश्ता कर रही थी और अपन भी। हॉल कोई बड़ा नहीं था न परोसने वाले थे। सब कुछ करीने से रखा था जो खाना हो सो पेट भर के खाओ। वेस्टइंडीज के लंबे तगड़े खिलाड़ियों के बीच लारा छोटे, बच्चे और सुंदर लग रहे थे। हमारे मन में वेस्टइंडीजी खिलाड़ियों की जो हबशी छवि है उस में वे फिट नहीं होते। रंग भी उतना काला नहीं है। शरीर मांसपेशियों से गठा हुआ है और चाल-ढाल में एक ऐसी तनावहीन लापरवाही या अल्हड़पन है जिसे वे अपने से बुजुर्ग खिलाड़ियों की उपस्थिति में छुपाने या दबाने की कोशिश नहीं करते। टीम का उनके प्रति रवैया और बतराव देख कर लगा कि बड़े खिलाड़ी उन्हें प्रतिभाशाली राजकुमार की तरह देखते और प्रेम करते हैं। चिढ़ाते और लड़ियाते भी हैं।

जिस टेबल पर मैं बैठा था, सामने ही लारा, एम्ब्रोज और बेंजामिन बैठे थे। उनकी अंग्रेजी और बोलने का लहजा उतनी आसानी से पकड़ में नहीं आ रहा था जितना अंग्रेजों और आस्ट्रेलियाइयों का आता है। मैं नहीं जानता कि मेरी हिम्मत नहीं थी, इच्छा नहीं थी या ध्यान कहीं और था कि उन से बात करने के लिए अपना परिचय देता। वे मजाक करते, मजा करते एक दूसरे की टांग खींचते नाश्ता करते रहे और मैं संकोच और जल्दी में तुरंत कुछ शक्तिदायी पदार्थ पेट में डाल कर मैच देखने निकल जाना चाहता था और वेस्टइंडीज टीम को दोपहर बाद के विमान से क्राइस्टचर्च, न्यूजीलैंड निकल जाना था जहां उन्हें उसी दक्षिण अफ्रीका से खेलना था जिससे खेलने पर उनके कुछ खिलाड़ी पहले अपना कैरियर बरबाद कर चुके थे। शाम को होटल लौटा तो लारा और उनकी टीम जा चुकी थी और एक रन से भारत को हराने वाली आस्ट्रेलियाई टीम जश्न मना रही थी।

लारा को फिर देखा आठ मार्च को आकलैंड में जहां वेस्टइंडीज न्यूजीलैंड से खेली और बुरी तरह हारी। लारा से ज्यादा कुछ बना नहीं था। फिर दो दिन बाद क्राइस्टचर्च में वे भारत के खिलाफ खेले और तेजी से रन बनाए। आप जानते ही हैं कि वहां हम वेस्टइंडीज से पिट गए थे। लेकिन क्राइस्टचर्च में भी अपनी लारा से कोई बात नहीं हुई हालांकि वे हर किसी से जिस

सहजता और खुलेपन से मिलते और बतियाते थे मैं कोशिश करता तो काफी मजे में बात हो सकती थी। लेकिन सिर्फ दोस्ती गांठने में अपनी कोई रुचि नहीं रहती और जब तक पूछने के लिए सचमुच कोई जरूरी बात न हो बतियाने का मतलब क्या। वेस्टइंडीज टीम की रणनीति, मनोबल आदि पर तो मैनेजर मरे और कप्तान रिचर्डसन बात कर ही लेते थे और उनकी टीम भारत जैसी ही पिटती जा रही थी। लेकिन वेस्टइंडीज के खिलाड़ियों में वह हताशा और बिखराव नहीं था जो भारतीय टीम में साफ दिखता था। शायद यह भारतीय और वेस्टइंडीज चरित्र का फर्क था।

एडीलेड में भारत को टूर्नामेंट से बाहर होते देखने के बाद अपन सोलह मार्च को डॉन ब्रेडमन से दर्शन कर के मेलबर्न आ गए और वहीं लारा को नजदीक से देखने का मौका मिला। सोलह की शाम और सत्रह के दिन वेस्टइंडीज को मेलबर्न के विशालकाय स्टेडियम और बाहर जाली वाले पिच पर अभ्यास करते देखा और लारा को अनजान लोगों से भी हंस-खुल कर बतियाते देखा। वे निश्चित ही न तो अपनी टीम के सबसे महत्त्वपूर्ण खिलाड़ी थे न वैसे हीरो कि लोग खास कर लड़कियां उन पर टूटी पड़ें। अब वे जहां कहीं भी जाएंगे लोग उन्हें घेरे रहेंगे। मेलबर्न में तब उन्हें अकेले पाना और बात करना आसान था। सेमी फाइनल में कौन जाएगा इसका फैसला मेलबर्न के उस आस्ट्रेलिया-पाकिस्तान मैच में नहीं, उसी दिन क्राइस्टचर्च में न्यूजीलैंड और पाकिस्तान के बीच होना था। अगर न्यूजीलैंड जीत जाता तो सेमी फाइनल भी वहीं होता। आस्ट्रेलिया मना रहा था कि न्यूजीलैंड जीते ताकि पाकिस्तान बाहर हो और सेमी फाइनल आस्ट्रेलिया और न्यूजीलैंड में हो।

चूंकि उस मैच में वेस्टइंडीज सत्तावन रन से हार गई इसलिए लारा से काफी बातें हो सकती थीं। जीतने वाली टीम को मैंने कभी इतनी उदास और निराश नहीं देखा क्योंकि अपने ही देश में आस्ट्रेलिया सेमी फाइनल में भी नहीं पहुंचा। वेस्टइंडीज के खिलाड़ी पहले से जानते थे कि वे बाहर हैं इसलिए उनके खेमे में राहत ही नहीं उदासीनता का वातावरण था। लेकिन सारे खिलाड़ी अपने मौज मजे में लगे थे। फिर भी मैंने लारा को बैठा कर बात नहीं की।

मेरे मन में था कि लारा अपने सचिन तेंदुलकर के प्रतिद्वंद्वी हैं और वेस्टइंडीज वाले उन्हें सचिन से ज्यादा प्रतिभावान और होनहार मानते हैं। सचिन ने विश्व कप में कोई सेंचुरी नहीं की थी, लारा ने की थी। लारा ने दूसरे मैचों में भी सचिन से ज्यादा रन बनाए थे। पर लारा ओपन करते थे और तेज आती गेंद उनके खेल के लिए बहुत ठीक थी क्योंकि वे कलाइयों के लचीले और जबरदस्त इस्तेमाल से गेंद को बाउंड्री के पार कर देते थे। जब पहले पंद्रह ओवरों में ज्यादा फील्डर घेरे के अंदर होते हैं तब ब्राउंड्री आसानी से लगती है। लेकिन लारा की आंख बहुत तेज, फुटवर्क बहुत चुस्त और भरपूर शॉटस खेलने की इच्छा स्पष्ट और जबरदस्त थी। फिर वे नाहक कोई बोझ अपने पर नहीं रखते थे। उनकी टीम उन पर उस तरह निर्भर भी नहीं रहती थी जैसी सचिन पर भारतीय टीम। लारा खुल कर आजादी से खेलते और इसलिए ज्यादा चमकदार और शानदार लगते। बाएं हाथ के खिलाड़ी यों भी अच्छे लगते हैं। लेकिन उनमें मुझे सोबर्स और गॉवर जैसा लालित्य नहीं लगता। कोई कमजोरी उनकी बल्लेबाजी में लगती तो वही जो विनोद कांबली में भी है। बाहर जाती गेंद को वे संभाल नहीं पाते। लेकिन लारा तब भी मुझे कांबली से कई गुना बेहतर बल्लेबाज लगे थे। हैं भी।

सचिन मुझे लगता बहुत अधिक प्रतिभाशाली 'बाल चमत्कारी' होने के कारण बहुत कम उम्र में टीम में आ गए। चूंकि सब उन्हें चमत्कारी बालक मानते इसलिए वे खेलते भी वैसा ही। बूम-बम, धमा-धम और धुंआधार। लेकिन थोड़ी देर अद्‌भुत खेल दिखाए और फिर कोई मूर्खतापूर्ण गलती कर के आउट हुए और चल दिए। यह रवैया चमत्कारी बालकों जैसा है। फिर मुझे यह भी लगा कि श्रीकांत, अजहर, मांजरेकर, कांबली आदि की विफलता के कारण सचिन पर इतनी जिम्मेदारी आ जाती जो कि उनकी उम्र और उनके चमत्कारी खेल के साथ निभती नहीं। मुझे लगता कि सचिन गलत टीम में हैं। अगर वे वेंगसरकर, गावसकर, विश्वनाथ आदि की टीम में होते तो ज्यादा आसानी से अपना स्वाभाविक खेल खेलते और ये अनुभवी खिलाड़ी बात से और अपने खेल और रवैए से भी समझाते कि किस तरह देर तक खेल कर अपनी पारी और टीम का टोटल बनाना चाहिए। वेस्टइंडीज में रिचर्ड्स और ग्रीनिज भले ही न रहे हों पर हेंस, रिचर्डसन, हूपर और लोगी जैसे अनुभवी खिलाड़ियों की आश्वस्ति लारा का आत्मविश्वास बढ़ाती है।

सचिन ने टैस्ट में सात शतक बना लिए हैं लेकिन लारा ने 375, 277 और 167 की तीन पारियां खेल कर साबित कर दिया है कि महान पारी खेलते रहने का स्वभाव, धीरज, सातत्य और निश्चय उनमें है जो सचिन ने अभी तक ज्यादा दिखाया नहीं है। सचिन एक सौ सत्तर से भी ऊपर नहीं गए हैं। कांबली तक ने दो डबल सेंचुरियां ठोकी हैं। एक जैसी और घंटों धड़ाधड़ चलने वाली पारी खेलने के लिए स्वभाव में एकाग्रता और निश्चय चाहिए। सचिन चमत्कारिता में भूल जाते हैं कि प्रतिभा का सही इस्तेमाल करना भी बड़ी प्रतिभा है। लारा ने साबित कर दिया है और गावसकर ने सचिन को कहा भी है कि लारा इस वक्त महानतम बल्लेबाज हैं। इसे मेरा मन नहीं मानता। मुझे लगता है तीन साल छोटे सचिन को लारा को अभी बहुत कुछ दिखाना है। लेकिन जब तक ऐसा नहीं होता लारा का इस तिरंगी कलम से राजतिलक करने में भी मुझे हिचक नहीं है। न इसका दुख कि लारा से बात नहीं की। लारा के बल्ले पर सविता विराजमान है पर उनकी जबान पर सरस्वती नहीं दिखती। हम सविता से ही आनंदित हों। क्रिकेट के नए राजकुमार की जय।

(24.4.94)

रूज़ेस्की ने क्रॉस क्यों बनाया

लिखना-पढ़ना अपने यहां दिमाग का काम माना जाता है और खेलना-कूदना सिर्फ शरीर का। पहलवान को आम तौर पर जड़ भरत समझ लिया जाता है। दिमाग से तेज कोई व्यक्ति खेलने लगे या खेलकूद में रुचि लेने लगे तो उस के फितूर को सह लिया जाता है। लेकिन अगर कोई पढ़ने-लिखने और सोचने समझने वाला आदमी खेलने में या किसी खेल के पीछे पड़ने में मन बहलाव की सीमा से बाहर हो जाए तो लोग मानते हैं कि इसका कोई न कोई पुर्जा ढीला है। पूरी तरह पागल तो नहीं मानते लेकिन समझ लेते हैं कि कहीं यह पगला जाता है। उसकी हंसी उड़ाते हैं और उसे पटरी पर लाने की कोशिश भी करते हैं।

अपने खेल प्रेम या सही कहूं तो दीवानगी ने गंभीर और विद्वान लोगों से अपनी खूब हंसी उड़वाई है। कितनी ही अच्छी तरह से बताने की कोशिश करो और कितनी ही दमदार दलीलें दो, लोग मानने को तैयार नहीं होते कि खेल एक ऐसा स्वस्थ उपक्रम है जो आदमी का शारीरिक ही नहीं, मानसिक और आत्मिक विकास भी करता है। वह खेलने वाले को ही नहीं देखने वालों को भी भावशांति के, विरेचन के ऐसे अद्‌भुत अवसर देता है जो साहित्य और भक्ति में भी यों ही नहीं मिल जाते। खेल में आदमी का आसानी से साधारणीकरण होता है और अगर वह चरित्रवान है तो उदात्तीकरण भी।

बहुत कहता हूं कि भाई, खेल सिर्फ मन बहलाव नहीं है। किसी कहानी, नाटक या उपन्यास में आदमी का चरित्र जैसे खुलता है खेल में उसका उद्‌घाटन और भी नाटकीयता से होता है। यह बात मेरी भी समझ में अभी उस रात बड़ी तीव्रता से आई। टीवी पर सलेम ओपन का फाइनल देख रहा था। चीनी मूल के अमेरिकी माइकल चांग कनाडा के ग्रेग रूज़ेस्की से खेल रहे थे। चांग को अपन उस फ्रेंच ओपन से देख रहे हैं जिसमें वे चार साल पहले चैंपियन हो गए थे। लेकिन कनाडा के रूज़ेस्की को पहली बार देख रहा था। बाएं हाथ से खेलने वाले रूज़ेस्की की उमर बीस बरस है। लेकिन आजकल के टेनिस में तो बीस बरस का खिलाड़ी वेटरन हो जाता है।

चांग भी क्या इक्कीस बरस के हैं लेकिन टेनिस की दुनिया के वरिष्ठ नागरिक हैं और उनके चेहरे पर वह दुधमुंहापन या वह ताजगी नहीं है जो जवान होते किसी आदमी में होती है। वे कई युद्धों के वयोवृद्ध हुए योद्धा लगते हैं। चार साल पहले जब फ्रेंच ओपन जीते थे तो सचमुच सत्रह बरस के लगते थे। फुर्ती तो उनमें अब भी वही है लेकिन उन्हें कौन नौजवान खिलाड़ी कहेगा ! आजकल के छह फुटे खिलाड़ियों की तुलना में वे छोटे हैं। पांच दस के होंगे। फिर भी एक्सपर्ट लोग कहते हैं कि जो उनके पास इंचों में नहीं है उसकी कमी वे अपनी फुर्ती और अनुभव से पूरी कर लेते हैं। राणा सांगा के शरीर पर कहते हैं अस्सी

घाव थे। चांग के चेहरे पर उन सभी खिताबी लड़ाइयों की लकीरें हैं जो फ्रेंच ओपन जीतने के बाद उन्होंने कोर्ट पर जान लगा कर लड़ी हैं फिर भी एक भी ग्रैंड स्लेम उनके हाथों में नहीं आया।

रूज़ेस्की चांग से एक साल ही छोटे हैं और अब तक एकाध टाइटल जीते हैं वह भी छोटी-मोटी। अपनी उम्र के दूसरे खिलाड़ियों की तुलना में कम खेले और बहुत कम जीते हैं। उनके सुंदर केनेडियन चेहरे को देखते ही लगता है कोई लड़की है। किसी हाईस्कूल या कॉलेज के पहले साल में पढ़ता होगा। लंबे हैं, जैसे तेजी से बढ़ते लड़के होते हैं। चेहरे पर ताजगी है जैसे नवयुवकों में होती है। चाल में एक तरह का अल्हड़पन है जो किसी शौकिया खिलाड़ी को खुर्राट पेशेवर खिलाड़ी से अलग करता है। और उनके खेल में भी एक तरह का नैसर्गिक आवेग है जो पेशेवर खिलाड़ियों में सध-सध कर, घिस-घिस कर सालिगराम जैसा हो जाता है। उन्हें खेलते देख कर लगता है जैसे कोई पहाड़ी नदी मैदान में उतर कर खेल कर रही है। चांग को या कूरियर को या संप्रास को देखिए तो लगता है जैसे बंधी हुई नदी की तरह नहर वाली मुख्य धारा हो। उससे बिजली बना ली गई है और अब सिंचाई की जाएगी। उस के प्राण और आवेग को जैसे फल प्राप्ति में लगा दिया गया है। एक प्रतिभावान खिलाड़ी पेशेवर हो गया है।

ग्रेग रूज़ेस्की में प्रतिभा साफ दिखती है। खेल की स्थिति और मारी गई या चूकी हुई शाट भी चेहरे पर जैसे बड़े टाइप में छप जाती है। बाएं हाथ से खेलते हैं। इसलिए जॉन मेकिनरो के आईने में जरूर देखे जाएंगे। सर्विस मेकिनरो से तेज करते हैं। आजकल के सभी लंबे-तगड़े खिलाड़ियों की तरह तोप के गोले जैसी दन्न। कम से कम डेढ़ सौ किलोमीटर प्रति घंटे की रफ्तार से। मौके पर पौने दो सौ, दो सौ भी। मेकिनरो कोण ढूंढ़ते थे लेकिन उनकी सर्विस में इतनी ताकत और तेजी कभी नहीं रही। वे इतने ऐस नहीं मारते थे जितने रूज़ेस्की मार लेते हैं। खेल वही सर्विस और वॉली का है। लेकिन निरा पशुबल का नहीं। मेकिनरो में जो नजाकत, नफासत और अदाकारी थी वह आप रूज़ेस्की में भी देख सकते हैं। फांक की तरह धीमे से काटते हुए गेंद को ऐसे उछाल देते हैं कि सामने वाला पहुंचे उस के पहले ही दूसरा टप्पा खा जाए और वह पहुंच भी जाए तो उसकी ऐसी जोर की लगे कि गेंद बाहर हो जाए। सर्विस ऐसी कि गेंद दिखे नहीं, वॉली ऐसी कि गेंद खड़ी हो जाए। इतना नैसर्गिक और ऐसा प्रतिभावान खिलाड़ी अब तक कोई ग्रैंड स्लैम क्यों नहीं जीत पाया ?

मैं अपने से पूछ रहा था और दूसरा सैट देख रहा था। पहला सैट माइकल चांग ने टाईब्रेकर में जीता था। पहले चांग ने रूज़ेस्की की सर्विस तोड़ी थी और फिर रूज़ेस्की ने पलट कर चांग की। छह-छह गेम बराबरी पर जीत कर दोनों टाईब्रेकर में पहुंचे थे। रूज़ेस्की की एक गलती ने चांग को जितवा दिया था। दूसरे सैट में कोई किसी की सर्विस तोड़ नहीं पाया। रूज़ेस्की ऐसे खेल रहे थे जैसे बार-बार कहते हों कि देखूं यह सैट चांग कैसे जीतता है। ऐस पर ऐस मारे जा रहे थे और चांग जैसे फुर्तीले खिलाड़ी का भी गेंद तक पहुंचना मुश्किल हो रहा था। पहला सैट जीत कर चांग ने जैसे चुनौती दी हो और टूर्नामेंट में पहले से निर्धारित कोई स्थान न पाने वाला यह खिलाड़ी नंबर एक स्थान पाने वाले चांग को बताने पर तुला हो कि श्रीमान जी हो जाए दो हाथ। चांग अविचलित, ठंडे, स्वभावगत कौशल और साधन से

आश्वस्त खेल रहे थे। रूज़ेस्की ताताथैया कर रहे थे लेकिन उनके खेल में ऐसी धार थी जो कांटे के मुकाबले में और तीखी हो कर चमकने लगती है। अपना छठा और सैट का बारहवां गेम जीत कर रूज़ेस्की सैट को टाईब्रेकर में ले गए कुछ ऐसे अंदाज से कि अब हो जाए फैसला। इस टाइब्रेकर में रूज़ेस्की ने चांग को सचमुच पछाड़ दिया। चांग संसार के सातवें नंबर के खिलाड़ी और रूज़ेस्की एक सौ उनतीसवें !

फिर तीसरा और निर्णायक सैट शुरू हुआ। चांग ने अपने तीनों सर्विस गेम जीते लेकिन रूज़ेस्की ने तीनों गेम ज्यादा धमाके से जीते थे। अपने चौथे और सैट के सातवें गेम में रूज़ेस्की सर्विस करते हुए लड़खड़ाए और गेम खोने की कगार पर पहुंच गए। दन्न से दागे गए एक दो ऐस ही रूज़ेस्की को गेम दे कर सैट और फाइनल मैच में सुरक्षित रख सकते थे। मैच में पहली बार रूज़ेस्की ने सर्विस करने के लिए चुनी दो गेंदों में से एक अपने हाथ में ली, चूमी, सिर से लगाई और फिर दाहिने और बाएं कंधे पर लगाकर क्रास बनाया। जैसे उस गेंद पर रूज़ेस्की ने अपना आत्मविश्वास और कौशल लगाने के बजाय भगवान ईसा और उन में अपनी आस्था को दांव पर लगाया हो। अब तक दन्न से सर्विस करने वाले रूज़ेस्की ने सर्विस की लेकिन वह ऐस होने के बजाए नैट में जा फंसी। उस के बाद रूज़ेस्की से वह गेम नहीं जीता गया। तीन चार से आगे हुए चांग ने सर्विस की और पांच तीन से आगे पहुंच गए। अपना पांचवां गेम किसी तरह रूज़ेस्की ने जीता लेकिन अगला गेम, मैच और टाइटल चांग ने ही जीता। अपने मूल देश में खेले गए पहले सलेम ओपन को जीत कर चांग ने राहत की सांस ली। भगवान को धन्यवाद दिया और कहा कि रूज़ेस्की बहुत अच्छा खेले।

रूज़ेस्की ने जब गेंद को चूम कर उससे अपने ऊपर क्रास बनाया तब खेल संतुलन के कांटे पर बीचों बीच टंगा था। पहला सैट चांग ने जीता था और दूसरा रूज़ेस्की ने। मैच का फैसला जिस तीसरे सैट में होना था उस के तीन गेम चांग ने जीते थे और तीन रूज़ेस्की ने। चौथे में रूज़ेस्की सर्विस कर रहे थे तब मैच इस या उस पलड़े में जा सकता था। वह मैच का बल्कि सलेम ओपन के खिताब का सबसे नाजुक और सबसे निर्णायक क्षण था। वह रूज़ेस्की की अग्नि परीक्षा का क्षण था। उसमें वे खरे उतर जाते तो मैच में उनका पलड़ा भारी पड़ता। वह रूज़ेस्की के चरित्र के भी कसौटी पर घिसे जाने का क्षण था। रूज़ेस्की को अपने सबसे बड़े हथियार—अपनी दनदनाती सर्विस को सान पर चढ़ा कर दो ऐस मारने थे। उस मैच में कभी ऐस मारने की सबसे बड़ी जरूरत थी तो उस क्षण। लेकिन रूज़ेस्की ने अपनी अग्नि परीक्षा और चरित्र कसौटी पर घिसे जाने के नाजुक निर्णायक क्षण में अपनी प्रतिभा और अपने में विश्वास नहीं दिखाया। या उनका अपने में विश्वास डगमगा गया और उन्होंने भगवान को याद किया। उसी पर भरोसा किया और सांस साध कर सर्विस की। और वह ऐस होने के बजाए नैट में जा फंसी। उस क्षण के बाद रूज़ेस्की अपने को समेट नहीं पाए और तीन गेम में बिखर गए।

मैं तब से पूछ रहा हूं कि रूज़ेस्की ने सबसे नाजुक और निर्णायक क्षण में अपने में विश्वास क्यों खोया और भगवान में विश्वास क्यों किया ? अग्नि परीक्षा के नाजुक क्षण में जब वे कसौटी पर चढ़ाए गए तो उनका चरित्र खरे सोने की तरह क्यों नहीं चमका ? अपने

में विश्वास करने के बजाय बीस साल के प्रतिभावान अल्हड़ खिलाड़ी ने भगवान में विश्वास क्यों किया ? क्या वे इसलिए हारे कि उनका आत्मविश्वास इतना दृढ़ और चरित्र ऐसा शक्तिशाली नहीं है कि अग्नि परीक्षा के क्षण में अपना सर्वश्रेष्ठ निकाल कर दे सकें ? ऐसी घड़ी में जो चूक जाए वह विश्व विजेता नहीं हो सकता। सवाल किसी के नास्तिक या आस्थावान होने का नहीं है। आप भगवान के पूरी तरह समर्पित आस्थावान भक्त हो सकते हैं फिर भी निर्णायक घड़ी में 'उसे' याद करने की आप को जरूरत ही न पड़े। आप का आत्मविश्वास आप को पार लगा दे या आप हार जाएं लेकिन कसौटी पर कसे जाने में आप अपने भगवान को न लाएं। सवाल आप के आस्तिक या नास्तिक होने का नहीं है। सवाल यह भी नहीं है कि आपका भगवान आपका बेड़ा पार लगाता है या नहीं। और प्रश्न यह भी नहीं है कि आपकी भक्ति सच्ची है या कच्ची या आपके भगवान चमत्कारी हैं या झूठे। टेनिस खिलाड़ी भगवान का भक्त हो सकता है लेकिन भक्ति वह टेनिस के जरिए नहीं कर रहा है जैसा कि अपने काम के जरिए अपने भक्त कवि करते थे।

रूज़ेस्की का क्रास बनाना इसलिए ईसा या ईसाइयत में उसकी आस्था का उदाहरण नहीं है। अपने आप में उस के आस्था की कमी का प्रमाण है। उससे कम उम्र में बेकर ने विंबलडन जीता था और सब मानते हैं कि उसकी सबसे बड़ी ताकत उसका अपने में विश्वास था। वह असंभव गेंद खेल गया। और ऐसी गेंदों पर उसने विनर मारे जिन पर दूसरा कोई पहुंच नहीं सकता था। चांग ने फ्रेंच ओपन ऐसे ही जीता। बालक पीट संप्रास ने तीन साल पहले अमेरिकन ओपन जीता। एडबर्ग ने विंबलडन, फ्रेंच और आस्ट्रेलियाई ओपन और कूरियर ने फ्रेंच ओपन जीते तो इसी कारण कि जब जरूरत थी तब उन्होंने विनर मारे और अग्नि परीक्षा की घड़ी में अपने में उनका विश्वास नहीं डिगा। ये सभी तब बीस के या उससे भी छोटे थे। इसलिए सवाल यह अनुभव का नहीं है कि अभ्यास और बार-बार खेलने से ही आप अपनी नसों को काबू में रखते और शांति से खेलना सीखते हैं। अपने में विश्वास करना किसी को कोई सिखा नहीं सकता न कोई सीखता है। यह आपके चरित्र का ऐसा गुण है जो होता है या नहीं होता। आदमी की मूल धातु नहीं बदलती। वह उस के साथ जनमता है और उसी के साथ जाता है। वह जो भी करता है वह उसकी धातु की ही अभिव्यक्ति है।

चरित्र की यह धातु खेल में बहुत आसानी से दिखती है। उसका रंग, स्वभाव और धर्म खेल में हर क्षण कसौटी पर होता है। खेल में आप अपने को या दुनिया को गच्चा नहीं दे सकते। जो आप असल में हैं वही आप प्रकट में होंगे। अपने प्रतिद्वंद्वी से आप चरित्र की शक्ति और गुण के मुकाबले में हैं। आप बेहतर होंगे तभी जीतेंगे। धातु को आप अभ्यास से और समर्पित जीवन से चमका सकते हैं। या लापरवाही या नकारात्मक रुख से अपनी धातु को और काली कर सकते हैं। सचमुच महान खिलाड़ी वही होता है जो अपने चरित्र की धातु और अपनी नैसर्गिक प्रतिभा को अभिव्यक्ति के सबसे अच्छे और बड़े अवसर दे सकता है और देता है। अग्नि परीक्षा के उस क्षण में दिखा कि रूज़ेस्की की धातु कमजोर है और इसलिए बड़ा खिलाड़ी वह शायद ही बन पाए। उसे सलेम ओपन का फाइनल हारते हुए देख कर उस दिन मेरा मन कातर हो उठा। मेरी इच्छा हुई कि उसे गले लगाऊं, उसकी पीठ थपथपाऊं और कहूं कि कोई बात नहीं। आगे फिर मौका मिलेगा। तब जीतना।

मैं जानता हूं कि आगे मौका मिलेगा तो वह फिर गेंद नैट में मार देगा और हार जाएगा। जीतने वाले महान खिलाड़ी कितने होते हैं ? एक युग में कोई इक्का दुक्का और एक सदी में गिनती के तीन चार। बाकी तो हम सब रूज़ेस्की हैं। खेलने और ऐन मौके पर टूट कर हार जाने वाले लोग। खेल—ऐसे तमाम खेलने वालों और हारने-जीतने वालों के साथ सहानुभूति में जीना और खेलते रहना सिखाते हैं। साहित्य भी आखिर मनुष्य के संबंधों को समझने और उनके जरिए को सार्थक करने के लिए ही है। फिर हम खेल को खिलवाड़ और साहित्य को दैविक अनुष्ठान क्यों मानते हैं ? इस सवाल पर सोचिएगा और समाधान मिले तो इस गरीब खेल प्रेमी को बताइएगा।

(31.10.93)

मार्तिना नवरातिलोवा

जाना मत मार्तिना

अपना क्या तो अनुभव, क्या हैसियत और क्या हस्ती ! लेकिन सत्तावन साल पहले विंबलडन जीतने वाले अंतिम अंग्रेज खिलाड़ी फ्रेंड पैरी तक ने कहा है कि उनकी याद में और उनके देखते यह पहली बार हुआ कि महिलाओं का खिताब जीतने वाली कोंचिता मार्टिनेज पांच मिनट तक कुर्सी पर गुमनामी में बैठी रही और हारने वाली मार्तिना नवरातिलोवा सेंटर कोर्ट के मंच पर खड़ी दर्शकों की तालियों पर तैरती और रोती रहीं।

लेकिन उस शनिवार, दो जुलाई को अपन ने भी हूबहू यही महसूस किया। पैरी ने नहीं लिखा है कि इस सबसे भावुक फाइनल के समाप्त होने पर उनकी आंखों में आंसू थे या नहीं। लेकिन मैं लिख रहा हूं कि विंबलडन के सेंटर कोर्ट से अंतिम विदा लेती हुई सैंतीस बरस की मार्तिना ने जब थोड़ी सी घास उखाड़ कर मुट्ठी में भींच ली तो उनकी भी आंखों में आंसू थे और मेरी भी।

सब मानते हैं कि मार्तिना नवरातिलोवा सिर्फ इस सदी की ही सबसे महान टेनिस खिलाड़ी नहीं वे टेनिस की ही सबसे महान खिलाड़ी हैं। उन्होंने बाईस साल के खेल जीवन में एक सौ सड़सठ खिताब जीते हैं और नौ विंबलडन खिताब। ये आंकड़े भले ही बताते हों कि उनकी उपलब्धि कितनी अभिभूत कर देने वाली है लेकिन जिनने उन्हें खेलते देखा है वे मानेंगे कि इन आंकड़ों से कहीं महान उनका खेल था। किसी मशहूर टेनिस लेखक ने अभी कुछ महीने पहले लिखा था कि मार्तिना इस साल के बाद सिंगल्स नहीं खेलेंगी। इसलिए जब कहीं मौका मिले उन्हें खेलते देखने से चूकिए मत क्योंकि आप टेनिस की राजमहिषी को आखिरी बार खेलते देख रहे हैं।

मैंने जब से ये पढ़ा है ऐसा कोई टूर्नामेंट टीवी पर देखने से चूका नहीं हूं जिसमें मार्तिना खेली हैं। इसलिए दो जुलाई को उस शाम मार्तिना को आखिरी बार सेंटर कोर्ट से जाते हुए देख कर मुझे लगा कि मैं अपने वर्तमान के गौरव को इतिहास से जाते देख रहा हूं। अगर आपने कभी ऐसा महसूस किया हो तो आप समझ लेंगे कि यह कितना दुखदायी और उदास कर देने वाला होता है। लेकिन यह तो एक दर्शक की बात है, जरा उस मार्तिना नवरातिलोवा के बारे में सोचिए जो पंद्रह साल की उम्र में टेनिस के मंच पर नायिका की तरह आई और बाईस साल तक शिखर पर जमीं रह कर महानायिका हुईं और अब उनके जीवन में बर्फ पर स्कीइंग करने और अपने छह कुत्तों की देखभाल करने के अलावा सक्रिय करने को कुछ नहीं बचेगा। किसी भी व्यक्ति की विदाई से ज्यादा उदास मुझे एक खिलाड़ी की विदाई लगती है। आप तब दुनिया भर की आंखों के तारे हो जाते हैं जब लड़के-लड़की स्कूल-कॉलेज में पढ़ रहे होते हैं।

लेकिन जब वे जवानी की पूरी बहार पर होते हैं तब खिलाड़ी को उस मंच से विदा हो जाना पड़ता है जहां वह दुनिया भर के आकर्षण का केंद्र रहा है।

अचानक गुमनामी में चले जाना और खेल की उत्तेजना में धमनियों में दौड़ने वाले रक्त के वेग को फिर से महसूस न कर पाना कितना दुखदायी होता होगा। उस दिन खचाखच भरे विंबलडन के सेंटर कोर्ट ने टेनिस की राजमहिषी को जब विदा किया और मार्तिना ने अपने आंसू पोंछे और मुट्ठी में पवित्र घास को भींच लिया तो एक युग का अंत हो गया। इसीलिए लगभग अस्सी बरस के फ्रेड पैरी ने कहा कि ऐसा भावुक फाइनल और ऐसी मर्मस्पर्शी विदाई उन्होंने आज तक नहीं देखी थी।

अखबारों ने लिखा है कि स्पेन की कोंचिता मार्टिनेज ने मार्तिना के दसवें विंबलडन खिताब के सपने को चकनाचूर कर दिया। अखबारों में बहुत सी घिसी-घिसाई अैर पिटी-पिटाई बातें लिखी जाती हैं जिनका न वास्तविकता से कोई मतलब होता है न सच्चाई से। मार्तिना पहले ही घोषणा कर चुकी थीं कि इस साल के बाद वे सिंगल्स नहीं खेलेंगी। न उन्होंने कहा था कि उनका सपना दसवीं बार विंबलडन जीतना है। मार्तिना ने कहा था कि वे सेंटर कोर्ट से विदा होना चाहती हैं और गौरव और गरिमा के साथ जाना चाहती है। वे फाइनल में पहुंच गईं यही उनके लिए सबसे बड़ी बात थी। मार्तिना ने कहा है कि वे जीत भी जातीं तो उतनी ही उदास होतीं जितना हार कर विदा लेते हुए हुईं। मार्तिना ने कहा कि विंबलडन और उस के सेंटर कोर्ट से उनका ऐसा प्रेम संबंध हो गया था जो दिनोंदिन गहरा और पक्का होता गया। 'विंबलडन को पहली बार जब मैंने देखा तभी से मैं उससे प्रेम में पड़ गई। यह एक ऐसे संबंध की तरह था कि जिसमें अपने प्रेमी को आप जितना ही ज्यादा जानें उतना ही प्रेम उस पर उमड़े। विंबलडन से मेरा प्यार एक तरफा नहीं रहा। मुझे भी विंबलडन ने उतना ही प्यार किया। विंबलडन को मैं अपनी हड्डियों, रक्त और मांस में महसूस करती हूं। मुझे लगता है कि जब मैं वहां खेलने उतरती हूं तो वे सब जीवित और मृत चैंपियन मुझमें होते हैं जो यहां खेले हैं। विंबलडन जैसी कोई जगह नहीं है। इस के जैसा किसी का इतिहास नहीं है।'

बाईस साल से मार्तिना विंबलडन के फूलों की क्यारियों पर बिछे कंकरों में से एक-दो अपने रैकेट बैग में रखती आई हैं क्योंकि उन्हें वे सौभाग्यशाली मानती रही हैं। अब उनके पास वह थोड़ी-सी घास है, जिसे वे अमेरिका के कोलोराडो, एस्पेन के घर में उगा कर रखेंगी। विंबलडन से किसने इतना प्यार किया होगा ? और विंबलडन ने इस तरह की भावुक विदाई किसे दी होगी ?

नहीं मैं नहीं मानता कि फाइनल में हार कर मार्तिना को कोई बहुत निराशा हुई होगी। आखिरी बार विंबलडन उनने चार साल पहले जीता था। और वे जानती थीं कि अब न उनमें वो फुर्ती रह गई है न वह ताकत जो उन्हें फाइनल जितवा दे। आखिर वे साल भर और दुनिया भर में इतने सालों से खेलती आ रही हैं। और टेनिस के इतिहास में सबसे ज्यादा खिताब जीतनेवाली सैंतीस बरस की अनुभवी महिला को वास्तविकता की इतनी समझ तो होगी ही कि आजकल की नई लड़कियों से जीतने के लिए क्या होना जरूरी है।

जैसा कि आपने देखा होगा सर्विस कर के या रिटर्न मार के मार्तिना वॉली मारने के लिए झट से नेट पर पहुंचती थीं और कोंचिता मार्टिनेज उन्हें बीच में ठगी हुई सी छोड़ कर दन्न से पासिंग शॉट निकाल देती थीं। मार्तिना में न इतनी फुर्ती थी कि ऐसी पासिंग शॉट तक पहुंच पातीं या ऐसी रणनीति बनातीं कि कोंचिता को ऐसी पासिंग शॉट मारने का मौका ही नहीं मिलता। कोई बाईस बार कोंचिता ने मार्तिना को छकाते हुए उनके अगल बगल से पासिंग शॉट निकाली। लेकिन मार्तिना जैसे नई रणनीति बनाने के लायक ही नहीं रह गई थीं। या उनमें जीतने की वह लपलपाती लौ नहीं थी जो किसी खिलाड़ी में इस तरह की इच्छा पैदा करती है। मार्तिना अगर सिर्फ जीत के लिए खेल रही होतीं तो उनका खेल ही अलग होता। लेकिन वे आखिरी बार खेल रही थीं और अगर आप मानव मन को थोड़ा भी जानते हों तो समझने में देर नहीं लगेगी कि उनकी भावुकता उनमें जीतने की वह धार आने नहीं दे सकती थी जिसने उन्हें विंबलडन में रेकार्ड नौ बार और कुल एक सौ सड़सठ बार टेनिस टाईटल जिताई है।

ऐसा होता है। डान ब्रेडमन अपनी आखिरी पारी से जीरो पर बोल्ड हुए थे। और क्रिकेट इतिहास में सबसे ज्यादा शतकें बनाने वाले गावसकर अपनी आखिरी टेस्ट पारी में छियानवे पर आउट हुए थे। कोई कितना ही अनुभवी और ठंडे दिमाग का खिलाड़ी हो विदाई की घड़ी उसे भावुक करती है।

मार्तिना ने कहा कि उन्हें कोई अफसोस नहीं है। मैं मानता हूं कि उनने सच कहा है। मार्तिना जानती हैं कि टेनिस इतिहास में उनकी जगह ऊपर और सुरक्षित है। एक बार की जीत-हार उन्हें निराश नहीं कर सकती। जैसा सब जानते हैं वैसा वे भी जानती होंगी कि इस विंबलडन में दसवां खिताब जीतने की कोई ज्यादा संभावना नहीं थी।

टूर्नामेंट शुरू हुआ तो उनके जीतने की संभावना पर कोई पैसे लगाने को तैयार नहीं था। अपने जैसे मार्तिना प्रेमी को भी उनके विंबलडन जीतने की कोई उम्मीद नहीं थी। सब मानते थे कि जीतेंगी तो स्टेफी ग्राफ। लेकिन जब पहले ही राउंड में अमेरिका की तीस बरस की नीग्रो लॉरी मैक्लीन ने सीधे दो सेटों में स्टेफी को पीट-पाट कर बाहर कर दिया और दूसरे नंबर की खिलाड़िन अरांगजा सांचेज विकारियो को जीना गेरीसन जैक्सन ने चौथे राउंड में ही हरा दिया तो विंबलडन एक दम खुला हो गया। यानी कोई भी जीत सकता था। और किसी के भी जीतने की स्थिति हो तो आप मानेंगे कि हर कोई चाहता था कि मार्तिना अपने विदा के साल में दसवां खिताब जीत कर जाएं।

वैसे मैं आप को एक खुन्नसदार और ओछी बात बता दूं। मार्तिना जीत कर जातीं तो मुझे खुशी होती। लेकिन इस के पहले ही मुझे अपना सबसे बड़ा सुख और संतोष मिल चुका था। पहले ही राउंड में दो सीधे सेटों में स्टेफी ग्राफ का पिटना और विंबलडन से बाहर होना। ऐसा ही सुख और संतोष कोई पखवाड़े भर पहले मिला था जब फ्रेंच ओपन के सेमीफाइनल में मेरी पियर्स ने स्टेफी ग्राफ की पिटाई कर दी थी। आज कल स्टेफी ग्राफ के हारने से मुझे बहुत संतोष मिलता है। लगता है कि गए साल हैंबर्ग में खेलती हुई मोनिका सेलेस की पीठ में मारे गए छुरे का बदला ले लिया गया है। जानता हूं कि छुरा स्टेफी ग्राफ ने नहीं मारा था न वे

ऐसा कर सकने का सोच सकती हैं। लेकिन जिस व्यक्ति ने मोनिका की पीठ में छुरा मारा वह स्टेफी ग्राफ का प्रशंसक था और स्टेफी फिर से नंबर एक हो सकें इसलिए मारा गया था। मोनिका सेलेस के खेल से बाहर हो जाने के बाद फ्रेंच ओपन, विंबलडन, अमेरिकन और आस्ट्रेलियन ओपन जीत कर स्टेफी ग्राफ फिर से नंबर एक हो भी गई। लेकिन ऐसा वे मोनिका सेलेस को बार-बार हरा कर करतीं तो मैं उन्हें मान लेता।

लेकिन एक सिरफिरे प्रशंसक के छुरे के खौफ के कारण फिर से नंबर एक हुई स्टेफी ग्राफ अपनी समझ में नायिका के बजाए खलनायिका हो गई हैं। इसलिए जब वे हारती हो तो ऐसा सुख मिलता है जो कि खिलाड़ी भावना के खिलाफ है। फिर से नंबर एक होने में बेचारी स्टेफी ग्राफ का कोई दोष नहीं है। लेकिन मोनिका सेलेस के इस तरह बाहर होने के बाद स्टेफी ग्राफ के एक नंबर होने का भी कोई मतलब नहीं है।

कोंचिता मार्टिनेज के बजाए मार्तिना जीत कर बाहर हो जातीं तो नंबर एक स्थान के लिए स्टेफी को चुनौती देने वाली एक और खिलाड़िन कोंचिता मार्टिनेज का उदय नहीं होता। अब मुझे संतोष है कि कम से कम तीन खिलाड़िनें ऐसी हैं कि जो स्टेफी ग्राफ को हरा सकती हैं और उनका नंबर एक स्थान छीन भी सकती हैं। मोनिका सेलेस तो शायद अब मन पर हुए घाव और पिता के कैंसर के कारण लौट कर नहीं आ पाएं। लेकिन टेनिस सर्किट में ऐसी तीन चार खिलाड़िनें आ गई हैं जो स्टेफी ग्राफ को चुनौती दे सकें।

इस क्षेपक के लिए क्षमा चाहता हूं। लेकिन मार्तिना की विदाई और स्टेफी की पराजय को साथ-साथ नहीं लाता तो मुझे मजा नहीं आता। खेल में कुछ मजेदारी न की जाए तो फिर वह खेल हुआ ही क्या ? वैसे मार्तिना नवरातिलोवा में भी मजेदारी का यह भाव कोई कम नहीं था। जैसा कि आप जानते हैं उन्होंने न सिर्फ छह कुत्ते पाल रखे हैं बल्कि वे समलैंगिक भी हैं और बड़ी बहादुरी के साथ उन्होंने मंजूर किया था कि हां वे समलैंगिक हैं। और अपने निजी जीवन में वे क्या हैं इससे किसी को क्या लेना-देना ? दो बच्चों की मां जूडी नेलसन से मार्तिना ने बाकायदा विवाह कर लिया था। फिर वे जूडी से उसी तरह के झगड़े में पड़ गईं जैसे अमेरिकी पति-पत्नी पड़ जाते हैं। जूडी ने खुलेआम कानून का सहारा लिया और उसी तरह गुजारा-भत्ता और संपत्ति में हक लिया जैसा कि अमेरिकी महिलाएं करती हैं।

मार्तिना नवरातिलोवा के जीवन का यह सबसे दुखद और त्रासदायी प्रसंग था। एक बार तो अखबार वालों के सामने वे फूट-फूट कर रो भी दी थीं। लंदन के टेबलॉयड अखबारों ने जूडी नेलसन से उनके संबंधों के चटखारे ले-ले कर मजे भी बहुत लिए थे। लेकिन इस सबसे मार्तिना एक वीर पुरुष की तरह निकल कर आईं। यहां वीर पुरुष का इस्तेमाल मैं जानबूझ कर कर रहा हूं। मार्तिना सचमुच महिला टेनिस की ही-मैन थीं। उनके हाथों और पावों की एक-एक मांसपेशी अलग-अलग देखी और गिनी जा सकती थीं। खेल के प्रति उनका ऐसा समर्पण था कि वे मांस को शरीर पर बेकार जमा होने दे ही नहीं सकती थीं। मांसपेशियों की इस्पाती छड़ियों से गुंथे उनके शरीर में जो चपलता थी वह उन से बीस साल छोटी लड़कियों और दस साल छोटे लड़कों में भी नहीं होती। अपने शरीर की पौरुषिकता का अच्छा खासा

अहसास उन्हें था। फाइनल के बाद सेंटर कोर्ट के ताली बजाते दर्शकों के बीच टेनिस का अपना सामान फेंकते हुए मार्तिना ने वह करने का नाटक भी किया जो आजकल के लड़के खिलाड़ी खासकर आंद्रे अगासी करते हैं। यानी मैच जीतने के बाद अपना टी शर्ट निकालते हैं और उसे दर्शकों में फेंक देते हैं। ऐसी हीरोगिरी से बचने वाले पीट संप्रास ने भी इस बार अपना टी शर्ट उतार कर दर्शकों में फेंक दिया। यानी यह चलन इतना आम हो गया है। मार्तिना ने भी अपने हाथ उस मुद्रा में कमर के ब्लाऊज पर पहुंचाए थे जिससे वह उतारा जाता है। फिर हंस कर रह गईं और ब्लाऊज उतार फेंकने के बजाए अपने टॉवेल इत्यादि भीड़ में फेंक दिए। लेकिन उनका यह दिखाना ही कुछ कम नहीं था कि वे अगासी की तरह अपना ब्लाऊज निकाल कर भीड़ में फेंक देना चाहती हैं। क्या यह पुरुष खिलाड़ियों की मजाक उड़ाने के लिए किया गया था ? या मार्तिना को सचमुच कोई फर्क नहीं पड़ता कि वे ब्लाऊज पहने हुए हैं या नहीं ? लेकिन सच कहता हूं कि मुझे उनकी यह मुद्रा या हरकत लुभा गई। हालांकि उनकी समलैंगिकता से मुझे उतनी ही वितृष्णा है जितनी कि भारतीय या विक्टोरियन संस्कारों के किसी व्यक्ति को हो सकती है। अमेरिका में जब लोगों ने पिछले साल प्रदर्शन किया था तो उसमें मार्तिना नवरातिलोवा भी पहुंची थीं। और उन्होंने कहा था कि 'यह मैं हूं—मार्तिना नवरातिलोवा। अमेरिका की सबसे मशहूर टेनिस खिलाड़ी और मैं भी अधिकारों से उसी तरह वंचित हूं जैसे कि दूसरे समलैंगिक।' तब मैंने अपने से पूछा था कि अगर मार्तिना के टेनिस का उनके निजी जीवन से कोई लेना देना नहीं है तो वे अपनी समलैंगिकता को टेनिस में अपनी प्रसिद्धि से क्यों जोड़ रही हैं ?

लेकिन अमेरिकी समाज से उनकी एक यही झंझट नहीं थी। आप जानते हैं कि वे चेकोस्लोवाकिया में जन्मी हैं। वहीं उन्होंने टेनिस खेलना सीखा और अपने पिता की छोटी सी मोटर साइकिल के पीछे बिठा कर कम्युनिस्ट व्यवस्था की खेल की उपलब्धि के नाते घुमाई जाती थीं। लेकिन जब अट्ठारह साल की उम्र में उन्होंने चेकोस्लोवाकिया छोड़ कर अमेरिका में देश बदल किया तो उन पर न सिर्फ अपने देश और परिवार का दबाव था बल्कि अमेरिका के लोग भी उन्हें अपना सहज नागरिक स्वीकार नहीं करते थे। जरा सोचिए कि एक अकेली लड़की अपना घर और देश-परिवार छोड़ कर अमेरिका में आ जाए और खदेड़े जाने के अहसास से घिरी रहे, फिर भी कोई ग्रैंड स्लैम न छोड़े तो उस लड़की में कितनी चारीत्रिक शक्ति और खेल के प्रति कैसा समर्पण होगा ?

देश बदलने के साल में ही वे विंबलडन के सेमी फाइनल में पहुंचीं और उस समय की अमेरिका की सबसे बड़ी खिलाड़िन क्रिस एवर्ट से हारीं। तीन साल बाद वे विंबलडन चैंपियन हो गई थीं। जरा यह भी सोचिए कि पति और दो बच्चों को छोड़ कर मार्तिना के साथ आ कर रहने वाली जूडी नेलसन ने जब हंगामा किया और सारी दुनिया में उनकी थू-थू होने लगी तब भी न तो मार्तिना टूटीं न उनने टेनिस खेलना बंद किया। खुलेआम स्वीकार किया कि हां, मैं समलैंगिक हैं। टेनिस सर्किट के पुरुष खिलाड़ी उन्हें कैसी नजर से देखते और लड़कियां उन से किस तरह बचती फिरतीं। लेकिन वह दौर भी मार्तिना ने अपनी अद्भुत चारीत्रिक शक्ति के बल पर झेल लिया।

इस साल मजा यह हुआ कि जो भी लड़की मार्तिना से खेलती वह कुछ इस तरह अभिभूत रहती जैसे एक जीवंत दंतकथा, इतिहास-नायिका और सुपर वूमन से खेल रही हो। इस साल के तीनों ग्रैंड स्लैम खेलने वाली कई लड़कियों की मार्तिना हीरोइन थीं। इस साल जिस किसी ने भी मार्तिना को पराजित किया दुख के साथ कहा कि हमें उन पर जीत का बड़ा अफसोस है। मार्तिना टेनिस से अपने अंतिम वर्ष में गरिमा और गौरव से जाएं इसकी चिंता हर खिलाड़ी को थी। बल्कि जब वे खेल रही होतीं तो पुरुष खिलाड़ी भी दर्शकों में बैठे होते। एक बार तो मुझे यह डर लगने लगा था कि महिलाएं मिल कर कहीं उन्हें दसवां खिताब दे ही न दें। अगर ऐसा होता तो मार्तिना जैसी जीवट वाली, जुझारू और होड़ में एक सूत जगह भी न छोड़ने वाली खिलाड़िन का अपमान होता। अच्छा हुआ कि एक कड़े मुकाबले में कोंचिता मार्टिनेज ने उन्हें हरा दिया। एक झूठी और नकली विजय से एक सच्ची और शानदार पराजय कहीं अधिक गौरवशाली होती है।

अपना देश बदल कर, समलैंगिक रह कर और लगभग एक आदमी की तरह पुरुषों के इस संसार में अपनी शर्त और शान पर जीने वाली मार्तिना नवरातिलोवा सिर्फ एक महान टेनिस खिलाड़िन नहीं थीं। वे एक मुक्त और स्वतंत्र महिला व्यक्तित्व के विजय की भी प्रतीक हैं। विंबलडन के सेंटर कोर्ट से हाथ हिलाते, विदा होते उनके स्वरूप को मैं जीवन भर सम्मान से डबडबाती आंखों से देखता रहूंगा। मार्तिना लौट आना ! तुम्हारे जैसी महिलाओं को छोड़ना शोभा नहीं देता।

(10.7.94)

मोनिका सेलेस

मोनिका के मन पर

मैंने वह दृश्य देखा नहीं है। मैं नहीं जानता कि प्राइम स्पोर्ट्स या बीबीसी ने उसे दिखाया है या नहीं। खबर पढ़ के जो मेरी आंखों के सामने आया वही दृश्य बन कर ऐसा स्तब्ध हो गया है कि मुझे लगता है कि उस पागल जर्मन दर्शक को मैंने हैमबर्ग के टेनिस कोर्ट पर मोनिका सेलेस को छुरा मारते देखा है। और देखते-देखते मोनिका नेट के पास आ कर गिर गई है और उसका खून हरे कोर्ट पर फैल गया है।

मोनिका की चीख भी सुनी है और अस्पताल में स्टेफी ग्राफ को उस के साथ रोते भी देखा है। उस के पागल चहेते दर्शक ने उसे फिर नंबर एक बनाने के लिए मोनिका सेलेस को जो छुरा मारा है वह पीठ में तो मोनिका के लगा है लेकिन दिल में ग्राफ के लगा होगा। कोई भी शिखर खिलाड़ी अपने प्रतिद्वंद्वी के खून में अपना ही खून देखता है। दोस्ताना होड़ में आप अपने मुख्य प्रतिद्वंद्वी के जितने पास आते हैं उतने तो दोस्ती और प्यार में भी नहीं आते। स्टेफी के मोनिका के पास बैठ कर रोने में एक अपनापन है जो दोस्ती के अपनेपन से भिन्न है।

खेल की प्रतिद्वंद्विता सामने वाले की ताकत और कमजोरियां दोनों ही आप को दिखाती है और आप लगातार कोशिश करते हैं कि टक्कर में आप की ताकत उस से ज्यादा साबित हो और वह आपकी कमजोरियों का फायदा न ले पाए। किसी की ताकत और कमजोरी का ऐसा लगातार दर्शन आप दोस्ती में नहीं करते क्योंकि दोस्ती में आप अपनी ताकत और कमजोरियों को दोस्त से लगातार नहीं भिड़ाते। बल्कि दोस्ती गहरी हो तो कमजोरियों को उघाड़ देते हैं और ताकत नहीं आजमाते। खेल की दोस्ताना प्रतिद्वंद्विता में ऐसा आसान समर्पण नहीं होता। उसकी ताकत से अपनी ताकत और उसकी कमजोरी से अपनी कमजोरी को आप लगातार और इतनी गहराई से टक्कर में रखते हैं कि अपने से ज्यादा उसकी मांसपेशी का रेशा-रेशा और हड्डी की गांठ-गांठ आप की देखी होती है।

नफरत और प्यार में जितना किसी को आप देखते और महसूस करते हैं उससे कहीं ज्यादा प्रतिद्वंद्विता में करते हैं। जीवन साथी या लंगोटिया यार या फुंदा सहेली के चले जाने पर कोई जितना खाली और प्रयोजनहीन महसूस करता है, अपने मुख्य प्रतिद्वंद्वी के सामने से हट जाने पर कोई पेशेवर खिलाड़ी अपने को प्रेरित करना उससे ज्यादा मुश्किल पाता है। खास कर टेनिस जैसे खेल में जहां कोर्ट पर सिर्फ आप और आपका प्रतिद्वंद्वी होता है। एक की टक्कर में एक। अपना सब कुछ दांव पर लगाए हुए। जय और पराजय के निर्णायक संघर्ष में गुत्थमगुत्था। न एक सांस लिए बिना छोड़ने और न दिए बिना देने को तत्पर। ऐसा नहीं

कि इतनी नजदीकी मुठभेड़ प्यार में नहीं होती लेकिन कांटे के मुकाबले में तो हमेशा ही होती है। बार-बार हर टूर्नामेंट में और हर जगह। मार्तिना नवरातिलोवा और क्रिस एवर्ट कितनी बार इस तरह एक दूसरे से भिड़ी होंगी ! और उन्नीस बरस की मोनिका सेलेस और चौबीस बरस की स्टेफी ग्राफ का तो बचपन ही कोर्ट पर गेंद को मारने की किलकारी में बीता है। स्टेफी जब नंबर एक हुई तो सत्रह बरस की थी और मोनिका भी जब दो साल पहले नंबर एक हुई तो सत्रह साल की थी।

स्टेफी को यह कभी मंजूर नहीं होगा कि उसका एक पागल चहेता दर्शक उसकी प्रतिद्वंद्वी को घायल कर के कोर्ट से अलग कर दे और वह अरांगजा सांचेज विकारियो या ग्रेबिएला सबातीनी या जेनिफर केप्रियाती को हरा कर फिर नंबर एक हो जाए। खेल में आप अपनी ताकत पर जीतना चाहते हैं। छल कपट या अन्याय से मिला मुकुट किसी भी विश्व विजेता के सिर पर शोभा नहीं देता। आप को अगर अपने खेल में विश्वास और उस पर गर्व नहीं है तो आप शिखर पर पहुंच नहीं सकते। कभी धुप्पल में पहुंच भी जाएं तो टिके नहीं रह सकते। शिखर पर पहुंचने और वहां टिके रहने के लिए अद्‌भुत प्रतिभा और उसे लगातार मांजते और चमकाते रहने के लिए पूरे समर्पण और ध्यान से लगे रहने की जरूरत होती है। यह अपने में विश्वास और गर्व के बिना सध नहीं सकता। ऐसा विश्वास और गर्व प्रतिद्वंद्वी को छलकपट से हराने में प्रकट नहीं होता। शिख़र पर पहुंचने तक आप इतनी बार जय और पराजय से गुजर चुके होते हैं कि घमंड और दंभ बहुत पीछे और नीचे छूट जाते हैं। यह गर्व और विश्वास स्टेफी ग्राफ को छुरा खा कर और खेल से बाहर हुई मोनिका सेलेस की जगह नहीं लेने देगा। कोई अचरज नहीं कि शुक्रवार को मोनिका की पीठ में छुरा लगा और रविवार को ग्राफ फाइनल में अरांगजा से सीधे सेटों में हार गई। पिछली छह बार से वह जीतती आ रही थी। उसने नहीं कहा कि मोनिका के साथ जो हुआ उस के बाद खेलने की उसकी इच्छा नहीं रही। लेकिन देखने वालों ने कहा कि स्टेफी जैसे खेलने की रस्म से गुजर रही थी। चुनौती में खेल नहीं रही थी। इसलिए उस जर्मन दर्शक की हिंसा और भी व्यर्थ और बेमानी लगती है। स्टेफी ग्राफ किसी पागल दर्शक के छुरे से नहीं अपने फोरहेंड से जीतना चाहती है। और वह भले ही अब नंबर दो हो स्टेफी का फोरहेंड अभी भी महिला टेनिस का सबसे विध्वंसक हथियार है।

हफ्ते भर अस्पताल में रहने के बाद मोनिका सेलेस ने कहा है कि वे खेलना नहीं छोड़ेगी। लेकिन प्रतियोगिता में कब लौटेगी, नहीं जानती। मोनिका बहुत दृढ़ निश्चयी और इस्पाती लड़की है और डेढ़ सेंटीमीटर का घाव उसे खेल से बाहर नहीं कर सकता। वह लौटेगी, खेलेगी और जीतेगी। इस महीने के आखिर में हो रहे फ्रेंच ओपन में तो नहीं खेल पाएगी जिसे वह पिछले तीन साल से जीत रही है। लेकिन शायद जुलाई में विंबलडन तक पूरी तरह फिट हो जाए। बाकी तीन ग्रेंड स्लैम तो मोनिका जीत चुकी है, विंबलडन ही उससे जीता नहीं गया है। परसाल जब वह टॉप फॉर्म में थी तो जाने क्या हुआ। विंबलडन से हट गई और रहस्यमय तरीके से गायब हो गई। तब कितनी ओछी बातें उस के गायब होने के बारे में कही गईं। शायद वह इलाज कराने गई थी। कोलोराडो के उसी अस्पताल में जहां अभी है। किसी टेबलॉइड ने छाप दिया कि गर्भ गिराने गई है। इस के बावजूद मोनिका लौटी और फिर

अमेरिकन, आस्ट्रेलियाई और फ्रेंच ओपन जीती। पर पिछले साल विंबलडन फाइनल में ग्राफ और बारिश से हार गई। इस साल भी विंबलडन जीत पाएगी या नहीं कोई नहीं जानता।

लेकिन मोनिका क्या कभी फिर वही मोनिका हो सकती है ? डेढ़ सेंटीमीटर का घाव तो उसका उन्नीस बरस का स्वस्थ और चुस्त-दुरुस्त शरीर यों ही भर चुका है। पीठ पर उसका कोई निशान भी शायद न बचे। लेकिन मन पर जो घाव है वह शायद ही कभी भर पाए। हैमबर्ग के कोर्ट पर मोनिका ने मेगडेलेना मलीवा से पहला सैट मजे में जीत लिया था और दूसरे में चार-तीन से आगे हो कर आठवें गेम के लिए रेफरी के पास कुर्सी पर बैठी सुस्ता रही थी। टॉवल के लिए नीचे झुकी तभी उस अधबूढ़े पागल ने उसे छुरा मारा। अगर वह झुकी न होती तो चाकू रीढ़ की हड्डी तक पहुंच जाता और तब वह बच भले ही जाती ऊंचे दर्जे का प्रतिद्वंद्वी टेनिस खेलने के लायक नहीं रह जाती। आप कह सकते हैं कि प्रारब्ध ने उसे टॉवल उठाने के लिए झुकाया और वह बुरी तरह घायल होने से बच गई। वह मृत्यु की देहरी पर नहीं गई। लेकिन उन्नीस बरस की यह लड़की कहती है कि जीवन और मृत्यु एक दूसरे के कितने पास हैं। मैं पहले भी इस पर सोचती थी। लेकिन अब जान गई हूं कि मृत्यु क्या होती है। कुहासे में सब कुछ अवास्तविक हो गया था और मुझे लगा कि मैं मर गई हूं।

कोई निर्द्वंद्व, निश्शंक और निश्चिंत हो कर खेल रहा हो और अचानक मृत्यु से उसका ऐसा साक्षात्कार हो जाए तो क्या वह फिर कभी उसी भाव से खेल पाएगा ? खास कर उन्नीस बरस की एक खिलखिलाती, खुशनुमा और मासूम लड़की। जिस राक्षसी ढंग से उस पागल ने इस लड़की की मासूमियत तोड़ी उस के सदमे से क्या वह कभी उबर पाएगी ? जब भी कभी वह गेम के बीच कुर्सी पर बैठ कर सुस्ताएगी तो उसे चमकते छुरे की धार आक्रांत करेगी। उसे अपना खून बहता दिखेगा और गेंद घाव की तरह उछल कर उस के पास से गुजर जाएगी। फिर क्या अगले गेम पर वह पूरा ध्यान लगा पाएगी ? अगर उसे अपनी दत्तचित्तता के लिए अपने से बार-बार संघर्ष करना पड़ा तो उस के खेल का क्या होगा ? आजकल का पेशेवर टेनिस एक सांस की भी गुंजाइश नहीं देता। वह गुंजाइश भी विनर मार कर कमानी होती है। मोनिका बेस लाइन से लंबी-लंबी रैलियां खेलने वाली क्ले कोर्ट की खिलाड़ी है। दत्तचित्तता में एक पल का शून्य भी उसे सैट गंवाने पर मजबूर कर सकता है। स्टेफी ग्राफ तो उस के खेल के बीच ऐसे शून्य का लाभ लेगी तो अपराध बोध से दबेगी क्योंकि उसी के एक पागल चहेते ने मोनिका के मन पर घाव किया है। लेकिन और भी जवान केप्रियाती या अनुभवी सबातीनी और सांचेज को ऐसी हिचक, पसोपेश या द्वंद्व नहीं होगा ?

मोनिका ने कहा है कि वे जल्द ही वापस आएंगी। वे पक्के इरादे की ताकतवर महिला हैं। 'मुझे टेनिस से प्यार है और मैं बस कोर्ट पर उतर कर गेंद को मारना चाहती हूं। अच्छी होते ही मैं खेलूंगी और जान लगा कर खेलूंगी। सदमा जरूर है और मेरे साथ जो हुआ किसी के साथ न हो।' लेकिन इस मूड में भी मोनिका ने माना कि हैमबर्ग की घटना को भूलना आसान नहीं होगा। काफी वक्त लगेगा। और यह अपने को तैयार करने के लिए अस्पताल से कह रही है। लेकिन कंधा ठीक होते ही जब कोर्ट में उतरेगी और गैम जीत कर कुर्सी पर बैठेगी तो पता चलेगा कि असली घाव कहां है और कितना गहरा है। तब उसे अपने को सिर्फ उड़ाना ही नहीं होगा यह भी समझना होगा कि अपने मन को पकड़ना कितना मुश्किल होता

है। मृत्यु को इतने पास से देखने के बाद मोनिका जैसी लड़की जीना दुश्वार नहीं करती। बाधाओं, कमजोरियों और पराजय की कगार पर पहुंच कर उलट कर जीतने की आदत डाले बिना कोई नंबर एक नहीं बन सकता। जो पॉइंट न बना हो, गैम न जीता हो और सैट अपने से छिन गया हो उसे पीछे छोड़ कर–अगला पॉइंट, फिर अगला गैम और फिर अगला सैट जीतने में लगना होता है। ऐसी रचनात्मक और आक्रामक मानसिकता के बिना आप टिक थोड़े सकते हैं। टेनिस कोई आसान खेल नहीं है लेकिन उसे खेलने वाले का मन जितना मुश्किल और अगम्य होता है उतना तो कोई खेल नहीं होता।

इसलिए मोनिका को मन के घाव के साथ जीने और उस के बावजूद जीतने के लिए फिर नए सिरे से शुरुआत करनी होगी। अभी वह सिर्फ उन्नीस बरस की है और बीस साल पहले तो लड़कियां इतनी उमर में प्रतिद्वंद्वी टेनिस में उतरती थीं। मोनिका नई शुरुआत निश्चित ही कर सकती है बल्कि करेगी लेकिन ऐसा वह खाली स्लेट पर नहीं कर सकती। उस दिन हैमबर्ग में उस पागल ने उस के मन पर चाकू से जो इबारत गोद दी है वह मिटेगी नहीं। फिर संघर्ष कर के शिखर पर पहुंचने वाली मोनिका सेलेस वह नहीं होगी जिसकी पीठ पर छुरा लगा था। हादसे में लगे सदमे के साथ जीना और बाहर हो कर फिर आना बहुत मुश्किल होता है। जिस पिता ने स्टेफी ग्राफ को दो साल की बच्ची से विश्व विजेता बनाया उस के एक मॉडल लड़की से अवैध संबंधों के कांड ने स्टेफी को किस कदर झकझोरा इसे समझना हो तो सन् ’91 के बाद उस के खेल और उस के प्रदर्शन को देखिए। एक सौ छियासी सप्ताह तक रेकॉर्ड नंबर एक रहने वाली स्टेफी अब जीत की तलाश में उतनी ही खूंखार नहीं हो पाती जैसी वह चार साल रही। जॉन मेकनिरो टेटम ओ’नील का हाथ पकड़ कर छह महीने के लिए विवाहित जीवन जीने को गए और लौट कर आए तो वही जीनियस नहीं रह गए थे। उन से लौटना नहीं हुआ। अपने खिलाफ संघर्ष में पत्नी टेटम ओ’नील से भी उनकी टूट गई। इस सदी के सबसे बड़े खिलाड़ी योन बोर्ग भी रिटायर होने के बाद वापस खेल में नहीं लौट सके।

एक बार आप अपनी नाव धारा से निकाल कर किनारे पर बांध लें। वहां बैठे रहें या अनजान नगरिया में घूम आएं। जब फिर नाव धारा में डालेंगे तो काफी पानी बह चुका होगा। उस पानी को पुनर्प्राप्त नहीं कर सकते। काल को लौटा नहीं सकते। बोर्ग और मेकिनरो ने तो अपनी इच्छा से नाव धारा से निकाली। फैसला कर के उसे तट से बांधा। लेकिन सेलेस को तो उस पागल ने मजबूर किया और स्टेफी को उस के पिता के किए का परिणाम भुगतना पड़ रहा है। दोनों को ही कच्ची उम्र में घुटेघुटाए पेशेवर की तरह खेलने की नियति मिली। दोनों ने ही जो मिला उसे उपलब्धि में बदल लिया। लेकिन मोनिका का उस पागल पर कोई बस नहीं था और स्टेफी अपने पिता को नहीं कह सकती कि वे ऐसे धतकरम में न पड़ें। शायद उसे मालूम भी न हो। लेकिन अब दोनों किसी और का किया भुगत रही हैं। उन में प्रतिद्वंद्विता का बंधन तो है ही मन पर लिख दी गई इबारत का साझा घाव भी है। स्टेफी मोनिका के पास जा कर रोई। वे आंसू अपनी मासूमियत खोने के हैं।

(9.5.93)

मार्टिना हिंगिस

अब आई राजकुमारी मार्टिना हिंगिस

स्टेफी ग्राफ की पराजय पर लिखने वाला था लेकिन अब लग रहा है कि मार्टिना हिंगिस की जीत पर तो नहीं लिख दूंगा। हिंगिस ने ग्राफ को नहीं हराया है। हिंगिस तो मेरी पियर्स को हरा कर इस सदी में कोई ग्रेंड स्लेम जीतने वाली सबसे छोटी खिलाड़िन हो गई है। आस्ट्रेलियन ओपन के फाइनल में हिंगिस ने पियर्स को खेल खेल में यानी बड़ी आसानी से हरा दिया। हिंगिस की मां दर्शक गैलरी से कोर्ट पर कूदने में गिरीं लेकिन तेजी से उठीं और बेटी को गले से लगा कर रोती चूमती रहीं। सच, मार्टिना हिंगिस नहीं जीती। जीती हैं उसकी मां।

मार्टिना ने तय नहीं किया था कि वह टेनिस खेलेगी और तेरह की होते-होते दुनिया में सनसनी फैला देगी। तय उसकी मां ने किया था। उन्होंने अपनी बेटी का नाम मार्टिना रखा था। आप कह सकते हैं कि नाम तो मां-बाप ही रखते हैं। अपना नाम खुद रखने वाली बेटी तो शायद ही कोई होती हो। हां, मां-बाप के रखे नाम को डुबोने वाले बेटे-बेटी जरूर एक ढूंढ़ो कई मिल जाएंगे। लेकिन इस मार्टिना ने मां के रखे नाम को सचमुच सार्थक कर दिया है। मां ने इसका नाम मार्टिना कोई यों ही नहीं रख दिया था। एक सपने और एक महत्त्वाकांक्षा पर रखा था।

वे टेनिस की बेहद शौकीन और इस सदी की सबसे बड़ी खिलाड़िन मार्टिना नवरातिलोवा की जबरदस्त फैन रही हैं। सोलह साल तीन महीने और उनतीस दिन पहले जब उन्हें बेटी हुई तो उसका नाम उनने अपनी सबसे चहेती खिलाड़िन—लगभग देवी—मार्टिना नवरातिलोवा के नाम पर रखा और निश्चय किया कि वे उसे टेनिस की टॉप खिलाड़िन बनाएंगी। कल जब आस्ट्रेलियन ओपन की ट्राफी लेने के बाद मार्टिना हिंगिस बोली तो अपनी मां को धन्यवाद दिया। कहा कि जब मैं दो साल की भी नहीं थी तब से मां ने मुझे रेकेट पकड़ाया और टेनिस खेला रही है। और आज यहां जो मैं खड़ी हूं तो उन्हीं की बदौलत खड़ी हूं।

मार्टिना जब बोल रही थी तो कैमरे ने उसकी मां को दिखाया। घुंघराले, बिखरे बालों वाली मां आंसू, खुशी और पूर्णता का भाव छुपाए अकेली और शायद गुम बैठी थी। मेरी बेटी मार्टिना जैसी टेनिस खिलाड़िन हो यह उस मां का सपना था जिसे पूरा करने में वह सोलह साल से लगी हुई थी। सपना मार्टिना का नहीं था। इसलिए इतिहास बनाते हुए मार्टिना हिंगिस ने अपना नहीं, अपनी मां का सपना पूरा किया। मार्टिना नवरातिलोवा ने शादी की होती और उनकी भी बेटी होती तो वह हिंगिस की बेटी के बराबर ही होती। मार्टिना अपनी बेटी का नाम अपने पर नहीं रखती और कौन जानता है कि वे उसे टेनिस

खेलने में लगातीं या नहीं। मार्टिना नवरातिलोवा ने इसलिए शादी नहीं की कि वे शिखर पर पहुचं कर वहां टेनिस खेलते रहना चाहती थीं। लेकिन वे खुद अपनी आदर्श, अपनी हीरोइन नहीं थी।

वे हीरोइन थीं स्विट्जरलैंड में हिंगिस से शादी करने वाली उनकी ही उम्र की मजदूरिन जैसी दिखने वाली एक महिला की। उस महिला ने अपनी बेटी का नाम अपनी हीरोइन पर रखा और उसे ऐसी टेनिस खेलने वाली बना दिया कि आज लोग कह रहे हैं कि मार्टिना हिंगिस में टेनिस का भविष्य सुरक्षित और उज्जवल है। कोई ग्रेंड स्लेम जीतने वाली इस सदी की वे सबसे छोटी खिलाड़िन हैं लेकिन इस तथ्य पर हमें फूले खां नहीं होना चाहिए। इतनी कम उमर में ग्रेंड स्लेम जीतने वाले लड़के-लड़की या सेंचुरी ठोक देने वाले धूमकेतु हमारी सदी में ही नहीं होने लगे हैं। पिछली सदी में एक चार्लोट हॉड भी हुई हैं जो सोलह साल की होने के पहले ही विंबलडन जीत चुकी थीं।

मार्टिना हिंगिस के चेहरे पर दूधिया और मासूम मुस्कान रहती है। कोर्ट पर खेलते हुए हरकतें भी वह बच्चियों जैसी करती हैं। खास कर लाइन पर टप्पा खाने वाली गेंदें जब उस के खिलाफ अंदर या बाहर दे दी जाती हैं तो वह बिलकुल बच्ची की तरह ठुमक कर अपना रैकेट जमीन पर दे मारती है। एक दो पॉइंट भी गंवा देती है। वह बच्ची टेनिस खेलती हुई ग्रेंड स्लेम न जीत रही होती तो क्या हम उसे साधारण बच्ची मान कर माफ नहीं कर देते ?

लेकिन अब वह पांच सितारा टेनिस हीरोइन हो गई है और खेल का भविष्य उस के कोमल और कच्चे कंधों पर रख दिया गया है तो उसे ऐसी हरकतें बंद करनी पड़ेंगी। अब उसकी मां दर्शक गैलरी से कोर्ट पर कूदते हुए इस तरह गिर कर संभलेगी तो कैमरे मखौल वाले एंगल पकड़ेंगे। टेनिस की पांच तारा हीरोइन और उसे बनाने वाली मां होने के अपने अलग दबाव और क्रूरताएं होती हैं जो न सिर्फ मासूम और दूधिया मुस्कानों को फूलों की तरह कुचल देती हैं, वे सपनीली आंखों में लालच, घमंड और नफरत भी भर देती हैं। क्या मैं मार्टिना हिंगिस की जीत को छोड़ कर ग्राफ की पराजय पर आ गया हूं। नहीं अभी एक पैरा और है।

मार्टिना हिंगिस को खेलते देखने और उसका हौसला बढ़ाने के लिए अब तक अपन ने सिर्फ उसकी मां को देखा है। पिता को नहीं देखा। क्या पिता कामकाज में बहुत व्यस्त रहते हैं ? या उनकी टेनिस में इतनी भी रुचि नहीं कि अपनी बेटी को खेलते और पत्नी को अपना सपना पूरा करते हुए देखें या उन्हें अपने साथ होने का अहसास दें ? या सांचेज़-विकारियो की तरह सांचेज़ ने अपनी पत्नी को तलाक दे दिया है इसलिए अरांचा जो पहले अपने नाम के आगे सिर्फ सांचेज़ लगाया करती थी अब विकारियो भी लगाने लगी है जो कि उसकी मां का सरनेम था जो स्पेन के खिलाड़ी सांचेज़ से शादी करने के पहले का है। पता नहीं। लेकिन दर्शकों में अकेली बैठी मार्टिना की मां अकेली, गुम और दुखी लगती है। अब जबकि मार्टिना पांच तारा हीरोइन हो गई है तो क्या उस के पिता प्रकट होंगे और जताएंगे कि देखो यह मेरी बेटी है ? और उसकी कमाई समेटने लगेंगे ?

मार्टिना की मां की तरह ग्राफ के पिता पीटर ने भी उसे रैकेट पकड़ा दिया था जब वह दो बरस की भी नहीं हुई थी। स्टेफी पेशेवर टेनिस खिलाड़ी बने, यह पीटर ग्राफ का भी सपना था और इसे पूरा करने में वे बुरी और पूरी तरह लग गए। टॉप पर पहुंचने और वहां पहुंचने के बाद वहीं खेलते रहने के लिए जो भी करना जरूरी हो सकता है वह सभी पीटर ग्राफ ने अपनी बेटी से करवाया। अपनी बेटी से उनके लगाव में ऐसा कुछ बीमार दिखने वाला तत्व था कि विकृतियों को चटखारे ले कर छापने वाले कुछ टेब्लाइड अखबारों ने तो छापा भी। जिनका मतलब निकलता था कि बाप-बेटी के अवैध और कुत्सित संबंध हैं। पहले इन पीत पत्रों ने छापा था कि पीटर ग्राफ के किसी मॉडल से अवैध संबंध हैं और वह इन्हें अपनी संतान का पिता घोषित कर रही हैं। स्टेफी और उसकी मां तब बहुत परेशान हो गई थीं।

स्टेफी ग्राफ के पेशेवर खिलाड़िन होने और खेल को उनके संपूर्ण समर्पण का जितना श्रेय खुद उन्हें है उससे कम उनके पिता पीटर ग्राफ को नहीं है। पुरानी कारों के इस सेल्समैन ने अपनी लड़की को महान खिलाड़िन बनाने में जरूरत से कुछ ज्यादा ही जोर दिया है। ऐसा लगता नहीं कि हिंगिस की तरह वे भी टेनिस के बड़े शौकीन थे और अपने किसी टेनिस हीरो या हीरोइन के रूप में अपनी बेटी को देखते थे और अपना सपना पूरा करने के लिए उनने स्टेफी को खिलाड़िन बनाया। इस तरह की दूधिया और सपनीली मासूमियत से पीटर ग्राफ या स्टेफी ग्राफ को जोड़े जाते न अपन ने पढ़ा न सुना। इससे ग्राफ के खेल की महानता कोई कम नहीं हो जाती। हिंगिस की आंखों में मार्टिना जैसी लड़की का सपना रहा हो तो पीटर ग्राफ अपनी लड़की को टेनिस की पेशेवर खिलाड़िन बना कर करोड़ों रुपए कमाने का सपना संजो सकते हैं और जर्मनी में ऐसा सपना देखने वाला लालची भी नहीं माना जाएगा।

आखिर इसी जर्मनी में पीटर ग्राफ को पौने चार साल की सजा सुना दी गई है क्योंकि उनने कोई नब्बे लाख डॉलर की कर चोरी की। लेकिन लेथ मशीन पर काम करने वाले उस बेरोजगार मजदूर को एक दिन की भी सजा नहीं हुई जिसने हेमबर्ग में टेनिस खेलती हुई मोनिका सेलेस को पीठ में छुरा मार दिया था। छुरे की इस मार के कारण सेलेस कोई ढाई साल टेनिस से बाहर रही और अब भी शरीर की कोई न कोई व्याधि या चोट उसे जब-तब खेल से बाहर कर देती है। जैसे इस बार उनने आस्ट्रेलियाई ओपन से अपने को अलग कर लिया। जबकि गए साल वही मेलबोर्न में जीती थीं और इस बार उन्हें अपने खिताब के लिए फिर से खेलना था। हेमबर्ग में साढ़े तीन साल पहले चमचमाती दोपहर में पीठ पर लगे छुरे का घाव तो हलका ही था लेकिन सेलेस के मन पर उससे जो घाव हुआ वह अब भी हरा है।

पीटर ग्राफ ने जो कर चोरी की है वह स्टेफी ग्राफ की टेनिस से की गई करोड़ों की कमाई में से ही है। चोरी पकड़ी गई, केस चला और फैसला होने के पहले ही पीटर ग्राफ को पंद्रह महीने हिरासत में काटने पड़े और अब पौने चार साल की सजा हुई है। जर्मनी में कर चोरी को ऐसा और इतना बड़ा अपराध माना जाता है। लेकिन जिस लेथ मजदूर ने कोर्ट पर गेमों के बीच कुरसी पर निश्चिंत सुस्ताने बैठी मोनिका सेलेस को पीठ में छुरा मारा उसका बाल

भी बांका नहीं हुआ। सब कहते हैं कि सेलेस अगर बैठी रहती और उसी क्षण तौलिए से पांव पोंछने न झुकी होती तो वह छुरा उनकी पीठ में गहरे उतर जाता। सेलेस बच भी जातीं तो फिर कभी टेनिस तो नहीं खेल सकती थीं।

इस लेथ मजदूर ने कहा कि वह स्टेफी ग्राफ का जबरदस्त फैन है और चूंकि मोनिका सेलेस ने उन्हें हरा-हरा कर नंबर एक नहीं रहने दिया था इसलिए उस ने सेलेस को छुरा मारा ताकि वे खेल न सकें। मजदूर ने कहा कि उसका इरादा सेलेस को मारने का कतई नहीं था। कोर्ट ने मजदूर पर भरोसा किया। जर्मनी में दो बार न्याय के लिए गुहार लगाने वाली सेलेस ने कहा कि यह क्या विडंबना है कि जिसने मुझे छुरा मारा उस आदमी को एक रात जेल में काटनी नहीं पड़ी और मुझे ढाई साल टेनिस से बाहर रह कर अंधेरे में भटकना पड़ा। स्टेफी के पीछे पागल उस मजदूर का इरादा यही था कि सेलेस खेल न पाए ताकि स्टेफी फिर नंबर एक हो सके। छुरा मार कर जो वह पाना चाहता था, उस ने पाया। स्टेफी तब से नंबर एक बनी हुई है। हालांकि जब सेलेस लौटी तो उसे भी ग्राफ के साथ नंबर एक माना गया।

इस मजदूर को जर्मनी में कोई सजा न होना उस देश की न्याय व्यवस्था पर अच्छी टिप्पणी है। लेकिन इससे सेलेस बेचारी तो न नंबर एक रही, न इस के काबिल रह गई। गए साल उनने आस्ट्रेलियन ओपन जरूर जीता लेकिन उनके शरीर में कुछ न कुछ होता ही रहा। वे ऐसी एथलीट और चैंपियन नहीं रह गईं। सेलेस के बाहर रहने और शरीर में खोट आ जाने का फायदा ग्राफ को मिला जो टूर्नामेंट जीतती, पैसे कमाती और नंबर एक बनी रही। उस के पिता को कर चोरी की सजा देने वाली अदालत ने भी कहा कि पीटर के अपराध में स्टेफी का कोई हाथ और जिम्मेदारी नहीं है। वे जर्मनी की बहुत अच्छी राजदूत हैं। अदालत ने स्टेफी के कर चोर पिता की भी तारीफ की है कि उनने उन्हें टेनिस के शीर्ष पर पहुंचाने और बैठाए रखने में महत्त्वपूर्ण योगदान दिया है। अदालत की अवमानना जरूर होगी लेकिन ऐसी ही टिप्पणी उस लेथ मजदूर के लिए भी की जा सकती है।

मार्टिना नवरातिलोवा के बाद स्टेफी ग्राफ महिलाओं के टेनिस की सबसे बड़ी खिलाड़िन हैं। उनकी महानता को इंच भर भी कम किए बिना कहना चाहता हूं कि सेलेस के साथ हुए हादसे के बाद स्टेफी ग्राफ का नंबर एक बने रहना अपन को झूठा लगता था। और उन्हें खेलते देख कर हर बार इच्छा होती थी कि कोई इन्हें हरा दे। लेकिन ग्रेंड स्लेम में वे दनदनाती जीतती थीं। गए साल आस्ट्रेलियाई ओपन में जब सेलेस जीतीं तो ग्राफ नहीं खेली थीं। इस बार अपनी इच्छा पूरी की दक्षिण अफ्रीका की अमांडा कोईत्जर ने। अमांडा ने स्टेफी ग्राफ को चौथे राउंड में सीधे सेटों में हराया 6-2, 7-5। स्टेफी को बेहद गर्मी लग रही थी और वह टूर्नामेंट का सबसे गरम दिन भी था। वे चोट भी खाए हुए थीं। लेकिन ग्राफ ऐसे में भी जीतती रही हैं।

उस दिन ग्राफ को हारते देखने से जो संतोष मिला, वह जैसे सेलेस के साथ न्याय होने पर मिला हो। मानता हूं कि यह टुच्ची नहीं तो छोटेपन की इच्छा तो थी ही। अपने

को यह अच्छा नहीं लगता कि खेल में ऐसी भावनाओं को खुल कर खेलने दूं। फिर भी स्टेफी की पराजय पर मैं लिखता। मार्टिना हिंगिस और उसकी मां मेलेनी का आभारी हूं कि उनने एक पराजय पर संतोष करने के बजाय एक विजय पर आह्लादित होने का मौका दिया। हिंगिस अब भी नंबर दो है और ग्राफ नंबर एक। लेकिन शिखर पर ग्राफ के दिन अब गिनती के हैं। हिंगिस और सेलेस का सामना अब उन से नहीं होगा। और न्याय होगा।

(26.1.97)

रोते हुए जीतने और हारने वाला ग्रीक भगवान–संप्रास

इस साल का पहला ग्रेंड यानी–आस्ट्रेलिया ओपन–सेहत के हत्थे चढ़ गया। मेलबर्न हमारे टाइम से कोई साढ़े चार घंटे पीछे है। इसलिए प्राइम स्पोर्ट्स का सीधा प्रसारण सबेरे साढ़े पांच से शुरू हो जाता। सोलह से उन्नीस जनवरी के दो हफ्ते दिल्ली में कड़ाके की ठंड के थे। डॉक्टरों ने तो कहा ही है सभी दोस्तों का भी हुकुम है कि इस पूरी सर्दी मुझे बचे रहना है।

बचा रहा। नींद भले ही चार बजे खुल जाती हो लेकिन उठ कर और चाय बना कर उस ठंडे ड्राइंग रूप में टीवी के सामने नहीं बैठा। मोटी रजाई में लिपटे और अधलेटे तो टेनिस देखा जा सकता था। लेकिन जब ठंड से बचने के लिए सबेरे घूमने जाना स्थगित किया तो घर बैठे ठंड खाने का क्या मतलब। चाहता तो सोने के कमरे में भी टीवी लग सकता था। लेकिन तब भेनजी की नींद भी टूटती और उन्हें तो डॉक्टरों ने ठंडे पानी से हाथ तक धोने से मना किया है। इसलिए राजा बाबू बना रहा यानी गरम कमरे में बिस्तर में दुबका रहा। जैसे छाती पर मूंग दलते हैं वैसे खेलने वाले मेरी छाती पर खेलते रहे और मैं आंख मूंदे पड़ा रहा।

देखने को रात का सेशन दोपहर को देख सकता था और रात को जब वे सबेरे का खेल रिपीट करते हैं–तब उस दिन का खेल पूरा कर सकता था। लेकिन इसका मतलब होता दो हफ्ते बाकी सब कामों की छुट्टी। वह भी खेल के लिए कई बार की है। पर इस बार इस नशे से बचना था क्योंकि अपने लिए खेल देखना सिर्फ देखना नहीं होता। मैच कांटे का हो जाए तो आप जानते ही हैं कि अपने दिल का क्या होता है। दिल को तेजी से धड़कने से बचाना और उत्तेजनाओं के दौर से न गुजरना भी अब सेहत को ठीक रखना है।

अपने स्वभाव और जीवन शैली से यह समझौता खटकता है। ऐसा न लगे कि अपन आखिर में आ कर हार गए इसलिए ऐसे लगाव से बच रहा हूं जिसके पागलपन में खो जाऊं और फिर बीच से उठना, बचना और छुप जाना पड़े। ऐसी मजबूरी से पराजय बोध जागता है। मन में लगने लगे कि अपन हार रहे हैं तो स्वास्थ्य कभी ठीक नहीं रह सकता। मन और शरीर दोनों को अभी बचाना है इसलिए आस्ट्रेलियन ओपन उस तरह से देखना छोड़ देना पड़ा जैसा कि देखता रहा हूं और जैसा कि देखा जाना चाहिए। यानी दोनों हफ्ते के सारे मैच सीधे प्रसारण से।

आखिर जब टीवी नहीं था और आ भी गया था तो केबल नहीं लगा था तब भी तो रेडियो से खबर सुन कर और दूसरे दिन सबेरे अखबार पढ़ कर ही सारे ओपन और विंबलडन फॉलो किए हैं। एक ठंड ऐसा और कर लिया जाए तो खेल जुनून की सेहत कोई बहुत बिगड़

नहीं जाएगी। अपने को इसी तरह समझाने और बचाने में वह क्वार्टर फाइनल भी निकल गया जो अपने टाइम से शाम को खेला गया होगा और जिसे अखबारों और टीवियों ने इस ओपन का ही नहीं इस दशक का सबसे कांटे का मुकाबला कहा है।

वह मैच पीट संप्रास और जिम कूरियर ने खेला। पांच सेट चला। ढाई सेट कूरियर ने जीते यानी तीसरे में भी वे आधे जीत गए थे। पर तब पीट संप्रास रोते गए और विनर पर विनर मारते गए। चार घंटे के कांटे के इस मुकाबले में संप्रास जब आखिर जीते तो फ्लिंडर्स पार्क के नेशनल टेनिस सेंटर के सेंटर कोर्ट पर ऐसा कोई दर्शक नहीं बचा था जिसकी भावनाएं निचुड़ कर सूख न गई हों। वहां के टाइम से रात एक बजे वह मैच खत्म हुआ तो दोनों खिलाड़ी और उन्हें एक दूसरे से भिड़-भिड़ कर छलनी करते देखने वाले रीत गए थे।

हर ओपन का एक ऐसा मुकाबला होता है जो पूरे ओपन का सबसे दर्शनीय मैच होता है और उस के जैसा ओपन का फाइनल भी नहीं होता। बल्कि फाइनल तो अक्सर एकतरफा और निराशाजनक होते हैं। संप्रास और कूरियर का यह मैच इसलिए यादगार हो गया कि कूरियर अपना सर्वश्रेष्ठ टेनिस खेल रहे थे और ऐसे दोस्त और प्रतिद्वंद्वी से खेल रहे थे जिनने उन्हें नंबर एक से नीचे उतारा है और जो खुद भी अपना सर्वश्रेष्ठ टेनिस खेल रहे हैं।

लेकिन इसी कारण इस मैच ने खेलने और देखने वालों को निचोड़ नहीं दिया। यह भावनाओं के घड़ों को उत्तेजना की आग पर उफान-उफान कर खाली कर देने वाला हो गया तो इसलिए कि संप्रास जैसे लगभग संपूर्ण यानी मशीनी टेनिस खेलने वाले चैंपियन ने पहली बार खेलते हुए कोर्ट पर अपनी भावनाओं को खुल कर उजागर होने दिया।

संप्रास को कई लोग सबसे ऊबाऊ खिलाड़ी इसीलिए कहते हैं कि वे अपनी जीत और पराजय में देखने वालों को शामिल नहीं करते। वे खुशी या दुख प्रकट नहीं करते। भारी काली भौंहों और नीचे के लटके हुए होंठ को जीभ से संभाले रहने वाले इस युवा खिलाड़ी का भावनाहीन चेहरा उन्हें रोबोट बना देता है। टीवी और टेबलॉइड वाले आज के मीडिया में ऐसा खिलाड़ी चाहे जितना शानदार टेनिस खेले उस के खेल और व्यक्तित्व से कोई उत्तेजना नहीं फैलती। लड़कियां चीख-चीख कर पागल नहीं होतीं और लड़के चेहरों पर रंग पोत कर नहीं आते। सारा स्टेडियम उनकी अदाओं पर हिलोरे नहीं लेता। टेनिस देखने आने वालों में समझने वाले कितने होते हैं ? ज्यादातर तो तमाशा देखने और करने ही आते हैं !

संप्रास ऐसे दर्शकों और पत्रकार—टीवी वालों के हीरो नहीं हो सकते भले ही वे नंबर वन हों और आजकल लगभग संपूर्ण टेनिस खेल रहे हों और महान खिलाड़ियों की राय में महान खिलाड़ी हों। सारी भावनाएं खेल से ही प्रकट करने वाले पीट संप्रास कूरियर से खेले इस मैच में पहले दो सैट हार गए और तीसरा भी हार कर बाहर होने की कगार पर पहुंचे तो उनकी छाती जैसे फटने लगी। वे खेलते हुए रोते गए और जीतते गए। और आखिर जीत गए तो फिर भी रोते रहे।

वे इसलिए नहीं फूट पड़े कि जिससे नंबर वन का खिताब जीता था उसी से साल के पहले ग्रैंड स्लेम में हार रहे थे। आखिर गए साल फ्रेंच ओपन में इन्हीं कूरियर ने एक सनसनाते मैच में संप्रास को हराया था। विंबलडन जीतने के बाद अगस्त में वे अमेरिकी ओपन में भी हार

गए थे। हारना-जीतना तो चलता ही है। नहीं, हारने की संभावना ने संप्रास के सीने पर रखी रहने वाली मशीनी ठंडी शिला नहीं तोड़ी थी।

कारण दूसरा था। संप्रास के कोच टिम गुलिक्सन चार दिन पहले ही उन्हें अभ्यास करवाने के बाद खिलाड़ियों के लॉकर रूप में गश खा कर गिर पड़े थे। उन्हें फिर दिल का दौरा पड़ा था। बेहोश हो गए थे और अस्पताल ले जाए गए थे। उस के बाद दो आसान मैच संप्रास जीत गए थे। लेकिन स्वीडन के खिलाड़ी मेगनस लॉरसन ने अगले मैच में उन से पहले दो सैट ले कर तीसरे में भी हार के आखिरी दो पाइंट तक पहुंचा दिया था। वहां से जीतना शुरू कर के संप्रास ने पहले तीसरा सेट जीता और फिर चौथा और पांचवां। लेकिन दम निकाल देने वाले इस मैच ने संप्रास की बर्फ नहीं पिघलाई।

"मुझे मन वहां से हटा लेना था। सब कुछ बंद कर लेना था और सारा ध्यान टेनिस पर ही लगा देना था। मैंने वही किया जो मुझे करना था। मैं जानता था कि वे (कोच टिम गुलिक्सन) आखिर अच्छे हाथों में हैं।"—लारसन से जीतने के बाद संप्रास ने कहा। लेकिन दो दिन में उनके कोच की तबीयत और बिगड़ गई। और क्वार्टर फाइनल में मुकाबला हो गया पुराने प्रतिद्वंद्वी कूरियर से जो दो साल का बदला चुकाने और इस साल का पहला ग्रैंड स्लेम जीतने पर कमर कसे हुए थे।

इस मैच में भी पहले दो सैट हारते हुए संप्रास नहीं टूटे। तीसरे में हार से बचने के लिए उन्हें फिर सारा ध्यान टेनिस पर लगाना पड़ा। फिर मन की खिड़की बंद करनी पड़ी। और अपने को चाबुक मार कर सरपट दौड़ाना पड़ा तो उन से अचानक वह हो गया जो उनने कभी होने नहीं दिया था। उन्नीस बरस के भी नहीं थे जब उनने अपना पहला अमेरिकी ओपन जीता था। इस के बाद वे पिछले दो साल से लगातार विंबलडन जीत रहे हैं और इस बीच फिर से अमेरिकी ओपन और आस्ट्रेलियन ओपन भी जीते हैं। लेकिन एक बार भी जीतने पर उनकी आंखों में खुशी या राहत के आंसू नहीं आए।

यहां वे फिर हार की कगार पर थे और मौके का तकाजा था कि सब कुछ भूल-भाल कर सिर्फ गेंद पर आंखें गड़ा दें और अपना सर्वश्रेष्ठ टेनिस खेलने लगें। खेलने भी लगे लेकिन उन्हें अपनी हालत पर जाने कैसा लगा होगा। अपना कोच, अपना गुरु, अपना दोस्त और अपना हौंसला बढ़ाने वाला तो अस्पताल में पड़ा मौत से जूझ रहा है और यहां अपन हैं कि उस के बारे में सोच तक नहीं सकते। खेल चल रहा है और उसमें जीतना जरूरी है इसलिए घावों पर बख्तरबंद बांधों और युद्ध में जूझे रहो। अपने कोच की हालत पर तो संप्राम की आंखों से परनाले नहीं बहे होंगे। अपनी हालत पर ही उन्हें रोना आया होगा। और सब कुछ बंद कर के टेनिस पर सारा ध्यान लगाने के बजाय वे सब कुछ खोल कर खेल को समर्पित हो गए।

शायद ऐसे में ही महान टेनिस खेला जा सकता था। तीर मारते हुए और रोते हुए एक और यौद्धा की आप को याद आई होगी—अर्जुन। महाभारत के युद्ध में अपने पितामह से लड़ते हुए अर्जुन और उन्हें शरों की शैया पर सुलाते हुए अर्जुन ऐसे ही रोते जा रहे थे। संप्रास के सामने अपने पितामह नहीं थे। लेकिन वे तीर पर तीर की तरह विनर मारे जा रहे थे तो कूरियर पर नहीं, टिम गुलिक्सन के आसपास मंडरा रही मौत पर भी नहीं। वे संत्रास की अपनी विकट

स्थिति पर रो रहे थे जिसमें जीतना अपने कोच को बचाने की तरह था। आखिर दर्शकों को भी समझ आ रहा था कि संप्रास क्या कर रहे हैं तभी तो वे हुंकार रहे थे–दो, यह अपने कोच को दो !

संप्रास ने अपने द्रोणाचार्य को अपनी छवि का अंगूठा काट कर चढ़ा दिया। जब चकित लोगों ने पूछा कि वे मैच के दौरान ऐसे धाराधार कैसे रोए तो संप्रास ने कहा और बिना झेंपे या सकुचाए या शरमाए कहा–"लोगों को समझना पड़ेगा कि आखिर मैं भी एक साधारण इंसान हूं। सड़कों पर घूमने वाले लड़कों की तरह बिलकुल मामूली। साधारण लोगों की तरह मेरी भी भावनाएं हैं। मैं कोई वहां खड़ा रोबोट तो नहीं हूं।"

लोग संप्रास के आंसुओं से दंग रह गए तो इसलिए कि वे उन्हें रोबोट समझते रहे हैं। लोगों की इसमें गलती भी ज्यादा नहीं है क्योंकि पांच साल से किसी ने खेलते हुए संप्रास को कोई भावना प्रकट करते नहीं देखा था। खेल के बाहर अपने जीवन में भी वे ऐसा कुछ करते देखे नहीं गए कि न हो कोई कांड, कोई किस्सा तो हो जाए, कोई मामला तो हो जाए। लेकिन नहीं, कहीं कुछ नहीं। बिलकुल सपाट और सब कुछ एक जैसा ! किसी अगासी, मेकितरो और कोनर्स के तो आए दिन किस्से चलते हैं। ठंडे और बर्फीले बियोन बोर्ग के भी किस्से हो गए लेकिन संप्रास का कुछ नहीं। हम सब किस्से चाहते हैं–अपने बारे में और दूसरे के बारे में भी। जिसका कोई किस्सा न हो उसे लोग रोबोट कहने लगें तो इस बात को संप्रास को भी समझना चाहिए।

मुझे लगता है कि खिलाड़ी के नाते संप्रास भले ही पांच छह-साल पहले परिपक्व हो गए हों लेकिन लड़के से आदमी तो वे पहली बार चौबीस-पच्चीस जनवरी की रात मेलबर्न में बने जब रोते हुए जीतते गए। किसी रोतले आदमी के रोने और नाटकबाज आदमी की नाटकीयता में कोई बड़ा अर्थ न हो क्योंकि ये उस के स्वाभाविक काम हैं। लेकिन संप्रास का रोना उनके जीवन की एक ऐसी घटना हो सकती है जो उनका कायाकल्प कर दे।

दो दिन बाद संप्रास का मुकाबला माइकल चांग से सेमी फाइनल में हुआ। चांग जमे रहने और गेंद को वापस खेल में लाने के लिए सबसे मशहूर हैं। बड़े चीठे खिलाड़ी हैं। उन्हें हराना कूरियर या लारसन से भी मुश्किल है। पांच-पांच सेटों के दो पूरी तरह थका देने वाले मैचों के बाद चांग से निपटना भी संप्रास के लिए भारी पड़ने वाला था। पहला सैट संप्रास हार भी गए लेकिन अगले तीनों सैट वे बिना किसी झंझट के जीतते गए।

"आज मेरा पूरा बदन टूट रहा था और हाथ-पैर ठीक से चल नहीं रहे थे। लेकिन मैंने तय किया कि मुझे जीतना है। और इसलिए मैं इस उम्मीद में खेलता रहा कि चांग को थका दूंगा। लेकिन चौथे सैट में तो मैं खुद ही बेहद थक गया था"–चांग को हराने के बाद संप्रास ने कहा–"मन और बदन के लिए सबसे मुश्किल मैच कूरियर वाला ही था। जब मुझे लगा कि मैं थक रहा हूं और मन नहीं लग रहा है वही मौका था कि मुझे सारे पॉइंट खेलने और जीतने थे। मुझे खेलना पड़ा ताकि जीत सकूं।"

"लेकिन कल मैं पूरे दिन छुट्टी मनाऊंगा। रेकेट पर हाथ तक नहीं लगाऊंगा। गोल्फ खेलने चला जाऊंगा और टेनिस के बारे में सोचूंगा तक नहीं"–चांग से सेमी फाइनल जीतने

के बाद संप्रास इतने थक गए थे। सही है पिछले तीन मैचों में उनने चौदह सेट खेले थे और वे उनके शरीर पर बहुत भारी पड़े थे। लेकिन इससे भी ज्यादा थकान मन की थी। वे भरे कोर्ट पर धाराधार रोए थे। रोना आदमी को खाली कर देता है और एक बार कोई इस तरह खुल कर रो ले तो दुख भले ही कायम रहे आंसू सूख जाते हैं। भावनाओं का वेग खो देने वाला ठंडा-थका दुख जरा ज्यादा ही भारी पड़ता है।

दो दिन में ही संप्रास फिर सेंटर कोर्ट पर थे और फाइनल में आंद्रे अगासी सामने थे जो अब तक एक सैट नहीं हारे थे। उनका मुकाबला ही किसी जबर खिलाड़ी से नहीं हुआ था। वे बिना थके और हर जीत से तरो ताजा होते हुए फाइनल में पहुंचे थे जब कि संप्रास फाइनल में आते-आते मन और तन से खुट और थक गए थे। अगासी जीतने के लिए मेलबर्न आए थे और संप्रास पिछले विजेता थे जिन्हें अपने खिताब का बचाव करना था। और पहला सैट भले ही संप्रास जीत गए हों बाद के तीनों सैट में लगा कि वे जान नहीं लगा पा रहे हैं।

संप्रास हार गए। मैंने उन्हें हारते हुए नहीं देखा। देख ही नहीं सकता था। संप्रास के ग्रीक प्रशंसकों ने उनके लिए कपड़े पर लिख रखा था–पीट द ग्रीक गॉड ! संप्रास ग्रीक मूल के अमेरिकी हैं और ग्रीक लोग तो उन्हें भगवान कह ही सकते हैं। लेकिन हारे हुए संप्रास सचमुच त्रासदी में फंसे ग्रीक देवता की तरह लग रहे थे। कोच गुलिक्सन अमेरिका पहुंच कर अस्पताल से छुट्टी भी पा गए थे और फाइनल उनने टीवी पर देखा था। उप विजेता की शील्ड लेते हुए संप्रास की आंखों में फिर आंसू आ गए–"मैं सिर्फ उन्हें बताना चाहता हूं कि मैं उन्हीं के बारे में सोचता रहा हूं और दो हफ्ते से उन्हीं के लिए प्रार्थना करता रहा हूं।" क्या इसीलिए संप्रास हार गए ? क्या जीत कर वे अपने गुरु को और अच्छी तरह याद नहीं करते ? या वे हार कर ही बता सकते थे कि उन्हें गुलिक्सन की कितनी चिंता है ? कौन जाने लड़के से आदमी हुए आदमी का यही तरीका हो !

(5.2.95)

बोरिस बेकर

उस और इस बेकर को सलाम

ऐसा कोई विंबलडन नहीं है जिसे हारने वाला अगर जीत जाता तो भी उतनी ही खुशी होती जितनी उस के जीतने वाले की जीत पर हुई। खेल के घिसे-पिटे मुहावरे में कहा जाएगा कि जीत टेनिस की हुई। लेकिन मेरा यह मतलब नहीं है। बेकर और संप्रास ने सेंटर कोर्ट की पवित्र और ऐतिहासिक घास पर पिछले रविवार जो टेनिस खेला वह उनका और इस साल के विंबलडन का सर्वश्रेष्ठ टेनिस नहीं था। लेकिन दोनों फाइनल तक पहुंचते हुए ऐसा टेनिस खेल चुके थे कि अपने लिए दोनों ही विजेता हो गए थे। फाइनल में दोनों अपनी तरफ हो गए थे या अपन दोनों की तरफ हो गए थे। इसलिए इसकी या उसकी जीत मनाते हुए अपन आवेग में नहीं थे।

हार-जीत का मतलब नहीं था। मतलब था कांटे के मुकाबले में किसके चरित्र में ज्यादा शक्ति और व्यक्तित्व में दमखम था कि जब वह कसौटी पर घिसा जाए तो उसका सोना खरा और उजला हो कर निकले। इस कसौटी पर कहना पड़ेगा कि जीतने वाले संप्रास खरे उतरे और सुनहरी ट्राफी उन्हीं के हाथों में ज्यादा हक और योग्यता से चमकी। हालांकि सेंटर कोर्ट ने उपविजेता बेकर के हाथों की चांदी की चमकीली थाली पर ज्यादा तालियां दीं और उन से विजेता जैसा चक्कर लगवाया। लेकिन ऐसा इसलिए नहीं किया कि वे बेहतर खेले थे और बदकिस्मती से हार गए और इसलिए लोग उनके साथ थे।

वे दरअसल एक ऐसे चैंपियन को प्रेम और सम्मान से विदा दे रहे थे जिसने खुद ही कहा है कि दस साल पहले विंबलडन की इसी घास पर मेरा जन्म हुआ। यह मेरा घर है। इसकी चाबी अब तक मेरे पास थी। अब में इसे संप्रास को सौंप रहा हूं। बेकर ने यह जुमलेबाजी नहीं की थी। वे ब्रिटेन और विंबलडन के दर्शकों को अपनी तरफ करने की जनसंपर्की कवायद नहीं कर रहे थे। ऐसा उन्होंने बारबरा फेल्टस से कहा था जब वे उस के प्यार में पहली-पहली बार पागल हुए थे और टेनिस न जानने वाली इस काली लड़की को सेंटर कोर्ट पर ला कर बोले थे—यहां सन् '85 में मेरा जन्म हुआ। बारबरा को समझ नहीं आया और वह थोड़े चक्कर में पड़ गई। तब बेकर ने उसे समझाया, ठीक उसी तरह जैसे कोई दुल्हा पहली बार दुलहन को घर लाता है और बताता है कि देखो, यहां मैं जन्मा था।

आप जानते हैं कि बोरिस बेकर जर्मन हैं और जर्मन जाति की सर्वश्रेष्ठता स्थापित करने के लिए हिटलर दूसरे महायुद्ध में इंग्लैंड को अपने पैरों तले कुचल देना चाहते थे। उनके बमवर्षक विमानों ने लंदन पर जो अंधाधुंध बम गिराए थे उन से विंबलडन भी झुलसने से बचा नहीं था। अंग्रेजों से अपने को बेहतर मानने वाले जर्मनी के बोरिस बेकर की आस्था है कि विंबलडन उनकी जन्मभूमि है। उसी के सेंटर कोर्ट पर दस साल पहले उनका जन्म हुआ। वहीं

सुख-दुख, हार-जीत और आहें भरते और किलकारियां मारते हुए वे बड़े हुए। शायद वे जानते थे और सेंटर कोर्ट के दर्शक भी कि वहां यह उनका आखिरी फाइनल था। अब शायद वे वहां न पहुंच पाएं। जीत में दोनों हाथ ऊपर न फेंक पाएं। विजेता की तरह चौकड़ी न भर पाएं। इसलिए अपने इस चैंपियन सपूत को विदाई दी। हार भले गया हो पर उसने अपनी मिट्टी और दूब को गौरवान्वित किया है। जुग-जुग जियो बेकर, दस साल बाद फिर न जीत पाए तो क्या ! अपनी मिट्टी और हमारा दिल तुम्हारे साथ है।

बेकर अगर जीत जाते तो बिल टिल्डन के बाद विंबलडन के इतिहास के दूसरे महान खिलाड़ी होते जिनकी पहली जीत और इस विजय में दस साल का फर्क होता। दस साल पहले खेलते-कूदते कुलांचे भरते सत्रह साल के बेकर विंबलडन आए थे। उनकी कोई जगह नहीं थी। नाम नहीं था। उनकी उमर का और उनके जैसा कोई लड़का पहले दुनिया के इस सबसे बड़े टूर्नामेंट में जीता नहीं था। लेकिन तब उनके सामने जो आया, बड़ा या छोटा, महान या अदना, सब को अपने आक्रामक, उद्दंड और नए सांड जैसे आत्मविश्वास से रौंदते-कुचलते हुए बूम-बूम बेकर ने परास्त कर दिया। बिन-नथनी की युवा सांड शक्ति वाले बेकर ऐसी उमर में टेनिस के विश्व चैंपियन हो गए थे जब लड़के स्कूल में टेनिस सीखते थे। वे न वोट दे सकते थे न उन्हें कार चलाने का लाइसेंस मिल सकता था। लेकिन टेनिस के राजा थे और विंबलडन के उसी सेंटर कोर्ट पर उनका राजतिलक हुआ था जहां मामूली लोगों के लिए जगह नहीं होती।

सच कहूं आप को ? सात जुलाई सन् '85 को बेकर को जीतते हुए मैंने देखा था और मैं उनके पास नहीं था। उनकी जीत पर पगलाया तालियां नहीं पीट रहा था जैसा कि सेंटर कोर्ट लगातार कर रहा था। मैं उदास बल्कि दुखी था। सत्रह साल के इस लड़के ने हालांकि उन इवान लेंडल को नहीं हराया था जिनकी जीत मनाता हुआ दो हफ्ते मैं जान आंखों में लिए विंबलडन देखता रहा था। बेकर ने उस केबिन करन को फाइनल में हराया था जिसने तोप के गोले जैसी सर्विस से सेमी फाइनल में लेंडल को हराया था। लेंडल को वंचित करने वाले को मार कर बाहर करने वाले केविन करन को हराने वाले बेकर पर तो मुझे प्यार आना चाहिए था। लेकिन दनदनाती सर्विस वाले करन को उससे भी ज्यादा सनसनाती सर्विस मारने वाले बेकर ने पीटा था। सांड शक्ति के बेहतर प्रदर्शन पर उछलने की इच्छा अपने में नहीं थी। लेंडल की पराजय का दुख बेकर की सनसनाती जीत से बड़ा और गहरा था।

देखो, सब कुछ करने और इतना चौतरफा खेलने के बावजूद लेंडल हार गए क्योंकि उनमें वह उद्दंड पशु शक्ति नहीं थी जो सत्रह साल के बेकर में है। ज्यादा फुर्ती, ज्यादा तेजी और कुछ भी कर सकने का सहज और अछूते आत्मविश्वास ने अनुभव, समझ, कलाकारी और पिछली उपलब्धियों को फिर विंबलडन जीतने से वंचित कर दिया। चेकोस्लोवाकिया के मिट्टी के कोर्टों पर खेलते हुए महान और फिर अमेरिकी हुए लेंडल ने विंबलडन की पवित्र घास पर व्यंग्य करते हुए कहा जरूर था कि घास गैयाओं के लिए होती है। लेकिन अब वे दुनिया में सब तरफ जीतने के बाद एक विंबलडन जीतना चाहते थे। फ्रेंच, अमेरिकी और आस्ट्रेलियाई ओपन जीत चुकने के बाद एक विंबलडन खिताब ही उन्हें सचमुच का राजा बना सकता था।

लेकिन वे टापते रह गए और सत्रह साल का एक लड़का कुलांचे मारता आया और सब को पीट-पाट कर सिंहासन पर बैठ गया। अपन कैसे ताली बजा सकते थे।

रातों-रात एक अनजान जर्मन लड़का लॉन टेनिस का राजा हो गया था। उस के खेल में गजब की ताकत थी लेकिन उससे भी बड़ी उसकी इच्छा शक्ति थी। वह जब जरूरत होती दन्न से ऐस मार देता। ऐसी गेंद को कूदता-पड़ता वापस सामने वाले के पाले में पहुंचा देता जिसे लौटा लाना तो क्या छू पाना भी किसी और उस्ताद खिलाड़ी के लिए असंभव होता। उस पर कोई दबाव नहीं दिखता था। उस के खेल में कोई हिचक, कोई संशय नहीं था। मैं हूं इसलिए हूं—जैसे होने का आत्मविश्वास था जो यौवन में होता है। नए यौवन में, जिसने पराजय जानी न हो और जिसमें सहज आत्मविश्वास हो कि ऐसा कुछ नहीं है जो मुझसे होगा नहीं। सत्रह साल का बेकर ऐसे यौवन और ऐसी युवा शक्ति का प्रतीक हो गया था। ग्रेफाइट के नए रैकेट से टेनिस में अब तक अनजानी और अनदेखी तेजी आ गई थी। इस तेजी की बागडोर बेकर जैसे नए ताजे और बलबलाते युवा खिलाड़ी के हाथ आ सकती थी। मानता हूं। लेकिन बेचारे लेंडल ने क्या बिगाड़ा था।

अगले साल तो और भी हद हो गई। मुझे लगा था कि दनदनाती सर्विस के अकेले हथियार से लड़ने वाले केविन करन को उसी के पावर गेम में मारना आसान था क्योंकि बेकर सेर पर सवा सेर पड़ते थे। लेकिन कोई ज्यादा अनुभवी और बेहतर चौतरफा खेलने और सोच कर खेलने वाला उस्ताद खिलाड़ी हो तो बेकर को गलतियों पर गलतियां करने पर मजबूर कर देगा। इस समय ऐसा खिलाड़ी कोई था तो अपना लेंडल। उसे विंबलडन जीतने की ऐसी उत्कट लालसा थी कि कहा कि मेरे सारे खिताब ले लो, एक विंबलडन दे दो। अब फाइनल में इसी लेंडल के सामने बेकर थे जिनकी ताकत, फुर्ती और आत्मविश्वास पिछले साल से कहीं ज्यादा हो गए थे। बेकर के विश्वविजयी अश्व को कोई नकेल डाल कर अपने खूंटे से बांध सकते थे तो चक्रवर्ती लेंडल।

लेकिन सन् 86 के फाइनल में बेकर ने लेंडल को बुरी तरह रौंद कर धूल-धूसरित कर दिया। पिछले साल तो बेकर एक सेट फिर भी केविन करन से हारे थे। लेकिन इस बार तो लेंडल उन से कुछ नहीं जीत सके। दो सेट सीधे और आसानी से 6-4 और 6-3 से जीत कर बेकर ने 5-5 पर सर्विस की और जीते। तब दबाव चरम पर था। ऐसे दबाव के नीचे टूटने से किसी को बचाता है तो अनुभव। और कभी चीं न बोलने की अदम्य जुझारू इच्छा शक्ति। दोनों ही लेंडल में ज्यादा थी। लेकिन दबाव में अठारह साल के बेकर नहीं टूटे। लगभग संपूर्ण, अनुभवी और तूफान में भी अविचलित रहने वाले लेंडल टूट गए। बेकर उनकी सर्विस तोड़ कर लगातार दूसरी बार विंबलडन जीत गए और लेंडल बेचारे उदास और लुटे हुए गुबार देखते रहे। कारवां उनके सामने से फिर गुजर गया। घोड़े पर चढ़े बेकर की शोभा यात्रा लेंडल के साथ अपन ने भी देखी ! उस शोभा यात्रा में कभी विंबलडन जीतने का लेंडल का सपना भी कुचला गया और वे फूल भी जो अपन लेंडल के लिए लाए थे।

लेंडल की ऐसी गत बनाने वाले बेकर से अपनी सहानुभूति होना आप जानते हैं कि अपने लिए संभव नहीं था। लेंडल इतने बड़े खिलाड़ी तो थे ही कि एक विंबलडन जीतते। लेकिन

चारित्रिक शक्ति के खेल में प्रसिद्धि नहीं टिकती। घास पर बेकर लेंडल से ज्यादा प्रतिभावान थे और इसलिए जीतते गए। लेंडल अपने सारे खिताबों के बदले एक विंबलडन चाहते थे। लेकिन मुकुट जीते जाते हैं उनका सौदा नहीं होता। यह मानते और समझते हुए भी अगले साल यानी सन् 87 में जब दूसरे ही राउंड में एक अनजान और छब्बीस साल के पीटर डूहन ने उन्नीस बरस के बेकर को पीट-पाट कर बाहर कर दिया तो अपने को कितना संतोष मिला होगा। तीसरी बार लगातार जीतने से वंचित किए गए बेकर के अश्वमेघ यज्ञ के घोड़े के अपहरण से अपनी छाती ठंडी जरूर हुई लेकिन खुशी अगले साल हुई जब एक विनम्र, शालीन और सज्जन स्टीफान एडवर्ग ने फाइनल में बेकर को पराजित किया। डूहन की जीत तो तुक्का थी।

एडबर्ग उसी स्वीडन के हैं जहां से इस सदी के सबसे बड़े खिलाड़ी बोर्ग ने विंबलडन पर राज किया। एडबर्ग बेकर से उलट व्यक्तित्व वाले शांत, विनम्र और लगभग लजीली मुस्कान वाले खिलाड़ी हैं जो शानदार पॉइंट जीतने के बाद भी मूंछ मरोड़ने और हाथ दिखाने के बजाय जैसे झपक जाते थे। बेकर के विस्फोटक और उद्दंड खेल व्यक्तित्व की तुलना में एडबर्ग सारी आग अपने अंदर समेटे और उस पर मुस्कान की रिबन बांधे सबसे छुपाते चलते थे। उनकी सर्विस में बेकर जैसी ताकत नहीं थी। लेकिन वॉली वे बेकर से बेहतर करते थे। उनका रिटर्न भी बेहतर था और बैकहैंड पर तो वे बेकर से निश्चित ही सवाया पड़ते थे। लेकिन खेल से भी ज्यादा एडबर्ग उस शालीनता को कोर्ट पर वापस स्थापित करते थे जो मेकिनरो और फिर बेकर के चढ़ती जवानी के उद्दंड प्रदर्शन के बजाय टेनिस के पारंपरिक चरित्र के ज्यादा नजदीक है। सन् 88 के फाइनल में पानी गिर जाने के बावजूद विनम्र एडबर्ग ने ज्यादा ताकतवर लेकिन संयमित इच्छाशक्ति दिखाई और बेकर को हराया। मुझे अच्छा लगा कि आखिर किसी सज्जन और शालीन खिलाड़ी ने बेहतर खेल में सांड-शक्ति पर नकेल डाल दी।

इसके बाद बेकर से अपना दुराव बल्कि एक तरह की खुंदक दूर हुई। इसका कारण यही था कि एडबर्ग ने उन्हें हराया बल्कि पहली बार लगा कि वे उन आत्मसंशयों, संकटों और सफलताओं की विफलता के विकट दौर से गुजर रहे हैं जिससे साबुत और साबित हो कर निकले बिना किशोर पुरुष नहीं बनता। व्यक्तित्व की परिपक्वता का यह दौर सब के जीवन में आता है। जो इसमें से कुंदन हो कर निकलते हैं वे सचमुच के व्यक्तित्ववान और पराक्रमी पुरुष होते हैं। आत्मसंकट से निकलते हुए बेकर ने अपने पर विजय पाई। अपने पर चीखना-चिल्लाना, हुंकार भरना और गरजना छोड़ कर वे एक शांत, संतुष्ट और तृप्त आत्मविश्वास से खेलते हुए सन् 89 का विंबलडन जीते। उन्हीं एडबर्ग से जीते जिनने गए साल उन्हें हराया था। लेकिन अपनी जीत को बदले की लपलपाती आग में झोंकते हुए नहीं, अपने को अपने ही आईने में शांत और परितृप्त देखते हुए। पांच साल में बेकर किशोर से पुरुष हो गए थे।

उसी साल विंबलडन के बाद वे अमेरिकी ओपन में पहुंचे और वहां फिर फाइनल में उनका मुकाबला लेंडल से हुआ। लेंडल कभी विंबलडन न जीते हों लेकिन फ्लेशिंग मीडो के अमेरिकी ओपन में जीतने के आदी थे। वहां न विंबलडन की घास होती है न फ्रेंच ओपन की

लाल मिट्टी। सिंथेटिक कोर्ट है उस पर भी बेकर ने लेंडल को पीट दिया। सन् 90 में वे आस्ट्रेलियाई और फ्रेंच ओपन में हारे और विंबलडन में फिर उनका मुकाबला अपने प्यारे और सबसे बड़े प्रतिद्वंद्वी एडबर्ग से हुआ। दोनों में ऐसा कांटे का मुकाबला पहले नहीं हुआ था। पहले दो सेट एडबर्ग आसानी से जीत गए। फिर दो सेट बेकर ने जीते और पांचवें में एडबर्ग ने छठे गेम में उनकी सर्विस तोड़ी और जीत गए। उस के बाद बेकर फिर विंबलडन नहीं जीत पाए। हालांकि सन् 91 में आस्ट्रेलियाई ओपन में भी बेकर ने लेंडल को हराया जहां लेंडल जीतते रहे थे।

टेनिस के इस उतार-चढ़ाव के बीच बेकर ने टेनिस में बढ़ती पेशेवरी, अनाप-शनाप मिलता धन, कंपनियों का प्रायोजन, तेज रैकेट से बिगड़ता खेल, नस्लवादिता, हेमबर्ग की झुग्गी-झोपड़ियों, युद्ध और शांति, प्रेम और ईर्ष्या पर ही बातें नहीं की, कई अकेली सुनसान जगहों पर आत्महत्या करने की सोची। कई बार चाहा कि जिस होटल में आ कर ठहरे हैं वहीं उनका अंत हो जाए। सफलता, यश और धन की निरर्थकता समझने वाले बेकर ने आखिर एक साधारण सी काली लड़की बारबरा फेल्टस से प्यार किया और गोरी आर्यन नस्ल की सर्वश्रेष्ठता की जर्मन अवधारणा को धता बताते हुए उससे शादी कर ली। अब उनका एक बेटा भी है। और लगता है, सिर्फ चेहरे और खेल से नहीं उनके चेहरे की शांति से कि अब वे अपने आप से एक सम पर आ गए हैं।

इस बार का विंबलडन वे जीतना चाहते थे। फाइनल तक पहुंचने में उन्होंने बड़ा संघर्ष किया। फ्रांसीसी पियोली को पांच सेटों में हराया। जवान पियोली थक गए, बेकर नहीं। फिर सेमी फाइनल में नंबर एक और दर्शकों के चेहते अगासी से पहला सेट हारने और दूसरे में 1-4 से पीछे रहने के बावजूद दृढ़ इच्छाशक्ति से लौटे और अगासी को बाहर कर दिया। फाइनल में भी पहला सेट वे जीत गए थे। लेकिन फिर संप्रास ने सिद्ध किया कि बेहतर खिलाड़ी वही हैं। संप्रास तीसरी बार लगातार विंबलडन जीते। बेकर पहली जीत की दसवीं वर्षगांठ नहीं मना पाए। बेकर युग पूरा हुआ, संप्रास युग की शुरुआत। सलाम बेकर !

(16.7.95)

●●●